战争复杂体系能力分析与评估研究

胡晓峰　杨镜宇　张明智　伍文峰　等　著

科学出版社
北　京

内 容 简 介

战争复杂体系是典型的复杂系统，应该用复杂系统和体系特有的理论进行研究。本书以复杂系统与复杂性科学思想为基础，引入复杂网络、大数据、深度学习等新方法，对战争复杂体系能力分析与评估方法进行研究和探索。全书共16章，内容包括战争复杂体系的评估理念、体系仿真试验床方法、网络化指标体系构建、体系建模与仿真分析、体系脆弱性分析、体系能力评估和预测、目标价值评估分析、多分辨率联邦集成、军队体系战略绩效管理等。

本书可供军事运筹、作战实验、体系建模与仿真和体系能力/效能评估等领域的研究人员使用，也可作为军事运筹学等专业研究生的教材。

图书在版编目(CIP)数据

战争复杂体系能力分析与评估研究/胡晓峰等著. —北京：科学出版社，2019. 6

ISBN 978-7-03-060096-7

Ⅰ. ①战… Ⅱ. ①胡… Ⅲ. ①战争理论 Ⅳ. ①E8

中国版本图书馆 CIP 数据核字(2018)第 292103 号

责任编辑：魏英杰 / 责任校对：郭瑞芝
责任印制：吴兆东 / 封面设计：铭轩堂

科学出版社出版
北京东黄城根北街16号
邮政编码：100717
http://www.sciencep.com

北京虎彩文化传播有限公司印刷
科学出版社发行 各地新华书店经销
*
2019年6月第 一 版 开本：720×1000 B5
2023年1月第五次印刷 印张：39 1/4
字数：787 000

定价：268.00元

(如有印装质量问题，我社负责调换)

《战争复杂体系能力分析与评估研究》
著作者名单

（按姓氏笔画排序）

马　力　王　燕　孔亦思　伍文峰
任　俊　刘　洋　杨镜宇　张　昱
张　斌　张明智　罗　凯　季　明
周　宁　胡晓峰　饶德虎　姚晓毅
郭圣明　陶雪娇

前　言

体系的基本含义是由系统组成的系统，英文有 system of systems(SoSs)、super-systems、meta-systems 等不同的表述方式，但基本意思是一样的。20 世纪 80 年代以来，随着现代信息技术的迅速发展，各式各样由多个可独立运行的系统组成了更大的系统，在民用和军用领域快速发展起来，就产生了体系的概念，如卫星对地观测体系、互联网体系、综合防空体系、智能交通体系，以及企业信息网体系等。体系概念的产生不仅适应了信息化社会发展的进程，同时也引起相关领域人类活动方式的深刻变化。由于体系开发的重要性日渐突显，体系特性及开发规律的研究不断引起人们重视，出现了把体系作为专门领域进行多学科交叉研究的趋向。战争系统就是由不同的复杂体系构成的，要研究战争复杂系统，就必须首先研究战争复杂体系，而体系能力评估则是其中最重要的内容。

近年来，无论学术界、工业界，还是领导机关，都对体系及其相关研究工作越来越重视，尤其是特别强调以体系形式的发挥作用，以及强调对体系贡献率的评估。这是因为随着信息网络技术的发展，未来战争系统将呈现出更加紧密的联系，表现出更强的体系能力和战斗力。但是，体系是复杂系统，具有简单系统所不具备的适应性、不确定性、非线性等复杂性质，表现出性质的涌现性、能力的相对性、结构的成长性等体系独有的特点，传统的系统能力评估方法就不太适应，也解决不了复杂体系的评估问题。如果我们只是将传统方法平移到复杂体系能力评估中，或者只是在理念上接受复杂系统思想，但仍以简单系统方法来落地，很显然都将面临失败的结果。因此，研究战争复杂体系能力评估方法，就成为摆在我们面前的紧迫课题。

这是一件前人没有做过的事情，需要进行不懈的研究和探索。近年来，国防大学体系能力评估研究团队，以复杂系统与复杂性科学思想为基础，引入复杂网络、大数据、深度学习、平行仿真等新方法，在该领域进行了一些研究和探索，本书就是其中部分成果的体现。战争复杂体系能力评估问题极为复杂，其理论和方法远没有到成熟的程度，因此本书并不准备全面介绍体系能力评估理论，而是将我们近年来在该领域做的一些研究成果，分别加以介绍和讨论。这些成果在整体理念上是一致的，但研究课题则是相对独立的，每一章都只展现一个主题，章与章之间并无必然的联系。这样做的目的是最大限度地探索所有可能，给可能的创新留有余地，而不至于被所谓的理论体系桎梏。

全书共 16 章，胡晓峰负责总体框架设计，伍文峰负责统稿，杨镜宇和张明智负责内容审定。具体分工如下:第 1 章由胡晓峰、杨镜宇、伍文峰撰写,第 2 章由张昱撰写,第 3 章由季明撰写,第 4 章由马力撰写,第 5 章由伍文峰撰写,第 6 章由姚晓毅撰写,第 7 章由刘洋撰写,第 8 章由饶德虎撰写,第 9 章由罗凯撰写,第 10 章由陶雪娇撰写,第 11 章由孔亦思撰写,第 12 章由任俊撰写,第 13 章由郭圣明撰写,第 14 章由张斌撰写,第 15 章由王燕撰写,第 16 章由周宁撰写。由于部分内容根据保密审查的要求进行了删减或改写,可能会影响表达,也请读者谅解。

感谢国防大学首长和联合作战学院首长,以及联合作战演训中心领导给予我们的支持,也感谢国防大学原信息作战与指挥训练教研部首长和有关研究生队领导的支持和帮助。感谢原总装备部仿真专业组的领导和专家的支持,感谢国家自然科学基金、军队相关科研计划、研究生科研计划的支持。此外,还要感谢我们的家人的支持。

限于作者水平,难免存在不妥之处,还请指出和海涵。

胡晓峰

2018 年 5 月于北京红山口

目　录

第1章　绪　　论

信息化的目的是系统化,而系统化的结果就是要形成体系。信息化带来的不仅仅是信息的快捷交流,更重要的是使各个组分系统能够建立更加密切的联系,形成更高效能的体系。武器装备体系如此,联合作战体系亦是如此。武器装备的信息化,使原本单一运用的武器装备系统形成了可以配合作战的武器装备体系;作战部队的信息化,使原来较为松散的指挥组织形式建立了更加密切的一体化联合作战形态[1]。但是,战争的复杂性也对战争复杂体系的研究提出了更高的要求。如何认识战争的复杂性,如何认识体系,找到体系研究的正确技术途径,需要我们进行更深入的思考和研究。

1.1　体系与战争复杂体系

体系研究有三个关键问题需要关注:一是定义问题,即如何理解体系及体系对抗;二是复杂性问题,即如何理解体系的复杂性本质特征及其根源;三是手段问题,即如何利用建模与仿真手段,进行体系建模和体系对抗仿真实验,推进战争复杂系统研究。

1.1.1　体系的基本概念

体系研究中存在的最大问题就是将"体系"与"系统"混为一谈,并由此产生很多理论上的混乱,以至于有人认为体系将取代系统而建立新的基于体系的系统论。体系的定义不清楚,导致作战体系、武器装备体系与相应系统的关系就比较含糊,所采用的体系仿真及评估方法也并未反映体系的本质特点。因此,对体系的定义需要重新加以认真地梳理和明确。

体系又称为系统的系统(system of systems,SoSs),是能够得到进一步涌现性质的关联或联结的独立系统的集合。一般具有四个特点:一是组分系统独立,组成体系的都是独立开发和独立运行的系统,而非从属于某个系统的要素;二是相互依存关联,组分系统之间通过网络松耦合互连影响,组成规模较大;三是组织因素明显,是人、"软"因素与"硬"系统的综合集成,而人与"软"因素将发挥重要作用;四是完成共同使命,各个组分系统按照共同目标,通过不断磨合渐进成型,从而涌现出体系效果。

从体系的定义来看,体系也是系统的一种,也需要遵从系统的基本定义,它的出现并未改变系统科学的基本原理。但体系又是一种特殊的系统，其内部的组分是独立开发和运行的系统，这些独立系统又可以相互依存，并涌现出体系的整体性质。例如，防空体系由独立的机场、导弹、雷达网、航空兵等系统组成。体系一般属于高层的、整体的概念，如国家体系、作战体系、武器装备体系等。体系的另一个特征是其内部不会产生对抗关系，主要是合作与竞争关系。这样，战争系统就由多个对抗的国家战争体系构成，每个国家战争体系下又包括政治、经济、作战等各个领域体系；作战体系下又可以由完成不同使命任务的部队或武器装备体系构成；武器装备体系下可以是子体系，也可以是某个具体的武器系统。这一点与系统的概念有所不同。系统既可以指由众多系统组成的大系统，如战争系统，也可以指那些具备局部特征的小系统，如某个武器系统等。因此，系统内部的各系统既可以是合作关系，也可以是对抗关系，它描述的是事物的整体特征。系统的组分是要素，而体系的组分一定是系统。从这个角度来说，体系是一类特殊的系统，但系统并不一定都是体系。

系统按照结构可以分为简单系统与复杂系统。简单系统也就是我们常说的"1＋1＝2"的系统，属于牛顿科学体系，服从还原论的规律。它具有线性、可分解还原、结果可重复、因果关系明确、状态稳定，并且可预测等性质。复杂系统也就是我们常说的"1＋1≠2"的那些系统，属于新科学体系，不能用还原论解释，考察系统局部性质得不出系统整体性质。它具有非线性、不可分解还原、结果不可重复、因果关系不明、状态混沌等性质。

战争系统是典型的复杂系统。战争中的偶然性、战争结果的不可重复性、战争中的迷雾、武器装备体系的能力涌现性和作战行动的自同步等现象，都在说明战争的复杂性特征。美国学者霍兰提出的复杂适应性系统（complex adaptive system，CAS）[2]，是复杂系统中最典型的一类，比较符合战争系统的特点，对应的系统就被称为战争复杂系统[1]。战争系统是由对抗体系组成的，而体系也具有复杂系统的性质，因此可以将这些体系称为战争复杂体系。

从系统复杂性的角度来看，体系必是复杂系统，因为涌现是体系的基本性质之一。简单系统的功能由结构决定，具有固定的组成及性质，可以通过分解来了解整体，分解后也可以还原。局部只是整体的一个部分，不太关注组分自身的主体行为，局部无独立性。体系是复杂系统，虽然由多个组分系统组成，但是具有整体不可分性，体系的功能不等于部分之和，强调组分系统间的相互作用和组分具有的局部自主行为。每个组分系统都有局部区域的影响力。

1.1.2　体系的复杂性特征

研究信息化战争系统和体系，就必须认识战争的复杂性特点，用正确的理论来指导研究工作。战争复杂性的产生主要基于以下四个原因[3]。

① 战争系统的组成是复杂的，由许多具有自主特性和适应能力的组分系统等组成。

② 在组分系统之间存在复杂的相互作用关系，表现出来就是战争过程中各方体系之间的对抗、各方内部的合作与协同、各方之间的联合与结盟等行为。

③ 这些复杂的相互作用关系具有动态性和适应性，最终会产生综合的涌现性效果。

④ 导致战争系统的整体状态演变充满不确定性和偶然性。

信息化程度的提高，加剧了战争的复杂性[4]。这是因为信息的全面利用强化了复杂环境的影响，战争的空间已经扩大到了信息空间和虚拟空间；网络的快速传播加大了各部分的相互作用，原先不相关的部分也变得联系紧密且相互影响；战争的整体性需求突出了体系对抗的特点，体系也不仅限于军事领域，而且扩大到政治、经济、社会等各个方面。因此，在战争复杂体系的研究中，就必须要反映这些变化和特点。

1. 战争复杂体系的组成和演化具有适应性的特点

适应性是复杂系统个体之间相互作用（交互与流动）的结果，是复杂适应系统演化的动力。传统的系统还原论认为，世界是“机器的世界”、“钟表一样的世界”，个体是整体的基础。复杂系统理论认为，世界是“信息的世界”、“网络的世界”，个体之间的交互才是整体的基础。从这个角度来说，描述体系的整体，最重要的就是描述交互，其核心就是对个体之间的相互关系进行建模。体系中的适应性，不但与体系组成有关，而且与人或组织有意识的自主适应能力有关，实际上就是体系中各种“软”因素（如政策理论、条例条令、队伍建设等）在起作用。人在体系中不同层次的决策，以及各组分间的信息交互就成为导致体系演化的关键因素。例如，战场上的自同步现象，就是体系在适应中不断进化的结果，而战争双方对抗的也就是体系的适应能力。因此，在体系分析中，必须重点考虑信息交互及体系适应性的问题，才能正确反映体系的本质。

2. 不确定性是战争复杂体系的固有特性和创新源泉

不确定性因素是复杂系统动态性的重要原因和表现。确定性科学认为，我们的世界是类似钟表的动力学系统，和谐有序，由初始条件就可以决定结果，不确定的只是“误差”。但是，不确定性科学认为，不确定性是客观世界的真实存在，与人的认识无关。例如，海森堡的测不准原理就认为，严格精确初值是不可能的。同样，作为复杂系统，战争复杂体系也具有很强的不确定性特征，如随机性、模糊性、适应性等，而这些不确定性因素的影响既可能是暂时的、特定的、局部的，也可能是整体的、长程的、全面的影响体系的结构和行为。正是不确定性因素的存在，才使体系创新性有了可能。如果事物在一开始就都是确知的、明确的,那么无论如何发展,其结果也就将是肯定的。只有机器的建造才是如此,但对于体系来说,这些不确定性虽然带来了未知因素,但同时也带来了创新、变化、成长的希望。这种希望就建立在体系建设、形成、发展的过程中。这也是体系与机器最核心的不同。反映在战争中的是复杂体系之间的合作与对抗,受到环境的影响和不断适应环境的演化结果,而演化的结果又直接影响体系的能力和效能的变化。因此,找到描述不确定性的正确方法,才能在体系分析与评估中正确地反映不确定性因素。

3. 战争复杂体系的目标是形成体系的涌现

所谓涌现(emergence),是指系统的性质发生了相变,产生新的性质。从体系角度来说,就是微观行为通过交互产生宏观模式,也就是体系的形成。形成整体效果是体系追求的主要目标,但涌现的效果并不一定都是效能跃升,也可能是效能坍塌。这反映体系结果的一种随机性,即涌现出什么新的性质很难预先确定。这也很好地揭示了复杂系统的发展规律,即确定性系统有其内在的随机性(混沌),而随机系统也有其内在的确定性(涌现)。这种涌现必须反映复杂体系非线性的特点,也就是不能按还原论方法进行简单地叠加,例如"更多的兵力不一定有更强的作战效果",也不能简单地按统计规律形成宏观性质,如热力学定律,因为这在本质上来说还是确定性的。体系的目标是涌现出来的,即由众多个体进行各种不确定性的相互作用而动态产生出来的。因此,对于想达到的体系目标而言,它不依人的意志而转移,只能引导,不能确定,是否能涌现出新的具有整体性特点的作战能力,既取决于组分系统在微观层面的多样性,也取决于体系在宏观层面上的建设发展过程。因此,体系分析与评估的一项重要内容就是分析挖掘复杂系统涌现的性质,即寻找微观-宏观之间的联系。

1.1.3 体系的基本性质

1. 体系性质的涌现性

体系是复杂系统,具有涌现性,也就是说,体系中的各组分系统会相互作用,最终涌现出体系的新性质,这是体系建设的目标。例如,作战体系形成的目标,就是要涌现出新的具有整体性特点的作战能力性质。因此,美国国防部部队转型办公室文件中有一句很重要的话:军事革命的本质就是"体系"的形成。美国参谋长联席会议前副主席欧文斯也说过:战斗力只存在于体系之中。建设体系就是要将众多系统形成体系,形成新的战斗力,而不是其他什么东西。美军以网络中心战为基础,建设基于"网络中心战"的体系,就是希望在未来的信息化战争中,这个体系能够涌现出更强的战斗力。

涌现是系统性质的一次相变，即系统整体性状的改变，而不是某个方面的简单变化，例如水变成冰、蒸汽都是相变。体系发生相变也会改变其整体性质。如果仅仅是多了点什么东西，并没有整体性的变化，不能说是体系形成。例如，仅增加个联合作战司令部，其他还是照旧，联合作战体系也不会形成。

涌现性还告诉我们，任何涌现的发生都是不确定的，对于体系的建设者来说，体系的目标“只能引导，不能确定”。也就是说，对体系新性质的演化只能引导，但不能直接确定最终结果。这是因为人在体系中起核心作用，但人不会像机器一样理性和准确，所以会导致结果的不确定。不能确定不是无所作为，而是要因地制宜、因时制宜地引导，才能使体系的目标真正达成。

2. 体系结构的成长性

体系是“活”的系统，具有成长性，也就是说，体系可以不断进化。体系在建设初期就有基本功能，但结构是可变的、可自组织的，因此可以根据使命任务，在人和各类软因素的影响下，逐渐磨合成长，从不成熟演化到成熟。正因为它是“活的”系统，所以就有其寿命周期和不同阶段，因此就会逐步衰退老化，最后退出历史舞台。

我们建设体系时可能设定一个目标，但体系要逐步演化后才能成形。一个体系的建设不像是造船，制定一个计划，到时候船肯定就能下水。体系的建设涉及各个方面，有些还可能与设想的完全相反，因此很难说会有什么结果。这可能和很多人想的不太一样，但事实就是如此。因此，体系“不能建造，只能演化”，只有通过不断地磨合，最终才能成为我们想要的东西。我们搞作战体系建设也是一样。例如，我们搞防空体系，飞机是新的，雷达是5年前的，机场是20年前的，导弹又可能是国外的，指挥控制系统还在研发中。同时，人在变，指挥体制也在变，军事理论在变，敌人也在变。防空体系能否形成，需要运转起来才知道，能够达到什么程度，更是不得而知，但经过一段时间磨合后，肯定会比现在好。

因此，我们能做的就是加快磨合的进程，也就是加快体系的演化。战争就是最好的演化促进方式，“死亡比什么老师都强”。在没有战争的情况下，演习就成为唯一的手段，只有通过不断刺激，才能加快这个演化的进程。如果不与外界接触，天才也会变成傻子，但是等什么都差不多了，飞机又可能改型了，敌人的情况又变了，机场可能又重新进行信息化改造了，又要重新去适应，去磨合。这种不断的改变就是体系逐渐演化和进化的过程。

3. 体系能力的相对性

体系能力是动态变化的，具有相对性。能力只能通过运动起来才会产生，效能也只能通过对抗才能展现。这就像一个人,活着的时候具备做各种事情的能力;死去,即使他的身体什么东西也没有少,也失去了任何能力。

对体系能力的度量,不像对体重、身高的度量,没有一个绝对的数值。也就是说,对一个体系的能力不存在绝对的判断标准,或者是一个绝对的、唯一的能力"数值",这是由于体系能力与所处的环境、所针对的对手有关。因此,我们对一个体系的能力认识就只能是动态的,因时因地因人而异。只能测量,不会固定,体系不会出现固定的技术指标,倒有可能出现"能力清单"。

体系之间的对抗不但取决于双方各自的能力水平,或者叫实力水平,还取决于对这些能力的恰当运用。如果硬碰硬,当年田忌就会输了赛马,但他巧妙地用上中下马的对抗错位,成就了流传千古的智谋奇篇。这种体系对抗的方式,在当今战争中也是经常运用的。其实,这也是一种非对称的对抗,是从整体上谋取胜利的一种谋略。因此,体系效能在对抗中才能展现出来,依靠的不仅仅是硬实力,还有对体系能力的全面把握和巧妙运用。

1.2 体系能力评估问题及对策

体系能力评估是战争体系分析中的一个难题。战争体系是典型的复杂系统,具有体系能力整体涌现、结构动态适应、体系演化不确定等复杂性特征,而传统的能力评估方法大多源于简单系统,以还原论为基础理论,在理论和方法上必然会产生矛盾。特别是,随着大量无人系统的投入和智能化指挥控制网络的逐步完善,战争的节奏将进一步加快,体系对抗的网络化、智能化等特点越来越突出,体系分析评估需求与评估理论及方法的矛盾更加凸显。如何认识现代信息化战争中的体系对抗过程,如何对战争体系能力进行评估,值得我们认真加以研究和探讨。

1.2.1 体系能力评估面临的挑战

现代战争的基本特点是体系与体系的对抗。传统体系对抗一般认为是陆、海、空等联合作战体系的纯军事对抗,但是随着信息技术的发展和作战样式的不断变化,现代战争的范畴扩大到了能源、交通、通信等国家关键基础设施体系的对抗。对手并不担心单件武器装备的对抗,更关注体系层面多对多的对抗,其核心思想就是战争体系的对抗。这里的战争体系既包括传统作战体系,也包括国家关键基础设施等体系,是由战场传感网、指控网、因特网、工控网等各种网络连接或组成的网络化体系。在战争体系对抗过程中,无关全局的毁伤和有生力量的打击已经失去了意义,我们更需要知道"关键性的对抗在什么地方"、"影响全局的胜负手在哪里"、"武器装备体系能力如何评估",以及"我们的短板在什么地方"等问题的答案，这些都对战争体系能力评估理论和方法的创新产生了强烈的需求[5]。

传统作战能力评估的方法有数学解析计算评估方法、基于历史数据和实验的统计评估方法，以及基于计算机仿真分析的评估方法。这些方法一直以来为我们所用，对解决一些问题也起到一定效果，但是随着体系规模越来越庞大、关系越来越复杂，战争体系能力评估面临许多新的挑战。

① 体系评估理念方面的挑战。体系是复杂系统，在体系能力评估中，我们应采用什么理念，才能正确反映网络化、智能化等现代战争体系的复杂性特点？诸如适应性、不确定性、非线性、涌现性等复杂性质，反映到体系能力又将导致什么？我们应该如何看待这些变化？传统的评估方法有多少是可行的？传统用于评估的树状指标体系，还能适应这种网络化体系的特点吗？这些问题，都有待我们回答。

② 体系能力评估方法方面的挑战。我们应该采用什么样的体系能力评估方法，才能正确反映现代战争体系的动态结构及演化特点？我们知道，一个体系是不断演化的，它具有整体效应和级联效应两大效应特点。整体效应反映体系支撑、关键节点、相互依赖、动态对抗等空间和结构上的特点，而级联效应反映连锁反应、延迟效果、间接及倍增效果等关联关系，使我们传统的"一时、一点、一线"的评估方法难以适应。那么，我们又有什么样的新方法呢？

③ 体系能力评估平台方面的挑战。我们应该建设什么样的平台，才能满足现代战争体系能力评估的要求？体系的整体性要求我们必须考虑大尺度的体系建模问题，而不是仅仅简单考虑一个或几个武器系统之间的对抗，这就必须对体系进行整体建模和评估。此外，如何将"贡献度"等一系列很多专家提出的指标落实到体系评估系统设计上，也值得我们好好研究。我们常说要看看增加了某个装备之后会对体系有什么样的贡献，会对体系产生什么样的变化等，但到目前，还缺乏一个能用、有用和好用的平台。

面对以上这些挑战，我们需要更新观念，舍得抛弃一些传统的理念和方法，在体系能力评估的理念、方法和平台等各个方面进行大胆的创新和尝试，才能适应新形势，解决新问题。

1.2.2　评估理念的四种转变

1. 转变之一：建立战争复杂系统观

战争系统是典型的复杂系统，具有复杂系统的典型特征。复杂系统典型的性质包括不可分解还原，因果关系不明确，状态混沌，结果不重复、不可预测，具有不确定性等。此外，复杂系统的组分常为网络化关系，而不是分枝性和组合性的关系，组分之间互为因果，组成的系统常会涌现出新的性质。因此，对于战争系统，就不能简单地采用传统还原论的科学思想来研究，必须采用复杂系统的思想作为研究的基础。

复杂系统的典型性质体现在以下四个方面。

① 复杂系统不可分解，也没有可加性。分解可能导致整体性质的丢失，考虑局部得不出整体性质。一个完整的体系，拆散了去看，很多性质就没有了。

② 复杂系统具有适应性，结构动态可变。系统科学理论认为系统的结构决定其功能，意味着对于简单系统来说，其结构一般不变。然而，对于复杂系统来说，其结构在不断改变，功能在不断改变，性质也在不断改变，因此就不能用简单系统的那种不变结构去描述复杂系统。

③ 因果关系不明确，结果具有不确定性。很多原因和结果之间并不能构成一对一的关系，而且往往在很多原因和结果之间形成一个环状结构，这种结构很难分清哪是原因，哪是结果，因此系统状态是混沌的，结果是不可预测的，并且结果往往不唯一，而是“一堆”，即结果云。这一堆结果都可能正确，恰好反映了战争具有的结果不可重复、不唯一的特点。

④ 复杂系统演化具有非线性和涌现性的特点。非线性体现在小动因可能带来大结果，而涌现性则是指系统在演化过程中会涌现出一些新的、与原来完全不同的性质。

复杂系统的典型性质是我们在研究复杂系统时必须考虑和遵从的规律，这就导致体系能力评估新理念的产生，即对体系能力的评估，不能用简单系统静态、局部、分解可加的方式来进行，而必须是整体、动态、对抗三者缺一不可的方式进行。这种整体、动态、对抗的评估方式源于体系的三种特殊性质。

① 目标的涌现性。体系会发展演化，具有涌现性，但是涌现的目标不是预先设定的，它不以人的意志为转移，因此只能引导，不能确定。我们想要达成某个目标，而结果往往可能会事与愿违，这也是我们建设体系时常发生的事情。

② 结构的进化性。结构可变、自组织的，因此它不能建造，只能演化，给出初始的状态，确定其演化的过程，它的结构就会因此不断地变化。

③ 能力的相对性。没有一成不变的能力，能力通过对抗展现，“对手不同，能力也就不同”。

体系的这些特殊性质决定了体系能力不可能是一成不变的，只能通过动态、整体、对抗的方式，才能获得不同条件下的某个结果，而不是一成不变的结果。这就要求我们创造出符合条件的评估方法和平台。

2. 转变之二：引入复杂网络思想

复杂网络是近年来新涌现出的科学思想。复杂网络科学认为，系统都是由网络构成的，这里的网络指的是各种联系。不同的网络在性质上有很大的不同，早期的随机网、全连通网都是常见的典型网络,而具有小世界、无尺度、自组织等特点的网络被称为复杂网络。复杂网络一个很重要的特点就是幂律,可以说幂律是网络自组织演化的标签,只要有自主演化就一定符合幂律。与人类活动相关的网络几乎都具有幂律的特征,因此复杂网络科学特别适合研究与人的行为相关的网络结构、行为和演化等问题,而战争体系正好属于这一类型。我们必须将传统的系统层次模块组成思想转变为复杂网络思想来描述体系的组成和性质。

体系是各类功能网络的综合集成,是网络的网络,是有组织网络形成的网络群。因此,可以利用一些现有复杂网络的研究成果和方法来研究体系,如网络性质(半径、聚集系数等)、网络结构(关键节点、级联失效等),以及网络演化(层次演化、社团演化等)性质等都可映射到体系结构研究中。复杂网络的性质不是一厢情愿建造出来的,而是网络自身固有的,并且会不断演化。例如,体系结构可以通过网络不断演化,按照网络中心战概念综合集成后的作战体系,就包括了情报侦察网络、指挥控制网络、交战网络等。这些网络在和平时期可能会受人为构建的编制体制约束形成不同的网络,但是当战争打起来之后,不能适应实际作战需求的一些东西很快就会被抛弃,留下来的就是最紧要的,演化出更新型、更符合其生存特点的新型网络结构,包括编制、保障、指挥关系等。因此,研究与复杂网络具有相似性的战争体系,特别适合引入复杂网络思想。

3. 转变之三:重构体系能力评估概念

传统系统能力评估,一般都是先建立树状指标体系,然后进行单项评估,最后再进行综合评估。确定树状效能指标体系需遵循以下几个原则,即针对性、独立性、完备性、可测性、客观性、简明性等。其核心是独立性和完备性,但这两个原则却难以做到,因为它们只能在系统静态或弱动态条件下才能做到,一旦体系处于动态对抗条件下,这些指标将难以达到预期的目标。因此,体系能力指标构建必须实现三个颠覆。

① 抛弃能力指标独立性假设,将“指标树”转为“指标网”。在复杂体系评估中,既然做不到指标的独立性和完备性,就应该把它抛弃。各指标间的实质是网状结构而非树状关系,因为体系本身就具有非还原的复杂性特点。因此,我们需要用网络理论去研究网络效能,而不应该用简单分解还原的理论去研究网络效能,指标体系就应该是网状而非树状。

② 抛弃能力可分解合并假设,将“简单和”转为“涌现和”。对于复杂系统,不能用局部指标简单求和来得到整体效能,1加1不等于2,系统性质不能简单分解。综合效能应该是涌现出的网络化整体性“相变”效果,这些效果就会产生新性质。因此,下级指标只能在整体条件向上涌现综合得出上级指标效果,而不能简单求和。

③ 抛弃能力结果单一性假设,将“单一值”转为“结果云”。体系能力的结果不

会只有一个，而应该是一组结果(结果云)。在复杂体系能力评估中，结果与决策是相关多值变化的，应该建立在整体、动态、对抗基础上才能做到。因此，对体系效能不是一次性的评估，而应该是不断动态的测量。

对于体系能力进行评估可以采用两种测量方法。一种是对静态能力的测量，可以通过获取体系静态条件下的单元属性和状态来评估。在机械化战争中，这是一种常见的方法，例如在第二次世界大战时，常用体系中有多少门炮、多少架飞机等来评估。另一种是对动态效能进行测量，获取的是对抗条件下的结果，例如对抗中损失了多少装备、伤亡了多少人员、体系能力下降多少、任务完成了多少等，反映的是体系在该时刻的实际能力。

可以用医学中对人体研究做一类比，说明静态和动态两种测量方法。静态测量类似于对病人进行体检，是一种静态的、间断性的测量。动态测量类似于对病人进行全天候动态监测，是一种动态的、连续的测量。此外，还可以用 NBA 篮球的团队评估来说明：篮球比赛中的双方球队可以看作进行对抗的不同体系，我们不仅关注单个球员的身高、体重等初级、静态性的指标，更关注球员在场上的命中率、进攻效率、传球失误率、控球时间等高级、动态性的指标。

因此，对于战争体系研究来说，我们不仅需要测量体系中兵力多少、装备多少等一些静态的、表面的指标数据，同时更应该测量收集诸如单位时间探测次数、OODA(observe，orient，decision，action)环反应时间、打击效果率等动态的、深层次的指标数据。只有对这些指标全面地收集掌握，才能为发现和掌握体系运行的规律，揭示体系能力形成的深层次机理创造基本条件。

4. 转变之四：创新体系能力度量方法

将体系能力计算转变为体系能力指标测量，必须解决三个问题。

(1) 问题一：哪些是体系能力的代表性指标？

首先必须明确，所有的指标除特别指定，都必须具有代表性，而不能想当然。所谓代表性，就是每一个指标都能反映体系的某一状态，对体系能力有所贡献，并且具有一定的敏感度。显然，要做到这一点，每个指标项都必须从大量实践数据中挖掘得出，而不是拍脑袋得出。这就像西医用体温、血压、血液生化等指标测量人的健康情况一样，是人类千百年实践的总结，是对大数据挖掘的结果。因此，体系的指标也必须挖掘出来，而非想当然地指定。

代表性指标必须能从不同层次、不同角度反映体系的能力与效能，而体系能力与效能主要反映在以下三个层面。第一个层面，体系网络结构及演化类指标，例如可以用复杂网络系数与分类网络综合指标来表示，如网络上的节点及链数、度分布、最大中心节点、特征路径长度、聚集系数、介数、路径水平、中立率、敏感度、连通片数等基本网络特征参数。分类网络综合指标是指通信网、指控网、传感网、互联网等网络的演化特征及其相互之间的关联关系。第二个层面，体系能力对抗及效果类指标，可以用不同对抗行动进行划分，可以分为感知类、攻击类、防御类等类型指标，例如感知类指标包括定位准确率、感知范围、关键节点发现率等指标，攻击类指标包括突防率、干扰率、阻塞率等指标。第三个层面，面向体系的整体类效能指标，包括体系自同步及适应能力、体系结构脆弱性、体系跨域依赖度、体系能力增倍效应等这些更宏观的指标。

对于体系能力指标的选择，还需要强调三点。

① 不同的任务目标需要不同的体系能力指标，也就是对于不同的作战任务，目标不同，所采用的体系能力指标也应该是不同的。没有一成不变的、适用于所有任务目标的"万金油"指标，因此指标一定是针对具体的任务和目标。

② 网络体系效能可以反映在体系效能上。由于体系的很多特征由体系内部关系结构网络决定，因此对于体系的研究需要高度关注体系中的各种网络。特别是像"网络体系效能与体系效能之间存在什么样的关联关系"等这些问题，值得我们深入研究。

③ 能力指标组成结构不是树状而是网状的。传统树状的指标体系对体系进行简单分解，导致体系整体性、涌现性的丢失，因此需要抛弃传统的简单分解的树状指标体系，采用一种能体现体系内部复杂关系的网状指标体系。

(2) 问题二：如何获取这些代表性指标数据？

可以通过对实际体系进行测量和对仿真体系进行测量来获取这些代表性指标数据。一种方法是对实际体系进行测量，也就是对现实中的真实体系及其作战行动的关键指标进行数据采集，如某作战体系中的装备数字化率、联网通信设备数量、网络覆盖范围、通信时延等。获取这些真实作战部队和装备的数据，必须在实际任务背景下进行，因此难度非常大，需要到作战部队做大量的实际采样工作，但这类数据真实度高，最贴近实战，应该说最能发现问题、最有价值、最有意义。另一种方法是利用仿真体系进行测量，也就是通过对体系进行仿真获得对抗条件下的动态数据，来弥补实际测量数据的不足。通过全程记录全维数据，进而分析获取仿真战场感知控制区域率、指挥网络覆盖率、OODA 环时长、网络拓扑变化率等一系列数据，作为实际体系数据的补充。这里需要说明的是，仿真数据在真实性上与实际测量数据会有一定的差距，但只要建立相对全面合理的体系模型，避免一些很明显的错误，还是可以用于战争体系分析的。

(3) 问题三：如何对获取的数据进行分析？

对获取的数据进行体系分析，可以采用对比分析和深入分析两种方法。对比分析方法直接对比即时结果，也称为一般性测量方法，即通过对比测量值与标准值直接得出结论。以医学做一类比，类似于人的体温、血压、外观等指标，人的正常体温是 36～37℃，如果高于或低于这个标准，医学上就会认为人体出现了问题。

对于战争体系，也可以建立相应的标准值，通过对比测量值与标准值，来判断体系是否出了问题。深入分析方法是对事后结果进行深层次的分析，也称为大数据挖掘方法，即通过深入分析掌握前因后果，从而得到更准确的结论。例如，当人体出现体温高于正常范围时，医学上认为可能是由感冒发烧引起的，也可能还有更复杂的原因，在排除简单发烧引起的情况下，往往需要综合考虑血脂、血糖，甚至癌症标识等多种因素，去解释病情。这些对应到战争体系也是类似的，导致体系抗打击能力弱的原因是什么，是节点少、节点防护能力差、网络连接少，还是网络结构不合理等，需要通过对体系深入分析才能得出结论。

1.2.3 评估需要重点关注的四种方法

1. 理论分析方面：关注复杂网络方法

对于体系和复杂网络来说，众所周知，它们在性质上具有天然的相似性，包括整体不可分解、局部自主行为、随时间演化等特性，因此复杂网络方法比较适合体系能力分析，可以用于分析系统体系结构和社团演化进程等，可以用于描述层次演化、自同步、脆弱性等体系的特点。

国外已经有人采用复杂网络方法研究体系问题。美国 Cares 提出信息化作战模型[6]，将作战网络抽象成传感器、决策者、响应者和目标，并以作战网络的邻接矩阵特征值（perron frebonius eigenvalue，PFE）来衡量体系作战效能。Deller 等基于 Cares 的理论模型[7]进一步研究，完成了不同网络拓扑结构与军事效能之间关系的仿真，得出“获胜概率与 PFE 近似呈线性关系”的结论。另外，Dekker 等将 Agent 按不同的典型拓扑结构连成网络[8]，与非联网和规模更大 Agent 群对抗，并考察了联网一方拓扑结构的几个网络特征参数对作战效果的影响，包括平均距离、集聚系数、节点连通度、对称比、Hub 节点个数等，最后得出“平均距离是衡量作战效果的有效指标”的结论。又如，Jarvis 等采用复杂网络理论对军事 Email 网络进行实证性研究[9]，通过分析 Email 网络的复杂网络特性研究军事指挥控制网络体系，他们对最近一场美英军事联合演习中使用的军事 Email 系统进行抽取数据，并考察节点数量、边的数量、链路节点比、平均距离和集聚系数等指标，得出边的数量与节点的数量成正比；链路节点比约为 2.2；集聚系数在 4～6.5，大于 $\log n$，表明信息传递效率一般等一系列结论。

从某种意义上来说，在目前对体系的研究还没有成熟完善理论的前提下，复杂网络方法是最有希望，也最有可能在体系研究上取得突破的基础理论方法，值得我们高度关注。

2. 实验评估方面：关注虚实结合方法

虚实结合中的“虚”是指仿真，“实”是指实际的装备或者人员。虚实结合就是仿真系统与实际装备或指挥人员相结合，共同进行联合分析或训练。这与我们经常提到的半实物、人在回路仿真类似，都属于虚实结合的方法。虚实结合的方法既比全实物环境更便宜，更可能实现，又比全仿真更逼真，更接近真实情况。它能发挥仿真与实际装备或指挥人员各自的优势，既比较容易引入人的因素，同时又易于引入网络的整体性因素，而在体系能力分析中，人与网络的因素正是不可缺少的分析要素。因此，采用基于虚实结合的仿真方法进行评估可以模拟出体系中各种要素的属性和行为，从而获取相应的数据进行能力分析评估。

虚实结合的仿真方法有两类。一类方法是直接采用较小规模的真实系统代替较大规模的真实系统，即"以小真代大真"。美军曾构建了一个虚实结合的缩小版互联网[10]，它"以假代真"，通过计算机仿真模拟互联网设施及其动作；"以少代多"，通过少量的、各种类型的、全世界通用的实际路由器、连接、服务器等形成的网络模拟真实的互联网；"以虚代实"，通过虚拟城市人群行为，用软件实现发邮件、上网、网购等行为。这种"以假代真"、"以少代多"、"以虚代实"的新型仿真方法，用以研究网络的攻击效果、影响及连锁反应等作战行动，往往比我们构造纯粹的仿真模型更直接、真实、可信。另一类方法是真人参与的仿真推演。所谓真人就是指挥员和指挥机关，是体系或者联合作战最重要的因素。真人参与的作战仿真推演与全仿真推演最大的不同之处就在于真人进入了仿真回路，成为"半实物"中的一种"实物真人"，真人实际行为全部反映在行动过程中，包括他们的自由意志、主观能动性等，因此推演结果能将不确定性反映出来。这就比全仿真的构造式推演更为可信。

3. 深度挖掘方面：关注大数据方法

大数据(big data)是近年得到广泛关注的新科学领域，具有"4V"的特点，即大体量(volume)、快速度(velocity)、多种类(variety)、真实性(veracity)，被认为是继科学实验、理论推导和仿真模拟之后的第四种科研范式。它的出现催生了很多新的数据分析理念。在数据集合方面，它有两个变化。一个变化是从局部数据到整体数据，也就是基于大数据的分析不再拘泥于对传统的采样数据进行分析，而是对所有的数据进行分析。另一个变化是从纯净数据到繁杂数据，不再强调对数据进行整理、清洗等操作，而是对不同类型和不同质量的数据都进行分析。在分析方式方面，也有两个变化。一是"从注重因果关系到注重关联关系"，也就是大数据方法不需要了解因果关系，只需要知道相关关系就可得出结论，它颠覆了我们过去必须追究因果的研究方法，回避了因果关系这一复杂系统建模最难解决的问题，使复杂体系的建模和仿真有了新的途径。二是从简单分析到深入分析，由于大数据本身的特点，因此要从海量的数据中找出一些规律性的结论犹如"大海捞针"，必须抛弃传统简单分析的方法，通过深入分析才可能有所收获。

传统数据分析方法有数据挖掘(data mining)、探索性分析(exploratory analysis)和数据耕耘(data farming)。数据挖掘方法重点关注"发现哪些结论",也就是从已有的数据中发现出什么规律或理论。探索性分析重点关注"哪些参数必要",也就是对采集和仿真得到的数据进行全面分析,对各种不确定性因素对应的结果进行整体研究。数据耕耘方法则重点关注"哪些结果必要",通过对各种参数进行有针对性地选择,快速缩小仿真样本空间,达到对全局问题认识的目的。这三种传统的数据分析方法有共同的特点,就是注重样本数据或数据参数的分析。

相对传统的数据分析方法,大数据方法的核心在全维数据分析,也就是所谓的数据优先方法。首先,获得尽可能多的数据,即使现在无法处理,但要为将来处理做好数据准备。这种思想与光场照相机相似,这种相机的最大特点是先收集所有光线的数据,然后再根据需要决定打印出什么照片,即"先照相,再对焦"。对应到仿真分析上,就是在仿真开始并不关注研究的问题,先采集全部仿真数据,再根据研究的需要深入分析挖掘。例如,部队经常会演习,每次演习都会产生海量的数据,这些数据都是真实部队演习的数据,源于真实的方案和真实的参演人员,都是非常宝贵的资源,我们可以先把历次演习数据都收集并存储起来,在未来适当的时候,根据研究问题的需要,再对这些数据进行深入的分析和挖掘。这种方法颠覆了传统的"先确定问题,再进行仿真"的理念,因为演习并不是完全针对研究而设的。按照这种思路,我们已经进行了一些探索性研究,并得出一些很好的结果。

有两类大数据方法值得特别关注。一类是现实与半现实挖掘(all or half reality mining),由于对个体与组织行为及作战效能的研究不能仅从纯粹虚拟的仿真系统获取,必须通过对现实或半现实战争体系的实际数据进行分析才能得到,而网络使虚拟和现实越来越分不开,这也为现实与半现实的数据收集和挖掘创造了条件。另一类是基于仿真数据的挖掘(simulation based mining),战争不可能事后分析,只有通过仿真才能提前受益,因此采用仿真的手段产生大量的数据,并对这些数据进行分析,也是一种达到研究体系目的的方法。值得一提的是,人在回路的仿真所产生的数据最值得深度分析和挖掘。这些数据蕴含着指挥员在作战中的思维、决策与行动信息。可以看出,大数据方法是从实际或者仿真的作战结果数据去倒推体系中的关键成分和因素,这与我们传统的分析方法有较大差异,是一种非常值得关注的新方法。

4. 评估模型方面:关注深度学习方法

体系能力评估的一项关键任务就是构建体系评估模型。传统的方法,如数学解析方法和综合评价方法等往往都隐含一个假设,即体系的结构是已知且静态不变的,这与体系整体涌现的不可预知性、动态演化的不确定性等存在明显的矛盾。

首先，体系能力整体涌现的机理和体系结构演化的规律都隐藏在体系模型中，而随着无人和智能装备的大量应用，体系的复杂性进一步加剧，体系的运行机理越来越趋于“黑箱化”，导致体系的模型往往难以建立。其次，体系能力评估的指标选取往往依赖专家经验，但是随着战争信息化程度的提高，作战空间不断扩大，作战态势也日趋复杂，单纯地依靠专家经验，不但存在较大的主观性，而且难以满足海量信息处理和快速评估等未来联合作战指挥控制的需求。

体系评估模型要解决的问题是如何选取指标（特征）、选取哪些指标（特征）从整体上描述体系。传统体系能力评估使用的人工智能方法，如支持向量机、神经网络、动态贝叶斯网络等方法，大多用于能力或效能预测，或是指标数据处理以消除主观性，主要采用“小数据＋简单模型”的模式。这种模式强调通过人工或专家经验对指标或特征进行选择，需要分析人员和专家对问题有深入理解，而要实现这个过程需要消耗大量的人力和反复的摸索，显然不适用于以速度与精度为典型特征的信息化联合作战。

AlphaGo战胜人类棋手为复杂系统建模提供了很多启示。AlphaGo采用的方法是深度学习，它是一种人工智能技术，也可以将其看成一种复杂系统的建模方法，即通过构建多层神经元网络模型来描述和表达复杂系统的运行规律。人工神经元网络完全不同于传统的模型[11]，是一种认知表达方式，可以看成是一种应用类似大脑神经突触连接结构进行的信息处理数学模型，通过调整内部大量节点之间的关系，实现对事物的理解。从这个角度来说，神经元网络其实表示的是对复杂系统规律的某种认知，并将这种认知以模型的形式展现出来，即深度学习方法是实现非形式化的经验、直觉等知识的一种建模方法。

人工神经元网络建模相对于传统模型有以下不同。

① 它是整体建模的，因为多层网络之间相互纠缠，反映的是整体特性。

② 它的结构是动态的，只要有数据进来，马上就会调整结构和演化。

③ 它的结果是不确定的，输入输出都有不确定性，结果也不是一成不变的。

④ 它可以描述涌现性，低层次的特征抽象和组合，会涌现出对高层概念的理解。

这些特征与复杂系统的典型特征不谋而合。无论是复杂网络方法，还是大数据分析方法，其用于体系评估分析都是为了找到战争复杂体系的运行规律，即体系的特征或体系的评估指标。而深度学习方法提供了一种全新的复杂系统描述方法，或者说是提取体系特征的途径，为构建体系评估模型提供了有益参考。

1.3　体系仿真试验床的探讨与实践

现代战争是体系和体系的对抗，一体化联合作战成为基本作战形式，平台作战、体系支撑、战术行动、战略保障成为现代战争的显著特点。武器装备体系和作战体系是战争复杂体系研究的两个重要方面，武器装备体系是作战体系在装备视角的反映。以武器装备体系研究为例，首先要回答两个关键问题。一是，武器装备体系的整体性评估问题，类似于“体系存在哪些结构性的缺陷和弱点?”“对手武器装备的发展会对我方体系带来什么影响?”等。二是，具体装备的体系贡献度评估问题，类似于“未来的武器装备建设应该发展和淘汰哪些装备?”“在体系配置和规模设置上应该如何进行优化，以实现最佳的效费比?”等。但是，由于体系的性质具有涌现性、结构具有进化性、能力具有相对性，使传统基于数学分析、数据统计，以及动态仿真的方法在体系评估中集体失效，体系能力评估正面临理论、方法和平台的三重挑战。

针对挑战，我们提出“体系仿真试验床”概念，即建立一个综合性体系对抗仿真环境，将需要进行评估的武器装备放入其中，并通过快速实验得出相关体系性效果，以达到支持决策的目的。换句话说，就是构建一个体系对抗仿真环境，开展仿真实验，以武器装备体系为例，通过对体系中的重点装备、主要战法等焦点对象进行“增”“减”“改”后观察和分析会对体系带来什么影响。例如，己方增加或减少某种装备对体系能力有何影响？敌方增加或减少某种装备对我方体系有何影响？双方战法的改变对双方的体系会有何影响？利用体系仿真试验床研究战争复杂体系，就像进行化学实验。体系是烧杯中的“液体”，焦点对象是“试剂”，将焦点对象置于体系中进行作战对抗，就像把“试剂”滴入“液体”。在化学实验中，可以通过观察“液体”发生的化学反应来研究“液体”的性质和特点。在体系仿真实验中，可以通过观察测量体系发生的变化来研究整个战争复杂体系的性质和特点。

1.3.1 体系仿真试验床的基本理念

体系仿真试验床是一种新的研究武器装备体系的平台系统，蕴含一系列研究武器装备体系能力的新理念。这些理念正是设计和研发体系仿真试验床的基本指南。

(1) 理念一，基于复杂系统的体系理解

战争是典型的复杂系统，具有适应性、不确定性、涌现性和非线性等特点。将战争中对抗的体系当成复杂系统理解，更符合其本质，也是体系评估理念的核心转变。作战体系和武器装备体系都是装备与人相结合的有机整体，而不仅仅是一些装备的简单组合。复杂系统思想颠覆了传统简单系统思想，将体系看成由网络的网络构成的整体系统，因此必须从整体、动态、对抗的角度加以研究。正是因为复杂系统思想的引入，标志着体系评估理念的根本性变革。

(2) 理念二，面向整个武器装备体系

因为体系具有不可分解、不断演化等性质，所以必须对整体进行评估，而不能采用“先拆成局部再汇总”的方式进行评估,体系实验必须面向整个武器装备体系。这是与传统武器装备仿真最大的不同之处,即体系是主角,评估的对象是体系,而不是那些要加入体系的装备,虽然放进去的是某个装备,但研究的却是整个体系及其受到的影响。

(3) 理念三,坚持联合作战背景

体系作战能力牵引武器装备发展,坚持联合作战背景,就是要将武器装备放到联合作战时空环境中评估,只有这样才能真实地反映装备对体系、体系对作战的贡献和影响。武器装备的发展归根到底是为作战服务的,作战需求是武器装备发展的牵引,因此新型作战概念的开发是武器装备发展的首要前提。此外,武器装备的发展不能“一厢情愿”,对抗才是评价武器装备能力的基本条件,只有通过对抗才能检验其是否真正合理。

(4) 理念四,重在体系贡献度量

一般来说,可以从是否增加能力类型、是否改进战技短板、是否提高运行效率、是否降低整体成本四个方面衡量体系贡献。任何一个方面的改变,都会被认为对体系产生了贡献。体系贡献评价可以通过体系作战综合效能和费效变化来表达体现,体系仿真试验床就是通过接入新装备进行实验,测量观察体系效能发生的变化,从而得知“增”“减”“改”及“规模化”某装备后体系发生的变化,即常说的体系贡献率和体系影响度。

(5) 理念五,采用复杂性科学方法手段

现代科学的进步为体系研究提供了更合适、有效的理论方法和手段,其中的关键是复杂网络理论、大数据方法和深度学习方法。这三者既可以反映复杂系统的三个侧面,也是解决复杂系统问题的不同手段,为体系评估提供了新的方法和途径。武器装备体系可以看成是各类武器装备系统组成网络的综合集成,是网络的网络。这样复杂网络理论就成为研究体系的天然理论基础;大数据方法的出现,为避开体系仿真中最难的“因果”建模提供了条件;采用深度学习方法,可以为理解和处理体系演化的不确定过程奠定基础。

(6) 理念六,依托积累的模型和实演的数据

所有装备都是逐步加入体系之中,并影响体系发生演化。因此,多年积累的大量模型和实演数据,为建立基本体系模型和开展体系研究奠定了坚实的基础。体系研究不能只是几辆坦克、几架飞机的对抗,只有构建相对完整的体系模型,才是体系仿真试验床成立的基础。人是体系中重要的组成部分,研究体系,特别强调真人参与的演习,只有这样才能贴近作战而非仿真。多年来大量仿真对抗演习活动积累并仍不断增加的模型和数据,充分反映了人的因素是研究体系问题重要而宝贵的资源。

(7) 理念七,建立全新的体系实验框架

体系是复杂系统,因果关系不明确,因此体系实验不能照搬传统实验的单向流程,需要建立符合整体、动态、对抗体系实验特点的全新实验框架。传统牛顿科学体系下的实验流程针对的是简单系统,是一个从对象到因素到实验到结果,再到结论的单向流程,而体系实验则必须解决体系大、因果缺失、动态变化,以及不确定等难题,需要全新的体系实验框架。

(8) 理念八,达成辅助高层决策目的

体系仿真试验床最终是要达成为高层决策服务,得出的结论要为高层所接受,就必须实现问题重要、结论可信、操作简易、决策者明白等基本要求。这不仅仅是简单的可视化,而是需要构建一个综合集成的研讨环境为高层进行辅助决策。

以上八个理念是设计体系仿真试验床的基本思想,是对体系评估新思想的简要概括和阐述,指导构建体系仿真试验床的基础理论和根本出发点。

1.3.2 体系仿真试验床的关键技术

1. 多重循环实验框架

为开展整体、动态、对抗的体系评估,体系实验设计改变了传统实验单向流程方式,引入人在回路、动态协同的多重循环实验框架。

多重循环实验框架由想定准备、想定提炼、仿真实验、数据分析四个小环和聚焦实验一个大环组成,如图 1.1 所示。想定准备环是在既定背景体系的基础上,根据实验关注的内容对背景体系进行裁剪,将需要实验的焦点对象接入背景体系,为仿真实验准备基础的想定数据。想定提炼环是在想定准备的基础上对想定数据做进一步检查、调整和优化,使想定部署更合理,想定空间更聚焦。仿真实验环是基于想定准备和想定提炼生成的基本想定,采用更改实体性能、更改实体数量、更改网络结构,以及更改对抗行动等多种操纵变量的方法生成多个仿真方案,并对方案分别进行仿真运行。数据分析环是基于仿真实验的结果制定分析所需的指标体系,收集数据并对数据进行对比分析和因果关系回溯,评价体系能力,研究体系能力形成的根本机理。聚焦实验环包括试验床应用的整个周期,由想定准备环、想定提炼环、仿真实验环、数据分析环组成,构成聚焦实验环的一个基本周期。聚焦实验环是从实验整体上逐步逼近结果的过程,研究人员可以根据实验的目标和每一次实验周期的结果进行判断,决定是否进行下一个周期的实验。通过这种螺旋上升、逐步逼近的方式,实现对问题的深入研究。

2. 体系指标挖掘技术

体系评估既要用指标表示实验变量,也要用指标表达评估结果。过去选择指

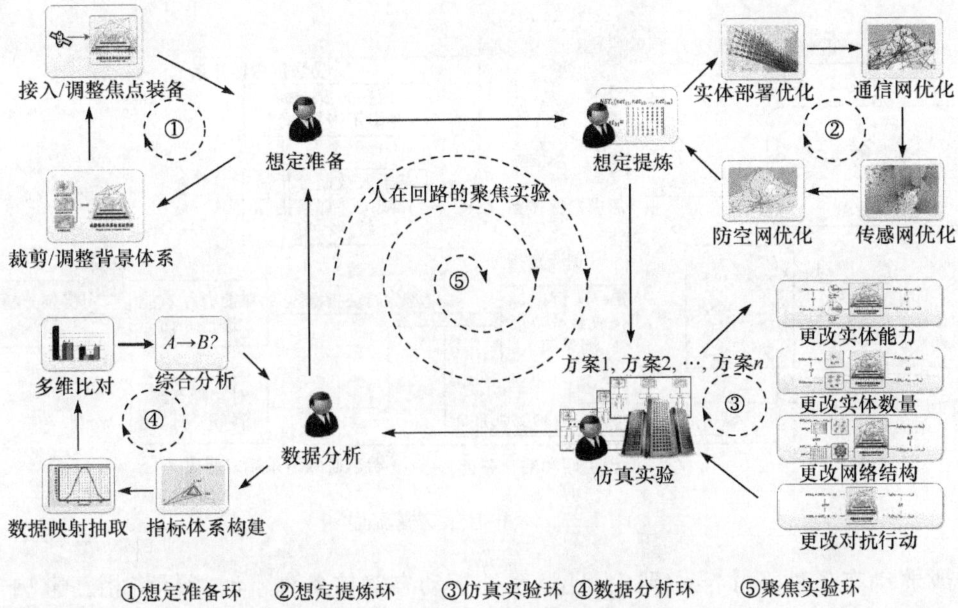

图 1.1　多重循环实验框架

标时往往蕴含一个假设,即所有指标都显而易见,并符合体系实际,但事实恰恰相反。由于复杂系统与简单系统本质截然不同,找出评价体系的指标不能仅凭想当然。

对体系指标的选取有两种途径。一种途径是用户特别指定,也就是用户根据研究问题想出的或特别指定的一些指标,如战损、战果、作战消耗等。另一种途径是通过实验数据挖掘,从大量实验数据中找出具有代表性的指标。相比之下,后者更为重要。

对于挖掘的指标,体系仿真试验床给出一种方法过程:首先概念建模,并通过演习数据抽取相应数据,得出一个初步指标;然后通过数据分析观察指标的敏感程度,挖掘关键指标并修正指标体系;通过多次演习数据对指标进行校验和证实,并修正概念模型,得出较为完整的指标体系;根据得到的指标体系选定相应的指标获取系统特征测量值,对实际系统进行监控分析,对体系的能力和效能进行评估,最终得到分析结果。体系指标挖掘流程如图 1.2 所示。

3. 网状指标体系生成技术

传统的体系能力评估一般是先建立树状指标体系,然后进行单项评估,最后进行综合评估。确定树状效能指标体系的原则是针对性、独立性、完备性、可测性、客观性、简明性等。其中核心是独立性和完备性,但这两个原则只能在系统静

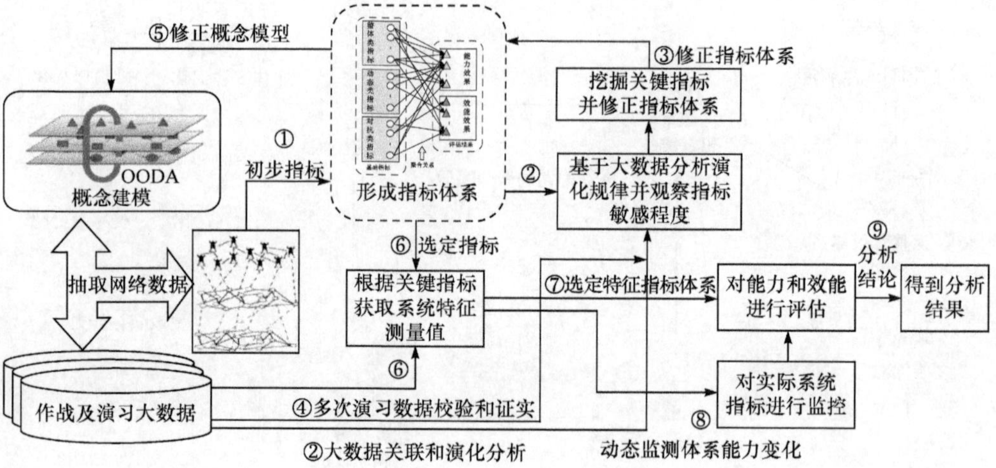

图 1.2　体系指标挖掘流程

态或弱动态条件下才能做到，一旦体系处于动态对抗条件下时指标将相互影响，很难做到完全独立。对于这一点，过去经常忽视，因此我们提出要重构体系能力评估概念(1.2.2 节四个转变的第三个)，其核心思想就是实现三个颠覆。

① 抛弃能力指标独立性假设，将“指标树”转为“指标网”。

② 抛弃能力可分解合并假设，将“简单和”转为“涌现和”。

③ 抛弃能力结果单一性假设，将“单一值”转为“结果云”。

典型的网状作战效能评估指标体系示意图如图 1.3 所示。总体来看，网状的指标体系可分为三个层面。第一个层面为体系结构与演化类指标，即基于复杂网络参数的体系结构指标，如 Cares 提出的节点及链数[6]、路径水平、中立率、敏感度等。第二个层面为体系任务对抗效能类指标，即按作战行动任务划分的相应指标，如感知类(定位准确率等)、攻击类(突防率等)、防御类(主动/被动拦截率、迟滞率等)。第三个层面为体系能力整体类效能指标，即反映体系层面整体性能力指标，如体系 OODA 时长、体系自同步及适应能力、体系结构脆弱性、装备的体系贡献率和影响率等。这些指标有些是挖掘寻找出来的，有些只是猜想，还没得到证实。

4. 能力状态测量技术

用状态测量取代单值计算是全新的体系评估概念，因为体系是“活”的，能力不会一成不变。只有测量体系特定状态，才能判断某一时刻体系的能力水平。

对于体系能力可以采用两种测量方法。一种测量方法是静态测量，即通过获

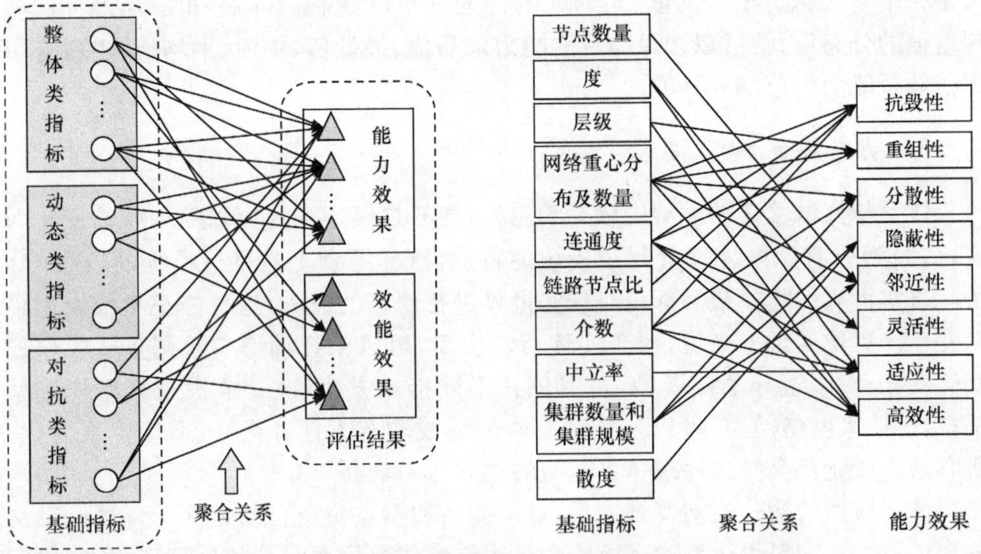

图 1.3 网状作战效能评估指标体系

取体系静态、常态条件下的单元属性和状态进行评估。另一种测量方法是动态测量，即通过获取对抗条件下的结果进行评估，如用对抗中损失了多少装备、伤亡了多少人员、完成了多少任务等评估体系能力，反映的是体系某时刻的实际能力。

对于战争体系研究来说，不仅需要测量体系中兵力多少和装备多少等静态、资源性的指标数据，同时更应该测量收集单位时间探测次数和 OODA 环反应时间等动态、深层次的指标数据，只有对这些指标全面收集掌握，才能为发现和掌握体系运行的规律、揭示体系能力形成与演化机理创造基本条件。

测量数据的获得需要标识世界，可以把标识世界看作一把量化体系的尺子。现代信息技术的普及发展，为标识社会、战争或体系等复杂系统数据提供了必要的条件和基础。传统标识依靠人工录入信息，而现代标识则依靠各式各样的传感器、移动终端、穿戴设备等。在未来，如果每个武器装备都配备采集器，就可以为数据测量提供丰富的物质手段，当前美国国防部就规定所有装备平台，甚至民船都必须安装数据采集器。对于体系仿真试验床来说，可以为体系的每一个武器装备构建一个仿真数据标识代理，以不断测量获取这些武器装备的位置、状态、行为等实时数据信息。

体系测量的结果是结果云和幂律分布。体系测量结果反映的一定是某时刻、某条件、完成某任务、针对某对手的体系状态，当所有测量的数据组合起来就会形成一个多维的全时数据仓库，表现出来就应该是一个散布的结果云，而非单一值。此外，结果云中的散布不是一种简单系统的散布，即不是高斯分布或者泊松分布，而是一个与人密切相关的散布，即人的行为分布，也就是幂律分布。当得到这些测量值的分布后，就可以知道体系的能力最高值、最低值、中值、平均值，也就有了评估体系能力的范围和标准。

5. 动态体系模型技术

体系仿真试验床的模型应该是动态的，指的是模型本身可以随环境的变化而变化，因为只有这样才符合复杂系统的特点，这在原理上是平行系统的概念[12]。所有真实世界的建模最后都是对现实世界进行修正的过程，这种修正导致模型不断变化。具体实现上来说，对于实体行动模型，可以依托动态参数调整适应作战实体变化；对于组分系统模型，可以依托不同接入方式，改变或扩充新型作战系统；对于体系网络模型，可以依托动态作战编成和有人任务交互，适应体系变化。所有这些变化都会导致动态体系模型的成立。

体系模型的构建包括背景体系、对象体系和焦点对象三个方面。背景体系又分为环境体系和对手体系。环境体系描述整个作战仿真对抗的地理环境、气象环境、电磁环境等基础环境。对手体系是所要研究的对象体系的对方所拥有的作战体系。对象体系则是关注和研究我方或敌方体系。焦点对象是在仿真实验中“增”“减”“改”的具体的武器装备、战法等。因此，背景体系和焦点对象最后都对对象体系施加影响，对象体系及其组成和演化过程才是研究的目标和重点。

6. 焦点接入快仿技术

焦点对象是对体系能够产生一定影响的关键武器装备和战法等，既可以是全新、改进的装备，也可以是新的战法。具体来说，可以是新型飞机、飞机改型或升级，以及吊舱或弹药等，也可以是某个作战方案。在利用体系仿真试验床开展仿真实验时，需要根据不同的情况对焦点对象进行快速建模和接入，然后开展仿真。焦点接入快仿示意图如图 1.4 所示。

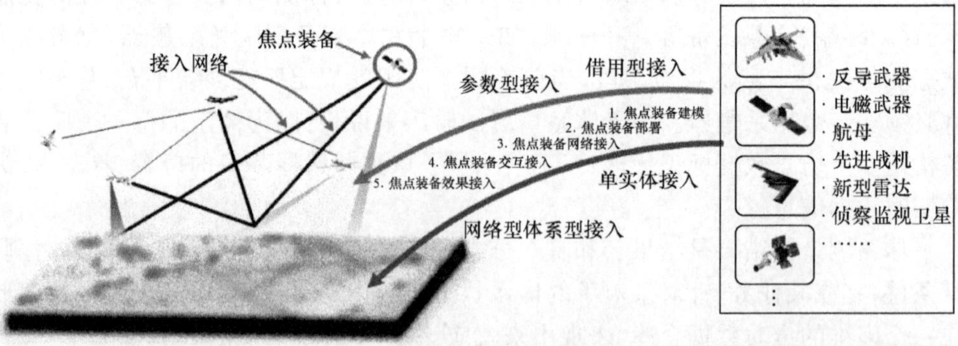

图 1.4 焦点接入快仿示意图

以焦点装备为例，有四种接入类型。

① 参数型接入，就是通过将已有武器装备模型更换参数，然后重新在仿真模型运行。

② 借用型接入，就是借用原有模型生成新的装备模型。

③ 新型单实体接入，就是从新模型库中选择一个原来没有的模型放入体系中进行仿真。

④ 网络型、体系型接入，就是通过将外部的仿真模型或系统通过互联仿真运行的方式接入体系仿真。

此外，模型互联包括数据交换、主从跟随和并行互联三种方法。数据交换通过系统间的数据交换同步实现；主从跟随通过某一模型单向随动另一模型同步实现；并行互联通过严格事件交互进行同步，一般依托仿真中间件实现。

7. 基线实验评估技术

体系能力是相对的，因此体系评估首先要确定参照标准，这就是基线(baseline)。对此，需要明确三个概念。

① 背景想定，是描述作战区域、任务和对手的基本战争环境条件，也就是体系对抗仿真中的基础环境。

② 基线想定，是基准条件下完成基准作战任务的想定，也就是参照标准。

③ 焦点想定，是针对特定问题评估的特殊行动想定描述，也就是测量的对象。

在背景想定固定的情况下，基线想定和焦点想定的设计是关键。一般来说，在体系仿真实验设计阶段，会设计一组实验方案。背景想定和基线想定构成一个基本方案，通过仿真分析会得到一系列任务效能值，这些值就是比对分析要用到的标准值；在基本方案的基础上，可以通过增加不同的焦点对象组合来形成其他方案，通过仿真可以得到其他方案的任务效能值。然后，可以将不同方案仿真获取的任务效能值与基本方案的任务效能值进行比较，分析体系产生的变化，从而评估体系的能力。基线实验评估如图1.5所示。

可以看出，基线想定的集合本身就是宝贵的资源。基线想定越多，体系仿真试验床可仿真实验的范围就越大，适应能力就越强。

8. 方案智能对接技术

在体系实验中，最大的难题在于作战方案的形成和运行。因为作战行动和结果有不确定性，会导致行动偏离预想，对抗各方不能有效对接，还会出现组合爆炸等现象。也就是说，随着作战仿真时间的推移，初始制订的作战计划会演化出多种情况，而这些新情况会继续演化出更多情况，很快会出现非常复杂的混沌现象。因此，在仿真实验中，难以预测未来完整的作战行动分支。目前，对于单方行动或

方案	试验体系的组成	任务1	…	任务m	综合效能
背景想定+基线想定	背景体系+对象体系	x_{11}	…	x_{1m}	z_1
背景想定+焦点想定1	基线+A(焦点A)	…	…	…	z_2
背景想定+焦点想定2	基线−B(焦点B)	…	…	…	…
背景想定+焦点想定3	基线+A+B+…	x_{n1}/y_{n1}	…	x_{nm}/y_{nm}	z_n/ρ_n

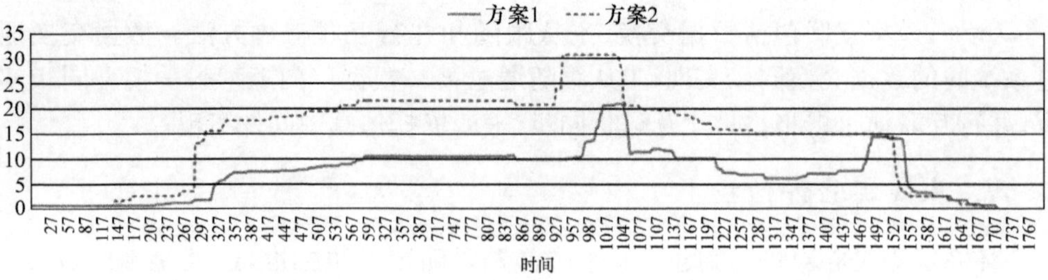

图 1.5　基线实验评估

者低对抗条件下或者短时间内的行动，以及低层次或者低复杂度的行动组合还是可以沿用传统的方法，像单方火力打击行动的效能评估，导弹只要打出去就行，可以不考虑对抗过程，但对于再复杂一些的行动，特别是对抗行动发生时就需要采用新的方法。

作战方案的形成与运行的难点在于“如何正确判断战场态势”“如何正确理解作战意图”“如何正确处置情况”。解决的途径有两种：一是采用演习式推演方式，以人在回路避开智能难题；二是强化系统人工智能水平，从根本上解决自动对抗问题。深度学习技术的快速发展为后一种途径提供了可能。2013 年，Google Deepmind 团队展示了基于深度学习网络与强化学习模型，实现了游戏的自主学习和经验的累积，达到或远远超过专业游戏人类玩家水平[13]。因此，基于深度学习的态势理解、博弈网络成为解决自动对抗问题的可能途径。

9. 大数据超网分析技术

超网(super networks)，也有人称为网络的网络(network of networks，NON/NetONets)，是由不同结构、不同功能的网络通过某种关系进一步连接形成的更高层次的网络。超网的概念源于国家关键基础设施安全的研究，是复杂网络理论的新发展，对应到军事领域，可以将武器装备体系看作各传感网、指控网、通信网、火力网、保障网在一定作战规则流程下形成的更高层次的网络。这些网络在战时协同运行，相互关联、相互影响、相互制约，共同形成体系作战能力。将体系看成超网,将不同性质的网络区分对待,既能反映体系各功能网络的内部结构,又能反映不同网络之间的依赖关系和级联关系,可以更加精细地描述体系内部的组成,以及运作流程,更有利于揭示体系内在的机理。

根据超网模型可以对试验床产生的大数据进行深度分析和挖掘。基于大数据进行体系分析,基础在数据、重点在结构、核心在行为,目的是挖掘体系的动态运行规律,因此需要重点关注作战行为规律、大数据的积累、超网模型指导,以及整体动态分析。在实践中,按照这种思路,依托仿真演习大数据,利用相应工具进行了一些探索性研究,并得到很好的结果。例如,在体系结构分析方面,发现作战体系的扁平化趋势、体系脆弱性节点等;在体系运行分析方面,发现体系指挥周期变化、自同步协同效果;在体系人因分析方面,发现态势感知影响评估、态势认知影响评估等。

10. 结果多维比对技术

实验结果分析主要采用多维比对方式,从各个维度以可视化方法进行。多维比对是对测量获取的指标数据,按照不同的仿真实验方案、不同的指标、不同的时间空间进行多角度比较的过程。通过多维比对,可以分析不同指标之间的关联关系,查找体系对抗演化过程中的异常点,比对展示不同方案对体系能力的影响。

据此提出的方案-指标-时空多维比对模式(scenario-measure-time/space-multidimensional contrast mode,SMT-MCM)如图1.6所示。SMT-MCM从方案维、指标维、时空维三个维度对仿真结果和过程进行比对。方案维是指将不同仿真方案作为区分的维度。一般来说,仿真实验会准备一个基本仿真想定输入方案,以此为基础,对装备实体的性能、数量、体系网络、作战行动等进行更改而形成不同的仿真方案,分别进行仿真实验,并收集数据,可用于不同仿真实验结果和过程的对比。指标维是指将不同的指标变量作为区分的维度。在图1.6中,MOM1、MOM2、MOM3等分别表示不同的指标,这些指标由分析人员根据不同的实验目的和仿真内容确定,并由这些指标共同组成指标集合形成指标维。时空维是指将仿真过程中时间和空间组合作为区分的维度。时空维描述了仿真从开始时间到结束时间所有空间的组合。

方案-时空模式(scenario-time/space mode,STM)是从方案维和时空维进行切片形成的一种比对模式,即固定某一方案和时空,对同一方案、同一时空下的不同指标进行比对。当空间固定时,方案-时空模式可以用于不同时间指标序列之间的关联分析,通过这种比对发现不同时间序列指标之间的同向、反向、滞后等关系。

时空-指标模式(time/space-measure mode,TMM)是从时空维和指标维切片形成的一种比对模式,即固定时空和指标,对同一时空、同一指标下的不同方案进

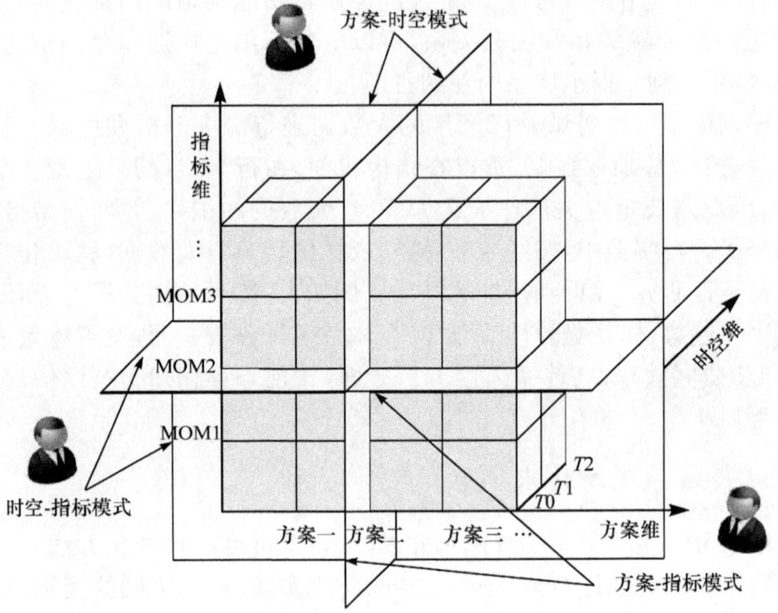

图 1.6　多维比对模式

行比对。时空-指标模式一般用于不同方案之间的对比分析，通过这种比对发现不同方案造成的指标差异，是最常用的一种模式，也可以用于不同指标之间的关联性分析，发现不同指标之间的同向、反向、滞后等关系。

方案-指标模式（scenario-measure mode，SMM）是从方案维和指标维切片形成的一种比对模式，即固定方案和指标，对同一方案、同一指标下的不同时间或空间进行比对。方案-指标模式一般用于仿真过程中一段时间内指标的变化分析或者不同空间下的指标变化分析，通过这种分析可以查找体系指标的异常点，从而进行进一步深入分析和因果回溯。

11. 体系贡献量度技术

构建体系仿真试验床开展体系仿真实验，进行体系能力评估，目的是为高层决策服务。体系贡献率和影响度都是针对战略需求的量度指标，需要由试验床测量数据综合而来。体系贡献率和影响度的计算公式分别为

$$\text{组分系统 }A\text{ 的贡献率}=\frac{\text{体系能力}_{\text{包括组分系统}A}-\text{体系能力}_{\text{不包括组分系统}A}}{\text{体系能力}_{\text{不包括组分系统}A}}\times 100\%$$

$$\text{组分系统 }A\text{ 的影响度}=\frac{\text{体系能力}_{\text{包括组分系统}A}-\text{体系能力}_{\text{不包括组分系统}A}}{\text{体系能力}_{\text{包括组分系统}A}}\times 100\%$$

贡献率模式有多种，如关键作用模式、固定作用模式、比例非线性模式等，如

图 1.7 所示。关键作用模式又称为脉冲模式，就是某一件装备的加入会对体系能力产生重大影响，极大程度提升体系的作战能力，如核武器、航空母舰等对体系的影响效果。固定作用模式又称为线性模式，即体系能力随着装备数量的增加几乎呈线性增长，如常规导弹、主战飞机、主战坦克等对体系的影响效果。比例非线性模式又称非线性模式，即某系统的加入和数量增加对体系能力的影响呈非线性增长，如指挥控制系统对体系能力的影响效果。

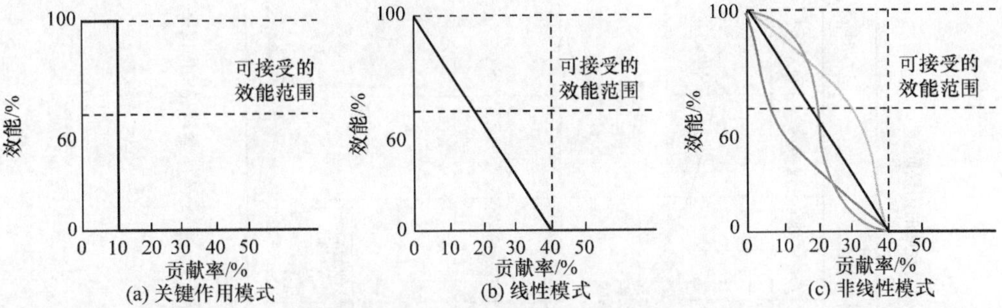

图 1.7　三种贡献率模式

12. 洞察辅助决策技术

体系评估结果最重要的不是“好坏”，而是“发现”。发现体系结构、能力和效能上的问题，提高对体系的认知，是辅助体系建设决策的最终目的。这是一种洞察力和顿悟，将对武器装备体系发展战略产生重大影响。体系仿真试验床就是一个为高层决策提供“可操控”的综合集成研讨环境，是钱学森“综合集成研讨厅”思想的一种具体实现，研究者可以在这个环境中根据需要开展研讨规划实验方案、改变参数、增加减少装备、快速仿真、多维比对等活动，评估分析体系能力。

研究武器装备体系的关键是要弄清楚体系能力形成的根本机理，找到影响体系能力形成和变化的关键因素。这就需要对体系仿真过程中出现的异常情况、关键行动进行重点分析和因果回溯分析，从而实现对体系能力形成与变化机理等深层次问题的研究。因果回溯分析如图 1.8 所示。例如，通过对作战体系结构演化发现，指挥网络呈严格树状结构，但交战开始后，其作战网络呈现扁平化，并出现抱团特性。由此得到，军旅营制、按作战任务编组可能更为合理。

1.3.3　体系仿真试验床的框架结构

体系仿真试验床系统由四大部分 30 余个子系统和工具组成，包括武器装备体系实验设计与管理系统、高性能仿真基础运行支撑平台、武器装备体系实验分析与评估系统、武器装备体系仿真运行模型体系等，如图 1.9 所示。

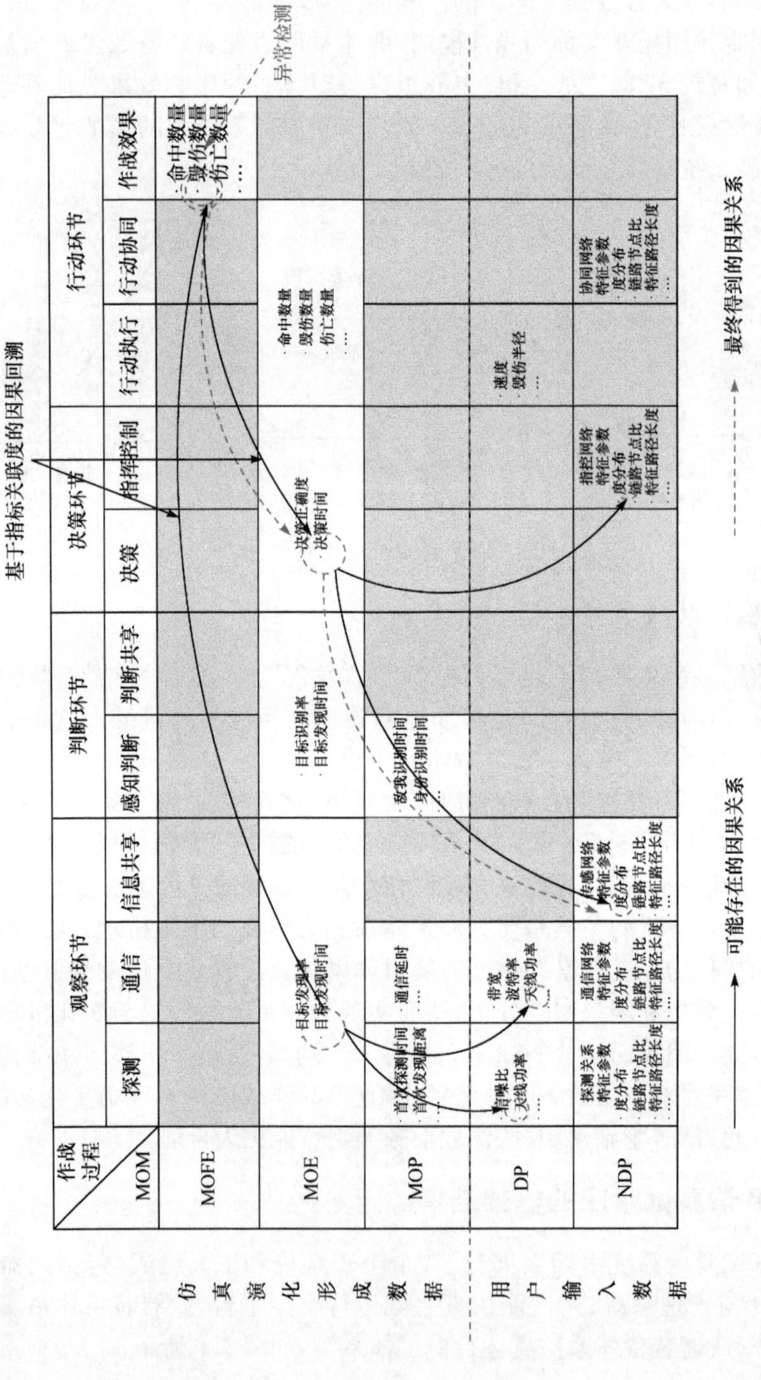
基于指标关联度的因果回溯
异常检测
作战过程
MOM
观察环节
判断环节
决策环节
行动环节
探测
通信
信息共享
感知判断
判断共享
决策
指挥控制
行动执行
行动协同
作战效果
MOFE
MOE
MOP
DP
NDP
·命中数量
·毁伤数量
·伤亡数量
·目标发现率
·目标发现时间
·目标识别率
·目标发现时间
·决策正确度
·决策时间
·首次探测时间
·首次发现距离
·通信延时
·敌我识别时间
·身份识别时间
·信噪比
·天线功率
·带宽
·波特率
·天线功率
·速度
·毁伤半径
·探测关系
特征参数
·度分布
·链路节点比
·特征路径长度
·通信网络
特征参数
·传感网络
特征参数
·指控网络
特征参数
·协同网络
特征参数
仿真演化形成数据
用户输入数据
可能存在的因果关系
最终得到的因果关系

图 1.8 因果回溯分析

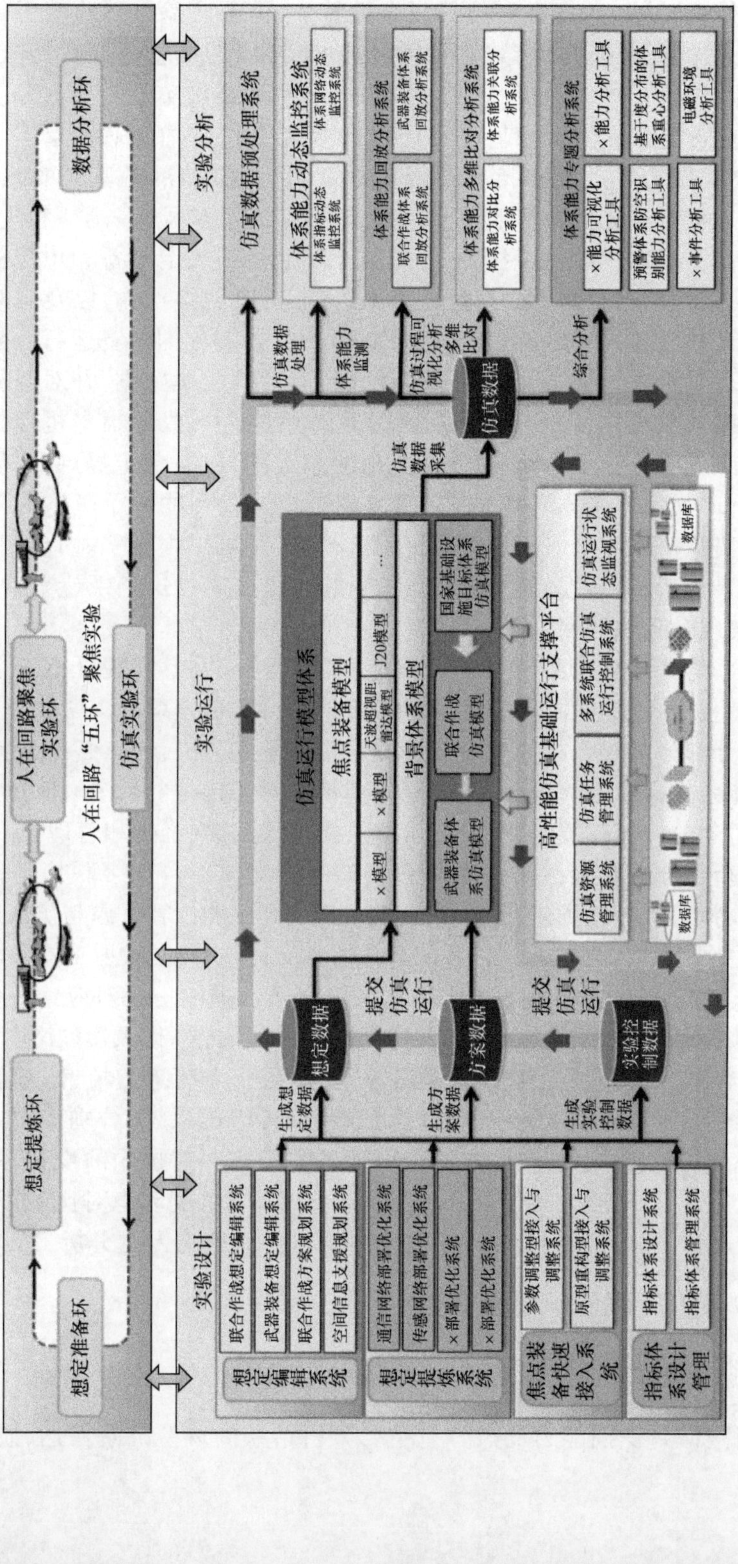

图 1.9　体系仿真试验床组成结构

为适应体系整体、动态和对抗等复杂性特点，体系实验设计改变了传统实验的单向流程方式，强调人在回路、多重循环、动态协同的实验框架。具体来讲，由想定准备、想定提炼、仿真实验、数据分析四个小环和聚焦实验一个大环组成。想定准备环是在既定背景体系的基础之上，根据实验关注的内容对背景体系进行裁剪，并将需要试验的焦点装备接入背景体系，为仿真实验准备基础的想定数据。想定提炼环是在想定准备的基础之上，对想定数据进一步检查、调整和优化，使想定部署更为合理，想定空间更聚焦。仿真实验环是基于想定准备和想定提炼生成的基本想定，采用更改实体性能、更改实体数量、更改网络结构，以及更改对抗行动等多种操纵变量的方法生成多个仿真方案，并对方案分别仿真运行。数据分析环是基于仿真实验的结果，制定分析所需的指标体系，收集数据，并对数据进行对比分析和因果关系回溯，评价体系能力，研究体系能力形成的根本机理。聚焦实验环是试验床应用的整个周期，由前面提到的想定准备环、想定提炼环、仿真实验环、数据分析环等四个基本环组成，它们构成聚焦实验环的一个基本周期。聚焦实验环是从实验整体逐步逼近结果的过程，研究人员可以根据实验目标和每次实验周期的结果判断，决定是否进行下个周期的实验。通过这种螺旋上升，逐步逼近的方式，实现对问题的深入研究。

根据体系仿真试验床系统在实验设计、实验运行，以及实验分析三个阶段所起的不同作用和承担的不同功能，可以将其划分为 11 个分系统。

实验设计部分主要包括想定编辑系统、想定提炼系统、焦点装备快速接入与调整系统、体系指标管理与设计系统等，分别负责对想定进行编辑，缩小仿真样本空间，焦点对象的快速建模与快速接入，以及指标的筛选、维护和管理等工作。

实验运行部分主要包括高性能仿真基础运行支撑平台和多联邦实验运行控制系统。前者负责为大规模仿真提供持续、可靠的高性能计算资源与仿真运行支撑功能。后者主要负责对多层背景体系的联合仿真支持，由数据映射工具和联合仿真软总线组成。数据映射工具完成不同仿真系统之间数据的一一对应。多系统联合仿真软总线则负责数据交换、时间控制、仿真控制、数据融合，以及模型调度等工作。

实验分析部分主要包括仿真数据预处理、体系能力动态监控、体系能力回放分析、体系能力多维比对分析和体系能力专题分析等子系统，分别负责对仿真数据的初步处理和规整，动态监控体系能力和各类指标在对抗中的变化，对抗过程及能力可视化分析，实验方案结果和过程的多尺度、多角度动态对比和可视化，体系重心分析及基于事件回溯分析工具等多种通用体系能力专题分析工具。

1.3.4 体系仿真试验床的应用案例

1. 预警探测体系中防空识别能力弱点分析

预警探测体系识别能力弱点分析主要分析体系内现有陆基雷达、侦察、电子对抗等识别手段在某地区形成的探测/识别能力及存在的弱点，寻找加强预警探测体系目标识别能力的方法。

实验分析采用全空间动态探索性仿真的方法，探索全谱型、多高度、不同 RCS 目标的首次探测、首次识别、首次跟踪点，最后通过数据提出预警探测体系针对防空识别能力的弱点，并按照“增”、“减”、“改”的仿真实验思路，探寻提高其防空识别能力的方法。如图 1.10 所示为增加某侦察飞机后的实验结果。

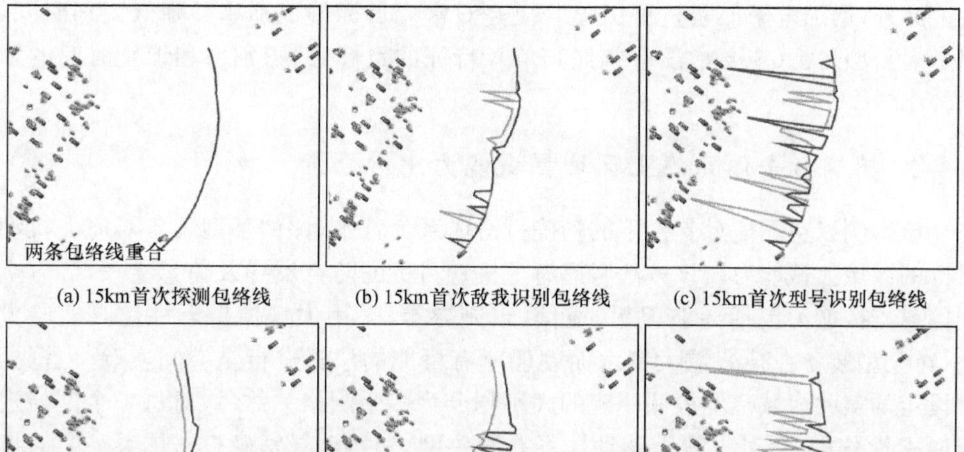

图 1.10 加入某侦察飞机后预警探测体系防空识别能力变化截图

通过实验得到的结论是，对低空目标探测/识别存在缺陷，敌我识别正确概率与型号识别正确概率也随目标飞行高度逐渐降低；难以在较远距离对目标进行有效识别，直至目标到离岸×米后（×米高度下的测量数据），才能通过多种信息融合，识别目标的敌我及型号信息；部分空域明显存在探测/识别漏洞；对新型号的目标识别能力有所降低，对目标的探测范围随目标 RCS 的减小有较大幅度缩减，但是对其识别范围与其他目标相差不大。

增加某侦察机后，从包络线可以直观地看出探测及识别能力范围的变化，探测及识别漏洞能够得到有效弥补。从指标来看，对低空目标的探测及识别位置距海岸线的平均距离得到明显扩大，但对高空飞行目标探测及识别能力提升作用不大。此外，增加电子侦察机可以显著提高对常规目标的识别率并降低识别时间，但是对新型目标（主要指没有掌握其信号特征的目标）的识别率和识别时间的影响较小。

2. 精确打击体系海上区域拦截能力比对分析

该实例以空间信息支援下的精确打击体系为背景，评估某型装备对海上机动目标的区域拦截能力。该方法考虑海上机动目标的防空反导及信息支援，红方空间信息支援能力包括导航卫星、通信、末制导等，采用大规模探索性仿真实验方法，对某型装备在某海域大型水面舰船所有可能的位置进行全空间实验。首先，将设定的实验海域范围按照一定的大小划分为多个网格。然后，对每一个网格进行探索性分析，当对方海上移动体系在某一网格时，记录精确打击体系与之对抗的过程和结果。最后，把每个网格中实验完成后的组合区域拦截能力进行比对分析，得出不同区域的能力热图。

通过实验分析可知，某方对该区域拦截能力具有较明显的空间分布特点，使命任务完成率总体上随着区域位置与领土距离的增加而下降。在体系中，天基信息网络对精导体系的贡献度大，也是该体系的脆弱性因素。结构脆弱性中脆弱度较大的节点往往对功能和使命脆弱性具有较大影响。一方面，可以从网络规划和设计的角度看，优化和完善网络结构，降低网络在结构上的脆弱性。另一方面，可以对网络中的信息传输规则进行适当控制，降低网络在功能上的脆弱性。

1.4 本章小结

复杂性是战争体系研究中必须考虑的重要因素，也是一个非常困难的问题。这是因为战争体系都具有复杂性，不能用传统牛顿科学的理论加以解释，必须采用新的复杂性科学理论和方法。过去很多战争体系方面的研究之所以进展缓慢，问题大多出在方法论上。对于战争复杂体系的研究，应该寻找符合战争复杂体系特点的新的科学理论和方法，对体系的定义、性质，以及研究方法进行科学的研究和总结，才能从根本上解决战争体系复杂性带来的一系列新问题。

战争复杂体系能力评估是当前的热点和难点。体系的整体涌现性、结构的动态演化性和体系能力的相对性等复杂性特征使传统的体系评估面临理论、方法和平台三重挑战，必须从整体、动态、对抗的角度出发，才能得出正确的结果。离开复杂系统特性去研究体系效能，已经丧失了基本意义，只有充分应用复杂网络、大数据分析和人工智能等技术，才能洞察战争体系的复杂性。只有做到这一点，体系能力评估才能真正取得成效，这不是愿意不愿意的问题，而是不以人的意志为转移的客观规律，需要观念与科学方法的同时进步和发展。

体系仿真试验床的提出是应对挑战的一次重要探索和尝试，其本质是在整体、动态、对抗的条件下评估。体系仿真试验床的实现需要关键概念和技术的创新，以保证理念落到实处，得出正确的评估结果。只有核心概念和技术形成完整闭环，才能构建满足体系仿真实验要求的原型系统。需要说明的是，体系仿真试验床不同于一般的体系仿真系统，前者在于为体系论证提供辅助，帮助决策，而后者是为了武器装备研发，注重装备技术和工程。体系仿真试验床的方法有其特定的应用要求和范围，不能简单推广到所有体系仿真与评估，但其理论、方法和技术可以为其他仿真系统设计作参考。体系仿真试验床的研发还有很多难题需要继续深入研究，如基于深度学习的指标挖掘、结果分析和态势理解等问题，需要我们做出更艰苦的探索。

参考文献

[1] 胡晓峰，杨镜宇，司光亚，等. 战争复杂系统仿真分析与实验. 北京：国防大学出版社，2008.

[2] 霍兰. 涌现：从混沌到有序. 陈禹，译. 上海：上海科学技术出版社，2001.

[3] 胡晓峰. 战争工程论——走向信息时代的战争方法学. 北京：国防大学出版社，2012.

[4] 胡晓峰. 战争复杂性与信息化战争模拟. 系统仿真学报，2006，18(12)：3572-3580.

[5] 胡晓峰. 战争复杂性与复杂体系仿真问题. 军事运筹与系统工程，2010，24(3)：27-34.

[6] Cares J. 分布式网络化作战——网络中心战基础. 于全，译. 北京：北京邮电大学出版社，2006.

[7] Deller S，Rabadi G A，Bell M I，et al. Modeling the information age combat model：an agent-based simulation of network centric operations. Langley Research Center，NASA Technical Report：20100012866，2010.

[8] Dekker A H. Analyzing C2 structures and self-synchronization with simple computational models// Proceedings of the 16th International Command and Control Research and Technology Symposium，2011.

[9] Javis D A. A methodology for analyzing complex military command and control (C2) networks// The 10th International Command and Control Research and Technology Symposium，2005.

[10] Bajaj C，Chaturvedi A R，Mehta S R. The SEAS environment. Institute for Defense Analysis，

Alexandria,1998.

[11] 胡晓峰. 认知仿真:理解和管理复杂系统的终极方法//2017 年中国科协“新观点新学说”第 121 次学术沙龙,2017.

[12] 王飞跃. 平行系统方法与复杂系统的管理和控制. 控制与决策,2004,19(3):485-489.

[13] Mnih V,Kavukcuoglu K,Silver D,et al. Human-level control through deep reinforcement learning. Nature,2015,518(7540):529-533.

第2章　武器装备体系仿真试验床方法与关键技术

2.1　武器装备体系仿真试验床的内涵和基本思路

研究武器装备体系的主要目的是优化和完善武器装备体系，提升武器装备体系能力，缩小武器装备体系能力与使命任务之间的差距。武器装备体系是一个复杂系统，具有自组织适应性、不确定性和涌现性，基于复杂系统理论，采用建模与仿真方法对武器装备体系进行研究已成为主流方法，但是如何采用仿真实验的方法对武器装备体系能力进行分析评估，特别是如何回答武器装备体系存在哪些缺陷和弱点、应该发展新装备还是改进老装备、新装备应该具备什么样的性能、武器装备体系应该具有什么样的结构等具体问题，尚缺乏能用、有用和好用的手段。

2.1.1　当前体系研究的主要方法及存在的不足

目前，对武器装备体系的研究方法有很多，可以归纳为定性分析方法、静态解析方法、计算机仿真方法，以及联合实验方法等四类。

定性分析评估方法是专家依据自身的经验和知识，对武器装备体系相关问题进行逻辑分析和判断，并给出相应评价结论的方法。定性分析方法的出发点是认为专家在各自的研究领域具有较深的理论知识和更为丰富的实践经验，对事物的认识要比一般人更深刻，考虑问题更周到，判断更准确，结论也更令人信服。定性分析方法广泛应用在政治、经济、军事、社会等领域，特别是在一些难以量化和综合性评价方面应用广泛。但是，由于受专家知识局限与个人偏好的影响，定性分析容易产生较大的主观偏差。为了减小这种人为因素的影响，产生一些经典的改进方法，如头脑风暴法(brainstorming)、德尔斐(Delphi)法等。定性分析方法的不足主要在于：一是容易受专家个人能力和认识水平的影响；二是容易受专家人生观、世界观、意识形态等主观因素的影响；三是当研究的体系规模庞大，问题非常复杂时，专家难以把握各种因素，并且难以推断各种可能发生的情况；四是在没有定量的分析或真实数据作为支撑的情况下，单纯定性分析缺乏足够的说服力。

静态解析评估方法是以运筹学和系统工程理论为基础，通过建立能力指标函数模型和指标聚合算法，采用数学解析计算对武器装备体系能力和效能进行评估的方法。常见的静态解析方法主要有指数法(index method，IM)，层次分析法

(analytic hierarchy process，AHP)，可用度、可信度、能力(availability dependability capability，ADC)法，系统效能分析(system effectiveness analysis，SEA)法等。静态解析评估方法的不足主要在于：一是静态解析方法只是对某一状态进行静态的评价，没有反映体系动态演化的特性；二是静态解析方法采用自上而下的建模方法，不能反映体系各组分之间的合作与对抗，不能体现复杂系统的涌现性；三是静态解析方法给出的结论往往是确定的，虽然有些方法引入了随机数因子，但依然不能反映体系中复杂系统对抗过程中的涌现性等特点。

计算机仿真方法是运筹学、系统工程、计算机技术、建模与仿真技术、科学实验理论等综合运用的一种方法，被认为是继理论研究和实验研究之后认识世界的第三种方法[1]，已经成为目前武器装备体系研究的主流方法。从仿真建模方法上看，武器装备体系仿真的模型可以分为解析模型、事件驱动模型、基于 Agent 的模型，以及基于 Agent 与复杂网络的模型。当前，基于 CAS 理论和复杂网络理论的计算机建模技术能较好地反映复杂系统的涌现性、不确定性等特征，已成为目前武器装备体系能力研究的主要方法，同时也是该领域的研究热点和发展方向。

美军十分重视采用演习和靶场试验的方法进行武器装备体系能力评估，提出像作战一样试验(test as we fight)[2]。其核心思想就是认为武器装备体系的评估需要建立在实装对抗之上，通过实装设备的真实运用来评估武器装备体系的作战能力，查找体系存在的问题。为了降低试验的成本，美军大量引入仿真模拟技术，提出逻辑靶场的概念[3]。所谓逻辑靶场，就是通过将分布在不同地理位置上的各种实装设备、模拟器和推演模拟系统(live，virtual simulation，constructive simulation，LVC)连接起来，形成一个逻辑上的靶场，并在这个靶场对武器装备进行试验和研究。相比传统的武器装备试验，采用逻辑靶场进行武器装备联合试验发生了诸多变化。

① 试验目的发生了改变。从传统的检验单个武器装备的性能转变到检验军兵种装备在联合作战中的互操作性，以及体系配套性，评估联合技术与作战概念，验证武器装备在联合作战中的使用规程。

② 试验主体发生了变化。从单个部门参与发展到多个部门的联合试验，包括试验部队、试验基地，以及各类作战实验室。

③ 试验对象发生了变化。从传统的单个武器装备的试验发展到更强调武器装备体系的试验和评估。

④ 试验环境发生了变化。强调作战怎么用就怎么试，大量引入建模仿真手段，通过构建一体化的 LVC 联合试验环境，整合各种试验资源，为联合试验提供联合对抗的试验环境。

由于大量引入建模仿真手段，并且同时强调带实装进行研究，如同作战那样试验等概念，逻辑靶场试验可以看作传统靶场试验与纯粹计算机仿真实验的一种结合，吸收了二者的优点，弥补了二者的缺陷，因此成为美军目前大力倡导和主要发展的武器装备体系研究方法。

总的来说，定性分析方法方便快捷，但容易受主观因素的影响，静态解析方法建模简单，但难以反映复杂系统的整体性、涌现性、非线性等特征，计算机仿真实验节省经费，但容易脱离实际作战，传统的靶场试验贴近实战，但又耗资巨大。因此，从目前的发展趋势来看，基于仿真技术和实装试验相结合的方法逐渐成为武器装备体系研究方法的主流。

2.1.2　武器装备体系仿真试验床方法的提出

针对武器装备体系研究面临的诸多需求，国防大学胡晓峰教授带领的团队进行了大量的研究[4,5]，提出构建基于信息系统的武器装备体系综合仿真试验床，开展武器装备体系研究。

从本质上来说，武器装备体系仿真试验床是一种新型的武器装备体系研究方法。试验床思想源于美国航天部门，通过抽象关键技术、模拟真实条件、弱化次要因素，采用仿真的方法达到降低技术难度与投资成本、缩短研制周期的目的。后来，试验床思想被武器装备生产研制部门和军方广泛应用在对武器装备的设计、试验、测试、评估，以及验证上。武器装备体系仿真试验床方法是将传统武器装备试验床思想移植到武器装备体系研究上的一种新方法，强调对体系建模、对体系仿真，以及对体系评估。

1. 与传统试验床方法的区别

与传统的武器装备试验床研究方法相比，在研究目标、研究对象，以及理论基础上都发生了变化。

① 从研究目标来看，传统的武器装备仿真试验床面向武器装备研制和生产部门，通过对武器装备进行仿真实验，研究武器装备的设计是否合理、元器件工作是否正常、材料是否满足要求、各种性能是否达标等，为某一类武器装备的设计、研制和生产提供决策依据；武器装备体系仿真试验床是面向武器装备体系高层规划决策者，通过武器装备体系在联合作战背景下进行仿真实验，研究探索诸如当前的武器装备体系存在什么缺陷、需要发展何种新型战略武器装备、新型武器装备需要满足哪些性能要求、新型武器装备会对整个武器装备体系效能带来什么样的影响等体系层面的问题，为高层决策者提供武器装备体系建设战略层面的决策依据。

② 从研究对象来看，传统的武器装备仿真试验床方法关注的对象是单个武器装备及其在个别作战行动中的应用，研究的焦点集中在单个武器装备的性能指标是否满足作战行动的需要。武器装备体系仿真试验床方法关注的对象是武器装

备体系及其在联合作战中的应用，研究的焦点集中在整个体系的能力是否满足未来联合作战的需要。可以认为，武器装备体系仿真试验床不但研究武器装备的个体，而且研究武器装备之间的网络关系，以及武器装备体系在复杂关系基础上涌现出的整体效应。

③ 从基础理论来看，武器装备体系仿真试验床方法基于复杂适应系统理论和复杂网络理论，认为武器装备体系是典型的复杂适应系统，具有自组织适应性、不确定性和涌现性，不能基于传统的还原论思想和采用解析计算的方法对系统进行简单分解研究，而是要充分地认识到体系的复杂性、非线性和涌现性等特点，采用“自底向上，整体涌现”的复杂系统思想，对武器装备自主行为、武器装备之间的复杂网络关系进行建模与仿真，通过武器装备的自主行为和武器装备之间的复杂关系涌现出体系的整体效应，在仿真实验中研究武器装备体系。

由此可以看出，武器装备体系仿真试验床和传统的武器装备试验床虽然仅仅相差体系两个字，但它们之间却存在本质区别。

2. 武器装备体系试验床方法的特点

武器装备体系仿真试验床是一种研究武器装备体系的方法。相较传统的定性分析方法、静态解析方法、基于计算机仿真的方法和基于演习与靶场试验的方法，体系仿真试验床方法吸取了诸多方法的优点并回避了缺点，具有以下特点。

① 强调在战争背景下研究武器装备体系。传统武器装备体系研究往往限于对武器装备体系本身的研究，不考虑武器装备体系在联合作战中的作用，以及这种对抗对整个战争产生的影响。武器装备体系仿真试验床强调要在战争背景下研究武器装备体系，认为武器装备体系建设最终的目的是服务于国家安全与发展战略，如果脱离战争背景进行研究，就是脱离武器装备体系研究的初衷。因此，不能孤立地研究武器装备体系，而是要在联合作战背景下，在战争中研究武器装备体系。

② 强调在整体涌现上研究武器装备体系。传统静态解析计算方法通过建立函数方程，描述体系的变化结果。一般来说，在输入确定的情况下，输出也就确定了，不能反映武器装备体系之间对抗的不确定性和涌现性。体系仿真试验床是以复杂系统理论为基础，采用仿真实验的手段，从单个实体的个体行为建模出发，通过实体之间的复杂交互，涌现体系的整体效应，从而实现对武器装备体系演化机理的揭示。

③ 强调在动态对抗中研究武器装备体系。传统的方法往往只是关注输入和输出，对体系的对抗和演化过程并没有给予关注，而往往很多重要的潜在的关联关系、因果关系需要深入分析整个对抗仿真的过程才能被挖掘和发现。体系仿真试验床以体系对抗整个过程为研究对象，强调体系的能力在对抗中发挥展现，通

过对仿真过程进行“时空切片”，查找关键时间段、关键事件、关键节点、关键网络，解剖式地分析整个仿真过程，在动态对抗中研究武器装备体系。

④ 强调通过比对来研究武器装备体系。体系仿真试验床不是采用一个绝对的体系能力值来评价武器装备体系能力，而是强调采用相对能力的变化来评价武器装备体系能力。另外，体系仿真试验床不强调全要素空间的探索性实验，而是强调有目的性地调整实验参数，对各方武器装备进行有目的性的“增”“减”“改”，通过对不同方案的结果进行比对，来探索武器装备改变对于整个武器装备体系能力的影响。

⑤ 强调对体系能力形成的机理进行研究。对武器装备体系能力进行比对或者给出体系的建设意见并不是体系仿真试验床追求的最终目标。体系仿真试验床强调对体系能力形成的机理进行深入溯源分析，查找各种异常现象并通过关联分析进行因果关系回溯，揭示影响体系能力形成和变化的深层次原因，从而找到真正影响体系能力形成的根本原因，实现有目的、有依据、有针对性的建设武器装备体系。

2.1.3　武器装备体系仿真试验床的科学内涵

1. 武器装备体系仿真试验床的定义

从不同的角度，可以给出不同的武器装备体系仿真试验床的定义，但就本质来说，武器装备体系仿真试验床可以理解为研究武器装备体系的一种思想、一种方法和一个平台。狭义上看，我们可以将武器装备体系仿真试验床理解为一个用于武器装备体系试验的平台；但从广义上看，武器装备体系仿真试验床可以扩展理解为一种研究武器装备体系的思想和方法。下面分别从思想、方法和平台三个方面给出武器装备体系仿真试验床的相关定义。

定义 2.1　武器装备体系仿真试验床——思想视角

武器装备体系仿真试验床是一种研究武器装备体系的思想。这种思想面向高层决策者，以武器装备体系为研究对象，以复杂系统理论、复杂网络理论、平行系统理论为基础，通过仿真实验的方法，在整体、对抗、动态中研究武器装备体系，在比对中评价武器装备体系的相对能力。

定义 2.2　武器装备体系仿真试验床——方法视角

武器装备体系仿真试验床是一种研究武器装备体系的方法。这种方法以能反映现实武器装备体系自适应行为和网络化效应的背景体系为基础实验环境，通过“增”“减”“改”焦点装备对体系进行聚焦实验，并采用多维比对的方式比较不同条件下体系能力的改变，从而对体系能力进行评估，对体系能力形成的机理进行研究。

定义 2.3 武器装备体系仿真试验床——平台视角

武器装备体系仿真试验床是一个研究武器装备体系的平台。这个平台由背景体系的构建与裁剪、焦点装备的建模与接入、想定的优化与提炼、实验的设计与调整、仿真的运行与控制、指标的构建与映射、数据的采集与转换，以及结果的比对与分析等一系列工具和软件组成，通过这些工具和软件，实现对武器装备体系的研究。

2. 武器装备体系仿真试验床的内涵

(1) 以系统思想为指导

前面提到复杂系统，也就是"$1+1\neq 2$"的系统。一般认为，这类系统具有不可还原、过程不可重复、因果关系不明确、系统状态混沌等特点，不能采用传统的还原论思想进行研究，属于新科学体系。武器装备体系仿真试验床方法认为武器装备体系是典型的复杂系统，具有复杂系统的典型特征，而传统基于还原论思想分解再相加的方法不能体现这些特征。武器装备体系试验床以复杂系统理论和复杂网络理论为基础进行体系建模，强调武器装备实体的自主行为建模，强调装备实体之间的复杂关系建模，通过实体自主行为和网络交互实现体系的整体涌现效果，从而达到对武器装备体系这类复杂系统的研究。

(2) 以仿真实验为手段

由于体系的规模庞大，很难采用实装进行验证，更不可能采用实战进行动态评估。仿真是认识世界的第三种方式[1]，采用仿真实验的方式研究武器装备体系，既能节省经费，又能大量反复地进行实验。武器装备体系仿真试验床采用建立一个信息化条件下联合作战的体系对抗仿真环境，将需要进行验证的新型武器装备加入其中，并通过反复多次的快速试验得出相关的体系性效果，反映新装备的"增""减""改"对体系产生的影响，从而达成对体系进行分析的目的。

(3) 以多维比对为关键

构建背景体系、开展聚焦实验，都是为最后的分析服务。体系仿真试验床在分析方法上不同于传统采用求出一个绝对值进行衡量体系能力的方法，而是通过对比改变实验条件后状态的变化来评价体系能力。其核心思想可以表示为 $\Delta\mathrm{WSOS}\rightarrow\Delta S_{\mathrm{WSOS}}$，其中 $\Delta\mathrm{WSOS}$ 指仿真实验对武器装备体系的改变，这种改变可能是对某个武器装备的性能进行改变，也可能是增加某种武器装备或者减少某种武器装备，还可能是对武器装备之间的网络关系进行改变；ΔS_{WSOS} 指通过计算机模型仿真计算，输出实验过程中各种武器装备和网络的状态改变，包括武器装备的状态、数量、网络结构、通信量统计等。通过这种相对能力和状态的比对，来评价武器装备体系的优劣。

(4) 以揭示机理为目标

虽然面向高层决策者给出类似于体系能力存在什么不足、需要增加什么新型装备、如何完善现有体系等宏观层面问题的答案,是武器装备体系仿真试验床的一个重要目标,但最为关键的目标是揭示基于信息系统的体系能力形成的机理,分析影响体系能力形成和变化的关键因素。只有揭示影响体系能力形成的深层次原因,才能真正从科学的角度去回答类似于"为什么增加某某装备能弥补体系上的缺陷"这样的问题,也才能从根本上解决体系优化的问题。

2.1.4 武器装备体系仿真试验床方法的基本思想

武器装备体系仿真试验床方法的基本思想是在既定的对抗背景体系环境中,对焦点武器装备进行快速建模和快速接入,并有目的性地调整输入变量,包括"增""减""改"装备,并进行多次仿真实验,最后对仿真的过程和结果进行多维分析对比,研究其各种状态指标的变化,从而对整个体系能力形成的原因和机理进行分析研究。整个思想可以概括为"基于既定'背景体系','焦点装备'快插即仿,按需开展'聚焦实验','多维比对'综合效果"。

1. 基于既定"背景体系"

背景体系是指为进行武器装备体系研究而构建的基础试验环境。它是基于平行系统的思想,参照现实中各方的武器装备和兵力部署现状,采用仿真建模技术搭建的一个虚拟的试验环境,研究人员可以基于这个试验环境,快速调整武器装备性能参数,更改武器装备之间的通信、指挥等关系,制定作战任务和行动,形成仿真想定,然后通过仿真推演进行武器装备体系研究。

可以从两个方面理解背景体系。一方面,背景体系是进行体系仿真实验的基础试验环境,描述战场环境、基本的作战实体性能状态、实体之间的通信关系、指挥关系、对抗关系等信息,是仿真运行的模型和数据基础,没有这个基础仿真实验就无从谈起。另一方面,背景体系是研究的对象,即背景体系需要反映体系之间的对抗效果,体现受试对象对背景体系的反向作用和影响,既包括对武器装备背景体系网络化作战效果影响,也包括对联合作战背景,以及整个战争背景的影响。

基于既定背景体系,就是在仿真实验前预先构建一个多层、多方、多域的仿真实验背景体系(图 2.1),为武器装备体系仿真实验提供基础环境。传统试验床研究的对象是武器装备系统,关注的是武器装备系统的性能及其完成某种行动的能力。在仿真实验时,通常只考虑小范围内的个别作战行动。体系试验床研究的对象是武器装备体系,评估的是焦点装备对整个体系产生的影响,对联合作战产生的影响,甚至是对整个战争的影响。因此,需要将武器装备放在大尺度的战争背景下进行研究,也就需要构建大尺度的对抗仿真环境。此外,对于武器装备体系试验来说，不应该每次从零开始构建试验背景，可以采用平行系统的思想，构建一个与现实环境基本相符的、较为稳定的背景体系，能反映对抗背景情况和战略决策重点，并支持新型装备逐步加入，从而通过调整装备的性能、网络关系等参数，快速实现对武器装备体系的评估论证。

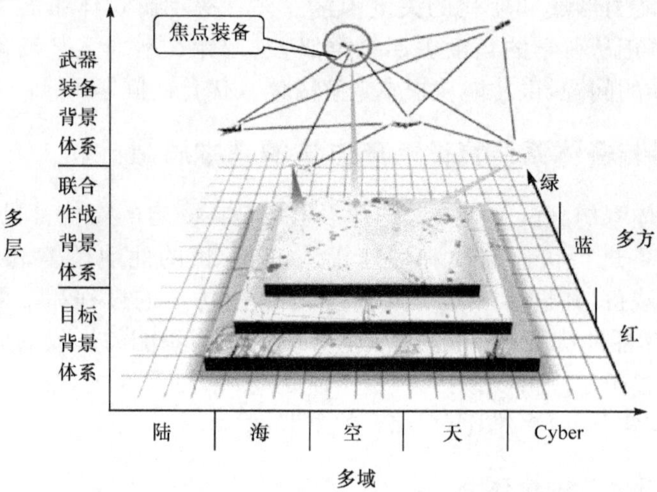

图 2.1 多层多方多域的仿真实验背景体系

(1) 多层的背景体系

背景体系从结构上来说是分层次的，不同层次的背景体系关注不同的内容，体现武器装备体系对不同层次领域的影响。

① 武器装备背景体系。

武器装备背景体系是体系仿真试验床背景体系的组成部分，主要为武器装备体系仿真实验提供一套能反映武器装备体系对抗背景环境，以及武器装备体系网络化特征的仿真模型与数据。

武器装备背景体系建模定位于武器装备体系层次，以描述信息化武器装备、武器装备之间的网络为主。这里的网络不仅限于物理意义上的通信网络，更重要的是建立在通信网基础上形成的业务网络，如指挥网、传感网等。在武器装备背景体系中，建模粒度较细，一般到单个的武器装备一级。例如，对战区导弹防御系统建模，会描述具体的导弹发射指挥车、发射架、卫星等武器装备实体。

② 联合作战背景体系。

联合作战背景体系是体系仿真试验床背景体系的组成部分之一，主要是为武器装备体系仿真提供一套能反映多方对抗的联合作战背景环境，可以体现武器装备体系在联合作战背景下作战效果的仿真模型与数据。

联合作战背景体系定位于联合战役层面，以描述兵力级的作战单元和作战行动为主，包括陆、海、空、导弹、电子对抗、网络攻防等军兵种作战实体。联合作战背景体系建模与仿真的粒度相对于武器装备背景体系更粗，一般控制在营或团一级，如陆军某师某团、防空导弹某营等。

③ 目标背景体系。

目标背景体系是体系仿真试验床背景体系的组成部分，主要是为武器装备体系仿真提供一套能反映武器装备体系对国家基础设施打击效果，以及武器装备体系对战争影响效果的仿真模型与数据。

传统仿真主要是武器系统对武器系统毁伤的模拟，很少涉及非军事目标，但这一类目标越来越重要。例如，当武器装备体系在联合作战应用中打击的是重要政治目标或者经济目标，会对国家关键基础设施体系产生级联影响效果。特别是，电力、通信、能源、交通等重要高价值目标遭到打击后，会对整个战争的进程和态势产生重大影响。目标背景体系建模与仿真定位于实体层面，以描述电力、通信、能源、交通等国家重要基础设施为主，其目的是体现武器装备体系对抗对战争的影响，反映武器装备体系作用于社会域的级联效果。

(2) 多域的背景体系

体系仿真试验床主要面向未来信息化条件下联合作战对武器装备体系的需求，而未来联合作战涉及陆、海、空、电磁、网络和太空等多维战场环境，特别是快速发展的太空、Cyber 领域对未来联合作战的影响越来越大，地位越来越重要。因此，研究武器装备体系，要将其放在"多域铰链"的多维战场空间背景体系中。特别是，在陆、海、空等传统领域的基础上，重点构建能体现 Cyber 域、太空域、社会域的多领域背景体系，来评估其对整个战争空间的影响。

从物理域、信息域、认知域和战争域(社会域)看，传统的武器装备试验关注物理域中的性能参数，而武器装备体系仿真试验床方法从物理域扩展到了信息域、认知域，直至社会域，如图 2.2 所示。

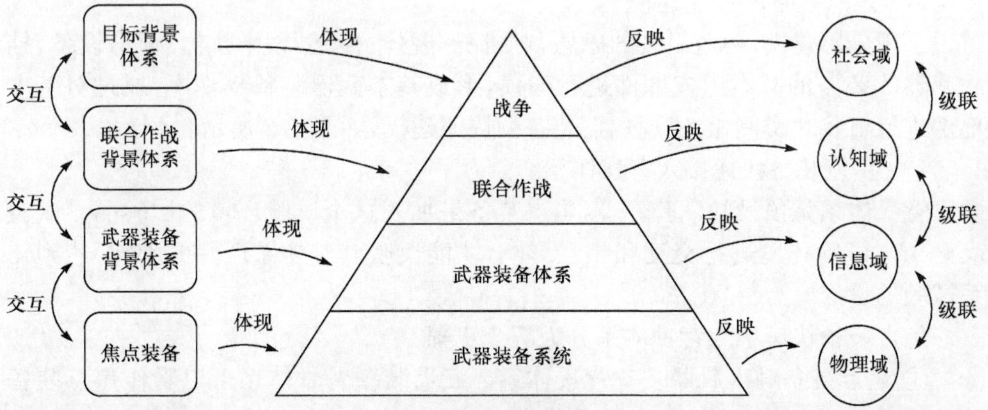

图 2.2　背景体系与领域的对应关系

焦点装备定位在武器装备系统层面，描述的是武器装备的各种参数性能，可以看作主要是对物理域的反映；将焦点装备放在武器装备背景体系中，实现武器装备与其他装备之间的互连互通，建立通信网络、指挥网络，形成新的武器装备体系，实现武器装备之间信息的传递，体现网络化的武器装备体系之间的对抗，可以看作主要是信息域的反映；将对抗的武器装备体系应用在联合作战背景下，体现武器装备的应用情况，体现指挥员对新型作战力量的应用和对新型作战样式的理解，可以看作主要是认知域的反映；将联合作战与目标体系关联起来，体现武器装备体系对战争的影响，可以看作主要是社会域的反映。因此，多层、多方、多域的背景体系是一个逐渐递增、逐渐反映焦点武器装备对各种体系影响效果的综合试验环境。

基于既定背景体系，不是重新构建模型系统，而是充分利用现有的模型系统，通过建立模型系统之间的关联关系，使其联合仿真，构建逻辑层面的背景体系，将需要试验的焦点装备放入这个背景体系进行对抗仿真，从而实现对武器装备体系的分析评估。

2. "焦点装备"快插即仿

焦点装备是指根据实验目的而重点关注的武器装备系统，往往具有重要的战略价值，能对武器装备体系整体能力产生一定程度的提升或者对敌方体系造成一定程度的威胁。

焦点装备快插即仿，是利用试验床对新型装备的体系作战能力进行仿真时，针对需要试验的新型装备，即焦点装备，利用已有模型库资源和工具实现焦点装备的快速建模，然后将焦点装备模型快速加入背景体系，并与背景体系进行交互和相互影响，实现快插即仿(plug and simulation)的功能。焦点装备快插即仿重点关注焦点装备如何快速建模及其如何接入背景体系，并且实现与背景体系的交互。

(1) 焦点装备的快速建模

采用分层建模、构造组装的思想，对机身/舰体、传感器、干扰器、通信设备、挂载武器等装备的基本组成部件进行建模，形成基本武器装备部件库，通过对基本部件进行组装和实例化，实现焦点装备的快速建模，如图 2.3 所示。

(2) 焦点装备快速接入背景体系

背景体系是预设的试验环境，焦点装备是加入这个试验环境的试验品。试验品必须与试验环境进行交互和相互影响，才能反映其对体系产生的影响，达到体系试验的目的。

焦点装备快速融入背景体系分为两个步骤。

① 焦点装备融入武器装备背景体系。武器装备背景体系可以看作焦点装备接入背景体系的接口层，主要是对建模后的武器装备原型进行实例化和部署，并

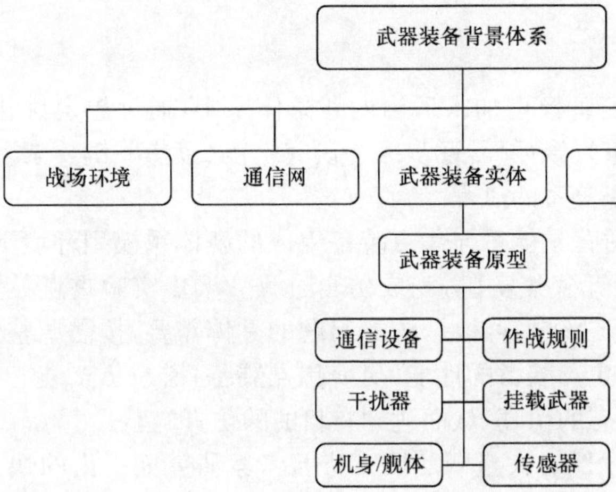

图 2.3　武器装备分层建模

建立武器装备实体与其他武器装备实体之间的通信关系、指挥关系，指定相应的消息响应动作，完成焦点装备加入武器装备背景体系。

② 建立武器装备背景体系与其他背景体系的关联关系。联合作战背景体系和目标体系反映武器装备对联合作战的影响及其对战争的影响。武器装备背景体系、联合作战背景体系，以及目标背景体系三者在物理上是以不同分辨率的异构模型系统分别模拟，建立武器装备背景体系与其他背景体系的关联关系，就是实现多分辨率异构模型系统的联合仿真，实现不同模型之间的相互影响。焦点装备融入背景体系如图 2.4 所示。

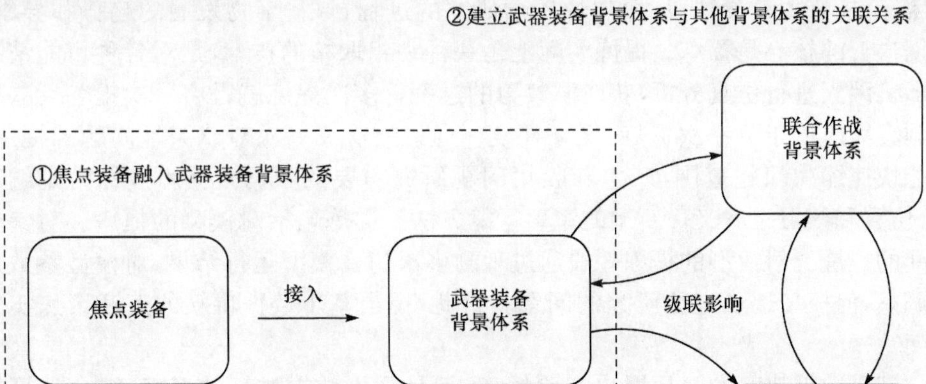

图 2.4　焦点装备融入背景体系

3. 按需开展“聚焦实验”

聚焦实验是将新型武器装备模型加入适当的背景体系中，通过想定优化、仿真实验、多维比对，以及不断重复该循环，逐步缩小研究范围、聚焦关键要素，最终获取新知识或者发现事物因果关系的过程。

按需开展聚焦实验是在由背景体系与焦点装备组成的新体系模型环境下，根据研究需要，针对焦点装备展开聚焦实验，完成仿真过程。聚焦实验重点关注的是焦点装备对体系能力的重要影响，可根据仿真问题的具体需要，按需调整焦点装备的关键参数。例如，调整焦点装备的性能，更换焦点装备，增减焦点装备等操作，然后再进行整体、对抗、动态的仿真，从而达到有目的的仿真实验。

聚焦实验是为了更为高效地对大量偶然因素进行考察研究而提出的快速收敛实验空间的方法。对于非线性复杂战争系统，必须考察大量的偶然因素，才能发现蕴藏在其背后的必然规律。但针对战争问题面临的巨大不确定性空间，如果采用穷举法对每一种可能都进行研究，付出的代价将是巨大的。例如，考虑 15 个变量，每个变量有 10 种取值，则采用遍历的方法需要进行 15^{10} 次实验，即使采用先进的仿真实验平台使每次实验时间降低到 10 秒，最终需要的时间仍要几十万年，显然这是难以接受的[6]。探索性仿真实验方法虽然给出了一些参数空间收缩的方法，但同时也带来一些重要样本值被忽视的可能性。

数据耕耘是继探索性分析方法后的一种更为有效的分析方法。从本质上来说，数据耕耘是探索性仿真实验方法的一种改进版本，相对于探索性仿真分析，数据耕耘更强调有目的性的试探，通过对参数改变和循环迭代仿真，聚焦关键的影响因子，提炼关键参数，从而加快探索研究的进程，寻找事物发展的趋势和异常。数据耕耘的核心是提炼。提炼实际上是一种去粗取精的技术，是对各种可能情况和随机因素进行仿真分析，获取洞察力的过程。多次提炼就是将一次提炼后获取的洞察力应用于下一次提炼，循环往复。通过一次又一次对感兴趣问题的提炼，就能快速缩减问题范围，产生和收集问题研究需要的数据。提炼被称为是继解析、仿真和演习之后又一新型的军事运筹方法。提炼包括对模型的提炼和对参数空间的提炼。对模型的提炼一般通过观测多次仿真模型运行结果，对模型参数进行调整，使模型逐步定位研究的问题。为此，提出基于数据耕耘的五环聚焦实验框架。

基于数据耕耘的五环聚焦实验框架，就是采用数据耕耘的思想，结合计算机探索性仿真实验分析方法，通过人在回路的参与，充分发挥定性分析与定量计算结合的优势，对要研究的问题进行关键参数快速聚焦，实现对高维度多变量空间的快速实验分析。基于数据耕耘的聚焦实验流程由想定准备、想定提炼、仿真实验、数据分析 4 个小环和聚焦实验 1 个大环组成。

(1) 想定准备环

想定准备环在既定背景体系的基础之上，根据实验关注的内容对背景体系进行裁剪，并将需要实验的焦点装备接入背景体系，为仿真实验准备基础的想定数据。想定准备环由背景体系裁剪/调整与焦点装备接入/调整两个过程构成。背景体系裁剪/调整是根据实验需要，对既定背景体系的模型和数据进行选择，保留实验需要的背景体系、对抗方、军种、武器装备实体等数据，构建满足仿真实验的基本想定数据，另外也可以完成后续实验周期中对背景体系的调整。焦点装备的接入/调整是根据试验需要，采用模型扩展、外部接入等方式完成焦点装备接入背景体系，并保证接入的焦点装备能正常与背景体系进行融合，另外也支持后续实验对焦点装备进行调整。通过想定准备环步骤，可以为仿真实验准备基本的想定数据。

(2) 想定提炼环

想定提炼环在想定准备的基础之上，对想定数据进一步检查、调整和优化，使想定部署更为合理，想定空间更聚焦。想定提炼环由实体部署提炼、通信网提炼、传感网提炼、指控网提炼组成。实体部署提炼是结合地理高程数据完成对想定中单个实体位置的合理性检验，并给出较优的部署策略。想定提炼环只是为了进一步缩减实验空间进行的一种简单分析优化，主要针对某一具体的问题，如探测、防空等，并不考虑大规模作战背景，与整个仿真实验对体系整体能力分析优化并不相同。

(3) 仿真实验环

仿真实验环基于想定准备和想定提炼生成的基本想定，采用更改实体性能(performance)、更改实体数量(number)、更改网络结构(network)，以及更改对抗行动(action)等多种操纵变量的方法生成多个仿真方案，并对方案分别进行仿真运行。更改实体性能是修改实体的基本性能参数，如飞机的飞行速度、导弹的射程、传感器的探测距离等；更改实体数量是对部署的武器装备数量进行调整，包括增加装备、减少装备和更换装备；更改网络结构是调整通信网、传感网、指控网等各类网络的连接关系和拓扑结构，例如将某几个装备之间的通信网由星型网络调整为全联通网络，将树状指挥关系调整为星型指挥关系等；更改对抗行动是从双方对抗的角度出发，强调将对抗的因素引入实验，特别是强调一些新型作战行动的影响。仿真实验环强调有目的地进行实验，而不是按照传统探索性仿真实验进行全要素空间的探索。

仿真实验环是试验床对比分析的基础，也是分析数据的来源，决定最后分析数据的质量，是整个仿真实验的重要环节。仿真实验环中参量空间的生成可以通过人工或自动的方法进行。人工方法是通过人为的调整变量，设置参数，对仿真输入数据进行设置。自动方法则是采用空间抽样算法进行试探性分析，如拉丁方抽样(Latin hypercube sampling,LHS)[7]、支持向量机(support vector machine,SVM)[8]等一系列的空间优化方法,对参数空间进行自动充满空间(space filling)实验。二者相比较,人工方法目的更明确,收敛速度更快,但数量有限,往往会遗漏一些重要的隐性因素。自动方法没有明确的目的,能自动生成较大数量的样本,收敛速度与探测的过程有关,对计算能力要求较高。参量空间生成后,将生成的结果交与高性能并行仿真环境处理,并收集相应的结果和过程数据,供后续分析使用。

(4) 数据分析环

数据分析环是基于仿真实验的结果,制定分析所需的指标体系,收集数据,并对数据进行对比分析和因果关系回溯,评价体系能力,研究体系能力形成的根本机理。数据分析环完成对仿真结果和过程的对比分析,找出潜在的因果关系或发现蕴藏的知识。同时,也是进一步聚焦实验的一个环节。数据分析环由指标体系构建、数据统计映射、比对分析与因果回溯构成。指标体系构建是针对具体问题,根据评估需要,建立用于性能、能力、效能评价的一套指标体系。数据统计映射是建立原始数据与评价指标体系之间的映射关系,并进行数据的收集、统计与转换。比对分析是依据构建的指标体系,对不同输入条件下的不同试验结果进行观察、比对和分析,评价体系的相对能力。因果回溯是通过对各级指标体系进行关联分析,进一步挖掘体系能力形成的深层次机理问题。

(5) 聚焦实验环

聚焦实验环是试验床应用的整个周期,由前面提到的想定准备环、想定提炼环、仿真实验环、数据分析环四个基本环组成。它们共同构成聚焦实验环的一个基本周期。聚焦实验环是从实验整体上逐步逼近结果的过程,研究人员可以根据实验的目标,以及每次实验周期的结果进行判断,决定是否进行下一个周期的实验。通过这种螺旋上升,逐步逼近的方式,实现对问题的深入研究。

聚焦实验环是整个武器装备体系仿真试验床运行的主要流程,从整体上给出了聚焦实验螺旋逼近、逐步聚焦的研究过程。由于武器装备体系这种复杂系统涉及的实体多,关系错综复杂,往往在一次仿真实验中难以得出有用的结论,通常需要通过多次仿真反复迭代,不断排除干扰因子,逐步逼近关键影响因素,从而得出影响体系能力的主要原因。

4. "多维比对"综合效果

"多维比对"综合效果是基于仿真过程和结果数据,利用多维度比对评估武器装备体系的相对能力,从多视角、多维度直观展示聚焦实验的过程和结果,充分考虑对体系整体涌现性的分析需求,探索体系能力重心、异常、脆弱性等问题。

"多维比对"综合效果的核心思想是:体系的能力不宜通过统计计算得出绝对

的能力值，而是需要通过相对的比较进行评判。通过改变体系的初始状态，包括装备性能、通信网络关系、指挥关系，并将其放在仿真环境中进行对抗演化，观察比对输入改变后仿真结果和过程的变化，从而得出相对的能力评价。

多维比对与综合分析是武器装备体系仿真试验床方法中的重要组成部分，其目的主要有三个方面。

① 直观对比不同仿真实验条件下的体系变化情况。武器装备体系仿真试验床的核心思想是通过不同的仿真输入条件，观察不同的仿真输出结果，从而实现对体系的研究。因此，多维比对与综合分析首先需要对不同仿真实验条件下的不同仿真结果进行统计对比，并结合可视化技术实现直观形象的展示。

② 对仿真结果和过程数据进行深层次分析，探究武器装备体系能力形成与变化的机理问题。研究武器装备体系，关键是要弄清楚体系能力形成的根本机理，找到影响体系能力形成和变化的关键因素。这就需要对体系仿真过程中出现的异常情况、关键行动进行重点分析和因果回溯分析，从而实现对体系能力形成与变化机理等深层次问题的研究。

③ 为高层决策者在重大武器装备研制、武器装备体系建设等方面提供直观、科学的决策依据。多维比对与综合分析面向高层决策者，而高层决策者更多关注的是宏观层面的问题。因此，多维比对与综合分析需要给出一些综合性的结论，而不是原始仿真数据的简单罗列。

相对传统的分析方法，多维比对与综合分析有以下特点。

① 强调多维比对。通过构建多层、多域的指标体系，从时间、空间、层次等多个维度对不同方案下的体系能力和作战效果进行比对。

② 强调信息作用。强调信息是形成体系能力的关键因素，重点关注信息域相关指标及其对体系能力的影响，包括通信网、传感网、指控网等各种网络对体系能力的影响。

③ 强调过程比对。关注作战对抗的整个过程，而不仅仅是结果，通过对完整过程和关键时间段的分析，探究体系对抗结果的深沉层次原因。

多维比对与综合分析分为指标体系构建、数据映射与抽取、多维比对和综合分析四个步骤，如图 2.5 所示。

(1) 指标体系的构建

指标体系的构建是根据实验的目的与需求，制定一套既能满足评判要求，又能从实际仿真数据中进行抽取的评判指标。基于该指标体系，研究人员可以对不同仿真方案的过程数据与结果数据进行多维比对和综合分析，观察不同方案带来的体系能力变化的情况，进而对体系能力形成和改变的机理进行深入分析。

(2) 数据的映射与抽取

数据的映射与抽取是根据已构建的指标体系，对仿真的原始结果数据和过程

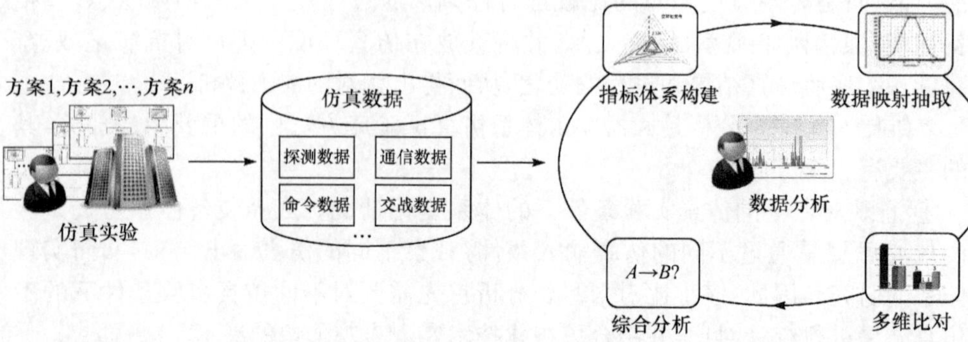

图 2.5 多维比对与综合分析流程

数据进行统计、平均等函数变换,建立各评价指标与仿真原始数据之间的关联关系,并通过相应的数据转换工具将数据抽取出来的过程。数据映射与抽取可以看作对原始数据的加工,将不适于分析的过程数据加工为适合分析的多维数据。

(3) 多维比对

多维比对是对映射抽取的指标数据,按照不同的仿真实验方案、不同的指标、不同的时间空间进行多角度比较的过程。多维比对是对仿真结果的初步观察和研究,通过多维比对,可以分析不同指标之间的关联关系,可以查找体系对抗演化过程中的异常点,可以比对展示不同方案对体系能力的影响。

(4) 综合分析

综合分析是在多维比对的基础上,通过指标关联分析、查找异常点,以及因果关系回溯等方法对体系能力的变化进一步深入分析,探究武器装备体系能力形成和变化的深层次机理问题。

2.2 背景体系构建技术

背景体系是进行武器装备体系仿真实验的基础实验环境,也是反映武器装备体系对抗仿真结果的载体。构建武器装备体系仿真试验床进行武器装备体系研究,首先需要建立大规模、多层次的背景体系作为基础的试验环境。与传统仿真实验环境相比,武器装备体系仿真试验床背景体系更强调能反映武器装备之间的网络关系,以及跨域之间的级联效果。本节围绕如何构建背景体系这一中心,从背景体系的构建思想、理论、方法,以及关键技术等方面详细介绍如何构建多层多方多域的武器装备体系仿真试验床背景体系,重点回答如何构建网络化的武器装备体系,以及如何实现多层背景体系之间级联关系两个关键问题。

2.2.1　背景体系的内涵与构建要求

1. 背景体系的内涵

(1) 背景体系是进行武器装备体系仿真的战争背景

现代战争是体系与体系的对抗，大到国家体系，小到某一地区、某一功能的武器装备体系。由于信息技术的飞速发展，世界上的任何一个局部事件的发生，都可能被迅速地传递和放大，甚至对全球的政治、经济、外交、社会产生巨大冲击和影响。另外，一些新型的作战装备、作战力量、作战样式的出现，极大地改变了国与国之间战争形态和作战样式。这些武器攻击的目标不仅限于军事目标，更包括大量的政治、经济、外交、社会民用目标，因此研究武器装备，特别是一些具有重要战略意义的武器装备，不能仅从传统武器装备的打击效果方面简单考虑问题，必须考虑武器装备对联合作战的影响，以及对政治、经济、外交、社会等整个战争层面的影响，需要放在战争背景下、作战过程中研究武器装备体系。

(2) 背景体系体现了基于平行系统研究武器装备体系的思想

构建背景体系，并在其中研究武器装备体系，一个重要的出发点就是：构建一个与现实相仿的虚拟世界，并在这个虚拟世界研究当前和未来的武器装备体系。这一点与平行系统方法类似[9]。所谓平行系统，就是通过计算实验的方法，建立与实际系统相似的仿真系统，并平行执行以达到预测和控制实际系统的目的。对于战争系统而言，就是对真实的武器装备、作战部队、重要目标等战争要素进行建模，将其映射到虚拟的计算机世界，按照时间的推进不断地仿真演化。当真实世界推进到下一时刻，虚拟的世界也推进到下一时刻。随着时间推移，仿真的虚拟世界可能会与真实世界产生一定的偏差，这时可以对仿真虚拟世界进行修正，使其与现实世界继续保持平行，通过一段时间的磨合与修正，仿真的虚拟世界将越来越接近真实世界，在这种情况下，就可以通过超实时仿真运行来预测未来。值得一提的是，为了研究战争复杂问题，国防大学在 2003 年提出全球战争空间的概念，将作战空间、社会空间组合成虚拟战争空间，设计武器装备体系、作战体系和国家关键基础设施目标体系模型，在构建大尺度的虚拟试验背景体系方面进行了大量研究，并取得初步成果[10]。平行系统思想如图 2.6 所示。

(3) 背景体系是一个虚实结合的武器装备体系逻辑试验靶场

由于战争的破坏性和不可重复性，各国不能也不可能采用打一场战争的代价去研究武器装备体系。此外，由于武器装备体系的规模庞大，也不能通过构建一个真实的物理环境去研究武器装备体系。因此，采用计算机仿真技术构建一个虚拟的试验环境，并在这个环境中进行武器装备体系研究，就成为目前在武器装备体系预研、规划、论证、试验等武器装备研制全寿命周期中的主要方法。在这一

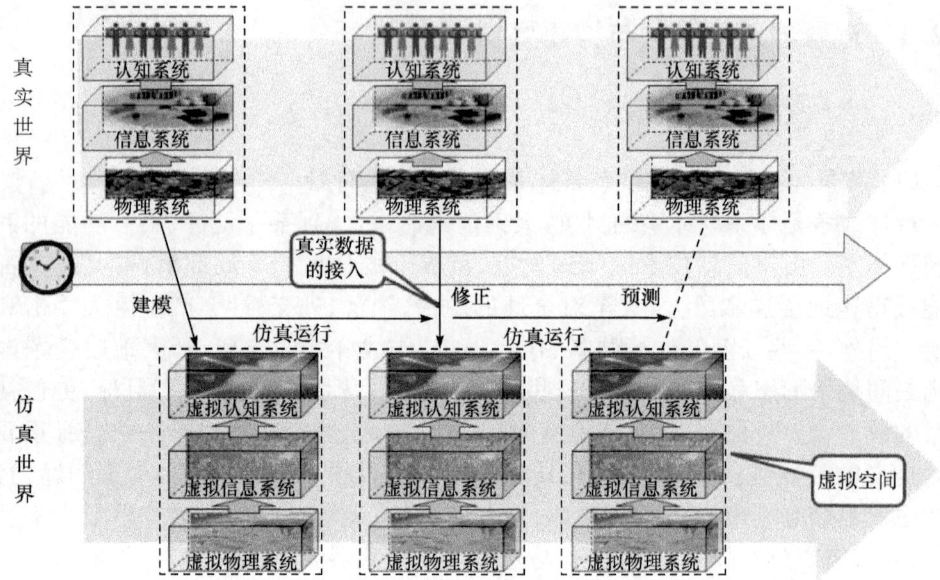

图 2.6　平行系统思想

点，构建武器装备体系仿真试验床的背景体系的思想与美军提出的构建逻辑靶场的思想有相似之处。美军为了研究和试验武器装备体系，提出构建逻辑靶场的思想，通过将分散在各地的实装系统(live)、模拟器(virtual simulation)、推演仿真系统(constructive simulation)联合起来一起构成一个逻辑上的靶场(logical range)，不仅能对武器装备的性能进行实验，也能对其在联合作战背景下的实际应用效果进行检验和评估。从某种程度来说，美军目前研究武器装备的思想与武器装备体系试验床构建多层背景体系有相似之处。

2. 背景体系的构建要求

(1) 构建背景体系，需要能反映武器装备实体的性能和状态，特别是其自主的行为规则

武器装备实体是构成武器装备体系的基本单元，构建背景体系，首先需要对武器装备实体的基本性能、状态和行为规则进行描述。一是要能描述各方基本的兵力组成，以及兵力下属的武器装备实体，例如，某空军基地当前部署的某飞行部队，该飞行中队下属×架 A 型战机和×架 B 型战机等；二是要能描述武器装备实体的基本性能参数，包括武器装备实体的探测距离、飞行速度、打击距离、最大航程等；三是要能描述武器装备实体的基本状态，包括武器装备实体的完好状态、补给状态等；四是要重点描述武器装备的行为规则，也就是控制武器装备实体行为的“大脑”。行为规则是非常重要的武器装备的基本属性，类似于人的意识，在没有上级命令干预和指挥的情况下，它决定了武器装备实体的行为，是推动仿真过

程的动力。

(2) 构建背景体系，需要能反映武器装备体系组分之间复杂的网络关系

武器装备体系组分之间的网络关系不局限于一般的通信网络，更应该是包括通信关系、感知关系、指挥关系、协同关系、情报共享关系，以及业务保障关系等广义的网络关系，如果扩展到不同的参与方，还应该包括各方的对抗关系和合作关系。构建背景体系，反映体系组分之间的网络关系，一是要能描述各种网络的基本属性，例如通信网络要描述通信设备、协议类型、带宽等信息，指挥网络要描述上级决策单元、下级执行单元、指挥控制命令等信息；二是要能描述网络之间的拓扑关系，包括树状、环状、星型、小世界、全连通等不同拓扑结构，不同结构的网络往往具有不同的性质，描述网络关系，需要正确刻画网络的拓扑结构；三是要能描述网络的信息传播过程和运作机理，包括信息在节点之间的传递方向、触发时机、响应时间、动态网络改变等要素。

(3) 构建背景体系，需要能反映武器装备体系的整体涌现效果

体系的整体效果源于组分系统的相互作用结果和局部规则的综合反映，而非所谓的整体。也就是说，对体系进行直接的整体建模往往不能得到期望的真实整体效果，而是需要对具体体系组分进行建模，并在整体的约束下，通过体系组分之间的交互演化出体系的整体效果。这种整体效果不是设计者决定的，而是体系自身的特性决定的。当前，基于 Agent 的建模和基于复杂网络的建模已成为最有希望揭示体系整体效果形成机理的方法。构建背景体系，需要采用这种自底向上，整体涌现的建模思想，重在实体行为建模方法与复杂网络建模方法相结合，共同反映体系的连通度、聚集度、鲁棒性等整体性质，以及体系的级联失效、连锁反应等整体效果。

(4) 构建背景体系，需要支持新型装备的灵活接入以及模型体系的自我完善

背景体系不是一成不变的，一方面，随着技术的发展和各国军事力量的建设，会不断有新型武器装备和作战力量加入到原有的武器装备体系，也会有陈旧报废的武器装备被淘汰；另一方面，为了进行未来新型武器装备体系的研究，研究者会在背景体系中增加一些新型武器装备。这就要求背景体系具有开放的结构设计，能根据需要支持新型武器装备模型的接入，形成新的武器装备体系。此外，背景体系的模型需要支持动态的自我完善，模型的构建不能保证一次就合理准确，需要在多次仿真中进行修正，使之逐渐逼近现实，逐步趋于合理准确。

2.2.2 背景体系的构建方法与流程

1. EBNI 建模方法

武器装备体系仿真试验床强调以体系为研究对象，而体系的整体涌现效果来

源于组分的自主行为和组分之间的网络关系。因此，构建武器装备体系试验床背景体系，研究武器装备体系，一方面需要重点对武器装备实体本身及其行为建模，另一方面需要重点关注实体之间通信、指控、传感、火力等网络，以及网络化行为的建模。特别是，要反映各武器装备系统在网络共同作用下形成体系和涌现出体系能力的机理。

为解决体系仿真建模问题，国防大学胡晓峰教授带领的团队提出 EBNI(entity、behavior、networked interaction)建模方法。

"E"，实体，即具体的武器装备系统，既包括陆、海、空、天、电等多维战场空间中以物理形式存在的各种实体武器装备，也包括 Cyber 空间作战意义下的虚拟武器装备，如网络木马、病毒等。

"B"，行为，即武器装备实体的各种行动，既包括机动、火力打击等物理行为，也包括 Cyber 空间下的网络攻击、防御、控制等虚拟空间的行为。

"NI"，网络化的交互，即在通信、传感、指挥、火力打击网络关系作用下的交互效果，既包括传统作战空间中的探测、机动、火力打击等"硬"效果，也包括 Cyber 空间下网络攻击、欺骗干扰、接管控制等网络化的交互。

EBNI 建模方法是 EBI 方法的进一步发展，是为了适应信息化条件下战争体系仿真建模的新方法。具有以下几个特点。

① 以实体自主行为建模为基础。实体是体系的基本组成单元，而大量的实体及其做出的各种行为是体系涌现效应的基础。EBNI 强调对不同武器装备的自主作战行为进行建模。例如，赋予地空导弹系统相应的作战规则后，如果有敌方飞机进入该地空导弹系统的防区，则对其进行攻击。

② 以信息网络建模为关键。实体是体系的基本组成，网络是体系形成的关键，正是在网络的连接下，各种不同类型、不同功能、不同运用方式的武器装备/武器装备系统才能集成在一起，形成体系，涌现体系整体能力。EBNI 方法强调通过各种网络将不同的武器装备实体联系在一起，形成规模更大、能力更强的体系。

③ 强调体系能力涌现的机理研究。武器装备体系由不同的武器装备在信息网络的连接下组成，但仅仅硬件上的拼凑并不能形成"活"的体系。体系的形成应该是具有活动的信息流、能量流、物质流，只有流动起来，才是"活"的体系。特别是，信息化条件下，信息的流动速度大大增加，而网络则是信息流动的载体。因此，EBNI 非常强调对信息网络的建模和描述。

2. 背景体系的构建流程

武器装备体系仿真试验床背景体系的构建分为两个大步骤。

① 构建网络化的武器装备背景体系。

② 将网络化的武器装备背景体系与联合作战背景体系，以及目标背景体系级

联起来，共同形成多层武器装备体系仿真试验床总的背景体系。

整个过程可以进一步细分为构建武器装备部件、组装武器装备原型、实例化形成武器装备实体、构建通信网、构建传感网、构建指控网、构建单方武器装备体系、构建多方武器装备体系、构建多层背景体系等 9 个步骤，如图 2.7 所示。其中步骤 1～步骤 8 为构建网络化武器装备背景体系，步骤 9 为级联形成多层背景体系。

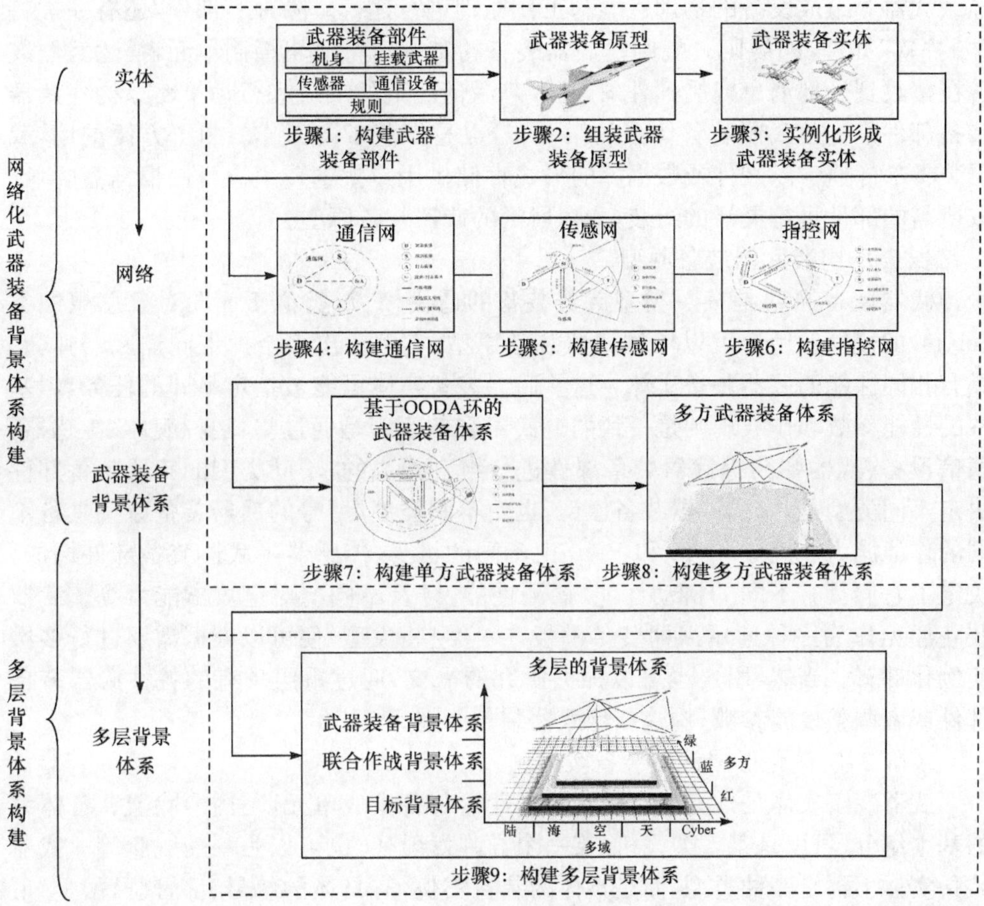

图 2.7　背景体系构建过程

(1) 构建网络化武器装备背景体系

网络化武器装备背景体系是武器装备体系仿真试验床的主体，描述武器装备实体、实体之间的各种关系，以及体系的网络化效应，是焦点装备接入武器装备体系仿真试验床的接口。网络化武器装备背景体系按照实体-网络-武器装备体系的思路构建。

① 构建实体。

武器装备实体可进一步划分为部件(element)-原型(prototype)-实体(entity)三个步骤进行构建。

步骤1,构建武器装备部件。

武器装备部件是构建武器装备的基本单元,是武器装备体系建模中的最小元素。构建武器装备部件主要是对组成武器装备的机身/船体、传感器、通信设备、挂载武器等组成设备的物理性能和工作原理进行建模。除"硬"部件,还有一类特殊的"软"部件,即规则。规则是武器装备的基本运行逻辑控制单元,描述武器装备在接收到外部消息或受到外部威胁/刺激情况下的反应和行动策略。构建武器装备部件是构建武器装备体系的第一步,也是最基础的工作。为了方便重用,武器装备部件通常以文件或数据库的形式存储供用户挑选。用户可以根据需要,选取所需的部件进行灵活的组装,构建所需的武器装备原型。

步骤2,组装武器装备原型。

武器装备原型是某一类型武器装备的通用模板,类似于面向对象思想中类(class)的概念。用户可以依据武器装备原型,实例化出多个携带同样武器弹药、具有相同性能的武器装备实体。这些武器装备实体可能被指定不同的任务,但基本的性能参数和作战规则是一致的。武器装备原型是通过将机身/舰体、传感器、通信设备、武器弹药等武器装备部件进行组合构成的,不同类型的武器装备部件决定不同类型/型号的武器装备原型,也使不同类型/型号的武器装备原型具备不同的作战能力。例如,F-15 和 Y-10 由不同的机身、传感器等武器装备部件构成,决定了它们具有不同的机动性能、探测性能,以及不同的对空攻击能力等。武器装备原型作为一种通用武器装备模板,一旦组装成型,便可以根据需要进行多次实例化部署。当然,用户也可以根据研究的需要,通过重组现有的各种武器装备部件或者调整性能参数,构建新型武器装备原型。

步骤3,实例化形成武器装备实体。

武器装备实体是仿真想定中具体的武器装备作战单元,是构建武器装备体系的基本组分,可以是某一架飞机、某一个导弹发射架,也可以是一艘舰艇等。武器装备实体不再是一种类型,而是具体的装备实例,有具体的编号、部署位置、上/下级指挥单元,以及完好状态等属性。武器装备实体由武器装备原型实例化形成。所谓实例化过程,就是以武器装备原型为基础,通过设定编号、部署位置、指定任务,以及明确保障关系等操作,使其成为现实或者设想中的一个具体装备的映射。实例化形成武器装备实体的过程就是部署武器装备实体的过程,也是准备背景体系数据的过程。基于平行系统的思想,将现实或者是接近现实的各方武器装备实体部署到基本的想定中,通过不同武器装备原型的实例化,可以构建基本的武器装备对抗环境。

② 构建网络

武器装备体系仿真试验床方法强调对体系的研究，强调对体系能力的评估，因此构建和体现武器装备体系中的各种网络，是体系仿真试验床系统建设的重点，是区别于传统试验床的重要标志。前面提到，武器装备体系的网络关系不仅限于一般的通信网络，而且应该是包括通信关系、感知关系、指挥关系、协同关系、情报共享关系，以及业务保障关系等的广义网络关系。构建网络化的武器装备体系，重点就是对这些关系进行建模和数据准备。

构建网络，可以进一步划分为通信网-传感网-指控网三个步骤进行构建。

步骤 4，构建通信网。

通信网是由武器装备实体之间通过有线或无线设备进行通信的物理网络，主要描述实体与实体之间的物理通信关系。通信网是传感网、指控网等业务网络的基础，为其提供航迹、指控等信息传递的基础软硬件条件。构建通信网主要是对通信节点、通信行为，以及通信传播效果进行建模，包括对通信节点的基本属性、通信网络拓扑结构、通信链路工作模式、通信消息发送接收行为，以及受到外界地形、干扰等影响下的通信效果进行建模。

步骤 5，构建传感网。

传感网是面向预警、探测、监视等具体军事应用的一个逻辑网络，是建立在物理连通的通信网基础之上，通过探测航迹、传输航迹、融合处理航迹形成的一种业务网络。传感网与通信网关注的重点不同。传感网强调对目标信息的探测、处理、融合与共享，而通信网只是其物理基础和信息传输渠道。构建传感网是在通信网的基础上，对探测信息的发送实体、接收实体、信息类型、融合方式进行建模，抽象描述信息的探测、传输、共享，以及融合等过程和效果。

步骤 6，构建指控网。

指控网是面向指挥控制应用而人为划分的一个逻辑网络，建立在物理联通的通信网基础之上，通过威胁判断、任务分配、冲突消解、执行命令等形成的一种面向作战指挥的业务网络。其中，指挥实体是上级，由指挥类或带有指挥功能的武器装备原型实例化形成，被指挥实体是接收并响应执行命令的实体。构建指控网是通过对实体的指控行为决策过程、实体之间的上下级关系、决策的规则、消息响应、决策判断、指控命令类型等进行抽象描述，从而构建实体的指挥行为，以及实体之间的指挥关系。

③ 构建武器装备背景体系

在通信网、传感网、指控网基础上，基于 OODA 环明确探测、传输、融合、判断、决策、指控、行动等行动的流程，构建面向作战的单方武器装备体系，并在单方武器装备体系基础上构建不同对抗方的武器装备体系，共同组成整个多方对抗的武器装备背景体系。构建武器装备背景体系可分为构建单方武器装备体系、构建多方武器装备体系两个步骤。

步骤7,构建单方武器装备背景体系。

单方武器装备体系是在武器装备实体、通信网、传感网、指控网的基础上,采用OODA作战环流程,将各种资源按照观察-判断-决策-执行的作战过程串联起来,形成一个回路闭环,从而实现对武器装备体系的建模。构建单方武器装备背景体系,重点在于对上述实体模型、通信模型、传感模型、指控模型的调度流程建模。

步骤8,构建多方武器装备体系。

多方武器装备体系是在单方武器装备体系构建的基础上,通过对不同方的武器装备体系进行建模和数据准备,并指定各方的合作、对抗、协同等关系,实现不同对抗方武器装备体系仿真的模型和数据准备。多方武器装备体系建模重点在于区分不同方实体装备、通信方式、指控方式、编制编程之间的差异。

步骤9,级联构建多层背景体系。

前面提到,整个武器装备体系仿真试验床的背景体系由武器装备背景体系、联合作战背景体系,以及目标背景体系三层构成。武器装备背景体系重点体现武器装备体系对抗的网络化作战效果,联合作战背景体系体现武器装备体系对联合作战的影响,而目标体系反映武器装备体系对战争的整体影响。

为了构建多层背景体系,实现跨域级联,需要实现不同背景体系模型之间的联合运行。由于不同的背景体系建模粒度不同,构模的方式也存在差异,因此需要采用多分辨率异构模型联合仿真的技术手段。级联构建多层背景体系就是采用多分辨率异构模型联合仿真技术,解决多系统联合仿真运行的数据交换、时间同步、逻辑合理等关键技术,实现不同层次不同分辨率模型之间的联合仿真。

2.3 体系聚焦实验技术

聚焦实验是将新型武器装备模型加入背景体系,进行仿真实验和比对分析,并不断重复该循环,逐步缩小研究范围,聚焦关键要素,最终获取新知识或者发现事物的因果关系。聚焦实验不是仿真实验中的某一个环节,而是蕴含在整个实验循环周期中,包括想定准备、想定提炼、仿真实验和数据分析等多个环节。本节主要从想定准备环、想定提炼环、仿真实验环三个方面介绍如何进行快速高效的聚焦实验。数据分析环将在下一节单独详细介绍。

2.3.1 聚焦实验的概念与流程

理论推导和科学实验是人类认识世界的两大途径。相对于理论推导,科学实验是近代科学实证精神的体现,是人们获取关于认知客体的自然信息,并对其加以研究的基本形式,是科学认知的基础。科学实验活动不但广泛涉及自然界的微观和宏观世界，而且从自然科学领域逐步延伸到经济学、社会学、心理学，甚至哲学本身（实验哲学）。在军事领域，科学实验却从未成为研究战争的主流。一方面，由于战争本身是残酷的，具有破坏性的，没有哪个国家、哪个政府会愿意用打一场战争的代价去进行实验。另一方面，战争是人类社会中敌对力量之间的武装冲突，不同于实验室中人为控制的全无意识的粒子对撞运动。

随着信息时代科技革命和军事革命的兴起，采用计算机模拟仿真技术对战争活动进行实验研究的思想开始萌生、发展并逐步被接受。美军在作战实验方面先后提出很多类似的概念，包括国防实验（defense experiment）、军事实验（military experiment）、作战实验（warfighting experiment）、联合作战实验（joint warfighting experiment）等。这些概念面向不同的应用需求，反映美军对作战实验的认知过程。随着科学技术和实验方法的发展，作战实验的对象进一步扩展，许多在战争层面上才会出现的问题，如政治军事对抗、军事战略决策、军队转型研究、武器装备体系发展规划等问题，也都开始采用实验的手段进行研究。从这个角度看，武器装备体系仿真试验床就是一种基于仿真实验手段在虚拟的“战争”中研究武器装备体系的方法。

实验基于简单命题：“如果这样做，将发生什么”，其目的是为了发现事物内在规律和产生这些规律的因果关系，因此实验不能仅仅观察，还需要对实验进行有目的性的操纵，要有新知识的增加，能反映事物之间的因果关系。实验的核心有三点，即操纵变量、获取新知识、因果关系。因此，实验设计在整个过程中占有非常重要的位置。一个错误的实验设计可能导致错误的结论，而好的实验设计不仅能快速得出正确有用的结论，还能为这个结论提供充分的证明。在 Kass 的 *The Logic of Warfighting Experiments* 中，给出了一种理性的作战实验框架，将其归纳为2个实验假设组成部分，3个假设分解的逻辑步骤，4个有效实验要求，5个实验组成部分，21种不利因素[2]。套用在武器装备体系仿真试验床方法上，好的实验设计就是要通过对焦点装备的“增”“减”“改”，或者是对武器装备之间的网络关系进行调整，快速有效地反映到体系能力/效能的变化上，并根据仿真的结果进一步溯源到引起体系能力/效能变化的主要原因。

聚焦实验的过程是提炼的过程，是去粗取精、排除干扰因子、收敛关键要素的过程。由于武器装备体系的研究涉及的实体多、关系复杂，对每一个可能的因素都进行全面的实验是不现实的。前述介绍的基于数据耕耘的五环聚焦实验框架是传统探索性仿真的改进，强调人的参与、定性分析与定量计算相结合、有目的性的开展实验，从而实现实验空间的快速收敛，达到快速聚焦关键因素的目的。

2.3.2　想定准备环相关技术

想定准备环为仿真实验准备基础的模型系统与想定数据，由背景体系裁剪/

调整与焦点装备接入/调整两个过程构成。

1. 背景体系裁剪技术

武器装备体系仿真试验床整体的背景体系由武器装备背景体系、联合作战背景体系以及目标背景体系三层组成，是一个涵盖战略、战役、战术多层，陆、海、空、天、电多域，红、蓝、绿多方的背景体系，是一个大而全的背景体系。但是，在实际仿真实验中，往往并不需要关注所有的兵力、武器装备和目标，为了排除多余的干扰因素，减少仿真的负荷，需要对背景体系进行裁剪。

背景体系裁剪是根据仿真实验的需要，从既定的多层背景体系中选择需要的背景体系模型和数据。背景体系裁剪可以按体系层次、对抗方、关注区域、军种，以及实体等多种方式进行。

(1) 按体系层次进行裁剪

武器装备体系仿真试验床背景体系由武器装备背景体系、联合作战背景体系，以及目标背景体系三层组成，每一层背景体系关注的重点不同，仿真的内容不同。武器装备背景体系主要反映武器装备体系的网络化特点。联合作战背景体系主要反映多方对抗的环境。目标背景体系主要反映武器装备对战争整体的效果。按体系层次进行裁剪就是根据研究问题的需要，选择需要的背景体系模型和数据，屏蔽不需要的背景体系模型和数据。例如，某次实验只关注武器装备层面的问题，而并不关注联合作战问题，那么就可以不选择联合作战背景体系模型与数据，这样不仅可以大大减少仿真的实体数量，而且可以回避多系统联合仿真带来的问题，降低仿真运行的复杂程度。

(2) 按对抗方进行裁剪

武器装备体系仿真试验床背景体系包括多方的兵力，以及武器装备实体数据。研究人员在进行实验时，可以根据研究的内容选择仿真关注的对抗方，对不关注的对抗方包含的兵力、装备、目标等实体数据可以不予考虑。按对抗方进行裁剪就是通过按对抗方属性对实体进行过滤，保留参与仿真的对抗方实体数据，过滤不参与仿真的对抗方实体数据，进一步缩减想定数据空间。例如，某实验只涉及两方的对抗，则研究人员可以只选择参与方数据，对于其他方的兵力、实体、网络等数据则不考虑。

(3) 按区域进行裁剪

仿真区域范围越大，加载的地理环境数据越大，仿真的实体越多，带来的仿真代价就越大。按区域进行裁剪是根据实验的内容，只对一定区域范围内的地理环境和兵力、装备实体予以考虑，对区域外的环境数据和实体数据进行裁剪，不纳入仿真想定。按区域进行裁剪的方法通过经纬度范围进行判断，对超出区域边界的地理信息数据和实体数据予以过滤裁剪。

(4) 按军种进行裁剪

武器装备体系仿真试验床背景体系涵盖陆、海、空、天、电多维战场空间，实体涉及陆、海、空、导弹、电子对抗等军种。为了进一步减少仿真实体数量，还可以对一些实验不关心的军种实体进行裁剪。例如，如果实验只涉及空军和防空导弹的研究，与陆军地面部队和装备没有交互，并且实验也不关心这类实体的行动和影响，则可以对其进行过滤裁剪。

(5)按实体进行裁剪

以上提到的按体系层次、对抗方、关注区域、军兵种四种裁剪方法都是批量裁剪方法，而按照实体进行裁剪是一种精确裁剪方法。研究人员可以根据实验的需要，单独或批量选择实验中不用考虑的兵力、武器装备、目标等实体进行裁剪。例如，只是关注对某一区域部分防空体系进行实验研究，那么可以对该区域内的其他防空兵力和武器装备实体进行裁剪。

背景体系裁剪的目的是从既定的多层背景体系中选择需要的背景体系模型和数据，以上提到的按体系层次、对抗方、关注区域、军兵种、实体等五种裁剪方法可以根据需要灵活配合使用，共同实现基本想定模型和数据的准备。

2. 焦点装备接入技术

背景体系是仿真实验的基础，可以看作实验环境，而新加入的焦点装备则可以看作实验品。为了研究新型焦点装备对武器装备体系、联合作战体系和战争体系的影响，背景体系需要支持新型实验品的加入，并且需要支持接入后的实验品能与背景体系融合，能与其他武器装备/作战实体产生交互，影响背景体系或受背景体系的影响。

(1) 焦点装备接入模式

从本质上看，背景体系的接入是对原来模型的扩展，即通过修改、增加或者外接模型，使背景体系能够支持更多武器装备类型进行仿真。背景体系接入模式分为内扩式接入模式(inner connect mode，ICM)和外接式接入模式(outer connect mode，OCM)。

① 内扩式接入模式。

内扩式接入是基于现有的背景体系模型系统，通过对原模型系统进行代码级修改、原型重用和新增原型等方式进行的模型扩展。

前面提到，背景体系基于 EBNI 的建模方法，按照部件-原型-实体、通信网-传感网-指控网、单方武器装备体系-多方武器装备体系-多层武器装备背景体系的思路进行构建，即首先由武器装备部件构建某一类武器装备原型，然后通过武器装备原型实例化构建武器装备实体，最后通过建立武器装备平台之间的通信网、传感网、指控网，依据 OODA 环形成各方武器装备体系。为了扩展新型武器装备模型,可以通过修改武器装备原型、修改武器装备部件、增加新武器装备部件等方法实现,将内扩式接入分为基于原型修改的接入、基于武器装备部件重组的接入,以及基于作战规则修改的接入。

第一,基于武器装备原型修改的接入。

基于原型修改的接入是基于原背景体系模型系统中的武器装备原型,通过修改原型的某些性能参数,直接将一类武器装备变换为另一类武器装备原型,从而实现该新型武器装备的接入。例如,需要考虑某种新型雷达加入背景体系后对防空体系能力的影响,就可以直接利用原背景体系中有相同工作原理的其他型号的雷达原型,对其功率、频段等参数进行修改,形成新型雷达装备原型,然后通过实例化部署和建立网络,就可以实现新型雷达接入背景体系。

基于原型修改的接入是最简单和直接的接入方式,通过修改原型的参数即可完成新型装备的接入。但是,由于这种方式是利用原有装备原型,因此扩展能力非常有限,如果需要加入的新型装备超出了现有装备原型的范围,这种方式就不再适用。

第二,基于武器装备部件重组的接入。

基于现有部件重组的接入是通过对武器装备部件重新组装,构建新型的武器装备原型,再进行实例化而实现新型武器装备的接入。例如,为了研究某新型作战飞机对作战体系的影响,可以将不同的机身、传感器、通信设备等基础的部件重新组合,形成新型的作战飞机。此外,还可以进一步调整基本组成部件的性能参数,实现具有隐身、超高速、多目标跟踪、超视距远程打击等特性的新型作战飞机的接入。

相较基于原型修改的接入方式,基于武器装备部件重组的接入方式有更广的适用面,可以构建更多的新型武器装备,但是这种方式依然有较大的局限性。特别是,大量新型装备带来的不仅是技术性能参数的提升,往往伴随的是作战规则和作战样式的改变。传统的武器装备作战规则难以套用在新型作战力量之上,而基于部件重组的接入并没有从作战规则这个层面进行扩展,因此难以胜任这类需求。

第三,基于行为规则扩展的接入。

基于行为规则扩展的接入是在基于元素重组的接入的进一步扩展,由于很多新型装备在作战运用样式上已经发生了变化,现有的行为规则不能描述这一类新型装备。因此,为了实现这一类新型装备的接入,需要从模型运行的机理着手,对新型装备的行为规则进行扩展,这就涉及对模型内部的数据结构、函数调用机制的扩展和修改。

基于作战规则扩展的接入一般包括以下几个步骤。

Step1,修改或增加部件数据结构,构建新型武器装备部件。

Step2,修改或增加规则数据结构,构建新型武器装备规则。

Step3，修改或增加武器装备原型数据结构，构建新型武器装备原型。

Step4，修改或增加新型武器装备的交互响应函数。

Step5，修改相应的编辑界面、显示方式、输出文件等与之相关的系统模块。

基于行为规则扩展的接入可以满足更多新型装备的接入，具有更广的适用度和更强的灵活性。但是，为了实现规则的扩展，所付出的代价更大、工作量更大、对开发人员的要求更高。首先，需要开发人员对原背景体系模型系统的构建原理、数据结构、运行机制等问题有较深刻的认识，能形成完整的模型扩展思路。然后，需要开发人员能将具体的物理实装抽象描述为相应的概念模型、数学模型和计算机模型。最后，需要开发人员能将新加入的模型与原有的模型结合在一起，保证模型算法上的逻辑合理性与正确性。因此，基于行为规则扩展的接入可以看作是对背景体系模型的全面扩展。

② 外接式接入模式。

除了对原有背景体系模型系统进行扩展，还可以采用外部模型接入的方式进行扩展。外部模型扩展是通过建立独立的外部模型或者利用已有的外部模型系统与原背景体系模型进行联合仿真，实现新型装备的接入。例如，背景体系模型不支持新型侦察监视卫星仿真，而存在某一其他仿真系统支持该类侦察监视卫星仿真，则可以通过背景体系模型与该仿真系统联合仿真，实现新型侦察监视卫星的接入。

从技术角度讲，外接式接入本质上是通过建立或利用外部模型系统，与背景体系模型联合仿真实现新型武器装备模型的接入。其关键技术是多模型系统的联合仿真。值得一提的是，外部接入模型的类型可以是解析模型，也可以是基于实体的仿真模型，还可以是模拟器，甚至是实装系统。

以上提到的两类模式四种技术各有特点，表 2.1 给出了它们在难易度、开发要求、重用性、适用度和灵活性方面的对比评价。在实际应用中，采用何种方式进行建模取决于任务需求，各种接入模式的难易度、开发要求等特点，研究人员可以根据具体情况选择适用的方法。

表 2.1　四种焦点装备接入技术对比

接入模式		难易度	开发要求	重用性	适用度	灵活性
内扩式	基于武器装备原型修改的接入	易	低	差	窄	差
	基于武器装备部件重组的接入	易	低	差	中	中
	基于行为规则扩展的接入	难	高	差	较宽	较好
外接式	外接式接入模式	难	高	好	宽	好

(2) 焦点装备接入流程

虽然焦点装备接入背景体系可分为不同的模式，但从接入流程来说却是一致的，需要经过焦点装备建模、焦点装备部署、焦点装备网络接入、焦点装备交互接入和焦点装备效果接入五个步骤。通过这几个步骤，焦点装备才能融入背景体系，实现与其他武器装备实体的交互。

① 焦点装备建模。

焦点装备建模是对需要研究的新型武器装备进行抽象，建立该装备相应的概念模型、数学模型，以及计算机模型，形成能描述其主要功能、性能、工作原理、行为特征，以及交互效果的装备原型。

焦点装备建模的方法由接入模式决定。焦点装备的接入可以通过内扩式和外接式两种模式实现。在内扩式接入模式下，焦点装备建模基于原有背景体系模型，采用基于原型修改、基于部件重组或者基于作战规则扩展等方式对焦点装备进行建模。在外接式接入模式下，则是通过独立建模或者利用其他模型系统进行建模。

无论采用哪种方式进行建模，焦点装备建模的内容基本一致。首先都是对装备的基本几何造型、物理特征、功能性能进行抽象描述，然后对实体的行为进行描述，特别是对装备实体的侦察、判断、决策和行动的各种规则进行描述，最后是装备实体与其他实体，以及环境的交互建模。

② 焦点装备部署。

焦点装备部署是将焦点装备原型实例化形成焦点装备实体，并指定其编号、所属方、初始状态等参数，实现焦点装备的部署。

在内扩式接入模式下，焦点装备部署就是直接在背景体系模型中部署焦点装备实体，指定各种参数；如果是外接式接入模式，则是在外部模型中部署焦点装备实体，并指定各种参数。

③ 焦点装备网络接入。

焦点装备网络接入是建立焦点装备与其他实体之间的网络，构建焦点装备与其他装备实体进行交互的基础。这里的网络是指包括通信网络、指挥网络、协同网络、保障网络等在内的广义网络。

在内扩式接入模式下，焦点装备网络接入与背景体系中构建网络的方法一致，采用设置通信网络、指定指挥关系和协同关系的方法即可实现。在外接式接入模式下，焦点装备网络接入则是通过修改和增加网络响应接口进行实现。

④ 焦点装备交互接入。

焦点装备交互接入是通过修改和增加背景体系中消息与响应函数之间的对应关系，实现焦点装备行动对环境，其他实体之间的交互影响。交互包括发送/接收消息行动、探测行动、打击行动、拦截行动等。焦点装备交互接入只考虑焦点装备行动对效果函数的触发，不考虑触发后的效果计算。

内扩式和外接式两种模式的交互接入都是在背景体系中，通过修改或增加实体的消息响应函数的方式实现的。

⑤ 焦点装备效果接入。

焦点装备效果接入是继焦点装备交互接入后进行的效果计算，也就是计算焦点装备对环境和其他装备实体产生的交互效果。

与焦点装备交互接入一样，内扩式和外接式下的焦点装备效果接入都是在背景体系中完成接入，即通过修改和增加效果计算函数进行实现。

2.3.3 仿真实验环相关技术

体系仿真试验床的主要思想是在对比中研究武器装备体系的相对能力，通过对现有武器装备体系改变装备性能、增加新型装备、减少装备，采用仿真实验的方法对比体系能力带来的改变。仿真实验环与对比分析环紧密相关，仿真实验环重点对仿真的输入参数进行调整并进行仿真，对比分析环则重点对不同输入下的不同仿真结果和过程进行分析。前者关注参变量，而后者关注因变量。

前面提到，体系仿真试验床采用基于数据耕耘的聚焦实验方法，相对于传统探索性仿真分析，该方法更注重有目的性的进行空间试探。我们提出性能-数量-网络-行动(performance-number-network-action，PNNA)的仿真实验方法，重点关注实体，对这些变更调整进行仿真，下面分别进行介绍。

1. 实体性能变更仿真实验

实体性能变更仿真实验是指通过改变武器装备的性能参数，进行仿真实验，观察对抗演化的过程和结果，对比不同方案对体系能力产生的影响，从而对武器装备体系进行研究分析。

如图 2.8 所示，将飞机的探测性能由原来的 40km 提升为 80km，水平角由 20°提升为 90°，对比修改前后交战的效果。

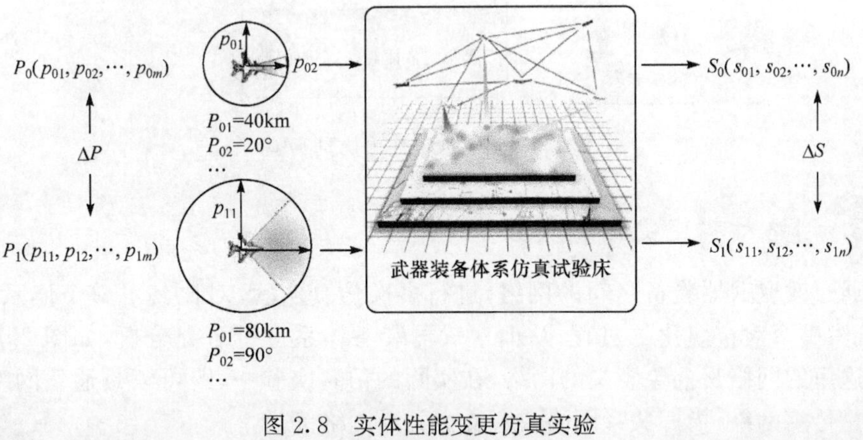

图 2.8　实体性能变更仿真实验

武器装备的性能空间为 P，$P=\{p_i|i=1,2,\cdots,n\}$，其中 p_i 为武器装备系统第 i 项性能参数，例如 p_1 为飞机的雷达探测距离，p_2 为飞机雷达的水平探测角度等。通过改变武器装备性能参数来研究武器装备体系的状态改变，可以简单描述为

$$\Delta P \to \Delta S_{\text{WSOS}} \tag{2.1}$$

其中，ΔP 表示武器装备性能的改变；ΔS_{WSOS} 表示武器装备体系状态过程的改变。

对实体性能变更可以进一步引申为对实体类型变更。在现实中，当实体的性能参数发生较大变化时，其装备类型的名称也会进行相应的改变。

2. 实体数量变更仿真实验

实体数量变更仿真实验是指通过改变武器装备的数量，进行仿真实验，观察对抗演化过程和结果，对比不同方案对体系能力产生的影响，从而对武器装备体系进行研究分析。

增加新型装备可以看作是 0 到 1 的实体数量变更，这里我们将武器装备数量变更纳入武器装备实体改变中，统一用武器装备实体空间表示为 E，$E=\{e_i|i=1,2,\cdots,m\}$，其中 e_i 为第 i 种武器装备实体。通过改变武器装备实体来研究武器装备体系的状态改变，可以简单描述为

$$\Delta E \to \Delta S_{\text{WSOS}} \tag{2.2}$$

其中，ΔE 表示武器装备实体的改变；ΔS_{WSOS} 表示武器装备体系状态的改变，如图 2.9 所示。

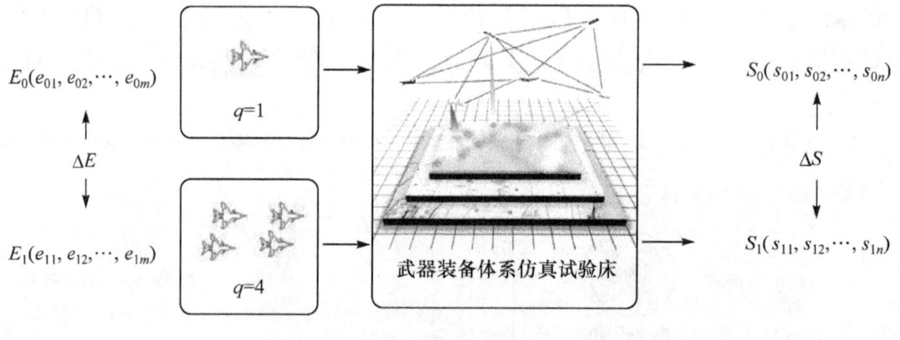

图 2.9　实体数量变更仿真实验

3. 网络结构变更仿真实验

通过改变武器装备之间的网络，进行多次仿真实验，对比其对整个体系的影响，观察整个对抗演化的过程，从而对武器装备体系进行研究分析，如图 2.10 所示。这里的网络是抽象意义的网络，在实际的仿真实验中，既可以是通信网络，也可以是传感网络、指挥关系网络或者支援关系网络等。

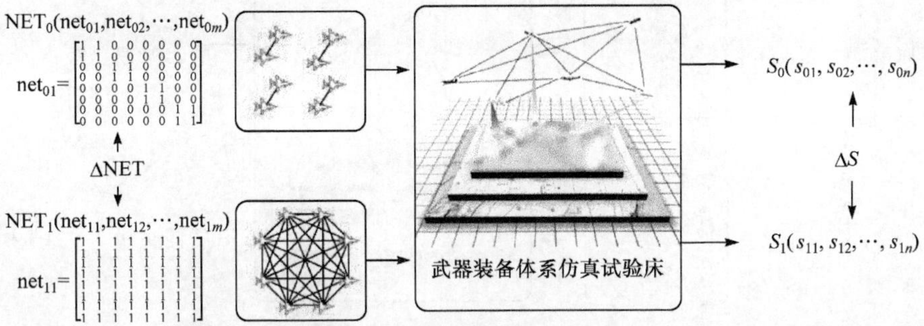

图 2.10　网络结构变更仿真实验

武器装备之间的网络空间可以描述为 $\mathrm{NET}=\{\mathrm{net}_i \mid i=1,2,\cdots,n\}$，其中 net_i 为武器装备之间的第 i 种网络关系。例如，net_1 为所有武器装备实体之间的通信网络，p_2 为武器装备实体之间的指挥关系网络等。

通过改变武器装备之间的网络关系来研究武器装备体系的状态改变，可以简单描述为

$$\Delta\mathrm{NET} \rightarrow \Delta S_{\mathrm{WSOS}} \tag{2.3}$$

其中，ΔNET 表示武器装备体系网络的改变；ΔS_{WSOS} 表示武器装备体系状态的改变。

4. 对抗行动变更仿真实验

历史证明，新型武器装备的研制与应用往往会带来作战样式的改变。例如，后装来复枪的发明带来散兵线战术的诞生，重型坦克装甲与机械化装备带来闪电战，信息时代的各种传感器、精确打击武器带来网络中心战等。未来新型武器的研制与应用，应该与新型作战行动结合考虑，不能拿传统的作战样式生硬地往新型武器装备应用上套。

对抗行动就是要考虑新型武器装备的新型作战样式，通过更改行动，探索新型武器装备的新型战法可能对体系能力带来的影响与提升。对抗行动变更仿真实验是指通过修改实体的作战行动，观察对比仿真过程和结果的变化，从而达到分析的目的，如图 2.11 所示

武器装备实体的行动空间可以描述为 $A=\{a_{ij} \mid i=1,2,\cdots,m; j=1,2,\cdots,n;\}$，其中 a_{ij} 为武器装备实体 i 的行动序列。通过改变对抗行动变更仿真实验可以描述为

$$\Delta A \rightarrow \Delta S_{\mathrm{WSOS}} \tag{2.4}$$

其中，ΔA 表示对抗行动的调整；ΔS_{WSOS}表示武器装备体系状态的改变。

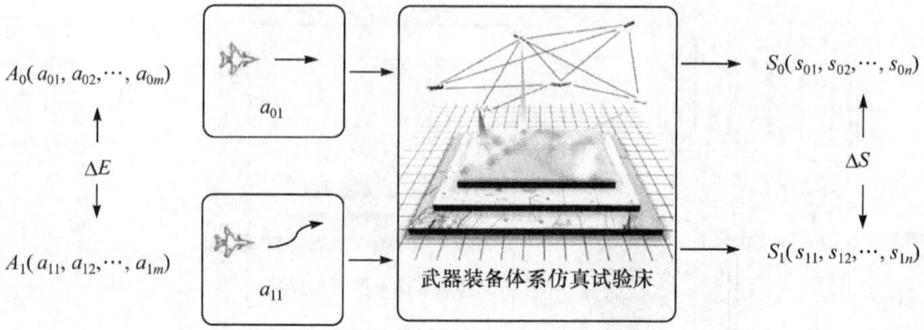

图 2.11　对抗行动变更仿真实验

2.4　多维比对与综合分析技术

武器装备体系仿真试验床不是采用绝对能力值来评价武器装备体系能力，而是采用多次仿真实验，并对其过程和结果进行比对的方式来评价其相对能力。此外，武器装备体系仿真试验床强调研究体系能力形成和改变的机理，从根本上认识武器装备体系。本节主要介绍武器装备体系仿真试验床的多维比对与综合分析技术，按照指标体系的建立、数据的映射与抽取、基于方案-指标-时空的多维比对，以及基于关联分析与异常检测的因果关系进行介绍。

2.4.1　多维比对与综合分析的概念与流程

1. 多维比对与综合分析的概念

多维比对与综合分析是面向体系研究者和决策者，采用多尺度、多角度动态对比和可视化展示等手段，对不同实验方案的结果和过程进行比较分析，并在此基础上对体系重心、体系异常状态，以及因果关系进行研究，探索体系能力形成与变化的机理等深层次原因，从而为科学合理建议提供支持的一种综合分析方法。

多维比对与综合分析是武器装备体系仿真试验床方法中的重要组成部分，其目的主要包括三个方面。

① 直观对比不同仿真实验条件下的体系变化情况。武器装备体系仿真试验床的核心思想是通过不同的仿真输入条件，观察不同的仿真输出结果，从而实现对体系的研究。因此，多维比对与综合分析首先需要对不同仿真实验条件下的不同仿真结果进行统计对比，并结合可视化技术实现直观形象的展示。

② 对仿真结果和过程数据进行深层次分析，探究武器装备体系能力形成与变化的机理问题。研究武器装备体系，关键是要弄清楚体系能力形成的根本机理，找到影响体系能力形成和变化的关键因素。这就需要对体系仿真过程中出现的

异常情况、关键行动进行重点分析和因果回溯分析，从而实现对体系能力形成与变化机理等深层次问题的研究。

③ 为高层决策者在重大武器装备研制、武器装备体系建设等方面提供直观、科学的决策依据。

多维比对与综合分析面向高层决策者，而高层决策者更多关注的是宏观层面的问题。因此，多维比对与综合分析需要给出一些综合性的结论，而不是原始仿真数据的简单罗列。

相对传统的分析方法，多维比对与综合分析有以下特点。

① 强调多维比对。通过构建多层、多域的指标体系，从时间、空间、层次等多个维度对不同方案下的体系能力和作战效果进行比对。

② 强调信息作用。强调信息是形成体系能力的关键因素，重点关注信息域相关指标，以及指标对体系能力的影响，包括通信网、传感网、指控网等各种网络对体系能力的影响。

③ 强调过程比对。关注作战对抗的整个过程，而不仅仅是结果，通过对完整过程和关键时间段的分析，探究体系对抗结果的深沉层次原因。

2. 多维比对与综合分析的流程

多维比对与综合分析的基本流程包括指标体系构建、数据映射与抽取、多维比对和综合分析四个步骤。

① 构建指标体系。指标体系的构建是根据实验的目的与需求，制定一套既能满足评判要求，又能从实际仿真数据中进行抽取的评判指标。基于该指标体系，研究人员可以对不同仿真方案的过程数据与结果数据进行多维比对和综合分析，观察不同方案带来的体系能力变化情况，进而对体系能力形成和改变的机理进行深入分析。

② 映射与抽取数据。数据的映射与抽取是根据已构建的指标体系，对仿真的原始结果数据和过程数据进行统计、平均等函数变换，建立各评价指标与仿真原始数据之间的关联关系，并通过相应的数据转换工具将数据抽取出来的过程。数据映射与抽取可以看作是对原始数据的加工，将不适于分析的过程数据加工为适合分析的多维数据。

③ 多维比对。多维比对是对映射抽取的指标数据，按照不同的仿真实验方案、不同的指标、不同的时间进行多角度比较的过程。多维比对是对仿真结果的初步观察和研究，通过多维比对，可以分析不同指标之间的关联关系，查找体系对抗演化过程中的异常点，比对展示不同方案对体系能力的影响。

④ 综合分析。综合分析是在多维比对基础上，通过指标关联分析、查找异常点，以及因果关系回溯等方法对体系能力的变化进一步深入分析，探究武器装备体系能力形成和变化的深层次机理问题。

2.4.2 体系能力指标构建

构建指标体系并抽取数据是多维比对和综合分析的基础。目前,国内外的研究人员普遍认为并没有一套通用的指标体系适合所有的分析实验,都是需要针对不同的实验任务和研究内容对指标体系进行定制[11]。虽然如此,部分研究人员还是给出了一些具有共性评判标准的框架模型,我们在参考国内外主要的体系能力指标框架的基础上,结合体系能力评估问题,提出一种基于 OODA 环的武器装备体系能力指标体系框架。

1. 体系能力指标相关研究

20 世纪 80 年代,美军意识到当时新建设的许多指挥控制系统对作战有着重要作用,开始对其指挥控制效能进行评估。美军事运筹协会从 1985 年展开相关工作,提出针对指控系统性能和效能评估的模块化指挥控制评估框架(modual command and control evaluation structure,MCES)和指标价值体系(measures of merit,MOM)。在此基础上,美国陆军训练与条令指挥分析中心(US Army's Training & Doctrine Command Analysis Center,TRAC)于 1990 年发布《指挥控制效能指标手册》(*The C2 Measures of Effectiveness Handbook*),依托这些成果,美军开发了 HEAT 系统(the headquarters effectiveness assessment system)和 ACCES 系统(the army command and control evaluation system)。这些方法、标准和工具堪称当时美军对指挥控制体系能力评估的里程碑,后来被多个国家沿用至今,如图 2.12 所示[12]。

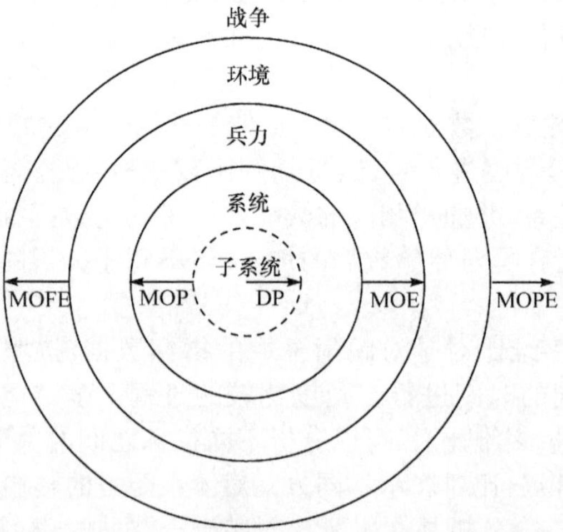

图 2.12　指标价值体系

DP(dimensional parameter),系统参数是系统固有的属性或特征,其值表示系统的结构和行为，如装备实体的材料、尺寸、重量、带宽、功率等。

MOP(measures of performance)，系统性能指标是系统行为属性的定量化描述，或是系统单个属性对于整体能力贡献的数量化描述，如飞机的速度、武器的毁伤半径、传感器的探测范围等。

MOE(measures of effectiveness)，系统效能指标是系统完成其功能程度的定量化描述，或者预期完成使命的能力描述，如武器对目标的毁伤概率、传感器对目标的发现概率等。

MOFE(measures of force effectiveness)，兵力作战效能指标是衡量系统或使用系统的部队在作战环境中完成任务的程度。作战行动是由一定军事力量(包括人和武器系统)在一定环境条件下按一定行动方案进行的，所以作战效能在一定条件下可表示军事力量或行动方案的效能。

MOPE(measures of policy effectiveness)，政策效能指标，战争层面指标，衡量军事行动达到预定战争目标的程度。

2003 年前后，随着美军网络中心战思想的提出和快速应用，美军对于作战体系能力的评价开始更多关注信息和认知因素对体系能力的影响，提出网络中心战效能度量框架(network centric warfare metrics framework)。基于该框架，美军进行了大量体系效能的评价工作[13-15]。如图 2.13 所示是 RAND 公司采用该框架

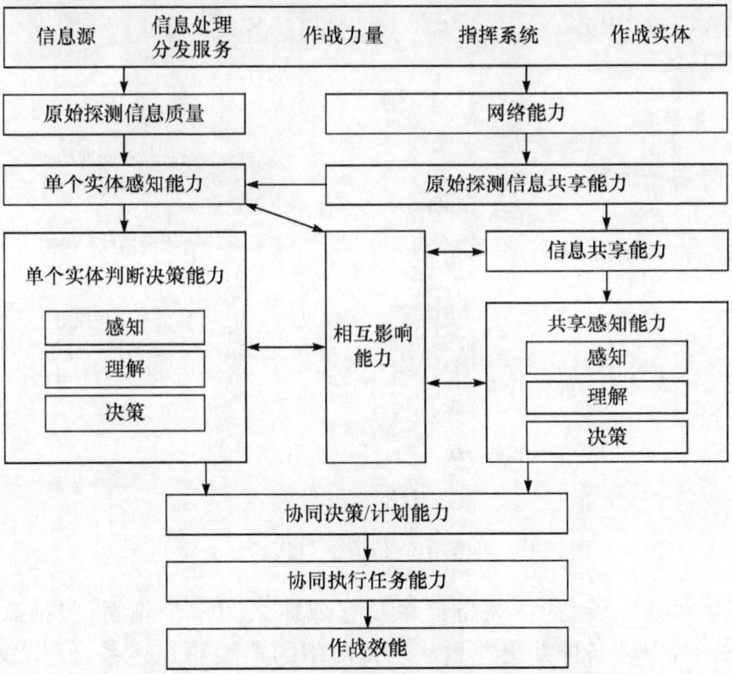

图 2.13　RAND 公司基于网络中心战效能指标框架的典型应用

对空战中仅采用语音和采用语音与 Link16 数据链相结合的两种通信方案进行的作战效能比对。

近年来，以美国为首的北约国家高度关注信息网络、信息共享、意识共享、自同步、自协同对体系能力的影响，提出网络中心价值链、网络化能力(network enabled capability，NEC)，以及基于网络化能力的指挥控制成熟度模型(NATO NEC C2 maturity model，N2C2M2)等概念，如图 2.14 所示。同时，采用基于 Agent 和复杂网络建模仿真的方法，从物理域和信息域，特别是认知域与社会域的角度研究战场中的自主同步现象，分析不同网络结构下作战体系的敏捷性，评判指挥控制系统的成熟度，并取得一系列的研究成果[16-18]。

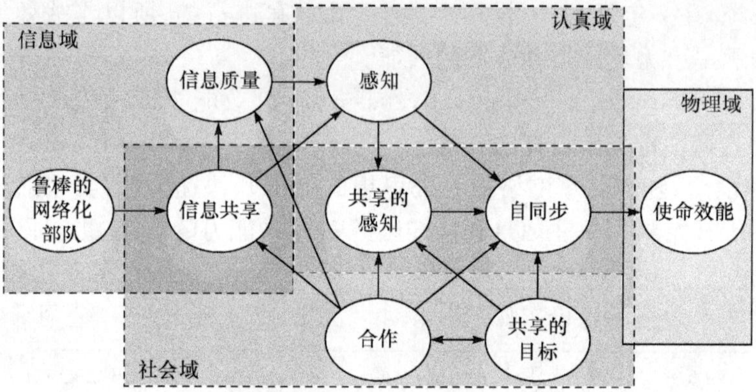

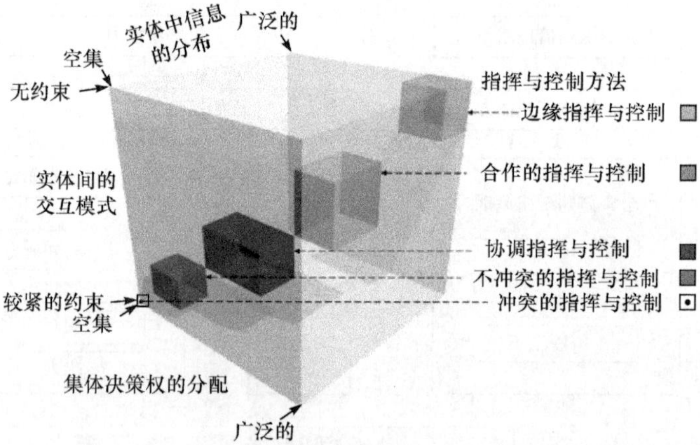

图 2.14　网络中心价值链与指控能力空间

从广义的概念上看，武器装备体系是作战体系的一个侧面，包括武器装备及其使用者[4]。武器装备体系更注重从装备使用的角度研究体系，而作战体系更强调从兵力作战、指挥控制等角度研究体系。因此，美军和北约从指挥控制角度对体系能力的评估指标构建方法对于武器装备体系能力研究也具有重要的借鉴意义。

2. 基于 OODA 环的武器装备体系能力指标框架

OODA 环是对作战行动过程的一种高度抽象，清晰地描述了作战中观察-判断-决策-行动的全过程。我们将其用在武器装备体系的研究上，对武器装备体系对抗过程进行分阶段研究。观察阶段重点关注武器装备体系对目标的探测发现能力/效能，判断阶段重点关注体系的信息融合和分析能力/效能，决策阶段重点关注武器装备的运用方式，行动阶段重点关注武器装备对目标的打击等行动能力/效能。

(1) 武器装备体系能力指标框架

根据信息化条件下武器装备体系对抗的特点，考虑武器装备体系研究的重点和背景体系模型构建的方法，建立基于 OODA 环的武器装备体系能力指标框架(OODA based measures of merit，OB-MOM)，作为武器装备体系仿真试验床对体系能力进行评估的一个基本依据，如图 2.15 所示。

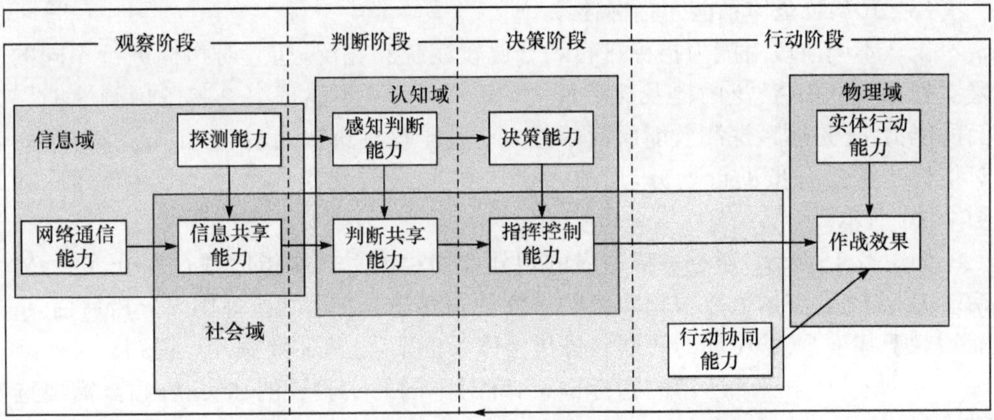

图 2.15　基于 OODA 作战环的武器装备体系能力指标框架

该框架从武器装备体系作战使用过程中的观察、判断、决策和行动四个环节对体系能力进行评估，涵盖物理域、信息域、认知域和社会域等不同领域的主要指标，特别强调信息和网络对武器装备体系能力的影响，包括对目标探测、感知态势、决策和行动时效性的影响。

(2) 武器装备体系能力指标分类

该框架在观察、判断、决策、行动四个环节重点选取十类指标。在观察环节，重点考察探测能力、网络通信能力，以及信息共享能力。在判断环节，重点考察重要实体(指挥所、情报融合中心等)的感知判断能力，以及判断共享能力。在决策环节，重点考察决策能力和指挥控制能力。在行动环节，重点考察实体行动能力、行动协同能力，以及作战效果。如表 2.2 所示为相关能力指标分类的具体描述。

表 2.2　武器装备体系能力指标分类

阶段	指标类型	指标描述
观察	探测能力	对重要目标的首次探测时间能力
	网络通信能力	体系中各节点之间的通信能力、抗毁能力等
	信息共享能力	各平台发现目标后的信息共享能力
判断	感知判断能力	对目标的敌我识别及身份识别能力
	判断共享能力	体系整体感知判断能力
决策	决策能力	决策的时效性、正确性等能力
	指挥控制能力	指挥控制命令的时效性、正确性等能力
行动	实体行动能力	实体执行命令的时效性
	行动协同能力	实体执行行动时其他实体的配合情况
	作战效果	体系的整体作战效能，包括战果、战损等

(3) 武器装备体系能力指标体系

仅从不同阶段对能力指标进行划分比较笼统和宽泛，还应对指标进行不同的层次划分。例如，泛泛的提及探测能力，研究人员并不能理解是装备探测性能层面的能力，还是体系探测效能层面的能力。鉴于这种情况，我们对于每一类指标，对指标体系进一步进行划分，形成一套二维的武器装备体系能力指标体系，如图 2.16 所示。

如图 2.16 所示，通过一横一纵的划分方式对体系效能指标进行划分，进行体系能力分析研究时，可以根据研究的目标和内容选取合适的指标用于分析评估。

对于基于 OODA 环的武器装备指标体系框架，这里需要做几点说明。

① 该框架是一个通用的指标框架，针对不同的实验目的和实验内容，需要选取或制定具体的评价指标。

② 该框架从物理域、信息域、认知域、社会域对体系进行研究，重点强调信息域要素对于武器装备体系的影响。

③ 指标数据都是从仿真数据中映射变换而来的，因此对于指标和仿真数据的映射是提取指标数据的关键，也是下一步进行多维比对和综合分析的关键。

(4) 网络特征参数

定义 2.4 网络特征参数(networks dimensional parameters，NDP)　作战体系中的通信网、传感网、指控网等网络关系的网络特征值和分布，包括节点数、节点链路比、度、度分布、平均最短路径、最短路径分布、介数、介数分布等。

作战过程 / MOM	观察环节			判断环节		决策环节		行动环节		
	探测	通信	信息共享	感知判断	判断共享	决策	指挥控制	行动执行	行动协同	作战效果
MOFE										· 命中数量 · 毁伤数量 · 伤亡数量 · …
MOE	· 目标的发现率 · 目标的发现时间			· 目标识别率 · 目标发现时间		· 决策正确度 · 决策时间		· 命中数量 · 毁伤数量 · 伤亡数量 · …		
MOP	· 首次探测时间 · 首次发现距离 · …	· 通信延时 · …		· 敌我识别时间 · 身份识别时间 · …						
DP	· 信噪比 · 天线功率 · …	· 带宽 · 波特率 · 天线功率 · …						· 速度 · 毁伤半径 · …		
NDP	探测关系 特征参数 · 度分布 · 链路节点比 · 特征路径长度 · …	通信网络 特征参数 · 度分布 · 链路节点比 · 特征路径长度 · …	传感网络 特征参数 · 度分布 · 链路节点比 · 特征路径长度 · …				指控网络 特征参数 · 度分布 · 链路节点比 · 特征路径长度 · …		· 协同网络 · 特征参数 · 度分布 · 链路节点比 · 特征路径长度 · …	

图 2.16　武器装备体系能力指标体系

2.4.3　多维比对技术

1. 多维比对概念模型

多维比对是对仿真结果和过程数据按照多个维度进行比较，观察不同仿真输入情况下的不同仿真结果。这里我们提出方案-指标-时空多维比对模型(scenario-measure-time/space multidimensional contrast model，SMT-MCM)，如图 2.17 所示。

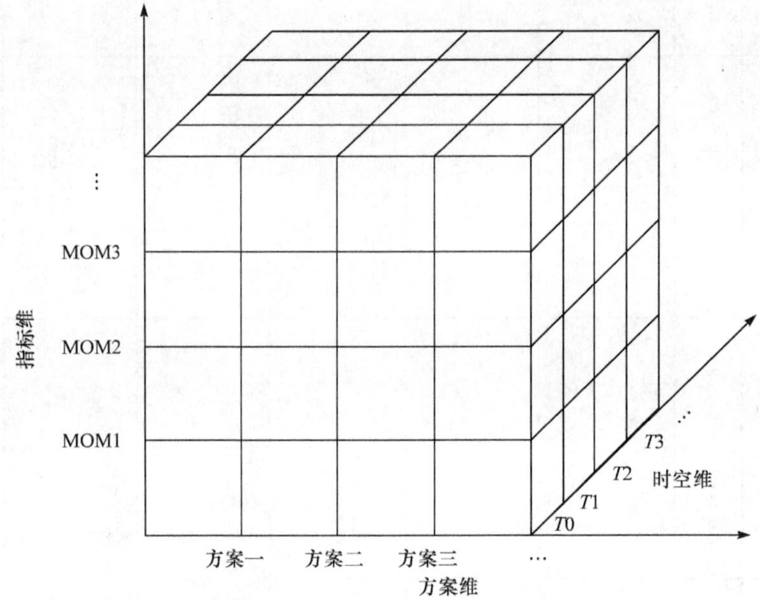

图 2.17　SMT-MCM

SMT-MCM 从方案维、指标维、时空维三个维度对仿真结果和过程进行比对。

方案维是指将不同仿真方案作为区分的依据。一般来说，仿真实验会准备一个基本方案，也就是一个基本仿真想定输入方案，以此为基础，对装备实体的性能、数量、体系网络、作战行动等进行更改而形成不同的仿真方案，分别进行仿真实验并收集数据，可用于不同仿真实验结果和过程的对比。方案维形式化描述为

$$S=\{s_i \mid i=1,2,\cdots,j\} \tag{2.5}$$

其中，S 为全部方案集合；s_i 为第 i 个方案；j 为方案数量。

指标维是指将不同的指标变量作为区分的依据。MOM1、MOM2 和 MOM3 等分别表示不同的指标。这些指标由分析人员根据不同的实验目的和仿真内容确定，并由它们共同组成指标集合形成指标维。指标维形式化描述为

$$M=\{\mathrm{mom}_i \mid i=1,2,\cdots,k\} \tag{2.6}$$

其中，M 为全部指标集合；mom_i 为第 i 个指标；k 为指标数量。

时空维是指将仿真过程中时间和空间的组合作为区分的依据。时空维描述仿真从开始时间到结束时间的所有空间的组合。可以看出，时空维本身是一个四维空间到一维空间的映射，如果固定空间，时空维等同于时间维；如果固定时间，时空维等同于空间维。时空维可以形式化描述为

$$T=\{t_i \mid i=1,2,\cdots,l\} \tag{2.7}$$

其中，T 为全部时空集合；t_i 为第 i 个时空；l 为仿真中时空组合的数量。

由 S、M、T 组成多维比对的状态空间 $\text{SMT}=\langle S,M,T\rangle$，每一次比对 con_i 可以描述为不同组合之间的对比，即

$$\begin{aligned}&\text{con}_i=\langle \text{SMT}_m,\text{SMT}_n\rangle\\&\text{SMT}_m=\langle s_{m1},\text{mom}_{m2},t_{m3} \mid s_{m1}\in S;\text{mom}_{m2}\in M;t_{m3}\in T\rangle\\&\text{SMT}_n=\langle s_{n1},\text{mom}_{n2},t_{n3} \mid s_{n1}\in S;\text{mom}_{n2}\in M;t_{n3}\in T\rangle\end{aligned} \tag{2.8}$$

2. 多维比对模式

根据 SMT 多维比对模型，从不同维度进行切片，引申出方案-时空（scenario-time/space mode，STM）、时空-指标（time/space-measure mode，TMM）、方案-指标（scenario-measure mode，SMM）三种比对模式。

(1) 方案-时空模式

方案-时空模式是从方案维和时空维进行切片形成的一种比对模式，即固定某一方案和某一时空，对同一方案同一时空下的不同指标进行比对。方案-时空模式形式化描述为

$$\begin{aligned}&\text{con}_i=\langle \text{SMT}_m,\text{SMT}_n\rangle\\&\text{SMT}_m=\langle s_{m1},\text{mom}_{m2},t_{m3} \mid s_{m1}\in S;\text{mom}_{m2}\in M;t_{m3}\in T\rangle\\&\text{SMT}_n=\langle s_{n1},\text{mom}_{n2},t_{n3} \mid s_{n1}\in S;\text{mom}_{n2}\in M;t_{n3}\in T\rangle\end{aligned} \tag{2.9}$$

其中，$m1=n1$ 且 $m3=n3$。

当空间固定时，方案-时空模式可以用于不同时间指标序列之间的关联分析，通过这种比对发现不同时间序列指标之间的同向、反向、滞后等关系。

(2) 时空-指标模式

时空-指标模式是从时空维和指标维切片形成的一种比对模式，即固定时空和指标，比对同一时空同一指标不同方案下的变化情况。时空-指标模式形式化描述为

$$\begin{aligned}&\text{con}_i=\langle \text{SMT}_m,\text{SMT}_n\rangle\\&\text{SMT}_m=\langle s_{m1},\text{mom}_{m2},t_{m3} \mid s_{m1}\in S;\text{mom}_{m2}\in M;t_{m3}\in T\rangle\\&\text{SMT}_n=\langle s_{n1},\text{mom}_{n2},t_{n3} \mid s_{n1}\in S;\text{mom}_{n2}\in M;t_{n3}\in T\rangle\end{aligned} \tag{2.10}$$

其中，$m2=n2$ 且 $m3=n3$。

时空-指标模式一般用于不同方案之间的对比分析，通过这种比对发现不同方案造成的指标差异，这是最为常用的一种模式，也可以用于不同指标之间的关联性分析，发现不同指标之间的同向、反向、滞后等关系。

(3) 方案-指标模式

方案-指标模式是从方案维和指标维切片形成的一种比对模式，即固定方案和指标，比对同一方案和同一指标在不同时间或空间中的变化情况。方案-指标模式可以形式化描述为

$$\begin{aligned} &\mathrm{con}_i = \langle \mathrm{SMT}_m, \mathrm{SMT}_n \rangle \\ &\mathrm{SMT}_m = \langle s_{m1}, \mathrm{mom}_{m2}, t_{m3} \mid s_{m1} \in S; \mathrm{mom}_{m2} \in M; t_{m3} \in T \rangle \\ &\mathrm{SMT}_n = \langle s_{n1}, \mathrm{mom}_{n2}, t_{n3} \mid s_{n1} \in S; \mathrm{mom}_{n2} \in M; t_{n3} \in T \rangle \end{aligned} \tag{2.11}$$

其中，$m1=n1$ 且 $m2=n2$。

方案-指标模式一般用于仿真过程中一段时间内指标的变化分析或者不同空间下的指标变化分析，通过这种分析可以查找体系指标的异常点，进一步深入分析和因果回溯。

2.4.4 综合分析技术

综合分析是在多维比对的基础上，深入研究武器装备体系能力形成的机理，查找影响体系能力的深层次原因。当前，对武器装备体系仿真结果和过程进行综合分析的方法有多种，包括数据挖掘[19,20]、可视化分析[21]等。这些技术都可以用在武器装备体系仿真试验床。

结合 SMT-MCM 多维比对技术，我们提出一种基于指标关联度分析的因果回溯分析(causal tracing based on index correlation analysis，CTBICA)方法。

1. 基于指标关联度分析的因果回溯分析方法

CTBICA 方法基于以下假设。

假设 2.1 在二维的武器装备体系能力指标体系中，低层指标是高层指标的原因。

假设 2.2 在能区分的一个 OODA 环内，按照探测-判断-决策-行动顺序，前面指标是后面指标的原因。

假设 2.3 在能区分的多个 OODA 环内，前一周期的指标是后一周期的原因。

假设 2.4 在满足上述假设的条件下，指标关联度越高，因果关系存在的可能性越大。

CTBICA 方法的主要思想是通过对指标之间的关联关系进行排序，结合以上假设，对异常情况进行因果回溯，查找原因。其流程如图 2.18 所示。

① 根据分析的需要与仿真的数据构建指标体系，完成指标与仿真数据的映

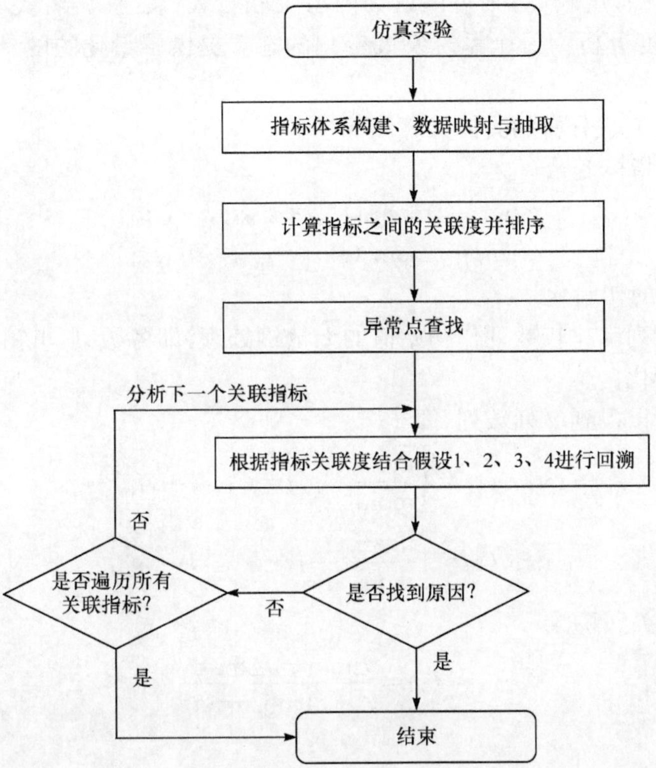

图 2.18　CTBICA 方法流程

射,并抽取仿真数据。

② 计算指标之间的关联度。通过采集的数据确定指标之间的关联度,大于设定的阈值为存在关联关系,并按关联度进行排序。

③ 查找异常点。采用异常检测算法,对重要的高层指标(MOFE 或 MOE)进行异常检测,发现体系异常状态。

④ 根据指标之间的关联度,结合 2.4.4 节的假设进行因果回溯,如果没有发现原因,可以继续对下一个关联指标进行回溯。

2. 关联分析

关联分析的目的是为了查找与目标指标关联度高的指标,并按照关联度高低对关联指标进行排序,为因果回溯提供线索。当前国内外对关联分析进行了大量的研究,提出许多算法与研究成果。这里采用邓聚龙教授提出的灰色关联分析进行指标之间的关联度分析[22-25]。

灰色关联度分析是指在系统发展过程中,如果两个因素变化的态势是一致的,即同步变化程度较高,则可以认为两者关联较大;反之,两者关联度较小。因此,灰色关联度分析为一个系统发展变化的态势提供了量化的度量,非常适合动态过程分析。

灰色系统关联分析的具体计算如下。

(1) 确定指标变量

$$\mathrm{mom}_i=\{\mathrm{mom}_i(t)\,|\,t=t_0,t_1,\cdots,t_{\mathrm{end}}\} \tag{2.12}$$

$$\mathrm{mom}_j=\{\mathrm{mom}_j(t)\,|\,t=t_0,t_1,\cdots,t_{\mathrm{end}}\} \tag{2.13}$$

(2) 参数的初始化

对参比数列和比较数列作初始值的无量纲处理,即各数列均除以其对应的平均值进行初始化。

初始化可以得到下列数列,即

$$\mathrm{mom}_i'(t)=\left\{\frac{\mathrm{mom}_i(t)}{\mathrm{mom}_i(t)}\,\middle|\,t=t_0,t_1,\cdots,t_{\mathrm{end}}\right\} \tag{2.14}$$

$$\mathrm{mom}_j'(t)=\left\{\frac{\mathrm{mom}_j(t)}{\mathrm{mom}_j(t)}\,\middle|\,t=t_0,t_1,\cdots,t_{\mathrm{end}}\right\} \tag{2.15}$$

(3) 计算关联系数

$$\xi_{ij}(t)=\frac{\Delta\min+\delta\Delta\max}{\Delta_{ij}(t)+\delta\Delta\max} \tag{2.16}$$

其中

$$\Delta\min=\min_j\min_t|\mathrm{mom}_i'(t)-\mathrm{mom}_j'(t)| \tag{2.17}$$

$$\Delta\max=\max_j\max_t|\mathrm{mom}_j'(t)-\mathrm{mom}_j'(k)| \tag{2.18}$$

$$\Delta_{ij}(t)=|\mathrm{mom}_i'(t)-\mathrm{mom}_j'(t)| \tag{2.19}$$

δ 为分辨系数,其作用在于提高关联系数间的差异显著性,取值范围在 0~1,一般取值为 0.5,以此计算指标 mom_j 与 mom_i 间的关联度 γ_{ij},即

$$\gamma_{ij}=\left(\frac{1}{n}\right)\sum_{t=1}^{n}\xi_{ij}(t) \tag{2.20}$$

3. 异常检测

异常检测可以从时间序列或者空间分布进行查找,本章仅对时间序列进行简单介绍。时间序列指标值有时会受到一些事件的影响从而产生异常数据,这些影响可能是一些突发事件,如发现目标、关键节点被摧毁、关键链路被阻断等。这样的指标值通常称为异常值或异常点。异常点有时还可能具有特殊的意义,往往能提供额外的有用信息。国内外关于时间序列指标异常检测已有较长时间的研究,自 Fox 于 1972 年基于 ARMA 时间序列模型提出异常点的概念以来,已有许多学者研究探讨了时间序列的异常点问题,也提出许多相应的检测方法[26-29]。

本章给出的异常状态判定方法采用查找指标函数曲线的拐点、极值点、间断点的方式进行。

如图 2.19 所示，坐标横轴为时间变量，纵轴为某一个指标状态变量，指标函数 $f(t)$ 描述仿真过程中该指标的状态曲线，$t1 \sim t4$ 时刻可以看作出现潜在异常状态。这几种异常状态可以描述如下。

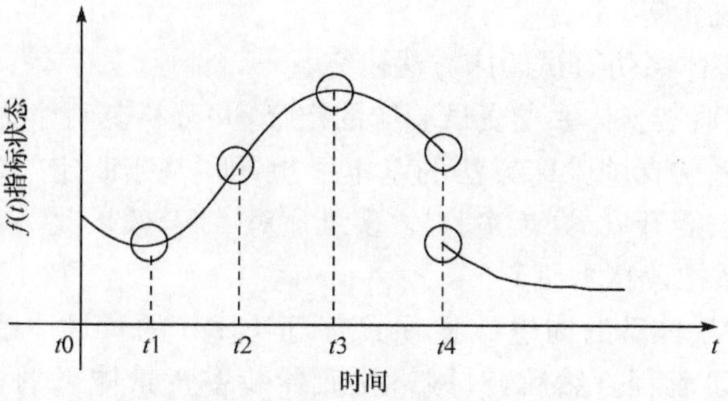

图 2.19　时间序列指标异常点查找

① $t1$ 时刻为局部区域状态极小值，即在这一时刻之前状态指标处于下降趋势，之后开始回升。形式化描述为指标状态满足，即

$$0 < \frac{f(t+\Delta t)-f(t)}{\Delta t} < \varepsilon \text{ 且 } 0 > \frac{f(t)-f(t-\Delta t)}{\Delta t} > -\varepsilon \tag{2.21}$$

② $t2$ 时刻为拐点，即在此之前状态指标加速度增长，之后增长速度变缓，成下降趋势。形式化描述为指标状态满足下式，即

$$f'(t2) = \max f'(t) \tag{2.22}$$

③ $t3$ 时刻为局部区域状态极大值，即在这一时刻之前状态指标处于上升趋势，之后开始回落。形式化描述为指标状态满足下式，即

$$0 > \frac{f(t+\Delta t)-f(t)}{\Delta t} > -\varepsilon \text{ 且 } 0 < \frac{f(t)-f(t-\Delta t)}{\Delta t} < \varepsilon \tag{2.23}$$

④ $t4$ 时刻为间断点，即指标出现较大幅度的跃迁。形式化描述为指标状态满足下式，即

$$\| f(t4) - f(t4+\Delta t) \| > \delta \tag{2.24}$$

以上是几种常用的时间序列异常状态判定方法，在实际实验中，也可以根据需要灵活地定制专用的异常状态判定方法。

4. 因果回溯

在建立指标关联度排序的基础之上，基于提出的假设，可以对体系异常的原因进行回溯分析。

2.5 本章小结

本章围绕武器装备体系仿真试验床方法与关键技术，主要研究武器装备体系仿真试验床的科学内涵和基本思想、背景体系构建技术、体系聚焦实验技术、多维比对和综合分析技术等。

（1）武器装备体系仿真试验床方法研究

首先，给出武器装备体系仿真试验床的定义，并分析其科学内涵。然后，重点阐述武器装备体系仿真试验床方法的基本思想，即“基于既定‘背景体系’，‘焦点装备’快插即仿，按需开展‘聚焦实验’，‘多维比对’综合效果”。

（2）背景体系构建技术研究

首先，分析背景体系的构建要求，介绍基于 EBNI 的背景体系建模方法，并给出背景体系的构建流程。然后，对网络化武器装备背景体系的构建技术进行研究，包括武器装备部件、武器装备原型、武器装备实体、通信网、传感网、指控网的建模技术，以及基于 OODA 环理论的作战体系构建方法。

（3）体系聚焦实验技术研究

首先，给出聚焦实验的相关概念，提出由想定准备环、想定提炼环、仿真实验环、数据分析环和聚焦实验环等组成的五环聚焦实验基本流程。然后，对想定准备环进行研究，给出五种背景体系裁剪的方法，提出并对比两种典型焦点装备接入技术。接着，对想定提炼环进行研究，给出按实体、通信网、传感网、指控网的顺序进行想定提炼的方法。最后，对仿真实验环进行研究，给出多种变更仿真实验方法。

（4）多维比对与综合分析技术研究

首先，给出多维比对与综合分析的概念与流程。然后，提出基于 OODA 环的武器装备体系能力指标框架，介绍指标数据的映射与抽取方法。接着，在指标和数据的基础上，详细介绍方案-指标-时空多维比对模型，以及方案-时空、方案-指标、时空-指标三种比对模式。最后，提出并详细阐述一种基于指标关联度分析的因果回溯分析方法。

参考文献

[1] 中国科学技术协会学会学术部. 仿真——认识和改造世界的第三种方法吗. 北京：中国科学技术出版社，2007.

[2] Crisp M D. “Plug and test”：the goal of distributed T&E. Washington DC：Office of the Secretary of Defense Operational Test and Evaluation，2006.

[3] 傅妤华，刘建湘. 美军武器装备联合试验综述. 军事运筹与系统工程，2008，22(6)：70-80.

[4] 胡晓峰,杨镜宇,司光亚,等. 战争复杂系统仿真分析与实验. 北京：国防大学出版社,2008.
[5] 胡晓峰. 战争复杂性与战争复杂体系仿真问题. 军事运筹与系统工程,2010,24(3):27-34.
[6] 黄柯棣,鞠儒生,黄健,等. 基于数据耕种的作战仿真理论及关键技术研究综述. 系统仿真学报,2008,20(3)：3337-3341.
[7] 刘晓路,陈英武,荆显荣,等. 优化拉丁方试验设计方法及其应用. 国防科技大学学报,2011,3(5):73-77.
[8] 胡剑文,胡晓峰,祝曙光,等. 武器装备能力需求论证的仿真实验分析方法. 系统仿真学报,2008,20(14):3628-3632.
[9] 陈科. 体系对抗仿真中的通信网络模型研究与实现. 北京:国防大学硕士学位论文,2009.
[10] 胡晓峰,司光亚,等. 战争模拟原理与系统. 北京：国防大学出版社,2009.
[11] Stenbit J P, Linton W II, Alberts D S. NATO code of best practice for C2 assessment. Command & Control Research Program, 2002.
[12] Gonzales D, Hollywood J, Kingston G, et al. Network-centric operations case study air-to-air combat with and without link 16. RAND Cooperation, 2005.
[13] Cammons D, Tisserand III J B, Williams D E, et al. Lindsay network centric warfare case study volume I: operations. Pennsylvania: United States Army War College, 2003.
[14] Cogan K J, de Lucio R. Network centric warfare case study volume II: a view of command, control, communications and computer architectures at the dawn of network centric warfare. Pennsylvania: United States Army War College, 2003.
[15] Tisserand III J B. Network centric warfare case study volume III: network centric warfare insights. Pennsylvania: United States Army War College, 2003.
[16] Manso M, Manso B. N2C2M2 experimentation and validation: understanding its C2 approaches and implications//The 15th International Command and Control Research and Technology Symposium: The Evolution of C2: Where Have We Been? Where Are We Going?, 2010.
[17] Manso M, Moffat J. Defining and measuring cognitive-entropy and cognitive self-synchronization//The 16th International Command and Control Research and Technology Symposium: Collective C2 in Multinational Civil-Military Operations, 2011.
[18] Manso M. N2C2M2 validation using abELICIT: design and analysis of ELICIT runs using software agents//The 17th International Command and Control Research and Technology Symposium: Operationalizing C2 Agility, 2012.
[19] 胡润涛. 武器装备体系探索性仿真实验分析方法研究. 北京:国防大学博士学位论文,2009.
[20] 张斌. 战争复杂系统的体系大尺度仿真建模研究. 北京:国防大学博士学位论文,2009.
[21] 岳峰. 武器装备体系能力可视化仿真分析方法研究. 北京:国防大学博士学位论文,2012.
[22] 邓聚龙. 灰色系统理论教程. 武汉:华中理工大学出版社,1990.
[23] 邓聚龙. 灰理论基础. 武汉:华中理工大学出版社,2002.

[24] 邓聚龙. 灰色系统基本方法. 武汉：华中理工大学出版社，1987.

[25] 李强. 数据挖掘中关联分析算法研究. 哈尔滨：哈尔滨工程大学博士学位论文，2010.

[26] Tsay R S. Time series model specification in the presence of outliers. Journal of the American Statistical Association，1986，81：132-141.

[27] Mc Culloch R E，Tsay R S. Bayesian analysis of autoregressive time series via the Gibbs sampler. Journal of Time Series Analysis，1994，15：235-250.

[28] Baragona R，Battaglia F，Calzini C. Genetic algorithms for the identification of additive and innovation outliers in time series. Computational Statistics & Data Analysis，2001，37(1)：1-12.

[29] 陈平，陈钧. ARMAX 时间序列模型异常点及异常点斑片的估计和检测. 系统科学与数学，2010，10(10)：1323-1333.

第3章　武器装备体系仿真试验床实验设计方法

3.1　武器装备体系仿真实验设计概述

对战争系统进行仿真分析与实验，是当前战争研究最重要的发展方向之一[1]。武器装备体系规模巨大，通过实兵实装的演习或实验进行研究耗资巨大，且难以实施。通过建立计算机模型，对武器装备体系进行仿真实验是可行性较高、可信度较好的研究方法。良好的实验设计对于科学、顺利地开展武器装备体系仿真实验起着极其重要的作用。武器装备体系是典型的复杂系统，具有自组织适应性、不确定性和涌现性等特点。针对武器装备体系进行的仿真实验设计与传统的实验设计有很大区别。因此，加强对体系实验设计的研究，对实验进行科学合理的设计，对武器装备体系仿真实验的实践和优化武器装备体系建设具有重要意义。

3.1.1　传统实验设计存在的问题

目前，国内外进行仿真实验设计，通常是根据实验目标，先构建树状评价指标体系，再确定实验因素，也就是建立原因和期望效果之间的关联关系，根据一定的经典设计方法(如正交设计、均匀设计)来规划实验点，按照实验点拟定实验仿真想定进行仿真，最后根据仿真输出结果计算底层指标，并自底向上加权求和聚合至顶层评价指标，从而得出顶层的总体指标效能。这种实验设计方法对于开展研究一般系统的仿真实验还是非常有用的。但是，武器装备体系是典型的复杂系统，具有效能的涌现性、结构的进化性和能力的相对性等特点。因此，将传统实验设计方法用于研究武器装备体系的仿真实验时还存在诸多不足。

① 体系的演化性特点使一次性开环仿真前实验设计方法难以适应体系评估的特殊需求。传统的实验设计通常在实验准备阶段完成所有工作内容，包括指标选择、因素选择、实验点规划等，这种设计方法无法满足体系评估的需求。一是体系的演化性使实验准备阶段无法预料体系可能发生的演化，需要随着实验过程和体系演化的状态不断调整实验方案。二是对体系的不确定性，需要实验对各种方案进行整体研究，实验设计也必须始终贯穿在整个实验过程中，根据分析结论不断反馈、循环往复。

② 体系的复杂系统性质导致传统指标设计与评估方法变得不适用。一是体

系的非还原性质决定了各实验指标之间的实质是网状结构而非树状关系[2]。二是体系的不可分解性质决定了不能用局部指标简单求和得到整体效能,传统的自底向上的指标效能计算与聚合,无法反映体系的整体效能。三是体系的非线性和不确定性导致结果不唯一,顶层指标值不再是单一值而是多个值组成的结果云[3]。

③ 体系的整体性评估方式使传统的想定设计方法难以获得正确结果。传统的想定设计通常在仿真实验开始之前,根据实验目的对要研究的武器装备体系进行建模,再根据实验点的规划进行想定的拟制。这样就存在三个问题。一是想定制定没有考虑整体的作战环境背景,是一种局部的想定,难以描述体系整体涌现性特征。二是武器装备体系的结构和运行通常静止不变或局部微调,缺少自适应性。三是对手不同体系效能不同,而传统想定设计通常对对抗方的种类和行动设计得过于简单,不能反映体系效能的相对性。

3.1.2 研究解决问题的基本思路

为了解决体系实验设计中存在的问题,拟以下面几点作为解决问题的基本思路。

1. 以评估体系的整体能力和寻找体系运行机理为研究重点

体系仿真实验的研究目标不是对单一武器装备平台的研究,而是要获得对体系整体能力的分析和运行机理的探寻。体系的整体性效能是体系在对抗过程中涌现出的新性质,为了发现体系能力的生成机制和作用机理,需要实现从不同角度度量体系的能力。本章强调通过设计全局性仿真想定涌现出体系的整体能力,通过设计网络化实验指标反映体系不同层面的能力和能力间的关系,通过体系动态测量设计评估体系整体能力,寻找体系运行机理。

2. 以复杂系统理论和网络科学理论为主要理论支撑

复杂系统理论认为体系能力是体系整体涌现的结果,是体系在对抗过程中发生相变而产生的新性质,体系能力不是一成不变的,而是随着体系的演化动态生成;不同的环境、对手和过程,都可能产生不同的演化结果。为此,体系实验需要转变过去基于还原论和决定论的思维模式,从以往处理简单系统的静态、局部、分解可加方式转变为整体、动态、对抗三位一体的综合评估实验[4]。

复杂网络理论能够实现对组分的动力学行为及其相互作用的综合研究,既能刻画系统中的个体,又能刻画个体之间的复杂关系,包括由于复杂关系的存在产生的整体涌现性行为[5],这也非常符合研究武器装备体系的特点。鉴于体系与复杂网络的相似性,本章充分借鉴网络科学理论为研究的重要理论支撑。

3. 以体系仿真试验床为基本手段和平台

武器装备体系仿真试验床是一种新型武器装备体系研究方法。试验床思想最早源于美国航天部门，采用仿真模拟的方法来抽象武器装备的关键技术，弱化次要因素，从而达到降低技术难度和缩短研制周期的目的。后来，试验床思想被美军方和武器装备生产研制部门广泛使用，主要用于对武器装备的设计、试验、测试、评估，以及验证等。本章提到的武器装备体系仿真试验床方法是将传统武器装备试验床思想“移植”到武器装备体系研究上的一种新方法[6]，强调对体系建模、仿真、评估，通过将装备体系放在对抗的仿真环境中进行动态研究，获得对体系能力的评估和规律的把握。

4. 重建体系实验设计理论与方法

基于试验床开展的体系实验是复杂的综合实验，需要进行周密的准备、科学的设计和详细的规划，在保证实验顺利、科学、高效进行的条件下，得到有效可信的实验结果。从某种意义上说，成功的实验设计就等于完成了作战实验一半的工作。一个设计良好的仿真实验，可以以最小的实验代价获得最佳的实验效果，仿真实验不是一味埋头蛮干，而是充满巧妙设计的仿真工程[7]。本章围绕体系实验和试验床平台的特点，扬弃还原论思想指导下的实验设计理论，以寻求武器装备体系深层机理为目标，以复杂系统理论与网络科学理论为支撑，进行全新的体系实验设计方法研究。

3.1.3　面向体系实验的试验床实验设计框架

武器装备体系实验的研究对象是武器装备体系，通过武器装备体系在联合作战背景下的仿真实验，研究探索诸如“当前的武器装备体系存在什么缺陷”、“需要发展何种新型战略武器装备”、“新型武器装备需要满足哪些性能要求”、“新型武器装备会对整个武器装备体系效能带来什么样的影响”等体系层面的问题，为高层决策者提供武器装备体系建设战略层面的决策依据。

武器装备体系仿真试验床是研究武器装备体系的大型仿真平台，通过对多种武器装备实体、联合作战实体、关键基础设施(目标)实体，以及各类实体的行为，实体之间通信、指控、传感、火力等网络等进行建模，形成可以模拟各类实体、网络及行为的大型体系仿真平台。通过对体系进行仿真实验，反映体系特点和体系能力，支持对体系运行机理的研究。不仅如此，针对试验床的应用特点，试验床还给出一套全新的体系研究思想，可以概括为：“基于既定‘背景体系’，‘焦点装备’快插即仿，按需开展‘聚焦实验’，‘多维比对’综合效果”[6]。体系实验是一个不断分析、实验、再分析的螺旋上升过程。鉴于试验床本身的特点及体系实验应采用的创新评估理念，本章提出四环实验设计框架，如图 3.1 所示。

四环实验设计框架由问题设计环、想定设计环、测量设计环 3 个小环和 1 个聚焦实验大环组成。在该实验设计框架中，每个小环包含一系列具体的设计内容，具有独立的设计功能，是一个闭环结构。每个小环内部从环顶开始按顺时针指向依次设计，但在完成每一步的设计之后，都有可能随着对问题的理解和对体系的认识，返回上一步重新设计，因此每个小环就是一个反复迭代、螺旋上升的复杂设计过程。小环与小环之间，也与小环内部类似，从顶部的问题设计开始，按顺时针指向依次进行想定设计和测量设计，但是随着实验设计的深入，依然有可能在某个设计环完成时，返回上一个环重新设计。由于体系的复杂性和演化性，特别是随着实验分析人员对问题的不断深入理解，以及体系在实验过程中不断地演化，使各环内部，以及环与环之间，存在复杂的指导、反馈、规划等关联关系，最终形成人在回路的"聚焦实验"大环，整个实验就是一个反复迭代、螺旋上升的复杂的设计和规划过程。

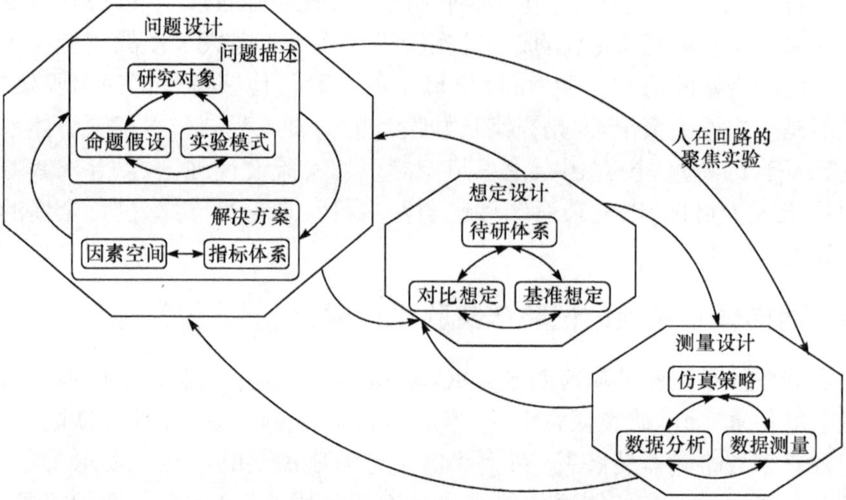

图 3.1 面向体系实验的四环实验设计框架

实验设计从问题设计环开始。问题设计环的主要功能是完成对问题的描述，形成初步的问题解决方案，也就是形成可以指导实验的初始实验计划。问题设计环内部又包括规范化问题描述与设计实验方案两个环节。这两个环节互为指导和反馈，经过实验各方面人员的不断交流和对问题的理解深入，不断循环迭代，最终完成问题设计环的工作。问题设计环结束后，形成的初始实验计划就可以指导想定设计环的运转。

想定设计环的主要功能是完成面向实验问题，反映体系实验特点想定集的生成。根据试验床方法的特点，试验床想定设计环的主要功能是在问题设计形成的初始实验计划指导下，设计用于进行体系能力基线评估的基准想定和多维对比的想定，最终经过优化提炼，形成仿真实验的想定集。想定设计结束后，想定集可以输入试验床平台驱动仿真平台运行。

在测量设计环中，通过设计对系统运行状态数据采集、数据测量和动态分析的模式和策略，从而完成对体系运行状态的测量和监控，在此基础上得到当次实验的测量数据和分析结论，根据需要再次反馈到问题设计环，指导下一轮实验的问题设计和理解。从问题设计环开始，每一小环都在上一小环的成果驱动下，进行该小环内部的工作循环，最终形成不断运转的聚焦实验大环，支持复杂体系问题的研究与实验，最终达到试验床体系实验的目标。

3.2　面向体系实验的指标体系设计

基于试验床的体系实验第一个环节就是问题设计环。其任务是描述实验对象，提出具有操作性的实验目标问题。在这一环节，设计体系能力评估指标，从整体上指导体系实验的其他环节尤为重要。

3.2.1　面向体系能力评估的实验指标网络化

武器装备体系组成结构的网络，对抗交互的网络化产生体系涌现能力。因此，对于实验指标而言，一方面需要能够充分描述和反映体系结构网络化的特点，另一方面需要关注能够描述网络结构性能的指标。这就需要通过网络化的实验指标来描述体系能力。网络化的实验指标表现在两个方面，分别是指标结构的网络化和指标内容的网络化。

1. 实验指标结构的网络化

首先，为了描述体系能力之间存在的复杂的关联关系，体系实验指标在结构上呈现出网络化的特点。其次，为了寻找和探寻体系能力的运行机理和规律，体系实验不仅需要找到刻画指标某方面特征或能力的指标，还需要建立这些指标之间的关联关系，从而有目的性地通过实验去研究和验证某些关联关系，探索体系能力涌现的内部机制。因此，实验指标必然要抛弃树状结构，形成网络化结构。

2. 实验指标内容的网络化

组成体系的装备平台之间存在复杂的相互作用关系，是体系涌现性产生的根源，也是体系形成的基础。对这些复杂交互作用的结构和动力学的理解是对体系进行研究的重要内容，复杂网络理论为此提供最合适的方法和手段。武器装备体系的网络化形态及其特性，与复杂网络具有天然的相似性，使体系能够方便地映射成复杂网络进行研究，也使复杂网络理论与方法被认为是战争复杂体系建模与仿真最有可能取得突破的重要理论和方法[8]。采用复杂网络理论方法研究体系，必然要引入研究复杂网络的相关指标，因此实验指标也需要引入网络类型的指标，用于描述和反映体系的网络结构特点，以便更好地研究体系的运行规律。

指标的网络化虽然解决了树状指标不能客观描述复杂体系的问题，但是如何获得指标的度量值对于树状指标来说变得较为困难。采用树状指标进行能力评估，高层指标数值可以通过低层指标数值聚合得到，而网络化结构能力评估指标值不能通过聚合得到，需要通过对体系的测量得到。这需要建立高层指标到仿真数据之间的联系，也就是建立指标之间的度量关系来解决。

本章将抽象层次高，需要分析人员在深度分析其与其他指标之间的度量关系的基础上，才能获得度量数值的指标称为体系评估指标。而将能够通过对体系的测量或对仿真数据的处理与计算等方法，获取的指标称为体系度量指标。寻找体系评估指标度量值的过程是建立度量指标与评估指标之间度量关系的过程，更是面向能力评估问题的体系分析过程。

在面向体系能力评估的网络化指标体系设计时，最核心的就是找到评估指标和度量指标，分析各种指标之间的关联关系，建立评估指标、度量指标之间的各种关联，指导开展体系能力评估。

3.2.2 网络化指标体系框架与参考指标

任何实验设计工作都是基于现有的知识，评估指标体系的构建也不例外。目前，国内外的研究人员普遍认为，并没有一套通用的指标体系适合所有的分析实验，都是针对不同的实验任务和研究内容对指标体系进行分析和设计。下面给出面向体系实验的网络化指标体系框架，提出部分参考指标，为实验设计者构建面向体系实验的网络化指标体系提供参考。

1. “两类四层”网络化评估指标体系框架

国内外对体系能力评估的研究内容主要集中在体系完成使命任务能力评估、体系整体性效能评估和体系网络化结构分析。基于上述对体系能力评估重点内容分析和网络化指标体系的认识，本章提出面向体系能力评估的“两类四层”网络化指标体系框架，如图 3.2 所示。

指标体系框架由体系度量指标和体系评估指标两类指标共同组成。体系评估框架由三层指标组成，分别是体系使命任务效能层指标、体系整体性效能层指标和体系网络结构效能层。体系度量指标用于对体系评估指标进行实际的取值度量。图中采用不同形状表示不同类别的多个评估指标。评估指标之间存在关联关系，用直线描述，度量指标与评估指标之间存在度量关系，用曲线描述。线条

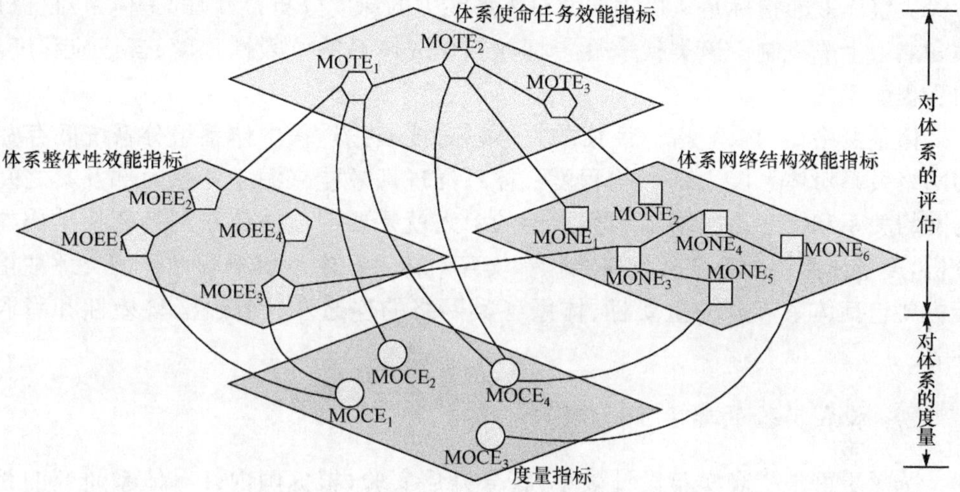

图 3.2　“两类四层”网络化指标体系框架

的虚实分别表示这种关系是假设存在的，还是在能力评估中被认为是实际存在的。指标间关联关系的存在代表指标间不具有独立性，体现指标网的特点。度量指标与评估指标之间的度量关系，体现在不对指标进行聚合，而是通过对体系的测量来评估体系的思想。“两类四层”指标的建立，可以很好地解决对体系机理评估和量化的问题。

体系评估指标中的三层指标是根据对体系研究的需要，从不同侧面和不同角度反映体系的特性，不存在层次高低的问题。体系度量指标是对体系评估指标定量化的途径和方法。体系评估指标反映能力评估分析者要从哪个角度去研究体系，体系度量指标反映体系能力效能的具体量化。体系三个层面的效能指标是从不同方面对体系整体性质的评估，每个层面的效能指标都是通过度量指标对体系的实际运行状态进行测量来获得，而不是由其他层面的指标直接聚合得到，同一层面的指标也不作指标合成。可以看出，面向体系能力评估的“二类四层”的指标体系框架，与以往先分解分层，后逐层聚合的还原论模式构建的指标树完全不同。

体系使命任务效能指标主要用于评估体系在规定条件下完成其使命任务的程度，也就是体系达成最终目标的总体程度。体系使命任务效能指标为其他指标的合理性和正确性树立了准则，从任何层面、任何角度评估体系能力获得的结论都应该与体系使命任务效能挂钩。该类代表性指标包括战果、任务完成度、任务完成概率等。

体系整体性效能指标评估的是体系在对抗演化过程中产生整体性效果的程度，也就是体系在演化过程中，在功能和行为等方面涌现出的整体特性，如体系结构的鲁棒性和脆弱性、组分系统功能耦合产生的新能力、体系的自适应和同步行为等。整体效能指标是从机理层面对体系能力的深度分析，反映的是体系对抗机理和能力生成机制。该类代表性指标包括作战体系的抗毁性程度、自适应程度、同步程度等。

体系网络结构效能指标评估的是体系对抗演化过程中体系组分系统间存在的网络关系对体系能力的影响程度。体系涌现性效能来源于体系内部及其之间的网络关系和交互。网络结构类指标的引入就是要突出对体系网络拓扑结构的分析，度量体系组分系统间网络结构和交互对体系产生的影响程度。该类评估指标主要包括体系节点的重要性、体系各类网络的连通性、稀疏性、鲁棒性和脆弱性等。

2. 体系实验的常用评估指标

为了更好地提高实验设计效率，指导开展实验，根据国内外对体系研究的相关情况[9-12]，给出目前体系实验的常用评估指标供分析人员参考，便于快速进行实验指标的选择。

(1) 体系使命任务效能指标

体系使命任务效能指标描述的是体系在特定条件下完成使命任务的整体情况，分析的目的是得到体系作战效能的整体性结论，这也是关于体系能力最典型、最直接的度量。这一类指标军事意义比较好理解，一般可以用于直接观察体系效能的高低，特别是传统作战效能评估中使用的某些典型指标，在体系实验中仍然非常有用，主要包括战果、战损、战损比、推进速度、作战时间、使命任务完成度、使命任务完成率。

(2) 体系整体性效能指标

体系能力的整体性效能是指整体具有，而其组成部分及其总和不具有的特性。整体性效能指标包括很多，目前主要包括传感协同能力、攻击协同能力、作战体系自同步及适应能力、体系结构脆弱性、体系跨域依赖度、体系能力倍增效应、体系的抗毁性、重组性、分散性、隐蔽性、邻近性、灵活性、高效性、适应性、生存性、动态性、鲁棒性和柔韧性、级联失效、脆性、重心、探测能力、网络通信能力、信息共享能力、感知判断能力、判断共享能力、作战效果、指挥控制能力、实体行动能力、行动协同能力、决策能力等。这些指标是根据当前相关文献综合总结出的，是对体系研究较为热点的内容，仅供实验人员在分析时做参考，不保证其完备性。

(3) 网络结构效能指标

网络结构效能指标是继承当前复杂网络理论研究和图论研究的成果，描述体系组分系统间相互作用关系的指标。特别需要指出,这类指标刻画的是体系组分间特定关系网络(简称体系网络)的性质。体系网络建模是构建网络效能指标的基础和前提,而建立什么样的体系网络模型,采用什么办法建立,则取决于研究的目标和需求。网络效能指标主要包括网络的连通性、网络的稀疏性与稠密化、节点重要性、网络鲁棒性和脆弱性、网络同步化能力、网络可控性、网络传播能力、度相关性等。

体系评估指标参考列表如表 3.1 所示。体系实验设计者可以根据具体实验问题,使用在这些指标之外的其他指标。对一个体系实验而言,通过这三类评估指标对体系效能进行全面地观察和分析,可以满足对体系不同层次、不同角度的研究需要。

表 3.1　体系评估指标参考列表

指标层	指标名称
体系使命任务效能指标	战果、战损、战损比、作战速度、使命任务完成度、使命任务完成概率、主动/被动防御率、达成任务所需时间
体系整体性效能指标	传感协同能力、攻击协同能力、作战体系自同步及适应能力、体系结构脆弱性、体系跨域依赖度、体系能力倍增效应、体系的抗毁性、重组性、分散性、隐蔽性、邻近性、灵活性、高效性、适应性、生存性、适应性、动态性、鲁棒性和柔韧性、级联失效、脆性、重心、探测能力、网络通信能力、信息共享能力、感知判断能力、判断共享能力、作战效果、指挥控制能力、实体行动能力、行动协同能力、决策能力、OODA 环效能
体系网络结构效能指标	网络连通度、网络鲁棒性、网络稀疏性与稠密化、网络脆弱性、网络传播能力、网络可控性、网络同步化能力、网络度相关性、网络节点重要性

3.2.3　面向实验问题的网络化指标体系设计

建立体系网络化指标体系,核心是为了满足对体系能力度量和体系机理验证两个方面的需求。在进行面向具体实验问题的指标体系设计时,需要以网络化指标体系框架为参考,选取反映实验目标和实验问题的评估指标和度量指标,进一步建立这两类指标之间的关系,最终形成有针对性的网络化实验指标体系。设计指标体系主要包括评估指标的选取、度量指标的获取和度量关系的确立,以及其他指标间关联关系的建立。

1. 基于常规指标的评估指标选取

体系能力评估常规指标是指在进行体系能力评估时,用于度量体系能力的基础性、普适性、常用性指标。常规指标主要是借鉴医学上的常规指标理念。正如任何人去医院体检时，都需要进行的常规检查，如血常规、尿常规一样，体系虽然也是千差万别，能力评估任务和目标多种多样，但是有一些普适性的指标能够是评估任何体系的基本指标，可以将这一类指标称为常规指标。特别是，对于一些能力评估目标不甚明确的发现型能力评估来说，利用常规指标对体系进行测量，可以形成对体系较为初步的认识，为后续发现体系异常或其他运行特点提供基础性的认识。

基础性是指它能够反映体系最根本的整体能力。普适性是指它能够适用度量任何体系。常用性是指它在体系能力评估中经常被使用的评估指标。在构建面向问题的能力评估指标体系时，指标设计人员应优先选用常规指标来评估体系能力，这样可使指标体系的构建事半功倍。医学上常规指标的形成，都是基于多年医疗经验和数据产生的，体系能力评估常规指标也不例外，同样来自多年的装备体系能力评估经验、数据和专家领域知识等。本章根据能力评估经验和定性分析给出试验床体系能力评估的几个常规指标，主要包括战果、任务完成度、OODA环效能、指控网连通度，如表 3.2 所示。

表 3.2　体系实验常规指标

序号	指标层次	指标名称
1	使命层	战果、任务完成度
2	涌现层	OODA 环效能
3	网络层	网络连通度

以上常规指标是根据对现有体系能力评估的经验，在总结的基础上给定的，随着实验数据的不断积累和对体系研究的不断深入，会发现更多能够反映体系能力的常规指标，指导体系实验。

2. 基于大数据方法的度量指标获取

在选取常规指标后，用什么度量指标来获取数值，是解决对指标进行量化的重要途径。目前，指标选取主要采用的方法是专家咨询法[12]。对于战果和任务完成度这些指标，利用实验人员的经验知识获得度量指标，是较为容易的。但是，对于更多的复杂指标，如体系鲁棒性、网络同步性等，仅使用专家经验知识和军事规则，难以找到能够客观反映这些指标的度量指标，这就需要采用新的方法克服专家经验知识的不足，获得相对科学的度量指标和度量关系。大数据方法的出现，为度量指标的获取开辟了一条新途径。

度量指标的选择之所以困难，在于体系状态混沌，度量指标和评估之间的度量关系不明确，仅靠人们的经验知识或有限的样本数据，无法发现和得到它们的关系。随着各种仿真模拟系统在各种演习训练与作战能力评估中的广泛应用，仿真数据将不断产生而最终形成具有 4V 特点的仿真大数据。这些数据中蕴藏着丰富的作战思想与战场信息，给战争复杂性研究带来巨大的价值，也为体系能力评估设计提供大数据基础。

邓桂龙等[13]认为，数据挖掘提供了良好的技术手段，即将关联规则数据挖掘方法运用到作战仿真能力评估数据分析中，通过对作战仿真能力评估数据的关联规则挖掘，获取隐藏在大量作战仿真能力评估数据中的强关联规则，特别是作战效果与作战行动中各关键环节之间蕴含的关联关系。关联关系是指两个或两个以上变量的取值之间存在某种规律。采用各种大数据分析方法，特别是关联规则挖掘方法从数据集中找出隐藏的相互关系，分析仿真能力评估大数据，找出指标间的关联关系和度量关系，可以成为专家法之外的度量指标的全新寻找方法。

采用大数据方法进行关联关系分析，可以为体系能力评估进行指标选取提供初始依据，是体系能力评估的重要途径。例如，刘洋[14]在对演习仿真大数据的分析中，发现信息流通效率的高低决定自组织行为演化程度。以这一条结论为基础，在开展与作战体系结构分析相关的能力评估时，可选择将指控网中的信息流通率作为衡量作战体系网络的自组织演化能力的度量指标，建立它们之间待验证的度量关系，最终通过具体的能力评估验证这种度量关系，也可以将这种度量关系作为已知关系，从而实现对能力评估中的其他假设关系进行验证。由于基于大数据来寻找体系运行规律的研究刚刚起步，因此基于大数据进行度量指标的选取仍然有待大数据研究的进一步发展。

3.2.4　面向实验问题的网络化指标体系构建流程

由于度量关系和关联关系的寻找和制定较困难，特别是指标间的关联关系还处于研究起步阶段，需要大量的实验验证这种关系的存在。指标体系的建立也是一个根据实验进度不断迭代的过程。从某个初始指标体系出发，结合体系实验的不断推进，根据对体系动态测量和分析，总结和提炼指标之间的关联关系，再对指标进行调整从而指导下一轮实验。下面给出单次实验指标体系设计流程，如图 3.3 所示。

第一步，选择用于开展实验的使命任务类评估指标。

第二步，获得能够度量对上一步选定指标的度量指标。

第三步，建立评估指标与度量指标之间的度量关系。

第四步，如果得到的使命任务类评估指标还不能满足实验需求，回到第一步，继续下一个使命任务类评估指标的选取；否则，进入下一步。

第五步，选择用于开展实验的体系整体性效能指标。

第六步，获得能够度量对上一步选定指标的度量指标。

第七步，建立评估指标与度量指标之间的度量关系。

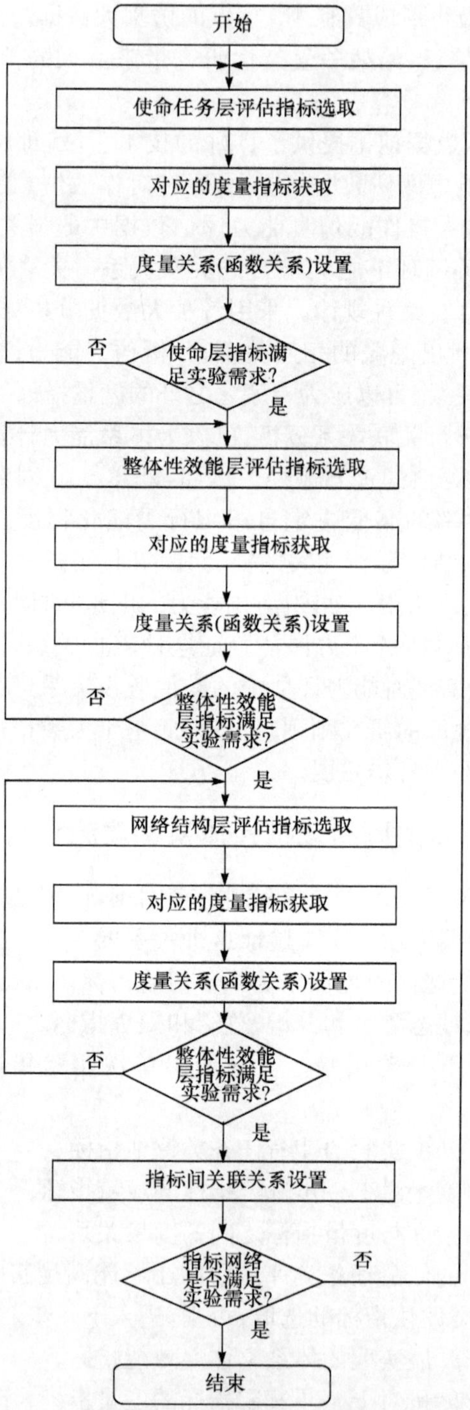

图 3.3　指标体系设计流程图

第八步，如果得到的体系整体性效能评估指标还不能满足实验需求，回到第五步，继续下一个整体性效能评估指标的选取；否则，进入下一步。

第九步，选择用于开展实验的体系网络结构类效能指标。

第十步，获得能够度量上一步选定指标的度量指标。

第十一步，建立评估指标与度量指标之间的度量关系。

第十二步，如果得到的体系网络结构类评估指标不能满足实验需求，回到第九步，继续下一个网络结构类评估指标的选取；否则，进入下一步。

第十三步，建立指标间的各类关联关系，特别是评估指标之间存在的假设关联关系或关联关系。

第十四步，形成的网络化指标体系，没有满足实验需求，则回到第一步，重新开始指标设计；否则，结束。

3.2.5　某防空反导体系实验的指标体系设计实例

为了验证基于网络化指标体系框架，可以进行面向实验的指标设计，并用设计出的网状指标指导开展体系实验，基于指标间的关系，通过对指标值的分析，达到验证实验命题或实验假设的目的。本节以某防空反导体系为研究对象，设计以某新型雷达为焦点装备，验证该新型雷达能够提高己方防空反导体系整体效能的实验。通过对该实验进行指标体系设计和指标分析，验证上述方法的有效性和可行性。

1. 实验的问题描述

实验指标体系的设计需要在面向问题，特别是要以问题描述概念模型为依据，制定出面向该研究问题的指标体系实例化过程。下面给出实验的基本描述。

① 实验类型：验证实验。

② 焦点装备：某新型雷达。

③ 待研体系：某防空反导体系。

④ 实验假设：

假设一，使用某新型雷达，会提高某防空反导体系的整体效能。

假设二，使用某新型雷达，会提高某防空反导体系的 OODA 环效能。

假设三，使用某新型雷达，会影响体系的指控协同能力。

2. 指标体系的设计

根据对实验的问题描述，进行面向问题的指标体系设计。

第一步，选择战果这一常规指标作为最终衡量某防空反导体系能力的使命任务指标，并以此指标指导分析体系其他方面特性与整体能力之间的关系。

第二步，由于待研体系是防空反导体系，使用目标拦截概率作为度量战果的唯一指标，建立目标拦截概率和战果之间的直接等于的度量关系。

第三步，选择使用 OODA 环运转能力作为体系整体性效能评估指标，这里的 OODA 环运转能力指的是体系维持观测--判断--决策--攻击作战行动循环运转的能力。

第四步，根据当前对 OODA 环效能的研究，特别是 Cares 提出网络化效应可以用 IACM 网络邻接矩阵的 Perron-Frobenius 特征值 PFE 来度量 OODA 环效能这一经验[15,16]。选择使用体系对抗网络模型的邻接矩阵 Perron-Frobenius 特征值 λ_{PFE}作为体系 OODA 环运转能力的度量指标。

第五步，建立 λ_{PFE}与 OODA 环运转能力指标之间直接等于的度量关系，但这种关系是未经验证的度量关系，需要通过实验对其进行进一步验证，因此建立它们之间假设待验证的度量关系。

第六步，根据实验命题的内容，选择将体系的指控协同网络连通性作为网络结构效能评估指标。

第七步，根据复杂网络相关理论[17]，选择将网络连边数、节点链路比、网络平均距离、网络的聚集系数作为评估指控协同网络连通性的度量指标。

第八步，设置网络连边数、节点链路比、网络平均距离、网络聚集系数与指控协同网络连通性之间组合分析的度量关系，也就是说，指控协同网络连通性需要通过综合分析这四个度量指标得到相应结论。

第九步，根据现有知识，体系 OODA 环的运转能力越强，理论上对目标的攻击(毁伤)效果就越好，从而将体系 OODA 环的运转能力和战果指标建立直接正相关的关联关系，即 OODA 环运转能力与战果之间存在已知的关联关系，这种关系是正相关关系。

第十步，根据现有军事知识，体系指控协同能力越强，体系的整体效能越强，但是指控协同网络性越强，是否会提高体系整体效能尚未得到验证，因此建立指控协同网络连通性与战果之间待验证的正相关关联关系。

经上述分析设计后形成的某实验的指标体系实例如图 3.4 所示。图中六边形代表体系使命任务类评估指标，五边形代表体系整体性效能指标，四边形代表网络结构效能指标，圆形代表度量指标。曲线代表度量关系，直线代表关联关系。其中，实线代表已知的关系，虚线代表假设存在的，有待验证的关系。经过对指标体系构建后形成的指标体系网络，就形成对体系实验下一步具体分析的指导。在本示例中，需要通过已经存在的 OODA 环运转能力与战果之间存在的正相关关系，来验证体系对抗网络模型的邻接矩阵 Perron-Frobenius 特征值 λ_{PFE}与体系 OODA 环运转能力之间的度量关系。此外，需要通过对指控网络连通性的度量，验证其与战果之间是否存在正相关关系。

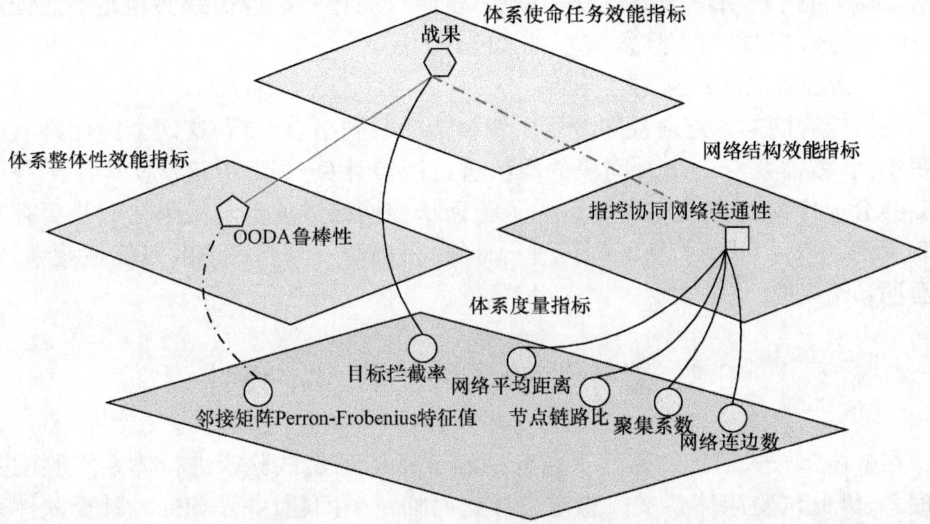

图 3.4　某实验的指标体系实例

3. 仿真结果分析与验证

为了说明网络化指标对实验的指导作用，这里仅阐述根据指标的网络化关系如何指导数值的分析，不对实验设计的其他内容进行阐述。

(1) OODA 环运转能力分析

对实验中三个想定方案进行测量，得到目标拦截率和 Perron-Frobenius 特征值 λ_{PFE}，每个想定方案按照一定的仿真步长对实验进行 X 次测量，共得到 X 组数值。PK_{cum} 为测量时刻的综合拦截目标率，即该时刻之前的目标拦截总概率，λ_{WPFE} 为测量时刻的对抗网络模型的邻接矩阵 Perron-Frobenius 特征值。

假设通过计算可得 PK_{cum} 与 λ_{WPFE} 的相关系数 $\rho=0.816$，表明 PK_{cum} 与 λ_{WPFE} 密切相关，且为正相关。进一步对两个变量进行回归分析，以自变量 λ_{WPFE} 为 X 轴，因变量 PK_{cum} 为 Y 轴，形成的散点图。

若从散点图中可以看出，PK_{cum} 随 λ_{WPFE}（在一定取值区间上）存在着单调递增关系，并且当 PK_{cum} 越接近 1 时，随 λ_{WPFE} 的增大而增大的速度越慢。若计算可得 PK_{cum} 与 λ_{WPFE} 的相关系数 $\rho=0.835$，表明 PK_{cum} 与 λ_{WPFE} 密切相关，是典型的正相关关系。PK_{cum} 是量化战果的度量指标，λ_{WPFE} 是假设可以能够量化 OODA 环运转能力的度量指标。在设计指标体系时，已经根据军事理论认定，战果和 OODA 环运转能力之间存在正相关关系，而通过实验数据分析发现，这两个评估指标的度量指标之间也存在正相关关系，那么战果和 OODA 环运转能力之间存在的正相关关系，就间接证实 λ_{WPFE} 是可以作为量化 OODA 环运转能力的度量指标的合理性。当然，λ_{WPFE} 量化 OODA 环运转能力的普适性，仅通过一次或少数实验是不能证明的，还需要通过大量多次反复实验对其进行验证。

(2) 指控协同网络连通性分析

若指控协同网络连通性的度量由四个指标共同组合分析，这四个指标都具有累积特性，就需要对一个时间段的数值进行统计计算，因此对该次实验中的每个方案共分 4 个时间段进行计算。为了验证指控网络连通性与战果之间是否存在关联关系，也对拦截率按照时间段进行计算，得到每一时间段内的目标拦截率，实验数据和结果略。

3.3 基于试验床的仿真想定设计

在整体、动态、对抗的条件下研究武器装备体系是试验床进行体系实验的基本理念，因此试验床体系实验想定设计就面临三个问题：一是如何设计反映体系全局整体性的背景想定；二是如何设计面向特定问题的基准想定；三是如何在基准想定的基础上，设计动态、对抗的对照想定。

3.3.1 基于试验床的仿真想定设计需求

基于试验床进行仿真实验的想定，必然要反映试验床方法的特点，符合体系实验的要求，形成独具特点的基于试验床的体系实验想定的内容和结构。

1. 设计实验想定要充分考虑背景体系的特点

背景体系是指为进行武器装备体系研究而构建的基础试验环境，是参照现实中各方武器装备和兵力部署现状，采用仿真建模技术搭建的一个虚拟试验环境，研究人员可以基于这个试验环境，快速调整武器装备性能参数，更改武器装备之间的通信和指挥等关系，制定作战任务和行动，形成仿真想定，然后通过仿真推演进行武器装备体系研究。

2. 设计实验想定要聚焦焦点装备的变化

焦点装备是指根据实验目的而重点关注的武器装备系统，是对待研究体系实施刺激的“试剂”。焦点装备往往具有重要的战略价值，能对武器装备体系整体能力产生一定程度的提升或对敌方体系造成一定程度的威胁。实验想定的设计要充分考虑实验问题，以及待研究体系的特点，根据焦点装备自身的特点，有目的地调整和变化焦点装备，达到对待研体系的有效刺激，产生满足实验需要的效果。

3. 设计实验想定必须有对比的基线

试验床方法强调体系的能力不宜通过统计计算得出绝对的能力值，而是需要通过相对比较进行评判，就是通过多维对比得到体系能力的变化规律和机理。任何对比都需要有一个基准，因此任何基于试验床开展的实验都必须制定用于对比的基准想定。

4. 设计实验想定要参照不同对手

体系实验研究的对象是体系。体系能力具有涌现性、非线性、不确定性等特点。特别是，体系能力具有相对性，面对不同的对手，相同体系的能力会有较大差异。因此，在设计实验想定时，还要参照面对的对手，才能全面综合地评价体系能力。

3.3.2　试验床仿真想定的开发

试验床的仿真想定是由军事专家和技术人员一起共同合作进行仿真想定开发的协作机制。

1. 构建背景体系

构建背景体系就是依托试验床仿真平台的数据和模型，根据我军和主要对抗方的现实情况，按照平行世界的思想，通过对战场环境、武器装备、作战实体、实体之间的关系等战争要素进行建模，并映射到仿真平台中。这些要素按时间的推进不断仿真演化，使其与现实世界保持平行，成为与真实战场无限接近的虚拟战争背景。构建背景体系是基于实验床开展仿真想定设计最关键、最基础的工作，需要长期大量的模型准备和数据录入，还要随着现实世界的变化不断调整。构建与现实接近的背景体系，是进行仿真想定设计的重要基础，没有背景体系，后续设计工作就无法开展。但是，背景体系一旦构建完成，以后在此基础上开展实验，就无须从零开始设计想定，而直接从背景体系着手，这样能够大大提高想定设计和生成的效率。

2. 构建对象体系

背景体系是试验的基础，面向问题的实验需要围绕关注的问题形成仿真想定。对象体系就是从背景体系中选出关注范围，即聚焦实验关注的对抗各方。对象体系大体范围的圈定，由实验问题设计阶段的问题描述大致可以确定，但对范围进行精确的界定和设置，则需要对实体、行为、网络等进行调整和设置，获得最终进行仿真实验的对象体系。

3. 构建焦点装备接入对象体系

焦点装备是加入这个试验环境的刺激。试验品必须与试验环境进行交互和相互影响，才能反映焦点装备对体系产生的影响，达到体系实验的目的。焦点装备需要通过行动交互、网络交互、信息交互等方式，接入对象体系，从而对体系产生影响。

4. 设计基准想定

基准想定是实验的基线，是进行多维对比分析的准绳，基准想定可能是接入焦点装备的，也可能是没接入焦点装备的。也就是说，环境体系和对象体系是组成试验床基准想定的必要因素，焦点装备视研究需要，在设计基准想定时，它可以存在于基准想定中，也可以不存在于基准想定中。基准想定是对比想定产生的基础，其军事上的可信性和完备性需要得到保证，才能确保对比想定不偏离实验目的。因此，在设计对比想定之前，需要对基准想定进行初步优化和提炼。

5. 设计对比想定

为了观察体系在不同对手和不同情况下的能力变化，需要在基准想定的基础上，设计对比想定。对比想定的设计主要集中在对焦点装备的“增”、“删”、“改”和对手体系的更换上。通过焦点装备的接入、退出，焦点装备的行动来刺激对象体系，获得体系在装备刺激下的变化，通过对手体系的更换，获得体系面对不同对手的能力变化，形成在整体、动态、对抗条件下研究体系的对比仿真方案集。

试验床仿真想定的开发过程如图 3.5 所示。在构建背景体系的基础上，根据实验目标划定待研体系和对抗方，组成对象体系；根据实验问题，描述构建焦点装备；根据实验目的，调整对象体系焦点装备，最终形成基准想定。在基准想定的基础上，通过对焦点装备的行动、网络和对手体系的变换等设计，得到对比想定，由军事人员和技术人员一起，根据实验目标，对想定进行调整和修正，最终基准想定和对比想定一起形成实验仿真想定集。

3.3.3 面向体系整体能力生成的背景体系构建

构建背景体系是进行试验床想定设计的第一步，也是进行想定设计的基础性工作。背景体系立足于形成符合体系整体性特点，从全局角度分析体系的规律。由于试验床的研究对象是武器装备体系，评估的是焦点装备对整个体系、联合作战，甚至整个战争的影响，因此需要通过想定数据准备与录入，描述与现实环境基本相符的、较为稳定的背景体系，反映大尺度的战争对抗背景。

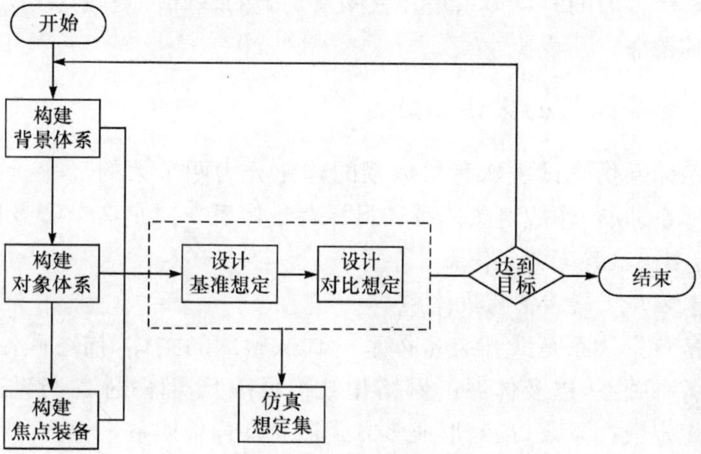

图 3.5　试验床仿真想定的开发过程图

1. 多层的背景体系

(1) 武器装备背景体系

武器装备背景体系是体系仿真试验床想定背景体系的组成部分，主要是对处在对抗背景环境中的武器装备平台、网络和相关行动进行建模与仿真。对武器装备背景体系的构建，定位于武器装备体系层次，特别是对网络的描述。仿真想定中对武器装备体系实体描述到单个武器装备一级。

(2) 联合作战背景体系

联合作战背景体系是体系仿真试验床背景体系的组成部分，主要对联合作战背景环境中的多方兵力级的作战单元和作战行动进行建模与仿真，包括陆、海、空、导弹、电子对抗、网络攻防等各军兵种作战实体。仿真想定对联合作战背景体系实体描述到营或团一级，如陆军某师某团、防空导弹某营等。

(3) 目标背景体系

目标背景体系是体系仿真试验床想定背景体系的组成部分，主要描述国家基础设施实体、网络和相关行动。通过仿真运行，评估武器装备体系对国家基础设施的打击效果，研究这些重要高价值非军事目标遭到打击后，对整个战争的进程和态势可能产生的重大影响。仿真想定对目标背景体系实体描述到单个实体及实体间的网络关系，体现武器装备体系对抗对关键设施的级联影响。

2. 多方的背景体系

背景体系的构建在多数情况下，都是多方参与多方较量的战略博弈。因此，在构建背景体系时，需要将多国和地区的现实状况都考虑在内，形成多方对抗的背景体系。多层多方的背景体系是开展体系实验的基础环境，也是形成试验床想定的重要基础条件。

3. 构建背景体系的方法和流程

武器装备体系仿真试验床背景体系的构建分为两个大的步骤。一是构建武器装备背景体系、联合作战背景体系和目标背景体系。二是3个背景体系级联起来，共同形成多层试验床背景体系。

(1) 构建多方武器装备背景体系

武器装备背景体系是武器装备体系仿真试验床的主体，描述武器装备实体、实体之间的各种关系，以及体系的网络化结构。按照实体-网络-行动的思路进行武器装备的想定数据录入，最终形成多方武器装备背景体系。

① 构建网络

武器装备体系仿真试验床方法强调对体系的研究和体系能力的评估，因此构建和体现武器装备体系中的各种网络，是体系仿真试验床系统建设的重点，是区别于传统试验床的重要标志。前面提到，武器装备体系的网络关系不仅限于一般的通信网络，而且应该包括通信关系、感知关系、指挥关系、协同关系、情报共享关系，以及业务保障关系等广义网络关系。构建网络化的武器装备体系，重点就是对这些关系进行建模和数据准备。构建网络可以进一步划分为通信网-传感网-指控网等三个步骤进行构建。

② 设置各方行动

背景体系中实体的行动，由于不涉及面对的具体问题，背景体系中的实体无需主动作为。作为试验环境，它们只需要保持"活"的状态，按照现实或接近现实的状态"例行公事"就好。例如，雷达按平常的时间开关机、预警机按正常执勤巡逻路线和时间巡逻、卫星正常飞行、弹道导弹原地部署等。

(2) 构建联合作战背景体系

联合作战背景体系主要描述各军兵种作战实体和行动，其构建过程与武器装备背景体系类似。首先，构建作战实体，设置指控关系。根据对各方作战力量的掌握，构建各方的作战实体，包括设置实体类型、描述实体属性等，并对实体进行编组，设置实体间的指控关系。然后，进行作战部署，将多方作战编组力量按实验想定准确部署到数字化地图上。最后，根据各作战实体承担的常规任务，设置各作战编组单位的作战行动。这些行动与背景体系中的行动类似，实体执行的都是非战争状态下的日常行动。

(3) 构建目标背景体系

20世纪80年代中期，美国提出关键基础设施(critical infrastructures，CI)的概念。关键基础设施涉及的行业众多,但是对国家安全、民生,以及作战效果最直接相关的有电力、电信、交通和天然气基础设施等四大类,因此试验床将这四类关键基础设施作为背景体系的主要构建内容。四类关键基础设施都是由存在相互关联依赖关系的网络化关键基础设施构成的,可以描述成节点和边的集合。节点是通过计算机模型模拟的基础设施实体,是产生、消耗或传输资源的设备,边也是通过计算机模型模拟的虚拟实体,描述基础设施之间物理量、信息或影响流动的通道。由于关键基础设计的地理位置相对固定,网间关系较为明确,在仿真实验中行动较为简单,因此通过试验床对关键基础设计仿真建模后,按照现实情况对参数进行设置即可实现对目标背景体系的构建。

(4) 多层背景体系的融合

武器装备背景体系、联合作战背景体系,以及目标背景体系共同组成试验床的背景体系。多层背景体系通过仿真模型之间的联合运行,进行多系统联合仿真运行的时间同步、数据交换等,实现不同层次背景体系的融合,最终形成相互影响的背景体系。由于这不是本章论述的重点,在此不做赘述。

搭建好多方多层背景体系后,接下来面向具体问题进行有针对性的基准想定设计,下一节阐述如何在背景体系的基础上进行基准想定设计。

3.3.4　面向实验问题的基准想定设计

大而全的背景体系为从整体的角度研究体系提供了条件。试验床基准想定的制定,需要从大的背景体系中根据实验目的,进行有目的的调整,形成面向实验问题的仿真想定。仿真实验需要根据实验目标聚焦对象体系,也就是在背景体系中设置边界选择形成对象体系。通过多种方式对背景体系进行选取,并在选取后再按需拼装,从而得到面向实验问题的对象体系。

1. 背景体系的选取

选取就是从某一个或多个要素出发,将背景体系对要素涵盖范围或规则进行设置,从而实现对大而全的背景体系按需过滤或筛减实体和作战行动,达到聚焦对象体系的目的。特别要指出的是,选取是为了获得重点研究的对象体系,只是对实体和行动的筛选,并不影响体系之间存在的各种物理网络关系和逻辑联系。这样可以确保选取后的对象体系与环境体系融合在一起,仍然是完整的、有交互的背景体系,焦点装备对整个背景体系产生的影响才能完整地反映来。

背景体系由武器装备背景体系,联合作战背景体系和目标背景体系组成,可将其描述为 BSOS,通过选取拼装后得到的对象体系可描述为 BSOS′,即

$$\mathrm{BSOS}=<\mathrm{WSOS},\mathrm{FSOS},\mathrm{TSOS}>$$

$$\mathrm{BSOS}'=<\mathrm{WSOS}',\mathrm{FSOS}',\mathrm{TSOS}'>$$

其中，$BSOS'$为选取后的体系仿真试验床背景体系，$BSOS' \subseteq BSOS$；$WSOS'$为选取后的武器装备背景体系，$WSOS' \subseteq WSOS$；$FSOS'$为选取后的联合作战背景体系，$FSOS' \subseteq FSOS$；$TSOS'$为选取后的目标背景体系，$TSOS' \subseteq TSOS$。

(1) 单一选取

单一选取就是只从一个要素出发，对背景体系进行过滤。可以设置的要素包括体系层次、对抗方、关注区域、军兵种、实体类型、行动类型、体系类别、网络类型、作战时间等。

例如，将背景体系按对抗方要素进行选取，可以描述为

$$BSOS = < WSOS, FSOS, TSOS >$$

$$WSOS = < WE, WNET >$$

其中，$WE = \{we_i \mid i = 1, 2, \cdots, m_w\}$；$WNET = \{wnet_i \mid i = 1, 2, \cdots, n_w\}$；$FSOS = < FE, FNET >$，$FE = \{fe_i \mid i = 1, 2, \cdots, m_f\}$，$FNET = \{fnet_i \mid i = 1, 2, \cdots, n_f\}$；$TSOS = < TE, TNET >$，$TE = \{te_i \mid i = 1, 2, \cdots, m_t\}$，$TNET = \{tnet_i \mid i = 1, 2, \cdots, n_t\}$。

$$SIDE = \{CHN, USA, JPN, SKOR, INDIA, VIET, PHI\}$$

$$BSOS' = < WSOS', FSOS', TSOS' >$$

$$SIDE' \subseteq SIDE$$

其中，$WSOS' = < WE', WNET' >$，$WE' = \{we'_i \mid i = 1, 2, \cdots, m'_w; m'_w \leqslant m_w\}$，且 $ACWE(we'_i) \in SIDE'$，$ACWE(\ )$为获取武器装备实体所属方属性函数，$WNET' = \{wnet'_i \mid i = 1, 2, \cdots, n'_w; n'_w \leqslant n_w\}$，且 $ACWNET(wnet'_i) \in SIDE'$，$ACWNET(\ )$为获取武器装备实体网络所属方函数；$FSOS' = < FE', FNET' >$。

$FE' = \{fe'_i \mid i = 1, 2, \cdots, m'_f; m'_f \leqslant m_f\}$，且 $ACFE(fe'_i) \in SIDE'$，$ACFE(\ )$为获取兵力实体所属方函数。

$FNET' = \{fnet'_i \mid i = 1, 2, \cdots, n'_f \leqslant n_f\}$，且 $ACFNET(fnet'_i) \in SIDE'$，$ACFNET(\ )$为获取兵力实体网络所属方函数；$TSOS' = < TE', TNET' >$。

$TE' = \{te'_i \mid i = 1, 2, \cdots, m'_t; m'_t \leqslant m_t\}$，且 $ACTE(te'_i) \in SIDE'$，$ACTE(\ )$为获取目标实体所属方函数。

$TNET' = \{tnet'_i \mid i = 1, 2, \cdots, n'_t; n'_t \leqslant n_t\}$，且 $ACTNET(tnet'_i) \in SIDE'$，$ACTNET(\ )$为获取目标实体网络所属方函数。

SIDE 为背景体系中所包含的所有对抗方。

$SIDE'$为选中的对抗方。

(2) 组合选取

组合选取就是从多个要素出发对背景体系进行过滤。而这种组合要素之间可能是“与”的关系，也可能是“或”的关系。例如，不考虑×方×军的仿真实验，“×方”和“×军”之间就是“与”的关系，就是按“对抗方”和按“军兵种”两种选取要素“与”组合选取，用这种方式对背景体系选取时，具有×方×军属性的实体就被

全部过滤，形成符合实验需要的对象体系。

2. 背景体系的拼装

使用单一选取后的对象体系可能范围过小，或使用组合选取较为复杂难以达到目的时，可以将选取的对象体系进行拼装。例如，进行×地区防空反导体系仿真实验，按照关注区域为×和体系类别为防空反导体系对背景体系进行"与"组合选取就形成×防空区的防空反导对象体系。再对背景体系按照关注区域为 Y 区域和实体类型为 Z 型武器进行"或"组合选取，形成了×方对×××地区防空反导体系进行火力进攻的体系，将这两个对象体系进行拼装之后，就形成本次仿真实验的对象体系。经过选取、拼装后的背景体系，就形成一次实验的对象体系。

3. 面向问题的对象体系设计

从背景体系选取和拼装初步得到的对象体系，脱胎于常态的对象体系，跟背景体系一样处于"例行公事"的状态，而用于开展实验想定中的体系，需要接受焦点装备的刺激，通常处于高等级的应战状态或本身就处于对抗作战状态，因此对选取拼装后得到的对象体系需要针对具体研究问题进行调整、修正和扩充，才能满足实验想定的设计需求。对对象体系的调整包括对实体、网络，以及行为等方面的重新设计。

(1) 实体设计

对象体系中的实体组成实验研究的对象，根据实验的设想，对于对象体系中的实体可以进行数量变化、部署位置变化和性能变化三种调整。

(2) 网络设计

从背景体系中得到的对象体系也继承了在背景体系中的正常网络关系，为了应对作战，对象体系的网络通常要进行调整。

(3) 通信网络

① 物理调整。根据作战的需要，增加通信网络的链路数和节点数，提高对象体系通信网络各方面的能力，如网络鲁棒性、网络通信能力等。

② 规则调整。为了应对仿真过程中激烈的对抗，还需要通过调整网络规则来增强通信网络的自适应性，反映体系的自适应特点。

(4) 指控网络

对象体系实体间的指控关系是指根据具体实验问题的军事需要进行相应调整，特别是在仿真过程中会有指控平台被毁、失联等事件发生，通过设计指控变更机制来保持指控网络的稳定，反映体系对抗的特点。

指挥变更机制由变更模式、选择条件和排序等参数构成。指挥关系变更有上级、同级、备用和特定系统四种模式，即在上级装备平台、同级平台、备用连接和特定系统中选择替代的指挥单元。备用模式主要从与该平台有备用通信网络的平台中进行选择。

任何一种模式都有可能面临从若干候选平台中选择的问题，因此必须有相应的选择条件。指挥变更机制按照最大距离、通信网络、最大下属数、单元类型和有效通信设备五个条件进行变更。

(5) 基于实验指标的行动规划

基于试验床的想定行动规划确定了在仿真过程中，参与实验的各类平台的活动基本过程。对于想定中的行动规划，相关领域的研究重点主要包括两个方面。一是作战计划生成研究，主要研究如何通过组织行动来完成既定目标。二是任务规划研究，主要研究如何将资源匹配给具有一定时序关系的一系列行动，使匹配结果满足既定的约束条件。然而，与传统行动规划不同，基于试验床的基准想定行动规划要满足体系研究的需要，试验床体系实验通过对比实验指标在焦点装备影响下的变化进行实验分析，因此对于行动规划要以实验指标为中心进行。行动规划一方面需要反映体系的常态，另一方面需要对焦点装备的接入有敏感性。

基于实验指标进行行动规划得到的平台行动过程，也称为 COA(course of action)。这里的 COA 指的是由仿真主体(平台)在特定的时间(time)、特定的地点(site)执行特定行动(action)的所有行动序列。基于试验床的行动规划的重点是针对对象体系实体，根据实验任务的需要，围绕指标动态测量进行 COA 设计。

在设计行动时，要解决为什么要这样设计和怎样设计的问题，美军在生成作战构想(operational approach)时，以目标、时间、地点和相关原因为设计要素辅助进行作战行动设计[18,19]。就是在进行作战构想时回答四个问题，分别是什么是目标(what)、何时完成(when)、在哪里完成(where)，以及相关原因(why)。借鉴美军生成作战构想的设计要素，以试验床描述实体行动的要素为基准进行想定的行动设计。试验床对实验行动的描述由实施主体、时间、地点和具体行动组成，在进行试验床想定行动设计时，参照美军作战构想行动设计的思想，以平台(who)、时间(when)、地点(where)和做什么(what)为设计要素，实施对行动的规划，得到基于实验指标的行动规划框架，如图 3.6 所示。

对所有的指标进行 why 和 how 遍历分析，制定出的所有行动构成整个实验基准想定的行动序列。由于体系实验指标众多，下面以实验指标为体系脆弱性和实验指标为 OODA 环效能为例，说明基于指标的行动规划分析过程。

(6) 体系脆弱性

对于选定体系脆弱性为评估指标的实验，首先分析导致体系脆弱性变化的原因。根据复杂网络理论和相关军事知识分析可以得出，导致体系脆弱性发生变化的主要原因是体系中的关键节点失效，就是对指标变化进行 why 分析。对指标变

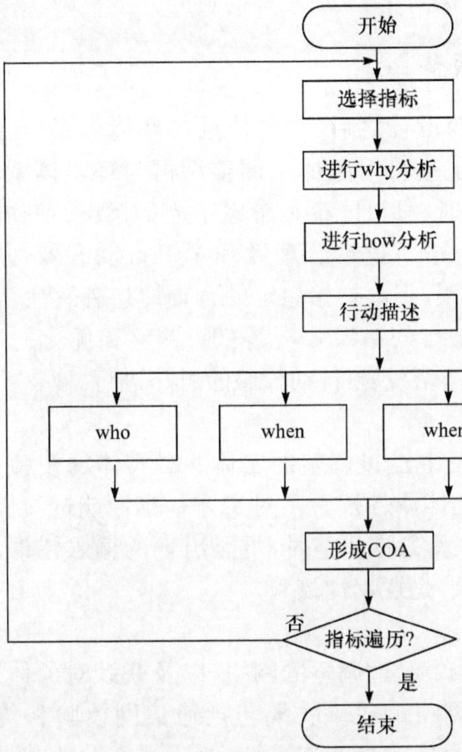

图 3.6　基于实验指标的行动规划流程图

化进行 how 分析，要使关键节点失效必须对关键节点采取攻击，使其被摧毁或瘫痪。在此基础上，进行 4W 分析，也就是分析哪些实体(who)，在什么时间(when)、什么地方(where)，采取哪些行动(what)对重要节点实施攻击。以网络理论和军事知识为基础，进一步进行关键节点的判定和武器装备的使用。最终形成对体系脆弱性指标产生影响的行动序列。

(7) OODA 环效能

对于选定 OODA 环效能为评估指标的实验，首先进行 why 分析，就是分析导致 OODA 环效能发生变化的可能原因。OODA 环理论特别强调速度特性，认为胜利的关键在于进入敌人的 OODA 环并留驻其中，即通过破坏对手的 OODA 环来降低 OODA 环效能。导致 OODA 环效能发生变化的首要因素是前两个 O 的速度。其次，进行 how 研究，就是分析如何提高或降低 OODA 环效能。加快OODA 环循环的实现主要是通过提高武器装备性能而不是通过行动，降低 OODA 环效能的主要行动是切断(干扰)OODA 环。这些行动包括打击(干扰)敌预警探测体系、打击敌决策或指挥节点、打击敌火力作战平台、破坏敌通信网络等。最后，进行 4W 设计，根据各方掌握的资源情况，选择适用的武器装备平台在合适的时间、地点采取一种或多种行动,达到破坏对手 OODA 环的目的。

4. 初始想定的校验与调整

对对象体系进行面向问题的设计之后,对象体系与环境体系合在一起,就形成一个初始想定。由于初始想定是将对象体系调整后再与环境体系融合形成的想定,对象体系调整和体系融合时,都可能存在考虑不周的情况,使初始想定中存在一些错误和疏漏,特别是影响军事逻辑合理性和军事行动有效性的错误。因此,需要通过发现和校正这些错误,提高初始想定的合理性与有效性。

想定校验是在对初始想定进行的错误分析、发现、调整和优化的过程[20]。对初始想定的校验按照实体校验-网络校验-行动校验的思路进行。

(1) 实体校验

实体校验的重点是对象体系中经过调整的实体。对实体的校验主要包括实体属性校验和部署位置校验。实体属性校验是对实体基本性能进行校验,主要是发现数据错误,也就是对对象体系实体调整时,可能出现的输入错误。部署位置校验是对实体部署位合理性校验,是逻辑性校验。

(2) 网络校验

网络校验的重点是对象体系中经过调整的网络,以及联系对象体系与环境体系之间的物理和逻辑网络。对网络的校验主要包括通信网校验和传感网校验。通信网校验是检验初始想定中通信网络的连通性,对连接失败的节点,根据其连接失败的原因,进行调整和修正。传感网校验是分析初始想定中的传感探测网络的通视性,重点是分析对象体系中的传感探测网络。通过分析传感网是否存在盲区,判断这种盲区的存在,是想定本身要描述的,还是因为某些实体的部署不当导致的。如果是后者,则通过调整来减少盲区。

(3) 行动校验

行动校验的重点是对象体系中的行动。行动校验主要包括数据错误和逻辑错误。数据错误是在行动设置时输入错误导致的。例如,飞机的飞行高度为 0,没有设置导弹的打击目标等。逻辑错误是行动设置时没有输入错误数据,但却不符合军事规则或者数据间有冲突。例如,飞机的油料不足以支撑飞机飞抵目的地。

通过对初始想定进行实体、网络和行动的校验后,初始想定就可以形成一个用于实验的基准想定。下面在阐述基准想定的基础上,介绍如何进行对比想定的设计。

3.3.5 聚焦焦点装备的对比想定设计

与探索性实验方法不同,试验床不强调全要素空间的探索性实验,而是强调有目的性地调整实验参数,通过对不同方案的结果比对,探索武器装备的改变对整个武器装备体系能力的影响,即试验床更强调聚焦实验、快速收敛,以更高效率找到实验因素。此外,体系实验又与系统级实验不同,必须考虑体系的复杂性和不确定性,尤其是各种网络结构对体系产生的重大影响。因此,根据试验床的使用特点,以基准想定为基准,设计基于焦点装备变化的对比想定,主要围绕焦点装备、焦点网络和焦点行动的"增"、"减"、"改"展开。

1. 基于焦点装备"增"、"减"、"改"的对比想定

由于试验床的理念是通过焦点装备施加对体系的刺激,来观察体系的变化,因此对比想定的首要任务是将焦点装备接入基准想定,从而施加对对象体系的影响。焦点装备因素主要包括焦点装备型号、焦点装备数量、焦点装备性能。其实装备型号的变化与焦点装备性能参数变化类似,都是对焦点装备的"改",而焦点装备数量的变化也是对焦点装备的"增"、"减"操作,因此将对焦点装备因素变化分为焦点装备的"增"、"减"、"改"三个模式分别论述。

(1) 焦点装备的"增"、"减"

基准想定通常不包括焦点装备。基准想定在没有焦点装备的刺激下,保持一个较为正常的运行状态,通过增加焦点装备形成对比想定。通常情况下焦点装备不止一个,因此在单个焦点装备进入体系后,如何快速在单个装备的基础上快速增加装备,形成对比想定,是制定想定要解决的问题。因为焦点装备的删减,相对简单,只要从想定中将焦点装备实体移除即可,因此重点研究焦点装备增加的情况,可以将焦点装备的批量增加,可以分为以下三个模式。

① 简单复制增加模式。

对于某些焦点装备,只是数量上有增加,而行动并没有什么变化的装备,可以采用简单复制增加的模式。例如,对某一固定目标,军事上设计采用 1、5、10 枚×型号导弹从同一位置、同一时间对目标实施攻击,那么在构建了第 1 枚导弹,设置其飞行路线和打击目标之后,5 枚导弹和 10 枚导弹的对比想定,可以完全复制第 1 枚导弹的所有数据,形成对比想定数据。

② 基于区域分布的增加模式。

对于某些焦点装备,初始部署位置对装备来说尤为重要,如新型雷达等。对于这类对初始地理位置要求较高的装备,可以通过划定初始分布区域,设置分布状态的方法,批量进行装备增加。例如,指定部署区域,对某新型雷达进行均匀分布的部署增加。

③ 基于时间分布的增加模式。

对于某些装备,初始激活时间特别重要,如弹道导弹、巡航导弹的起飞时间。对于这些装备进行多数量部署时,有时候是用固定的时间间隔来规范其行动,例如以每隔 3 分钟的步长,使用某型导弹对某目标实施持续打击。在构建第 1 枚导

弹之后，对后续导弹其他数据不变的情况，对其起飞时间进行分布计算，得到导弹的发射时间，进行装备初始时间设置。

(2) 焦点装备的“改”

对于焦点装备性能的更改相对简单，因为焦点装备的性能多数可以对其进行取值参量化，通过对基准想定中的相应数据进行参量变换即可。对于更改焦点装备类型的对比想定，则要重新构建新的焦点装备实体，替换到对比想定中。

2. 基于焦点网络“增”、“减”、“改”的对比想定

任何一个焦点装备都不可能孤零零地进入装备体系，而是要为它连接包括通信、指控、探测、保障等一系列网络后，才能形成战斗力。此外，待研体系中的网络也是实验的关注焦点，因此焦点网络指的就是根据实验目的，实验重点聚焦关注的网络。焦点网络的“增”、“减”、“改”反映网络对作战的影响，为研究体系能力形成机理提供支撑。焦点网络的变化主要包括增减网络、改变网络类型和更改网络属性等操作。

(1) 焦点网络的“增”、“减”

焦点网络的“增”、“减”，主要是对“边”的增减，也就是对围绕焦点装备产生的通信网、探测网和指控网连接的增减。根据因素的设计，增加焦点装备到某些平台实体的网络，就是设置焦点装备到平台的指控关系、情报支援关系、情报共享关系等。增加这些相应关系，试验床可以依据用户指定的焦点到平台实体的这种关系自动生成对应的网络。这种关系的性质决定生成网络的类型。指定上级指挥单元或下级指挥单元，就会生成指控网络。指定情报支援关系和传感探测情报共享，与焦点装备相关的指挥单元、传感器和情报融合中心之间都会依据这种关系重新生成网络。

(2) 焦点网络的“改”

焦点网络的更改主要是改变网络类型和网络性能属性。网络类型和网络性能都较容易量化，直接对相关网络数据进行修改即可。

3. 基于焦点行动“增”、“减”、“改”的对比想定

焦点行动指的是焦点装备进入装备体系后，采取的一系列作战行动，从而产生对体系的影响，也包括对焦点装备有重大影响的其他实体、装备的行动。行动因素包括行动实施和作战规则两方面。焦点行动的“增”、“减”、“改”主要是对焦点行动本身的描述。

(1) 对焦点行动的描述

对焦点行动需要描述行动实体、时间、轨迹、行动和目标等几方面的内容，这

几项内容可以通过对轨迹和目标的统一描述。

(2) 对行动规则的描述

行动规则的变化是将因素设计时对规则的描述转化为仿真模型能够识别和执行的数据。对于行动规则描述为 If(trigger)Then(response)模式，就是如果满足触发条件，平台就可能执行一定的响应行动，触发条件可以为空；即平台的临机行动方案由多个触发与响应对偶构成，或为空，其中每对触发与响应均有一个优先权数值，当同时满足多个触发条件时，用于决定最高优先权的触发与响应先执行。

3.3.6　某防空反导实验的想定设计示例

为了验证基于试验床的想定设计方法和流程的有效性与可行性，本节采用前面提出的一系列方法进行想定设计。

1. 实验的问题描述

想定设计仍需要以问题描述概念模型为依据，下面给出本次实验的基本描述。

① 实验类型：验证实验。

② 焦点装备：某新型弹道导弹。

③ 待研体系：蓝方防空反导体系。

④ 实验假设：红方使用某新型弹道导弹，能够降低蓝方防空反导能力。

⑤ 实验指标：实验指标体系如图 3.7 所示。本次实验的使命任务效能指标选用战果指标，使用拦截目标概率作为战果的度量指标。选择预警探测能力和 OODA 环效能来评估体系整体性效能。预警探测能力由对目标的探测次数来度量，OODA 环效能由 OODA 环时长来度量。根据已知的军事理论，体系运转速度越快，则 OODA 环效能越高[21-23]，预警探测能力的提高和 OODA 环效能的提高都会导致战果的提升，因此建立预警探测能力、OODA 环效能与战果之间的正相关。

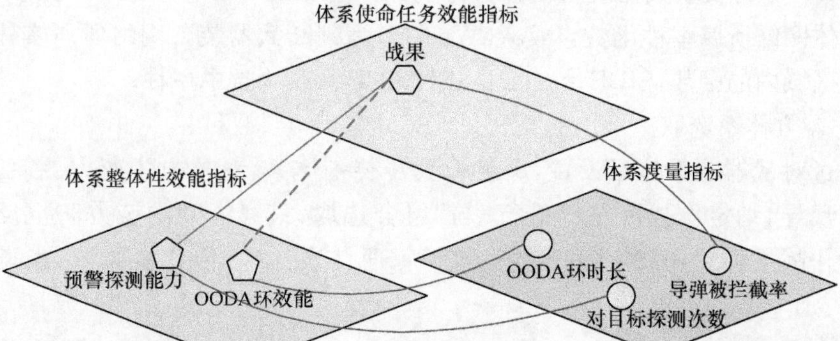

图 3.7　实验指标体系构成图

2. 基准想定设计

(1) 构建背景体系

① 武器装备背景体系。完成涵盖多方的主要作战装备建模，部署各型装备平台共约×。

② 联合作战背景体系。联合作战背景体系构建对抗各方陆海、空、天、电、网等部队实体，部署作战实体共约×。

③ 目标背景体系。目标背景体系主要构建某地区的交通、电力、通信和天然气基础设施。

(2) 选取和拼装对象体系

实验的对象体系由红方弹道导弹打击体系和蓝方防空反导体系构成。为了聚集实验目的，本次实验不对联合作战背景体系和目标背景体系进行实验。

① 红方体系选取。

通过对武器装备背景体系进行裁剪，设置层级为武器装备体系、对抗方为红方、军兵种类型为×，划定作战区域进行“与”关系的组合，选取得到红方在某作战区域对蓝方实施导弹攻击的实体和网络。具体包括×个作战平台，其中指挥控制实体×，导弹发射实体×。

$WSOS'=<WE', WNET'>$， 选取后武器装备背景体系包括实体和网络，其中 $WE'=\{we'_i \mid i=1,2,\cdots,m'_w;m'_w\leqslant m_w\}$，且 $ASWE(we'_i)\in SERVICE'$ $\&ACWE(we'_i)\in SIDE'\&InAreaWe(we'_i)$，ASWE( )为获取武器装备实体所属军种函数，ACWE( )为获取武器装备实体所属军种函数，InAreaWe( )为判断武器装备实体是否在选中区域内的函数；$WNET'=\{wnet'_i \mid i=1,2,\cdots,n'_w;n'_w\leqslant n_w\}$，且 $ASWNET(wnet')\in SERVICE'\&ACWNET(we'_i)\in SIDE'\&InAreaWnet(we'_i)$，ASWNET( )为获取武器装备实体网络所属军种函数，ACWNET( )为获取武器装备实体网络所属军种函数，InAreaWnet( )为判断武器装备网络所属实体是否在选中区域内的函数，SIDE′=CHN，SERVICE′=X 为选中军种。

② 蓝方体系选取。

通过对武器背景体系设置，层级为武器装备体系、对抗方为蓝方、装备类型为防空反导，划定作战区域等进行“与”组合选取，最终得到的蓝方防空反导体系包含作战实体×，其中指挥控制实体×、通信实体×、传感实体×、各类作战平台×。

③ 体系拼装。

将选取后得到的红方武器装备体系和蓝方武器装备体系拼装，可以得到本次实验的对象体系。对象体系与环境体系等其他实体间的网络关系仍然存在,包括通信网络、信息支援、保障关系等,并没有因为对象体系是选取就被割裂。拼装后的对象体系描述了对抗双方的静态部署。

(3) 设计基准想定

对象体系只描述对抗双方静态部署和网络关系,还需要对实体、网络和行动进行调整,形成本次实验的基准想定。

① 实体设计。

为了加强对蓝方防空体系的攻击力量,红方增加部署地地常规弹道导弹发射平台×。蓝方防空反导部队保持原有部署,不做调整。

② 网络设计。

第一,红方指控网和通信网设计。

对新增的×个发射平台,通过实验提供的设置面对其进行指控关系设置和通信网络关系设置。建立平台与上级指挥单元级指控关系,形成平台与对象体系之间的指控网络。通过设置通信关系将平台接入通信网。

第二,蓝方指控网设计。

为突出蓝方体系在对抗过程中,网络有自恢复和适应性条件下的体系对抗,对蓝方指控网规则进行设置。通过设置使蓝方指控关系可以在对抗过程中实现动态转隶,从而保证蓝方指控网节点被摧毁后,指控网络本身仍然具有一定的自修复能力。

③ 行动设计。

红方弹道导弹对蓝方目标实施饱和打击,蓝方防空反导体系对来袭弹道导弹实施拦截作战。

根据实验目的,设计能够对蓝方体系网络有破坏性的军事行动,在打击目标选择上,选择蓝方关键节点进行打击。根据体系网络重心算法[24],寻找蓝方体系关键节点,得到×个关键节点。因此,将行动设计为按照一定时间间隔,分×个波次,每波次发射×枚导弹对蓝方作战体系×个目标实施攻击,一共发射×枚导弹。

经过前述一系列的设计和数据准备,最终形成本次实验的基准想定。

3. 对比想定设计

(1) 焦点装备“增”、“减”、“改”设计

本次实验的焦点装备为×型导弹,其在精度上比现有导弹高。为了保持对敌实施打击,发射导弹数量不变,将第一波次实施打击的×枚导弹的命中精度进行“更改”,主要通过×参数调整来实现。

(2) 焦点网络“增”、“减”、“改”设计

实验将指控网络作为焦点网络,对其进行设计。为了研究该网络结构对作战

可能产生的影响，将指控网络的 X 结构改为 Y 结构。

(3) 焦点行动“增”、“减”、“改”设计

红方对蓝方实施导弹打击行动是焦点行动。为了不因为导弹数量变化影响分析结果，保持焦点行动数量不变，但对焦点行动的目标进行更改设计，即随机攻击×个普通节点(不包括关键节点)。最终形成实验因素水平表，如表 3.3 所示。

表 3.3 实验因素水平表

因素类别	因素名称	具体取值
焦点装备	装备性能	×、×
焦点网络	网络结构	X 结构、Y 结构
焦点行动	攻击关键节点	攻击、不攻击

根据这些设计形成实验的想定集，其中×号方案为基准方案，其他方案为对比案。

4. 实验结果分析

根据实验想定方案，经过对象体系的调整和设置，生成仿真想定。对这些仿真想定进行仿真，将先期选取的指标按时间序列测量，可以得到相关结果，然后开展分析。

3.4 面向体系实验的动态测量设计

武器装备体系仿真试验床不是采用绝对“能力值”来评价武器装备体系能力。对体系能力的评估不再是一次性的计算，而是将体系放在对抗的仿真环境中，对“活”的体系进行动态测量的过程。下面根据仿真数据的特点，设计对不同类型的数据进行动态采集的模式与方法，并给出对数据进行动态分析的框架和示例。

3.4.1 体系仿真实验动态测量的流程

体系仿真实验动态测量就是通过对体系仿真过程数据进行采集、加工、映射到指标，对指标进行可视化处理，根据实验分析者的需要，实时或事后对体系运行规律进行分析。特别是，根据体系运行状态，通过调整数据采集方式和策略，实现对体系的实时放大观察和缩小观察。体系动态测量过程如图 3.8 所示。

① 按照采集计划设计的步长和时间段，从正在运行的试验床仿真数据中采集指标数据。

② 加工处理数据，完成从数据到指标的映射。

③ 按照采集计划，对需要实时观察的特征指标进行可视化，存储指标值。

④ 对指标进行实时分析,根据指标的状态调整数据采集,例如对出现异常值的指标进行缩短采集步长,延长采集时间段的采集策略调整等,以达到对体系放大观察。对指标值状态稳定,可以对该指标值进行延长采集步长,缩短采集时间段的采集策略调整,对体系进行缩小观察。

⑤ 仿真结束后,对指标值进行事后分析。

⑥ 结合实时分析和事后分析得到的经验和结论,指导调整下一轮次实验数据采集的范围和策略。

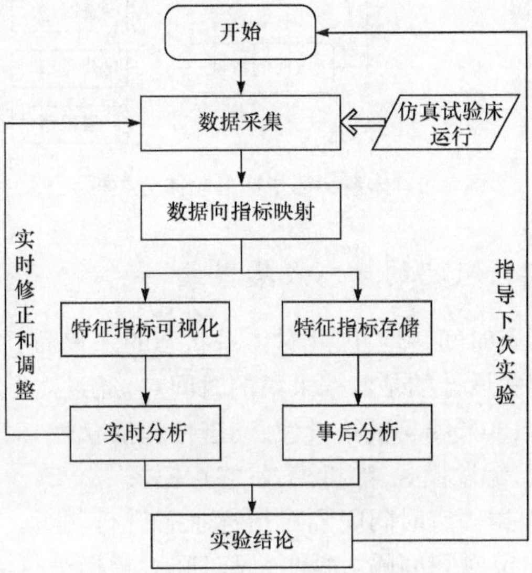

图 3.8　体系动态测量过程图

3.4.2　体系仿真实验数据的动态采集

作战体系是“活”的系统,具有适应性和进化性,体系能力也不是静态的,而是在对抗过程中动态变化的,因此体系能力不适合再用传统的一次性指标静态聚合至顶层最终结果来描述,而是由一系列具有时间属性的反映体系演化不同阶段动态的特征指标值来反映。这些特征指标值按照其时间属性排列组成的集合可以反映体系的整体能力和演化过程。

1. 体系特征指标的分类

体系特征指标都是对体系某方面特性或状态的描述,需要从试验床平台获取数据对其进行度量和分析。为了对指标进行处理和分析,先对体系特征指标进行分类,不同类型的数据需要采用不同的方式进行采集、映射和分析。下面根据指标描述类型、获取方式和时间特性对其进行分类,总体分类框架如图 3.9 所示。

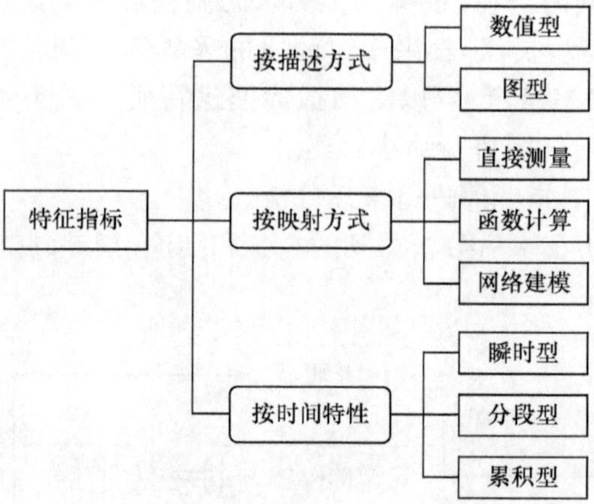

图 3.9　体系特征指标的总体分类框架

2. 体系仿真实验数据的动态采集模式

体系运行状态具有时间特性，因此对体系状态的采集需要确定数据采集模式和频率。数据采集模式设计的是数据采集的时间点，通过对数据采集的时间点进行设计，从而反映体系实验指标的连续性、动态性和演化性，对采集时间点的定义可以概括为心跳模式、触发模式、随机模式、终点模式。

① 心跳模式。根据固定时间间隔对指标状态进行测量。这种测量主要是按照分析人员设置的固定时间间隔，每隔一段时间对指标进行测量一次，得到对某项指标的全仿真过程常态连续的动态监测，适用于对体系整体演化过程进行评估分析。在实验设计阶段就确定好采集的对象、对象属性、采集主要内容及采集频率等要素，并在整个仿真实验运行过程中不再改变这些控制条件的数据采集过程。

② 触发模式。这种测量以一系列重要行动的发生点为测量时刻，得到对某项指标的特殊监测，适用于观察关键行动对体系的影响，体系的鲁棒性、脆弱性，以及自我修复能力。

③ 随机模式。根据实验人员需要，对感兴趣或关注的指标进行不定期随机测量，适用于在实验过程中，实验人员发现某些异常数值及时调整数据采集计划，增加发现奇点或新知识的机会。

④ 终点模式。只在仿真结束后，对指标终值进行测量计算，这种测量方法不注重体系演化过程，只关注仿真结果，适用于对体系最终状态的评估。

通常在一次实验中，这四种模式会根据实验目的综合使用。数据采集之后还要进行根据实际指标含义进行数据处理与映射，从而完成对实验指标的动态测量。

3. 体系仿真实验数据的动态采集流程

数据采集过程主要包括以下五个步骤。

(1) 确定采集内容

数据采集内容的确定是有效获取仿真实验过程数据的重要保证，主要应根据仿真实验需要研究的问题，确定数据采集的对象。数据采集对象通常包括问题设计阶段给出的指标体系中的所有指标，在此基础上，根据实验分析的需要，对关注的焦点装备、焦点网络和焦点行动部分特征值进行监控。

(2) 选择采集模式

根据不同实验指标，对相关数据选择心跳模式、触发模式、随机模式、终点模式等数据采集模式。

(3) 确定采集时间段

确定在仿真实验过程中，具体在哪些时间段实施数据采集。例如，为了保证仿真实验后能够顺利实现回放，态势数据通常在仿真实验运行全程进行采集。有些数据可能仅在某个具体过程采集，例如采集某有人参与演习实验的第二阶段战场网络数据等。

(4) 选择采集步长

当采集阶段确定后，就需要对采集步长进行选择。采集步长的选择需要考虑两方面的因素。

① 最小采集步长首先应该与仿真资源能够提供的公共最小分辨率相适应。

② 最小采集步长应该与仿真实验运行过程中选择的仿真实验推进步长相适应；否则，可能导致数据采集的失败或仿真实验运行的异常中断。

(5) 存储仿真数据

仿真实验运行过程中的海量实验过程动态数据的存储，需要考虑以下三方面的需求。

① 采集到的数据，必须以指定的格式存储，才能保证仿真分析和综合表现系统能够获取需要的数据。

② 考虑仿真实验运行步长及采集数据量巨大，必须采用大容量数据存储设备及高速数据访问技术，否则可能造成数据丢失或读写阻塞。

③ 可能存在仿真过程同时或稍短时间之后就进行表现的应用需求，需要考虑数据读与写的冲突问题。

3.4.3 实验数据向特征指标的映射

1. 实验数据映射处理框架

综上所述，特征指标分为数值型指标和图形指标。对于数值型指标，需要对采集数据进行向指标的函数计算映射，对经过映射后的数值型指标进行可视化处理。对于图形指标，则直接对其进行可视化处理。特征指标的数据映射框架图如图 3.10 所示。

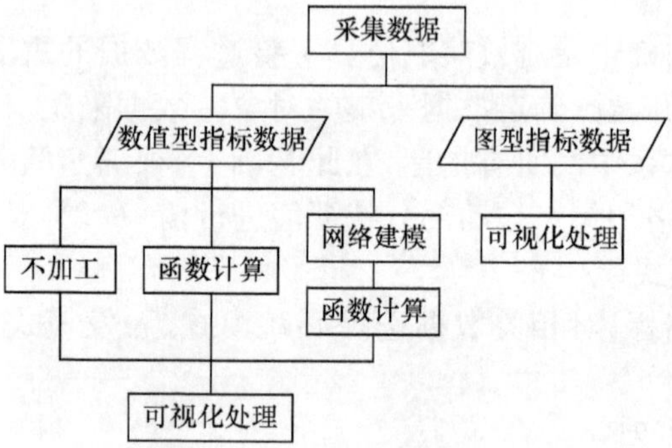

图 3.10　特征指标的数据映射框架图

对于数值型指标数据需要对其进行数据向指标的映射，分为三种方式。

① 不经过加工直接转化为体系指标，如实体的死亡状态、实体的探测距离。

② 经过函数计算才能够转化为体系指标，例如导弹拦截率需要将导弹拦截数量求和后，除以导弹发射数量之和，这样原始数据才能转换为指标度量值。

③ 数据需要经过网络建模并计算才能转化为体系指标，如节点的度、网络连通度等指标。下面对这三种映射方法进行详细阐述。

2. 实验数据向数值型指标的映射

由于体系特征指标都是对体系某方面特性或状态的描述，取得对特征值的度量需要进行从数据到指标的映射。对按照一定的数据采集模式得到的数据，有的可以直接映射成直接测量型指标，还有很多需要进行函数映射才能得到相应的特征指标值。网络型指标需要对其进行网络建模，再进行函数处理。映射关系的具体建立方法是，针对映射问题，指定关联的数据模型，并明确模型之间的关联关系和映射算法，因此可以抽象成一个三元组，即 MR<STM,*R*,*A*>，其中 MR(mapping relationship)是具体的映射关系，STM(source and target model)是 SM(source model)和 TM(target model)的集合，*R* 是映射关联集合，*A* 是映射算法集合。用 EBNF 范式形式化定义映射关系如下，即

<映射关系>::= <STM><*R*><*A*>

<STM>::= {<数据模型>}

<*R*>::= [{<映射关联>}]

<*A*>::= [{<映射算法>}]

由于指标数据映射与具体的指标、仿真模型数据结构、仿真模型输出数据内

容有紧密的关系，因此并不能给出一种通用的数据映射关系，需要针对具体的指标和仿真数据建立映射关系。此外，指标具有时间特性，而网络型指标的映射又与数值型指标的映射不同，需要事先进行体系网络建模。下面分别举例说明。

(1) 瞬时型

瞬时型指标具有瞬时性特征，以某探测系统的目标探测比指标为例，将探测比指标定义为某一时刻、某一探测系统或整个探测网的探测目标数与真实目标数之比。探测比的映射函数为

$$R_{\text{det}(t)}=\frac{M_{\text{det}(t)}}{M_{\text{true}(t)}} \tag{3.1}$$

其中，$R_{\text{det}(t)}$ 为 t 时刻的目标探测比；$M_{\text{det}(t)}$ 为 t 时刻责任区内的探测数；$M_{\text{true}(t)}$ 为 t 时刻责任区内的目标数。

(2) 分段型

分段型指标具有阶段性特征，以某作战阶段的 OODA 环平均时长指标为例，将 OODA 环平均时长指标定义为在某一时间段内，形成完整 OODA 环打击过程的 OODA 环平均时长，即

$$\text{OODA}_{\text{time}(\Delta t)}=\frac{\sum\limits_{i_{(\Delta t)}} T_{i(\Delta t)}}{I_{(\Delta t)}} \tag{3.2}$$

其中，$\text{OODA}_{\text{time}(\Delta t)}$ 为 Δt 时间段内所有 OODA 环的平均时长；$T_{i(\Delta t)}$ 为 Δt 时间段内第 i 个 OODA 环的时长；I 为 Δt 时间段内 OODA 环的个数。

(3) 累积型

累计型指标具有全程特征，以目标累计毁伤数量为例，将目标累计毁伤数量定义为从实验开始至当前时刻的数量和。映射函数为

$$O_{\text{destroy}(t)}=\sum O_{i(t)} \tag{3.3}$$

3. 实验数据向网络指标的映射

由于网络化体系指标的存在，使对于这些网络化指标的映射必须首先对体系复杂网络进行建模，从而实现体系仿真数据到复杂网络模型的映射。由于体系是动态演化的，因此最终得到的体系复杂网络模型将是由一系列体系演化单元网络组成的体系动态演化网络。

网络仿真数据到网络模型的映射主要包含三项内容。一是，作战仿真实体数据到网络节点的映射。二是，仿真实体间的关联数据到网络连边的映射。三是，体系演化单元网络时间属性的定义。由于仿真实体间通常存在两种不同性质的关联关系，即静态关系和动态交互。关系表示一种状态，在时间点上是有意义的，例如仿真实体 A 和仿真实体 B 在某时刻存在协同关系。交互表示一种过程，在时间段上才有意义，例如仿真实体 A 和仿真实体 B 进行通信交互，这种交互不会在

瞬间实现，必然要花费一定的时间。因此，仿真实体间的关联到网络连边的映射必须考虑其时间属性。体系的网络模型时间属性决定了体系网络指标也分为瞬时型、分段型和累积型三种类型。网络指标的类型与网络模型的类型一致，也就是说，按照瞬时型模式在仿真时间轴上的 N 个时间点，抽象出各时间点的体系演化单元网络，从而组成体系动态演化网络。以瞬时型模式测量的动态演化网络指标也是瞬时型的。

网络建模的方法有很多，现在大多采用复杂网络理论或超网理论作为建模理论基础，根据实际需要，对网络进行建模。体系网络指标的获取与映射流程如图 3.11 所示。

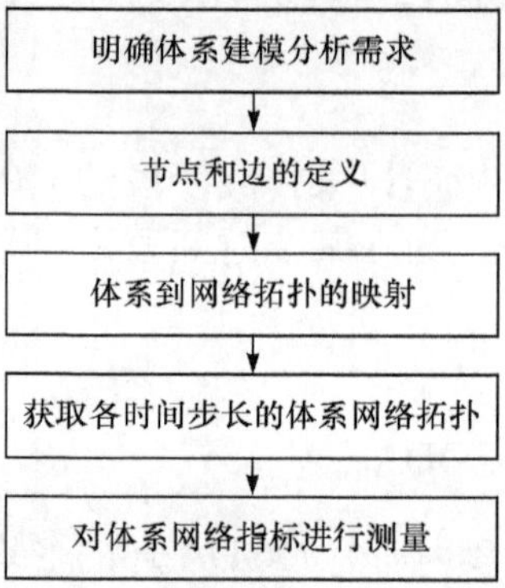

图 3.11　体系网络指标的获取与映射流程

① 根据所研究问题的需求，确定对象体系的边界和颗粒度，在逻辑分析和定性判断的基础上，确定体系的组成单元，以及体系网络抽象的层次。

② 节点和边的定义。确定网络模型中节点的类型和代表的涵义，通过对节点间逻辑关系的分析，确定边的类型和性质。

③ 仿真体系到网络拓扑的映射。建立仿真体系到网络模型的映射方法。一是，体系相关组分如何映射成网络节点，包括单个组分映射成节点的类型、数量、权重，以及彼此间的连边关系。体系组分到网络节点的映射存在一个颗粒度的问题，应根据建模需求和网络抽象的层次综合分析确定。二是，体系组分间的关联关系如何抽象成边，包括边的类型、性质、方向和权重。

④ 获取各时间步长内的体系网络拓扑。体系是随时间连续演化的，一般将特定时间步长内体系演化状态映射成一个复杂网络，连续获取每个时间步长内的体系复杂网络拓扑，形成体系动态演化网络。时间步长的长短一般根据所研究问题的具体需求和体系演化的速率来确定。

⑤ 对体系网络进行测度和评价。根据体系网络拓扑，获取体系网络模型数据，并映射成网络参数。

3.4.4 体系实验的动态分析

体系能力由一组具有时间属性的指标集来刻画。每个指标又是由一系列具有时间属性的指标值组成的与时间紧密相关的数据集。无论是单一指标的相邻值,还是指标之间都可能存在某种相关性,甚至是因果关系。这里说的动态分析是指充分考虑指标的时序特性进行的分析。

1. 指标动态分析整体框架

经过数据映射得到的各类指标需要对其进行多维对比分析。为了从多角度、多层次、多方面观察和分析体系,需要对体系进行实时测量和事后分析。如图3.12所示为体系实验指标动态分析框架图。可以看到,对体系实验的指标分析共分两大块,一块是对体系指标的实时分析,另一块是对体系指标的仿真后分析。

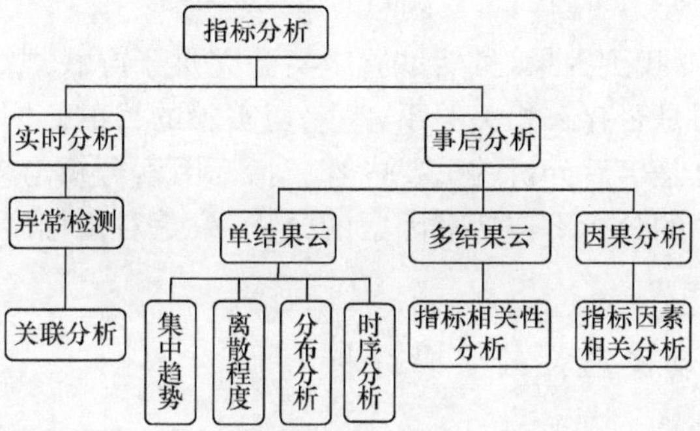

图3.12 体系实验指标动态分析框架图

(1) 实时分析

实时分析用于实时监控体系运行状态,对物理意义直接,视觉效果直观的指标,进行实时的数据采集、映射和可视化,这样可以对体系的运行状态和规律有最直接的认识和把握。特别是,对分析人员可以对体系过程中产生的异常状态进行实时观察和发现,及时对这些异常产生的原因进行因果关联分析或兴趣点分析。

(2) 事后分析

事后分析是指在仿真平台运行完毕之后,对采集到的所有体系指标进行深层次分析。事后分析又分为单结果云、多结果云和因果分类三大类。

① 单结果云分析。

前面说到,体系能力不再是一次性计算得到的绝对值,而是不断动态变化的结果云[8]。对于具有时间特性的单一指标度量值,在多个想定运行后,其所有的度量值就形成分布在时间维、数值维和方案维的三维结果云。对于单结果云的分析，就是全面剖析某个体系特征在不同时间、不同方案下的具体表现。对单结果云的分析包括两个方面。一方面，数值分布特征分析，包括对数值在数量上的集中趋势、离散程度和分布分析。另一方面，时序分布特征分析，主要是分析数值在时间上的分布规律。集中趋势的分析是探究某体系特征值是否存在数值上趋于一致的趋势，例如人的体温都趋于 36.5～37℃。离散程度的分析，是为了查看体系特征值的分散程度，如果离散程度越高，体系特征值反映的规律性越小。数值分布分析用于考察体系特征值的数据分布情况是否符合某种规律，是否存在对称或偏斜等情况。时序分布特征分析是探究某体系在时间分布上是否存在某种规律性，反映体系随时间变化的指标特征值规律。

② 多结果云。

每一个特征指标的度量值集合都组合成一个单结果云。多个特征指标的度量值集合就形成多结果云。对多结果云的分析首先要基于对单结果云的分析，进行多结果云分析，力图找到这些指标之间的相关关系。

③ 指标因素分析

任何实验都力图找到因果，虽然试验床实验立足于寻找规律，但操纵因素、观察结果，并验证之间是否存在相关关系，是一切实验的目的。因此，对因素和指标间的相关性分析，也是事后分析的重要内容。指标因素分析与多结果云分析的区别在于，多结果云中的分析不包括对因素的分析，只是对指标度量值的分析，也就是对因变量的分析。

2. 基于体系动态监控的实时分析

对体系运行状态进行实时分析，有助于及时把握体系运行状态，调整对体系监控指标的数据采集范围和步长，也就是在体系运行过程中，根据体系运行的情况，不断调整分析范围和观察对象，达到对体系过程深层次分析的目的。

由于多数指标都具有时间特性，因此对这些具有时间特性的指标值根据体系运行状态，对其进行实时采集和可视化。对于大多数值型指标，可以用曲线对这种具有时间特性的时间序列数据进行描述。按照一定的时间步长以体系实验指标的动态测量值集合，并非是指标瞬时量值的积累或罗列，其相邻瞬时的数据并不是孤立无关的，对于重要关键性指标在仿真过程中的动态监测往往可以得到体系演化规律。对体系实验指标进行动态分析，根据对指标实时变化分析，特别是体系演化过程中出现的一些异常值，适当调节数据采集、指标映射和分析重点等，达到不断循环、聚焦实验的目的。

(1) 异常检测

体系的非线性和涌现性使体系能力经常出现跃升或坍塌等状态，通过对指标数据的奇异点分析，发现体系能力突变的异常状态的发生，对异常发生前后的数据采集进行调整，通过增加数据采集对象、增加采集模式、提高时间频率等方式，加强对奇异点发生时的数据采集，从而得到更丰富的数据，便于进一步进行体系能力分析。除了通过分析人员从图形直观变化上发现，体系能力的奇异点可以通过预定阈值法或拐点判定法来判断，若数据前后差异超出预定阈值或一段时间数据值出现峰、谷、尖点等特征，可判定为奇异点出现。异常点有时还可能具有特殊的意义，往往能提供额外的有用信息。国内外关于时间序列指标异常检测已有较长时间研究，自从 Fox 于 1972 年基于 ARMA 时间序列模型提出异常点的概念以来，已有许多学者研究探讨了时间序列的异常点问题，提出许多相应的检测方法[25-28]。

（2）关联分析

当发现体系指标出现异常点时，分析人员需要根据体系运行的其他状态，分析导致指标出现异常的原因，进行一些关联分析。

多指标相关性分析是指在某个指标发生异常的同时，注意观察其他正在监控的指标是否也发生了异常变化，出现异常状态。事件相关性分析是指在指标发生异常值时，查看体系运行的事件报告表，寻找在体系指标异常值发生时或发生前的较近时间段内，是否发生导致体系异常值产生的重大事件。时间相关性分析是指对整个体系运行过程中指标异常值发生的时间点进行记录，通过分析这些异常值在整个体系运行时间的分布状态，分析异常值是否是有规律的。

3. 单“结果云”分析

试验床对体系能力研究的新理念就是抛弃能力结果单一的假设，将指标的单一值转为结果云。也就是说，对于体系的能力由结果云来表示。单一体系特征指标值在时间维上是动态变化的多值序列，那么多个方案的多个数值就构成特征指标的单结果云，如图 3.13 所示。

（1）对结果云的描述

结果云就是从时间维、数值维和方案维对体系某指标的综合描述。方案维是指将不同仿真方案作为区分的维度。试验床体系实验对一系列的实验想定进行仿真，形成对不同想定仿真实验结果和过程的对比。方案维形式化描述为

$$S=\{s_i \mid i=1,2,\cdots,j\} \tag{3.4}$$

其中，S 为全部方案集合；s_i 为第 i 个方案；j 为方案数量。

数值维是将指标的度量值作为区分的维度。指标在不同方案、不同时刻均有不同的取值。数值形式化描述为

$$M=\{\mathrm{mom}_i \mid i=1,2,\cdots,k\} \tag{3.5}$$

其中，M 为指标度量值的集合；mom_i 为第 i 个指标度量值；k 为指标取值数量。

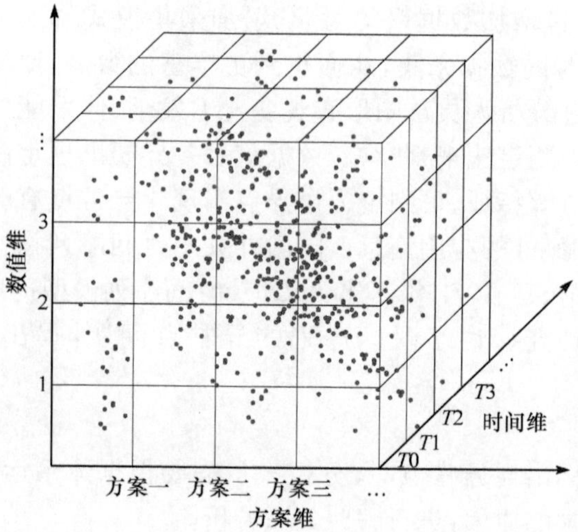

图 3.13　特征指标的单结果云

时间维是指将仿真过程中时间区分的维度。时空维形式化描述为

$$T=\{t_i \mid i=1,2,\cdots,l\} \tag{3.6}$$

其中，T 为全部时空集合；t_i 为第 i 个时刻；l 为仿真中时间点的数量。

S、M、T 组成结果云的状态空间 $\mathrm{SMT}=\langle S,M,T\rangle$。

对结果云的分析可以从集中趋势、离散程度、偏态与峰态等三个方面着手，较为全面地分析结果云承载的信息。

(2) 集中趋势分析

集中趋势是指一组数据向某一中心值靠拢的程度，反映一组数据中心点的位置所在。对于结果云的集中趋势分析，可以得到对某指标值集中趋势的评估。对单结果云的集中趋势又分为单方案分析和多方案分析。单方案分析是对某个指标值在某一个方案中的集中趋势分析。多方案是对多个方案中某个指标值的集中趋势分析。

根据统计学原理，通常采用众数和平均数对结果云进行集中趋势分析。此外，还有中位数、分位数等可用于分析集中趋势的数值，在需要的情况下，可以视情对这些数值进行计算。集中趋势只是数据分布的一个特征，对于指标特征值之间的差异状况，还需要进一步考察数据的分散程度。

(3) 离散程度分析

数据的分散程度是数据分布的另一个重要特征，反映各指标特征值远离中心值的程度。特征值的离散程度越大，在集中趋势分析中得到的众数和平均数对于体系指标特征值的代表性就越差，离散程度越小，众数和平均数对体系指标特征值的代表性就越好，可用于离散程度分析的数很多，包括异众比率、四分位差、方差、标准差、极差、平均差、离散系数等。

(4) 偏态与峰态分析

除了对特征指标值进行集中趋势和离散程度的分析,如果要全面了解数据分布的特点,还需要知道结果云数据分布的形状。对结果云进行偏态和峰态分析,可以得到特征指标值的分布规律。

(5) 时序分布分析

体系特征指标值大多数具有时间特性,需要从时间维角度对其进行观察和分析,才能得到对体系特性更为全面的认识。对于单结果云的时序分布分析包括两个方面。一方面,对单个方案的特征指标值的时序分布分析。另一方面,对多个方案的特征指标值的时序分布分析。对时序分布分析主要是分析数据随时间变化而变化的趋势和分布。

通过对单结果云的分析,一方面可以得到对体系单项性能指标值总体认识,掌握其时间分布规律、数值分布规律,以及在单项性能上的总体表现;另一方面在单结果云中得到的认识和结论,可以指导后续对多结果云分析,降低分析复杂度和难度。例如,对于集中趋势较高的指标或分布较为规律的指标值,在后续的多结果云分析中,可以对其进行一定程度的简化处理,例如使用平均数来代替某项指标的结果云,从而降低后续多维数据关联分析的量值和难度。

4. 多结果云分析

多个从不同侧面、不同角度反映体系特性或能力的特征指标值,按照时间序列形成多结果云的集合。多结果云分析的重点是指标间的相关性分析。指标间的相关性指两个指标之间或多个指标之间存在的某种联系。这种联系可能是与时间相关的,也可能是与时间无关的。多结果云的相关性分析就是对体系的多重指标之间,以及指标与其所确定的评价目标的相关性评价过程。

多结果云的分析基于实时分析和单结果云分析的基础之上,是在已经形成的一定认识的基础上的深入分析。例如,异常值发现有两个或多个指标值有联动异常状态出现的情况,此时可以深入有联动异常状态出现的特征指标结果云进行深入的关联分析。对于集中趋势较为明显的特征值指标,可以将该类指标进行简化处理,用单一指标值替代时间序列值,这样就可以大大简化多结果云的分析处理。相关性分析主要回答三个问题,即两个特征指标值之间是否存在关系;如果存在关系,是什么关系;关系强度如何。

对于数据的相关性分析,国内外进行了大量研究,有许多研究成果。总体来说,对于仿真数据的相关性分析,大体可以分为基于传统统计学的相关性分析和基于数据挖掘的相关性分析。

(1) 基于统计学的相关性分析

统计学中常见的相关性分析方法有二元变量相关分析、回归分析、方差分析、假设检验分析等。基于统计学的相关性分析，以实验问题描述阶段的假设为前提，对待验证的相关关系进行重点分析，通过上述统计学方法能够对假设关联关系进行有效验证。

(2) 基于数据挖掘的相关性分析

在问题描述阶段，分析人员根据实验目的和经验知识进行的假设，可以对其进行基于统计学的相关性分析。然而，还有一些规律和机理，是在问题描述阶段分析人员没有预知的、隐藏较深的规律，这时需要采用基于数据挖掘的方法进行分析。目前，国际上数据挖掘的研究主要是以数据挖掘的任务描述、知识评价与知识表示为主线，以有效的数据挖掘算法为中心。数据挖掘算法包括决策树、关联规则、贝叶斯网络、遗传算法、粗糙集理论、支持向量机等。对于试验床生成的多结果云数据而言，如何选择适当的数据挖掘方法，要具体情况具体对待。

5. 实验指标与因素的相关分析

前面的结果云分析都是针对因变量的分析，实验的重要目的是寻找自变量与因变量之间的关系。实际上，在做实时监测分析时，也做了基础性的指标与因素相关性分析。例如，当某特征指标异常值发生时，通过事件查看发现是由于实验因素设计的某个关键行动导致该异常值出现，这就形成基础的指标与因素相关分析。不过，事后分析由于数据全面、时间充分，可以对指标与因素相关分析做更深层次的分析。指标与因素相关分析与多结果云分析类似，这里不再赘述。

在实验分析的最后，应形成本次实验的结论性成果，以实验报告的形式作为成果保存下来，供后续实验和分析人员使用。成果的形成与推广是进行体系实验的重要步骤，成果对于下一轮次的相关实验有重要的指导作用，是进行下一轮次实验设计的重要知识基础。

对体系状态的动态测量是进行体系实验分析的新理念和新方法，也是突破传统还原论思想，是将对体系能力进行静态、局部、分解可加的传统评估模式转变为整体、动态、对抗三位一体的综合评估理念的重要手段。首先阐述开展体系实验和动态测量的概念和内涵，给出如何在动态测量理念的指导下，设计针对体系实验数据和指标的特点的数据采集的方法、模式和流程，总结不同类型数据映射为体系指标数值的映射方法。在此基础上，给出对体系实验数据的动态测量分析框架，指出动态测量应包括实时分析、单结果云分析、多结果云分析和指标因素相关分析，并对每一种分析给出示例性的分析方法。本章给出的动态测量具体方法、综合分析体系能力的涌现和与体系状态的结果云，可以支持对体系能力和体系状态的动态监控、实时分析和事后分析，打破传统给出体系能力单一值的评估理念，形成对体系能力的综合认识，是开展体系实验，寻找体系运行机理的数据分析的新方法。

3.5　本章小结

本章围绕基于武器装备体系仿真试验床实验设计问题展开论述，研究体系仿真实验的实验框架设计、仿真想定设计、实验指标设计和对体系的动态测量设计。

(1) 实验设计框架

分析总结体系实验的重点研究内容，结合武器装备体系仿真试验床的基本思想和应用特点，提出基于试验床开展体系仿真实验的创新评估理念，并在此基础上给出实验设计框架。

(2) 实验指标设计

分析武器装备体系网络化导致的实验指标体系的网络化，构建“两类四层”的体系实验指标体系框架。

(3) 体系实验仿真想定设计

根据试验床特点，将试验床仿真想定设计为由对象体系、环境体系和焦点装备组成，给出制定试验床仿真想定的流程。实验证明，采用上述方法进行仿真想定设计，可以快速高效地形成基准仿真想定和对比仿真想定。一方面，可以反映待研体系在整体、动态、对抗的大尺度作战环境下不断演化的整体性特点。另一方面，可以通过对比焦点装备对体系产生的影响，反映体系在焦点装备的刺激下的变化规律。

(4) 围绕体系动态测量设计

体系动态测量理念的提出，将对体系仿真过程的全程监控和仿真后分析很好地结合在一起，既能在仿真过程中实时对体系运行状态进行观察，也能在仿真结束后对体系运行机理进行深入分析，完全改变了传统一次性指标聚合对体系能力的评估方式。本章示例还证明，使用动态测量的方法对体系进行监控，得到的是体系在演化过程中的变化规律，而不仅是对体系能力评估的单一绝对值。

参考文献

[1] 胡晓峰，杨镜宇，司光亚，等. 战争复杂系统仿真分析与实验. 北京：国防大学出版社，2008.

[2] 胡晓峰. 战争复杂性与复杂体系仿真问题. 军事运筹与系统工程，2010，24(3)：27-34.

[3] 胡晓峰，许相莉，杨镜宇. 基于体系视角的赛博空间作战效能评估. 军事运筹与系统工程，2013，27(1)：5-9.

[4] 胡晓峰. 论战争复杂性与体系研究. 国防大学学报，2010，(12)：21-24.

[5] 胡晓峰. 战争复杂网络研究概述. 复杂系统与复杂性科学，2010，7(2/3)：24-28.

[6] 张昱. 武器装备体系仿真实验床方法与关键技术研究. 北京：国防大学博士学位论文，2013.

[7] Sanchez S M. Work smarter, not harder: guidelines for designing simulation experiment//Proceedings of the 2006 Winter Simulation Conference, 2006: 69-82.

[8] 胡晓峰,张昱,杨镜宇. 引入复杂网络和大数据方法实现武器装备体系能力评估的科学转变//第六届全军"战争复杂性与信息化战争模拟"高层学术研讨会,2014.

[9] Stenbit J P, Linton W I I, Alberts D S. NATO code of best practice for C2 assessment//Command & Control Research Program, 2002.

[10] 张维明,刘忠,阳东升,等. 体系工程理论与方法. 北京:科学出版社,2010.

[11] 于芹章,基于整体效果的装备体系作战效能评估方法研究. 系统仿真技术,2011,7(3):183-189.

[12] 陶玉彝. 对防空预警系统的电子对抗作战仿真实验指标选择研究. 舰船电子对抗,2013,36(1):69-72.

[13] 邓桂龙,刘智慧,贾志东. 作战仿真实验数据关联规则挖掘研究. 军事运筹与系统工程,2008,22(4):46-50

[14] 刘洋. 基于兵棋演习仿真数据的作战体系分析方法研究. 北京:国防大学博士学位论文,2012.

[15] 王杏林,郭齐胜,丁士拥. 任务空间概念模型及其形式化抽象描述. 现代防御技术,2003,31(1):60-64

[16] 马力,张明智. 网络化体系效能评估建模研究. 军事运筹与系统工程,2016,30(1):12-18.

[17] 汪小帆,李翔,陈关荣. 网络科学导论. 北京: 高等教育出版社,2012.

[18] 王建立. 美军作战构想及其生成方法. 国防科技,2014,35(1): 81-86.

[19] Kem D J D. Planning for action: concepts and tools. New York: US Army Command and General Stall College, 2012.

[20] 曹志华,胡晓峰,杨镜宇,等. 体系对抗仿真实验想定提炼方法研究与实现//全军武器装备体系研究第七届学术研讨会,2013.

[21] Blasch E P, Breton R, Valin P, et al. User information fusion decision making analysis with the C-OODA model//Proceedings of the 14th International Conference on Information Fusion, 2011.

[22] Tajwer K, Shamsi J. Counter-terrorism simulation framework: an application of OODA loop//International Conference on Information and Emerging Technologies, 2010: 1-6.

[23] Christian L B. Cyber OODA: a candidate model for cyberspace engagement. Ohio: Air Force Institute of Technology, 2010.

[24] 马力. 赛博空间背景下网络化体系能力仿真评估模型研究. 北京:国防大学博士学位论文,2014.

[25] Barton R R. Designing simulation experiments//Proceedings of the 2001 Winter Simulation Conference, 2001.

[26] 王艳正. 武器装备体系对抗仿真实验设计研究. 北京:国防大学博士学位论文,2009.

[27] 苗东升. 论系统思维(六):重在把握系统的整体涌现性. 系统科学学报,2006,14(1): 1-5.

[28] 牛涛,孙建军,曹民举. 联合作战力量体系的整体涌现性. 军事学术,2009,(5): 39-41.

第 4 章　网络化体系能力评估指标构建方法

战争实践表明，信息化条件下的作战已不再是单一或少数军兵种之间的对抗，更不会是单一种类武器系统的对抗，而是在信息网络的联结和聚合下，各种作战力量、武器装备和作战行动有机融合成一个整体，进而演变为整体对整体、体系对体系的对抗。本章将在信息系统的支撑下，集成各种信息网络，包括实体的物理网络和虚拟的逻辑网络，具有显著的网络化特征的战争复杂体系统称为网络化体系。网络化体系能力评估指标构建是网络化体系能力评估研究的重要内容，作为体系作战能力建设的重要内容和关键理论方法，被赋予新的内涵和意义。

4.1　网络化体系能力评估问题分析

4.1.1　网络化体系能力的整体性评价缺乏统一认识和解决方案

体系特别强调整体和涌现。体系能力就是体系演化过程中涌现出的整体性效果。这种整体性效果是体系发生相变产生的新性质，具有整体不可分性，不是单件武器装备、单个作战单元、单项作战系统性质或能力的简单加和。对于这种整体性效果的评价，正是体系能力评估的关键和难点所在。

事实上，对于体系能力的整体涌现性效果，存在顶层概念建模问题。应深入研究整体性效果包含的具体内容，包括定义、分类，以及支持其研究的理论方法，主要涉及如下问题。

① 什么是体系层面的整体性效果，有何表现，以及如何分类。

② 整体性效果产生的机理是什么，如何对体系的整体性效果进行建模。

③ 整体性效果的代表性指标是什么，如何建立合适的模型对其进行分析和度量。

④ 组分系统的行为和效能对整体性效果有何影响，其体系贡献度如何评价等。

对于这些问题，目前尚缺乏统一的认识和有效的解决方法，因此也造成当前关于体系能力整体性效果的评估研究比较分散，难以相互借鉴。体系的整体能力来源于组分系统相互作用的结果，是局部规则的综合反映。传统效能评估方法基于还原论思想处理体系能力的整体性评价问题[1]，由于不符合体系整体涌现性产生的内在机制，因此无法从本质上对其进行科学合理的分析与评估。为实现对网络化体系能力的整体性评价，需要引入新的体系建模理论和效能评估方法。

4.1.2 体系的网络化效应研究缺乏行之有效的模型与方法

网络化是信息化战争最显著和最本质的特点，也是体系形成的基础。体系的网络化效应突出体现在两个方面。

① 网络化的形态。体系不是系统随意的拼凑，而是在信息网络支撑下的多个作战系统的综合运用。从本质上看，体系可以看成是各类信息网络的综合集成，是网络的网络[2]。这里的信息网络不仅指一般的通信网络，而是一种广义的信息关系网络，是各类指挥、控制、影响、依赖等因素形成的复杂网络。

② 网络化的效果[3]。由于网络空间的存在，体系组分系统的任何行为都可能被体系中的耦合关联传递和扩大，从而产生大规模的级联效应，对整个体系产生影响。这种跨域效应带来的对体系脆弱性、跨域依赖程度、级联效应等整体性效果的评价，是体系能力评估面临的新难题[4]。

体系组分间的复杂交互是体系形成的基础，也是体系涌现性的根源。对于这些错综复杂的交互作用网络的结构和动力学的理解是体系研究的关键性课题。在当前研究复杂系统的理论和方法中，复杂网络是最合适的手段之一。复杂网络的最大特点就是能够将体系内部组分的动力学行为和各组分之间的相互作用综合起来进行研究，既刻画体系中的个体，又刻画个体间的复杂关系导致的体系整体涌现性行为。总体来看，国外基于网络科学理论和方法研究网络化体系的时间相对较长，建立了一定的理论体系和数学模型，并在军事实践中得到应用[5-11]。国内对于复杂网络用于战争系统建模也给予了高度关注[12-15]，但多数研究还比较初步，尚未取得突破。例如，大多数基于复杂网络的体系测度与评价研究普遍停留在对一些经典的复杂网络特征参量的统计分析上，对于这些参数是否具有物理含义、是否能够表征体系本身的某种性质未作深究。又如，对于体系的抗毁性问题，大部分研究工作都尚未脱离 Albert 等原始工作的研究框架，即研究不同网络在随机失效或者故意攻击下的抗毁性。为此，还需要进一步深化研究。

4.1.3 网络化体系能力评估指标构建的创新理念

网络化体系是典型的复杂系统，具有显著的复杂性特点，如整体涌现性、适应性、进化性、不确定性等[4]。体系能力是体系整体涌现的结果，是体系在演化过程中发生相变产生的新性质，因此既不能按照还原论方法将组分系统能力进行叠加组合，也不能简单地由统计规律获得。体系能力不是一成不变的，而是随着体系的演化动态生成。不同的环境、对手和过程，都可能产生不同的演化结果。因此，网络化体系能力和效能指标的构建应当转变传统基于还原论和决定论的思维模式，抛弃体系效能指标相互独立的假设，抛弃体系能力可分解的假设，由指标树转变为指标网，由简单和转变为涌现和[4]。

(1) 构建网状评估指标体系

体系能力的各项指标之间实质上是相互关联的网状结构，存在复杂的关联关系而非彼此独立。某些指标的提高可能引起其他相关指标下降，这体现了体系的非还原性质。应当正视体系能力指标间的复杂关联关系，建立网状指标体系，研究基于网状指标体系的能力评估方法。

(2) 直接寻找能够刻画体系整体涌现性的效能指标

体系层面的效能指标必须反映体系的宏观性质。一方面，体系效能指标值可以采用合适的方法对体系进行测量得到，而不是由局部指标聚合获得。另一方面，体系效能指标本身也不再进行指标综合。

(3) 探索体系能力微观与宏观之间的联系

体系具有组分及其之和所没有的新能力。这种能力虽然在离散的组分系统累加中无法获得，但各类组分系统之间的微观-宏观联系，隐含着体系能力涌现的内部机制。体系能力分析就是要探寻组分系统之间的相互作用关系与体系整体性效果之间的关联关系，进而揭示体系效能涌现性的生成机理。从指标角度看，就是要探寻组分系统的效能指标，以及刻画网络化效应的指标，与体系层面效能指标之间的关联关系。

4.2　网络化体系能力评估指标的"两级五层"框架

以上述理念为指导，我们给出网络化体系能力评估指标的"两级五层"框架。考虑表达的一致性，以下在框架描述中统一采用效能的提法。

网络化体系能力评估指标的"两级五层"框架如图 4.1 所示，主要包含 5 个方面的内容[16-19]，即组分系统性能指标(measures of component performance, MOCP)、组分系统效能评估(measures of component effectiveness, MOCE)、体系网络化效能评估(measures of SOS networked effectiveness, MONE)、体系涌现性效能评估(measures of SOS emergence effectiveness, MOEE)和体系使命任务效能评估(measures of SOS task effectiveness, MOTE)。MOCP 和 MOCE 为面向体系的组分系统级，反映体系组分在体系环境中各自能力的发挥情况；MONE、MOEE 和 MOTE 为面向体系级，从不同层面对体系的整体能力进行度量。图中采用不同形状表示各个层次的效能，虚线表示该层各效能(指标)之间相互关联，实线表示不同层次间效能指标的映射关系。

4.2.1　体系使命任务效能评估

体系使命任务效能是指体系在规定条件下完成其使命任务的程度。MOTE

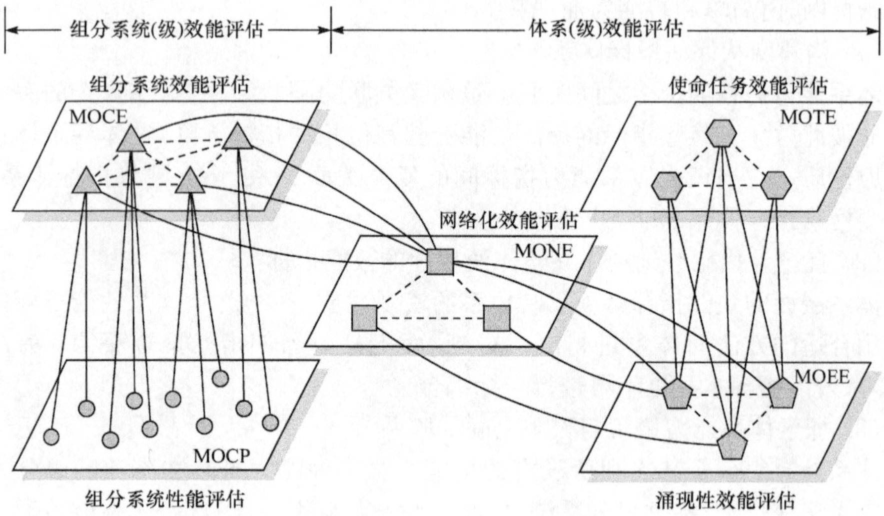

图 4.1　网络化体系“两级五层”能力评估建模框架

旨在对体系实现最终目标的程度进行度量，评估体系完成使命任务的整体情况。图 4.1 中的六边形对应体系使命任务各个不同方面的内容。体系使命任务效能是体系能力整体涌现性最直接、最根本的体现，是体系优化的根本准则，也是体系决策者最为关心的内容。任何关于体系能力的评估结果都要归结到体系完成使命任务的效果上。MOTE 为其他所有关于体系能力分析评估各种指标的合理性和正确性树立了准则，即从任何层面、任何角度评估体系能力获得的结论都应与体系使命任务效能挂钩。脱离体系使命任务效能谈体系能力评估，得到的结论一定是不完全和没有说服力的。

以作战体系为例，体系使命任务效能分析的目的是得到体系作战效能的整体性结论。机械化战争一般从兵力损耗的角度定义使命任务效能指标。传统作战效能评估中使用的某些典型指标，如战果、战损、战损比（交换比）、推进速度、作战时间等，在 MOTE 研究时依然是可用和有效的。在多数情况下，体系使命任务效能不能简单地采用上述行动效果类的指标来衡量，而要根据体系目标及最终的体系对抗态势来判定。仅靠定量手段可能难以得出结论，有时需要借助评估人员定性判断。需要特别强调的是，针对不同的任务目标需要采用不同的体系能力指标，使命任务不同，采用的体系能力指标也不同，不存在一成不变的万能指标。体系使命任务效能指标还可以从其他多个方面，如信息效能、决策效能等进行定义。

下面给出两个一般意义上的体系使命任务效能指标[20]。

1. 使命任务完成度

使命任务完成度是描述针对某一特定使命任务进行单次演习或仿真所完成

任务的情况，即

$$M_{\text{success}} = \sum_{i=0}^{n} W_i O_i \tag{4.1}$$

其中，M_{success} 为使命任务完成度；W_i 为第 i 个作战目标的权重；O_i 为第 i 个作战目标的完成情况。

使命任务完成度分析主要分为以下几步。

① 定义使命任务成功的标准。根据特定的体系对抗作战想定，确定任务成功的标准，具体方法为将使命任务分解为一系列作战目标，并定义每个作战目标成功的标准。

② 量化成功标准。对提出的每个作战目标的成功标准进行量化。

③ 采集相关数据。根据定义的每个作战目标成功的标准，采集相关的数据或收集相关证据。

④ 得出评估结论。依据采集的数据，对作战目标的完成情况进行分析，如果有些作战目标完成情况没有定量数据或难以定量，评估人员可以根据作战态势和作战过程进行定性判断。在作战目标完成情况分析的基础上，计算体系任务完成度。

2. 使命任务完成概率

使命任务完成概率是在大量仿真的基础上，得出一个统计性数据，与使命任务完成度相关，即

$$P_{M_j} = N_{M_j} / N \tag{4.2}$$

其中，P_{M_j} 为使命任务完成度为 M_j 的任务完成概率；N_{M_j} 为任务完成度为 M_j 的仿真次数；N 为总的仿真次数。

4.2.2　体系涌现性效能评估

体系涌现性效能是指体系在对抗演化过程中产生整体涌现性效果的程度。这种整体涌现性效果主要体现在体系的结构、功能和行为等方面。MOEE 衡量的就是体系演化过程中，在结构、功能和行为等方面涌现出的整体特性，例如体系结构的鲁棒性和脆弱性、体系的自适应和同步行为等。图 4.1 中的五边形表示网络化体系的各种涌现性质。MOEE 是从机理层面对于体系效能的深度分析，反映体系对抗机理和能力生成机制，是对体系完成使命任务情况深层次原因的探寻。因此，可以认为体系涌现性效能是因，体系使命任务效能是果，体系涌现性效能事实上决定了体系完成使命任务的最终效果。由建模框架可知，MOTE 是 MOEE 的函数，这两类指标都具有整体性特点，无法通过其他层面的指标聚合得到，也不能指标合成。

体系涌现性效能可以分为两大类。第一类称为同质涌现性效能。这种涌现性效能从某种组分系统的能力继承而来，即多个具有相同或类似能力的组分系统在体系环境中通过相互作用来增强的体系能力。这种体系能力与对应组分的能力性质相同，区别在于能力大小，例如防空体系中多部雷达组网的探测效能要比单部雷达的探测效能高。同质涌现性效能虽然在功能上与系统级能力相似，但却是多个相关系统综合作用的结果，因此并不是相关系统能力指标的简单聚合。第二类是异质涌现性效能。种类繁多、功能各异的组分系统基于网络产生广泛而复杂的交互作用，从而在整体上涌现不同于各组分系统能力的新性质和新功能。例如，防空体系能力是建立在预警探测系统、指挥控制系统、防空导弹系统等多个组分系统基础上的体系能力，是体系层面具有的一种新功能，任何独立的组分系统都不具备这种能力。以作战体系为例，体系的抗毁性、脆性(级联失效)、适应性(敏捷性)、作战同步、体系重心、体系对抗 OODA 环效能等都可以作为异质涌现性效能的参考指标。

4.2.3　体系网络化效能评估

体系涌现性效能来源于体系内部，以及体系之间产生的复杂网络化交互，因此 MOEE 需要特别关注体系各个组分系统之间基于网络的耦合交互作用。为此，本章引入 MONE。体系网络化效能是指体系演化过程中体系组分系统间产生网络化交互的程度。体系组分之间网络化交互的外在表现形式就是一种广义的信息关系网络。这些信息网络描述的是体系组成、结构，以及体系组分间的特定关系，这些都属于体系网络化效能的生成空间。MONE 可以充分借鉴复杂网络理论与方法[21]。

基于复杂网络的体系网络化效能评估就是将体系抽象为由要素和关系构成的复杂网络模型，然后运用复杂网络理论和方法分析体系网络所具有的特殊性质，包括网络结构性质和传播、同步、控制、博弈等动力学性质。这些性质对应体系的某种特性，具有实际的物理意义，是体系网络化效能的体现。刻画这些性质的特征参量就是网络化效能指标。MONE 的一般过程如图 4.2 所示。

由此可见，MONE 包括两方面内容，即体系复杂网络建模、基于体系网络模型的网络化效能指标构建，即

$$\mathrm{MONE}=(G^{\mathrm{SOS}},M) \tag{4.3}$$

其中，G^{SOS}为体系网络模型；$M=\{\mathrm{Metric}_1,\mathrm{Metric}_2,\cdots,\mathrm{Metric}_n\}$表示网络化效能指标集合，且有

$$\mathrm{Metric}_i=f_i(G^{\mathrm{SOS}}) \tag{4.4}$$

图 4.1 中的正方形对应式(4.3)所示的二元组，表示可以根据研究目标和需求，构建多个体系网络模型及其对应的网络化效能指标。

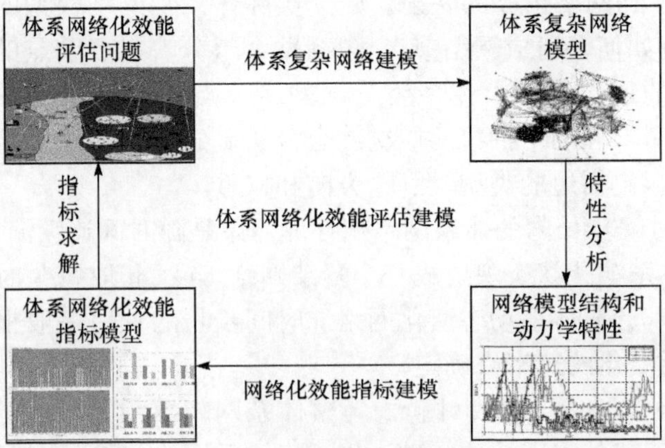

图 4.2　体系网络化效能评估建模一般过程

体系复杂网络建模不外乎两种研究思路：一种是通过给出体系网络拓扑的生成演化规则构建体系网络模型；另一种是通过给出映射方法，直接将现实体系映射成复杂网络模型。体系网络化效能评估建模主要采用第二种方法。这种方法的实质是提供一种体系的网络视图，以便应用图论和复杂网络方法对其进行研究。其核心是体系到网络拓扑的映射方法。由于实际中的网络化体系规模巨大，体系的实际运行数据难以获取，因此一般与体系仿真相结合，基于仿真数据进行建模研究。体系复杂网络建模的一般过程如图 4.3 所示。

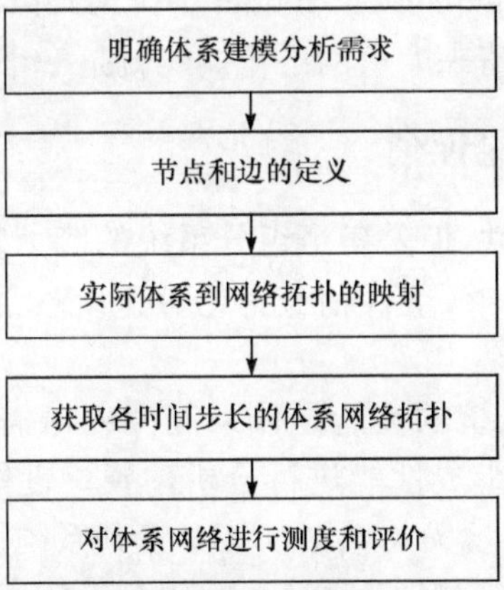

图 4.3　体系复杂网络建模的一般过程

① 明确体系建模分析需求。根据研究问题的需求，分析确定体系的组成单元、颗粒度、边界，以及体系网络抽象的层次等。

② 网络节点和边的定义。确定网络模型中节点的类型和代表的涵义，通过对节点间逻辑关系的分析，确定边的类型和性质。

③ 实际体系到网络拓扑的映射。建立实际体系到网络模型的映射方法。一是体系相关组分如何映射成网络节点，包括单个组分映射成节点的类型、数量、权重，以及彼此间的连边关系。体系组分到网络节点的映射存在一个颗粒度的问题，应根据建模需求和网络抽象的层次综合分析确定。二是体系组分间的关联关系如何抽象成边，包括边的类型、性质、方向和权重。

④ 获取各时间步长内的体系网络拓扑。体系是随时间连续演化的，一般将特定时间步长内体系演化状态映射成一个复杂网络，连续获取每个时间步长内的体系复杂网络拓扑，形成体系动态演化网络。时间步长的长短一般根据研究问题的具体需求和体系演化的速率来确定。

⑤ 对体系网络进行测度和评价。考察体系网络模型的统计特征参数和动力学特性，发现并理解其宏观性质。进一步可将体系网络层面的宏观特性与体系实际运行状态（如体系效能）进行对比分析，发现其相关关系，实现对体系的测度和评价。

网络化效能指标刻画的是体系网络模型的性质，可以借鉴图论和复杂网络的典型统计特征参量，如度分布、特征路径长度、网络效率、聚集系数、介数、中心性等进行设计。应根据体系网络模型本身的物理含义，选用、设计和构建与网络模型对应的评价指标。在传统复杂网络参数不足以描述模型特定性质的情况下，需要设计新的网络化效能指标。尤其对于异质网络模型，传统复杂网络参数的含义可能不再明确，因此需要设计描述异质网络性质的合适指标。Care 提出的信息时代战斗模型（information age combat model，IACM），以及用 IACM 网络邻接矩阵的 Perron-Frobenius 特征值来度量网络化效能就是一个很好的研究范例。

4.2.4 组分系统级效能评估

体系虽然不具有还原性，但是各个组分系统的能力却是体系涌现不可或缺的有机组成。针对组分系统的效能评估分为组分系统性能评估 MOCP 和组分系统效能评估 MOCE。

对于体系来说，组分系统的性能是体系能力评估需要考虑的最小元素成分。MOCP 对单个系统的所有组成性能进行分析建模。性能指标反映的是系统单元的某一属性，一般与体系环境无关。图 4.1 中组分系统性能指标层中的每个三角形对应该系统单元的某一个 MOCP 指标，例如对于传感器系统，性能指标包括探测范围、定位精度、方位距离分辨率、信噪比等。

MOCE 是对组成体系的各个系统单元在体系环境中功能的发挥情况进行度量。图 4.1 中的三角形对应体系中的一个组分系统，一般由多个效能指标来度量，例如传感器系统的效能指标可以是探测效能、信息处理效能、抗干扰效能、生存效能等，即对于任意组分系统 s_i 所具有的系统效能 MOCE^i，有

$$\text{MOCE}^i = \{\text{MOCE}_1^i, \text{MOCE}_2^i, \cdots, \text{MOCE}_j^i\} \tag{4.5}$$

其中，j 为 MOCE^i 包含的维；对于每一个具体的系统效能维，其相应的效能评估指标为

$$\text{MOCE}_j^i = f_{i,j}(\text{MOCP}^i) = f_{i,j}(\text{MOCP}_1^i, \text{MOCP}_2^i, \cdots, \text{MOCP}_k^i) \tag{4.6}$$

式中，MOCP_k^i 为系统单元 s_i 的第 k 个性能指标。

式(4.6)说明，体系中组分系统的效能仅依赖本身的系统性能，而与体系中其他组分系统的性能无关，这也说明体系组分独立运作的特性。

在体系环境中，组分系统的各个效能指标 MOCE_j^i 是相互关联的，例如传感器系统的抗干扰能力越强，其探测效能就可能越高；不同组分系统的效能指标 MOCE_j^i 也是相互关联的，例如对于防空反导体系，预警探测系统的探测效能直接影响火力拦截系统对于导弹的拦截效能。

4.2.5　各层面效能指标间的关联关系

网络化体系"两级五层"能力评估建模框架要求将各层面效能指标之间关联关系的考察作为体系能力评估的关键。

(1) 考察 MOTE 指标和 MOEE 指标之间的关联关系

对于科学合理的 MOEE 指标，其变化必然会在体系使命任务层面的某些效能指标上得以体现，例如更高的决策和行动的同步程度必然取得更好的作战效果。因此，可以通过考察这种关联关系，一方面验证 MOEE 指标的合理性，另一方面通过优化体系涌现性效能达到优化体系整体能力的效果。

(2) 考察 MOEE 指标和 MONE 指标间的关联关系

MOEE 是体系能力评估的重点，也是难点问题，目前尚没有形成统一的理论和方法。MONE 的提出为研究 MOEE 提供了可行的思路和方法。两者之间的关联关系研究有两种方式：一是直接通过 MONE 指标对 MOEE 指标进行(数学)建模；二是对(实际的或仿真的)体系的运行状态进行测量，直接获取某些 MOEE 指标实际测量值(如体系作战 OODA 环周期)。同时，构建并计算相关的 MONE 指标，通过数据分析考察哪些 MONE 指标和 MOEE 指标具有密切的关联关系，从而选择得到有效的 MONE 指标。此外，MOEE 指标与 MOCE 指标同样具有密切关系，但由于不是简单的聚合关系难以直接考察，可以通过体系网络建模，将 MOCE 指标纳入 MONE 指标设计，通过考察 MONE 指标和 MOEE 指标的关系来实现。因此，可以说 MONE 指标搭起了 MOCE 指标和 MOEE 指标之间的桥梁。

4.3　基于 OODA 环的体系能力指标建模及仿真分析

美国军事理论家 Boyd 在 20 世纪 70 年代提出 OODA 环理论。该理论源于一

对一的空战，将作战过程抽象为观察(observe)-判断(orient)-决策(decide)-行动(act)四种行动的不断循环，认为取胜的关键是以比对手更快的速度完成OODA环，或者破坏对手的OODA环。OODA环理论得到普遍认可，一直以来被广泛用于战争模拟的各个层次和方面。

网络化体系对抗本质上也是多对多、体系化的OODA环过程[22]。从体系能力的视角看，OODA环过程是一种典型的体系整体涌现性效果，将OODA环的相关测度作为体系整体能力的评价指标，具有重要的参考价值。

从时间角度看，体系OODA环周期可以作为体系涌现性效能的一个代表性指标。信息化战争的一个重要特点就是通过网络优势获得信息优势，进而获得认知优势、决策优势和行动优势，从而将己方的指挥周期置于敌方的反应周期内。OODA环周期在很大程度上取决于体系基于信息网络的信息处理速度，例如传感器发现目标的频率、情报融合中心对于目标信息的辨识速度、情报、指控信息在网络上的传播和共享速度等。图4.4展示了在观察、判断、决策和行动不同阶段影响OODA环周期的主要因素(效能指标)及其相互关系，其中网络化条件对于信息的综合处理能力对各个阶段的行动节奏均具有重要影响。为此，本节从信息和网络的角度，提出一种表征网络化体系信息综合处理能力的网络化效能指标——体系网络信息交互速率。同时，将OODA环周期作为体系的涌现性效能指标，通过对不同阶段的时长分别建模，初步研究了体系OODA环周期与体系网络信息交互速率的关联关系。

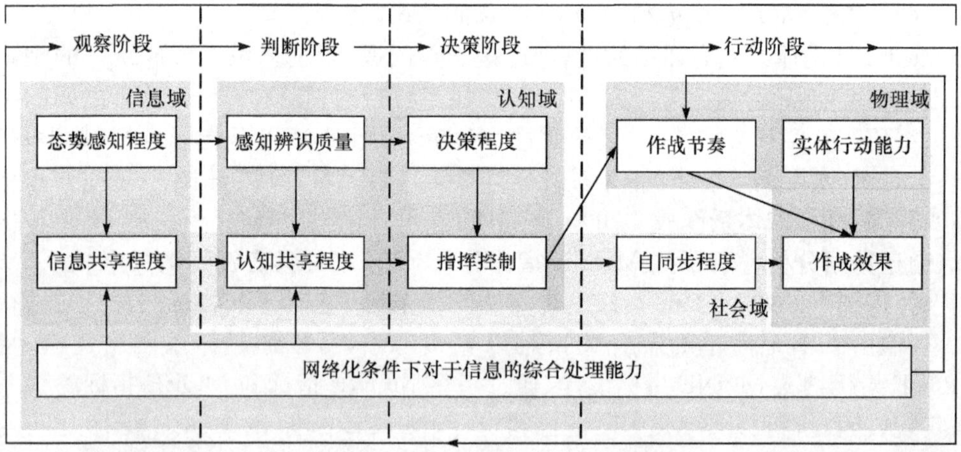

图4.4　影响OODA环周期的主要因素及相互关系

从功能角度看，体系OODA的行动过程就是体系发挥整体效能的过程。网络化作战体系能力由多种要素能力组成，包括情报侦察能力、指挥控制能力、火力打击能力、综合保障能力等。这些要素能力以一定的机制和关系组合在一起，相互策应和支援，发挥整体合力。体系 OODA 环描述体系的观测能力（如情报侦察能力）、判断决策能力（如指挥控制能力）、行动能力（如打击能力）等要素能力相互配合、密切协同的过程，任何一种能力的下降或缺失都会从整体上影响 OODA 环的正常运转，甚至打破这种连续的循环过程，导致体系整体能力的下降，甚至坍塌。因此，体系维持 OODA 环正常运转的能力是体系能力整体涌现性的又一种具体体现，称为体系对抗 OODA 环鲁棒性。这种鲁棒性不但取决于各种发挥要素能力的作战系统，而且与这些系统之间的网络化关联也密切相关。事实上，体系的网络化可以实现各个作战系统和作战单元的功能耦合和效能聚合，使其相互补充、相互协调，从而增强体系 OODA 环运转的能力和效果。为此，本节从体系 OODA 环的功能流程出发，着眼于体系的网络化结构，建立体系对抗网络模型，研究体系对抗 OODA 环鲁棒性的定量分析指标，并通过仿真实验研究该指标与作战效果之间的关联关系。

4.3.1　基于体系信息交互网络的体系 OODA 环周期建模

1. 体系信息交互网络模型构建

在一个既定的网络化作战体系中，组分系统间的网络化程度取决于多种因素，包括既定的指挥关系、按照作战任务配置的协同关系，以及基础信息网络的建设情况等。两个独立的作战系统之间是否能够直接进行信息交互，不仅取决于这两个系统是否拥有直接通信的手段，还受到指挥编制、任务编成和条令制度等众多因素的制约。本章用体系信息交互网络模型描述体系组分间的这种信息交互关系，以单方作战体系的组分系统为网络节点，将按照指挥编制和任务编成存在直接信息交互关系的组分系统进行连边，抽象而成的网络模型称为体系信息交互网络模型，记为 G^{IEN}。

考虑组分系统的职能，其在作战过程中对于信息的处理方式和处理能力也不同，本章进一步区分体系信息交互网络模型中的三类节点，分别为决策节点（decider）、传感节点（sensor）和攻击节点（attacker）。

传感节点 S 表示侦查、探测、监视类实体，具备战场空间感知能力。其功能是对目标进行观测和判别，并将获得的目标信息传送给决策节点，如雷达、侦查卫星等。

决策节点 D 表示指挥、控制、决策类节点，具备指挥、控制、判断、情报融合等能力。其功能是对来自所属传感节点或其他决策节点的目标信息进行融合辨识，做出决策，并指挥所属的相关节点开展行动，如各级指挥所、情报中心等。

攻击节点 A 表示打击类节点，具备软硬杀伤能力。其功能是接收来自决策节点的指令，展开部署并对目标进行攻击，如各型导弹、干扰设备等。

三类节点之间的连接规则如下。

规则 1：S 受唯一的上级 D 指挥，S 和 D 进行连接，可以是单向连接，由 S 指向 D，表示 S 将感知到的目标信息传送给 D；也可以是双向连接，表示 D 向所属的 S 发送相关的决策信息。

规则 2：A 受唯一的上级 D 指挥，A 只接收来自 D 的指控信息，不考虑其向 D 发送信息，因此 A 和 D 进行单向连接，由 D 指向 A。

规则 3：所有的 D 之间按照上下级指控关系和友邻间协同关系进行连接，表示 D 之间直接的信息交互；S 之间和 A 之间的（协同）信息交互通过其连接的 D 实现，从而 S 和 A 一定是网络中的叶节点，且彼此之间没有连接。

根据 OODA 环周期建模需求，采用如下方式定义网络节点的权值。

① 对于传感节点和决策节点，其权值定义为该节点的信息处理速率，即单位时间内处理的平均信息量，记为 W，单位 Hz。该权值表征的是传感节点和决策节点分别对于情报信息的获取和分析辨识能力。

② 攻击节点仅根据来自决策节点的信息进行动作，不对信息进行处理，也不向外发送信息，因此暂不对攻击节点赋权。

③ 单方所有节点间连边的权值均为 1，仅表示节点间是否存在直接的信息交互关系。

2. 体系到网络模型的映射

以下给出从实际的（或仿真中）网络化作战体系抽象出体系信息交互网络的一般方法。

① 考虑作战体系的大量作战系统都是具备探测、决策和攻击等功能的综合性实体，这一类实体抽象成任何一种类型的单个节点均不合适。因此，可将这种功能复合型作战实体映射为一个 D 和若干个 S 和 A 集合，即将其指挥（或携带）的传感器单元抽象为 S，打击单元抽象为 A，S 和 A 按照规则 1 和规则 2 与 D 进行连接。以一架携带两部侦察雷达的战斗飞机为例，该实体可抽象为如图 4.5 所示的节点和边的组合。

② 将职能单一的作战实体按其主要功能映射为相应类型的节点，如指挥所、情报融合中心可抽象为 D，预警雷达、侦察卫星可抽象为 S，导弹发射单元可抽象为 A。

③ D 之间根据指控、协同关系按照规则 3 进行连接，S 和 A 与其上级 D 之间按照规则 1 和规则 2 进行连接。

④ 根据各节点和边对应的作战系统或作战单元的实际效能属性对网络节点赋权。

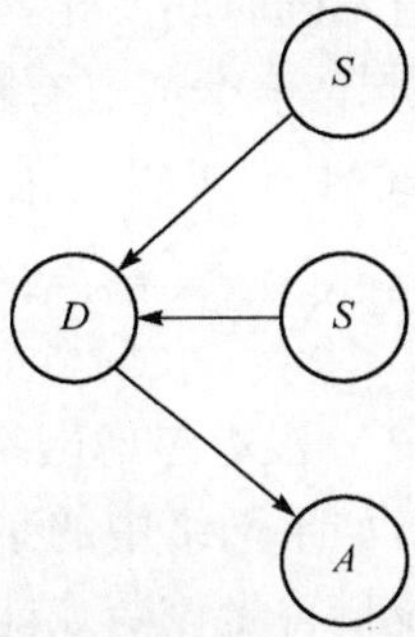

图 4.5　复合功能型作战实体网络映射示例

作战实体到网络节点的映射还需要考虑分辨率问题，例如一个拥有三部雷达的雷达站可以映射为 1 个 D 和 3 个 S，也可以直接映射为 1 个 S。如何映射取决于所研究问题的需要，实际应用时需灵活把握。

3. 体系网络信息交互速率建模

体系网络信息交互速率的定义涉及体系网络可达度和体系网络富余率。

(1) 体系网络可达度

体系网络可达度(network reach of SOS)是一个衡量体系网络连通性的无量纲指标，表征的是体系网络中信息传输和扩散的程度，记为 I_R。针对体系信息交互网络模型 G^{IEN}，体系网络可达度定义为

$$I_R(G^{\text{IEN}})=\frac{C_M}{C_M^R} \tag{4.7}$$

其中

$$C_M(t) = \sum_{i=1}^{N} K_i(t) \sum_{j=1}^{N_i} \sum_{r=1}^{N_{ij}} L_r^{ij}(d,t) = \sum_{i=1}^{N} K_i(t) \sum_{j=1}^{N_i} L^{ij} \sum_{r=1}^{N_{ij}} \frac{F_r^{ij}(t)}{(d_r)^{\xi}} \tag{4.8}$$

式中，$C_M(t)$为一个随时间变化的、通用的网络连通性指标，表示为网络中所有节点及其由路径长度生成的比例关系和方向性值的总和；N 为网络中所有节点的个数；N_i 为与第 i 节点有路径可达的节点个数；N_{ij} 为从第 i 个节点到第 j 个节点的所有路径的总数；$K_i(t)$为第 i 个节点的权值，代表节点的信息交互能力；L_r^{ij} 为一条从第 i 个节点到第 j 个节点的路径 r 的信息流参数，表征这条链路的重要程度，规定 $0\leqslant L_r^{ij}\leqslant 1$。

L_r^{ij} 依赖第 i 个节点到第 j 个节点的距离 d_r 和时间 t，可以将其变换为两部分的组合：一个与 t 无关的信息流参数 L_r^{ij}，另一个是与 t 相关的变量$F_r^{ij}(t)/(d_r)^{\xi}$，当路径 r 出现最大流量时，$F_r^{ij}(t)=1$，无流量时，$F_r^{ij}(t)=0$，于是有 $0\leqslant F_r^{ij}(t)\leqslant 1$，$d_r$ 为路径 r 的长度。

为简化运算，假设节点的权值不随时间变化，为常量 K_i；任何一条路径的信息流参数 L^{ij} 均为 1。若第 i 个节点到第 j 个节点有路径 r 可达，则 $F_r^{ij}(t)=1$；否则，$F_r^{ij}(t)=0$。令幂指数 $\xi=1$，于是式(4.8)可以简化为

$$C_M=\sum_{i=1}^{N}K_i\sum_{j=1}^{N_i}\sum_{r=1}^{N_{ij}}\frac{F_r^{ij}}{d_r} \tag{4.9}$$

关于网络连通性的度量指标 C_M 没有考虑网络可能存在的低效节点给整个网络系统带来的不利影响。事实上，如果网络中的某一路径出现较低信息处理能力的节点，那么该路径的信息传输流量将受该节点能力的限制，也就是说，路径上的信息流量是由该路径上信息处理能力最小的节点所决定的。基于这种考虑，式(4.9)可以进行进一步完善为

$$C_M=\sum_{i=1}^{N}\sum_{j=1}^{N_i}\sum_{r=1}^{N_{ij}}\frac{K_rF_r^{ij}}{d_r} \tag{4.10}$$

当体系信息交互网络模型中任意一对决策节点之间都有一条有向边相连，即所有作战实体之间都可以直接进行信息交互时，定义此时的体系信息网络为参考网络。显然，参考网络具有最大的连通性，此时的 C_M 记为 C_M^R。将 C_M^R 作为归一化因子，网络可达度 I_R 就是对 C_M 实现归一化处理得到的结果，因此有 $0<I_R<1$。

(2) 体系网络富余率

体系网络富余率(network richness of SOS)是一个衡量网络中节点信息融合辨识(知识生成)频率的指标，记为 R_Q，单位 Hz。作战体系获得的信息需要经过处理才能转化为用来决策的知识，R_Q 表示整个体系网络产生知识(香农信息熵)的平均速度。由体系信息交互网络模型可知，知识的产生来源于传感节点和决策节点。为此，针对体系信息网络模型 G^{IEN}，体系网络富余率定义为

$$R_Q(G^{\mathrm{IEN}})=\frac{\sum_{i=1}^{N_{D+S}}W_iQ(W_i)}{N_{D+S}} \tag{4.11}$$

其中，N_{D+S}为体系信息网络模型中决策节点和传感节点的总数；W_i 为第 i 个决策节点或传感节点的权值，表示其单位时间内处理的平均信息量；$Q(W_i)$为节点 i 在单位时间内产生香农信息熵的总量。

由于 $1/W_i$ 表示节点 i 处理一条信息的平均时间，其香农熵可定义为

$$S(W_i)=-\int_0^{\infty}\ln[W_i\mathrm{e}^{-W_it}]W_i\mathrm{e}^{-W_it}\,\mathrm{d}t=\ln\left(\frac{\mathrm{e}}{W_i}\right) \tag{4.12}$$

令 $W_i^{\min}$ 为节点 i 处理信息的最小速度，则 $1/W_i^{\min}$ 表示其完成一次信息处理任务所需的最大时间。根据香农信息熵理论，节点 i 产生知识的总信息量 $Q(W_i)$ 可定义为

$$Q(W_i)=\ln\left(\frac{\mathrm{e}}{W_i^{\min}}\right)-\ln\left(\frac{\mathrm{e}}{W_i}\right)=\begin{cases}0, & W_i<W_i^{\min}\\ \ln\left(\frac{W_i}{W_i^{\min}}\right), & W_i^{\min}<W_i<\mathrm{e}W_i^{\min}\\ \ln\left(\frac{\mathrm{e}W_i^{\min}}{W_i^{\min}}\right)=1, & W_i\geqslant \mathrm{e}W_i^{\min}\end{cases} \tag{4.13}$$

(3) 体系网络信息交互速率

体系网络信息交互速率(characteristic tempo of SOS network)定义为网络可达度和网络富余率的乘积,记为 λ_{CT},单位 Hz。针对体系信息网络模型 G^{IEN},有

$$\lambda_{\mathrm{CT}}(G^{\mathrm{IEN}})=I_R R_Q \tag{4.14}$$

其中,λ_{CT}为从每个节点中产生并通过网络散布的信息中获取知识的平均速率,也就是传感节点获取情报信息,决策节点进行信息辨识生成知识(如目标信息、决策信息、指控信息等),以及知识信息通过网络传输共享的平均速度。

由 I_R 的定义可知,当作战体系网络中任意一对决策节点之间都有一条有向边相连时,有 $I_R=1$,此时 $\lambda_{\mathrm{CT}}=R_Q$,即所有节点完全连接时,各节点产生的知识无需进行传播扩散,此时 λ_{CT}等于体系信息网络产生知识的速率。

体系网络信息交互速率 λ_{CT}是一个典型的体系网络化效能指标。该指标综合考虑体系网络的结构、联网的程度,以及组分系统的信息交互能力,表征体系基于网络的信息综合处理能力,反映体系的整体信息效能。基于该指标,建立体系 OODA 环时长的定量模型。

4. 体系 OODA 环周期建模

体系对抗 OODA 环是一个连续进行、循环更替的过程。如图 4.6 所示,分别对各阶段所消耗的时间进行建模。

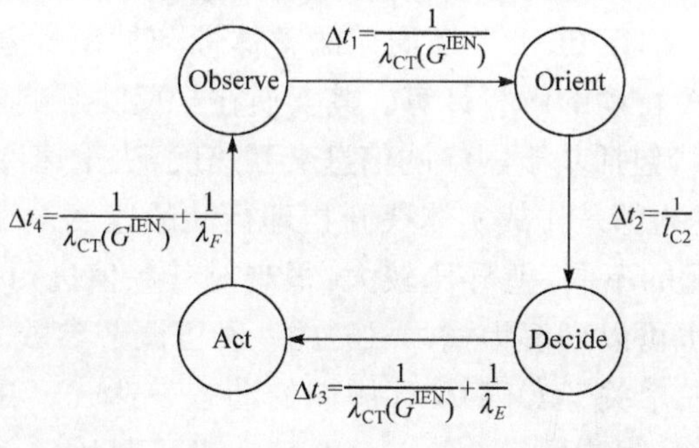

图 4.6　体系对抗 OODA 时长分阶段建模

(1) 观察-判断阶段

传感器实施侦察并将情报传送给指控单元。指控单元进行情报融合和辨识

的过程。整个过程在信息域中完成，其消耗的时间可直接用 $\Delta t_1=1/\lambda_{\mathrm{CT}}$ 进行衡量。

(2) 判断-决策阶段

指控单元制定决策的过程，在认知域中完成，与 λ_{CT} 无关。本章认为对于任意的作战体系，都存在一个整体的平均决策制定速度 λ_{C2}，该速度取决于指挥员的能力和经验、训练的程度，以及条令条列等诸多因素。因此，该阶段消耗的时间为 $\Delta t_2=1/\lambda_{C2}$。

(3) 决策-行动阶段

指控单元传达决策指令，相关作战力量根据指令展开部署的过程，涉及信息域和物理域。该阶段依赖体系网络对于信息的处理速度和部署行动展开的速度。本节将作战体系中各作战力量根据决策指令展开行动部署，完成作战准备的平均速度设为 λ_E，则该阶段消耗的时间为 $\Delta t_3=1/\lambda_{\mathrm{CT}}+1/\lambda_E$。

(4) 行动-下一次观察阶段

各作战力量依托信息网络相互协同、实施战斗的过程，涉及物理域和信息域。该阶段同样需要依托体系网络进行信息处理。本节将作战体系中各作战力量实施交战的平均速度设为 λ_F，则该阶段消耗的时间为 $\Delta t_4=1/\lambda_{\mathrm{CT}}+1/\lambda_F$。

由此，设 T_{OODA} 表示体系 OODA 环周期，有

$$T_{\mathrm{OODA}}=\Delta t_1+\Delta t_2+\Delta t_3+\Delta t_4=\frac{3}{\lambda_{\mathrm{CT}}(G^{\mathrm{IEN}})}+\frac{1}{\lambda_{C2}}+\frac{1}{\lambda_E}+\frac{1}{\lambda_F} \tag{4.15}$$

针对式(4.15)作如下说明。

① 式(4.15)通过体系网络信息交互速率 λ_{CT} 实现网络化体系的信息效能与体系 OODA 环周期的关联，对于评估体系的网络结构，以及不同类型节点的信息处理能力对体系 OODA 环周期的影响，建立一种定量化分析方法。

② 式(4.15)是对体系 OODA 环周期的整体性和抽象性建模，而不是对于具体某一次体系 OODA 行动的解析计算。其实质在于反映影响体系 OODA 环运转速度的几个重要因素，包括基于网络的信息交互速度、决策速度，以及行动速度。

③ λ_E 和 λ_F 描述的都是作战实体展开物理行动的速度。事实上，由于作战行动速度根据具体情况的不同，差异比较大，很难对其数值进行概括性评估或定量分析，因此 λ_E 和 λ_F 也可以理解为式(4.15)的一种可调节参数。

④ 式(4.15)是一个关于 OODA 环周期的动态表达式。在体系对抗过程中，T_{OODA} 是时间 t 的函数。因为 λ_{CT}、λ_{C2}、λ_E，以及 λ_F 都不是固定值，而是不断受作战环境影响动态变化的。例如，敌方对于己方的有效攻击将造成己方作战体系网络连通性，以及相关作战系统信息处理能力的下降，造成 λ_{CT} 值减小，从而导致己方作战体系 OODA 环周期的延长。

4.3.2　体系对抗 OODA 环鲁棒性建模

1. 相关研究与基本思路

首先,给出体系对抗 OODA 环鲁棒性的定义:网络化作战体系维持观测-判断-决策-攻击作战行动循环运转的能力。该定义将 OODA 环原始定义中的行动具体化为攻击,定义为对目标实施攻击的过程。这样,体系 OODA 环鲁棒性越强,理论上对目标的攻击(毁伤)效果就越好,从而将 OODA 环鲁棒性和体系作战效能建立直接关联[23,24]。

分析评估体系对抗 OODA 环鲁棒性,首先对体系完成 OODA 环的过程和状态进行描述。Cares 提出的信息时代战斗模型(information age combat model, IACM)为此提供良好的借鉴[11,12]。IACM 采用网络结构,用节点表示战场实体,用节点之间的有向边表示实体之间的能量流或信息流。IACM 定义了四种典型的战场实体节点。图 4.7(a)给出一种简单情况下的 IACM 描述:红方传感器 S 探测到蓝方目标 T,并将目标 T 的信息传递给红方决策者 D,D 决策后命令红方影响者 I 攻击 T,I 对 T 实施影响,影响效果再次由 S 进行感知,形成新的循环。这是一个典型的 OODA 环过程。Cares 进一步认为 IACM 中(三维以及更高维数)的网络环是产生网络化作战效能的源泉,提出用 IACM 网络邻接矩阵的 Perron-Frobenius 特征值 PFE 来度量。Sean 等进一步对 PFE 指标的合理性进行了仿真实验验证。国内也有部分研究据此定义作战环、控制环的概念,并以环的数量作为网络化效能的衡量标准。

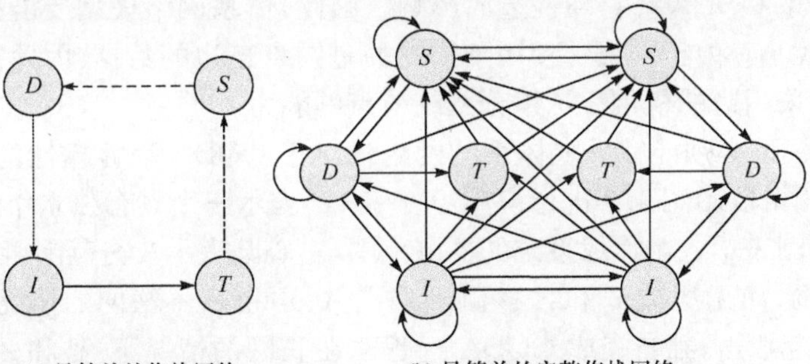

(a) 最简单的作战网络　(b) 最简单的完整作战网络

图 4.7　IACM 中的作战网络结构

无论是网络模型中作战环的数量,还是邻接矩阵的 PFE,对于体系对抗 OODA 循环鲁棒性建模分析都有较好的参考价值,然而也存在明显的缺陷。环的数量只能反映体系的网络化结构对于 OODA 环鲁棒性的影响,而忽略组分系统能力的影响。基于 IACM 的 PFE 同样存在这个问题,并且还存在另外两方面的缺陷。

① IACM 在描述节点间的作战关系时存在歧义性。以图 4.7(b)IACM 所描述的最简单的完整作战网络为例，红方 S 指向蓝方 I 的有向边可能表示红方 S 侦测到蓝方 I，也可能表示蓝方 I 对红方 S 实施影响。模型的歧义性会导致在计算 λ_{PFE} 时，无法用统一的邻接矩阵描述。

② PFE 表征的是网络中存在的所有环的多少，而不是发挥作战效能的有效环的数量。事实上，IACM 中的很多环是不能发挥作战效能的。如图 4.8 所示，尽管该网络中存在环，且 PFE 值为 1，但该环无法发挥作战效能，仅表示各传感器节点的相互感知。

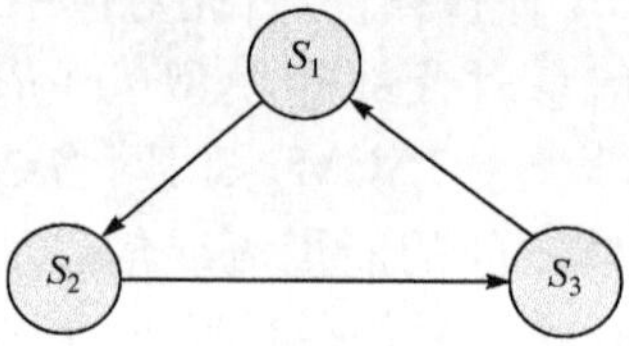

图 4.8　IACM 中的无效环

由此可见，如果采用网络模型邻接矩阵的 Perron-Frobenius 特征值作为体系对抗 OODA 环鲁棒性的评估指标，其关键在于体系网络模型的构建，基本思路如下。

① 网络模型必须能够反映体系组分系统的能力对于 OODA 环鲁棒性的影响。OODA 环鲁棒性是体系各种要素能力综合作用的结果，体系的观察、判断、决策或行动能力都是影响 OODA 环鲁棒性的重要因素。任何一种能力的下降或缺失，都会对体系 OODA 环鲁棒性造成影响。因此，体系网络模型要能描述各组分系统能力的大小。由于网络邻接矩阵描述的是网络连边的数据，因此需要构建边权网络模型，采用边的权重表示组分系统节点的能力。

② 网络模型必须能够反映体系的网络化对于 OODA 环鲁棒性的强化作用。这种强化作用可以用图 4.9 进行说明，X、Y 和 Z 表示三个具有独立作战能力的作战系统，虚线圆表示各个作战系统的探测范围，实心圆表示攻击范围，目标 M 位于 X 的探测范围，而无法被 Y 和 Z 探测到。在 X、Y 和 Z 不联网的情况下，只有 X 能够对 M 发起攻击，独自完成 OODA 过程。在联网的情况下，Y 和 Z 共享 X 的探测信息，于是也能够对 M 发动攻击，从而提高作战效能；即使 X 丧失攻击能力，Y 和 Z 也能够保证 OODA 环的正常运转，从而继续发挥作战能力。由此可见，体系对抗 OODA 环鲁棒性在很大程度上取决于体系的网络化程度；体系的网络化使各个作战系统和作战单元互为补充和协调，从而增强 OODA 环运转的能力和效果，并使体系整体作战能力得到提升。因此，体系网络模型要能反映整个体系在对抗过程中的联网状态，尤其是决策型节点之间的联网和信息交互。

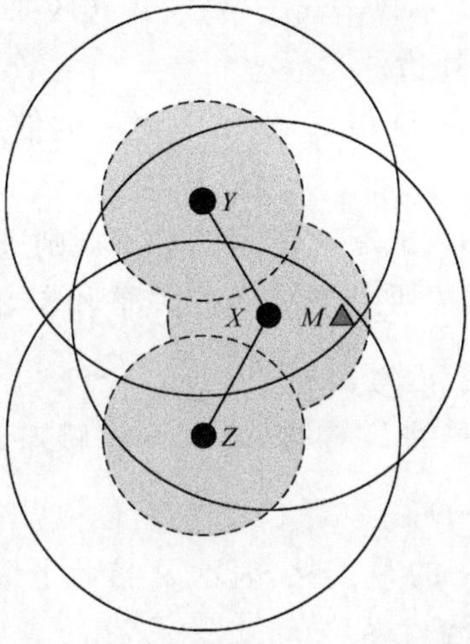

图 4.9　联网对于 OODA 环鲁棒性强化作用示意图

③ 网络模型必须尽可能地表现发挥作战效能的有效环结构，减少无效环结构的干扰。通过进一步强化网络模型中节点和边的约束性，可以有效减弱不能发挥作战效能的环结构的影响，从而提高采用 PFE 作为 OODA 鲁棒性指标的有效性。

基于上述考虑，我们构建一种体系对抗网络模型，并采用体系对抗网络邻接矩阵的 Perron-Frobenius 特征值 PFE 作为体系对抗 OODA 环鲁棒性的评估指标，并通过仿真实验研究 PFE 与体系作战效能之间的关联关系，验证网络模型的合理性和 PFE 指标的有效性。

2. 体系对抗网络模型构建

按照体系对抗观测-判断-决策-攻击的作战流程，将网络化作战体系的各种组分系统抽象为决策节点 D、传感节点 S、攻击节点 A 和目标节点 T。决策节点、传感节点和攻击节点的定义同体系信息交互网络模型的定义。目标节点 T 代表敌方体系的各类节点，包括敌方的传感、决策和攻击节点，以及其他有价值的军事目标。

根据体系对抗 OODA 环中己方体系中各型节点间的信息交互情况，以及对敌方体系节点的作用情况，抽象出节点间四种主要关系，即指控关系 R^{C2}、协同关系 R^{CO}、探测关系 R^{S} 和攻击关系 R^{A}，并做如下约束。

① T 是被动的，目标的作用仅仅是能被探测或毁伤，因此 T 仅存在与对方 S 和 A 之间的连边。

② S 只对 T 进行感知，不感知己方节点；S 将对目标的观测信息提供给 D，因此 S 只存在于 T 或己方 D 之间的连边。

③ A 只对 T 进行攻击，不攻击己方节点；A 接收来自 D 的指控信息，因此 A 只存在 T 或己方 D 之间的连边。

④ S 或 A 受己方唯一的 D 指挥，S 和 A 之间的信息交互通过其所连接的 D 实现。

基于上述关系和约束，D、S、A 和 T 通过如下规则进行连接。

规则 1：单方的 D 之间按照上下级指控关系和友邻间协同关系进行双向连接，表示 D 之间的信息交互，记为 $D \xleftrightarrow{R^{C2},R^{CO}} D$。

规则 2：S 只和己方唯一的 D 连接，表示 S 将感知到的目标信息传送给上级 D，由 S 指向 D，记为 $S \xrightarrow{R^{C2}} D$。

规则 3：A 只和己方唯一的 D 连接，表示 A 接收上级 D 的指控信息进而实施攻击行动，由 D 指向 A，记为 $D \xrightarrow{R^{C2}} A$。

规则 4：S 感知 T 的信息，由 T 指向 S，记为 $T \xrightarrow{R^S} S$。

规则 5：A 对 T 进行攻击，由 A 指向 T，记为 $A \xrightarrow{R^A} T$。

为体现各类节点的能力对于体系 OODA 环鲁棒性的影响，进一步定义上述各连接的权重。

① 针对己方节点间的指控关系 R^{C2} 和协同关系 R^{CO}，其权值定义为两个节点间进行成功通信的概率，记为 $P(\text{Commo})$。

② 针对 S 对于 T 的探测交互 R^S，其权值定义为传感节点对于目标节点的发现概率，记为 $P(\text{Sense})$。

③ 针对 A 对 T 的攻击交互 R^A，其权值定义为攻击节点对目标节点的毁伤概率，记为 $P(\text{Destroy})$。

由此，体系对抗网络模型 G^{SOS-CW} 为有向边权网络，如图 4.10 所示，可形式化地描述为

$$G^{SOS-CW}=(V_D,V_S,V_A,V_T,E_{TS},E_{SD},E_{DD},E_{DA},E_{AT})$$

其中，非空有限节点集 V_D 代表决策节点的集合；V_S 代表传感节点的集合；V_A 代表攻击节点的集合；V_T 代表目标节点的集合；非空有限边集 E_{TS} 表示目标节点到传感器的有向边；E_{SD} 代表传感节点到决策节点的有向边；E_{DD} 代表决策节点之间的有向边；E_{DA} 代表决策节点到攻击节点的有向边；E_{AT} 代表攻击节点到目标节点的有向边。

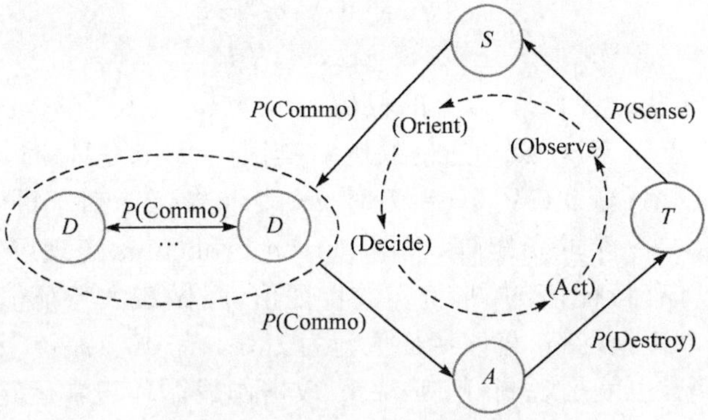

图 4.10　体系对抗网络模型示意图

3. OODA 环鲁棒性指标建模

基于体系对抗网络模型，本章提出采用体系对抗网络邻接矩阵的 Perron-Frobenius 特征值 PFE 作为体系对抗 OODA 循环鲁棒性的评估指标。为此，首先要采用邻接矩阵的形式描述体系对抗网络模型。由于体系对抗网络包含目标节点，为使网络的邻接矩阵及其 PFE 反映己方 OODA 环的运行情况。在采用邻接矩阵表示网络模型时，用单一的目标节点表示敌方所有可能的目标集。这就使体系对抗双方的 PFE 值仅与己方兵力配置的网络化结构相关，而与敌方体系的组织结构无关。

设体系对抗网络模型 $G^{\mathrm{SOS-CW}}$ 共有 n 个节点，其中包含 d 个决策节点、s 个传感节点、a 个攻击节点和 1 个目标节点，其邻接矩阵 $M=\{m_{ij}\}_{n\times n}$ 可以表示为

$$
M_{\mathrm{SOS-CW}}=\begin{array}{c}
\\ D_1 \\ \vdots \\ D_d \\ S_1 \\ \vdots \\ S_s \\ A_1 \\ \vdots \\ A_a \\ T
\end{array}
\begin{array}{c}
\begin{array}{cccccccccc}
D_1 & \cdots & D_d & S_1 & \cdots & S_s & A_1 & \cdots & A_a & T
\end{array}\\
\left[\begin{array}{cccccccccc}
0 & \cdots & m_{1d} & 0 & 0 & 0 & m_{1(d+s+1)} & \cdots & m_{1(n-1)} & 0\\
\vdots & 0 & \vdots & \vdots & \vdots & \vdots & \vdots & \vdots & \vdots & 0\\
m_{d1} & \cdots & 0 & 0 & 0 & 0 & m_{d(d+s+1)} & \cdots & m_{d(n-1)} & 0\\
m_{(d+1)1} & \cdots & m_{(d+1)d} & 0 & 0 & 0 & 0 & 0 & 0 & 0\\
\vdots & \vdots & \vdots & 0 & 0 & 0 & 0 & 0 & 0 & 0\\
m_{(d+s)1} & \cdots & m_{(d+s)d} & 0 & 0 & 0 & 0 & 0 & 0 & 0\\
0 & 0 & 0 & 0 & 0 & 0 & 0 & 0 & 0 & m_{(d+s+1)n}\\
0 & 0 & 0 & 0 & 0 & 0 & 0 & 0 & 0 & \vdots\\
0 & 0 & 0 & 0 & 0 & 0 & 0 & 0 & 0 & m_{(n-1)n}\\
0 & 0 & 0 & m_{n(d+1)} & \cdots & m_{n(d+s)} & 0 & 0 & 0 & 0
\end{array}\right]
\end{array}
\tag{4.16}
$$

其中

$$m_{ij}=\begin{cases}w_{ij}, & (v_i,v_j)\in E\\ 0, & (v_i,v_j)\notin E\end{cases} \tag{4.17}$$

式中，w_{ij}表示有向边 $e_{ij}=(v_i,v_j)$上的权值，且 $0<w_{ij}\leqslant 1$；当 $v_i,v_j\in(V_D\cup V_S\cup V_A)$时，$w_{ij}$表示为点 v_i 到 v_j 成功通信的概率；当 $v_i=T,v_j\in V_S$ 时，w_{ij}表示节点 v_j 对于目标的发现概率；当 $v_i\in V_A,v_j=T$ 时，w_{ij}表示节点 v_i 对于目标的毁伤概率。

由于 $M_{\text{SOS-CW}}$是一个非负矩阵，根据 Perron-Frobenius 定理可知，矩阵至少存在一个大于其他所有特征值的、非负实数特征值，叫做最大特征值。由于体系对抗网络模型是一个边权网络，将该特征值记为 λ_{WPFE}，有 $0\leqslant\lambda_{\text{WPFE}}\leqslant n$。该值反映网络模型中环的情况，也就是观测-判断-决策-攻击作战循环正常运转的程度。值越大，表示体系 OODA 环鲁棒性越强，理论上就能获得更好的作战毁伤效果。

4.4 本章小结

网络化体系能力评估是对体系能力整体涌现性效果的评价。针对传统基于还原论思想的效能评估模式无法有效处理体系能力的整体性评价问题，本章阐述网络化体系能力评估建模的创新理念，提出网络化体系“两级五层”效能评估建模框架。该框架提出从体系使命任务效能、体系涌现性效能和体系网络化效能三个层面构建体系能力评估指标，既考虑体系完成使命任务的程度，又考虑体系在结构、功能和行为等方面的整体涌现性效果，并引入体系网络化效能指标来评价体系组分之间基于网络的耦合交互作用，用以探索体系能力整体宏观性质的微观生成机制。该框架不同于以往先分解分层，后逐层聚合的还原论模式，而是体现指标网和涌现和的评估理念；不做指标聚合，而是将各层级效能指标间关联关系的考察作为体系能力分析的重点。本框架旨在为具体体系的效能评估研究和指标体系构建提供适当的指导，具有一定的普遍意义。

在此基础上，从体系对抗 OODA 环的视角研究两种体系效能指标的设计问题，演示体系各层次效能指标建模和指标间关联关系研究的具体方法与过程。一是提出体系网络信息交互速率这一网络化效能指标，基于该指标构建了体系 OODA 环周期的定量分析模型。二是提出体系对抗 OODA 环鲁棒性的概念和度量方法，提出采用体系对抗网络模型邻接矩阵的 Perron-Frobenius 特征值来度量 OODA 环鲁棒性。

参考文献

[1] 胡晓峰. 战争复杂性与复杂体系仿真问题. 军事运筹与系统工程，2010，24(3)：27-34.
[2] 杨镜宇，胡晓峰. 基于信息系统的体系作战能力评估研究. 军事运筹与系统工程，2011，25(1)：11-14.
[3] 胡晓峰，杨镜宇，司光亚，等. 战争复杂系统仿真分析与实验. 北京：国防大学出版社，2008.

[4] 胡晓峰，张昱，李仁见，等. 网络化体系能力评估问题. 系统工程理论与实践，2015，(5)：1317-1323.

[5] 许相莉，胡晓峰. 一种基于复杂网络理论的网络空间作战效能评估指标体系框架. 军事运筹与系统工程，2014，28(1)：33-37.

[6] 张送保，张维明，刘忠，等. 复杂体系效能测度建模研究. 系统工程学报，2006，21(5)：515-519.

[7] 张维明，刘忠，阳东升，等. 体系工程理论与方法. 北京：科学出版社，2010.

[8] 马力，张明智. 网络化体系效能评估建模研究. 军事运筹与系统工程，2016，30(1)：12-17.

[9] 于芹章，张英朝，张静，等. 基于整体效果的装备体系作战效能评估方法研究. 系统仿真技术，2011，7(3)：183-189.

[10] 马力，张明智. 基于复杂网络的战争复杂体系建模研究进展. 系统仿真学报，2015，27(2)：217-225.

[11] Cares J R. An information age combat model//Proceedings of the 9th International Command and Control Research and Technology Symposium，2004.

[12] Cares J R. Distributed Networked Operations. New York：iUniverse，2005.

[13] 金伟新. 体系对抗复杂网络建模与仿真. 北京：电子工业出版社，2010.

[14] 胡晓峰，张昱，杨镜宇，等. 体系仿真试验床：体系评估理论和方法的探索与实践. 论证与研究，2015，31(6)：1-9.

[15] 王斌，谭东风，凌云翔. 基于复杂网络的作战描述模型研究. 指挥控制与仿真，2007，29(4)：12-16.

[16] Ling F M，Moon T，Kruzins E. Proposed netwrok centric warfare metrics：from connectivity to the OODA cycle. Military Operations Research，2005，10(1)：5-13.

[17] Chen Y Q. Simulation of network-enabled electronic warfare metrics to assess the value of networking in a general information and radar topology. Monterey：Naval Postgraduate School，2007.

[18] 张明智，马力，季明. 网络化体系对抗 OODA 指挥循环时测建模及实验. 指挥与控制学报，2015，1(1)：50-55.

[19] 侯向阳，吴柱. 网络效能度量模型探讨. 计算机仿真，2013，30(2)：30-33.

[20] 刘健，刘宝宏，张云. 基于行为的网络化作战复杂网络模型研究. 系统仿真学报，2013，25(1)：68-73.

[21] Dekker A H. Network topology and military performance//Proceedings of the 2005 International Congress on Modeling and Simulation，Modeling and Simulation Society of Australia and New Zealand，2005：2174-2180.

[22] Deller S，Bell M I. Applying the information age combat model：quantitative analysis of network centric operations. The International C2 Journal，2009，3(1)：1-25.

[23] Deller S，Rabadi G，Tolk A，et al. Organizing for improved effectiveness in networked operations. Military Operations Research，2012，17(1)：5-16.

[24] Ma L，Zhang M Z，Zhou Z W. The OODA loop robustness evaluation based on OSOS combat network//Proceedings of the 2014 International Conference on Information and Communications Technologies，2014：145-149.

第5章 网络化体系能力评估关键指标挖掘方法

5.1 网络化体系能力评估问题概述

网络化是信息化战争最本质和最显著的特点。美国未来学家托夫勒曾预言：谁掌握了信息，控制了网络，谁就将拥有整个世界[1]。网络化体系是对具有网络化结构的体系的统称。随着信息和网络技术的发展，由多种信息技术基础设施网络及其连接的事物构成的网电空间正逐步与陆海空天等传统空间融合。基于网电空间构成的网络化体系之间的对抗已成为现代战争的主要形式，对网络化体系能力评估方法进行研究是信息化战争发展的需要，也是有效提高体系能力、打击敌方体系和优化体系结构的主要依据。

5.1.1 网络化体系能力评估基本概念

1. 网络化体系的内涵

体系是在信息网络和多种关系下多个作战系统的综合运用[2]，其本质是网络的网络。网络中的节点与连边分别对应作战体系中的实体与交互关系，而体系中实体和关系往往有多个属性。从关系的强弱属性来看，可以分为强连接关系与弱连接关系。强连接关系又可以分为以各类信息网络为基础的物理网络（卫星通信网、有线局域网、数据链等）、功能网络（传感网、指控网、武器平台网）和以体制编制为基础的各种隶属、配属、指控、支援、保障等关系构成的关联网络。弱连接关系是指在体系对抗过程中，各个节点在强连接关系的基础上，由适应性驱动产生的间歇性的、动态的关系。从关系的虚实属性来看，可以分为物理网络与虚拟网络。物理网络是指网络依托的媒介为实体，如各类信息网络、装备物资保障网络、火力交互网络等。虚拟网络是指网络依托的媒介是不可见的，如指挥关系网络、信息网络抽象出的逻辑网络等。从节点的类别属性来看，可以将实体人际关系的交互抽象为认知域和社会域的指控网，将信息属性抽象为信息域的信息网，将火力打击属性抽象为物理网等。多种属性的网络之间往往是相互关联的，同一个实体或同一条连边可能同时处于不同网络，多个网络相互铰链形成多网联动和级联效应，进而催生体系能力。

网络化作战体系并非与传统的作战体系相对，作战体系也并非与传统的作战系统相对。相反，从冷兵器时代到信息化时代，参与战争的主体之间如果没有联系也就不能称其为战争。从简单系统到复杂系统、从作战系统到作战体系再到网络化作战体系的发展历程，正是网络化特征逐渐凸显的过程。

2. 网络化体系能力评估的任务

体系能力评估通常分为两类：一类是对既有体系而言，通过评估判断其是否满足使命需求或者多大程度地满足使命需求，为运用体系、引导和控制体系演化提供决策支持；另一类是在体系构建过程中，对不同的体系能力集成方案进行论证评估，为构建体系、优化体系结构提供决策支持。此外，对抗性是军事体系相对于其他体系的一个主要特点，所以军事体系评估的任务之一就是如何使敌方体系失效，即体系失效问题。因此，体系能力评估的内容包括体系能力满足使命需求的有效程度、发现体系结构的演化对体系能力的影响规律和发现体系结构的脆弱点三个方面。

直接度量体系完成使命任务的过程其实就是体系效能评估的过程，但是因为体系的需求本身很难确定，同一个体系可能满足不同的使命任务。因为能力相对效能更加稳定，适合作为体系开发的目标，所以通常用能力研究体系。通过能力这个概念还可以将装备、训练、条令等分散的作战要素集成起来，反映体系能力的整体性特点，这是由体系复杂性本质决定的。美军在能力评估领域也经历了同样的过程，2001 年之前美军对体系或系统的评估采用的基于威胁的评估方法，其特点是考虑体系将面临什么环境下什么样的对手，这种方法最大的问题是体系的评估有想定依赖性，特别是在武器装备采办时不便于体系的规划设计，2001 年后的评估主要采用基于能力的评估方法，体系设计首先是对体系将要完成的使命任务出发，提炼出关键的体系能力需求，进而对体系进行评估。

5.1.2　网络化体系能力评估面临的挑战

网络化体系是典型的复杂系统，表现出整体涌现性、动态演化性等复杂性特征，用传统方法评估体系能力必然面临模型不合适、方法不好用、结论不可信等诸多问题。对网络化体系能力评估必须基于复杂系统理论，从网络化特点入手，重构体系能力评估框架。

1. 网络化体系对抗需要关注体系层面的整体行为和能力

2012 年，美国《联合作战介入构想》首次提出跨域协同概念[3]，更加强调现实空间与虚拟空间的虚实结合和多域联合。其最终目标就是形成联合作战的体系优势。网络化体系的能力不再是靠装备数量的累加形成，而是依赖合理的体系结构和整个体系的有机运转形成的体系跃迁,只有通过信息网络使空间相对分散的各种作战要素和作战单元功能互补、耦合增效,才能涌现出跨空间、跨级别、跨军种的体系作战能力。多网联动和多域铰链是其基本特征,体系破击是其基本战法,战争关注的不再是单件武器和单个武器平台的对抗,而是政治、军事、经济、外交和社会等组成的战争体系整体层面的输赢。网络化体系的能力评估必须研究网络化体系能力的生成和作用机理,关注体系层面宏观行为和整体能力与组分系统层面的细观(微观)行为和能力的关系,必然带来以下问题。一是体系的整体性表现出哪些特征,应该采用哪些指标进行评估。二是组分系统的性能和效能影响体系能力的机理是什么,应该采用什么样的指标才能正确描述这个影响。

2. 新的作战特点对传统的体系能力评估方法提出挑战

与传统的作战空间相比,网电空间具有技术集成与虚拟性、隐蔽性、无界性、高速性、自适应性和开放性等新特点。网电空间与传统空间的融合,彻底颠覆了传统的作战理念,也对传统的能力和效能评估方法提出挑战。

① 网络化导致的跨域级联是体系作战的主要机理。网电空间作战机理表现为通过对信息和信息资源的管控,实现对物理系统、信息系统的掌控,进而影响认知行为和社会活动,某一个领域的失效都可能导致体系的坍塌,任何一个作战域都可能是主要目标,评估体系的能力必须研究跨域级联效应产生机理。

② 体系作战效果是多域融合的结果。网电空间作战以信息化体系为主要作战对象,以控制为主要手段,作战力量和手段多元,作战模式多样,包括社会域的泛在对抗、认知域的认知对抗、信息域的网络对抗和物理域的电磁对抗等多种形式,作战效果是多个作战域融合的结果,能力评估必须从整体的角度进行考虑。

③ 作战过程和效果表现出明显的不确定性。网电空间作战在时间和空间上已经远远超出了常规范畴。在时间维,战争可能发生在任意时间,作战力量可以瞬间转移,作战效果瞬间实现。在空间维,网电空间作战的效果可施效于全球范围、传统作战空间和网电空间,无明显的前后方,表现出跨域效应和无界性。超时空的网电作战行动必然导致体系能力的突变和跃迁,同时因为网络化条件下作战力量的数量和规模往往难以界定,作战效果不确定性大大增加。

3. 网络化体系的复杂性需要合适的体系能力评估理论

网络化体系具有一般战争系统共有的适应性、不确定性和涌现性等复杂系统的典型特征。网络化是体系复杂性的外在表现,不仅包括物理的信息网络,还包括由编制体制、作战条令等形成的指控关系、交战关系等逻辑上形成的网络关系,不仅强调通过网络互联,更强调基于网络的互通和互操作。

① 网络化的结构导致传统的评估指标体系难以建立。传统的能力或效能评

估指标体系通常采用基于因果关系生成的树状指标体系，但是网络化导致各要素相互关联、互为因果，因果关系难以找到，指标体系难以满足独立性要求。同时，因为体系的适应性，其结构和功能会随着作战的不断发展演化，相互关系也在不断演化，建立一个通用而完备的指标体系与体系的复杂性本质完全背道而驰。

② 体系能力的相对性导致评估结果的不确定性。体系对抗的相对性决定体系能力的相对性，同一个体系在不同的环境下面对不同的对手必然表现出不同的能力，而目前的体系能力评估理论大多是用相同的指标体系产生的确定值来表示评估结果，这与体系的相对性显然不符。

③ 传统评估理论不适于描述体系能力的整体涌现性。体系能力是体系整体涌现的结果，而传统的评估理论无法对体系的整体涌现性进行描述，普遍采用的简单加权方法的理论基础仍然是还原论思想和确定性思维，无法描述体系的整体涌现性和涌现过程中表现出的不确定性。

5.2　基于关键指标挖掘的网络化体系能力评估框架

基于关键指标挖掘的网络化作战体系能力评估的基本思想如下。首先，基于概念模型从体系对抗产生的大数据中抽取指标数据，得到多个指标时间序列。然后，运用大数据分析方法对指标序列之间的关联关系进行分析，构建动态网络化的指标体系。最后，采用复杂网络的社团分析和中心性分析方法，提取指标网中的关键指标，并对关键指标进行验证。

5.2.1　基于体系概念模型的评估指标提取方法

体系能力评估的首要任务是从作战数据中抽取数据，运用指标模型计算指标的数值，但是体系对抗产生的数据涵盖陆、海、空、天、电多维战场空间，具有层次高、范围广、规模大、实体多等特点，如果没有合适的方法，很容易迷失在数据的海洋中。

作战数据和评估指标的本质都是作战体系在不同维度的抽象(图 5.1)。作战数据是以数据的形式描述并记录不同作战实体的多种属性在体系对抗过程中的动态变化。评估指标来源于评估分析人员长期以来对作战过程理解的经验总结，是从分析人员可以利用和分析的角度对体系属性子集的一种加工。可以通过概念模型建立作战数据和评估指标的联系，这里所说的概念模型并非体系仿真所建立，而是为评估而建立的指标概念模型，虽然都是概念模型，但是在模型构建和具体用法上却有明显的不同。

一个完整的作战过程产生的数据量巨大，盲目地对整个数据进行分析，不但工作量巨大，甚至很可能因为无法快速找到合适的指标，导致评估任务无法完成。相反，如果仅考虑评估任务需求，选取很多看似完美的指标，却不考虑是否有足够

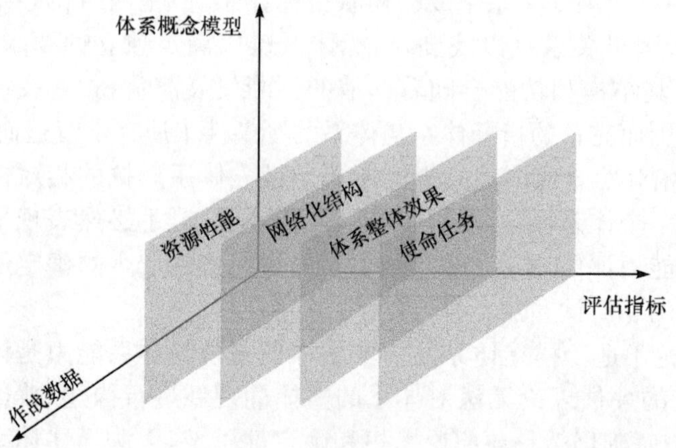

图 5.1　体系概念模型、作战数据和评估指标的关系

的数据计算指标，必然无法采集到指标值，同样无法得出可信的评估结论。因此，评估用的概念模型需要结合评估任务的需求和作战数据的特点，对体系中的实体、行为和交互进行规范化描述，为选取合适的指标模型和从作战数据中采集指标值提供依据。

5.2.2　体系超网络概念模型的构建

体系对抗中实体之间的网络化交互行为可以看成由实体不同属性在不同活动领域中的交互。例如，一次导弹打击目标的事件包含三个域内的行为：认知域内上级指挥员将决策信息传递到信息系统；信息域内信息流转到导弹发射车信息终端；物理域内武器系统发射弹药毁伤目标。在不同作战域，协同行为的主体和交互关系本质属性都不同，简单地将其看成单纯同类作战要素构成的同质网络，不但会湮没很多信息，而且不便于研究信息、决策等无形因素产生的涌现性作用。战争往往带有所处时代的典型特征，信息化条件下的联合作战也是如此，它是信息时代带来的机遇在军事领域的反映。因此，要充分理解和把握信息化条件下战争的形态和特征，就必须考虑其涉及领域的不同特征，尤其是信息领域与其他领域的关系。

从网络的视角，可以将作战体系看成由多种类型的节点和交互关系综合集成得到的超网络。考虑联合作战背景下的作战体系更加关注指控行为和信息交互对作战的影响，可以将作战体系抽象为由认知域指控网、信息域信息网和物理域物理网构成的超网络。三个子网可以分别为作战体系中实体在不同域属性的抽象(图 5.2)。

指控网描述认知域的行为，节点为实体中指控属性的抽象，包括节点的等级、

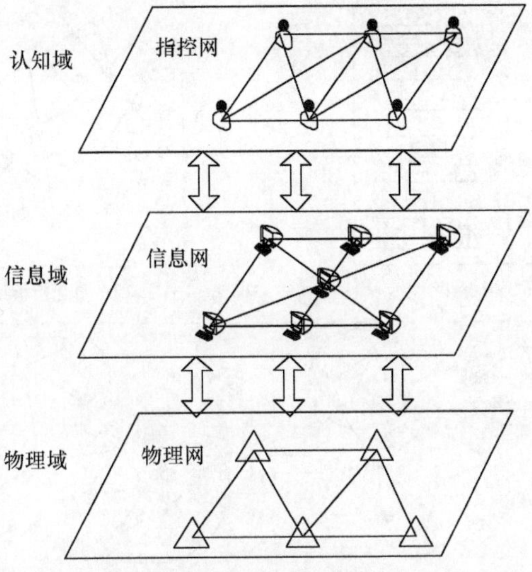

图 5.2　体系超网络概念模型

类别、所属单位等，连边为节点之间的指控行为，即上级命令、下级报告和指挥节点之间的协同等，用 $G_{cg}=(V_{cg},E_{cg})$ 表示。信息网描述信息域的行为，节点为实体信息属性的抽象，包括节点的通信能力、通信半径、抗干扰因子等，连边为信息交互行为，包括信息采集、传递和处理等，用 $G_{im}=(V_{im},E_{im})$ 表示。物理网描述物理域的行为，节点为实体中物理属性的抽象，包括节点包含的各型装备设施的数量、状态、维修和保障状态等，连边为火力协同、物资保障等关系，用 $G_{py}=(V_{py},E_{py})$ 表示。

各子网间的相互关系是通过同一节点属性之间的关联产生的，例如节点如果被火力毁伤，其相应的信息和指控属性会下降。节点获取的信息能力增强，会导致其在指控网中下达指令的时间缩短，物理网中对应节点的命中概率更高。

5.2.3　动态网络化指标体系的结构

体系的指标有多种分类方法，本章按照整体特性的不同将其分为资源性能、网络化结构、体系整体效果和使命任务等，如图 5.3(a)所示。每类又可以分为多个层级，有的可以分为体系级、组分级和要素级，有的只有体系级和组分级，有的只有体系级。不同类别、不同层级的指标之间不是简单的树状层级关系，而是相互关联构成的一个指标网，如图 5.3(b)所示。

体系能力指标之间的网状关系是相对于层次化树状关系更加普遍的关系。从图 5.3 可以发现，这种网状关系随着时间不断演化发展，可能在前一时刻是正相关，到下一时刻就变成负相关或者不相关。正是因为大量指标之间的关系是动态网络化的，依据还原论思想用一个静态的树状指标体系去评估体系能力是不合

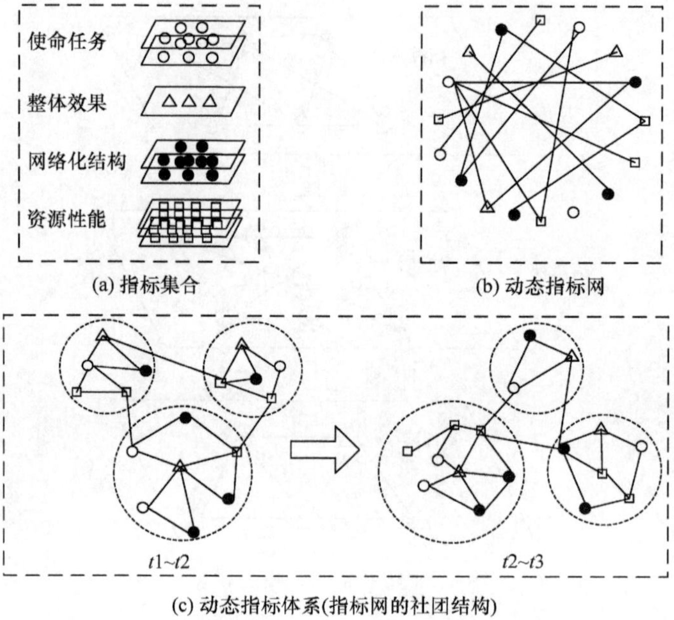

图 5.3 指标集合、动态指标网和动态指标体系的关系

适的，而网络化体系能力评估的任务就是从动态指标网中发现和挖掘对体系能力贡献率或影响最大的关键性指标。

5.2.4 网络化作战体系能力评估框架

基于关键指标挖掘的网络化作战体系能力评估框架的基本流程如图 5.4 所示。

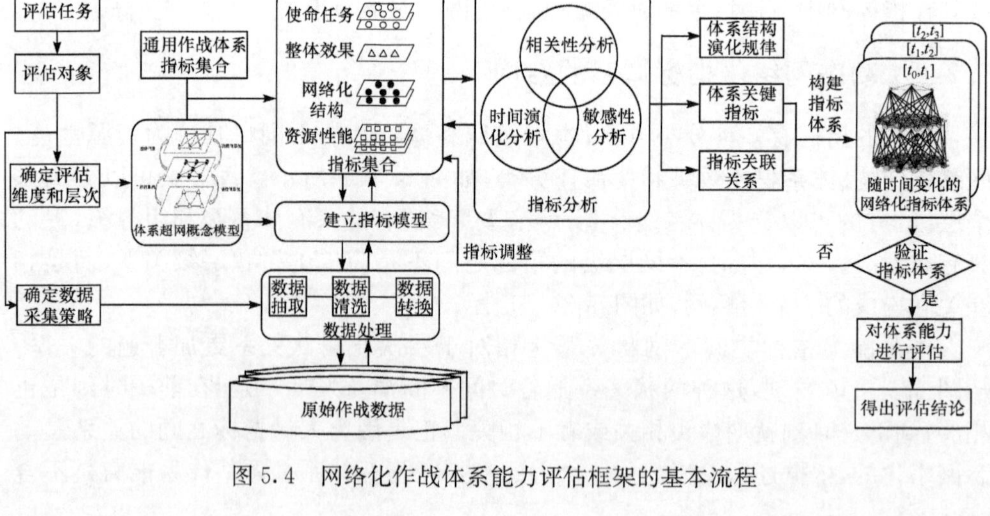

图 5.4 网络化作战体系能力评估框架的基本流程

(1) 评估任务分析

评估任务分析是开展体系评估任务的前提条件，包括确定评估需求和评估条件两个内容。评估需求包括评估结果的服务对象、评估的对象、评估结果的形式等。评估条件是针对评估数据而言的，包括作战数据的来源、数据类型、存储结构等。评估任务分析不仅要明确被评估体系的边界、组成、结构，以及被赋予的使命等，还包括要研究的层次和维度。此外，要根据评估对象制定初步的数据采集策略，即明确采集的时间步长和位置范围。

(2) 建立体系超网络概念模型

体系对抗产生的数据往往具有海量特征和多维属性，是典型的大数据。建立概念模型就是为了便于构建初始指标集合和从海量数据中采集指标值，因此概念模型不仅要涵盖军事人员关注的概念和指标，同时还要考虑数据提取的可行性，如果缺少相应概念或指标的数据，建立的概念模型再好也没有价值。

(3) 建立初始指标集合

初始指标集合是评估人员与军事人员依据超网络概念模型对体系指标的初次挑选构建的集合，要在保证有可靠数据和满足评估需求的情况下尽可能全面地包含体系使命任务、整体效果、网络化结构和资源性能等各类指标。不同类型的指标挑选通常可以参照对应的备选指标清单。备选指标清单是针对典型使命任务的典型指标集合。体系结构指标可以参考网络结构特征参数。

(4) 建立指标模型

根据初始指标集，结合数据特征，构建满足体系能力评估需求的指标模型。因为同一个指标可能有不同的模型，需要综合考虑体系超网络概念模型和数据特点进行建模。网络化结构类指标一般基于逻辑关系建立，往往没有直接数据，需要建立合适的网络模型对作战数据进行重构。

(5) 基于大数据分析构建动态指标网

指标分析的任务是发现指标和关联关系的演化规律。传统的评估指标体系由指标值和关联关系构成，关联关系描述的是因果关系，而动态网络化的指标体系中指标和关联关系均来源于实际作战数据，关联关系仅描述指标之间的相关性。因为这种相关性是随时间变化的，所以构建动态指标网主要是做两类分析。

① 对指标进行时间演化分析。分析各类各层次指标随时间演化的特征参数，进而为发现体系在不同作战阶段的演化规律提供参考。

② 对多类指标之间的关联关系进行相关性分析。因为指标间的关联关系事先未知，可能是线性的或非线性，还可能包括时间延迟，而且随时间在不断变化，因此假设所有指标之间都是相关的，选取适当的窗口数和相关性分析方法，对所有的指标时间序列进行移动窗口相关性分析，得到任意两个指标之间关联关系的演化规律，最终得到一个全连通的随时间演化的动态指标网。其中的指标值和关

联关系都随着时间在不断演化，即指标网中的节点和连边都随时间不断演化。

(6) 基于社团演化分析和中心性分析的关键指标挖掘

运用复杂网络社团分析和中心点分析等方法可以发现动态指标网中的关键指标，一是通过社团演化分析，找到贯穿体系能力指标网社团结构的线索指标；二是通过指标社团聚类分析，发现社团的特征指标；三是通过中心性分析，寻找在动态指标网中始终发挥中心作用的中心指标。

(7) 验证指标体系

利用多次实战或演习数据对关键指标挖掘的方法和关键指标进行验证，检验其是否符合实际的作战过程，是否满足体系评估需求，如不相符返回(3)，对指标集合进行重新筛选，如此循环迭代，直到符合要求，如符合要求，就转到(8)。

(8) 评估和监测体系能力

用最后的网络化指标体系对作战体系进行评估，基于关键指标对体系不断进行动态测量，并得到体系能力的结果云。

5.3 网络化体系评估指标模型构建

指标是体系能力评估的基础，是连接被评估体系和评估人员价值判断的桥梁。传统的作战体系评估因为缺乏作战数据，一般采用经验模型或定性方法计算指标。随着信息和网络技术的发展，战争的精细化程度不断提高，仅依据定性分析已不能满足信息化条件下体系作战能力评估的需要，同时我军的数据采集工作已经有了显著进步，为基于数据对作战体系能力进行评估提供了契机。

文献[4]定义效能指标为度量武器系统或作战行动效能的定量尺度。文献[5]定义属性为关于目的的框架结构，是对研究对象本质特征的概括，定义指标为关于研究对象属性的测度，是对象属性的具体化。美国军事运筹研究协会提出的模块化指挥控制评估结构(MCES)将度量指标分为政策效能指标(measure of policy effectiveness, MOPE)、作战效能指标(measure of force effectiveness, MOFE)、系统效能指标(measure of effectiveness, MOE)、系统性能指标(measure of performance, MOP)和系统参数(dimensional parameter, DP)。从上述定义可以看出，效能、性能和参数都只是不同的对象(使命、任务、体系或系统等)指标的描述。我们通常所说的指标，一种是单纯对属性的测度，对应的英文为 Measure，经济学中一般使用 Index 或 Indicator，即度量、衡量尺度或指示，另一种不仅包含属性测度，还包括测度的数量标准。以一门火炮为例，射击的准确性是火炮的一个属性，测度该属性通常选用火炮命中目标的圆概率误差和炮弹的毁伤半径两个指标，测度的标准就是这两个指标的具体值。本章涉及的指标一般是指前一种情况，对属性和指标不作严格区分。

体系评估指标有的可以直接通过对体系属性的测量得到，如作战单位的数量、战果、战损、作战时间等，有的评估指标需要建立模型通过对体系数据计算得到，如目标探测时效性、OODA 环的数量等。不同的评估任务需要不同的评估指标和相应的评估指标模型，同一作战体系执行不同的使命任务，对其评估需要的指标也可能完全不同。体系能力指标模型也是下一步基于体系对抗产生的数据提取指标的依据。

5.3.1　体系评估指标分类

体系的属性具有层次性和多样性。对应体系能力的指标也具有层次性和多样性，因此通常用多个指标构成的指标体系对体系能力进行评估。体系的指标有多种分类方法，可以按层次分为使命任务层、体系层和组分层，也可以按照是否能够量化分为定性指标和定量指标两类，还可以依据体系任务对指标进行分类。传统的树状层次化指标体系因为主要基于分解还原论的思想通过对评估目标的逐层分解，指标分类包含在指标体系构建过程中。网络化体系能力评估主要依据的是网络化指标体系，考虑网络化体系能力是体系多个组分相互作用涌现的结果，且这种相互作用随着时间不断地演变，也就无法再按树状指标体系结构通过逐层分解分析和寻找指标。因此，需要在对评估任务和体系能力进行系统分析的基础上，形成一套完整的指标分类标准，为下一步构建指标集合和挖掘关键指标提供基础。

考虑以下四个方面的原因：一是体系能力的本质是资源和运用资源的方法手段；二是将效能作为体系能力的一个度量，即体系的使命任务完成的有效程度；三是网络化体系能力是通过体系组分之间的网络化交互产生的，必须考虑网络化结构指标的影响；四是考虑体系的整体结构效应，即体系组分系统之间松耦合作用产生的结构效应，这也是体系评估相对于一般系统评估的一个突出特点。因此，可以将体系能力指标分为以下四类。

1. 资源性能类

用于度量体系整体层、组分层、要素层等不同层级对象所拥有资源的状态，通常按照作战体系的业务进行划分，如火力打击系统、侦察监视系统、指挥控制系统、装备和后勤保障系统等。各子系统可以按照编制、位置或者武器装备类型再细分为多个要素。对于火力打击的系统而言，典型的性能指标为拥有能覆盖目标的武器数量、弹药数量、火力毁伤范围、火力压制能力等，炮兵营要素的性能指标包括火炮数量、火炮的毁伤概率、单位时间能发射的弹药数量等。

2. 网络化结构类

用于度量体系的结构分为体系层和组分层。每个子网络对应一个组分，体系对应多个网络组成的超网络。对于子网络而言，可用复杂网络特征参数，如节点及连边数量、度分布、特征路径长度、连通片数等来描述。对于体系网络而言，可以用超网的相关指标，如超边的长度、数量等来描述。

3. 体系整体效果类

用于度量体系整体层面特有的宏观特征，如作战体系的自同步、体系鲁棒性、体系脆弱性、体系跨域依赖度等。这类指标不能直接从测量的指标中获取，往往需要基于其他三类指标间接计算得到。

4. 使命任务类

用于度量体系或组分达到期望效果的程度，分为体系层和组分层。使命是更高层次的任务，有明确的目的，通常对应体系层，而任务既可以是对体系的，又可以是对组分的，而且任务还可以细分为子任务。为避免混淆，本章将任务和子任务统称为任务。例如，对于一次联合火力打击任务，使命是对敌方重要目标毁伤80%，体系的使命可以用毁伤目标的数量占所有目标的比例来描述，其侦察探测组分系统的任务是侦察探测发现目标，其任务指标可以用在作战区内发现目标占敌目标总数的比例来描述。

5.3.2 体系评估指标之间的关系

不同类别体系能力指标之间的关系如图 5.5 所示。

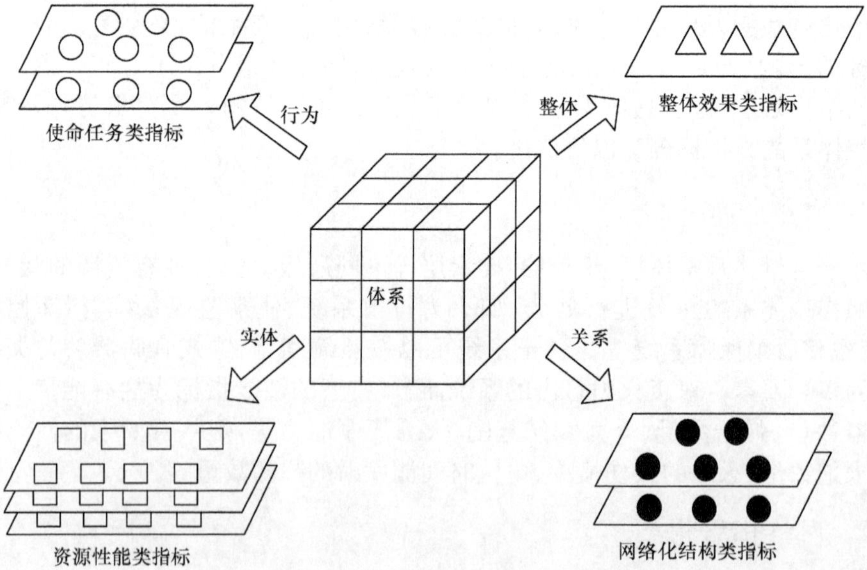

图 5.5 不同类别体系能力指标之间的关系

使命任务类指标可能体现为敌方一个或多个实体状态的改变，也可能表现为敌方体系结构指标的改变，还可能是己方与敌方形成的一种态势。它与整体效果类指标相似，都是综合性指标，且只有在动态的条件下才能得到。不同在于整体效果类指标更强调体系层面的整体综合性效果，且通常是基于己方体系中的实体，而使命任务类指标可以表现在体系或组分层（不包括要素层），更多是针对敌方体系。有的使命任务类指标也可以用体系整体效果类指标来描述，例如己方体系的使命是使敌方体系的鲁棒性彻底瘫痪。如果仅从体系层面考虑，资源性能类指标是其他三类指标的物质基础，其他三类指标相对于资源性能类指标层次和抽象性更高，但它们相互之间是相关的。如果从体系多个层次综合考虑或者不考虑体系的层次，可以认为它们都是从不同视角或不同层次对体系结构和行为属性的一种映射。从一般意义上来说，指标之间是网状关系，具有很大的不确定性。也有少量指标之间是确定性关系，例如战损比（使命任务类）就是交战双方作战实体减少数目（资源性能类）的比值。

5.3.3　体系评估指标确立的原则

评估任务确定后，评估指标的选取是影响体系能力评估结论合理性和准确性的首要环节，而且指标体系的规模和具体指标的差别还会影响后续评估过程的复杂性。在传统的能力或效能评估中，选取指标主要有以下原则[4,5]。

（1）针对性

不同的评估任务需要不同的评估指标，因此选取指标时应尽可能反映评估任务的关键方面，针对特定的问题，不可能用一套指标解决所有的问题。

（2）完备性

体系能力是体系多个组分相互作用的结果，描述的是体系的综合能力，体系指标应该包括体系能力的多个方面，至少包括关键方面，力求对体系形成一个完备的描述。

（3）简单性

指标的物理意义应该尽可能明显，便于利用现有或者建立新的模型求解。这类模型应该简单，便于通过数据进行计算。有时试图采用复杂的指标，但实际上只反映多项指标的综合作用。

（4）可比性

好的指标应该能将属性按照多个层次或级别进行划分，而不能仅仅分为好坏，可以采用绝对数或相对数进行转换。此外，还要根据属性特征选用合适的度量单位（例如对于雷达的探测距离用千米就比用米更合适）。

（5）可操作性

指标的计算需要通过指标模型，并结合体系对抗产生的数据得到，因此选取的指标不但要有科学的模型指导数据采集，而且要有便于采集的数据和可行的采集方法，否则指标设计得很好却没有数据或者能用的数据很少，都不适于作为体系能力的指标。

(6) 灵敏性

指标应能灵敏地反映条件对属性的影响。例如，情报收集如果是针对固定目标，那么情报收集的时效性就不能反映情报收集任务的关键方面；相反，如果是针对高度机动的目标，那么情报的时效性就是一个很灵敏的指标。

(7) 客观性

选取指标时应该尽可能地避免加入个人的主观意愿，要注意参与指标选取的人员的权威性、广泛性和代表性，有时可能还要在一定范围内征集多领域和多层次专家的意见。

体系能力评估指标的选取是一个定性与定量相结合的过程，是基于各类专业人员对体系的认知进行的，必定在人能感知的层次和范围才能进行，但是对指标之间的相互关系通过直观感受很难辨别，一是因为体系的指标太多，二是因为指标之间的相互关系往往是不确定的，在当前时刻不相关，到下一时刻可能相关，还可能互为因果。因此，在传统评估理论中，还有一条独立性标准，在基于大数据的体系评估中已经很难实现。既然独立性不能实现，干脆抛弃这条规定，尽可能地将与评估目标相关的指标都挑选出来，得到一个相对完备的指标集合，然后通过大数据分析技术对指标数据进行筛选，最终得到对评估任务有价值的评估指标体系。

5.4 基于动态指标网的体系能力关键指标挖掘方法

体系组分之间的网络化交互关系决定了体系能力指标之间的关系在普遍意义上是网状的，且指标之间的关联关系随时间动态演化，指标间有没有关系或者关系多大往往不得而知。网络化体系能力评估的核心任务是基于体系对抗产生的大数据重构动态指标网，并从众多的指标中发现和寻找关键指标。

5.4.1 网络化作战体系能力指标特点

不同类型和层次的作战实体之间的网络化交互在不同作战空间和作战领域往往表现出不同的特点，对分析不同实体属性数据之间的关系带来严峻的挑战。

1. 作战体系对抗的网络化特点使因果关系的发现异常困难

联合作战背景下的作战体系能力评估一般是对体系各方面能力和整体能力的综合评估，即往往是以多个实体的多个作战行动或多个属性的整体效应为研究对象，而不只是针对某一次作战行动、某一个作战实体或某一项属性，因此评估指标的数据一般是不同层次多个属性数据相互作用涌现的结果，反映的是体系多种能力对抗的综合效应，同时多种能力之间往往相互影响、互为因果，传统的基于因果关系对指标的分析方法往往无能为力。联合作战指挥员往往关注的是作战体系对抗形成的整体态势，要求快速对战场态势进行评估并制定体系结构调整的方案，而发现因果关系需要反复尝试和实验，这对作战过程来讲也是不可行的。

2. 实体之间交互关系的动态演化导致指标之间的相互关系不断动态演化

如果将人看成作战体系的一部分，那么作战体系是一个自适应复杂系统，在对抗过程中会根据战场态势的变化，不断调整己方作战体系的结构和状态，努力构建对自己有利的态势。在同一个作战阶段，两个实体之间可能因为作战计划的调整，导致交互关系变化；在不同的作战阶段，作战任务的不同也可能导致不同实体之间交互关系变化。因此，在一次完整的作战过程中，指标之间的相互关系应该是一个时间序列，而不是一个确定值。以网络化结构的可达性指标为例，图 5.6 显示了该指标在不同网络中的演化过程。

3. 体系能力指标之间的相互关系一般存在时延

不同作战层次、不同作战功能和不同作战领域的实体交互规律不尽相同，即使是同一层次的指标之间还可能存在信息、物质或能量的传递时延。以一个完整的 OODA 作战环为例，雷达 A 探测到目标 E 的信号，将其传递给信息融合中心 B，再经过指挥员 C 决策下达指令，到最后武器平台 D 发射弹药对目标 E 打击的整个过程，不但涉及物理域、信息域和认知域的行为，而且包含具体装备层次(雷达、导弹)到组分系统层次(情报融合系统)等多个层次的交互。显然，如果不考虑时延，仅对数据进行相关性分析，必然造成相关性的误判。如图 5.6 所示，图中两条曲线分别表示演习期间的单方指控网和物理网中的可达性指标的变化过程，能够发现在两条曲线的多个转折点(4:40，6:00，7:30，9:00，10:00 等)存在明显的时延特征，如果只是简单计算相关性而不考虑时延特征，得到的相关性必然不准确。

因此，对网络化体系能力指标进行的分析应该以相关关系为主，并将时间效应作为相关关系分析的一个重要参考，探寻指标集合中的相关关系网络，分析关系网络的动态变化特征，进而为挖掘体系能力评估的关键指标提供依据。近年来，大数据相关分析的应用成果在社交网络、网络购物、医疗诊断等领域不断涌现，为在军事领域的应用提供很好地参考。

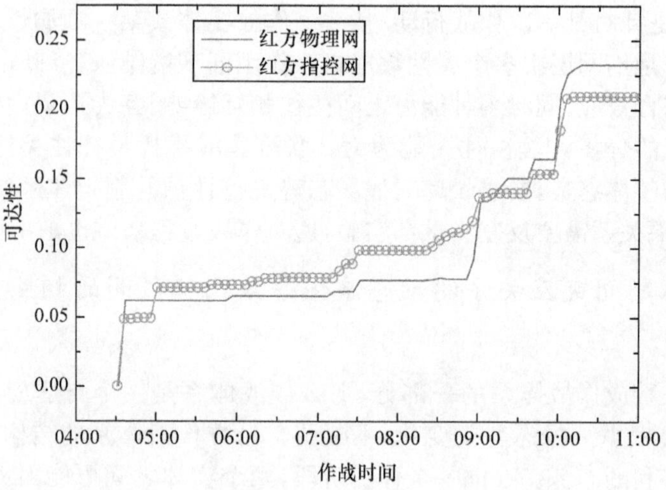

图 5.6　可达性指标在不同网络中的演化过程

5.4.2　指标相关性计算方法

1. 指标相关性分析的常用方法

在统计学意义上,函数关系和相关关系是指标之间的两类主要关系[6]。相关关系是指两个或两个以上变量取值之间在某种意义下存在某种规律[7],是一种非确定性关系。研究相关关系就是研究变量之间是否存在依存关系,并且对依存关系的大小、方向和时延等特征参数进行分析。相关性分析一直是统计分析领域研究的热点,并在推荐系统、经济分析、气象预测和基因组功能分析等方面得到广泛应用。常用的相关性分析方法按照关系的类别不同,一般分为线性和非线性两种。

(1) 线性相关性分析方法

在众多相关性分析的方法中,最具影响力的是 Pearson 相关系数(又称积矩相关系数),该方法已经广泛应用于信息检索、机器学习、医学和经济学等领域。

两个具有相同时间标签和时间尺度的时间序列 X 和 Y 可以看成两个向量,不失一般性,假设两个向量已经中心化,那么它们之间的夹角 θ 的余弦为

$$r=\cos\theta=\frac{\langle X,Y\rangle}{\|X\|\cdot\|Y\|}=\frac{\sum_{i=1}^{n}x_iy_i}{\sqrt{\sum_{i=1}^{n}x_i^2\sum_{i=1}^{n}y_i^2}} \tag{5.1}$$

其中,$\langle\cdot,\cdot\rangle$代表向量的内积;$\|\cdot\|$代表向量的长度。

当 $\theta=0$ 时，说明两个向量的夹角为 0，即两个向量同方向重合，说明两个向量是正相关的，此时 $r=\cos\theta=1$；当 $\theta=\pi/2$ 时，说明两个向量垂直，线性无关，此时 $r=\cos\theta=0$；当 $\theta=\pi$ 时，说明两个向量反方向重合，负线性相关，此时 $r=\cos\theta=-1$。

Spearman 相关系数又称秩相关系数或等级相关系数，是由英国统计学家 Spearman 根据 Pearson 相关系数的概念推导出来的。其基本思想是利用两变量的秩次大小作线性相关分析，具体就是先将两个时间序列 X 和 Y 按大小顺序排列位次，然后分别用样本值的位次 x_i' 和 y_i' 代替实际数据 x_i 和 y_i 而求得的一种统计量，其计算方法为

$$r_s = 1 - \frac{6}{n(n^2-1)}\sum_{i=1}^{n} d_i^2 \tag{5.2}$$

其中，$d_i = x_i' - y_i'$，x_i' 和 y_i' 为分别为 x_i 和 y_i 在依据各自特征排序后的等级值。

上述两种相关系数主要针对线性关系进行计算，而且 Pearson 相关系数使用时有两个条件。

① 要求变量服从正态分布，否则即使数据样本很大，相关系数的计算仍然有较大的偏差。

② 要求样本数据中没有噪声，因为相关系数计算收敛的影响非常显著。因此，很多研究对相关系数进行了一定的改进。Spearman 相关系数其实就是其中的一种改进方法，对原始变量的分布不作要求，属于非参数的统计方法，适用范围相对更广。

(2) 非线性相关性分析方法

目前在非线性相关性分析领域，常用的相关性分析方法包括非线性拟合可决系数、非线性 Granger 因果关系检验、典型相关分析(canonical correlation analysis，CCA)、Copula 分析、灰色关联分析等[8]，但是这些方法往往具有特定的使用范围和限制。例如，Granger 因果关系检验大多用于分析定性关系，CCA 对离群点过于敏感、Copula 函数难以确定等[9]，对于从高维度的大数据中发现广泛的非线性相关性方面都不是很有效。目前，在大数据相关性分析领域使用较多的两种方法是基于距离的相关性分析和互信息方法。

① 基于距离的相关系数。

Szekely 于 2007 年提出基于距离的相关性度量方法[10,11]。由于分布函数可以唯一确定特征函数，而特征函数又能与距离联系，因此用随机变量特征函数的距离来度量两个随机变量序列之间的非线性相关系数。由于 X 的分布函数 $F(X)$ 和已知 Y 条件下的 X 的条件分布函数 $F(X|Y)$ 的差异程度可以代表两者之间的相关性大小，实际计算中通常用 X 和 Y 的联合分布函数 $F(X,Y)$ 与 $F(X)F(Y)$ 的差来代替，因此可以通过计算 X 和 Y 的联合特征函数 $f_{XY}(s,t)$ 与各自的特征函数

之积 $f_X(s)f_Y(t)$ 的差值来计算相关性大小。

首先，定义随机向量 X 和 Y 的距离协方差，即

$$\begin{aligned}\mathrm{dCov}(X,Y)^2 &= \| f_{XY}(s,t)-f_X(s)f_Y(t) \|_w^2 \\ &= \int_{R^{p+q}} | f_{XY}(s,t)-f_X(s)f_Y(t) |^2 w(s,t)\mathrm{d}s\mathrm{d}t \end{aligned} \tag{5.3}$$

距离方差为

$$\mathrm{dVar}(X)^2=\mathrm{dCov}(X,X)^2=\| f_{XY}(s,t)-f_X(s)f_X(t) \|_w^2 \tag{5.4}$$

$$\mathrm{dVar}(Y)^2=\mathrm{dCov}(Y,Y)^2=\| f_{YY}(s,t)-f_Y(s)f_Y(t) \|_w^2 \tag{5.5}$$

其中，$f_{XY}(s,t)=E(\exp[i\langle s,X\rangle+i\langle t,Y\rangle])$ 表示随机向量 (X,Y) 的联合特征函数；$f_X(s)=f_{XY}(s,0)=E(\exp[i\langle s,X\rangle])$ 与 $f_Y(t)=f_{XY}(0,t)=E(\exp[i\langle Y,t\rangle])$ 分别表示 X 和 Y 的特征函数；$w(s,t)$ 为权重函数，确定需要满足三个条件：确保被积函数的可积性；X 和 Y 变化相同比例相关系数不变；X 与 Y 相互独立时，相关系数为 0。

在此基础上，定义距离相关系数为

$$\mathrm{dCor}(X,Y)^2=\begin{cases}\dfrac{\mathrm{dCov}(X,Y)^2}{\sqrt{\mathrm{dVar}(X)^2\mathrm{dVar}(Y)^2}}, & \mathrm{dVar}(X)^2\mathrm{dVar}(Y)^2>0 \\ 0, \quad \mathrm{dVar}(X)^2\mathrm{dVar}(Y)^2=0 & \end{cases} \tag{5.6}$$

距离相关系数能较好地检测线性和非线性相关关系，而且不受变量维数和样本数量的限制。但是，距离相关系数有两个缺点[12-14]：一是在噪声模型实验中表现出较高的不公平性，即对不同函数依赖关系的数据加上类似的噪声，得到的相关性差别较大；二是涉及高维向量间距离的计算和矩阵点乘运算，时间消耗比较大。

② 基于互信息的相关系数。

互信息来源于信息论中信息熵的概念。熵最早由德国物理学家 Clausius 于 1850 年提出，主要用于度量能量在空间中分布的均匀程度，如果能量分布越均匀，则熵越大。在热力学熵的基础上，Shannon 提出信息熵的概念，定义信息熵为信息中去掉冗余信息的平均信息量，或者信源的不确定度。对于时间序列 X，假设其概率分布为 $P(X=x_i)=p_i$，那么其信息熵为

$$H(X)=-\sum_{i=1}^{n} p_i \log p_i \tag{5.7}$$

两个时间序列 X 和 Y 可以构成由 $\{(x_1,y_1),(x_2,y_2),(x_3,y_3),\cdots,(x_n,y_n)\}$ 组成的随机向量 (X,Y)，假设其联合概率分布为 p_{ij}，那么 (X,Y) 的联合熵为

$$H(X,Y)=-\sum_{i=1}^{n}\sum_{j=1}^{n} p_{ij}\log p_{ij} \tag{5.8}$$

假设 X 和 Y 的边缘分布分别为 $p_{i\cdot}$ 和 $p_{\cdot j}$，那么在已知 X 的情况下，Y 的条件熵为

$$H(Y \mid X) = -\sum_{i=1}^{n}\sum_{j=1}^{n} p_{ij}\log\frac{p_{ij}}{p_{i\cdot}} \tag{5.9}$$

类似地，可以定义在已知 Y 的情况下，X 的条件熵为

$$H(X \mid Y) = -\sum_{i=1}^{n}\sum_{j=1}^{n} p_{ij}\log\frac{p_{ij}}{p_{\cdot j}} \tag{5.10}$$

互信息定义为

$$\begin{aligned}I(X,Y) &= H(X)+H(Y)-H(X,Y)\\ &= H(X)-H(X|Y)\\ &= H(Y)-H(Y|X)\\ &= -\sum_{i=1}^{n}\sum_{j=1}^{n} p_{ij}\log\frac{p_{ij}}{p_{i\cdot}p_{\cdot j}}\end{aligned} \tag{5.11}$$

直观上，可以将互信息理解为 X 与 Y 共同拥有的信息量大小，或者对在知道两个变量其中一个的情况下另一个变量不确定减小程度的度量。若这种减小的程度大，说明 X 与 Y 的相关性大；反之，说明两者的相关性小。

当且仅当 X 与 Y 相互独立时，$I(X,Y)=0$，即两变量之间没有共同信息；当两变量相互依赖度较大时，互信息也很大，说明两变量之间存在较大的共同信息。互信息的显著优点就是能够度量变量间任意类型的相关关系，而且对变量的空间变化具有不变性。

在此基础上，Reshef 等于 2011 年提出最大信息系数的概念[15]，其中两个重要性质就是通用性(generality)和均匀性(equitablity)。通用性是指相关系数的计算不仅仅对线性关系、指数关系或周期性关系等特定关系有效，还要对其他任意类型的关系都有较强的适用性。均匀性是指对于相同相关性的不同函数形式的数据，在其中添加相同程度的噪声时，相关性仍然相等。这两条对于传统的相关性计算方法而言往往很难同时满足。

MIC 的基本思路是，如果变量 X 与 Y 之间存在相关关系，那么就能在两个变量构成的散点图中绘制一个网格，使所有的数据点分布在该网格的单元格中。通过不断提高分辨率，比较每种网格划分下所有网格的互信息值，再对互信息值进行标准化，其中最大的互信息标准化值即 MIC。具体可以分为以下三步。

① 对于点对集合 $D=\{(X,Y)\}$，分别以 X 和 Y 中对应的值在二维坐标系中绘制散点图。假设共有 n 个点，$G_{x,y}$表示以 $x\times y$ 为分辨率(即横轴被划分为 x 段，纵轴被划分为 y 段)对散点图进行分割的网格。以 $p_0,p_1,\cdots,p_x$ 和 $q_0,q_1,\cdots,q_y$ 分别表示横坐标和纵坐标上的分割位置，其中 $p_0=x_1,p_x=x_n,q_0=y_1,q_y=y_n$。分别改变 $p_1,p_2,\cdots,p_{x-1}$ 和 $q_1,q_2,\cdots,q_{y-1}$ 的值，可以得到 $x\times y$ 分辨率下不同的网格划分方法。令 $D|_{G_{x,y}}$ 为点对集合在网格 $G_{x,y}$ 上的分布，$I(D|G_{x,y})$表示散点集基于网格 $G_{x,y}$ 分布时的互信息值，那么在 $x\times y$ 分辨率下不同的划分方式产生的最

大互信息值为

$$I^*(D,x,y)=\max I(D|G_{x,y}) \tag{5.12}$$

② 在此基础上，对最大互信息值进行归一化，可以得到不同分辨率对应的特征矩阵 $\boldsymbol{M}=[m_{x,y}]$，矩阵的元素为

$$m_{x,y}=\frac{\max I^*(D,x,y)}{\log(\min(x,y))} \tag{5.13}$$

其中，$m_{x,y}\in[0,1]$。

③ 计算最大信息系数 MIC。变量 X 与 Y 的最大信息系数 MIC，即矩阵中最大值为

$$\mathrm{MIC}=\max_{xy<B(n)}\{m_{x,y}\} \tag{5.14}$$

显然，$\mathrm{MIC}\in[0,1]$，$xy<B(n)$是指网格细分的网格数小于 $B(n)$。

文献[12]通过大量的实验验证了最大信息系数相比传统的 Pearson、Spearman 等方法，能更加准确地刻画两个变量之间的相关系数，而且不受异常值的影响，特别是在均匀性和通用性上。目前，多种文献分别对最大信息系数的计算方法进行了改进，适用于高维空间变量间相关性的快速计算。

但是，这些相关性计算方法往往很少考虑时延，仅基于数据给出统计性的相关性大小。在实际情况中很容易出现伪相关的情况[16]，而常用的时延计算方法都是以已知两个时间序列之间的因果关系为前提条件，如广义相关法、互谱密度函数分析方法[17]、自适应滤波器参数模型法等[18]。体系对抗产生的海量数据之间的因果关系往往是不可知的，时延的计算更多的是基于统计相关，自然使方法的有效性大打折扣。因此，这里借助最大信息系数的计算方法，考虑时序数据之间的时间延迟效应，提出基于移动时间窗口的体系能力指标相关性计算方法。

2. 基于移动时间窗口的指标序列时延和相关性计算方法

在不同的作战阶段，体系能力指标的相关性和时延可能都在不断变化，如果不考虑作战过程的阶段性特点，而以整个作战时间内的所有值为依据，进行相关性计算，必然导致阶段性特点的湮没。比较直接的思路是选取一定的时间范围分段计算相关性，这样带来的问题就是分段后往往忽略作战阶段的关联性，而在实际作战过程中，不同作战阶段的指标在时间尺度上往往是相互关联的，前一个时刻作用的效果很可能到后一个作战阶段才能体现。简单的分段研究势必造成这种相互关联的割裂，而且使样本的数量减少，相关性和时延计算的结果也就不能准确反映作战的实际过程。借用经济学常用的移动窗口的方法，选择一定大小的时间窗口，计算该窗口之内的相关性，然后通过对时间窗口不断平移，就可以得到整个时间范围内的相关性和时延演化情况。在此基础上，提出基于移动时间窗口的体系能力指标时间序列时延和相关性计算方法(算法 5.1)。图 5.7 给出了时延

搜索窗口选取的示意图。

算法 5.1　基于移动时间窗口的指标时间序列时延和相关性算法

输入：两个指标时间序列 X 和 Y

输出：总的相关系数列表 mic_list_full 和时延列表 lag_list_full

算法步骤：

① 根据 X 和 Y 的特点，选定合适的时间窗口 T、时延搜索窗口 T' 和时间平移步长 τ（原始时间分辨率的整数倍），且 $T' \leqslant T/2$；

② $t=0$；

③ 固定其中的一个时间序列 X，选定第一个时间窗口 $[0, T]$，临时最大信息系数列表 mic_list 和临时时延列表 lag_list 置为空；

④ 对时间序列 Y 逐个步长进行平移，平移的时间范围为 $[-T', T']$，分别计算每平移一次时在时间搜索窗 T 内的最大信息系数 mic 和时延 lag，并将其分别加入 mic_list 和 lag_list；

⑤ 遍历 mic_list，寻找其中的最大值。如果最大值只有一个为 mic，其位置索引为 α，即当前时间窗口 T 内时延最准确的位置，得到时延长度为 $\alpha\tau$，则分别将 mic 和 $\alpha\tau$ 加入总的相关系数列表 mic_list_full 和总的时延序列 lag_list_full；如果有多个最大值，遍历 lag_list，找到最小值，将该时延和对应的最大信息系数分别加入 lag_list_full 和 mic_list_full；

⑥ $t=t+1$，选定下一个时间窗口 $[t, t+T]$，对时间序列 X 向后平移时间搜索窗口 T，转步骤③，直到时间序列 X 结束。

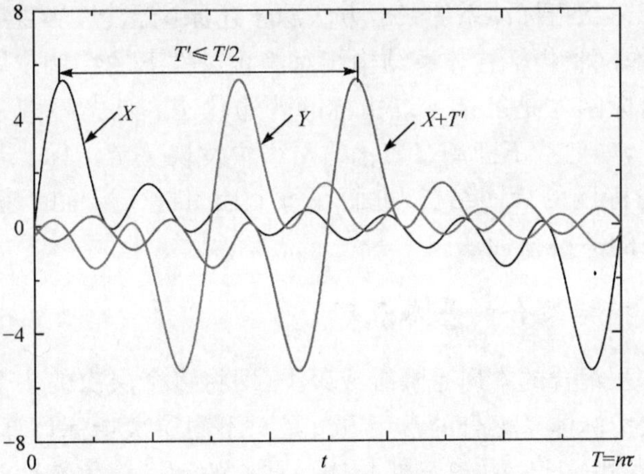

图 5.7　时延搜索窗口的选取

为了便于理解，表 5.1 给出了一个简单示例。指标计算的分辨率为 10 分钟，选取的时间窗口大小为 100 分钟（因为只是示例，所以选取的时间窗口较小，相应的时延搜索步长为 5，即在超前和滞后 50 分钟范围内计算寻优），第一个相关性大小为 0.92，对应的时延为 −4，表示指标 2 滞后于指标 1 的时延约为 40 分钟。

表 5.1　基于移动时间窗口计算指标时间序列相关性和时延

序号	时间	指标 1	指标 2	相关系数	时延
1	201×/×/× 6:40	3.85	116		
2	201×/×/× 6:50	2.71	117		
3	201×/×/× 7:00	9.2	116		
4	201×/×/× 7:10	10.2	119		
5	201×/×/× 7:20	5.3	118		
6	201×/×/× 7:30	6.8	117		
7	201×/×/× 7:40	1.8	141		
8	201×/×/× 7:50	10.5	141		
9	201×/×/× 8:00	7.2	140		
10	201×/×/× 8:10	3.5	140	0.92	−4
11	201×/×/× 8:20	6.4	149	0.47	−3
12	201×/×/× 8:30	8.5	149	0.59	−1
13	201×/×/× 8:40	3.75	151	0.56	1

5.4.3　基于社团挖掘的体系能力特征指标挖掘方法

传统的基于树状指标体系的聚合方法源于还原论思想，从复杂系统理论的角度来看，可以看作网状指标在体系结构相对静止条件下的特例。体系指标之间相互关联形成的指标网才是复杂系统指标的普遍状态。从指标网中挖掘关键指标存在的难点在于，如何从不断动态演化的网络中发现关键指标。基本思路是首先分析每个时刻指标网的社团结构，进而在每个社团特征指标的基础上，挖掘和构建评估特定任务的关键指标。

1. 网络化指标聚合的基本原理

评估指标体系聚合的本质是降维或聚类，即将多个层次的多个指标聚合成少量的指标。树状指标体系聚合的常用方法是对不同层次指标计算加权和，隐含的假设是体系的结构静止不变，这显然与体系结构的动态演化特性不符。网络化指标相对于传统的树状指标的一个突出特点就是不预设指标之间的关系，而是假设所有指标之间都是相互关联的，在分析指标数据之间相关性的基础上对指标进行聚合。

对海量指标数据进行聚类的方法很多，随着大数据技术的发展，机器学习方法已经成为从海量数据中挖掘有价值信息的主要途径。按照是否需要预测，可以将聚类的算法分为有监督学习和无监督学习两大类，其中有监督学习包括 K 近邻算法、支持向量机、决策树和线性回归等，无监督学习包括 K 均值、Apriori 算法、FP-growth 算法、主成分分析和奇异值分解等。

目前机器学习在商业决策、疾病检测、推荐系统等领域中应用比较好的案例一般有两个特点：一是预测的目标单一，二是特征指标与目标变量之间的关系相对固定。以商品推荐系统为例，通常基于多个用户对多种商品的购买习惯数据，判断哪些商品符合新的用户特征，而用户和商品的特征指标集合相对不变，且会随着用户和商品数量的增加，预测的准确性显著提高。但是，这两个特点在作战体系中却发生了显著变化。

① 作战体系的使命任务数量和类型相对于一般的商业活动要多很多，而且各种使命任务之间往往相互关联，即指标网中指标之间的相互关联是普遍的。对于单一的任务而言，利用长期积累的实际作战或演习数据，对其进行预测是可能的，但是对于联合作战背景下作战体系的使命任务预测却很困难，因为体系使命任务空间中的多个任务往往是相互关联的，很难确定哪一个是最主要的。例如，联合火力打击任务就包含在合适的时间范围内发现目标、实时监视目标、快速下达决策指令，以及武器系统执行火力毁伤等多个子系统执行的多个子任务，发现目标的时间如果误差较大，必然导致火力毁伤效果大打折扣，但是发现目标的速度很快、很准确，但是下达指令不及时，或者发射的弹药类型和数量不合适，也会降低毁伤效果。

② 作战过程伴随着剧烈的对抗行为，导致体系各组分之间的关系不断变化，作战体系在执行火力打击任务与两栖作战行动时，组分之间的关系可能表现出完全不同的规律，即使是同一个作战体系多次执行相同的使命任务，也会表现出不同的特点，即指标网的结构是动态变化的。因此，简单地将整个作战过程的数据放在一起进行聚合，很难挖掘出有价值的指标，用这些指标对体系评估可信度必然不高。

传统的聚合往往单纯地基于数据进行分析，优点是直接面向数据，不用建立各种模型，缺点是忽略了指标之间内在的各种关联作用，得到的聚合指标往往军事意义很难解释，对体系如何进行调控引导也缺乏有效的指导。在传统的模式识别、数据挖掘和机器学习领域，通常用聚类来分析数据之间的内在关系。对于复杂网络而言，也可以将社团分析看成网络中节点或连边的聚类。基于复杂网络社团挖掘的聚类不但能够发现指标之间的关联关系，而且可以通过分析社团演化来分析体系指标之间动态变化的规律。作战过程伴随着指标网结构的不断演化，在不同的作战阶段可能表现出不同的作战规律。基于动态指标网挖掘关键指标的任务不是要找一个适用于所有任务的万能指标，而是找到一种方法，能够发现隐藏在某一类作战任务背后的规律，甚至是洞察各种作战任务共同的作战规律。

2. 动态指标网的社团挖掘算法

介绍网络指标时，已经简单介绍了复杂网络社团的概念和社团挖掘中模块度的计算方法。对网络进行社团挖掘的本质是对网络进行划分,因为遍历所有划分需要的时间与网络的规模是指数关系,所以对于节点数超过 30 的情况,穷举算法是不可行的,网络社团划分方法都是相对好的划分。同时,因为社团结构本身缺乏严格的定义,通常认为一个好的判断社团划分的标准是网络划分后,社团之间的边数很少,且社团之间的边数比期望值小,即社团划分好坏的标准是割集规模及其期望值之差的比较,而模块度就是基于该种思路的一个模型。其基本原理就是将社团划分后的网络与对应的零模型进行比较[19]。不同的社团划分对应不同的模块度值,如果将整个网络划分为一个社团,则模块度为 0,如果将每个节点划分为一个社团,则模块度小于 0。对模块度最大值的计算已经被证明为 NP 问题,因此目前大多数社团划分算法都属于近似算法。下面基于实验,重点对 GN 算法、CNM 算法、Louvain 算法、Infomap 算法、社团挖掘算法(walktrap)和基于标签传播(LPA)的社团挖掘算法等进行对比分析。

指标网中权重相对较小的连边,说明两者之间关系很弱,要对网络进行分析,将无关的连边移除,网络中那些连接紧密的连边往往是研究的重点,否则这些点会影响社团挖掘的质量和效率。对网络的处理可采用三种处理方式。

① 对全连通网络直接进行加权无向网络的社团挖掘。

② 设定阈值,将小于该阈值的边删除,得到无向无权网络进行社团挖掘。

③ 将时延和阈值同时考虑,得到一个有向无权网络对其进行社团挖掘。

实验发现,第一种情况与第二种情况得到的社团划分情况基本一致,而且因为权重较小的边也计算在内,反而增加了社团分析花费的时间,因此主要采用后两种方式构建指标网,如图 5.8 所示。

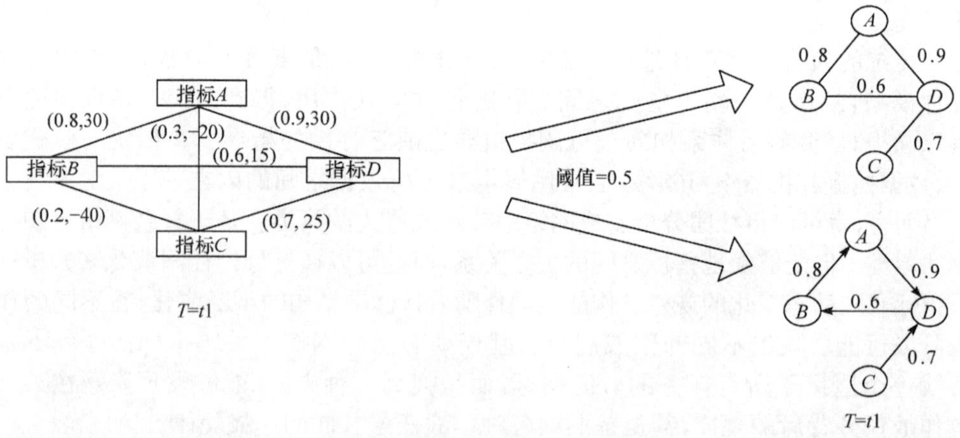

图 5.8 指标网的构建方法

(1) 基于阈值的指标网社团挖掘算法比较

每一种社团挖掘算法都有其适用的范围,具体哪一种方法适合分析指标网需要通过实验来检验。假设指标相关性大于阈值 P 的为有效边,就可以将加权网转换为无权无向网络,将无效边删除,分析指标网的社团特性。选取 4:00～9:30 期间的四个时刻的网络分别用六种社团分析方法进行计算,表 5.2 列出了两个时间的对比结果(N 为节点数,M 为连边数)。

表 5.2　不同时间多个阈值时社团挖掘算法对比

时间	4:00				5:30			
阈值	0.6	0.7	0.8	0.9	0.6	0.7	0.8	0.9
N	220	220	217	214	197	197	193	185
M	23 197	22 159	20 035	17 738	17 585	15 596	13 515	11 083
GN	0	0	0	0	0	0.002	0.024	0.003
CNM	0.0028	0.01	0.016	0.019	0.013	0.023	0.027	0.032
Louvain	0.0029	0.02	0.018	0.023	0.012	0.024	0.03	0.040
Infomap	0	0	0	0	0	0	0	0.001
Walktrap	0	0	0.003	0	0.004	0.006	0.008	0.018
LPA	0	0	0	0	0	0	0	0

通过比较不同阈值时,不同社团挖掘算法得到的模块度可以发现,Louvain 算法得到的模块度最高,GN 算法的速度最慢,其他算法的速度相差不大。但是,实验显示,不论是哪种方法,模块度值相对于一般的网络都很小,主要原因是指标网的构建是基于两两指标的相关性进行的。虽然通过阈值筛除了一部分连边,但是网络的节点链路比仍然很小,不同于一般社会网络中表现出的稀疏性。如图 5.9 所示列出了 5:30 时,取不同阈值 P(0.6,0.7,0.8,0.9)情况下的无向指标网社团划分情况。

(2) 考虑时延的有向指标网构造方法

对指标网处理的另一种方式是同时考虑时延和相关性,如果指标 A 超前于指标 B,建立一条从指标 A 到指标 B 的有向边;如果指标 A 滞后于指标 B,建立一条从指标 B 到指标 A 的有向边;如果指标 A 与指标 B 没有时间延迟,则分别建立一条从 A 到 B 和从 B 到 A 的有向边,这样就将带时延特征的加权指标网转换成有向加权网络,类似基因调控网络,分析有向指标网的社团特性能够一定程度地发现指标之间相互影响的因果关系。上述六种方法都能用于有向网络社团挖掘,但是 GN 算法和 Louvain 算法相对较好。如图 5.10 所示列出了 5:30 时,取不同阈值(P(0.6,0.7,0.8,0.9))情况下的有向指标网社团划分情况。

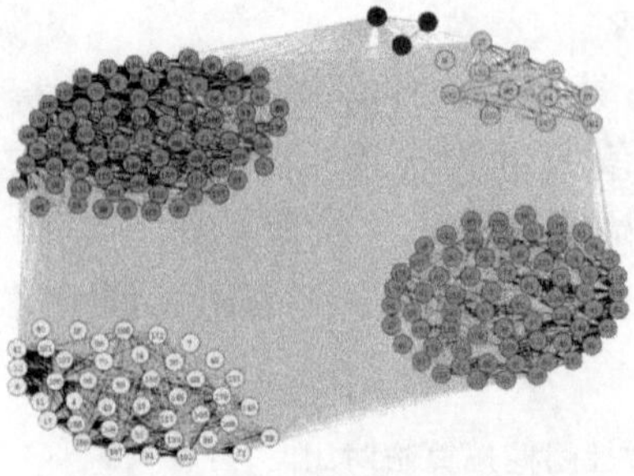

(a) P=0.6

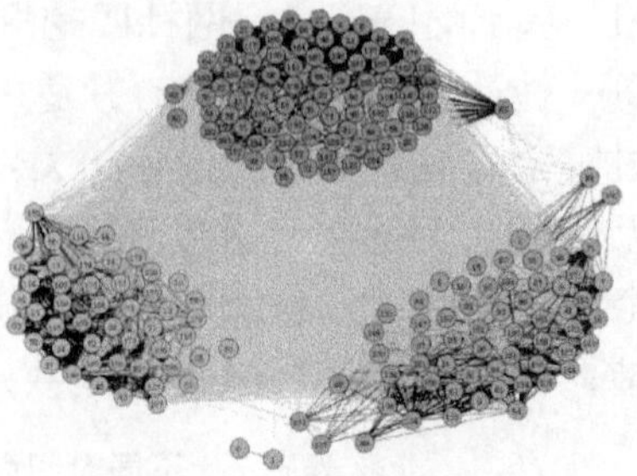

(b) P=0.7

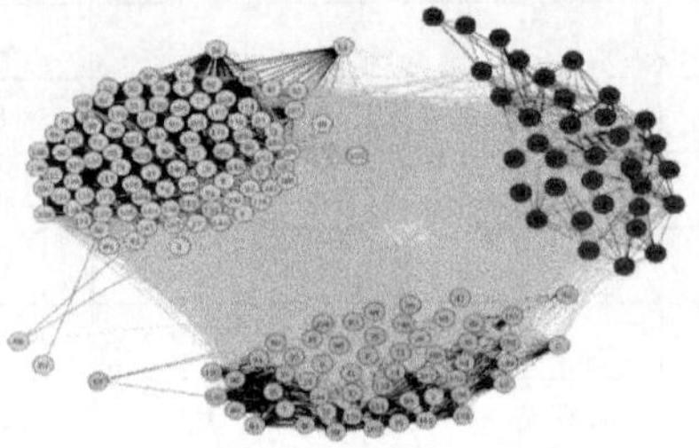

(c) P=0.8

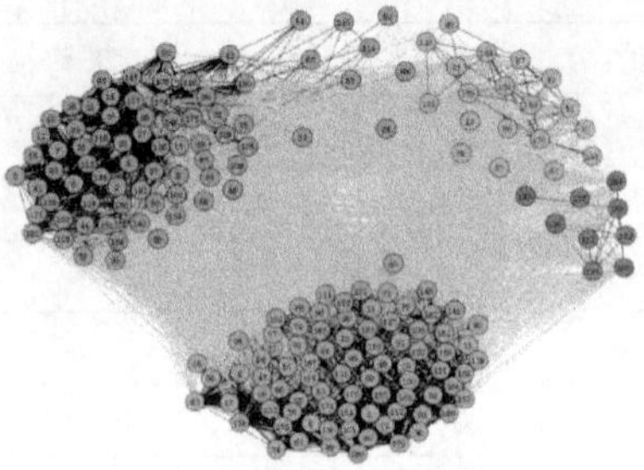

(d) P=0.9

图 5.9　不同阈值的无向指标网社团划分

(a) P=0.6

(b) P=0.7

(c) P=0.8

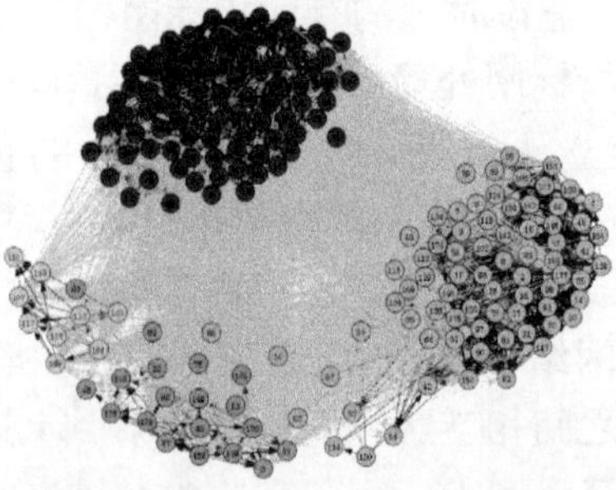

(d) P=0.9

图 5.10　不同阈值的有向指标网社团划分

3. 基于改进主成分分析的社团特征指标挖掘方法

主成分分析又称为 K-L 变换或主元分析，是一种经典的多元统计数据分析方法，由 Pearson 在生物学理论研究中最早引入。其基本思想是通过线性变换，用数量相对较少的线性无关的向量表示原始数据中较多的向量，并且不减少原始数据中包含的主要信息。PCA 方法能将高维空间的问题转换为低维空间的问题，降低问题维度，而且得到的特征指标之间线性无关，同时能提供原始数据的绝大部分信息，避免主观判断带来的随意性。

主成分分析在数学上的含义是将原始数据构成的总体协方差矩阵转换为对角矩阵，使其在确保原始数据特征损失尽可能小的情况下，将高维变量压缩为低维乃至一维向量；在几何上的含义是将原来的多维空间转换为新的低维空间，使其指向基向量中散布最开的 p 个正交的方向。主成分分析方法是根据多维指标的协方差矩阵或者相关系数矩阵得到的，即二阶统计特性，并未考虑数据的高阶统计特性和非线性特征。在此基础上，围绕如何选取协方差矩阵、采用何种方法分解矩阵和如何选取主成分等问题提出大量的改进算法[20]。

(1) 基于移动时间窗口的主成分改进方法

考虑体系能力指标之间的非线性关系，以及存在时延的特征，采用基于移动时间窗口方法计算指标之间的相关系数对主成分分析方法进行改进，并以此构建相关系数矩阵作为主成分分析的原始数据。其基本步骤如下。

① 原始数据标准化。

假设 t 时刻指标网中的一个社团 $C_{t,l}$ 共有 n 个指标，则可以得到该指标集合在 m 个(m 为时间窗口 T 的大小)时刻中的指标采样值 $X^0=[X_1^0 \quad X_2^0 \quad \cdots \quad X_n^0]$，对其进行标准化可得下式，即

$$X=[X_1 \quad X_2 \quad \cdots \quad X_n]=\begin{bmatrix} x_{11} & x_{12} & \cdots & x_{1n} \\ x_{21} & x_{22} & \cdots & x_{2n} \\ \vdots & \vdots & & \vdots \\ x_{m1} & x_{m2} & \cdots & x_{mn} \end{bmatrix} \tag{5.15}$$

其中，$X_i=\dfrac{\max(X_i^0)-X_i^0}{X_i^0-\min(X_i^0)}$。

② 计算指标之间的相关系数矩阵。

采用基于时间移动窗口的指标时间序列时延和相关性计算方法，得到 n 个指标的相关系数矩阵，即

$$R=\begin{bmatrix} r_{11} & r_{12} & \cdots & r_{1n} \\ r_{21} & r_{22} & \cdots & r_{2n} \\ \vdots & \vdots & & \vdots \\ r_{n1} & r_{n2} & \cdots & r_{nn} \end{bmatrix} \tag{5.16}$$

因为在构建指标网时已经计算了所有指标之间的相关系数和时延值，实际计算时，只需提取社团指标中每条边的相关系数。如果两个节点之间没有连边（因为已经用阈值进行了限定），则意味着两个指标之间的相关系数为 0。

③ 对相关系数矩阵进行分解得到特征值和特征向量。

求特征方程 $|\lambda I-R|=0$ 的特征根，将特征根从大到小排列可得下式，即

$$\lambda_1 \geqslant \lambda_2 \geqslant \cdots \geqslant \lambda_n \geqslant 0 \tag{5.17}$$

λ_j 对应的特征向量为

$$c_j=[c_{1j} \quad c_{2j} \quad \cdots \quad c_{nj}]^{\mathrm{T}} \tag{5.18}$$

④ 计算主成分。

由特征向量组成的主成分为

$$Y_j=c_{1j}X_1+c_{2j}X_2+\cdots+c_{nj}X_n, \quad j=1,2,\cdots,n \tag{5.19}$$

其中，n 个主成分之间是线性无关的，且方差是逐渐减小的。

⑤ 选取主成分。

选取前 $p(1\leqslant p\leqslant n)$ 个主成分为该社团的特征指标，p 值的选择会对评估产生直接影响，如果 p 过大，数据的压缩比就很低；如果 p 过小，数据特征信息丢失可能会较多，通常用主成分的累计贡献率（前 p 个主成分对应的方差和占 n 个方差和的比例）来判定，即

$$\omega_p=\sum_{j=1}^{p}\lambda_j \Big/ \sum_{j=1}^{n}\lambda_j \tag{5.20}$$

一般要求 $Y_1,Y_2,\cdots,Y_p$ 的方差和占全部方差比例达到85%以上，这样原有的 n 个指标就转换为 p 个指标。

算法 5.2 改进的主成分分析算法

输入：t 时刻指标网中的一个社团

输出：社团特征指标集合 Measure_list

步骤：

① Measure_list=∅；//社团特征指标集合置为空

② 对社团 $C_{t,l}$ 的 n 个原始指标采样值 $X^0=[X_1^0,X_2^0,\cdots,X_n^0]$ 进行标准化，得到 $X=[X_1,X_2,\cdots,X_n]$；

③ 基于时间移动窗口的指标时间序列时延和相关性计算方法，得到 n 个指标的相关系数矩阵 R；

④ 对相关系数矩阵 R 进行分解，得到特征值和特征向量；

⑤ 根据方差贡献率阈值，选取 p 个主成分 $Y_1,Y_2,\cdots,Y_p$；

⑥ 将 $Y_1,Y_2,\cdots,Y_p$ 加入 Measure_list；

⑦ 输出 Measure_list。

(2) 基于社团特征指标序列聚合的动态指标网关键指标挖掘方法

假设所有的指标总数为 N，每个指标的编号为 $i(1\leqslant i\leqslant N)$，即 t 时刻指标网中共有 N 个节点，假设可划分为 NC_t 个社团，第 $j(1\leqslant j\leqslant \mathrm{NC}_t)$ 个社团中的指标数

为 $S_{t,j}$，显然

$$\sum_{j=1}^{\mathrm{NC}_t} S_{t,j} \leqslant N \tag{5.21}$$

即 t 时刻所有社团中的节点数的和不会超过指标总数。

假设第 j 个社团可以得到 $p_{t,j}$（$p_{t,j} \leqslant S_{t,j}$）个主成分，这 $p_{t,j}$ 个主成分的本质是 $p_{t,j}$ 个长度为 $S_{t,j}$ 的向量，如果将其扩展为全体指标，即将其长度统一为 N，不存在于该社团中的节点系数用 0 补齐，那么 t 时刻的所有社团可以得到 $\sum_{j=1}^{\mathrm{NC}_t} p_{t,j}$ 个主成分。这些主成分是 t 时刻所有社团中主成分的集合。

假设完成某一个特定任务的作战时间跨度包含 L 个时间片，那么所有时间片社团主成分向量的集合如表 5.3 所示。

表 5.3　所有时间片社团主成分向量的集合

指标	x_1	x_2	…	…	$x_{S_{t,1}+1}$	…	…	…	…	…	x_N
t 时刻	α_{11}^t	α_{12}^t	…	$\alpha_{1S_{t,1}}^t$	0	0	0	0	0	0	0
社团 1	α_{21}^t	α_{22}^t	…	$\alpha_{2S_{t,1}}^t$	0	0	0	0	0	0	0
主成分的	⋮	⋮		⋮	0	0	0	0	0	0	0
特征向量	$\alpha_{p_{t,1}1}^t$	$\alpha_{p_{t,1}2}^t$	…	$\alpha_{p_{t,1}S_{t,1}}^t$	0	0	0	0	0	0	0
t 时刻	0	0	0	0	β_{11}^t	β_{12}^t	…	$\beta_{1S_{t,2}}^t$	0	0	0
社团 2	0	0	0	0	β_{21}^t	β_{22}^t	…	$\beta_{2S_{t,2}}^t$	0	0	0
主成分的	0	0	0	0	⋮	⋮		⋮	0	0	0
特征向量	0	0	0	0	$\beta_{p_{t,2}1}^t$	$\beta_{p_{t,2}2}^t$	…	$\beta_{p_{t,2}S_{t,2}}^t$	0	0	0
⋮	⋮	⋮	⋮	⋮	⋮	⋮	⋮	⋮	⋮	⋮	⋮
$t+1$	0	0	λ_{11}^{t+1}	γ_{12}^{t+1}	…	$\gamma_{1S_{t+1,1}}^{t+1}$	0	0	0	0	0
时刻	0	0	γ_{21}^{t+1}	γ_{22}^{t+1}	…	$\gamma_{2S_{t+1,1}}^{t+1}$	0	0	0	0	0
社团 1 主成分的	0	0	⋮	⋮		⋮	0	0	0	0	0
特征向量	0	0	$\gamma_{p_{t+1,1}1}^{t+1}$	$\gamma_{p_{t+1,1}2}^{t+1}$	…	$\gamma_{p_{t+1,1}S_{t+1,1}}^{t+1}$	0	0	0	0	0
$t+1$	0	0	0	0	0	0	η_{11}^{t+1}	η_{12}^{t+1}	…	$\eta_{1S_{t+1,2}}^{t+1}$	0
时刻	0	0	0	0	0	0	η_{21}^{t+1}	η_{22}^{t+1}	…	$\gamma_{2S_{t+1,1}}^{t+1}$	0
社团 2 主成分的	0	0	0	0	0	0	⋮	⋮		⋮	0
特征向量	0	0	0	0	0	0	$\eta_{p_{t+1,2}1}^{t+1}$	$\eta_{p_{t+1,2}2}^{t+1}$	…	$\eta_{p_{t+1,2}S_{t+1,2}}^{t+1}$	0
⋮	⋮	⋮	⋮	⋮	⋮	⋮	⋮	⋮	⋮	⋮	⋮

虽然每个时刻的每个社团内部特征向量线性无关，并且各社团之间的特征向量也线性无关，但是在整个作战阶段的特征向量很可能是相关的。因此，将整个作战阶段的多个主成分特征向量放在一起，再进行一次主成分分析，即可得到整

个作战阶段指标网的特征向量，具体如算法 5.3 所示。

算法 5.3 基于多时刻社团特征指标聚合的指标网特征指标提取算法

输入：多个时刻的指标网构成的指标网列表 G_list=[G_0,G_1,…,G_n]
输出：指标网特征指标系数矩阵 $W_{\text{coef\_reduced}}$
算法步骤：
① 对每个时刻指标网划分社团，得到列表 C_list=[{$C_{0,1}$,$C_{0,2}$,…},{$C_{1,1}$,$C_{1,2}$,…},…,{$C_{n,1}$,$C_{n,2}$,…}]，S=∅；//初始化各时刻社团特征指标系数集合和指标网特征指标系数集合为空集，设定累计方差阈值
② $t=0$；
③ 遍历 t 时刻的每个社团，调用算法 5.2，将得到的特征向量系数加入 S；
④ $t=t+1$，转入步骤③，如果遍历结束，转入步骤⑤；
⑤ 基于各时刻社团特征向量系数集合 S，构建特征向量系数矩阵 W_{coef}，将每个时刻的网络中没有参与的指标系数用 0 补齐，进行标准化后得到特征向量系数矩阵为 W'_{coef}；
⑥ 计算标准化的特征向量系数矩阵 W'_{coef}对应的相关系数矩阵 R_{coef}；
⑦ 对相关系数矩阵 R_{coef}进行分解，得到特征根和特征向量；
⑧ 根据累计方差阈值，选取特征值对应的特征向量系数矩阵 ψ；
⑨ 利用 ψ 对原始的特征向量系数矩阵 W_{coef}进行降维，得到降维后的特征向量系数矩阵 $W_{\text{coef\_reduced}}=W_{\text{coef}}\psi$；
⑩ 利用 $W_{\text{coef_reduced}}$得到特征指标对应的向量系数。

5.4.4 基于社团演化的特定任务线索指标挖掘方法

社团的演化性是动态网络的一个重要特性，分析网络社团的演化过程，不仅有助于从中观层面发现体系能力指标的演化特征和机理，而且对控制和预测网络的演化行为也可以提供一定的参考依据。在某一时刻，指标网中的一个社团是连接相对紧密的指标集合。这个指标集合在该时刻对体系能力的影响表现出一定的相似性，可以认为是影响体系能力某一方面的功能区，不同的社团代表不同的功能区。作战过程中伴随着体系组分之间剧烈的协同和冲突行为，在指标网上的表现就是社团的时间演化特性。在同一个作战阶段，因为任务的相似性，虽然社团在持续演化，但必然存在部分指标贯穿该作战阶段，本节将其定义为特定任务的线索指标。本节的主要任务就是通过分析社团的演化行为挖掘特定任务的线索指标。社团的演化包括生成、合并、分裂和解体等行为，线索指标就是在这些行为过程中，始终存在社团中的节点。

定义社团相似度函数为

$$\text{Match}(C_{t,i},C_{t+1,j})=\frac{|C_{t,i}\cap C_{t+1,j}|}{|C_{t,i}\cup C_{t+1,j}|} \tag{5.22}$$

其中，$C_{t,i}$表示 t 时刻指标网中的第 i 个社团；$C_{t+1,j}$表示 $t+1$ 时刻指标网中的第 j

个社团；$C_{t,i}\cap C_{t+1,j}$表示两个社团中都有的节点；$C_{t,i}\cup C_{t+1,j}$表示两个社团中所有节点形成的节点集合。

目前典型的社团相似度函数还包括社团拓扑结构的对比，因为指标网社团连边比较稠密，节点链路比很小，所以只考虑节点参与社团的情况，不考虑拓扑结构。

基于社团演化发现线索指标的基本思路是从 0 时刻开始，逐个分析该时刻与下一紧邻时刻的社团相似度，最终找到贯穿于整个作战阶段的指标集合（算法 5.4）。

算法 5.4　基于社团演化相似度的特定任务线索指标挖掘算法

输入：一个作战阶段各个时刻的指标网构成的指标网列表 G_list=[G_0,G_1,…,G_n]

输出：特定任务的线索指标集合 S

算法步骤：

① 对每个时刻指标的指标网进行静态社团划分，得到社团划分列表 C_list=[{$C_{0,1}$,$C_{0,2}$,…},{$C_{1,1}$,$C_{1,2}$,…},…,{$C_{n,1}$,$C_{n,2}$,…}]，初始化 S 为空集；

② $t=0$；

③ 初始化存储每个时刻与紧邻时刻所有社团中共有的节点的列表 S_temp；

④ 对 t 时刻的每个社团 $C_{t,i}$，遍历 $t+1$ 时刻的每个社团 $C_{t+1,j}$，寻找与 $C_{t,i}$ 相似度最大的社团，得到两个社团共同的节点集合，并将其加入 S_temp；

⑤ 判断 S 是否为空，如果为空，S=S_temp；否则，$S=S\cap$S_temp；

⑥ 判断时间 t 是否等于 n，如果不等于 n，则 $t=t+1$，转入③；否则，返回 S，算法结束。

5.4.5　基于中心性的动态指标网中心指标挖掘方法

中心性是复杂网络结构中非常重要的测度之一，通常采用的计算方法有度中心性、介数中心性、接近中心性、特征向量中心性和 PageRank 中心性等。

(1) 度中心性

通常认为一个节点的度数越大，节点越重要。在一个包含 N 个节点的网络，节点的度的最大可能值为 $N-1$，因此通常用归一化的度值定义度中心性，即

$$\mathrm{DC}_i=\frac{k_i}{(N-1)} \tag{5.23}$$

其中，k_i 为节点 v_i 的度值；N 为网络中的节点数。

(2) 介数中心性

如果要对节点进行排序，通常要对介数进行归一化，即

$$\mathrm{BC}_i=\frac{2}{(N-1)(N-2)}B_i=\frac{2}{N^2-3N+2}\sum_{s\neq i\neq t}\frac{n_{\mathrm{st}}^i}{g_{\mathrm{st}}} \tag{5.24}$$

(3) 接近中心性

网络中任一个节点 v_i 到其他节点的距离平均值为

$$\mathrm{CC}_i = \frac{N-1}{\sum\limits_{j=1, j\neq i}^{N} d_{ij}} \tag{5.25}$$

其中,d_{ij} 为节点 v_i 到 v_j 的距离;N 为网络节点总数;$N-1$ 表示最大可能的邻节点数。

(4) 特征向量中心性

特征向量中心性[20]的基本思想是同时考虑节点的邻居节点数和邻居节点的重要性。特征向量中心性是通过网络邻接矩阵 A 定义的,即

$$\mathrm{EC}_i = \frac{1}{\lambda}\sum_{j=1}^{N} a_{ij}\,\mathrm{EC}_j \tag{5.26}$$

其中,$A=[a_{ij}]$表示网络的邻接矩阵;λ 表示 A 的最大特征值。

从该模型可以看出,特征向量的计算是在首先给定节点初步的重要性后,通过反复迭代计算得到,并且可以直接推广到有向网络。

(5) PageRank 中心性

该算法的基本思想是网络上一个节点的重要性由指向该节点的其他节点的数量和质量决定[19]。假设所有节点的初始 PR 值为 $\mathrm{PR}_i(0)$,满足以下条件,即

$$\sum_{i=1}^{N} \mathrm{PR}_i(0) = 1 \tag{5.27}$$

对每个节点当前的 PR 值用调整参数 α 进行缩减,然后将 $1-\alpha$ 平均分配给从该节点出发的所有其他节点。每个节点新的 PR 值为

$$\mathrm{PR}_i(k) = \alpha\sum_{j=1}^{N} a_{ji}\,\mathrm{PR}_j(k-1)/k_j^{\mathrm{out}} + (1-\alpha)/N \tag{5.28}$$

其中,α 为调整参数,其值一般在算法使用之前确定,但是要求在 0~1。

以上五种指标是目前比较常用的判定方法,其中度中心性衡量的是节点自身的连通性,介数中心性描述的是对网络流的控制力大小,接近中心性描述的离网络中信息流的远近,特征向量中心性综合考虑邻居节点的质量和数量。针对不同的网络和需求,对节点的排序还有很多其他指标,在实际计算时要根据需要和网络特性进行选择。

一般社交网络的中心节点代表网络的核心节点或关键节点。对于动态指标网,中心节点意味着指标网中相对重要的指标,是对体系能力产生影响的关键指标,可以用这些中心节点指标对体系能力进行评估。具体从以下两方面考虑。

① 整个网络的中心节点。通过对各个时刻指标网的中心节点进行比较,观察

是否存在某些指标在各个时刻始终作为中心节点存在(算法 5.5)。

算法 5.5　基于各时刻网络中心节点的指标网中心指标挖掘算法

输入:各个时刻的指标网构成的指标网列表 G_list=[G_0,G_1,…,G_n]

输出:指标网中心指标集合 S_{center},每个时刻网络中提取中心节点个数 Num

算法步骤:

① 初始化 S_{center}为空集;

② $t=0$;

③ 初始化存储当前时刻和下一时刻网络中心节点的集合 S_{center_temp}和 S_{next_temp};

④ 利用中心性算法得到当前时刻网络中前 Num 个中心节点,并将其加入 S_{center_temp};

⑤ 计算 $t+1$ 时刻网络中前 Num 个中心节点,并将其加入 S_{next_temp};

⑥ $S_{center_temp}=S_{center_temp}\cap S_{next_temp}$求紧邻时刻的两个中心节点的交集,并将结果置为 S_{center_temp};

⑦ $t=t+1$,如果时间未结束,转入③;否则,程序结束,输出 $S_{center}=S_{center\_temp}$。

② 社团中心节点。因为每个社团都对应一个相对连接紧密的指标集合,通过对各社团中心节点的挖掘,可以选出的具有功能代表性的中心节点,能够比整个网络中心节点提供更多的信息。方法是首先分析每个时刻指标网中不同社团的中心节点,得到某一时刻多个社团中心节点的集合,然后比较各个时刻的社团中心节点集合,得到共有节点集合(算法 5.6)。

算法 5.6　基于各时刻社团中心节点的指标网中心指标挖掘算法

输入:各个时刻的指标网构成的指标网列表 G_list=[G_0,G_1,…,G_n]

输出:指标网中心指标集合 $S_{center\_community}$,每个社团中提取中心节点个数 Num

算法步骤:

① 对每时刻指标网社团划分,得到列表 C_list=[{$C_{0,1}$,$C_{0,2}$,…},{$C_{1,1}$,$C_{1,2}$,…},…,{$C_{n,1}$,$C_{n,2}$,…}],初始化 $S_{center_community}$为空集;

② $t=0$;

③ 初始化存储当前时刻和下一时刻所有社团的中心节点的并集 S_{center_temp}和 S_{next_temp};

④ 遍历 t 时刻第 i 个社团 $C_{t,i}$,利用中心性算法得到社团的前 Num 个中心节点,并将其加入 S_{center_temp};

⑤ 计算 $t+1$ 时刻每个社团 $C_{t+1,j}$,利用中心性算法得到该时刻社团前 Num 个中心节点,并将其加入 S_{next_temp};

⑥ $S_{center\_temp}=S_{center\_temp}\cap S_{next\_temp}$,求紧邻时刻的两个中心节点的交集,并将结果置为 S_{center_temp};

⑦ $t=t+1$,如果时间未结束,转入③;否则,程序结束,输出 $S_{center\_community}=S_{center\_temp}$。

因为在构建动态指标网时,将网络分成了无向无权指标网和有向无权指标网两类,所以在选取模型时需要采用不同的中心性计算方法。对于无向无权指标网而言,选用的中心性计算方法包括度中心性、介数中心性、接近中心性和特征向量中心性。对有向无权网络而言,选用的中心性计算方法包括度中心性、出度中心性、入度中心性、介数中心性、接近中心性和 PageRank 中心性。对于指标网而言，度中心越大的点表示与该指标相关的指标越多。对于有向网络而言，出度较大的指标，说明该指标对其他指标的影响较多，入度较大的指标说明该指标受到其他多个指标的影响。介数中心性表示该指标是很多指标需要通过该指标来发挥作用。接近中心性较大的指标表示该指标很容易对其他指标产生影响。特征向量中心性较大的指标说明该指标不但与很多其他指标都相关，而且能够对一些关键指标产生影响。PageRank 中心性主要用于有向网络，对无向网络而言，与度中心性比较类似，如果指标的 PageRank 中心性较大，说明该指标容易受到重要指标的影响。

5.5 基于兵棋推演数据的网络化体系能力评估方法验证

基于人在回路的兵棋推演产生的数据包含体系对抗过程产生的全维度、全要素和全样本数据，相对于一般的仿真系统。其最主要特点是包含人的认知和指控行为、多方博弈产生的对抗数据，在缺少实际作战数据的情况下最接近真实的作战数据，为评估包含认知域、信息域和物理域在内的体系整体动态行为提供可能。本节阐述基于兵棋推演数据的指标采集方法，确定指标选取策略和清单，并通过关键指标挖掘验证网络化体系能力评估方法的有效性。

5.5.1 基于兵棋推演数据的体系协同时序超网络模型构建

在实验中，地面和海上部队设定的步长为×分钟，对空中和信息部队设定的步长为×分钟，最终整合指标时步长设定为×分钟。

下面结合兵棋推演数据介绍体系协同时序超网络构建的过程，如图 5.11 所示。体系协同行为是一种抽象的逻辑关系，在兵棋推演产生的全时段数据中，除了作战文书中给出的部分协同关系，并没有直接的协同网络的数据。因此，需要采用数据挖掘技术和时序网络方法，结合联合作战特点和规律，对大量结构化数据、半结构化数据和非结构化数据进行重构，得到体系的多层时序网络模型。

1. 指控网的构建

指控网中的实体是体系中指控属性的抽象，连边为指挥员之间的协同关系。单方指控网构建过程如图 5.12 所示。指挥员之间的协同关系数据有多种来源，最主要的来源是仿真推演系统中指令下达形成的协同。例如，同一时间对同一地域下达的侦察指令，同一时间根据统一部署对不同作战部队下达的火力打击指令，其实就反映两个指控节点之间的协同等。

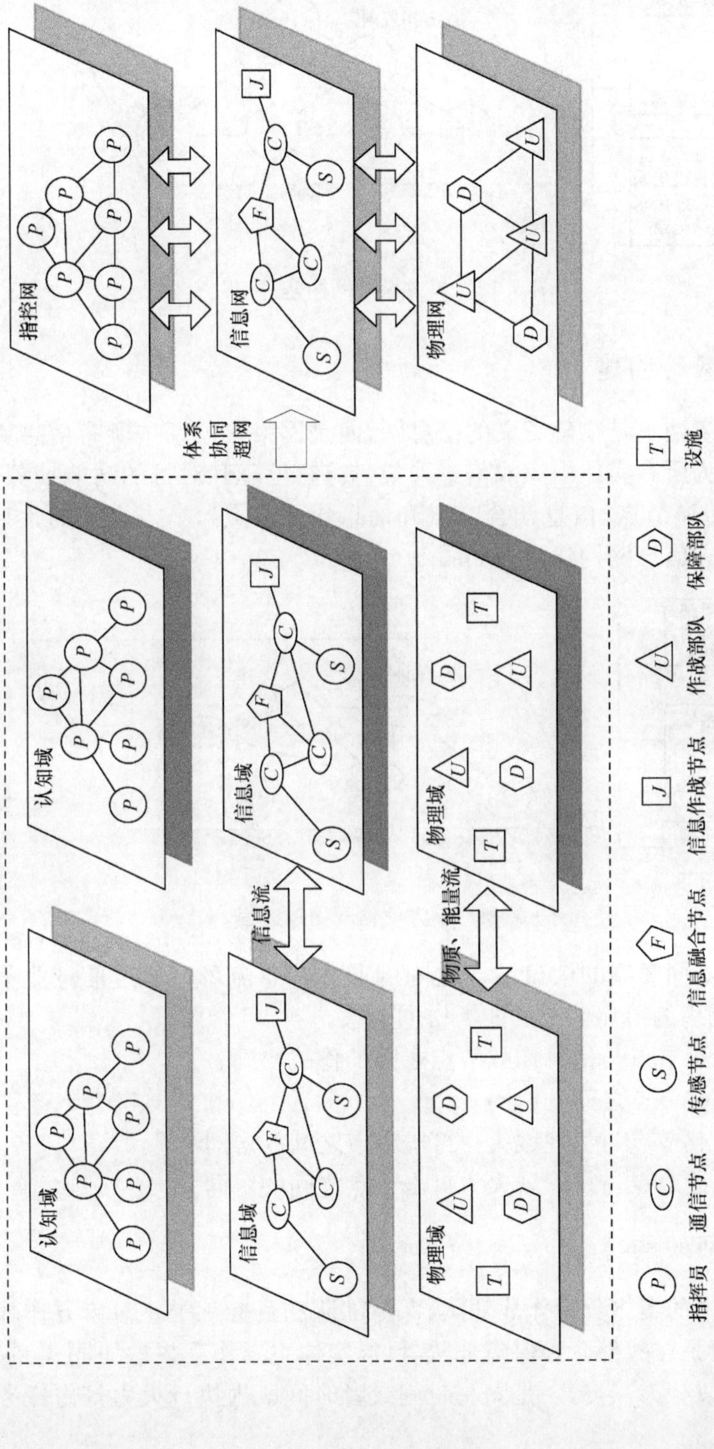

图 5.11　体系协同时序超网络构建的过程

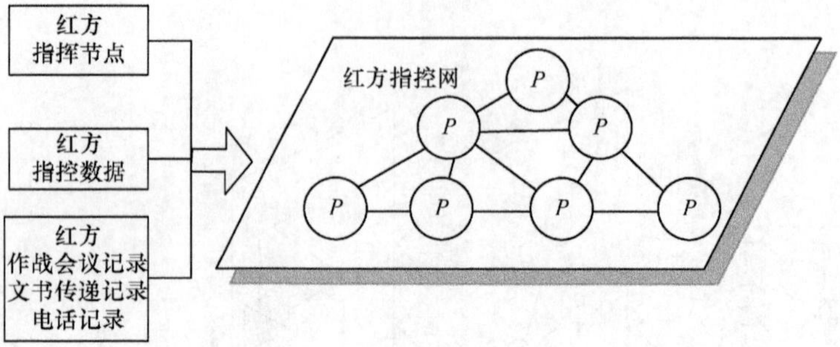

图 5.12　单方指控网构建过程

2. 信息网的构建

这里的信息网不是物理意义的信息网，而是网络化体系中所有信息属性的抽象集合。节点为所有实体中完成信息采集、传递、处理和对抗的功能抽象(信息采集节点、信息传递节点、信息融合节点和信息作战节点)，节点之间的关系为信息交互关系。单方信息网构建过程如图 5.13 所示。

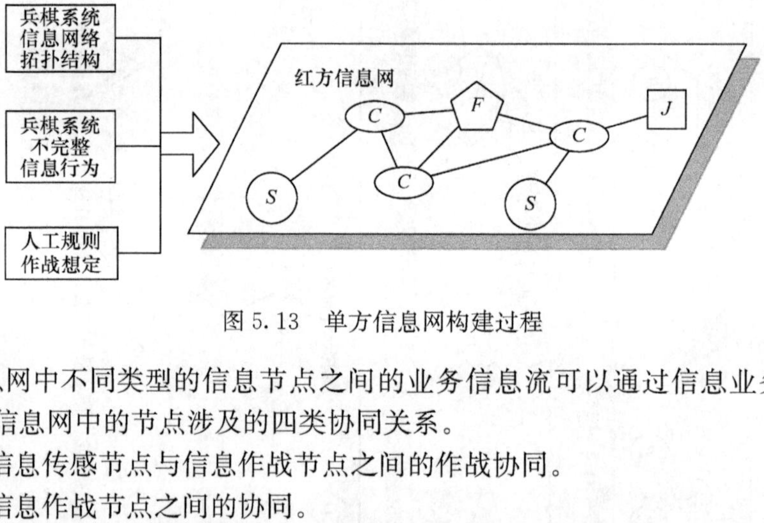

图 5.13　单方信息网构建过程

信息网中不同类型的信息节点之间的业务信息流可以通过信息业务行为数据获取，信息网中的节点涉及的四类协同关系。

① 信息传感节点与信息作战节点之间的作战协同。

② 信息作战节点之间的协同。

③ 信息传感节点与物理域火力打击节点之间的协同。

④ 信息作战节点与物理域火力打击节点之间的协同。

3. 物理网的构建

将物理域中的实体分为作战部队、保障部队和目标三类。对单方作战体系而言，其节点主要是作战部队和保障部队，目标实体主要作为提取协同关系的媒介。物理网协同可以分为三类，一是同一时刻或者时间段内执行火力打击任务或者机动任务的协同,二是同一地域或位置不同时刻的火力打击任务或者机动任务的协同,三是保障行动产生的保障关系(图 5.14)。

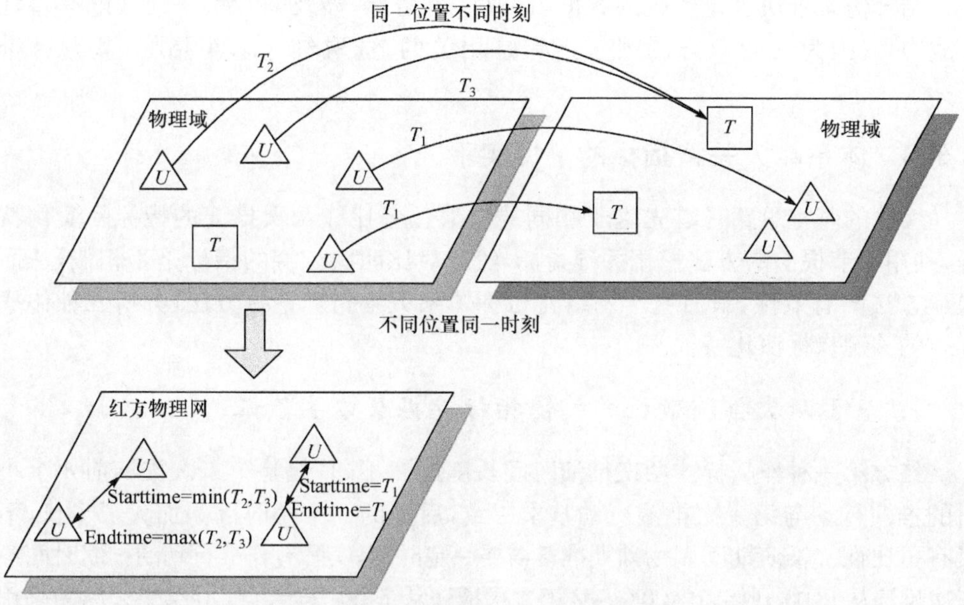

图 5.14　单方物理网的协同关系构建过程

5.5.2　体系能力评估初始指标集构建

1. 实验选取的兵棋推演数据想定背景

为满足分析需求,以兵棋推演数据为分析对象,构建 A、B、C 三种典型的联合作战样式下的虚构想定。为了得到更能体现作战意图的推演数据,对不同的作战样式,从大量的推演案例中分别选择不同次数、不同想定下的多次推演数据。对于第一种作战样式,选择 2 次不同的推演,2 次的天文时间均为 4 小时,其他两种作战样式各选择 1 次,具体作战时间和作战样式划分如表 5.4 所示。

表 5.4　兵棋推演作战时间和作战样式划分表

作战样式 / 起止时间	A	B	C	
	第一次推演(4 小时)	第二次推演(13 小时)	第二次推演(90 小时)	第二次推演(57 小时)
开始时间	20××-×-×7:00	20××-×-×4:00	20××-×-×8:00	20××-×-×21:00
结束时间	20××-×-×12:00	20××-×-×17:00	20××-×-×2:00	20××-×-×6:00

2. 初始指标集的选取

结合仿真推演系统生成的数据，选取×个指标，涉及陆、海、空、天、电等多种作战力量，因为红蓝双方的很多指标是相关的，选取红方×个指标，蓝方×个指标。

5.5.3 体系能力关键指标的挖掘实验

实验的基本思路是首先基于相同的作战任务比较两次推演的指标网演化特征，利用上节提出的方法挖掘关键指标，然后对比两次挖掘的指标是否相似，从而验证方法的有效性，最后基于网络化指标体系关键指标挖掘方法，分析三种作战样式的关键指标演化特征。

1. 基于两次推演数据的关键指标挖掘及方法验证

红方第一种作战样式两次推演时间长度虽然不同，但是第二次推演前 4 个小时的推演行动与第一次推演行动基本一致，后面的 9 个小时因为加大了步长，不具有可比性。推演期间因为前期准备需要一定时间，实际有作战行动的推演时间第一次推演从 8:00 开始，12:00 结束，第二次推演从 7:00 开始，11:40 结束。因为采用移动时间窗口函数计算相关性和时延，步长为×分钟，选定的窗口数为×，时间窗口为×分钟，得到的相关性是在 200 分钟时间总体考虑的前提下得到的，所以第一阶段两次推演得到有效的数据时间分别为 8:00～9:00 和 7:00～8:00。根据前面分析试验的结果，设定指标相关性大小的阈值为 P，社团划分采用 Louvain 算法。

(1) 基于改进主成分方法的社团特征指标挖掘及对比验证

基于社团特征指标挖掘得到的关键指标是在多个时刻社团挖掘的特征指标基础上得到的聚合结果，能够提供相应作战样式的主要特征。实验中，红方一共×个指标，设定方差贡献率大于 80%。第一次推演时整个作战过程六个时刻指标网中形成的社团特征指标总数为 92 个，通过社团特征指标挖掘最后得到 25 个综合指标，压缩率达到 27%；第二次推演时社团特征指标总数从 120 个减少到 33 个，说明降维的效果比较明显。表 5.5 和表 5.6 分别列出了两次推演各个时刻社团划分的数量及对应的社团特征指标个数，以及最后得到的总的社团特征数量清单。

表 5.5 红方第一种作战样式第一次推演社团演化的特征指标清单

时间	社团划分	社团特征指标数量	社团特征指标总数
8:00	52,34,33,28,20	1,3,3,4,1	12
8:10	57,37,36,18,17	4,3,3,1,1	12

续表

时间	社团划分	社团特征指标数量	社团特征指标总数
8:20	51,45,43,26	5,1,3,3	12
8:30	50,42,39,34	2,4,4,2	12
8:40	59,52,45,11	6,3,2,3	14
8:50	74,47,27,21	3,5,5,4	17
9:00	55,48,37,27	1,4,4,4	13
合计	所有时刻的社团特征共有 92 个,主成分分析后为 25 个		

选取红方第一个作战样式的特征指标中的两个进行分析,发现第一个特征指标中的系数靠前的十个指标 ID 依次为(181,138,144,74,207,279,267,199,249,25)。

表 5.6　红方第一种作战样式第二次推演社团演化的特征指标清单

时间	社团划分	社团特征指标数量	社团特征指标总数
7:00	56,46,38,34,5	2,5,4,5,1	17
7:10	56,47,47,3,25	3,7,3,1,3	17
7:20	73,41,37,26,5	2,6,6,4,2	20
7:30	64,58,47,17	5,5,5,3	18
7:40	74,56,18,40	3,8,1,6	18
7:50	66,47,47,26	3,3,4,5	15
8:00	75,62,38,10	2,5,6,2	15
合计	所有时刻的社团特征共有 120 个,主成分分析后为 33 个		

选取最后一个特征指标,其最靠前的十个指标对应的 ID 为(28,79,285,45,245,253,239,228,238)。

从上述两个指标中可以看出,大多数都与作战样式 A 的任务相关。

要验证基于社团特征指标挖掘特定作战任务特征指标的方法是否有效,必须在同一任务下,对多次执行相同作战任务时挖掘出的指标进行对比,分析多次相同任务挖掘出的指标集合之间是否具有较大的相似性,如果两次得到的特征指标集非常相似,两个特征集合得到的并集就可以约简 50%左右;反之,如果两次结果不相关,那么两者的并集几乎不能约简。采用主成分分析方法对两组指标集合的并集进行降维,如果两组指标非常相似,那么最终得出的经过降维后的指标数量应该介于两组指标之间;反之,如果两组指标完全不同,即两组指标向量完全线性无关,则不能实现降维的效果。

实验最终得到累计方差贡献率向量为

ω_p=[0.055　0.1009　0.1436　0.1832　0.2207　0.2567　0.2923　0.3265
0.3563　0.3844　0.4120　0.4388　0.4641　0.488　0.5111　0.5332
0.5545　0.5755　0.5957　0.6155　0.6345　0.6530　0.6712　0.6881
0.7048　0.7212　0.7370　0.7526　0.7674　0.7814　0.7951　0.8084
0.8212　0.8338　0.8463　0.8580　0.8685　0.8789　0.8890　0.8984
0.9073　0.9161　0.9243　0.9322　0.9397　0.9470　0.9538　0.9602
0.9660　0.9716　0.9769　0.9815　0.9859　0.9898　0.9930　0.9959
0.9981　1.000]

不同累计方差贡献率对应降维后的指标数量如表 5.7 所示。

表 5.7　不同累计方差贡献率对应降维后的指标数量

累计方差贡献率/%	对应的指标数量
60	20
65	22
70	25
75	28
80	32
85	36
90	41
95	47
99	55

因为两次推演得到的特征指标数量分别为 25 和 33，总数为 58，结合 ω_p，由表 5.7 可知，单个成分的方差贡献率都不高，如果要达到 80%的方差贡献率至少需要 32 个指标，介于 25～33。如果方差贡献率小于 80%，则得到的降维后的指标集合不具有代表性，不能代替两个指标的并集，说明两次指标集具有较好的相似性，已经不能再约简，从而验证了针对特定任务挖掘社团特征指标来评估体系能力的方法是有效的，最终设定方法贡献率阈值为 85%，确定 36 个特征指标的系数。

(2) 基于社团演化分析的线索指标挖掘

不同的作战样式有不同的作战任务，但是针对特定的作战任务，应该有比较相似的指标。通过对多次执行相同任务的推演数据分析，就可以发现贯穿特定任务的线索指标。运用式(5.22)分别对第一种作战样式两次推演期间社团演化过程进行匹配度分析，可以得到如图 5.15 和图 5.16 所示的演化过程。

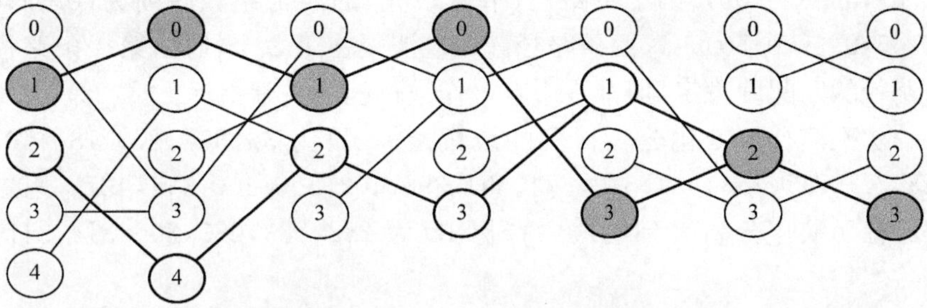

图 5.15　红方第一种作战样式第一次推演无向指标网社团演化线索

表 5.8　红方第一种作战样式第一次推演无向指标网社团演化匹配系数

时间	8:00～8:10	8:10～8:20	8:20～8:30	8:30～8:40	8:40～8:50	8:50～9:00
匹配系数	0.35	0.50	0.49	0.79	0.27	0.43
	0.79	0.39	0.51	0.67	0.63	0.44
	0.62	1.00	0.69	0.41	0.64	0.58
	0.61	0.43	0.38	0.60	0.60	0.36
	0.48	0.50				

从图 5.15 能够找到两条比较明显的贯穿整个演化过程的线索，第一条路径(节点填充)的匹配系数序列为(0.79，0.50，0.51，0.79，0.60，0.58)，第二条路径的匹配系数序列为(0.61，0.50，0.69，0.60，0.60，0.58)。两条路径最终合并成一个社团。两条路径中的匹配系数都大于 0.5，说明每一次社团演化都保留了较多相同的指标，这两条主线中的指标是影响该作战样式任务的两条主线指标。

第二次推演时，虽然能够找到不同时刻社团演化的关系，但是并没有找到线索指标，因此将时间向后推迟五分钟，即 7:05～8:05 每隔十分钟计算一次，得到的社团演化过程如图 5.16 所示。第一条路径的匹配系数序列为(0.7，0.40，

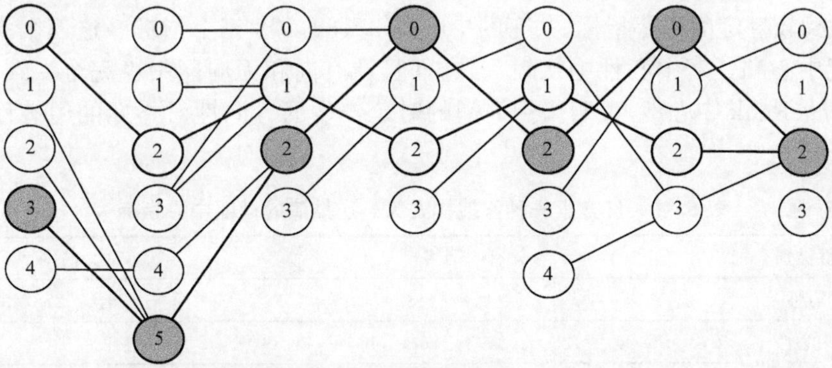

图 5.16　红方第一种作战样式第二次推演无向指标网社团演化线索

0.28,0.37,0.38,0.50),第二条路径(节点填充)的匹配系数序列为(0.74,0.41,0.37,0.45,0.49,0.50)。这两条路径最终也汇聚在第2个社团,第一条路径不如第二条路径的匹配度稳定,但都是影响该作战过程的线索指标。

第一次推演社团演化分析得到的线索指标ID为38,39,117,118,119,121,128,228,277,317,353,354,370,374,394,398,402,406,410,414,427。第二次推演过程经社团演化分析得到的线索指标ID为282,283,285,306,314,317,346,353,354。

表5.9　红方第一种作战样式第二次推演无向指标网社团演化匹配系数

时间	7:05~7:15	7:15~7:25	7:25~7:35	7:35~7:45	7:45~7:55	7:55~8:05
匹配系数	0.70	0.43	0.42	0.45	0.39	0.50
	0.35	0.50	0.28	0.46	0.38	0.64
	0.34	0.40	0.37	0.37	0.49	0.46
	0.74	0.52	0.67	0.40	0.62	0.38
	0.34	0.41		0.40		

(3) 基于中心性的中心指标挖掘及验证

不考虑社团和考虑社团两种情况,分别采用度中心、介数中心、紧密中心、特征向量中心和PageRank中心等多种方法对有向指标网和无向指标网挖掘多个时刻动态指标网形成指标网序列中的关键指标。

① 基于社团中心节点的指标网中心指标挖掘。

实验时,每个时刻的每个社团各选取相应中心性排名靠前的前20个节点作为当前时刻指标网的社团中心指标,然后寻找各个时刻社团中心节点共有的节点,其中PageRank算法选取自由参数$\alpha=0.85$。表5.10和表5.11分别列出了红方第一种作战样式两次推演的社团中心节点挖掘结果。

表5.10表明,第一次推演期间从红方的有向动态指标网和无向动态指标网都能找到较稳定的中心指标,共有的中心是35,62,278三个指标。这三个指标不但在度中心和紧密中心性中比较一致,而且在有向和无向网中也完全一致,差别在于PageRank中心性,说明指标之间的时延产生的方向性对指标的中心性有较大的影响。

表5.10　红方第一种作战样式第一次推演的社团中心指标

中心性类别	有向网络	无向网络
度中心性	35,62,278,433	35,62,278,433
入度中心性	19,21,25,26,27,28,33,34,35,41,45,46,47,48,59,61,62	—
出度中心性	414,422,423,425,426,427,429,430,431,433,441,443,445	—

续表

中心性类别	有向网络	无向网络
介数中心性	256,278	256,278
紧密中心性	35,62,278	35,62,278
特征向量中心性	—	61,62,278,429,433,441
PageRank 中心性	19,21,25,26,27,28,29,33,34,35,37,38,39,40,41,45,46,47	35,62,256,278
共有指标	35,62,278	35,62,278

表 5.11　红方第一种作战样式第二次推演的社团中心指标

中心性类别	有向网络	无向网络
度中心性	61,62,399,403	61,62,399,403
入度中心性	19,21,25,27,33,34,35,37,38,39,41,46,59,60,61,62	—
出度中心性	399,403,417,421,427,429,430,431,433,438,442,443,445	—
介数中心性	236,237,256	无
紧密中心性	61,62,399,403	61,62,399,403
特征向量中心性	—	37,39,61,62,362,399,403
PageRank 中心性	19,21,23,25,27,28,29,33,34,35,37,38,39,41,45	62,399
共同指标	61,62,399,403	61,62,399,403

从表 5.11 可以发现，在第二次推演中，61，62，399，403 等四个指标在两类网络中都有。

从同一个作战样式的两次推演过程来看，社团中心节点呈现出大致相同的特点，并且存在大量类似的中心节点，验证了本章挖掘指标的有效性。在两次推演中，多个类别的中心性方法得到的社团中心节点都包含 ID 为 62 的指标，说明该指标很可能是 A 类任务中比较有代表性的指标。

② 不考虑社团的指标网中心指标挖掘。

分别采用多种中心性计算方法，首先直接寻找每个时刻的网络中心，然后计算在全时段上重合的节点。实验在每个时刻选取最靠前的 20 个中心节点，同样采用有向网络和无向网络两种方法，最终得到的结果与基于社团中心节点得到的中心指标完全一致，因此未列出结果。这说明社团的中心节点确实具有很强的代表性，可以作为体系能力评估的中心指标。

2. 第二次推演期间各作战样式关键指标挖掘

为比较不同作战样式的不同特点，实验选取第二次推演 A、B、C 等三种作战样式进行对比，三种作战样式选取的时间段分别为×月×日 7:00～8:00，×月×日 8:00～9:00，×月×日 21:00～22:00，因为第一种作战样式已经在前面进行了分析，下面主要对 B、C 两种作战样式进行分析。

(1) 基于改进主成分方法的社团特征指标挖掘

对 B 和 C 作战样式推演应用社团特征指标挖掘，以 85%为方差贡献率阈值，分别得到 11 个和 30 个特征指标，从中随机选取第 10 个和第 22 个指标进行分析。

从 B 作战样式指标集中选取第 10 个特征指标，其系数排名靠前的 10 个指标 ID 分别为(61,161,221,224,229,232,267,270,286,443)，对应的指标含义略，这些指标与 B 作战样式的任务都显著相关。

从 C 作战样式的特征指标中选取第 22 个特征指标，其系数排名靠前的 10 个指标 ID 分别为(158,263,287,293,309,378,423,426,442,443)，对应的指标含义略。这些指标与 C 作战样式的任务都显著相关。

(2) 基于社团演化分析的线索指标挖掘

实验得到 B 作战样式的线索指标 ID 为(198,202,206,394,398,401,402,406,410,414,422,426,430,438)，对应的指标可以分为两大类。第一类为干扰类(198,206,394,398、406,410,414,422,426、438)。第二类为实力类(202、401、402、430)。

实验得到 C 作战样式的线索指标可以分为三类。第一类(112,113,120,125,130)主要是物理网的协同指标。第二类(250,326,330,334,338)主要是信息作战指标。第三类(25)主要是后勤类指标。

(3) 基于中心性的中心指标挖掘

因为社团中心指标与不考虑社团时的网络中心基本一致，所以只需做一种分析即可，实验得到如表 5.12 和表 5.13 所示的社团中心指标列表。

对于 B 作战样式，从社团中心指标来看，PageRank 中心指标大多为物资保障类指标(21～40)，共同指标(252、356、386、399、403)都是信息作战类指标。

表 5.12　红方第二次推演 *B* 作战样式的社团中心指标

中心性类别	有向网络	无向网络
度中心性	21,356,386,399,403	21,356,386,399,403
入度中心性	19,21,28,29,33,34,35,37,38,39,40,41,45,46,47	—
出度中心性	403,410,413,414,415,417,418,422,426,427,429,430,431,433,438	—
介数中心性	240,260,289,326,334,356	21,356,418,421
紧密中心性	21,28,356,386,399,403,433	21,28,356,386,399,403,433

续表

中心性类别	有向网络	无向网络
特征向量中心性	—	252
PageRank 中心性	19,21,25,26,27,28,29,33,34,35,37,38,39,40,41,45,46,47	21,28,326,334,356,386,399,403,418
共同指标	21,28,356,386,399,403	21,28,356,386,399,403

对于 C 作战样式，有向网出度中心指标分为三类，即红方信息作战类(394,398,399,403,406,415,417)、部队实力类(438)和侦察类(442)。

无向网挖掘社团中心指标分为三类，即信息作战类指标(198、202)、后勤类(25、38 和 237)、协同类(111)。

表 5.13　红方第二次推演 C 作战样式的社团中心指标

中心性类别	有向网络	无向网络
度中心性	111,198,237	38,111,198,202,237
入度中心性	21,25,26,28,29,35,38,41,45,59,111	—
出度中心性	370,390,394,398,399,403, 406,415,417,438,442	—
介数中心性	236,237	25,236
紧密中心性	198,237	38,111,198,202,237
特征向量中心性	—	38,111,198,202,237
PageRank 中心性	19,21,23,25,26,27,28,29,31,33,34,35,36,38,39,40,41	111,198,202,237
共同指标	111,198,237	38,111,198,202,237

5.5.4　基于关键指标体系的体系能力评估和测量

以第二次推演 B 作战样式完整过程为例，分别选择基于社团的特征指标、基于社团演化分析的线索指标、基于中心性的中心指标对作战过程的指标演化过程进行分析，并基于关键指标构建体系能力的结果云。

1. 基于关键指标的演化分析

(1) 基于社团特征指标的演化分析

前面已经对 B 作战样式推演进行了社团特征指标分析，得到的指标集合共有 11 个，选取其中四个指标可以得到其演化过程(图 5.17)。

从图中可以发现，四个指标的分离度较高，分别代表体系不同方面能力的演化趋势。这四个指标对应的占比较高的前十个分量分别为(234,225,61,442,

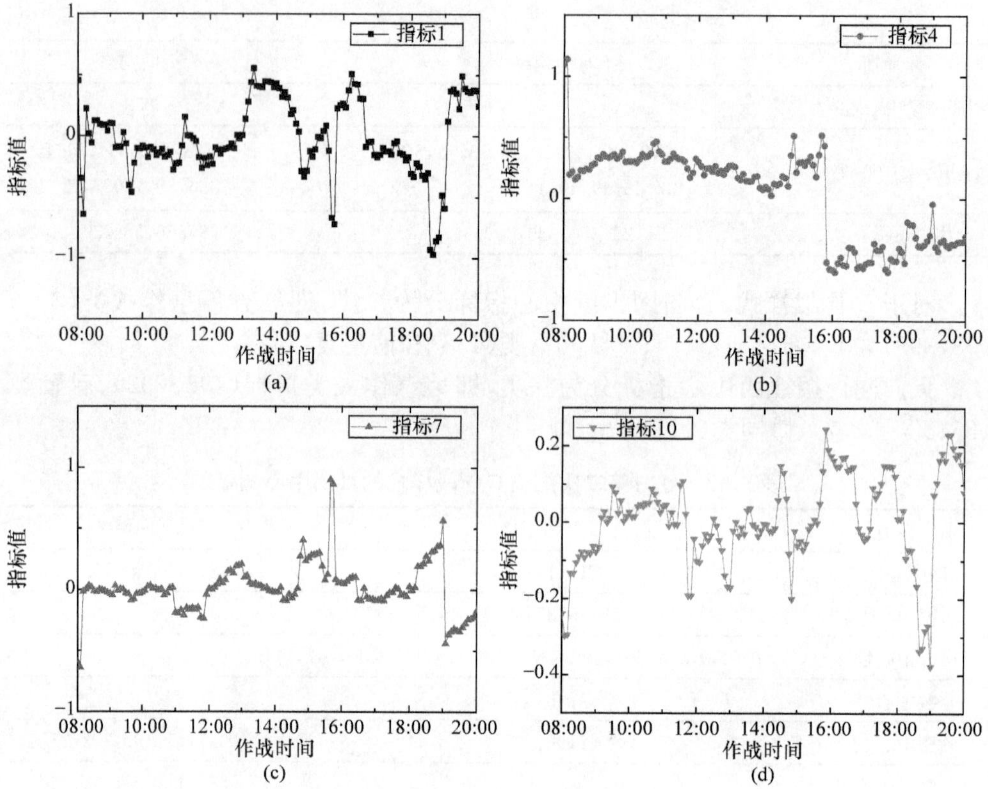

图 5.17　红方第二次推演 B 作战样式的社团特征指标演化

164,135,53,140,290,445),(161,164,445,61,140,229,221,136,293,442)、(61,286,224,232,135,262,287,136,229,221)、(224,232,61,161,443,229,221,270,286,267)。对比可以发现,重合的指标非常少,说明指标提取比较合理。

(2) 基于中心指标和演化指标的演化分析

选取部分中心指标(252,386)和线索指标(198)进行分析,可以得到如图 5.18 所示的指标演化。

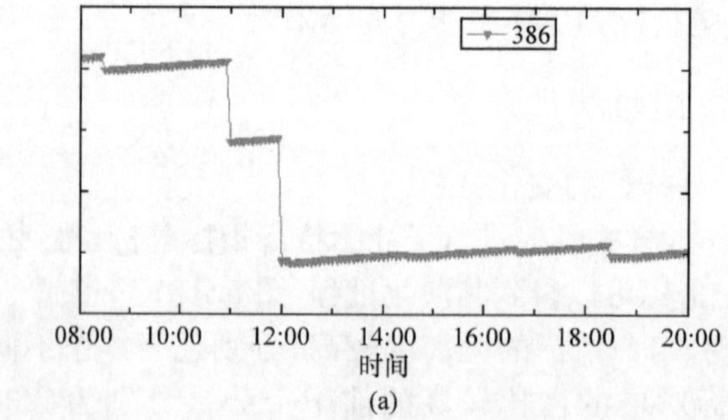

(a)

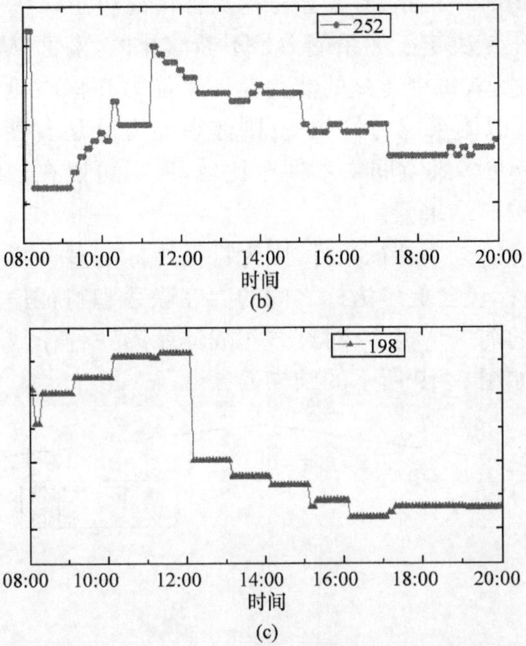

图 5.18　红方第二次推演 B 作战样式的中心指标和线索指标演化

在图 5.18 中，(198，252，386)对应的指标分别为蓝方电子干扰强度、红方空中飞行的侦察机数量和红方探测蓝方部队的累计时延。由此可知，红方探测蓝方部队的累积时延(386)在 11:00～12:00 发生突变，因为该时间段内红方空中飞行的侦察机数量(252)和蓝方电子干扰强度(198)这两个指标也都有较大变化，都可能是造成红方探测时延突然变小的原因。进一步分析发现，首先是红方侦察机数量的增加(11:10)导致第一次变化，然后蓝方电子干扰强度在该时间段的最后才发生较大变化，很可能只是红方侦察机数量增加产生的影响。

2. 基于特征指标的体系能力结果云构建

体系能力的社团特征指标、体系社团演化线索指标和体系中心指标都是体系能力关键指标的一种。社团特征指标的含义相对模糊，但是能够最大限度地代表体系能力的典型特征，可以认为是涌现性指标。社团演化线索指标是指那些贯穿体系演化过程的核心指标，它们不一定都是中心，但是参与了体系能力演化的全生命周期，通过影响线索指标，可能对体系能力产生较大的影响。体系中心指标其实是始终居于体系动态指标网中心的指标，不同的计算方法得到的中心指标含义是不同的。它们代表三类关键指标，线索指标和中心指标有时候会有一定的重合。这说明这些指标很可能有多种作用，往往是控制和引导体系的首选指标。具体在体系评估时选用哪一种指标，需要根据具体情况决定。

体系结构的演化性决定了体系能力是不断演化的，前面从时间的角度分析体系能力指标的演化过程，每个时刻的能力是体系能力在该时刻的一个相。如果不考虑时间作用，仅考虑体系能力的相变，则体系能力就是多维空间中一系列散点构成的结果云，因为在多维空间中不便于比较，所以可以在三维空间或二维空间选取相应的指标来构建结果云。

构建结果云更应该选用特征指标，因为特征指标是多个指标涌现出的更高层次的指标，比单个指标包含更多指标之间的内在联系和特征信息。本章选用构建的特征指标集合中的前三个指标，对红方作战体系第一种作战样式两次推演过程进行比较可以得到如图 5.19 所示的结果云。

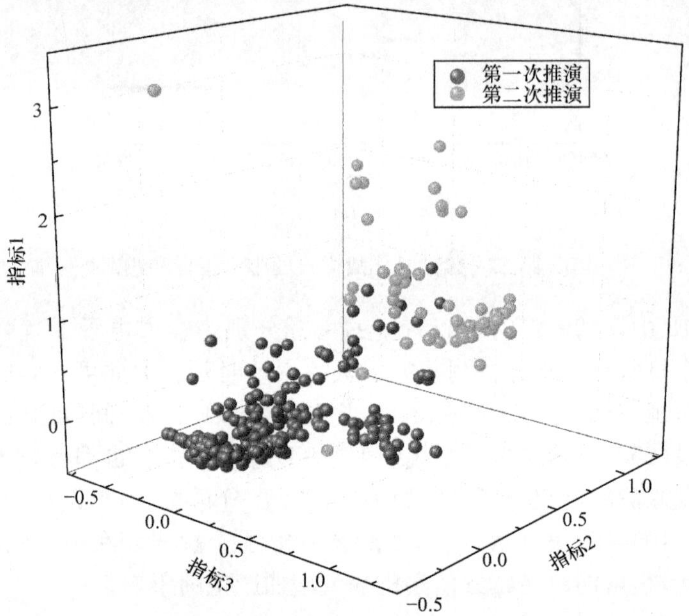

图 5.19　红方作战体系在两次推演中的能力结果云对比

在构建三维坐标时，因为最终得出的特征指标是按照方差贡献率大小排序的，其可以看出，第二次相对第一次的能力要强，因为推演时间不同，第一次推演产生的数据较多，第二次产生的数据相对较少，需要进一步验证。指标值出现负值是因为最终的特征指标都是与均值相减得到的差值，表示偏离均值的程度。

对于一次体系对抗过程而言，作战双方的使命任务往往不同，例如在 A 作战样式作战中，红方的使命是尽可能地毁伤或瘫痪蓝方重要目标。但是，蓝方因为处于明显弱势，其使命任务是在受到火力打击的前提下尽可能保存战斗力，选用相同的指标集来评估双方体系显然不合理。如果双方体系的使命任务相同，则可以选用相同的指标进行对比。

在实际应用中，可以根据多次演习或作战的数据，对体系的能力进行监控，得到体系能力的全维度、全样本数据，在此基础上就可以实现对体系能力的诊断，为体系能力的引导控制提供决策依据。

5.6 本章小结

作战体系能力的整体涌现性、动态演化性和相对性决定了体系能力评估只能在整体、动态、对抗的条件下通过对体系不断地动态测量才能实现。本章围绕网络化体系的复杂系统特征，以复杂网络理论和大数据分析方法为手段，提出一套基于大数据的网络化体系能力评估方法，并结合仿真推演系统推演数据进行验证。

1. 提出基于大数据的网络化体系能力评估框架

通过现有典型体系能力评估框架在体系能力生成机理、评估指标体系结构和指标聚合方法等方面存在的问题分析的基础上，围绕如何实现指标网、涌现和、结果云的三个转变，提出基于大数据的网络化体系能力评估框架。建立作战体系超网络概念模型，基于作战数据、评估指标与体系概念模型的统一性，提出依据超网络概念模型和指标模型提取数据、基于大数据分析指标相关性、基于复杂网络理论挖掘关键指标的从体系对抗大数据到体系能力关键指标的完整评估流程。

2. 建立网络化体系能力的评估指标模型

体系能力往往通过特定的指标来表现。指标模型是体系能力评估的基本依据，基于大数据的体系能力评估需要大量的基础指标来构建初始指标集合。首先，按照体系整体特性将体系能力指标划分为资源性能类、网络化结构类、整体效果类和使命任务类。然后，分别对各类指标的内涵、特点和层次划分进行分析，阐述各类指标之间的相互关系。最后，建立各类典型指标的模型，分析各个指标的度量方法，特别是针对网络化结构类指标，建立体系协同时序超网络模型作为网络化结构类指标提取的基础。

3. 提出构建动态指标网和挖掘关键指标的方法

首先，分析指标关联关系的动态演化特点和时延效应。其次，对典型的大数据相关关系分析方法和时延计算方法进行研究，提出基于移动时间窗口和最大信息系数的指标时间序列时延及相关性计算方法。再次，提出构建无向动态指标网和有向动态指标网的方法，对典型的社团划分方法进行分析，并对多种社团挖掘算法进行对比实验。最后，在对动态指标网进行社团演化分析的基础上，提出基于改进主成分分析方法的体系社团特征指标、基于社团演化相似度匹配的特定任务线索指标和基于网络中心性的中心指标等三类关键指标的挖掘方法。

4. 基于兵棋推演数据对网络化体系能力评估方法进行实验验证

首先，阐述基于兵棋推演数据采集指标和构建体系协同超网络的方法，确定指标选取策略和清单。然后，基于同一作战样式的两次推演数据对关键指标挖掘方法进行实验验证，并运用关键指标挖掘方法对不同作战样式的兵棋推演过程进行演化分析，提出基于社团特征指标构建体系能力结果云的方法。

参考文献

[1] 阿尔文·托夫勒. 第三次浪潮. 黄明坚，译. 北京：中信出版社，2006.

[2] 杨镜宇，胡晓峰. 基于信息系统的体系作战能力评估研究. 军事运筹与系统工程，2011，25(1)：11-14.

[3] Joint operational access conception(JOAC). http://www.defense.gov/pubs/pdfs/JOAC_Jan%202012_Signed.pdf[2018-6-10].

[4] 张最良，李长生，赵文志，等. 军事运筹学. 北京：军事科学出版社，2002.

[5] 秦寿康. 综合评价原理与应用. 北京：电子工业出版社，2003.

[6] 魏瑜，马开平. 相关分析的误用表现与解决方案. 统计与决策，2015，422(2)：86-88.

[7] 李国杰，程学旗. 大数据研究：未来科技及经济社会发展的重大战略领域：大数据的研究现状与科学思考. 中国科学院院刊，2012，27(6)：647-657.

[8] 刘晓欣. 互信息多元时间序列相关性分析变量选择. 大连：大连理工大学硕士学位论文，2013.

[9] 樊重俊，张兰英. 社会经济时间序列非线性相关分析方法//Proceedings of the International Conference on Engineering and Business Management，2010：5213-5216.

[10] Székely G J，Rizzo M L，Bakirov N K. Measuring and testing independence by correlation of distances. The Annals of Statistics，2007，35(6)：2769-2794.

[11] Székely G J，Rizzo M L，Bakirov N K. Brownian distance covariance. The Annals of Statistics，2009，3(4)：1236-1265.

[12] 张静思. 高维特征筛选和时间序列下的模型选择. 济南：山东大学博士学位论文，2013.

[13] 梁吉业，冯晨娇，宋鹏. 大数据相关分析综述. 计算机学报，2016，39(1)：1-17.

[14] 蒋杭进. 最大信息系数及其在脑网络中的应用. 武汉：中国科学院武汉物理与数学研究所硕士学位论文，2013.

[15] Reshef D N，Reshef Y A，Finucane H K，et al. Detecting novel associations in large data sets. Science，2011，334：1518-1524.

[16] 姜高霞，王文剑. 时序数据曲线排齐的相关性分析方法. 软件学报，2014，25(9)：2002-2017.

[17] 王雪松，谷阳阳，程玉虎. 基于复杂网络的时延基因调控网络构建. 电子学报，2010，38(11)：2518-2522.
[18] 行鸿彦，唐娟. 时延估计方法的分析. 声学技术，2008：27(1)：110-114.
[19] 汪小帆，李翔，陈关荣. 网络科学导论. 北京：高等教育出版社，2012.
[20] 魏旭. 基于主成分的特征融合及应用. 成都：电子科技大学硕士学位论文，2008.

第6章　防空体系能力评估网络化指标体系构建方法

6.1　防空体系能力评估问题概述

在现代信息化战争中，防空体系是集侦察预警、火力拦截、指挥控制、网络通信、电磁对抗等系统于一体的复杂体系。各组分系统之间交互频繁，具有典型的复杂性特征。防空作战体系能力是防空体系在完成使命任务的对抗过程中通过组分系统间的动态交互涌现出来的，并随着体系的演化而不断发展变化。防空体系能力评估是防空作战体系分析中不可缺少的重要环节，也是一个难题。

6.1.1　防空体系的基本概念

1. 防空武器装备系统与防空武器装备体系

防空武器装备系统是指由若干存在相互联系、相互依赖、相互作用关系的防空作战武器装备单元组成的具有特定功能的有机整体，如侦察预警系统、指挥控制系统、火力拦截系统、电磁对抗系统等[1]，简称防空系统(air defense system)。

防空武器装备体系通常是指为完成防空作战任务，由防空系统组成的更高层次的系统。防空体系中各系统之间通常是相互依存的关系，存在交互、耦合、演化和涌现等行为，是一个整体，不可分割[2,3]，简称防空体系(air defense system of system)。

2. 防空体系能力与防空体系能力指标

防空体系能力是防空体系在完成使命任务的对抗过程中通过组分系统间的动态交互涌现出来的新的整体能力，并随着体系演化不断发展变化，具有涌现性、进化性、动态性等复杂特性，而不是各组分系统能力的简单和。本章在研究防空体系时，对防空体系能力与防空体系效能不作严格的区分[4]。

防空体系能力指标是指衡量防空体系整体作战能力的度量。防空体系能力指标是度量防空体系在完成作战任务的过程中，所能支配的资源和所具备的运用资源手段和效果的工具，是防空体系作战能力评估的基础。

6.1.2 防空体系能力评估面临的主要问题

武器装备体系的研究首先要回答武器装备体系的整体作战能力评估问题，但传统的体系能力评估方法是基于还原论思想的评估方法，一般先建立树状指标体系，再进行单项能力评估，最后进行综合能力评估。构建树状能力指标体系必须遵从的原则包括客观性、独立性、针对性、完备性、简明性、可测性等。核心原则是完备性和独立性，但体系只有在静态或者弱动态条件下才能满足上述原则，一旦处于动态、对抗的条件时，构建的树状指标将无法满足独立性、完备性等原则，难以有效评估体系能力。因此，胡晓峰教授团队提出体系能力评估要实现三个转变[5]。

① 抛弃体系能力可分解合并的假设，把传统体系能力评估指标的简单和转变为涌现和。

② 抛弃体系能力评估指标的独立性假设，把传统体系能力评估的指标树转变为指标网。

③ 抛弃体系能力评估结果单一性假设，把传统体系能力评估结果的单一值转变为结果云。

本章正是在此评估理论指导下，开展防空武器装备体系能力评估研究。

防空体系能力指标是度量防空体系在完成作战任务过程中所能支配的资源和具备的运用资源手段和效果的工具，是防空体系作战能力评估的基础。防空体系能力评估指标作为衡量体系作战能力的依据，其选取是否合理，关系到能否有效分析、定量评价防空体系的作战能力，进而影响防空体系作战资源的优化和决策质量。目前防空体系能力评估仍然停留在传统方法上。

用网络化指标体系代替以传统还原论思想为依据、以指标独立性和完备性为原则选取的树状指标体系，已成为评估防空体系作战能力的基本思路[1,2]。然而，体系作战的复杂性特点带来的能力指标之间非线性、不确定性、级联涌现等复杂性特征对构建网络化指标体系提出两方面的挑战。

(1) 如何度量指标之间的关联关系

度量各指标之间的关联性是构建网络化指标体系的前提。传统指标间关联关系的度量方法大多采用典型相关分析法、灰色关联度分析法、PDA 分析方法等，用 Pearson 系数、Spearman 系数等表示关联度[6-9]。这些方法先假定防空指标之间的关系符合线性、指数或周期性等特定关系或者正态性假定等条件才能度量指标之间的关联性，这显然难以准确、全面地描述防空体系作战指标之间非线性、不确定性的复杂关联关系。因此，需要构建一种与关系类型无关的、具有鲁棒性和普适性的度量指标之间关联关系的挖掘方法。

(2) 如何通过网络化的关联关系涌现体系能力指标

防空体系能力是体系中各组分系统通过网络化交互、相变产生的整体性效果，具有 $1+1\neq2$ 的涌现性和不可分解性特征。传统树状分解合并的体系能力指标选取方法大多忽略指标之间的关联关系，采用局部指标简单求和或者简单乘积的方式得到整体能力，虽然在一定程度上反映体系能力整体性特点[7-17]，但无法反映体系网络化交互导致的级联涌现性[4]。

综上所述，本章主要解决两个问题：一是如何在整体、动态、对抗条件下选取能够有效评估防空复杂体系能力的防空体系能力代表性指标？二是如何构建能够反映防空体系能力级联涌现等复杂特性的防空体系指标网？

6.1.3 防空体系能力评估的思路

防空体系是典型的复杂体系，具有涌现性、进化性、动态性等复杂特性。防空体系的复杂特性使传统的指标方法难以客观有效地度量防空体系能力，数据挖掘技术和复杂网络技术与基于武器装备体系仿真试验床的仿真技术相结合为破解防空体系能力评估难题提供了思路。

(1) 防空体系作战仿真实验与现代数据挖掘技术相结合挖掘防空体系能力代表性指标

防空体系作战仿真实验和数据挖掘技术的结合为解决防空体系能力指标的选取问题提供了可行的途径。基于武器装备体系综合仿真试验床的防空体系仿真实验能够获取并记录防空体系作战的多视角、全维度数据，描述作战实体自适应行为涌现出的体系行为规律。数据挖掘方法强调从仿真实验得到的基础指标参数入手，将数据中的重要信息提炼出来，把具有错综复杂关系的大量组分系统基础指标聚合涌现出少量能够描述体系能力的指标。在不失去主要信息的前提下，简明扼要地把握体系的本质特征，为研究不确定条件下战争复杂系统的能力评估问题提供了一种新的思路。

(2) 现代数据挖掘技术与复杂网络技术相结合构建防空体系指标网

现代数据挖掘技术和复杂网络技术相结合为构建防空体系指标网提供了可行的途径。以武器装备体系综合仿真实验床中防空体系作战实验的全样本数据为基础，现代数据挖掘技术能够从防空体系仿真实验获取的基础指标参数中度量各指标间的关联强度，挖掘各指标之间的关联关系。复杂网络技术能够构建科学的指标网模型，以防空指标为节点、指标间关联强度为边构建基础指标网络，在此基础上划分功能社团，进而涌现出高层次体系能力指标，为构建反映级联涌现等复杂特性的防空体系指标网提供了一种新的思路。

6.2 防空体系评估的作战仿真实验方法

传统单方、静止、确定的实验方法获取的数据难以表现出防空体系能力的整体涌现性、动态性和进化性，而武器装备体系仿真试验床是一种新型的武器装备体系研究平台，强调在动态对抗中研究武器装备体系，采取多维比对等方法展现武器装备体系内部各组分之间多网联动产生的自组织、自适应、涌现、坍塌和不确定等复杂现象。因此，针对防空体系能力评估问题，利用武器装备体系仿真试验床设计构建整体、动态、对抗的防空体系仿真实验，并通过不断改变实验因子收集防空体系作战中完整、实时、对抗的全样本数据，为后续防空体系能力指标的挖掘和指标网的构建提供数据基础。

6.2.1　基于体系试验床的防空体系构建

1. 武器装备体系仿真试验床及实验设计

武器装备体系仿真试验床（简称体系试验床），是国防大学胡晓峰教授团队组织研发的，是研究武器装备体系的仿真实验平台和体系研究方法。通过构建信息化条件下的体系对抗仿真实验环境，体系试验床对武器装备实体、作战行动、交互网络等体系作战要素进行仿真建模，通过“增”、“减”、“改”焦点装备和行动来检验对体系整体的影响效果，从而具有研究体系能力的功能，达成辅助决策的目的[18]。它强调以系统科学思想为指导，以体系仿真实验为平台、体系能力实验为手段、揭示体系能力生成机理为目标[4,18]。

基于体系试验床的防空体系仿真实验设计，是指基于复杂系统与复杂网络理论，采用计算机仿真技术对大量防空武器装备的自组织、自适应行为。防空武器装备单元或系统之间的复杂网络关系，以及防空武器装备体系所处的联合对抗作战环境进行建模仿真。根据防空体系实验的目的和要求，对防空体系实验因子、研究方法、实验步骤进行科学的预先设计，从而实现对防空体系作战的多层次、高维、非线性交互、涌现等复杂特性进行探索性研究[18]。

2. 基于体系试验床的防空体系构建过程

基于体系试验床的防空体系构建过程如图 6.1 所示。采用 EBNI 的体系仿真建模方法，按照防空武器装备实体-防空体系交互网络-防空对抗体系的步骤对防空作战体系模型进行构建。

(1) 防空体系装备实体的构建

防空体系武器装备实体是指防空体系作战中以物理形式存在的各类防空武器装备。可按照部件-原型-实体的步骤构建飞机、舰艇、雷达、干扰机、导弹等武器装备实体。首先，对组成防空装备的载体、传感器、通信设备和挂载弹药等组成部件的物理性能、工作原理，以及作战行为进行建模，如导弹的杀伤半径、制导方式、发射距离、巡航速度等基本战技术性能。然后，根据现有武器装备实际构成选择

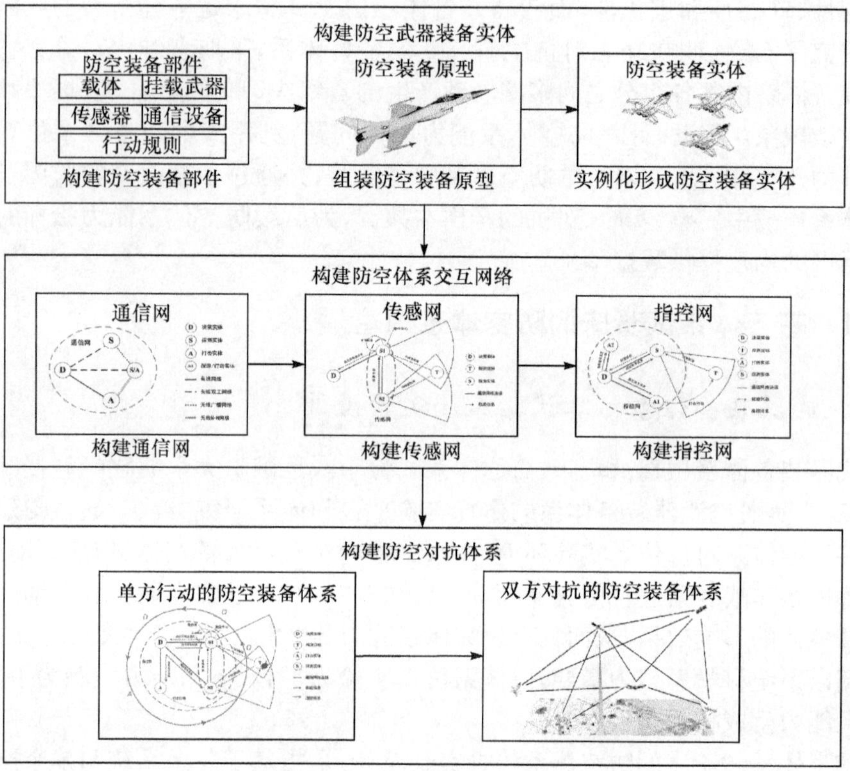

图 6.1　防空体系构建过程图

合适部件组建防空装备原型，如各类飞机原型、防空导弹作战系统原型、舰艇原型，以及各种类型雷达、电磁干扰装备原型等。最后，在装备原型的基础上设定具体编号、具体部署位置、隶属关系和相关任务等实例化为现实装备实体的映射。各类武器装备的部件、原型、实体的作战行为通过行动规则进行构建，包含构建计划行为规则模型和临机行为规则模型。它描述防空装备按照收到的命令、情报消息或者遭受到威胁等外部刺激时做出的自主行动或反应策略。

(2) 防空体系网络的构建

防空体系网络主要指防空体系作战中各装备之间的交互网络，包括指控、传感、通信等交互网络。通过网络建模将各类防空武器装备单元、各类防空系统连接集成为防空体系，为涌现出防空体系整体作战能力奠定基础。可按照通信网-传感网-指控网的步骤构建防空体系网络。首先，通过对防空体系中相关通信节点的基本属性、通信消息发送接收行为、通信链路工作模式、通信网络拓扑结构，以及受到地形影响、外界干扰情况下的通信效果等建模构建出防空体系通信网，它描述装备实体之间的物理通信关系。然后，在通信网的基础上，通过对探测情报信息的发送接收实体、情报信息类型,以及信息融合方式等构建防空体系传感网,描述情报信息的探测、传输、融合、共享过程。最后,在通信网的基础上,通过对防空装备实体的上下级指挥关系、决策规则、指控命令等构建具有威胁判断、冲突消解、任务分配、执行命令等功能的防空体系指控网。

(3) 防空对抗体系的构建

防空对抗体系的构建可按照单方防空装备体系-双方对抗的防空作战装备体系的步骤进行,即在防空装备实体和防空体系网络的基础上,按照防空作战的预警探测、传输融合、判断决策、指控行动等作战流程,构建规模适度的单方防空作战体系,并在此基础上构建不同规模和类型的对抗方空袭装备体系,进而组成双方防空对抗作战的背景体系。防空体系对抗行动是指在防空作战中防御方与攻击方的各种作战行动,包括双方防空对抗体系的探测、巡逻、机动、指挥、攻击、干扰、拦截等作战行动。

敌空袭机群从某一方向突入并与该方向的防空装备发生交战的区域体系称为对象体系。对象体系外的背景体系称为环境体系[18]。对象体系包括待研防空体系和对抗方的空袭机群体系。对象体系中的防空装备按照指挥通信关系与环境体系中的装备链接,装备之间存在指控网、传感网和通信网,以及互通信息和指令。

依托防空和空袭装备实体、网络、行动的模型构建出面向研究问题、规模合理、接近现实的防空作战背景体系,以及对象体系,通过背景体系、对象体系的构建奠定待研防空体系整体涌现能力形成的基础。

6.2.2　防空体系的仿真实验设计

基于体系试验床的防空体系实验设计的目的是基于体系仿真试验床将待研的防空体系放在动态、对抗的防空作战仿真实验环境中,从整体上对待研防空体系进行体系能力评估和探寻防空体系作战规律,通过科学的设计和规划防空体系仿真实验,确保防空体系仿真实验能够科学、顺利和高效的运行,获得可信的实验结果和有效的实验数据。

1. 防空体系仿真实验设计框架

防空体系仿真实验设计框架主要包括实验问题设计环、仿真想定设计环、数据采集设计环、实验聚焦设计环四个环。实验聚焦设计环由前三个环组成。每个大环又由具体的小环组成,呈现闭环结构,大环与大环之间、小环与小环之间按顺时针方向反复循环迭代进行设计和规划(图 6.2)。整个防空体系的仿真实验设计是一个反复迭代、螺旋上升的复杂过程。

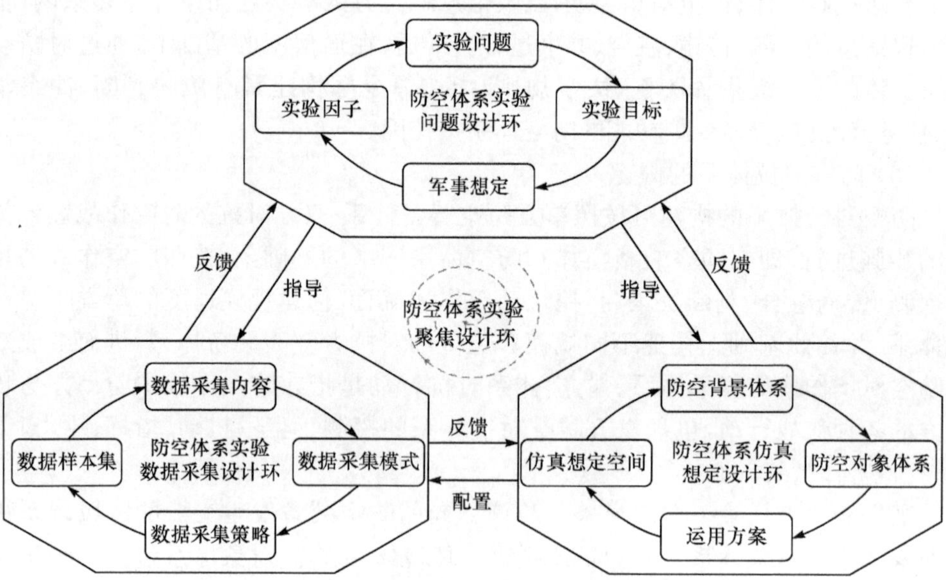

图 6.2　防空体系仿真实验设计框架

2. 防空体系仿真实验的问题设计环

防空体系仿真实验问题设计环的主要任务是确定防空体系的研究问题，提出防空体系实验目标，拟制防空体系作战军事想定，选择构建防空体系作战实验的实验因子。

本章研究的问题是评估待研防空体系的体系能力。实验目标是构建整体、动态、对抗条件下的待研防空体系，通过对抗作战获取能够反映待研防空体系作战能力的仿真实验数据，为挖掘出待研防空体系能力指标奠定数据基础。防空体系作战过程的军事想定以重要目标防护为防空作战任务。实验因子选择在红方防空体系不变的情况下，通过变换蓝方空袭机群的作战编组、战斗飞机的种类、挂载不同类型的空空导弹和空地导弹等增强蓝军空袭强度，以此激励红方防空体系的自适应行为和涌现性能力，多角度、全维度收集红方防空体系的作战数据。

3. 防空体系仿真实验的想定设计环

防空体系仿真想定是指针对研究分析的防空体系问题，对防空体系作战的时间、空间、过程，以及模拟仿真战争过程所需要的条件、背景、约束、规则和仿真资源的设定[19,20]。

想定设计环是对防空体系仿真实验想定的具体设计。其基本依据是问题设计环中的防空体系军事想定，把防空体系军事想定向防空体系仿真实验想定进行仿真数据映射,即按照体系试验床中防空体系的模型粒度和数据结构模式确定防空体系仿真实验的想定要素,进而得到包含网络化防空背景体系、对象体系和运用方案等核心内容的仿真想定数据集,为防空体系模型提供初始化数据和对抗方空袭体系的变化数据,从而获得防空体系仿真想定空间。防空体系仿真实验的想定设计环主要包含以下三个步骤。

(1) 防空作战背景体系和对象体系构建

按照防空体系模型的构建步骤构建面向实验问题、规模合理、接近现实的防空作战背景体系和对象体系。在防空体系仿真实验构建的背景体系中,红方共×个装备平台,对象体系中包含红方待研防空体系×个防空装备平台:预警机、战斗机(携带空空导弹×枚)、护卫舰、驱逐舰(装载舰空导弹×枚)、地空导弹营(装载地空导弹×枚)、指挥车、雷达、电磁对抗车等;蓝方空袭机群包含蓝方战斗机、侦察机、电子战飞机和预警机等若干。对象体系中待研防空体系作战简化示意图如图6.3所示。

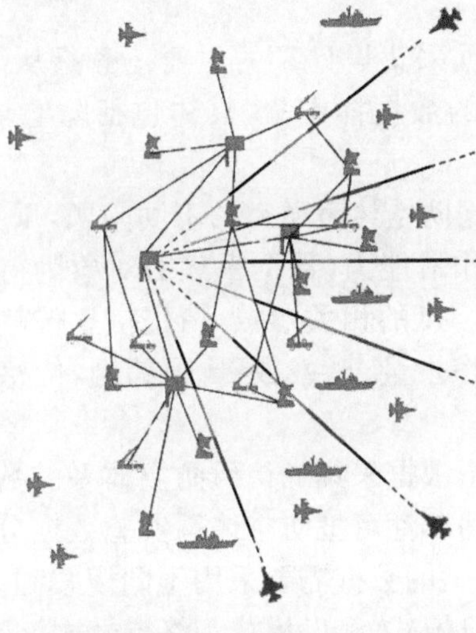

图6.3　对象体系中待研防空体系作战简化示意图

(2) 防空对抗体系的基准仿真想定构建

校验确定仿真想定的各类数据,形成防空对抗体系的基准仿真想定。通过校验确定各类模型数据,确保想定在军事上的真实可信。仿真想定数据通常包括实体性能数据、行动规则数据、环境态势数据等。实体性能数据设置包括红方防空体系和蓝方空袭体系的武器装备实体种类、数量、战技术性能等各类属性参数的设置,通过战技术性能参数的设置约束各类单个兵器的作战能力。行动规则设置是指对各类武器装备实体的日常巡逻、警戒,或者对抗作战中的武器发射等的各类行动进行约束设置,通过行动规则数据设置使其按照各方的作战条令进行指挥、通信和交战等。环境态势数据设置包含基本作战环境和作战态势的数据设置。基本作战环境设置是指防空对抗作战时，所处战场环境的设置，包含气象环境、地理环境和电磁环境等。作战态势数据设置是指红方防空体系和蓝方空袭体系的兵力部署等初始作战态势的设置。通过初始基准仿真想定数据设置确立防空体系仿真实验的基线。

(3) 基本案想定空间和对比案想定空间构建

通过改变空袭机群体系相关实验因子参数，形成基本案想定空间和对比案想定空间。在基准仿真想定的基础上，通过不断变换武器装备的基本性能参数，以及指挥通信协同网络的连接关系和拓扑结构，或者更改对抗行动等来提高蓝方空袭的强度，形成待研防空体系的基本案想定空间和对比案想定空间。设计时需要充分考虑待研防空体系和实验问题的特点，有效调整和改变对手能力参数，生成能够检验待研防空体系能力的基本案想定空间和对比案想定空间。

4. 防空体系仿真实验的数据采集设计环

防空体系仿真实验数据采集设计环的主要任务是从防空体系仿真实验中获得能够反映防空体系能力的数据样本集，具体包括防空体系实验数据采集的内容、模式、策略等设计。

数据采集内容是指根据防空体系研究的不同问题，采集不同的数据对象和内容。针对研究的防空体系作战能力，数据采集的对象为待研的防空体系，采集内容包括防空体系侦察预警信息的相关参数；情报信息传输、融合参数；各类飞机、舰艇、导弹发射的消耗量、伤亡量、拦截数量；通信网、传感网、指控网的连通数量和通信量等相关数据。

数据采集模式设计是指根据采集的待研防空体系的数据类型，采取适当的数据采集模式。通常根据时间属性可把防空体系实验数据分为瞬时型数据、分段型数据、积累型数据。不同类型的数据需要采用不同模式和方法进行数据采集和映射，可以采用心跳模式、随机模式、触发模式和终点模式等不同的数据采集模式。

数据采集策略设计是指在防空体系仿真实验过程中，根据需要适时调整相关数据收集活动。防空体系能力指标具有时间特性，因此需要设计基础数据采集的模式、内容、步长和频率等。由于防空体系能力具有涌现性等复杂特性，在防空体系仿真实验中会出现防空体系能力跃升或坍塌的奇点，通过增加数据收集内容，提高实验次数、采集频率等方式，对防空体系能力发生突变的仿真想定进行多次实验，加强突变前后的数据采集，得到更加全面且聚焦的数据样本，便于进一步分析挖掘出防空体系能力指标。防空体系的奇点可以通过数据拐点判别法进行判断，也可根据防空体系坍塌点进行判断。本章根据问题设计环确定防空体系实验问题，选择待研防空体系被敌空袭机群突破、重要防卫目标被摧毁的时刻或阶段作为该待研防空体系能力的重要拐点。

数据样本集是指实验中通过不断变换实验因子，设计大量防空体系仿真实验想定，并设定随机因子进行多次仿真实验，获得大量的防空体系仿真实验数据样本，将数据样本集按照指定格式存储，方便数据挖掘时提取数据。

5. 防空体系仿真实验的聚焦设计环

聚焦设计环由前三环组成，反复循环迭代，螺旋上升。由于防空体系涉及的武器装备实体众多，各防空装备单元之间、防空系统之间的关系错综复杂，对防空体系和实验问题的理解容易出现偏差，需要检测实验想定设计是否满足防空体系实验要求、仿真实验结果是否脱离实验问题等，进而使防空体系仿真实验设计逼近实战，提高获得的实验结果和数据的可信性，具有研究价值。

6.2.3　基于体系试验床的防空体系实验及实验数据

1. 基于体系试验床的防空体系实验特点

基于体系试验床开展的防空体系实验过程就是通过操纵空袭体系装备和行动的“增”、“减”、“改”，刺激待研防空体系产生交互和涌现，获取防空体系仿真实验过程和结果的大量数据，进而对防空体系能力的形成机理进行分析和研究。其主要特点如下。

① 在整体背景下研究防空体系能力。将待研防空体系嵌入联合作战整体背景，在联合对抗作战全程中研究防空体系能力。

② 在动态对抗中度量防空体系能力。以防空体系整个对抗演化过程为研究对象，通过对防空体系对抗过程的动态监控和分析，在动态对抗中度量防空体系能力。

③ 在多重循环中协同防空体系实验。防空体系仿真实验是不断迭代、螺旋上升的实验设计和实施过程，突出对实验全程的规划和控制。通过科学设计大量防空体系仿真实验，协同问题设计环、想定设计环、数据采集设计环、聚焦设计环等，不断循环反馈、聚焦关键要素，进而从整体上逐步逼近实验目标。

④ 在聚焦实验中揭示防空体系能力生成机理。有目的地调整防空体系作战实验参数，如武器装备性能参数、各种网络结构及作战行动参数等，通过有目的“增”、“减”、“改”装备和行动来测量防空体系状态与能力的变化数据，进而研究防空体系潜在未知的体系能力和规律，揭示影响防空体系能力形成和变化的根本原因，解决防空体系能力优化问题。

2. 防空体系实验数据特点

通过基于体系试验床的防空体系实验设计和仿真实验，采集的实验数据可以真实地描述整体、动态、对抗的防空体系作战过程，表现出以下特点。

① 多角度、全维度的运行数据反映体系的整体性。待研防空体系中的防空装备按照指挥通信关系与背景体系的其他装备通过指控网、传感网、通信网互联。通过与背景体系的互联互通获得防空体系的完整数据，能够反映防空体系的整体性。

② 实时运行数据反映体系的动态性。各类装备平台通过指挥通信网络对目标信息实时探测、处理融合与共享，实时传输指令进行防空作战。通过对防空体系的动态设置，获得防空体系按一定的时间步长实时输出的动态数据，反映各类武器装备的动态交互关系和交互过程。

③ 红蓝方交战数据反映体系的对抗性。通过红蓝方之间的体系对抗，改变各种参数设置来提高对抗强度，获得的红方待研防空体系交互数据能够显现体系的涌现性和自适应性等复杂特性。

3. 防空体系实验数据与体系能力指标的涌现关系

在防空体系对抗的仿真实验中，防空武器装备体系生成的海量元数据以各个分系统基础指标参数的形式记录下来。基础指标参数大体可分为侦察预警类数据、情报处理类数据、火力交战类数据、电磁对抗类数据和通信类数据等。

各类基础指标参数是防空体系对抗仿真实验中各组分系统相互作用的结果，表现出非线性、不确定性、自组织、自适应等复杂特性，描述各类组分系统能力的动态变化情况。防空体系能力是一种高层次整体能力，是由低层次的组分系统相互作用、相互激发涌现出来的，具有整体拥有而部分及其总和没有的新特性，因此作为评估体系能力的体系指标也应由各类组分系统的基础指标参数涌现生成，表现为各类基础指标参数的涌现和，而非简单和。防空体系能力指标与各类基础指标参数之间的关系是涌现关系，并且防空体系的作战能力最终通过基础指标参数聚合涌现出的体系能力指标来描述。防空体系能力评估框架如图 6.4 所示。

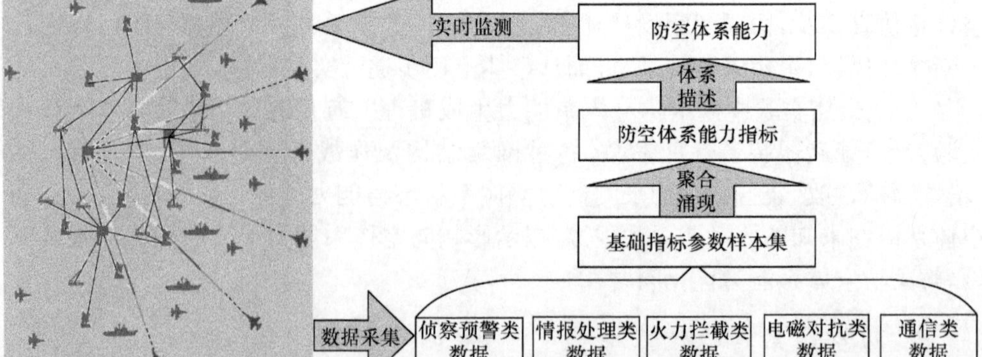

图 6.4　防空体系能力评估框架

6.3　防空体系能力指标的挖掘方法

基于武器装备体系仿真试验床的防空体系仿真实验能够描述作战实体自适应行为涌现出的体系行为规律，获取防空体系作战的多视角、全维度数据。数据挖掘方法强调从仿真实验得到的基础指标参数入手，将隐藏在数据中的重要信息提炼出来，把具有错综复杂关系的大量组分系统基础指标聚合涌现出少量能够描述体系能力的指标，在不失去主要信息的前提下，简明扼要地把握体系的本质特征，为研究不确定条件下战争复杂系统的能力评估问题提供了一种新的思路。本节以武器装备体系仿真试验床中体系作战仿真实验获得的基础指标参数为样本数据，采用机器学习方法挖掘防空体系能力指标，可以较好地实现对体系能力的实时评估和预测，为指挥员提供实时、准确、客观的决策依据。

6.3.1　机器学习算法的基本概念

机器学习是人工智能领域的重要分支，其实质是通过构建算法和编写程序让计算机具有学习能力，并把这些算法运用到数据集上，揭示数据背后隐藏的真实含义和规律，完成和实现智能分析数据的任务。它能够处理高维数据、少量有标记大量未标记数据等，其泛化能力更强、计算速度更快。

1. 机器学习算法的构成

机器学习算法通常由五个部分构成，即任务（机器学习目的）、模型结构（图模型、回归模型等）、得分函数（评价机器学习算法优劣的函数）、最优结果设计方法（实现最优结果的计算方法）、数据管理技术（数据存储、提取方式等）。

2. 机器学习算法的分类

机器学习算法通常可分为监督式和非监督式两种学习算法。两者的主要区别在于，算法训练样本的种类、算法使用数据样本的方式、算法解决的问题的类型。监督式学习算法是将特定的数据输入转换成期望输出的过程，其主要任务是学会将可能的数据输入转换成正确的期望输出，因此每个训练数据样本都包含特定的输入和期望输出。根据期望输出的不同类型，可以把监督式学习算法分为回归和分类两类。非监督式学习算法只需将训练数据样本输入算法中，不需具有对应的期望输出，典型的应用是发现训练样本中隐藏的结构或关系。

3. 机器学习算法的选择

由于计算机还不能像人的思维那样依据事物的特征来选择算法，因此还需要人工选择机器学习算法。不同的机器学习算法采用不同种类的技术或范式来执行机器学习过程。每种算法具有各自的优点和缺点。在不同的数据面前应选择正确的机器学习算法，再通过优化获得最佳的效果。首先，根据是否有标记数据来选择使用监督式，还是非监督式算法。其次，根据需要解决问题的种类选择分类算法、回归或者聚类算法，例如若想获得数字（如分数、概率），则选择回归算法。再次，选择具体的机器学习算法，机器学习算法（如神经网络、支持向量机、决策树、朴素贝叶斯等）没有最好的，需要根据不同的特定应用（如问题、数据等），分析各种学习算法的优势，选择最合适的算法。最后，优化提高机器学习算法模型的性能，包括算法中参数的调整或者将优势互补的算法模型组合成一个功能更强、精度更高的机器学习算法集成模型。

4. 机器学习算法的数据挖掘流程

运用机器学习算法进行数据挖掘一般分为六步，即问题识别→数据理解→数据准备→模型建立→模型评价→部署应用。问题识别是指把握研究核心问题的本质和边界，明确数据挖掘的目标，找准方向。数据理解是指确认问题和数据之间是否匹配，包含数据质量和数据价值的理解。数据准备的主要任务是确定用于机器学习的训练数据样本集和检测数据样本集，二者不能重合。建立模型主要是选择合适的机器学习算法，运用训练数据样本集训练相关机器学习模型。模型评价通常采用检测数据样本集运用交叉验证等方法检测模型的准确性。部署应用主要指建立机器学习模型，并经验证后可应用于不同数据集，为指挥员定决策提供科学依据。

6.3.2　面向防空体系能力指标挖掘的机器学习分析方法

机器学习方法通过对复杂数据的学习，训练相关模型，抽取体系整体特征并进行回归，以此度量体系能力。随机森林和广义线性回归是其中典型的两种算法。随机森林算法对样本数据容忍度高，泛化能力强，能够在有效回避过拟合的同时有效处理多自变量的有限样本数据，得到针对某个具体问题的关键基础变量集。然而，由于在随机森林算法实现中，每棵决策树的回归依据往往是某一个变量，在整个体系特征回归和评估过程中实际是一个黑箱或灰箱操作，难以对得到的体系回归特征进行解释，因此需要在随机森林的基础上引入广义线性回归的方法，构建随机森林-广义线性回归组合分析模型。组合分析模型首先采用随机森林模型筛选影响体系特征的重要基础指标参数，降低广义线性回归模型输入参数的维度对体系能力指标挖掘的影响，然后采用广义线性回归模型对重要基础指标参数进行二次回归，在得到最优回归系数的同时，实现体系能力指标的聚合涌现，同时得出组分系统参数对体系指标的影响度。

1. 基于随机森林算法的基础指标参数重要性分析模型

随机森林模型是一种组合学习器，利用多棵决策树对防空体系作战中重要防卫目标是否会被摧毁进行回归训练和预测。构建每棵决策树时，在节点使用随机抽取的部分基础指标作为分裂依据，并让每棵决策树尽可能生长而不修剪。在训练过程中，依据基础指标参量对回归误差的影响判断基础指标参数对体系能力的重要性。采用精度的平均递减（OOB 误分率的增加量）和均方误差的平均递减（节点分裂产生的残差平方和均值）筛选对防空体系的生存能力有重要影响的基础指标参数。

防空体系使命任务完成情况作为输出值 y，用数值 0 表示要点目标未被摧毁，数值 1 表示要点目标被摧毁，基础指标参数向量 $x=(x_1,x_2,\cdots,x_M)$ 作为随机森林回归模型输入参数，构建模型训练样本集 $D=\{(x,y)\}$。算法 6.1 列出了防空体系生存能力的随机森林回归模型算法。

算法 6.1　防空体系生存能力的随机森林回归模型算法

输入：D 表示防空体系基础指标参数组成的训练样本数据集 $\{(x,y)\}$

M 表示 D 中防空基础指标参数 x（特征变量）的个数

k 表示独立重复抽取样本的次数（每次抽取获得的样本产生一棵决策树）

m 表示每次节点拆分时选择用于拆分的备选基础指标参数个数（$m<M$）

输出：$\{h(x,\Theta_k),k=1,2,\cdots\}$ 表示防空体系生存能力的随机森林回归模型

$\alpha_j,j=1,2,\cdots,M$ 表示各防空基础指标参数的精度平均递减

$\gamma_j,j=1,2,\cdots,M$ 表示各防空基础指标参数的均方差平均递减

算法步骤：

//训练防空体系生存能力的随机森林回归模型

① for $i=1$ to k do

② 从 D 中有放回的随机抽取（bootstrap 方法）形成样本 Θ_i，剩余的数据为袋外数据样本 OOB_i；

③ 样本 Θ_i 单独构建一棵树 h_{Θ_i}：每棵树节点分裂时首先随机选取 m 个备选防空基础指标参数（特征变量），然后计算每个防空基础指标参数的残差平方和 $\mathrm{SS}_k(x_j)$，根据残差平方和最小原则，选择最优的一个防空基础指标参数作为分裂变量进行拆分，即

$$\mathrm{SS}_k(x_j)=\sum_{t=1,x_t\in\Theta_{k1}}(y-\hat{y}_{k1})^2+\sum_{t=1,x_t\in\Theta_{k2}}(y-\hat{y}_2)^2,\quad \hat{y}_{k1}=\mathrm{avg}(y\mid x_t\in\Theta_{k1}),\hat{y}_{k2}=\mathrm{avg}(y\mid x_t\in\Theta_{k2})$$

④ end

⑤ 组合 k 个分类树 $h_{\Theta_1},h_{\Theta_2},\cdots,h_{\Theta_k}$ 构成防空体系生存能力的随机森林回归模型 $\{h(x,\Theta_k),k=1,2,\cdots\}$，形成 k 个防空基础指标参数子集 $\{\Theta_1,\Theta_2,\cdots,\Theta_k\}$，剩余的数据形成袋外数据集 $\{\mathrm{OOB}_1,\mathrm{OOB}_2,\cdots,\mathrm{OOB}_k\}$，每棵回归树预测值的加权平均为防空体系生存能力随机森林回归模型的输出值 Y；

//计算防空基础指标参数的 OOB 误分率的增加量和节点分裂的残差平方和均值，以此度量基础指

//标参数对防空体系能力指标的重要性

⑥ 运用防空体系随机森林回归模型对袋外数据$\{OOB_1, OOB_2, \cdots, OOB_k\}$进行预测，得到 OOB 的误分率 W；

⑦ 将基础指标参数 x_j 的数值在 k 个 OOB 样本中的顺序随机改变，形成新的 OOB 测试样本，然后用建立的随机森林模型对新的 OOB 进行分类，得到新的 OOB 误分率为 W_j，标准化后得到每个变量的重要性度量 α_j，即

$$\alpha_j = \frac{|W - W_j|}{\sum_{j=1}^{M} |W - W_j|}, \quad j = 1, 2, \cdots, M$$

⑧ 基础指标参数 x_j 在$\{\Theta_1, \Theta_2, \cdots, \Theta_k\}$节点分裂的残差平方和均值为 γ_j，即

$$\gamma_j = \mathrm{avg}(SS_k(x_j)), \quad k = 1, 2, \cdots, \quad j = 1, 2, \cdots, M$$

⑨ 根据 α_j 和 γ_j 的数值大小，共同筛选出重要的基础指标参数 x_j。

2. 基于广义线性回归算法的防空体系能力指标选取模型

广义线性回归模型是能够处理防空体系生存能力的多元回归模型，形成的防空体系能力指标与各基础指标参数之间的关系式便于对防空体系能力指标的解释和直观显示。通过防空体系基础指标样本数据训练出防空体系生存能力的广义线性回归模型，解释若干防空体系基础数据变量 x 与防空体系生存指标 y 的取值关系，反映 y 与 x 之间的依存关系，属于概率型非线性回归。设经随机森林模型筛选出的对防空体系生存能力有重要影响的 n 个变量为$\{x_1, x_2, \cdots, x_n\}$，则描述防空体系生存能力的广义线性回归模型为

$$P(y|x_1, x_2, \cdots, x_n) = \frac{\exp(\beta_0 + \beta_1 x_1 + \cdots + \beta_n x_n)}{1 + \exp(\beta_0 + \beta_1 x_1 + \cdots + \beta_n x_n)} \tag{6.1}$$

算法 6.2 列出了防空体系生存能力的广义线性回归模型算法。

算法 6.2　防空体系生存能力的广义线性回归模型算法

输入：D 表示随机森林模型筛选出的重要防空基础指标参数集$\{x_1, x_2, \cdots, x_n, y\}$

输出：$P(y|x_1, x_2, \cdots, x_n)$表示防空体系生存能力的广义线性回归模型

$\beta_j (j=0, 1, \cdots, n)$表示各防空基础指标参数的回归系数 $\beta_0, \beta_1, \cdots, \beta_n$ 的值

算法步骤：

① 构建防空体系生存能力的预测函数 $h_\beta(x)$，即

$$h_\beta(x) = 1/(1+\mathrm{e}^{-\beta^{\mathrm{T}} x}), \quad \beta^{\mathrm{T}} x = (\beta_0 + \beta_1 x_1 + \cdots + \beta_n x_n), P(y|x;\beta) = (h_\beta(x))^y (1 - h_\beta(x))^{1-y}, \quad y = 0, 1$$

② 对防空体系生存能力的预测函数取似然函数 $L(\beta)$，即

$$L(\beta) = \prod P(y^i \mid x^i;\beta) = \prod (h_\beta(x^i))^{y^i} (1 - h_\beta(x^i))^{1-y^i}$$

③ 取对数似然函数 $l(\beta)$，最大似然估计是求使 $l(\beta)$ 取最大值时的 β 值，即

$$l(\beta) = \log L(\beta) = \sum (y^i \log h_\beta(x^i) + (1-y^i)\log(1-h_\beta(x^i)))$$

④ 采用梯度下降法求取损失函数 $J(\beta)$ 的最小值，求防空体系生存能力广义线性回归模型中的基础指标最佳回归参数 β_j，即

$$J(\beta) = -l(\beta)/n, \beta_j := \beta_j - \sum (h_\beta(x^i) - y^i) x_j^i / n, \quad j = 0,1,\cdots,n$$

⑤ 通过 t 检验衡量防空基础指标参数的差异显著性，进一步筛选基础指标参数，提高模型质量，即

$$t_j = \frac{\hat{\beta}_j}{\sqrt{\hat{\omega}_j}}, \quad j=0,1,\cdots,n$$

其中，$\hat{\beta}$ 为 Fisher 迭代法对回归系数的估计；$\hat{\omega}_j$ 为期望信息矩阵 $[\tau(\hat{\beta})]^{-1}$ 的逆的第 j 个对角元素。

⑥ 获得能够反映防空体系生存能力的广义线性回归模型。

广义线性回归模型算法采用最大似然估计来学习，通过最大似然估计的多次迭代推导出各基础指标参数的回归系数 $\beta_0,\beta_1,\cdots,\beta_n$ 的值，在迭代中采用梯度下降法使损失函数的值最小，迭代停止条件为算法达到某个可以允许的误差范围，并通过对各基础指标参数的 t 检验，检验其在数据样本中差异显著性。进一步，筛选重要防空基础指标参数，提高防空体系生存能力广义线性回归模型的质量。

综上所述，可以定义 $P(y|x_1,x_2,\cdots,x_n)$ 为度量防空体系作战能力的新指标——重要目标的防空威胁指数 P。通过式(6.1)可以看出，P 可以看作防空体系重要基础指标参数的涌现和。这反映组分系统复杂交互形成的体系作战能力，同时逻辑回归的概率模型体现防空体系作战的不确定性等特点。

6.3.3　防空体系能力指标的选取和验证

1. 基于随机森林算法的基础指标参数重要性分析

在整体、对抗、动态的防空体系基本案仿真实验中可以获得 29 项防空基础指标参数，用 $\{x_1,x_2,\cdots,x_{29}\}$ 表示，用 y 表示防空体系中重要指挥所是否被摧毁。防空体系生存能力的随机森林模型在处理防空体系仿真实验数据集时，作为重要基础指标参数筛选的过滤器，能够找出影响防空体系能力的关键基础指标参数项。随机森林模型对防空体系基本案仿真数据中各项防空基础指标参数的重要性度量值如表 6.1 所示。

表 6.1 防空基础指标参数的重要性度量值

防空基础指标参数	γ 均方误差的平均递减/%	α 精确度的平均递减/%	防空基础指标参数	γ 均方误差的平均递减/%	α 精确度的平均递减/%
X_1	1.06E-02	1.74E-01	X_{16}	3.15E-20	7.62E-03
X_2	2.78E-19	3.24E-02	X_{17}	5.00E-04	2.11E-02
X_3	1.30E-02	2.25E-01	X_{18}	5.00E-04	2.13E-02
X_4	2.08E-02	1.83E-01	X_{19}	1.07E-03	1.49E-02
X_5	1.19E-02	2.25E-01	X_{20}	2.78E-03	2.49E-02
X_6	8.92E-03	1.70E-01	X_{21}	1.41E-02	1.95E-01
X_7	1.13E-02	1.26E-01	X_{22}	1.48E-02	2.23E-01
X_8	1.20E-02	1.47E-01	X_{23}	8.64E-04	5.71E-02
X_9	8.01E-03	1.88E-01	X_{24}	2.47E-20	3.09E-19
X_{10}	1.58E-02	1.54E-01	X_{25}	3.34E-19	1.60E-02
X_{11}	4.66E-19	1.33E-02	X_{26}	1.20E-20	1.43E-19
X_{12}	−4.00E-04	2.17E-02	X_{27}	9.49E-03	1.29E-01
X_{13}	1.45E-19	8.57E-19	X_{28}	1.24E-19	3.62E-03
X_{14}	2.29E-19	1.01E-02	X_{29}	3.21E-03	2.84E-02
X_{15}	−5.71E-04	1.24E-02			

依据随机森林模型算法，精确度的平均递减(α_j)和均方误差的平均递减(γ_j)可以作为衡量基础指标参数重要性的依据。基础指标参数的 α_j 和 γ_j 的值越大，表明此基础指标参数对防空体系能力指标的影响越大，也就是基础指标参数的显著性越强。依据表 6.1 的模型输出结果，按照 $\alpha_j>0.05$ 且 $\gamma_j>0.008$ 的标准，筛选对体系能力指标影响较大的防空基础指标参数 x_1、x_3、x_4、x_5、x_6、x_7、x_8、x_9、x_{10}、x_{21}、x_{22}、x_{27}。这些防空基础指标参数在均方误差的平均递减中所占比重大于 95%，在精确度的平均递减中所占比重大于 90%，说明它们是影响防空体系生存能力的主要基础指标参数。

通过防空体系生存能力的随机森林模型从探测识别敌机数量、战损数量、拦截数量等防空基础指标参数中筛选出 12 个关键基础指标参数，可以降低挖掘防空体系能力指标的复杂性(图 6.5)。

2. 基于广义线性回归算法的防空体系能力指标挖掘

将重要基础指标参数集作为逻辑回归模型的输入参数进行二次回归计算，并通过 t 检验对回归系数进行修正和校验，得出基础指标参数对防空体系能力指标的回归系数。t 检验结果表明，x_{10} 对应的 p 值大于 0.1，说明 x_{10} 在基础指标参数

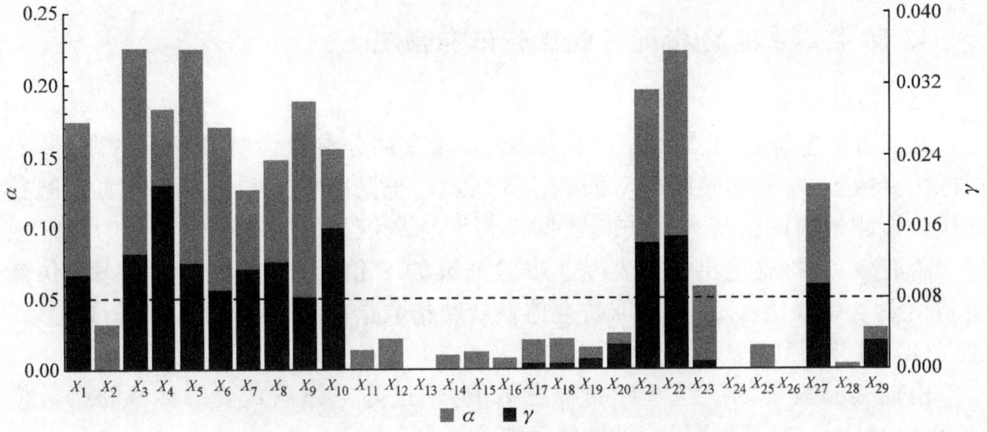

图 6.5　随机森林对基础指标参数重要性度量图

集中的差异显著性不强，进一步删除 x_{10} 可以得到修正的防空基础指标参数的回归系数和误差结果。

得出的防空体系中重要目标的防空威胁指数 P 为

$$P=\frac{\exp(\beta_0+\beta_1x_1+\beta_3x_3+\beta_4x_4+\beta_5x_5+\beta_6x_6+\beta_7x_7+\beta_8x_8+\beta_9x_9+\beta_{21}x_{21}+\beta_{22}x_{22}+\beta_{27}x_{27})}{1+\exp(\beta_0+\beta_1x_1+\beta_3x_3+\beta_4x_4+\beta_5x_5+\beta_6x_6+\beta_7x_7+\beta_8x_8+\beta_9x_9+\beta_{21}x_{21}+\beta_{22}x_{22}+\beta_{27}x_{27})}$$

防空体系中重要目标的防空威胁指数 P 是描述防空体系中重要防卫目标受到敌空中威胁的变化程度，反映防空体系遭到敌突防过程中防空体系能力的变化情况。它不是静态数值，随着防空作战进程或者敌空袭强度的变化而不断变化。当重要目标的防空威胁指数 P 为 1 时，表明防空体系的防空能力达到饱和，预示重要防卫目标可能即将被摧毁。获得的防空体系重要目标的防空威胁指数 P 是关键防空基础指标参数 x_j 的涌现和，反映各组分系统复杂交互的防空体系作战能力，同时体现防空体系作战的不确定性等特点。

3. 基础指标参数对防空体系能力指标的影响度

把防空体系的基础指标参数做归一化处理，然后经防空体系生存能力的逻辑回归模型计算，获得各防空基础指标参数的回归系数 β^*，其绝对值可以用来度量防空基础指标参数对重要目标防空威胁指数的影响程度。如表 6.2 所示，基础指标参数的回归系数绝对值越大，表明它对防空体系能力指标的影响程度越大。

表 6.2　归一化后的防空基础指标参数的回归系数绝对值

回归系数	β_1^*	β_3^*	β_4^*	β_5^*	β_6^*	β_7^*	β_8^*	β_9^*	β_{21}^*	β_{22}^*	β_{27}^*
绝对值	101.2	24.9	50.6	126.8	70.4	18.3	122.7	16.7	38.5	10.4	44.6

4. 防空体系能力指标有效性验证和预测

(1) 模型验证

在红方防空体系基本案的实验背景上，改变部分参数设置，获得的部分基础指标仿真数据 x_j 和实验结果 y 如表 6.3 所示。把防空体系验证案的仿真实验数据作为检测集验证以基本案仿真数据作为训练集挖掘出的防空体系能力指标模型是否有效，其检验输出值如表 6.3 中验证案的 Y 值，与防空体系验证案的仿真实验结果 y 一致，验证了所选取防空体系威胁指数指标及其度量的一般有效性。

(2) 目标预测

根据实验获得的一组基础指标参数值，通过防空体系重要目标威胁指数模型，可以快速预测出重要目标被摧毁的概率。

防空体系仿真预测案的实验背景是在红方防空体系验证案的基础上，加载蓝方某型特种武器，获得的部分基础指标仿真数据 x_j 和防空威胁指数预测结果 Y，如表 6.3 所示。因此，指挥员可以依据防空威胁指数及其变化趋势实时做出决策并调整防空部署。

表 6.3　防空体系对比案仿真实验数据及预测结果

对比案	y	X_1	X_3	X_4	X_5	X_6	X_7	X_8	X_9	X_{21}	X_{22}	X_{27}	Y
验证案	0	12	717	75 892.6	15	64 542	1	77.6	160 327	9	8	45	4.81E-16
	0	24	1879	52 078.7	18	137 891	1	62.5	75 271	12	17	40	1.07E-06
	1	36	3461	30 452.7	23	226 174	0.97	37.5	54 247	14	20	24	1
预测案	0	6	184	109 534	12	50 453	1	79.7	325 308	6	1	51	1.80E-11
	1	9	667	35 651.8	24	69 511	0.78	37.5	147 797	14	4	24	1
	1	12	927	27 283.7	25	70 743	0.83	29.7	105 038	13	5	19	1

(3) 体系实时监控

把防空体系威胁指数运用到实际防空作战仿真实验中，可以实时动态显示防空体系中重要目标受到敌空中威胁的程度及其变化趋势。

以选择预测案 2 为例，在实验过程中，防空体系在 $T/4$ 时刻发现识别目标，$T/2$ 时刻开始交战，$3T/4$ 时刻重要防护目标被摧毁。其防空威胁指数随时间的变化如图 6.6 所示，点为各时刻防空体系重要防卫目标的防空威胁指数的预测值，曲线为防空威胁指数的最优拟合曲线，显示重要防卫目标的防空威胁指数的变化趋势，也代表防空体系能力的变化趋势。在 $T/2$ 时刻前后有一个不确定区间，正是防空体系与敌空袭机群激烈交战阶段，反映防空体系复杂交互的高度不确定性。部分重要防空基础指标参数的变化率($\Delta x_j/\Delta t$)如图 6.7 所示，展示防空体系作战前 $3T/4$ 时间内重要防空基础指标参数变化率情况。其主要变化区间也集中在发生激烈交战的不确定区间内，如 $5T/8$ 时刻交战后重要基础指标变化率均为较快负增长，表明敌我态势可能发生了逆转。指挥员可以实时观测体系防空威胁指数及其变化趋势和重要基础指标参数变化率的改变情况，决定是否加强防空力量配置或者适时转移重要目标，为指挥员提供决策依据。

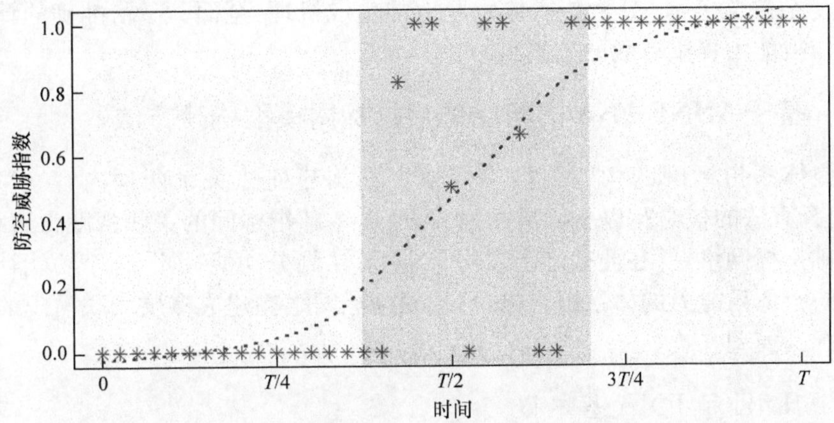

图 6.6　防空威胁指数随时间的变化

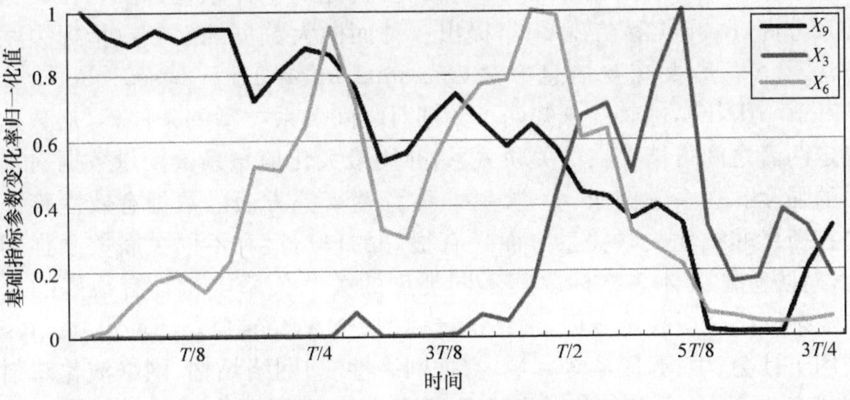

图 6.7　重要防空基础指标参数的变化率

6.4　防空体系指标网的构建方法

防空体系能力是在对抗过程中通过各组分系统间复杂的网络化交互涌现出来的，因此描述体系能力的指标也相应地由各组分系统能力指标相互关联涌现，整个指标体系表现出复杂网络化特征。以网络化指标体系代替传统以还原论思想为依据、以指标独立性和完备性为原则选取的树状指标体系，已成为评估防空体系作战能力的基本思路[4]。本节以武器装备体系仿真实验床中防空体系作战实验的全样本数据为基础，构建 MINE-FNA 组合算法，对防空复杂体系中众多指标之间的关系进行网络化建模，在对网络拓扑结构分析的基础上，通过划分网络社团结构涌现体系级能力指标，构建三层防空体系指标网络模型。为研究防空体系内部复杂关联关系，分析防空体系能力的生成机理，全面、客观、准确的评估防空体系作战能力提供有效的工具。

6.4.1 基于 MINE-FNA 的防空体系指标网模型构建方法

防空体系指标网的构建包括确定节点和构建连边关系两项内容。MINE-FNA 组合算法的核心是以基础指标为节点，以基础指标间的关联强度为边权重，构建基础指标网络，并在此基础上采用 FNA 算法划分功能社团，每个功能社团涌现代表防空体系能力的体系级指标，与基础指标网络构建成多层级联涌现的防空体系指标网模型。

1. MINE 和 FNA 基本概念

复杂网络主要研究方法包括统计物理学方法、图论和社会网络分析方法等。本节将数据挖掘方法与网络统计方法相结合构建防空体系指标网。在数据挖掘关联关系方面，Reshef 等在 2011 年提出一种面向大数据的无参数指标关联关系挖掘方法[21]——最大交互信息方法(maximal information based nonparametric exploration，MINE)，能够在未知两个数据对之间关系类型的条件下，从数据中识别和确定两者之间可能存在的关联关系，并用最大化信息系数衡量数据对之间关联关系的强度。在医学健康、生物基因、体育赛事等方面的数据有效性验证表明此方法在衡量非线性关联关系方面具有很好的普适性和不同关联关系强度的可对比性，对防空作战体系指标之间不同类型的关联关系度量具有很好的启发意义。在复杂网络分析技术方面，网络统计模型 FNA(feasible network analysis)被广泛应用于社会、生物、医学等领域，它把网络性质、网络结构、网络演化映射到体系结构研究中，从关系和结构的角度分析研究体系，从内部结构揭示体系的复杂特性，近年来在战争研究领域逐渐兴起，并被广泛用于以武器装备平台或作战实体为节点构建的指控网、通信网、交战网、传感网等体系分析中。

2. 基于 MINE 的指标关联关系构建

设防空体系作战中通过基础指标记录的数据集为 $T=\{X_1,X_2,\cdots,X_k\}_n$，其中 k 为基础指标数量，包含底层基础指标(如防空兵器战损数量、网络联通数量、情报处理时间、OODA 时间、拦截距离等)和预处理后的归一化指标(如导弹消耗率、战损率、识别率、拦截率等)，n 为数据集的组数，即 n 次防空作战记录的作战数据。

构建基础指标网络需要通过 n 组数据 $T_{ij}=\{(X_i,X_j),(i\neq j)\}$ 训练得出任意两个基础指标节点 (X_i,X_j) 之间的边权重，即关联关系强度。

根据无参数探索防空指标最大交互信息算法，如果两个防空指标之间存在关联关系，那么在此防空指标对的散点图上存在一个最合适的网格划分，使防空指标对的大部分数据点集中在该网格的几个单元格中。因此，对于划分防空指标对 (X_i,X_j) 坐标平面的一种 x 行 y 列网格 g，定义单元格 g_{xy} 的概率密度 $p(x,y)$ 为样本点数量占此防空指标对样本总数量的比例。为了衡量防空指标对样本的集中程度，定义网格 g 的交互信息为

$$I(X_i,X_j)=\iint p(x,y)\log\left(\frac{p(x,y)}{p(x)p(y)}\right)\mathrm{d}x\mathrm{d}y \tag{6.2}$$

其中，$I(X_i,X_j)$ 为网格 g 划分条件下防空指标对之间的关联强度。

由于网格不必等宽划分，对于相同 x 和 y 的网格有多种划分方法 $G=\{g1,g2,\cdots\}$，因此定义 G 交互信息特征值为

$$M_{x,y}=\frac{\max\{I_G\}}{\log\min\{x,y\}} \tag{6.3}$$

其中，$\max(I_G)$ 对应的网格即最合适的 x 行 y 列网格划分方式。

由此，遍历所有可能的网格，去划分 n 组数据 $T_{ij}=\{(X_i,X_j),(i\neq j)\}$ 的散点图，其中网格划分的最大分辨率满足 $3<xy<n^{0.6}$，可以得到防空指标对 (X_i,X_j) 的特征值矩阵 $M(X_i,X_j)=(M_{x,y})$，定义 $P_{ij}=\max(M_{x,y})$ 为该防空指标对 (X_i,X_j) 的最大交互信息强度值，作为衡量指标对关联强度的标准。从上面的计算可以看出，P_{ij} 对应的网格划分方法描述了指标对之间最佳的关联函数关系，而 P_{ij} 的大小意味着该对防空指标在最佳关联函数关系表达下关联关系的强弱，用 0～1 的数值表示防空指标间的关联强度，数值越趋近于 1，表明防空指标间的关联关系越强。

由此，可以计算每对指标参数之间的关联关系强度。以此构建出的基础指标网络为 $F=(V,E)$，节点为 $V=(X_1,X_2,\cdots,X_k)$，连边权重为 $E=(P_{ij})_{k\times k}$，反映防空作战中体系基础指标之间复杂的关联映射关系。具体如算法 6.3 所示。

算法 6.3　基于无参数探索防空指标间最大交互信息算法

```
//采集的防空体系数据以防空基础指标数据集 T={X1,X2,…,Xk}n 表示，其中 k 表示数据维数(即指标
//数量)，n 表示数据样本数。
输入：T 中的每对防空指标数据集{(Xi,Xj),(i≠j)}n
输出：防空指标对{(Xi,Xj),(i≠j)}之间交互信息强度的值 Pij
算法步骤：
    ① for(x=2;x<n^0.6/2;x++)
```

② for($y=2$；$3<xy<n^{0.6}$；y++)

③ for($m=1$；$m<t$；m++)

④ 把防空指标数据集的坐标平面按照 x 行 y 列划分网格 G_m；

⑤ 在网格 G_m 上推导出防空指标自然概率密度函数 $p_m(x,y)$；

⑥ 计算网格划分 G_m 下的防空指标间交互信息值 I_{G_m}；

⑦ 获得最合适网格划分下的特征值 M_{xy}；

⑧ 构造此防空指标对的特征矩阵$\{M_{xy}\}$；

⑨ 获得此防空指标对之间最大交互信息值 $P_{ij}=\max\{M_{xy}\}$。

3. 基于 FNA 的体系能力指标涌现

复杂网络往往由若干社团组成，每个社团内部的节点之间连接相对密集，而各社团之间的连接相对稀疏。防空基础指标网络是度量防空体系能力的基础，可以将防空基础指标网络的社团看成防空体系某一类功能单元，即特定体系级能力的体现。利用网络统计方法对防空复杂体系中众多指标之间的关系进行网络化建模，在对网络拓扑结构分析的基础上，通过划分网络社团结构涌现体系级能力指标，可以构建出三层防空体系指标网络。

用模块值 Q 定量衡量防空指标网中社团划分的模块化水平，即

$$Q=\frac{1}{2m}\sum_{ij}(P_{ij}-U_{ij})\sigma(C_i,C_j) \tag{6.4}$$

其中，P_{ij} 表示防空指标节点 X_i 和 X_j 之间边的权重；m 为边权重之和；U_{ij} 表示零模型中防空指标节点 X_i 和 X_j 之间边的权重；C_i 表示防空指标节点 X_i 所属社团类别，如果防空指标节点 X_i 和 X_j 同属一个社团，则 $\sigma(C_i,C_j)=1$，否则等于 0；Q 值越大，网络的社团结构越明显，实际网络中该值通常在 0.3～0.7。

防空指标网络社团划分的 FN 算法[22]是基于模块值 Q 最大化的社团划分算法。对于基础指标网络 $F=(V,E)$，首先设定其 k 个顶点为 k 个社团，因此对于有连边的两个社团 a 和 b，定义 H_{ab} 表示社团 a 和 b 边权重占整个网络边的权重，即

$$H_{ab}=\begin{cases}\dfrac{P_{ab}}{(2m)}, & X_a \text{ 与 } X_b \text{ 相连}\\ 0, & \text{其他}\end{cases}$$

定义 R_a 为社团 a 中顶点的度之和占整个网络顶点度之和的比例，即

$$R_a=\frac{s_a}{(2m)} \tag{6.5}$$

其中，s_a 为顶点 X_a 的度；m 为网络的权重之和。

由此，有边相连的防空指标网社团对 a 和 b 融合导致的模块值增量 ΔQ_{ab}，定义为

$$\Delta Q_{ab}=2(H_{ab}-R_aR_b) \tag{6.6}$$

FN 社团划分方法就是沿着整个防空指标网络的 ΔQ_{ab} 值增长最快的方向融合社团，并选择 Q 值最大的社团结构为此时防空指标网的最佳社团 $C=\{C_1, C_2,\cdots\}$，以基础指标网络的社团结构作为体系指标功能单元的划分，获得体系级能力指标。具体如算法 6.4 所示。

算法 6.4　防空体系指标网的网络分析算法

输入：防空体系中的防空指标 X_i，$(i=1,2,\cdots,n)$

防空指标间的最大交互信息值 P_{ij}，$(i,j=1,2,\cdots,n)$

输出：防空体系指标网络模块值 Q

防空体系指标网络社团划分

防空体系能力指标 C_i，$(i=1,2,\cdots,n)$

算法步骤：

① 以防空体系中各防空指标 $X_i(i=1,2,\cdots,n)$ 为节点，以防空指标间的关联强度值 $P_{ij}(i=1,2,\cdots,n;j=1,2,\cdots,n)$ 为边权重构建防空体系指标无向网络 M；

② 初始化防空指标网为 k 个社团，$H_{ab}=\begin{cases}\dfrac{P_{ab}}{(2m)}, & \text{顶点 } X_a \text{ 与 } X_b \text{ 相连；}\\ 0, & \text{其他}\end{cases}$，$R_a=s_a/(2m)$，$s_a$ 为顶点 X_a 的度，矩阵 $E_C=(H_{ab})=\dfrac{W}{2m}$，$W$ 为权矩阵；

③ for$(l=1;l\leqslant k-1;l++)$

④ 依次融合有边相连的社团，计算有边相连的防空指标网社团 a 和 b 融合导致的模块值增量 $\Delta Q_{ab}=2(H_{ab}-R_aR_b)$，沿着 ΔQ_{ab} 最大的方向融合对应的社团 a 和 b，融合后更新 Q 和 E_C，并将与社团 a 和 b 相关的行列相加；

⑤ end

⑥ 依据社团结构划分功能区，采用受限玻尔兹曼机算法涌现防空体系能力指标 $C_i=P(h|x,w\_xh,c)=\mathrm{sig}m(w\_xh\times x+c)=\mathrm{e}^{-w\_xh\times x+c}/1+\mathrm{e}^{-w\_xh\times x+c}$，$(i=1,2,\cdots,n)$。

4. 防空体系指标网络模型构建

底层基础指标、归一化指标、体系级指标及其相互之间的连接关系构成防空体系指标网络模型 H，其表达式为

$$H=(V,E) \tag{6.7}$$

其中，$V=(X,C)$；$E=(P,E_C)$，P 为基础指标网络的连边，E_C 包含体系级指标之间及基础指标与体系级指标之间的连接关系。

因此，体系指标网络模型 H 不但表现体系基础指标之间的复杂关联关系，而且反映基础指标对体系级指标的级联涌现关系，为体系级能力指标的生成机理研究提供模型基础，如图 6.8 所示。

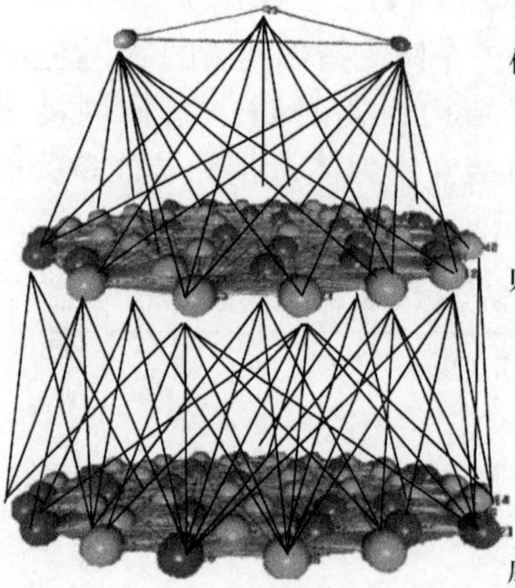

图 6.8　防空体系指标网模型图

6.4.2　防空体系指标网的实例验证

1. 通过体系作战仿真实验获取基础指标样本集

针对研究的防空体系问题，按照第 2 节介绍的步骤和方法利用武器装备体系仿真试验床设计构建整体、动态、对抗的防空体系仿真实验，通过不断改变蓝方作战体系中的作战编组、武器种类、战法等实验因素来改变蓝方空袭的强度，以此激发红方防空体系的自适应和涌现性能力，获得红方防空体系的全维度作战数据，为构建防空体系指标网提供数据基础。在防空体系作战的仿真试验中，获得×个防空底层基础指标参数，如战损数量、通信网联通数量、情报处理时间、OODA 时间、拦截距离等，用$\{x_{1-1},x_{1-2},\cdots,x_{1-\times}\}$表示；经归一化处理获得×个归一化层防空指标，如导弹消耗率、战损率、识别率、拦截率等，用$\{x_{2-1},x_{2-2},\cdots,x_{2-\times}\}$表示，该层指标是对底层基础指标参数的预处理，采用的是经过实践检验并被广泛认可的效能类指标，符合实际作战数据量化原则。共获得由×个防空指标向量组成的防空基础指标样本集。

2. 通过关联分析构建防空基础指标网络

基于算法 6.4，对防空体系中的防空指标样本集进行关联关系挖掘，得到防空指标间最大交互信息强度值(表 6.4)，其中强关联关系，即 $P>0.6$ 的占 19%，而大部分关联关系强度都集中在弱关联区(0.6～0.2 占 77%)，表明防空指标体系本身是一个相对强关联体系，满足幂率分布(图 6.9)。

表 6.4　防空指标间最大交互信息强度值

指标名称	X_{2-1}	X_{2-2}	X_{2-3}	X_{2-4}	X_{2-5}	X_{2-6}	X_{2-7}	X_{2-8}	…
X_{2-2}	0.66457								
X_{2-3}	0.61084	0.91829							
X_{2-4}	0.34214	0.63528	0.58644						
X_{2-5}	0.66457	0.99901	0.91829	0.63528					
X_{2-6}	0.38279	0.24053	0.20605	0.22847	0.24053				
X_{2-7}	0.34572	0.38981	0.25334	0.43468	0.38981	0.57571			
X_{2-8}	0.18548	0.30078	0.25552	0.44523	0.30078	0.38487	0.24653		
X_{2-9}	0.18934	0.20373	0.18905	0.36093	0.20373	0.38487	0.24025	0.89697	
X_{2-10}	0.30889	0.46569	0.6726	0.37887	0.46569	0.3701	0.36585	0.28478	…
X_{2-11}	0.3253	0.39012	0.44872	0.57089	0.39012	0.37416	0.7832	0.22495	…
…	…	…	…	…	…	…	…	…	…

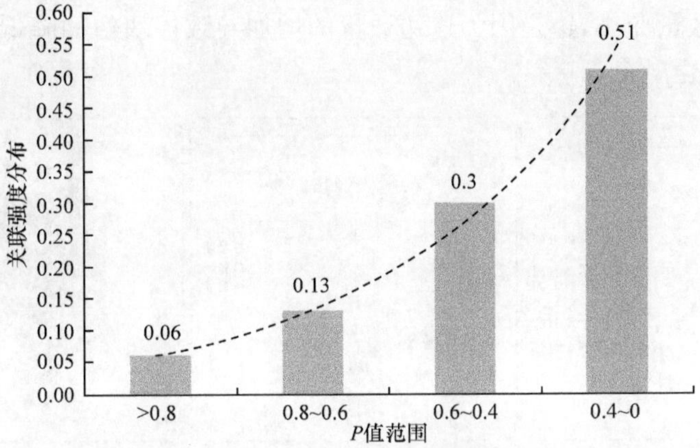

图 6.9　防空指标关联强度分布图

以防空体系中的各防空指标为节点，防空指标间的关联强度值为边权，可以重新构建防空体系指标网。该防空体系指标网由×个防空指标节点和×条边构成，各防空指标之间关系错综复杂，网状关系明显。根据防空指标间最大交互信息强度值可区分为防空体系强关联指标网和防空体系弱关联指标网。防空体系强关联指标网中指标之间关联关系较强，近似存在明显的函数关系，而防空体系弱关联指标网中指标间关联关系较弱近似不存在关联关系。防空体系指标网在不同关联关系强度的指标网立体图如图 6.10 所示，节点代表各防空基础指标，边的宽度表示防空指标间关联强度的大小。

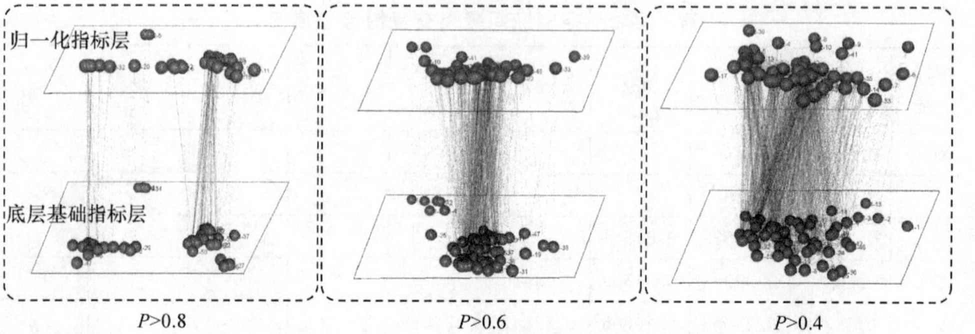

图 6.10　不同 P 值范围的防空体系基础指标网立体图

3. 通过基础指标网络涌现体系能力指标

基于算法 6.4，对防空体系基础指标网络进行分析，可以得到对应不同 P 值取值范围的网络社团结构，并采用不同的颜色标识不同的防空指标社团，如图 6.11 所示。图 6.12 列出了不同 P 值范围内的防空指标网的社团模块值。从图 6.11 中的防空指标网络分布图可以看出，防空体系指标网的社团结构明显，随着 P 值的增大，社团数量变小，这是因为连边数量的增加导致模块值的降低，使更多精细结构的社团发生融合。

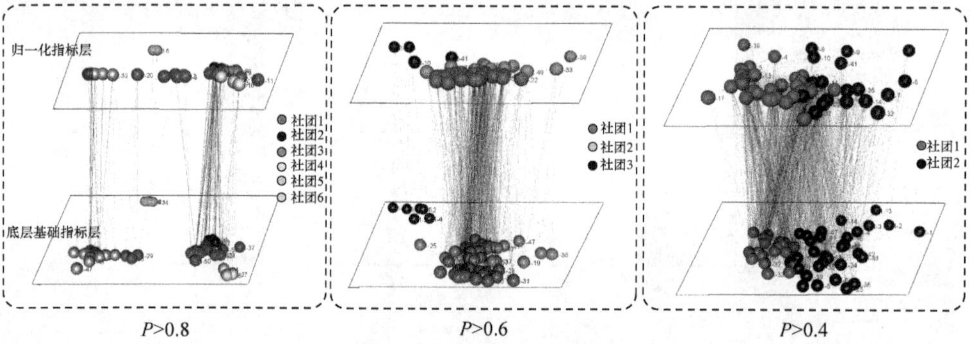

图 6.11　不同 P 值范围的防空体系基础指标网社团分布图

这里仅考虑网络中的强关联连接，即 $P>0.6$ 条件下的社团结构，其社团模块值为 0.355，符合实际网络社团模块值 0.3～0.7。由图 6.11 可以看出，基础指标网络被分为三个社团，不同的社团结构代表防空体系不同的结构功能区，每个结构功能区（社团）代表不同的体系能力。社团 1 的指标大多是与防空体系指控效能相关的参数，因此定义该社团代表的体系能力指标为体系指控效能指数 $G=f(x_{2\text{-}5},x_{2\text{-}13},x_{2\text{-}16},x_{2\text{-}22},x_{2\text{-}36},\cdots)$。社团 2 指标与采用随机森林-广义线性模型组合机器学习算法得到的防空体系重要目标的防空威胁指数类似，因此定义该社团

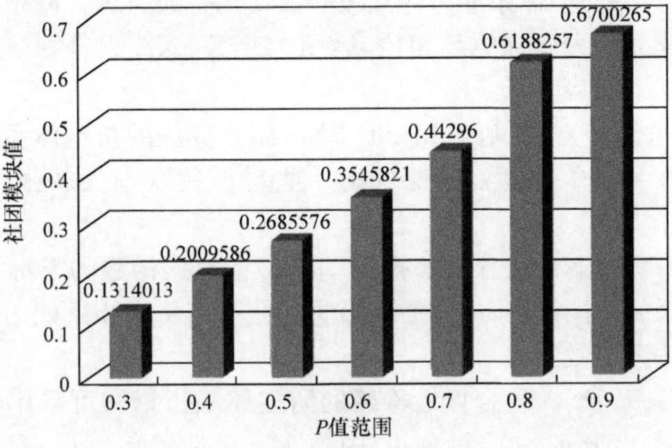

图 6.12　不同 P 值范围内的防空体系指标网的社团模块值

所代表的体系能力指标为防空威胁指数 $Y=f(x_{2\text{-}5},x_{2\text{-}13},x_{2\text{-}16},x_{2\text{-}22},x_{2\text{-}36},\cdots)$。社团 3 指标大多是与防空体系反应效能相关的参数，因此定义该社团为体系反应效能指数 $F=f(x_{1\text{-}1},x_{1\text{-}2},x_{1\text{-}3},x_{1\text{-}4},x_{1\text{-}13},x_{1\text{-}14},x_{2\text{-}10},x_{2\text{-}25},\cdots)$。可以看出，这三个社团代表的功能分别反映防空体系作战中三个关键整体性效能，即体系指控效能、体系打击效能和体系反应效能。

结合基础指标网络与三个体系能力指标，可以构建强关联条件下的三层指标体系网络，如图 6.13～图 6.15 所示。三层指标体系网络不仅反映防空体系复杂

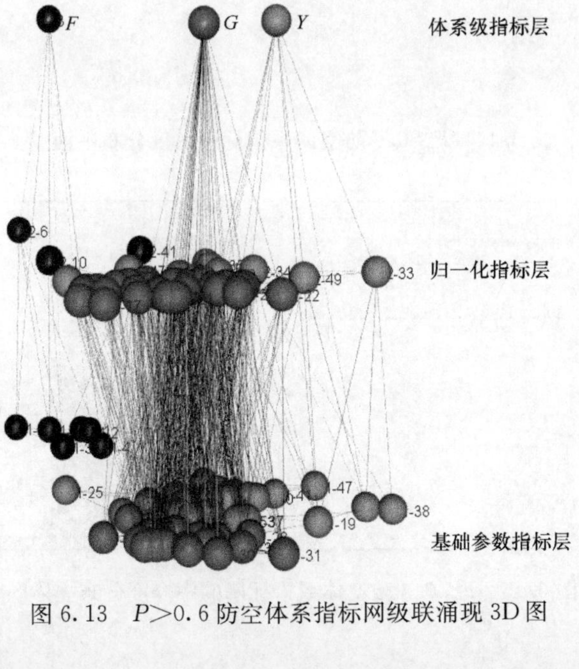

图 6.13　$P>0.6$ 防空体系指标网级联涌现 3D 图

的关联关系，更反映防空体系能力内部级联涌现的生成机理。同依据专家经验构建的防空体系作战能力指标体系相比，运用 MINE-FNA 组合算法构建的防空体系指标网具有如下优势。

① 相对专家经验方法，基于 MINE-FNA 组合算法的防空体系指标网对指标关联关系进行了统一的量化，并挖掘出一些看似关联不大却强关联关系的指标对。

② 基于 MINE-FNA 组合算法挖掘基础指标数据构建的指标网络能够清晰展现出指标体系的功能社团，进而涌现出防空体系高层次体系能力指标。这是基于专家经验方法无法做到的。

③ 基于 MINE-FNA 组合算法构建的防空体系指标网可采用复杂网络技术进行后续分析，如度分布、中介性分析、中心性指标挖掘等。这也是基于专家经验方法无法做到的。

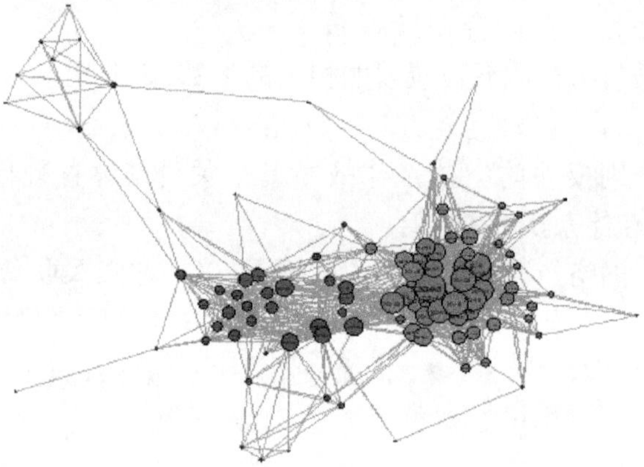

图 6.14　$P>0.6$ 防空体系指标网的度分布平面图

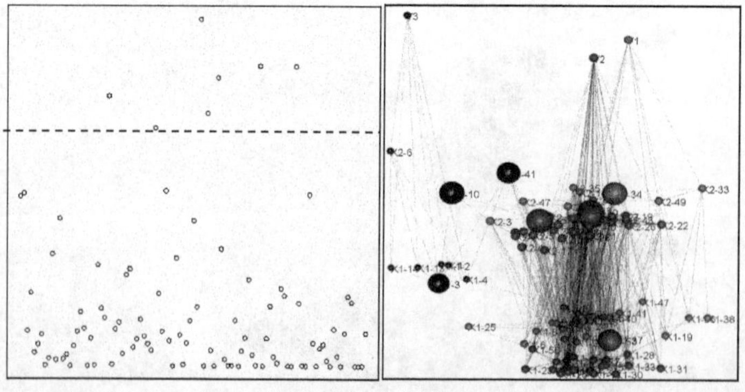

图 6.15　$P>0.6$ 防空体系指标网的中介度分布立体图

6.5 本章小结

针对作战体系分析领域传统基于专家经验的树状分解方法获取的指标难以有效评估防空复杂体系能力的问题，本章从数据挖掘的角度，通过构建 RF-GLR 组合机器学习算法模型和 MINE-FNA 组合算法模型，从基于武器装备体系综合仿真试验床获取的防空体系整体、动态、对抗的作战仿真数据中挖掘出防空体系能力指标和构建出防空体系指标网，并对其有效性进行实例化验证，实现宏观和微观两个层面对防空体系能力的评估。在宏观整体层面，从防空体系仿真实验数据聚合涌现出的防空体系能力指标，能够描述防空体系宏观整体的演化，对防空体系作战能力的变化趋势进行合理的预测。防空体系指标网能够从微观层面分析大量基础指标微观交互出现的整体形态，展现基础指标交互涌现与体系能力指标的关联关系，研究分析防空体系能力的级联涌现复杂生成机理。

本章的创新工作主要有以下两点。

① 探索了基于随机森林-广义线性回归组合机器学习算法模型(RF-GLR)的防空体系能力指标挖掘方法，能够从防空体系仿真实验数据中训练和验证防空体系能力指标模型。

② 探索了一种基于关联关系分析和复杂网络分析相结合的多层涌现的指标体系网络构建方法，构建了底层基础指标→归一化层指标→体系级指标的多层级联涌现关系的网络化指标体系模型，为研究防空体系内部复杂关联关系和分析防空体系能力的级联涌现生成机理提供了有效工具。

参考文献

[1] Cares J R. 分布式网络化作战. 于全，译. 北京：北京邮电大学出版社，2006.

[2] 牛新光，张最良，徐学文，等. 武器装备建设的国防系统分析. 北京：国防工业出版社，2007.

[3] 胡晓峰，杨镜宇，司光亚，等. 战争复杂系统仿真分析与实验. 北京：国防大学出版社，2008.

[4] 胡晓峰，张昱，杨镜宇. 引入复杂网络和大数据方法实现武器装备体系能力评估的科学转变//第六届“战争复杂性与信息化战争模拟”学术研讨会，2014：1-6.

[5] 张国宁，王伟，沈寿林. 作战实验指标构建的群体研讨技术//第五届“战争复杂性与信息化战争模拟”学术研讨会，2012：366-372.

[6] 邹志刚，刘付显，夏璐. 基于对抗的防空体系结构演化性概念建模. 现代防御技术，2013，41(4)：5-9.

[7] 高志华，徐吉辉，鲁华杰，等. 基于灰色关联度的要地防空目标威胁分析. 舰船电子工程，2012，32(7)：23-25.

[8] 刘小强，王睿，曲婧华. 基于隶属度的概率数据关联算法. 空军工程大学学报，2014，14(3)：42-45.

[9] 王毅,黄敬雄,周云富.基于模糊的联合概率数据关联简化算法.火力与指挥控制,2013,38(5):46-49.

[10] 杨军佳,杨谢,尹亮.雷达效能评估指标体系构建研究.中国雷达,2012,2:9-12.

[11] 赵文婷.防空导弹网络化体系作战效能评估指标与验证方法.现代防御技术,2013,41(2):7-9.

[12] 罗鹏程,周经伦,金光.武器装备体系作战效能与作战能力评估分析方法.北京:国防工业出版社,2014.

[13] 张玉玺,刘铭.防空导弹网络化作战系统效能评估.弹箭与制导学报,2006,26(3):309-314.

[14] 陈立新.防空导弹网络化体系效能评估.北京:国防工业出版社,2007.

[15] 张强,雷虎民.基于小世界网络的防空反导系统复杂性研究.现代防御技术,2010,38(6):1-11.

[16] 路建伟,姚增建,王濛.基于无标度网络的防空系统构建.指挥控制与仿真,2013,35(3):10-13.

[17] 杨哲,李曙林,周莉,等.基于复杂网络空战体系作战网络拓扑模型分析.计算机仿真,2013,30(3):72-75.

[18] 季明.面向武器装备体系仿真实验的试验床实验设计研究.北京:国防大学博士学位论文,2015.

[19] 马力.赛博空间背景下网络化体系能力仿真评估模型研究.北京:国防大学博士学位论文,2013.

[20] 王飞.基于PRI超网络模型的体系能力仿真实验分析方法研究.北京:国防大学博士学位论文,2015.

[21] Reshef D N, Reshef Y A, Finucane H K. Detecting novel associations in large data sets. Science,2011,334(6062):1518-1524.

[22] Newman M E J, Girvan M. Finding and evaluating community structure in networks. Physical Review E,2004,69:26113.

第 7 章　基于演习仿真数据的作战体系分析方法

7.1　作战体系分析问题概述

信息化条件下的体系对抗已成为战争中越来越鲜明的特点，如何认识作战体系的性质和运行演化机理，如何评价体系作战能力就成为摆在我们面前不可回避的关键问题。要做到这一点，传统的方法和手段显然已经力不从心，必须从新的思路、新的角度寻找科学的方法和途径。

7.1.1　作战体系分析是研究信息化战争的最佳切入点

信息化战争是对抗各方战争体系之间的对抗，而作战体系是其中最核心、对抗最激烈的部分。作为体系对抗的主体，传统意义上的作战体系被看做是按一定的战略、战役、战术目的，以一定的编配方案、组织结构和指挥关系，通过各种指挥控制系统，将各军兵种不同种类、不同数量的作战系统或建制单位有机组织起来的一个整体[1]。但从网络科学的角度来看，作战体系就是一个将各种资源和作战力量作为节点，将各种指挥、协同及保障等关系作为边，并由这些节点和边链接而成的“网络的网络”。它以信息网络为中心，使部队之间能够共享战场态势感知。它以部队相互之间的协调、配合、适应为重要手段，通过自组织和自适应使协同能力倍增，因此战场反应更为迅速，整体对抗能力更强，作战效果更突出。因此，要想弄清楚信息化战争的特点与规律，首先要研究作战体系的特点和规律，这就是最佳切入点。

7.1.2　用传统仿真方法研究作战体系所面临的问题

仿真作为人类继理论研究和科学实验之后认识世界的第三种范式，已被公认为是和平时期研究战争的主要手段。它通过对战场环境、各方作战实体、行为及其交互的建模仿真，不仅为作战人员提供一种亲身体验战争的途径，同时也为科学研究人员研究分析战争搭建一个可能的平台。但是，人作为作战体系的主体，其行为对体系作战的影响却是传统仿真手段难以仿真的，且与人的因素相关的数据在一般的仿真系统中也难以采集。因此，研究人在作战体系形成中所起的主导作用和主观能动性，仅仅依靠传统的以武器平台为基础的仿真模拟的方法是不够的，必须寻找一种能将人的行为融入其中的方法，才能真正反映作战体系的本质特点和性质。

7.1.3 复杂性科学为研究作战体系提供了新的途径

作战体系具有整体、动态、对抗的复杂特性。作战体系的组分繁多，组分系统之间的关联、协同、对抗等关系复杂，而且在动态演化中可能涌现的新性质。这些都决定了考察作战体系应重点放在考察其整体、动态、对抗等复杂特性上。如果仍然采用考察局部、静态性质，以及线性相关的传统还原论方法来研究体系对抗的整体性、动态性效果，那么必然会产生偏差，甚至严重失真。对于复杂体系对抗中存在的不确定性和涌现性，传统方法就更难描述和刻画。复杂网络方法是近年发展起来的科学方法，强调对复杂系统的网络化抽象，以及描述小世界、无尺度的动力学机制，并且能在大量实际复杂系统中发挥作用而备受关注。从抽象角度看，作战体系也可以抽象为各种作战实体及其之间关系形成的复杂网络，因此复杂网络理论能够成为研究作战体系，以及人在其中产生的动力学特性的重要方法和手段。

7.1.4 海量仿真数据可以作为研究作战体系的基础

图灵奖的获得者、美国计算机科学家吉姆·格雷认为，实验和仿真科学都在生成大量的数据，随着数据爆炸时代的到来，科学探索的第四范式，即大数据时代也将到来[2]。基于仿真推演系统的大型演习可以为研究作战体系特点与规律提供基础数据条件。运用仿真推演系统展开的有人参与的演习，通过人与系统的紧密结合，不但能弥补仅用仿真系统来研究作战体系的不足，而且能真实地反映作战体系的演化过程。尤其是，仿真推演系统多次在部队演习中运用，所采集的海量仿真数据不但详细记录了各种推演中各种仿真实体之间的行动交互过程，而且还能追踪到指挥员如何根据战场情况定下决心，实施作战指挥的具体过程。通过对这些数据进行分析与挖掘，许多隐藏的规律性信息或异常突变，如指挥员的作战思想、指挥理念、武器装备与战法运用、信息优势的获取等，就有可能被洞察和发现。这些数据蕴藏着丰富的信息，数据之间的各种关联关系描述了作战体系的网络化关系，因此用它来研究作战体系具有很好的现实意义，很高的研究价值。这正是本章要探索和研究的主要问题。

7.2 基于演习仿真数据的作战体系分析系统架构

7.2.1 作战体系分析系统的概念视图

信息化条件下的体系作战由于涉及战场空间广阔、规模大、实体多、战场交互复杂,使数据成规模地产生。数据之间复杂的关联关系又使数据成体系地集成在一起,成为研究作战体系的基础资源。仅有数据体系还远远不够,对数据进行分析与处理是研究作战体系的必经之路与重要手段。基于此,本章将作战体系的研究框架大致分成数据准备层、分析挖掘层和可视表达层三个层次(图 7.1)。

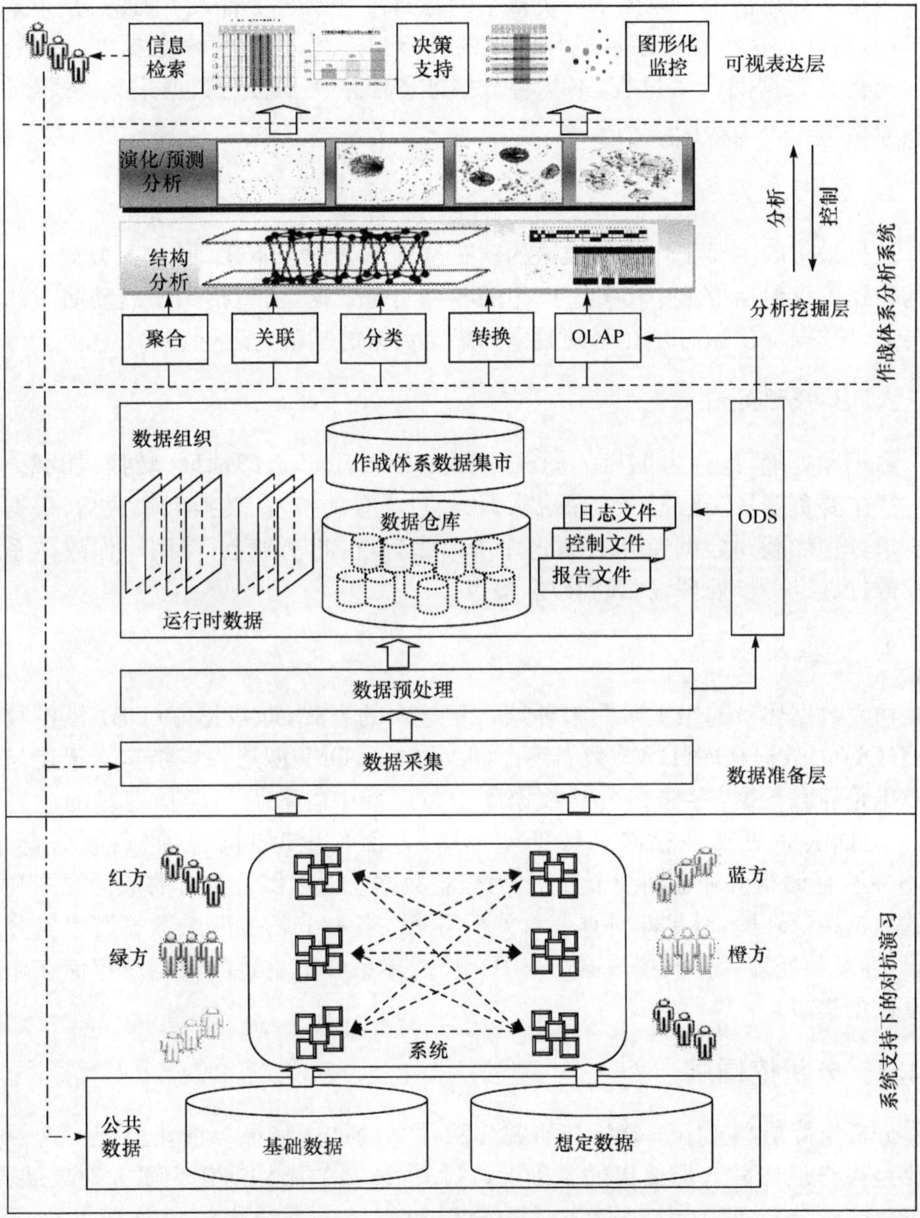

图 7.1　面向对抗推演的作战体系分析系统概念视图

需要说明的是，作战体系分析是在仿真推演系统支持下的对抗演习基础上进行的，因此作战体系分析系统与仿真推演系统是相对独立的。

7.2.2 数据准备层

数据是支撑整个作战体系分析框架的基石。它产生于有人参与的、分布式对抗推演过程中，是作战体系形成与演化的基础。因此，综合考虑数据的一般处理流程与仿真数据的产生过程，本章将数据准备层依次划分为数据采集、数据预处理和数据组织三个层次。

1. 数据采集

数据采集的主要工作是将推演的动态过程完整记录下来，形成源数据库。采集的数据不仅包括推演中由模型产生的各种实时数据，还包括用于启动演习的想定与基础数据。模型必须在基础数据和想定数据的基础上运行。

2. 数据预处理

数据预处理，也称为 ETL(extract，transform，load)，即抽取、转换、加载。这一过程主要负责从源数据库中获取数据，经过必要的清洗、转换和集成后，根据不同需求分别加载到数据库和数据仓库中。然后，在此基础上，将用于作战体系分析的数据做进一步处理，加载到数据集市。

3. 数据组织

仿真数据体系的组织采取多种结构相结合的方式，即数据库(DB)-操作数据存储(ODS)-数据仓库(DW)-数据集市(data mart，DM)四层系统结构。想定与基础数据是静态数据，存储在公共数据库中。运行中的数据是经预处理的动态数据，一方面实时更新并存储到数据库，另一方面打上时间戳存储到数据仓库。ODS 主要存储当前和近期细节数据，为建立数据仓库提供近实时的数据视图和一致的数据接口环境，满足即时查询与分析需求。各种分析主题的数据则根据分析需要，经过预处理后存放在数据集市中。作战体系分析主题的数据就存储在作战体系数据集市。

7.2.3 分析挖掘层

分析挖掘层主要用于分析与研究作战体系的结构特征与演化情况。这一层主要是在作战体系数据集市的基础上，以作战体系的结构演化为研究对象展开，可以分联机分析处理、作战体系结构分析和作战体系结构演化分析三个层次进行。

1. 联机分析处理

由于作战体系具有复杂特性，对其分析难度较大，因此有必要采用联机分析处理进行部分数据归约、维度分析等工作。例如，在联机分析处理中归约出很多小的数据立方体的集合，实现对总数据的后续快速访问、汇总与计算。面对战场情况瞬息万变，要给受训者提供实时的决策支持，就需要利用联机分析处理做一些准备工作。这些工作最好在仿真数据体系形成时就做好。

虽然相关研究都是在已采集到的数据基础上开展的，但下一步的工作是为了实现对实时采集的数据进行实时作战体系分析，实时辅助决策支持。这是可以达成的目标，尤其对于演习仿真数据的大数据趋势而言，近实时的分析更有效益。

2. 作战体系结构分析

这一层次的分析是通过分析与利用仿真数据之间的复杂关联关系，重构某时刻各参与对抗的作战体系网络的结构，从而达到对作战体系结构进行分析的目的。其重点在于作战体系的空间分析，更注重结构本身，即拓扑关系，而非演化过程。主要采用复杂网络与数据的分类、聚类、关联、转换等相结合的方法，建立作战体系的网络化模型。

3. 作战体系结构的演化分析

随着作战进程的快速推进，作战体系的结构必然随之发生变化，具有动态演化的特征。因此，这一层次的重点是对作战体系结构的动态演化过程进行分析，形成对未来发展的预测。其核心是时间分析，重点是研究作战体系的动态过程。

结构决定功能，通过对作战体系结构的演化分析，将有助于提高作战指挥效能，甚至可能对作战进程进行预测，达到辅助决策的目的。

7.2.4　可视表达层

在作战体系分析的概念视图中，可视表达层处于最顶层，直接面向用户。可视化表达既能够从某一侧面对分析结果进行解释说明，又能帮助分析者理解分析的结果，辅助更深层次的分析。

可视表达层的输入是作战体系结构与演化分析的结果。其过程重点关注将这些结果以何种方式表达与展示，使用户能轻易地发现变化的趋势与模式，快速作出比较，为决策支持服务。在作战体系分析的过程中，这种可视化的表达应重点关注分析结果的模式及相互关系的展现。这里的模式指某种形式上的规律，如随时间变化的模式。相互关系则包含关联关系和因果关系。可视表达层的输出通常是以报表或图形化的方式展现，供用户浏览、查询与监控使用，甚至可以为进一步的分析提供帮助。

可视表达层的内容经过用户的理解可能发现原有分析的缺憾或不足，将这些缺憾与不足反馈回底层，再重新采集新的数据，经处理分析后，产生新的分析结果。因此，这是一个人在回路的循环分析过程。由于仿真数据的产生是人与人通过模型进行交互后的结果，经过分析与可视化后，又经人的认知反馈，推动下一轮数据的形成，以及作战体系的分析与研究。一方面，可以帮助研究人员进一步认清作战体系的内在关联与本质特征，为补充和修正数据提供信息反馈。另一方面，可以帮助演习人员，如指挥员或决策者，理解作战体系的内在关系和演化规律，预测，甚至控制复杂的作战进程，最终达到辅助决策的目的。

7.3　作战体系结构建模与分析

对于作战体系的研究可以从空间与时间两个维度展开，从空间上构建作战体系的结构，从时间上研究作战体系结构的演化。复杂网络理论的开拓者巴拉巴西写道：规则来了又走，但是不变的是控制它的拓扑结构和基本的自然法则[3]。这实际上说的是，结构是客观存在的，而且是研究的基础。对于作战体系，其结构在逻辑上也是客观存在的，并不需要凭空构造。本节在阐述演习仿真数据体系的基础上，重点研究如何用这些仿真数据来发现作战体系的网络化结构，并将其表现出来，也就是如何基于仿真数据从空间上构建作战体系的结构。

7.3.1　多方体系对抗的多层次网络结构

1. 仿真数据再现作战体系的结构及其演化

(1) 作战体系与仿真数据体系之间的关系

战争复杂体系由作战体系、保障体系、目标体系等各种复杂体系构成，这些体系是客观存在的。从图 7.1 可以看到，仿真数据是在演习中不同对抗方使用仿真推演系统进行对抗产生的。这个对抗的过程本质上是在人的行为影响下作战体系、保障体系、目标体系等各种复杂体系的演化过程。由于仿真推演系统的使用，使这些体系的结构及其演化过程不仅停留在抽象概念上，它几乎完整地通过仿真数据的形式记录了下来。由此，在多方对抗推演中，作战体系的演化过程就是产生相应的作战仿真数据的过程，保障体系的演化过程也是产生相应保障数据的过程。同时，仿真数据体系包含演习产生的作战数据、保障数据、目标数据等各种仿真数据，又可以反过来再现演习中作战体系、保障体系、目标体系等各种复杂体系的组成与演化过程(图 7.2)。

为了研究作战体系，本节在数据仓库和各种数据文件的基础上建立专用的作

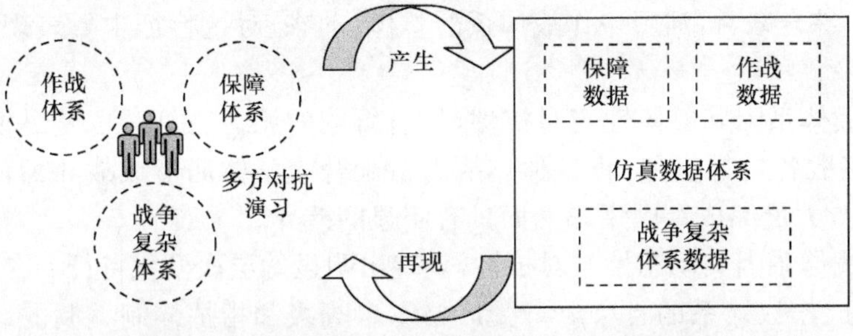

图 7.2　多方对抗演习中各种复杂体系与仿真数据之间的关系图

战体系数据集市。当然，也可以根据保障、目标等专题建立相应的保障体系数据集市、目标体系数据集市等各种数据集市。由于研究对象是作战体系，因此主要关注与作战体系相关的仿真数据与数据集市，并从中再现作战体系结构的组成与演化过程。

(2) 基于 EBNI 的作战体系数据集市

作战体系数据集市是一个庞大且复杂的数据模型系统，对它进行数据建模不是一件容易的事。EBNI[4] 的核心思想是指在实体、行为、网络化交互三个层次上进行建模，适用于复杂体系的建模。因此，借鉴 EBNI 建模思想，在基于感知真实的数据建模基础上，以仿真推演系统中最基本的表示单元-实体[5] 为出发点对作战体系多维数据模型进行设计。

作战体系数据集市按主题不同，可分为实体、行动、交互等主题。实体主题可分成部队实体、装备实体、打击实体等。行动主题可按作战行动的类型分成转隶、配属、进攻、防御等。交互主题可根据发生与作战相关的交互事件进行分类，如转隶事件、配属事件、进攻事件等。这些实体之间的交互使作战实体之间相互关联形成作战网络。

作战体系数据模型庞大复杂，包含事实表和维表。事实表记录了与作战体系相关的信息，包括指令下达信息事实表、部队实体状态事实表、装备实体状态事实表，以及各种事件事实表。事件事实表包括机动事件等。此外，还包含信息维表，例如基于感知真实的视角维、时间维、位置维、隶属方维、军种维、部队类型维、部队状态维等。

在此基础上，作战体系多维数据模型组织并形成数据多维立体结构，不但便于从多个角度对作战体系进行多分辨率探索分析，而且可以在此基础上使用联机分析、数据挖掘等方法进一步分析研究。

2. 多方体系对抗的层次映射模型

(1) 作战体系结构与演化的特点

由于运用仿真推演系统进行的对抗演习通常都是将重大作战行动与部队实际相结合设计并展开的，因此以此为背景考察作战体系的结构及其演化具有一定的代表性。综合来看，演习中作战体系的整体、动态、对抗特征主要表现在以下三个方面。

① 作战体系因其整体性与对抗性，带有鲜明的属方特征。也就是说，不同参演方为了完成各自的任务，将各种作战力量聚合成整体而形成战斗力，却受各方的作战目的、力量编成等因素影响而具有明显的差异。

② 作战体系因其动态性与对抗性，表现出明显的层次变化特征。在演习初始条件下，组成作战体系的各种要素受严格军事等级和指挥体制编制的约束，具有上窄下宽的层次性特征。随着演习对抗的需要，各方指挥员为达成各自的作战目的，依据各自对战场情况的判断重新调整与部署作战力量，使原有的体制编制可能被打破，各种作战要素之间的关联关系可能被改变，其层次性也将随之变化。

③ 作战体系的演化过程与人的行为密切相关，表现出复杂的不确定性与涌现性。指挥员的指挥行为是作战体系结构演化的推动力。如果研究作战体系不考虑人的因素，恐怕作战体系就无法“活”起来。在社会网络研究中，人类的参与使网络更为复杂，同时还不断涌现新性质，从而产生不同寻常的生命力，引起无数研究者的兴趣。同样，在演习中，各级指挥员可以对仿真推演系统中虚拟的作战实体下达指令，实现对本方部队与装备设施的指挥与控制，以及对敌方部队与目标设施的打击。这种指挥行为对作战体系网络的独特影响更是作战体系研究必须考察的。

可见，采用演习产生的仿真数据，应从三个方面综合再现并考察作战体系的结构，即不同方之间的对抗背景、作战体系本身的层次性特点，以及指挥行为对结构演化产生的影响。

(2) 作战体系结构的节点划分方法

本节以对抗、层次和行为因素三个重要特征为依据，从宏观层面建立多方对抗推演下的体系对抗层次映射模型。由于作战体系具有层次性的特征，因此在构建其结构模型时，首先要考虑结构的层次划分。从复杂网络的角度来看，结构与节点的划分直接相关。

① 常见的作战体系结构的节点划分方法。

按照美军网络中心战的思想[6]，以及以往多数研究中划分作战体系节点的方法[7-10]，通常可以把演习中形成的作战体系的组分节点分为传感器节点、指控节点和作战节点。从这个角度将参演方同质节点之间的交互关系进行网络化抽象，通常可以得到作战体系的三层网络模型，即传感网、指控网和作战网络。

此外，从社会网络分析延伸出来的 FINC 方法[11,12]也是一种较为常见的复杂系统建模方法。它从力量(force)、情报(intelligence)、网络(networking)、指挥与控制(C2)四层结构建立复杂系统的网络模型，并提供信息延迟、协同能力、中心性等多种指标度量方法。FINC 方法对于节点的划分实际上也基本延续了美军网络中心战的思想，通常也是火力单元、情报单元和指挥与控制单元。

② 从指挥行为的角度划分作战体系的节点。

实际上，演习中各参演方因对抗而相互激发的指挥行为是促使作战体系结构演化，并涌现新性质的最根本动力。为此，从指挥行为的角度划分作战体系的节点类型和考察演习作战体系的层次性结构，将有助于认识作战体系的特点与规律。因此，可以将作战体系的组分节点分为指挥员真实节点和作战实体仿真节点。

定义 7.1　指挥员真实节点是对演习中实际参与演习，并根据对抗需要实时对仿真推演系统下达指令实施干预的、真实存在的各级指挥员的网络化抽象。

定义 7.2　作战实体仿真节点是对仿真推演系统中虚拟的参与作战的仿真实体的网络化抽象，它接受指挥员真实节点发送的合理的作战指令。

(3) 构建多方对抗下的多层次网络映射结构

基于上述节点划分，在指挥员真实节点与作战实体仿真节点之间组成了指挥控制网络，在作战实体仿真节点之间组成了作战体系网络。对抗推演通常是在多方对抗背景下展开的，这一背景对演习作战体系结构的组成具有重要影响，且在这一背景下将形成体系对抗网络。由此可以建立多个参演方参与的演习多方体系对抗层次映射模型。下面以两个参演方为例进行说明，多方体系对抗的层次映射模型如图 7.3 所示。

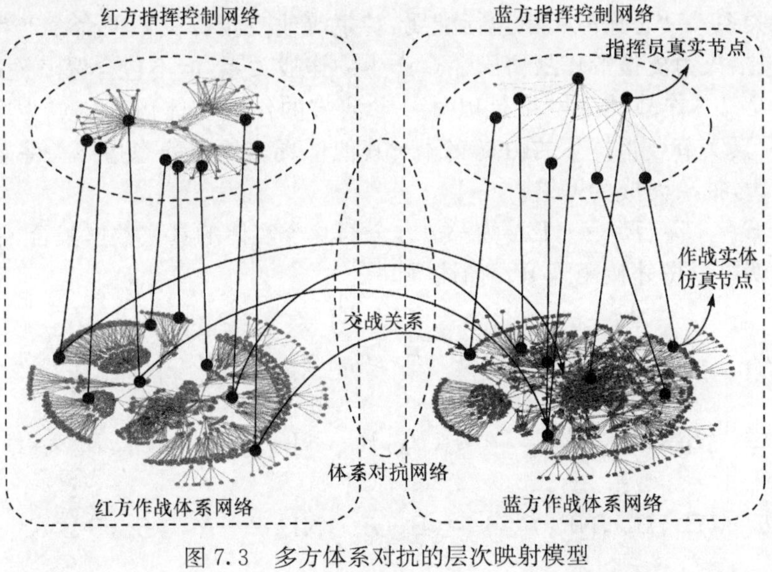

图 7.3　多方体系对抗的层次映射模型

① 体系对抗网络。

体系对抗网络是以多方对抗为背景。该网络的节点是仿真推演系统中参与作战的仿真实体，节点之间的链接是不同参演方节点之间的交战关系。

定义 7.3　体系对抗网络是将仿真推演系统中参与作战的仿真实体抽象为节

点，不同参演方节点之间的交战关系为边，抽象而成的网络。

② 指挥控制网络。

在对抗演习中，受训的指挥员对仿真推演系统中的仿真实体下达作战命令的过程，实际上就是指挥控制网络演化的过程。指挥控制网络的节点由受训的指挥员和仿真推演系统中的仿真实体抽象而成，一旦指挥员对仿真推演系统中的仿真实体下达作战命令，就在节点之间形成新的链接。由于这些节点与链接的变化，指挥控制网络结构也随之变化。指挥控制网络通常是对某一方而言的。

定义 7.4 指挥控制网络是将演习中某一方的实际指挥员与仿真推演系统中的仿真实体抽象为节点，指挥员对仿真实体的指挥关系为边，抽象而成的网络。

③ 作战体系网络。

对抗演习中的作战体系网络也是对某一方而言的，主要用来描述对抗推演过程中参演方所有作战实体及其相互之间的静态指挥关系和动态作战关系。该网络的节点是指受指挥员指挥的仿真实体，节点之间的链接是这些仿真实体之间的静态指挥关系和动态作战关系。

定义 7.5 静态指挥关系是指演习想定编成内的各种作战力量之间的上下级指挥关系。

定义 7.6 动态作战关系是指对抗推演中各种作战力量相互之间实时产生的动态作战关系。动态作战关系包括配属、转隶等改变指挥关系的命令产生的作战关系，也包括火力支援等作战协同命令产生的作战关系，但不包含保障关系。

定义 7.7 作战体系网络是以某一参演方的作战实体仿真节点为网络的节点，指挥员真实节点指挥下的仿真实体对其他仿真实体的静态指挥关系或动态作战关系为边，抽象而成的网络。

设定 $E_i=\{E_{i1},E_{i2},\cdots,E_{in}\}$ 为第 i 方全部 n 个实体的真实数据集合，那么作战体系网络就可以用邻接矩阵 W_{OS} 描述，即

$$
W_{\mathrm{OS}}=\begin{array}{c} E_{j1} \\ \\ E_{jk} \\ \\ E_{jn} \end{array}
\overset{\begin{array}{ccccc} E_{i1} & \cdots & E_{ik} & \cdots & E_{in} \end{array}}{\begin{bmatrix}
(B_{i1},B_{j1},\mathrm{NI}_{11}) & \cdots & (B_{ik},B_{j1},\mathrm{NI}_{1k}) & \cdots & (B_{in},B_{j1},\mathrm{NI}_{1n}) \\
\vdots & & \vdots & & \vdots \\
(B_{i1},B_{jk'},\mathrm{NI}_{k'1}) & \cdots & (B_{ik},B_{jk'},\mathrm{NI}_{k'k}) & \cdots & (B_{in},B_{jk'},\mathrm{NI}_{k'n}) \\
\vdots & & \vdots & & \vdots \\
(B_{i1},B_{jn'},\mathrm{NI}_{n'1}) & \cdots & (B_{ik},B_{jn'},\mathrm{NI}_{n'k}) & \cdots & (B_{in},B_{jn'},\mathrm{NI}_{n'n})
\end{bmatrix}}
\tag{7.1}
$$

其中，B_{ik} 为第 i 方第 k 个实体的行为；i 方共有 n 个实体集合；$B_{jk'}$ 为第 j 方第 k' 个实体的行为；j 方共有 n' 个实体集合；$\mathrm{NI}_{k'k}$ 为实体 E_{ik} 与 $E_{jk'}$ 之间发生的交互。

④ 体系对抗网络、指挥控制网络与作战体系网络之间的关系。

体系对抗网络、指挥控制网络与作战体系网络之间是相互作用的。在指挥控

制网络中，由于指挥员真实节点对作战实体仿真节点的指挥与控制作用，影响作战体系网络的结构及其演化。在作战体系网络，由于作战实体仿真节点之间的对抗关系，影响体系对抗网络的结构及其演化。在体系对抗网络中，由于作战实体仿真节点之间对抗的结果，作用并影响指挥控制网络与作战体系网络的结构及其演化。

本章的研究对象是作战体系的网络结构及其演化特征。多方对抗下的体系对抗网络，以及指挥员行为作用的指挥控制网络对作战体系网络的结构及其演化都会产生重要影响。因此，本节将在多方对抗背景下首先分析单方指挥控制网络结构，然后研究作战体系的网络结构。

7.3.2　基于二分图的单方指挥控制网络

1. 单方指挥控制二元网络建模

二分图是图论中的一种特殊模型。二分图的建模过程实际上就是分层建模的过程，不同的层次集合划分将形成结构迥异的网络[13]。在演习中，指挥员的指挥行为对仿真推演系统中仿真实体的作战行动与战场交互的影响是一个比较复杂的过程。通过这种演习仿真过程，实际上是在指挥员与指挥员之间、指挥员与仿真实体之间，仿真实体与仿真实体之间建立指挥与被指挥、控制与被控制的关系，从而构成单方指挥控制网络。

本章将对抗演习中的作战体系抽象为指挥员真实节点和作战实体仿真节点两类节点集合，采用二分图的方法在两个层次认识这一过程。如图 7.4(a)所示，就是演习中单方指挥控制的二元网络。其中，三角形代表指挥员，圆圈代表作战仿真实体。

用图论语言可以对单方指挥控制网络与单模式网络转换进行二分图描述，如图 7.4 所示。

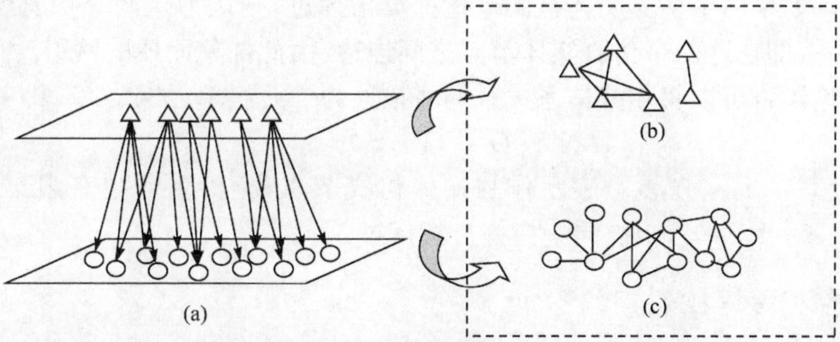

图 7.4　基于二分图的单方指挥控制网络与单模式网络转换示意图

定义 7.8　单方指挥控制网络 G 是一个三元组有向二分网络，即

$$G=(V_1,V_2,E) \tag{7.2}$$

其中，$V_1=\{v_{11},v_{12},\cdots,v_{1m}\}$ 为指挥员真实节点集合，是非空有限集；$V_2=\{v_{21},v_{22},\cdots,v_{2n}\}$ 为作战实体仿真节点集合，是非空有限集；$V_1\cap V_2=\Phi$；E 为 V_1 和 V_2 之间的指挥与控制关系，$E\subseteq V_1\times V_2$。

随着推演的进行，指挥员真实节点 $V1$ 对作战实体仿真节点 $V2$ 的指挥控制关系根据战场情况变化的需要发生变化，而这也可能改变 $V2$ 节点之间的关系。例如，指挥员会根据需要对仿真推演系统中不同的仿真实体下达转隶、配属、火力支援等命令调整作战态势，而这不仅动态改变(或建立或变更或删除)$V1$ 和 $V2$ 之间的关系，而且改变 $V2$ 节点之间的关系。由此可见，对抗推演单方指挥控制网络的二分图模型是对 $V1$ 和 $V2$ 这两类节点之间的静态和动态指挥关系的网络化抽象。同时，指挥控制关系是从上($V1$)至下($V2$)有方向性的，得到的单方指挥控制网络化模型是一个包含两类相对独立节点的有向二分网络，如图 7.4(a)所示。

此外，通过如图 7.4(a)所示的二元网络，我们可以将它转化为两个独立的单元网络，如图 7.4(b)所示的指挥员协同网络和如图 7.4(c)所示的仿真实体关系网络。指挥员协同网络是仿真实体节点在指挥员节点层的映射。仿真实体关系网络是指挥员节点在仿真实体节点层的映射。

定义 7.9　指挥员协同网络是将对抗演习中指挥员实体抽象为节点，如果两个指挥员指挥的仿真实体打击或对抗的目标是同一个，则认为这两个指挥员之间建立了相应的协同关系，即在这两个指挥员节点之间连边，由此抽象而成的网络。

用图论语言可以将指挥员协同网络描述为二元组单元网络 G'，即

$$G'=(V_1,E) \tag{7.3}$$

其中，$V_1=\{v_{11},v_{12},\cdots,v_{1m}\}$ 表示指挥员真实节点集合，为非空有限集；E 表示 v_{1i} 和 $v_{1j}(i,j=1,2,\cdots,m)$ 指挥的仿真实体打击或对抗的目标是同一个。

定义 7.10　仿真实体关系网络是将仿真推演系统中参与作战的仿真实体抽象为节点。如果两个仿真实体被同一指挥员指挥过，则认为这两个仿真实体之间建立了关系，即在这两个仿真实体节点之间连边，由此抽象而成的网络。

用图论语言可以将作战体系关系网络描述为二元组单元网络 G''，即

$$G''=(V_2,E) \tag{7.4}$$

其中，$V_2=\{v_{21},v_{22},\cdots,v_{2n}\}$ 表示作战实体仿真节点集合，为非空有限集；E 表示 v_{2i} 和 $v_{2j}(i,j=1,2,\cdots,n)$ 被同一指挥员指挥过。

2. 单方指挥控制网络分析

为了说明如何从仿真数据中构建单方指挥控制网络结构，并分析它。利用某次对抗演习中采集所得的仿真数据，从中提取所有与指挥控制相关的数据，对演

习过程中的红方指挥控制二元网络进行分析。

(1) 仿真某一时刻的红方指挥控制相关数据结构

根据构建红方指挥控制网络的需要，从采集到的仿真数据中主要提取指挥员真实节点数据集、作战实体仿真节点数据集，以及指挥员真实节点对作战实体仿真节点下达指挥关系的关系数据集。为了便于说明，从中抽取仿真某一时刻的数据，该时刻共有 n 个指挥员真实节点对 m 个作战实体仿真节点实施相关指挥控制行为。这一时刻抽取的仿真数据具体如下数据结构。

指挥员真实节点数据集 $V_1=\{1,2,\cdots,n\}$，即顶部节点数 $N_1=n$。

作战实体仿真节点数据集 $V_2=\{n+1,n+2,\cdots,n+m-1,n+m\}$，即底部节点数 $N_2=m$。

V_1 和 V_2 之间的关系矩阵图如图 7.5 所示，列为 V_1，行为 V_2，黑色方块代表有关联。

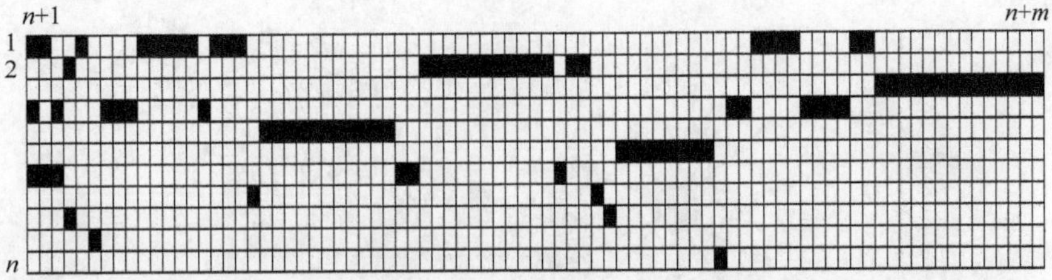

图 7.5　某次对抗演习中仿真某时刻的数据关系矩阵图

(2) 仿真某时刻的红方指挥控制网络快照

在上述仿真数据的基础上，可以得到这一仿真时刻红方指挥控制网络的快照，如图 7.6(a)所示。如图 7.6(b)所示为该时刻红方指挥控制网络的最大连通子图快照。较大的圆点代表的是指挥员真实节点，较小的圆点代表的是作战实体仿真节点，它们之间的边代表该指挥员真实节点对另一端的作战实体仿真节点下达过指挥命令，且边有向。

对于如图 7.6(b)所示的该时刻红方指挥控制网络的最大连通子图快照，还可以采用如图 7.7 所示的二分图方式来展示，可以更直观地看清楚指挥员真实节点之间的关系，以及与作战实体仿真节点之间的关系。

上排节点为作战实体仿真节点，下排节点为指挥员真实节点。下排方块的宽度代表指挥员指挥的仿真实体数量，越宽说明这个指挥员的指挥部队数多，且指挥行动比较密集。上排方块的宽度代表仿真实体被指挥的指挥员数量，越宽说明这个仿真实体越重要。节点 1、3、6 对节点 21 都有指挥关系，说明它们之间可能存在协同，但还需要查看更详细的数据信息。同样，节点 3 和 6 对节点 41，节点 6 和 1 对节点 20，都存在同样的关系。

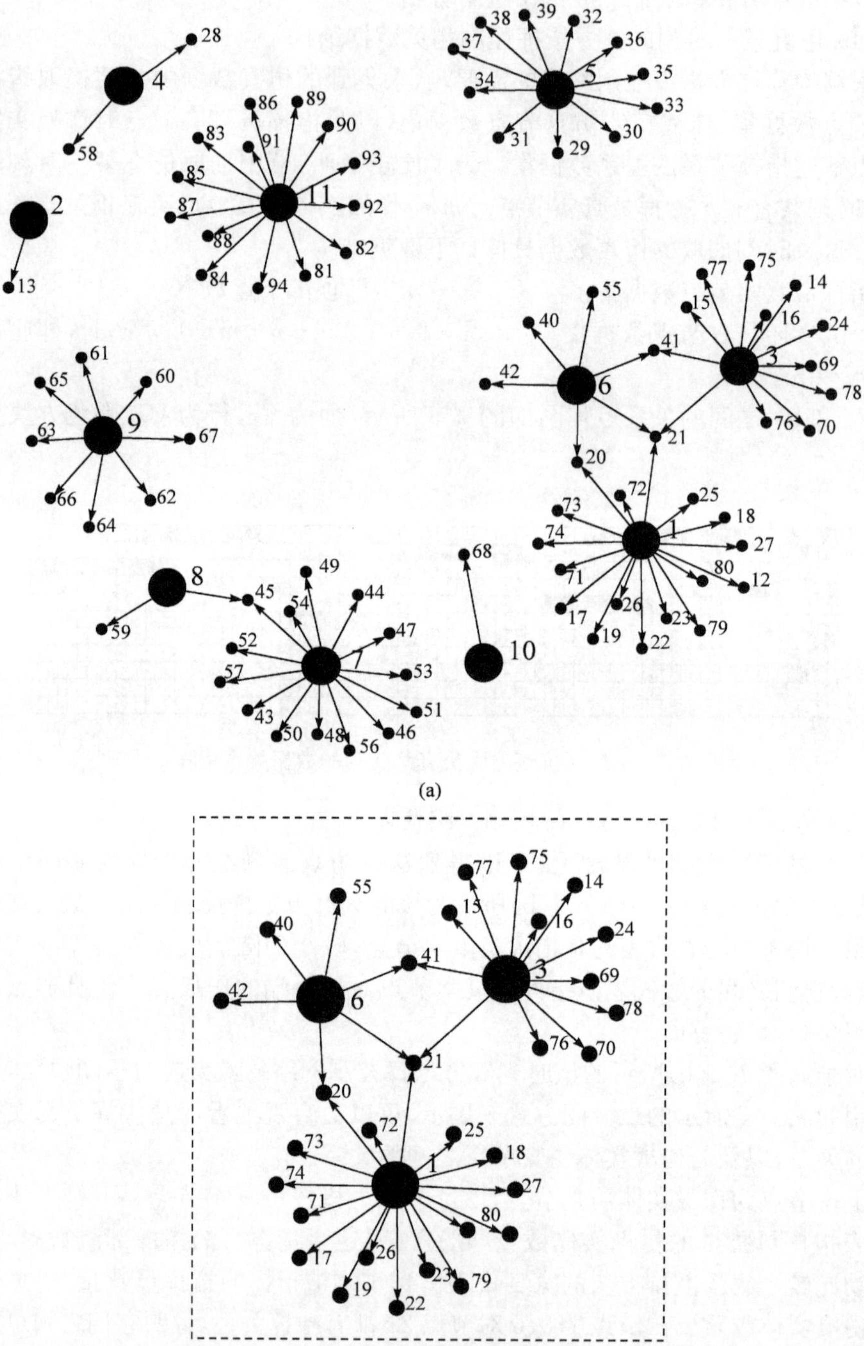

图 7.6　仿真某时刻红方指挥控制网络与最大连通子图

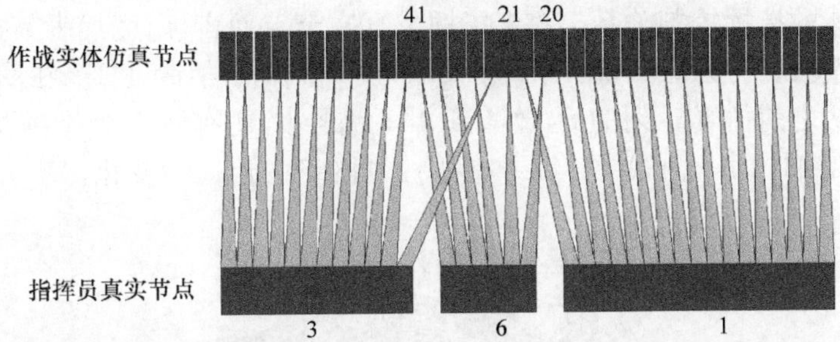

图 7.7　仿真某时刻红方指控网最大连通子图的二分图

(3) 仿真某时刻的红方指挥控制网络基本统计特性分析

继续对这一仿真时刻的红方指挥控制网络的基本统计数据进行分析，结果如表 7.1 所示。顶部节点代表指挥员真实节点，底部节点代表作战实体仿真节点。由于该时刻演习刚开始，指挥行动不多，因此总体看起来，网络链路密度不高。

表 7.1　仿真某时刻红方指挥控制网络的基本统计数据

顶部节点数	底部节点数	边数	链路节点比	顶部节点平均度	底部节点平均度
11	83	88	0.9362	8	1.06

如表 7.2 所示为这一仿真时刻红方指挥控制网络顶部节点的出度统计情况。可以看出，节点 1 的出度最大，也就是指挥跨度最大，值为 17。其次，为节点 7 和节点 11，出度均为 14。

表 7.2　仿真某时刻红方指挥控制网络顶部节点的出度统计情况

顶部节点	1	2	3	4	5	6	7	8	9	10	11
出度	17	1	12	2	11	6	14	2	8	1	14

如表 7.3 所示为这一仿真时刻红方指挥控制网络入度>1 的底部节点统计排名。入度值大于 1 的为节点 21、20、41 和 45，节点 21 的入度最大。这表示节点 21 与多名指挥员的指挥命令有关，是协同的关键节点。其余节点的入度均为 1。

表 7.3　仿真某时刻红方指挥控制网络入度>1 的底部节点统计排名

底部节点	21	20	41	45
入度	3	2	2	2

(4) 整个推演过程的红方指挥控制网络拓扑结构图

通过分析这一演习过程产生的所有与指挥控制相关的仿真数据，可以得到该演习中红方指挥控制网络拓扑结构图，如图 7.8 所示。较大的圆点为指挥员真实节点，较小的圆点为作战实体仿真节点。该网络中的链接代表的是指挥员对仿真推演系统中作战实体的指挥控制关系。对于指挥员真实节点而言,出度代表其指挥的作战实体仿真节点数。可以看到,出度值最大的是 9 号节点,值为 441。在演习中,该节点的出度值从之前仿真时刻的 8,激增到 441。此外,还有数十个指挥员节点的指挥跨度大大增加。由此可以见,红方指挥控制网络的连通性变化。

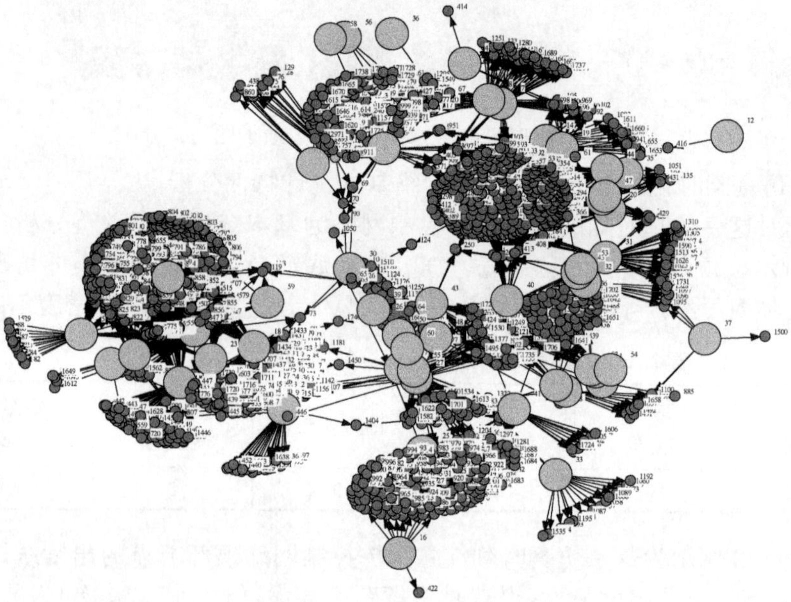

图 7.8　某次演习中的红方指挥控制网络拓扑结构图

红方指挥控制网络的顶部节点累积度分布及双对数图,如图 7.9 所示。该图表明,顶部节点的累积度分布具有明显的幂律分布特性,这与人的行为影响下的复杂网络通常具有幂律特性是一致的。

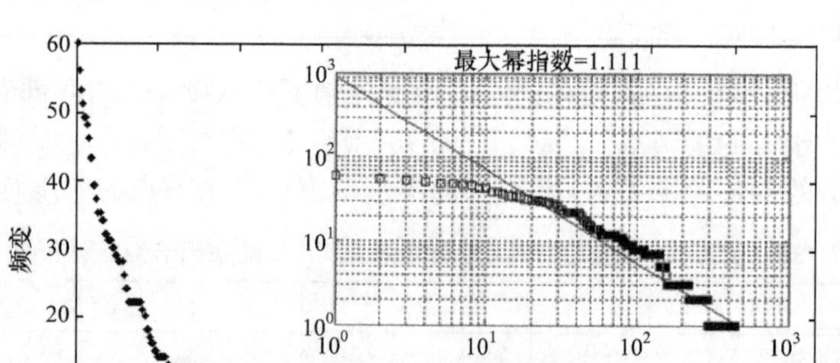

图 7.9　红方指挥控制网络的顶部节点累积度分布及双对数图

综合上述分析可以看出，在演习得到的仿真数据的基础上，可以发现指挥控制网络的拓扑结构。针对该网络，采用复杂网络的方法，可以较为直观地分析、深入地掌握指挥员对仿真实体的指挥控制情况，进一步还可以采取相应的措施及时发现并解决指挥控制中存在的一些问题。

7.3.3　面向多方对抗的作战体系网络分析

1. 作战体系网络的两种拓扑结构

(1) 作战体系网络的形式化表述

基于二分图的方法构建的演习单方指挥控制网络，实际上只是建立了指挥员对作战体系影响作用的关系模型，但它是作战体系网络化建模的前提与基础。

根据定义 7.7，可以用图论语言对作战体系网络进行描述。

定义 7.11　作战体系网络 G 是一个二元组有向网络，记为

$$G=(V,E) \tag{7.5}$$

其中，$V=\{v_1,v_2,\cdots,v_n\}$表示作战实体仿真节点的集合，为非空有限集；$E\subseteq V\times V$ 表示受指挥员节点指挥下的仿真实体对其他仿真实体的静态指挥关系或动态作战关系。

静态指挥关系指各种实体之间的想定编成关系。动态作战关系包括配属、转隶等改变指挥关系的命令产生的作战关系，也包括火力支援等作战协同命令产生的作战关系，但不包含保障关系。由于作战体系中指挥命令的下达都是从上至下传递，具有方向性，因此节点之间的边是有向的，作战体系网络应视为有向图进行研究。

(2) 作战体系网络的动态和静态拓扑结构

作战体系网络会随着作战进程的推进不断变化。也就是说，它不会保持初始的拓扑结构不变，而是受人的指挥行为影响，又不以人的意志为转移。极端情况下，作战体系网络有可能在刚一作战时，就随着所有的作战关系的消失而瞬间瓦解。因此，研究作战体系的结构要考虑其初始结构，更要考虑它随着作战过程形成的真正有意义的动态结构。

为此，根据作战体系网络中节点之间的动、静态关系，作战体系网络也可分为两种性质的拓扑结构，即静态作战体系网络和动态作战体系网络。静态作战体系网络，其拓扑结构由静态关系连接而成。具体来说，是根据演习想定设置的各个作战实体，及其相互之间的想定编成关系构建的作战体系网络。动态作战体系网络的拓扑结构由动态关系连接而成，是指随着推演过程而不断变化的作战体系网络。

(3) 演习想定背景与采集的仿真数据

为便于分析与说明，以某次演习中红蓝双方对抗推演为背景，采集演习仿真

数据(包括指挥员的指挥命令数据、模型交互数据,以及各实体的状态变化数据等)。红方力量为×个作战集团,蓝方力量为×个作战集团。受训的指挥人员共计×人。在仿真推演系统中,根据想定,设置仿真部队实体×个,仿真目标实体×,进行推演。对数据脱密处理后,留取整个仿真过程中的×个指挥员真实节点和×个作战实体仿真节点进行分析。

2. 静态作战体系网络结构分析

定义 7.12　静态作战体系网络 G 是一个二元组有向网络,记为

$$G=(V,E) \tag{7.6}$$

其中,$V=\{v_1,v_2,\cdots,v_n\}$ 表示演习想定设置的作战实体仿真节点的集合,为非空有限集;$E\subseteq V\times V$ 表示演习想定所设置的仿真实体之间的想定编成关系。

(1) 红蓝双方的静态作战体系网络

根据静态作战体系网络的定义,在采集到的数据基础上,得到演习想定设置的红蓝双方静态作战体系网络化结构,即初始编成结构,如图 7.10 所示。图 7.10(a)为红方初始作战体系的网络结构,包含×个节点。图 7.10(b)为蓝方初始作战体系的网络结构,包含×个节点。

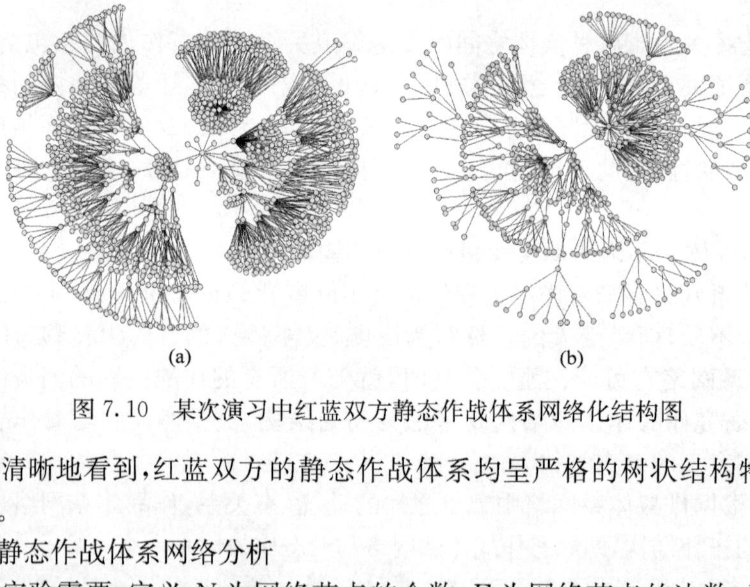

(a)　　(b)

图 7.10　某次演习中红蓝双方静态作战体系网络化结构图

可以清晰地看到,红蓝双方的静态作战体系均呈严格的树状结构特征,指挥层级为 5。

(2) 静态作战体系网络分析

依据实验需要,定义 N 为网络节点的个数,E 为网络节点的边数,E/N 表示网络的链路节点比,$\langle k\rangle$表示网络的平均度,L 表示网络的平均路径长度,C 表示网络的平均聚集系数。

通过实时记录的仿真数据,可以得到演习中红蓝双方静态作战体系结构的统计特性对照表,如表 7.4 所示。

表 7.4　演习中红蓝双方静态作战体系网络结构统计特性

参演方	N	E	E/N	$<k>$	L	C
红方	×	×	0.9989	1.9919	5.8063	0
蓝方	×	×	0.9980	1.9853	4.6819	0

可以看出，红蓝双方静态作战体系网络结构的性质相当。由于蓝方的网络平均路径长度小于红方的网络平均路径长度，蓝方网络各节点的联系更为紧密。从这一点看，其网络连通性略好于红方。

3. 动态作战体系网络结构分析

定义 7.13　动态作战体系网络 G 是一个二元组有向网络，记为

$$G=(V,E) \tag{7.7}$$

其中，$V=\{v_1,v_2,\cdots,v_n\}$表示推演过程中所有作战实体仿真节点的集合，为非空有限集；$E\subseteq V\times V$ 表示受指挥员节点指挥下的仿真实体对其他仿真实体的动态作战关系。

根据动态作战关系的定义，在推演过程中，对于同一指挥层级的作战实体而言，若两个实体之间存在作战协同关系(如火力支援等)，则认为实体节点之间有边相连，否则无边；对于不同指挥层级的作战实体而言，若两个实体之间存在作战指挥关系，则认为这两个实体节点之间有边相连，否则无边。保障关系不包括在动态作战关系内。

由于网络的存在，推演中任意作战实体之间都可能直接进行指挥命令的传递与共享，因此动态作战体系网络的拓扑结构有可能发生与以往不一样的变化。

(1) 动态作战体系网络的网络化建模

对抗演习中的作战体系网络是动态演化的，主要表现为节点和链接的变化。部队因战损严重而退出战斗会使节点从作战体系网络中消失，而演习过程中增配的部队会使新节点在网络中出现。在演习过程中，各部队之间的动态作战关系被调整后，将表现在网络边的时序变化上。由于作战实体及其之间关系的动态变化，使整个作战体系网络呈现出动态、开放式生长的态势。由此可以基于 EBNI 建模思想，描述作战体系网络的动态建模过程，如图 7.11 所示。

在仿真推演中，指挥员的指挥行为使作战仿真实体的行为发生变化，而实体的行为产生的交互，一方面引起其自身状态及体系作战环境状态的改变，另一方面又产生新的动态作战关系。作战体系网络是由各个实体及其之间的作战关系构建的，同时代表着新的作战态势，这个新的作战态势又激发并引导着新的作战行为产生。如此不断循环，作战体系网络亦随之不断演化，从而得到随时间序列演化的动态作战体系网络。

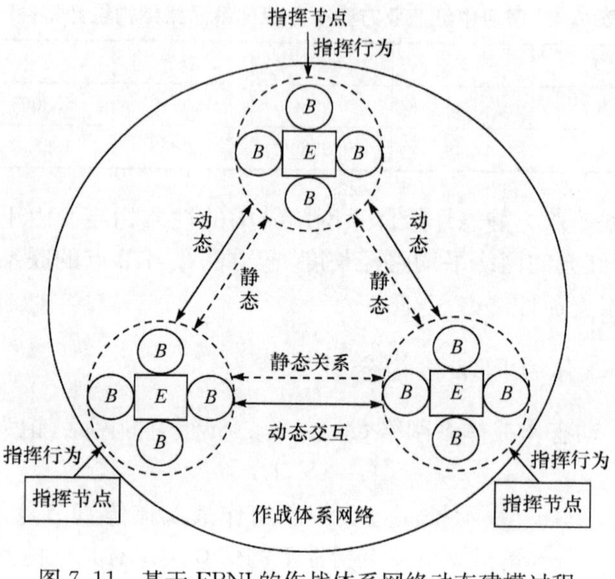

图 7.11　基于 EBNI 的作战体系网络动态建模过程

定义 7.14　基于时间序列的动态作战体系网络是指由 T 个连续时间的作战体系网络快照构成的动态作战体系网络，记为

$$\mathrm{SoS}=\{\mathrm{SoS}_1,\mathrm{SoS}_2,\cdots,\mathrm{SoS}_t,\cdots,\mathrm{SoS}_T\} \tag{7.8}$$

其中，SoS_t 表示时刻 t 的动态作战体系网络快照，$t=1,2,\cdots,T$ 表示整个时间序列的某一时刻。

如图 7.12 所示，说明的是动态作战体系网络随时间的变化。SoS_t 表示 t 时刻的作战体系网络快照，由许多作战仿真实体组成，如 $A(A_{t1},A_{t2},\cdots,A_{tk})$，$B(B_{t1},B_{t2},\cdots,B_{tk})$，$C(C_{t1},C_{t2},\cdots,C_{tk})$，…。其中，$A_{t1}$、$A_{t2}$、…、$A_{tk}$ 是 t 时刻实体 A 的 k 种状态属性，如名称、隶属方、军种、部队级别、任务、状态、实力、位置坐标、上级指挥机构、下级部队数仿真时间等。

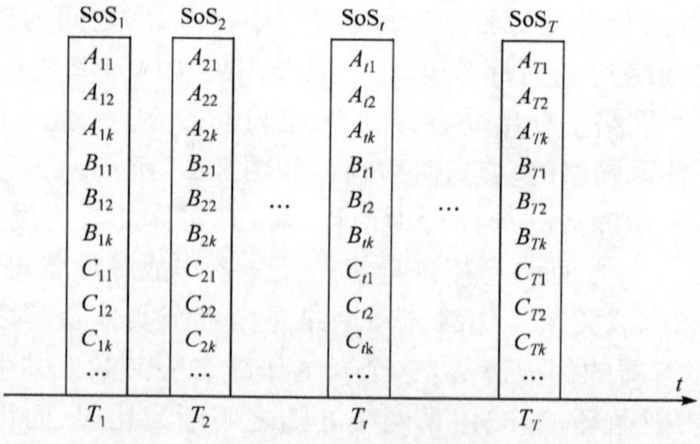

图 7.12　基于时间序列的作战体系网络图

(2) 红蓝双方动态作战体系网络的分析

① 红蓝双方作战体系网络拓扑结构。

从演习采集的仿真数据中提取演习刚开始(仿真时刻 1:00)时,受指挥员真实节点指挥下的作战实体仿真节点数据集合,以及作战实体仿真节点之间发生动态作战关系的数据集。在此基础上,就可以得到仿真时刻红蓝双方动态作战体系网络快照。

如图 7.13(a)所示为红方作战体系网络在仿真 1:00 时的拓扑结构。可以看出,演习刚开始时红方的仿真实体就已经开始相应的作战行动,并建立一些动态作战关系,形成红方的动态作战体系网络。与图 7.10(a)相比,并非所有的仿真实体都有作战行动。从图中还可以看见,原来处于中心位置的节点 108 此时已经开始偏移网络的中心位置。

如图 7.13(b)所示为红方作战体系网络在仿真 9:00 时的拓扑结构。可以看出,此时红方仿真实体之间的动态作战关系已经大大增加,形成的红方动态作战体系网络出现聚集现象,并且也不容易找出处于中心位置的节点。

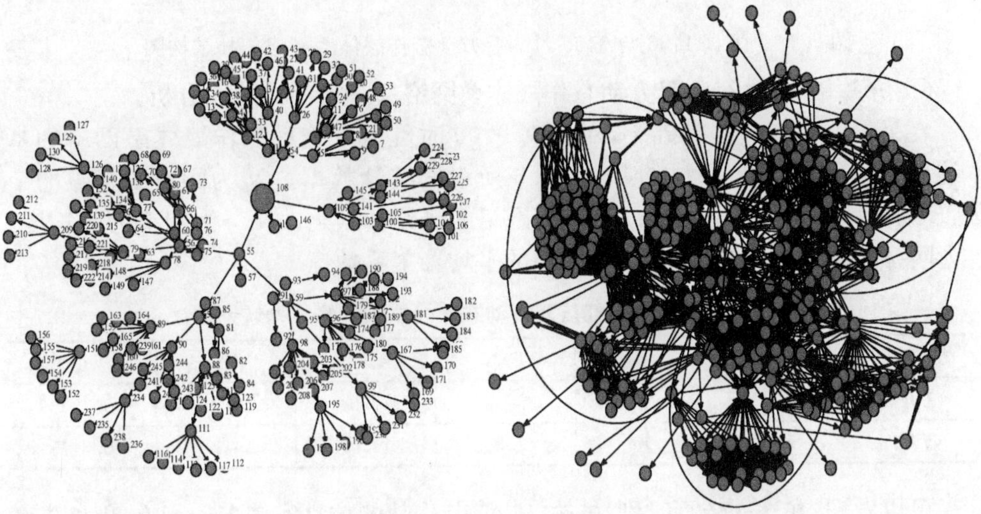

(a)　(b)

图 7.13　仿真 1:00 与 9:00 时的红方动态作战体系网络拓扑结构图

如图 7.14(a)所示为蓝方作战体系网络在仿真 1:00 时的拓扑结构。可以看到,在演习开始不久,蓝方的仿真实体同样开始了相应的作战行动,并建立一些作战关系,形成这一时刻蓝方动态作战体系网络。与图 7.10(b)相比,蓝方也非所有的仿真实体都有作战行动。由此看出,原来处于中心位置的节点 107 此时位置并未发生偏移。

如图 7.14(b)所示为蓝方作战体系网络在仿真 9:00 时的拓扑结构。可以看出,蓝方仿真实体之间的动态作战关系大大增加,形成的蓝方动态作战体系网络中央出现一个密集的团,此时的中心位置节点也不易找出。

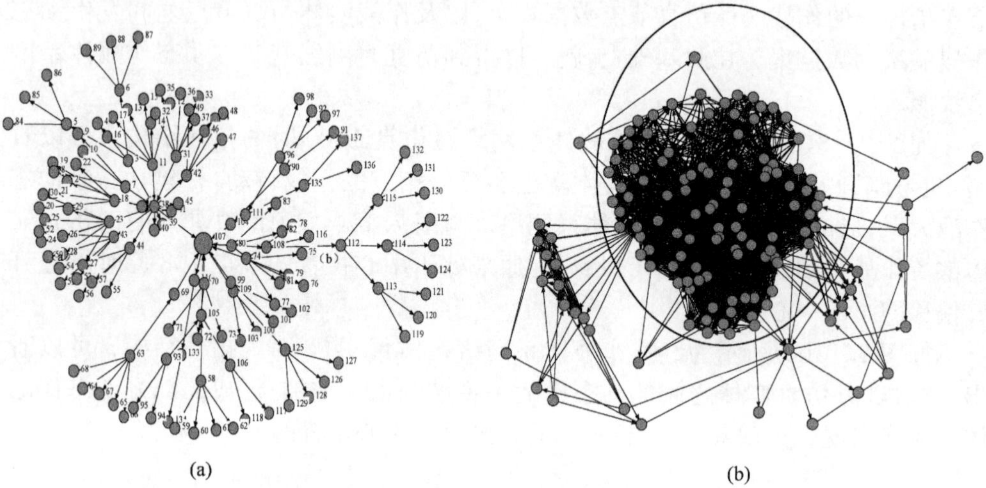

图 7.14 仿真 1:00 与 9:00 时的蓝方动态作战体系网络拓扑结构图

② 仿真 9:00 时红蓝双方动态作战体系网络的基本统计特性分析。

在采集的仿真数据基础上,对仿真 9:00 时红蓝双方动态作战体系网络的基本统计特性进行分析可以得到如表 7.5 所示的统计数据。N 为网络中节点的个数,E 为网络中节点的边数,E/N 表示网络的链路节点比,$<k>$为网络的平均度,L 为网络的平均路径长度,C 表示网络的平均聚集系数。

表 7.5 仿真 9:00 时红蓝双方动态作战体系网络结构统计特性

参演方	N	E	E/N	$<k>$	L	C
红方	×	×	3.4632	12.04	2.9568	0.7757
蓝方	×	×	4.5342	14.07	2.0391	0.7175

可以发现,在这一仿真时刻,虽然红方参与作战的仿真实体多于蓝方,但红方动态作战体系网络的链路节点比低于蓝方。依据 Cares 的观点,当链路节点比大约为 2 比 1 时,所有这些特性就会表现得相当优异。这意味着从网络的密度来看,此时红蓝双方动态作战体系网络结构的连通性都比较好,且蓝方网络的连通性优于红方。

从网络的节点平均度来看,蓝方动态作战体系网络的节点平均度高于红方。网络平均度越高,说明节点之间的联系越紧密。从这个角度看,蓝方作战体系网络结构好于红方。

从网络的平均路径长度来看,蓝方作战体系网络的平均路径长度低于红方。网络平均路径长度越短,说明节点之间的联系越紧密,从这一角度看,蓝方作战体系网络结构也好于红方。

从网络的平均集聚系数看,红方作战体系网络的平均集聚系数高于蓝方。集聚系数越大,说明网络的连通性越好。从这个角度看,红方作战体系网络结构好于蓝方。

综合来看,蓝方作战力量之间的连通性更好,作战指挥效率更高。

③ 仿真 9:00 时红蓝双方作战体系网络的无标度特性分析。

对红方作战体系网络在仿真 9:00 时的节点累积度分布进行分析,可以看到红方作战体系网络的节点累积度分布,头部和尾部出现分段现象,尾部呈现典型幂律分布特性,幂指数为 2.0195(图 7.15)。可见,度值越大,该作战体系网络越符合复杂网络的无标度特性。

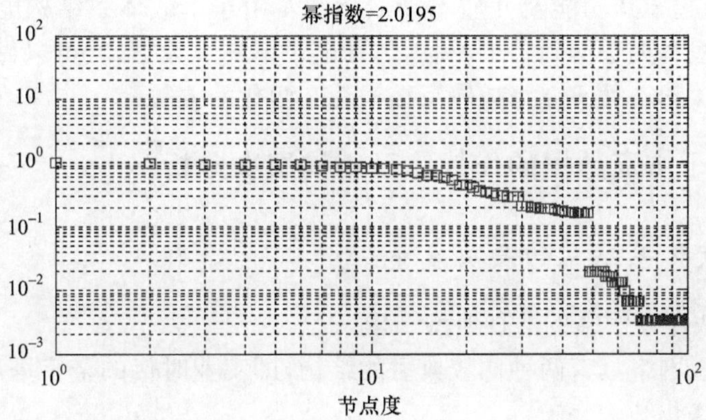

图 7.15　仿真 9:00 时红方动态作战体系网络的节点累积度分布图

对蓝方作战体系网络在仿真 9:00 时的节点累积度分布进行分析,可以看到蓝方作战体系网络的节点累积度分布呈现幂律分布,幂指数为 1.4932(图 7.16)。

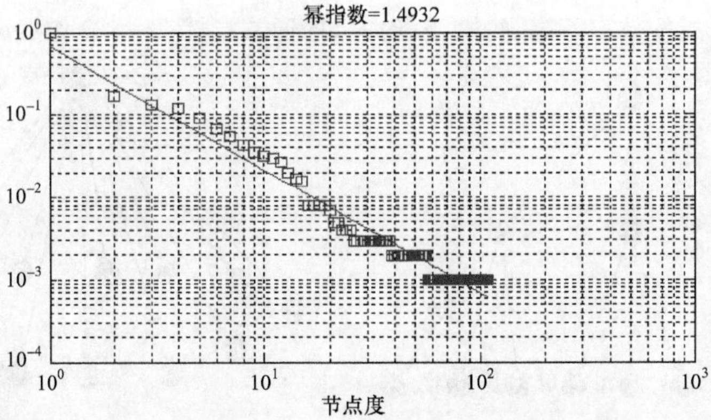

图 7.16　仿真 9:00 时蓝方动态作战体系网络的节点累积度分布图

综上，本节主要在演习仿真数据基础上，对对抗演习中的作战体系进行网络化建模研究。同时，还用实证的方法阐述如何利用仿真数据对作战体系网络进行基本统计特性的分析。

7.4　作战体系结构的自组织演化分析

系统论告诉我们，系统的结构决定功能[14]。对简单系统而言，系统结构是固定的，因此功能和性质也是稳定的。对于复杂系统而言，系统结构却是变化的，因此其功能和性质也在不断变化。对于作战体系这个典型复杂系统的而言，这正是其不断演化的根本动因。但作战体系在作战过程中是什么因素导致其结构发生改变，而又引起了其功能及性质不断演化呢？由于作战体系结构庞大，传统定性分析的方法根本无法得到结果，利用仿真记录下的大数据，就可以做到这一点，即用仿真数据探索一种研究作战体系结构动态演化的方法。

7.4.1　基于仿真数据的作战体系结构层次分析

1. 作战体系结构的层次度量

(1) 作战体系网络的两种典型结构

作战体系网络具有两种比较典型的结构，即工业时代的金字塔层次结构和信息时代的网络化结构。

层级是工业时代军队指挥分工的必然结果。按照工业时代管理学的理论，一个人至多可以较好地管理 4～5 个单位。因此，工业时代的军队指挥体制为适应一个指挥员有限的指挥能力，将部队按等级划分，分层级管理。工业时代的作战体系遵循严格的上窄下宽的金字塔(或树状)结构，如图 7.17(a)所示。这种结构指挥层级多，指挥效率不高，每一级指挥机构通常指挥 3～4 支作战部队。

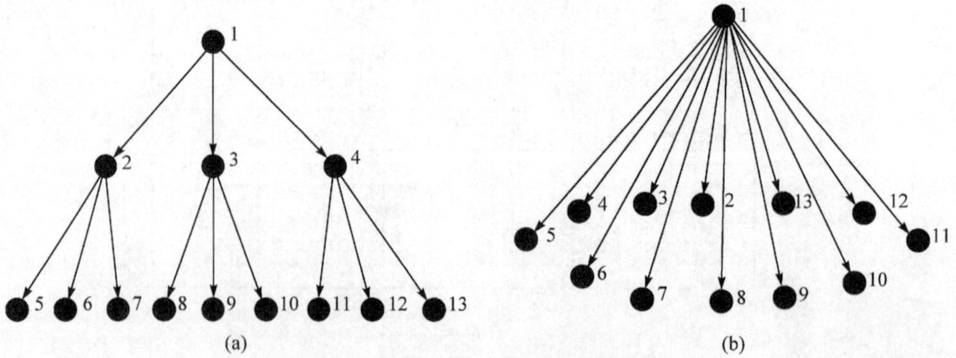

图 7.17　两种典型的作战体系网络结构示意图

信息时代作战体系的结构如图7.17(b)所示，各个作战实体之间的距离大大缩短，指挥层级被压缩，指挥员能够指挥的部队数量大大增加，指挥效率得到提升。

(2) 作战体系结构的层次度量指标

动态作战体系网络结构是变化的。从纵向来看，可能从单一的梯形层次演化为横向的网络化层级，这使指挥层级大大减少。从横向看，指挥员可以指挥的部队数量大大增加，意味着指挥跨度的增加。因此，度量动态作战体系网络结构的层次性可以采用指挥层级与指挥跨度相结合的方法。

① 指挥层级。

传统意义下的指挥层级是指最高指挥员能够指挥到的下属作战部队的最大距离。这里所说的距离实际上指的是必经的部队数。随着网络与信息技术的发展，动态作战体系网络的指挥层级从网络科学的角度考虑，指的是指挥信息流从一个作战实体到另一个作战实体必须流经的实体数。也就是说，从全局考虑指挥层级应比单纯比较最大层级更合理。

定义 7.15 动态作战体系网络的指挥层级是指信息流在网络中任意两个作战实体之间流动必经的作战单元数的平均值。

② 指挥跨度。

与指挥层级相类似，指挥跨度也应从全局考虑。

定义 7.16 动态作战体系网络的指挥跨度是指网络中任意作战实体能够指挥的作战实体数量的平均值。

2. 基于边权信息的作战体系结构层次分析方法

(1) 分析思路

在作战指挥过程中，作战实体之间的作战指挥关系与指挥信息的流动效率密切相关。指挥信息在网络中的流动效率主要取决于两个因素，一是作战实体的信息融合能力，二是作战实体的信息传递能力。并且，不同层级和不同性质的作战节点具有不一样的信息融合和传递能力。此外，指挥命令通常都是在作战实体之间按照指挥与被指挥的关系层层传递的，因此指挥信息是有方向的。在这些情况下，权重信息能够表现作战实体之间联系的紧密程度，而带权重信息的动态作战体系网络能够更准确、更合理地描绘其网络结构。

具体的分析思路如下，将动态作战体系网络 G 看成一个包含 n 个作战实体节点及其之间的作战指挥关系 E 形成的连通的有向加权网络。考虑动态作战体系网络中每个作战节点的信息融合能力不同，因此对于每一个作战节点 $v_1 \in V$，都相应地定义该节点的信息融合权值为($\mathrm{vc}_1, \mathrm{vc}_2, \cdots, \mathrm{vc}_i$)。其中，依据作战节点信息融合能力的不同，将点权值分为 i 种。类似地，由于作战节点的信息传递能力也不一样，因此对于每一条边 $e_1 \in E$，定义相应边的信息传递权值（$\mathrm{vd}_1, \mathrm{vd}_2, \cdots, \mathrm{vd}_j$）。其中，依据作战节点信息传递能力的不同，可以将边权值分为 j 种。考虑信息融合与信息传递通常在一个方向上，因此为方便计算，将点权值与边权值归一化，合并为边权值（$q_1, q_2, \cdots, q_k$），$i=1,2,\cdots,k$。

据此可以在定义 7.13 的基础上进一步深化作战体系网络的定义。

定义 7.17 基于边权信息的动态作战体系网络是以某一参演方的作战实体仿真节点为网络节点，指挥员节点指挥下的仿真实体对其他仿真实体的动态作战关系为含权边，权值与作战实体仿真节点的信息处理能力相关，抽象而成的连通网络。

用图论语言对动态作战体系网络 G 描述如下，即

$$G=(V,E,Q) \tag{7.9}$$

其中，$V=\{v_1, v_2, \cdots, v_n\}$ 表示作战实体仿真节点的集合，为非空有限集；$E \subseteq V \times V$ 表示受指挥员节点指挥的仿真实体对其他仿真实体的动态作战关系，为有向边；Q 为加权信息矩阵，其矩阵元 q_{ij} 代表相邻节点之间的边的权值，且 $q_{ij}>0$。

因此，指挥层级就是计算带边权信息的动态作战体系网络的平均路径长度，而指挥跨度则是计算带边权信息的动态作战体系网络中节点的平均出度。

（2）主要算法

动态作战体系网络在自组织行为影响下的结构分析算法按时间递进展开。某一时刻的指挥层级与指挥跨度如算法 7.1 所示。

算法 7.1 基于边权信息的动态作战体系网络层次分析算法

输入：有向加权连通网络 $G=(V,E,Q)$，其中 $V=\{v_1, v_2, \cdots, v_n\}$，$E \subseteq V \times V$，边权值为（$q_1, q_2, \cdots, q_k$）
输出：指挥层级 AverageL；指挥跨度 AverageN
算法步骤：

① l_{ij}=DirectLength(q_{ij})；//直接相邻的节点之间的边的距离
② l_{ij}=ShortLength(q_{ik}, q_{kj})；//计算动态作战体系网络中任意两个节点之间的最短距离
③ AverageL=AverageNetLength(l_{ij})；//计算指挥层级
④ $\mathrm{deg}_{\mathrm{out}}(i)$=NodeDegreeOut($v_i$)；//计算网络中每个节点的出度
⑤ AverageN=AverageNetOutDegree($\mathrm{deg}_{\mathrm{out}}(i)$)；//计算指挥跨度
⑥ OnTimer($l, \Delta t$)；//设置定时器，间隔时间 Δt，分别计算一次 AverageL 和 AverageN，观察并分析 //其演化情况

3. 基于仿真数据的作战体系结构层次分析

针对 7.3 节采集的演习仿真数据，我们抽取参加演习的受训者的全部指挥行为数据，分析指挥行为变化与网络结构演化的时间相关性问题，然后分别从指挥层级和指挥跨度两个方面，对动态作战体系网络在 24 小时的仿真时间内的结构

变化进行分析。

(1) 指挥行为数据分析

为了便于研究,从仿真推演数据中提取与部队指挥编组变化相关的指挥行为数据。红方部分指挥行为数据如图 7.18 所示。横坐标表示指挥员,纵坐标表示作战仿真实体,条形方块的横线代表指挥员根据战场需要指挥并调整过指挥关系的不同作战仿真实体数量,横线间的距离越大代表对同一作战实体有过多次调整。可以看见,图 7.18 表示演习中有多名指挥员多次调整过数支部队的作战指挥关系。

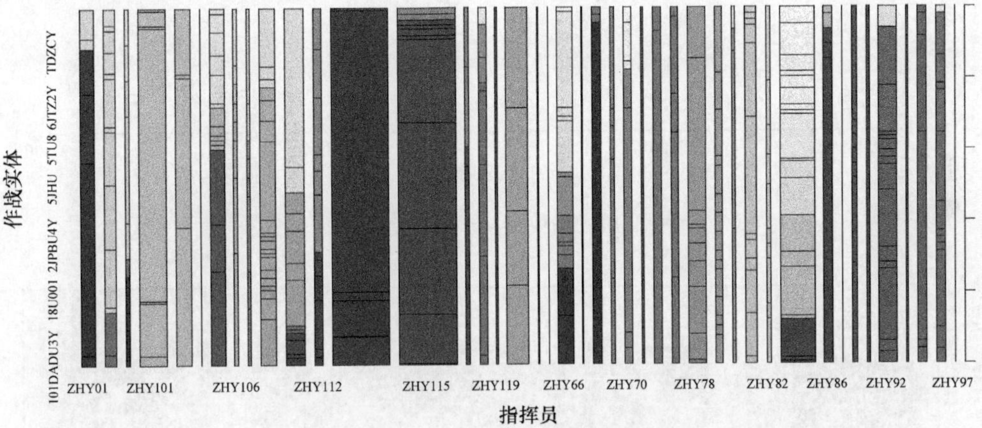

图 7.18　红方部分指挥行为数据图

经过数据处理与分析,可以得到与作战关系调整相关的指令在演习过程中的具体分布情况,如图 7.19 所示。可以看到,这些命令在两个时间段比较集中,即仿真时间 8:00～9:00 和仿真时间 12:00 左右。这也说明,这两个时间段极有可能发生了较为激烈的对抗或出现突发情况。

每次演习中各方作战行动的调整幅度往往与对抗行动密切相关。对抗行动越密集(如导弹攻击、火炮射击、空对地突击等),造成的各方作战行动的调整幅度可能越大。此时各方的动态作战体系网络的结构变化也会比较大。

基于这种考虑,同时为了更快捷、准确地分析动态作战体系网络的演化情况,可以在采集演习中所有作战命令数据的基础上,先分析其所有行动命令的分布情况。在此基础上寻找重要的仿真时间点,然后在这些时间点对动态作战体系网络的相关特性指标进行统计与分析。由此可以得到如图 7.20(a)所示的红方对抗行动分布图,以及如图 7.20(b)所示的蓝方对抗行动分布图。

可以看出,在仿真时间 9:00、12:00、16:00 和 18:00,红方和蓝方的行动分布具有明显的变化与不同。

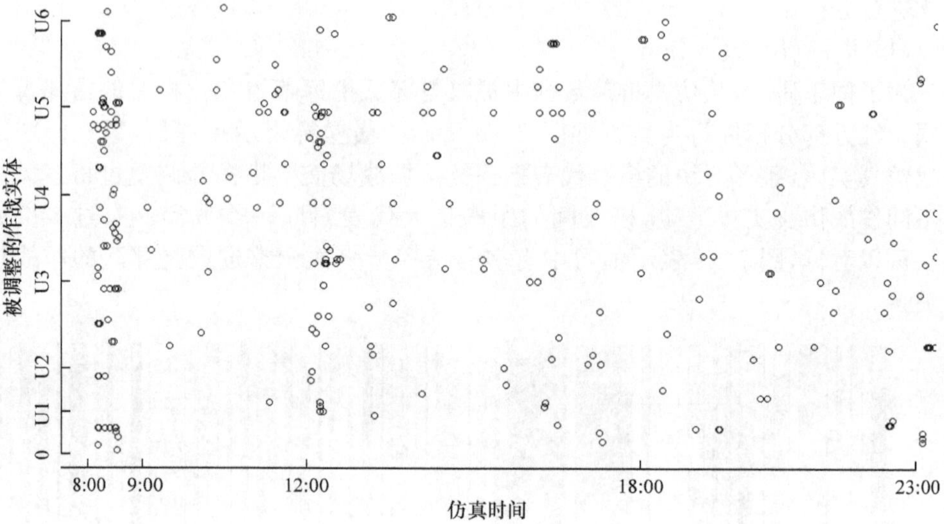

图 7.19 作战关系调整指令分布图

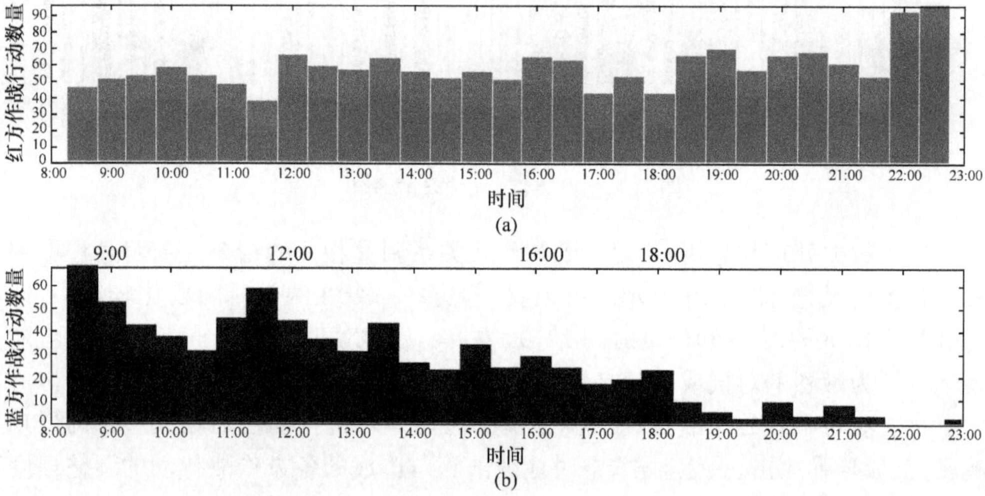

图 7.20 演习中红蓝双方作战行动分布图

(2) 动态作战体系网络的层次分析

用带边权信息的动态作战体系网络结构分析算法，计算得到从演习刚开始不久的 1:00、9:00、12:00、18:00 等四个仿真时刻的红蓝双方动态作战体系网络结构变化，如表 7.6 所示。通过可视化的比对，图 7.21 清晰地显示出初始设置的红方指挥层级多于蓝方，指挥跨度略大于蓝方。

表 7.6　演习不同时刻红蓝双方动态作战体系网络结构变化表

度量指标 / 仿真时间	红方		蓝方	
	指挥层级	指挥跨度	指挥层级	指挥跨度
1:00	4.6138	1.6315	3.6176	1.612
9:00	2.7477	10.11	2.5000	11.47
12:00	2.5845	11.35	2.5000	15.56
18:00	2.5659	13.67	2.5000	20.19

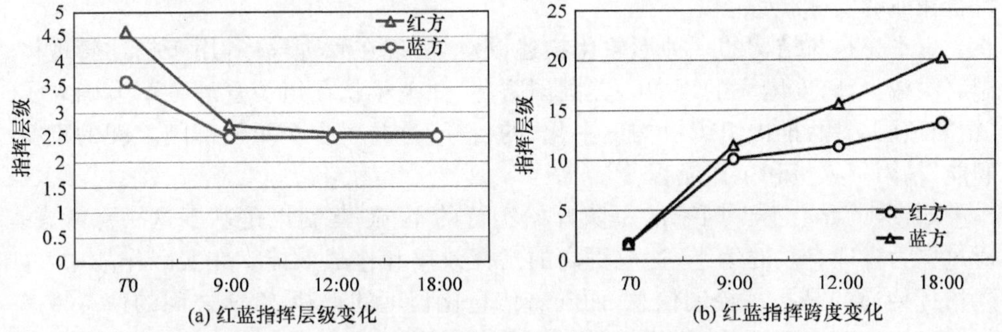

图 7.21　红蓝双方指挥层级与指挥跨度变化比较图

随着演习的推进，红蓝双方的指挥层级被大大压缩，而且在 9:00 均有大幅度变化，红方指挥层级减至 2.7477，蓝方指挥层级迅速减小到 2.5。由于指挥层级的算法是基于边权信息的，也反映了整体网络的信息流通效率。因此，从1:00～9:00 的变化，也反映由于蓝方的初始信息流通效率高于红方，其自组织演化能力强于红方。这也从某种程度上反映信息对自组织行为不断演化的牵引作用。此后，蓝方的指挥层级就保持不变了，而红方仍继续减小到 2.5659，这是否反映指挥层级的变化还受其他因素的影响，或者指挥层级的变化并非是能够无限制的，而是有限度的？这个问题还需要更深入的研究。从 1:00～18:00，红方平均每小时的指挥层级变化率为 0.29256，蓝方平均每小时的指挥层级变化率为 0.06574，是蓝方的 4 倍多。可见，红方自组织行为比蓝方自组织行为更加激烈。

红蓝双方的指挥跨度也随着演习的推进得到大幅提升，且蓝方的指挥跨度增长明显优于红方，几乎呈线性增长。

(3) 基本结论

综上分析，可以得到以下基本结论。

① 在演习过程中，指挥员的指挥行为影响动态作战体系网络的变化、网络规模的增长、节点数的增加、节点之间的关联关系的变化。

② 信息流通效率的高低决定着自组织行为演化的程度，而自组织行为演化的

程度增强又反过来促进信息流通效率的提高。

③ 红蓝双方的动态作战体系网络在自组织演化过程中均出现指挥层级减少，指挥跨度增加的现象。

可以看出，在作战过程中，作战体系会根据战场的实际变化发生自适应、自组织的演化，朝向其最适应的方向发展，即向减少指挥层级，降低中间损耗的方向发展。特别是，在网络化比较明显的情况下，由于信息交换比较快捷、信息共享效果比较全面，因此这个现象将会更加突出，减少层级将是一个重要的发展趋势。这与理论研究中关于指挥体制逐步趋于扁平化的结果是吻合的，也说明该方法比较符合作战的实际。

扁平化是对结构的一种形象化描述，最早出现在管理学中，用于描述管理体制层次减少，跨度增大的现象。美国国防部 2001 年就在组织管理改革上确立了“精简顶层结构，推进组织机构扁平化”的目标，合并了多个重要部门之间的重叠职能，精简了人员和工作流程[15]。

如今，世界上不少国家的军队开始实行的军-旅-营制也是基于这一点考虑。通过更为合理有效的编组，达成更高的指挥效率和作战效能。在实际作战中，作战指挥传递的是指挥控制信息，而随着信息化程度的提高，部队之间的信息传递与共享能力也得到提升，使指挥员有可能指挥与控制以前不能指挥与控制的部队，部队之间的直接协同能力变得更好。这些情况使作战指挥的初始编组在实际作战过程中发生结构性变化。在理想状态下，信息化战争中的军队指挥机构可能从一种严格的树状结构转变为动态演化的网状结构。基于这种观点，目前在作战指挥领域出现对指挥扁平化现象的探讨。

7.4.2 基于仿真数据的作战体系网络中心性分析

传统的作战体系网络受严格指挥体制的限定，呈现出严格的金字塔或树状等级结构。一般来说，处于核心位置的是处于最高等级的那个指挥节点，因为它是权力的核心。理论上，最高指挥节点几乎可以控制其他所有作战节点，只是可能需要经过一个或数个节点的连接才能达成。如果对这一节点进行毁灭性打击，对整个作战体系网络的影响程度可想而知，即使不是致命的，也会对士气军心造成巨大影响。

在信息化条件下，动态作战体系网络中处于核心位置的指挥节点是否还是最高等级的指挥节点？尤其是，动态作战体系网络随着激烈的对抗过程而动态发生变化时，网络中各个节点相互之间的影响力是否会发生变化？如果会变化，那么是什么因素影响其变化？如何寻找处于核心位置的那个节点或那些节点？这是本节要讨论的主要问题。

1. 动态作战体系核心的定义

(1) 网络中心性的相关概念

① 网络节点中心性与结构中心性度量。

网络中心性度量可分为节点中心性度量与结构中心性度量。

节点中心性度量最早出现在社会网络分析领域，用于研究群体中的明星人物或最受欢迎的中心人物。中心度可分为整体中心度与局部中心度[16]。中心度的度量方法是围绕节点在网络中的重要程度展开的。中心度的度量方法有多种，如节点的度值、介数、接近度、特征向量等。

结构中心性度量则是由 Freeman 于 1979 年提出的。他所提出的中心势概念用来刻画网络的整体凝聚力或中心性趋势。

由于关注的是动态作战体系网络中哪些节点更重要，因此实际上研究的是网络的节点中心性问题。

② 节点中心性度量的意义。

在作战领域，度量节点中心性可以用来发现作战指挥的领袖人物或核心人物，进而由其辐射开，研究与之相关的作战指挥问题。

网络时代的节点中心性度量方法有很多，究竟是哪一种与研究的目的直接相关。例如，网络时代的中心性节点有可能是支撑全局的关键点，如指挥所、道路枢纽，也可能是在力量构成上起关键作用的效能最强的点，如核心部队、核心武器，还可能是间接影响体系效能快速下降的非中心点，如高级官员的家人、能源基础设施等。因此，需要根据研究目标采用合适的度量方法。

(2) 动态作战体系网络的中心性节点

本节研究的网络中心性节点是对动态作战体系网络而言的，将其定义为作战体系核心。通常在作战过程中，指挥员始终关注及时判明并保护己方的核心节点，或者及时判明并打击敌方的核心节点。由此，可见其重要性。

① 作战体系核心的定义。

定义 7.18　作战体系核心是指动态作战体系网络中对整体网络性能起决定性作用的中心节点。具体说，就是动态作战体系网络中对其他节点产生动态作战关系最多的那个(些)节点。

② 作战体系核心的属性。

作战体系核心是对作战全局而言的，直接影响全局但不具有唯一性，可能同时存在多个局部核心。根据整体中心度的概念，对作战体系核心适合从网络全局考察。然而，作战体系网络也可能发现多个局部核心。根据局部中心度的定义，作战体系网络的局部核心是指与其他节点之间直接作战关系密切的节点。例如，在演习中，不同的作战集群担负不同的作战任务相互协同作战，围绕各自的作战集群中心节点就可能出现多个局部核心。

作战体系核心具有动态、演化特性。随着作战进程的推进，其核心可能发生变化。变化分两种类型：一种是核心个数的变化，另一种是核心发生迁移，即从一个核心变成另一个核心。

作战体系核心具有时代特征。信息化作战体系核心与机械化作战体系核心有很大的不同。机械化战争以平台为中心，作战体系内部关联相对松散，相互作用较弱，其核心相对固定，变化迁移慢。信息化战争以网络为中心，作战体系内部关联相对紧密，相互作用较强，其核心迁移变化快，不易捕捉。

③ 不同角度的作战体系核心分析方法。

辨析信息化作战体系核心，探寻其演化规律，实际上是对动态作战体系网络的中心性节点进行挖掘的过程。目前，在复杂网络中，发掘中心性节点的方法很多，可以采用度量节点中心性的方法，如度、介数、接近度、特征向量等，还可以采用通过删除节点对网络连通性的破坏程度来反映网络节点的中心性等方法。这些方法都可以从不同的角度发掘网络中的中心性节点。

将这些不同的方法在演习仿真数据的基础上反复分析比对，对于找出作战体系核心，将是一种有益的探索。因此，本节尝试将作战仿真数据与复杂网络节点中心性的挖掘方法相结合，分析、挖掘动态作战体系网络自组织演化中的作战体系核心。具体思路是，在演习仿真数据基础上，分别采用介数中心性计算方法、节点删除方法，以及改进的基于拓扑势的网络中心性节点挖掘方法，对演习作战体系核心进行分析，并对结果进行比对研究。

2. 基于介数中心性的作战体系核心演化分析方法

(1) 分析思路

介数中心性是衡量节点中心性的重要指标。它代表网络中必经该节点的其他路径数。介数中心性越高，代表这个节点越重要。

对应到动态作战体系网络中，介数中心性表示的是一个作战实体仿真节点能够在其他作战实体仿真节点之间产生动态作战关系上起到多大的中心控制作用。节点的介数中心性越高，代表这个节点在动态作战体系网络中起到的动态作战指挥作用越强。

(2) 主要算法

由于动态作战体系网络结构在自组织行为的影响下随时间递进而动态变化，因此基于介数中心性的作战体系核心的挖掘也是时间相关的。假定网络中共有 n 个节点，算法如下。

① 计算动态作战体系网络中所有实体节点两两之间的必经的作战实体节点数 g_{jk}（即最短路径），其中 $j=1,2,\cdots,n,k=1,2,\cdots,n,j\neq k$。

② 判断节点 i 是否处在网络中两两节点之间的必经路径上，如果在，则计算经过节点 i 的最短路径数 $g_{jk}(i)$。

③ 计算节点 i 的介数中心性 B_i，通过归一化得到 $B_i=\frac{2}{n(n-1)}\sum_{j<k}\left(\frac{g_{jk}(i)}{g_{jk}}\right)$。

①②的时间复杂度为 $O(n(n-1)/2)$，③的时间复杂度为 $O(n^3)$，因此总的时间复杂度为 $O(n(n-1)/2)\sim O(n^3)$。

(3) 实验分析

针对 7.3 节采集的演习仿真数据，对红方在 1:00 和 9:00 这两个仿真时刻的作战体系核心进行计算，分别得到排名前 8 位的节点，如表 7.7 所示。其中，Name 为节点的序号，节点 i 的介数中心值为 $B(i)$。

算法 7.2　基于介数中心性的作战体系核心算法

输入：有向加权连通网络 $G=(V,E,Q)$，其中 $V=\{v_1,v_2,\cdots,v_n\}$，$E\subseteq V\times V$，边权值为 $(q_1,q_2,\cdots,q_k)$

输出：作战体系核心 B_i，$i=1,2,\cdots,n$

算法步骤：

① g_{jk}＝ShortCommandPath(v_j,v_k)；//节点之间的必经的作战实体节点数

② if (IsOnPath(V_i))　$g_{jk}(i)$＝ShortCommandPath_Node(v_i,v_j,v_k)；//计算经过节点 i 的最短路径数

③ for(i=1; i<=n;i++)　B_i＝Betweenness_Node(v_i)；//计算每个节点的介数中心性

④ B_i[8]＝Top_Betweenness_Node(B_i)；//对节点的介数中心性进行排序，输出排序前 8 的节点

⑤ OnTimer(1,Δt)；//设置定时器，间隔时间 Δt，分别计算一次 B_i，观察排名变化情况

由表 7.7 可见，1:00～9:00，红方的作战体系核心发生了较大的变化。原来排名第一的 55 号节点，在 9:00 时刻已经不再重要，排名第二的 108 号节点，变成排名第 5，原来不重要的 8 号节点，在 9:00 时刻变成排名第一。

表 7.7　基于介数中心性的红方作战体系核心前 8 排名表

排名	1:00		9:00	
	Name	$B(i)$	Name	$B(i)$
Top1	55	0.24531	8	0.25117
Top2	108	0.15643	234	0.14999
Top3	59	0.12764	56	0.12079
Top4	56	0.1263	206	0.12078
Top5	54	0.12542	108	0.11382
Top6	58	0.12531	59	0.10615
Top7	109	0.05136	228	0.06993
Top8	89	0.04139	102	0.06738

如图 7.22 所示，随着时间的推进，动态作战体系核心发生了变化，原来的核心节点 55 号不再是网络核心，而原来不在前八排名的节点 8 号，经过 8 个小时的推演，跃居为作战体系核心。可见，这一段时间内红方的作战体系发生了比较剧烈的结构变化。

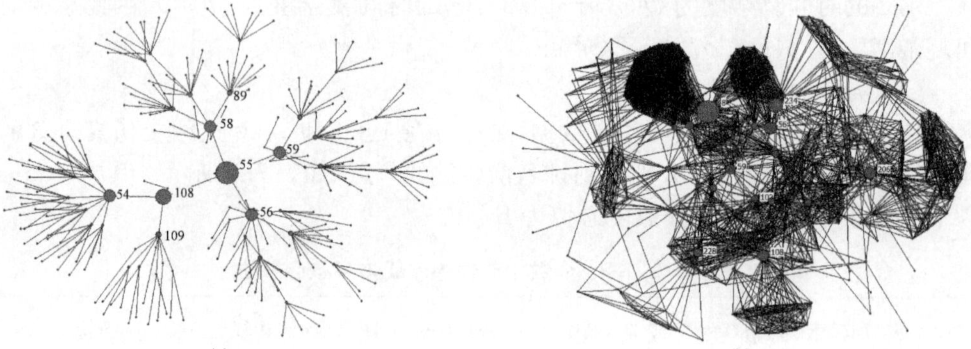

(a)　　(b)

图 7.22　基于介数中心性的红方作战体系核心演化图

3. 基于网络连通性的作战体系核心演化分析方法

(1) 分析思路

通过度量网络中的节点被删除后网络连通性的破坏程度来考察节点的中心性程度，也是比较常见的一种研究节点中心性的方法。这种方法认为对网络连通性破坏程度越大，被删除的节点(集)就越重要。聚类系数可以体现作战体系网络的连通性，聚类系数越大，连通性越好。此外，平均路径长度也可以用来度量作战体系网络中节点的紧密程度，反映作战体系网络中信息流通的效率。因此，参考聚类系数与平均路径长度两种度量，对作战体系核心进行分析。

(2) 主要算法

基于网络连通性的作战体系核心的挖掘也与时间相关，如算法 7.3 所示。

算法 7.3　基于网络连通性的作战体系核心算法

输入：有向加权连通网络 $G=(V,E,Q)$，其中 $V=\{v_1,v_2,\cdots,v_n\}$，$E\subseteq V\times V$，边权值为 $(q_1,q_2,\cdots,q_k)$
输出：作战体系核心排名 (C_i,L_i)，$i=1,2,\cdots,n$
算法步骤：
① G'=DelGraph_Node(v_i)；//删除节点 i，得到连通图 G'
② (C_i,L_i)=SubGraphCL(G')；//计算 G' 的平均聚类系数和平均路径长度
③ for(i=1; i<=n;i++)
④ (C_i,L_i)=SubGraphCL(G')；//计算删除每个节点的网络连通性
④ $Z_i[8]$=Top_Connection_Node(C_i,L_i)；//排序并输出前 8 位节点
⑤ OnTimer(1,Δt)；//设置定时器，间隔 Δt，分别计算一次 Z_i，观察排名变化

(3) 实验分析

同样在7.3节采集的演习仿真数据基础上，针对红方在1:00和9:00两个仿真时刻的作战体系核心进行分析，分别得到排名前8位的作战体系核心，如表7.8所示。其中，Name为节点的序号，C_i为节点删除后的网络聚集系数，L_i为节点删除后的网络平均路径长度。

由于是节点删除后的网络状态，因此对于L_i值而言值越大，网络连通性越差，该节点越重要；对于C_i值而言，值越小，网络连通性越差，该节点越重要。从表7.8可以看出，1:00的前两名排序没有变化，而9:00的排名则发生了变化，排名第一的8号降至第3名，排名第八的则升至第一位。采用这种方法，可以发现作战体系核心随着时间的推进在发生变化。1:00时，这两种方法得到的前两名没有变化。但是，9:00时排名第一的节点变成102号节点，这个节点在前一种方法中这一时刻的排名是第8位。这说明两种方法还是有差异的，究竟采用哪种方法分析作战体系核心更适合，还需要进一步研究。

表7.8 基于网络连通性的红方作战体系核心前8排名表

排名	1:00			9:00		
	Name	C_i	L_i	Name	C_i	L_i
Top1	55	0.035	2.22669	102	0.404	3.03495
Top2	108	0.137	2.00794	234	0.405	3.01955
Top3	109	0.143	2.018	8	0.405	2.98611
Top4	56	0.144	2.41379	206	0.405	2.98224
Top5	58	0.144	2.38218	228	0.405	2.96535
Top6	59	0.144	2.38184	56	0.407	2.97316
Top7	54	0.144	2.05972	108	0.407	2.93239
Top8	89	0.148	2.42649	59	0.409	3.04883

4. 基于改进拓扑势的作战体系核心演化分析与实验

(1) 主要思路

基于拓扑势的作战体系核心分析方法的主要思路是，根据作战体系核心的特点，用改进的拓扑势来描述作战节点之间的相互作用，通过节点的全局中心性排序，以及搜索局部中心性节点，实现对对抗推演过程中作战体系核心的挖掘与发现。

借鉴文献[17]中的研究方法与物理场论思想，动态作战体系网络G可以看做一个包含n个节点及其相互作用的物理系统，每个节点周围存在一个作用场，位于场中的任何节点都将受到其他节点的联合作用。由此在整个网络拓扑上确定一个虚拟相互作用场，即称为拓扑势场。不同扩散势场模型如图 7.23 所示。根据真实网络的模块化与抱团特性可知，节点之间的相互作用有局域性，每个节点的影响能力会随着网络距离的增大而快速衰减。因此，采用代表短程场且具有良好数学性质的高斯势函数来描述节点间的相互作用更为合适。

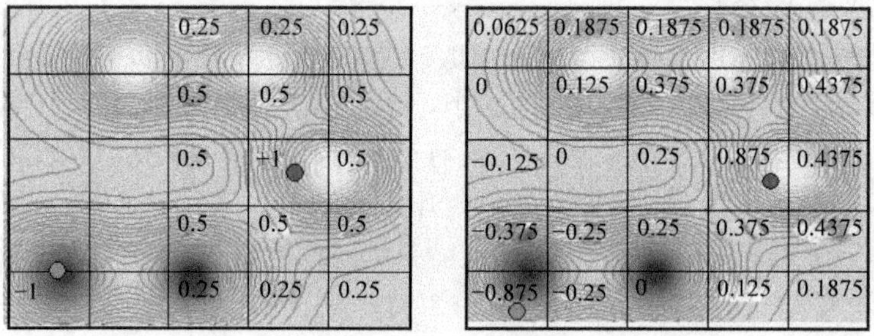

图 7.23 不同扩散势场模型示意图

此外，在实际作战中，对于己方而言，不仅需要保护自己的作战体系核心，还应该打击敌方的作战体系核心。而不同方的侦察能力不同，看到并进一步判断的对方作战体系核心也不同。为此，本章在感知真实的基础上，进一步改进拓扑势，使之能够表达不同视角的势场。在此基础上判断一个参演方判断对方作战体系核心的准确性，可以进一步辅助评估其作战效能。

定义 7.19 作战体系节点的拓扑势是引入拓扑势来度量网络中节点对其他节点的影响力。

为描述作战体系节点之间的相互作用，本章对文献[17]中给出的拓扑势做如下改进。

给定网络 $G=(V,E,Q)$，其中 $V=\{v_1,v_2,\cdots,v_n\}$ 为节点的非空有限集，$E\subseteq V\times V$ 为节点偶对或边的集合，$|E|=w$，Q 为边权值的集合。根据数据场的势函数定义[18,19]，任一节点 $v_i\in V$ 的拓扑势可表示为

$$\phi(v_i)=\sum_{j=1}^{n}\left(\mathrm{SD}_j(x)\times w_j\times \mathrm{e}^{-\left(\frac{d_{ij}}{\sigma}\right)^2}\right) \tag{7.10}$$

其中，d_{ij}、σ 和 w_j 三个参量需要具体说明。

① d_{ij} 表示节点 v_i 与 v_j 之间的网络距离，用最短路径长度来衡量。

② σ 表示用于控制每个节点影响范围的影响因子。σ 直接影响拓扑势场的分布，即反映节点位置的差异性，因此需要优选。

③ $\mathrm{SD}_j(x)$ 表示参演方 x 侦察到节点 v_j 状态的准确概率，其中这一概率与参演方动用的侦察手段相关，也就是与情报模型相关。不同的手段的侦察准确概率不一样，例如特战分队近距离侦察的准确概率就高于空中侦察的准确率。

④ w_j 表示节点 v_j 的作战能力指数，针对不同类型的作战实体都赋予了相应

的 w_j 值，$w_j \geqslant 0, j=1,2,\cdots,n$。在文献[17]中，$w_j$ 用来表示节点 v_j 的质量，反映其固有属性。例如，社交网络中个体的社会关系及社交能力，神经网络中神经元的数量与突触的性质等。为了更好地权衡作战体系网络中节点的重要性，将每个作战节点的固有属性定义为该节点的作战能力指数，即定义每个节点的质量为节点的作战能力指数。由此可以得到，改进的拓扑势，即式(7.3)。

对于影响因子 σ，可以通过计算势熵来优选[17]。网络 G 中任一节点 v_i 的势熵可定义为

$$H = -\sum_{i=1}^{n} \frac{\varphi(v_i)}{Z} \log\left(\frac{\varphi(v_i)}{Z}\right) \tag{7.11}$$

其中，Z 为标准化因子，$Z = \sum_{i=1}^{n} \varphi(v_i)$。

由于熵越小，节点间的拓扑势差别就越大，就越能体现节点之间重要性的差异，因此优选 σ 本质上是求解单变量函数 $H(\sigma)$ 的最小化问题，即 $\min H(\sigma)$。

如果 σ 值选定且 w_j 也有对应的值，那么就可以根据式(7.3)计算每个作战节点的拓扑势值。然后，根据势值的大小，对作战体系网络中的节点进行全局中心性排序。这就是一种基于拓扑势的作战体系核心的全局分析方法。

此外，在作战过程中，可能出现局部核心节点，寻找局部核心节点的方法是在上述分析的基础上，通过搜索直接相邻的作战节点，继续寻找具有局部极大势值的作战节点。本章将这种作战节点称为作战体系网络的局部核心。

(2) 分析算法

基于改进拓扑势的作战体系核心发现算法的目标是寻找全局核心与局部核心，具如算法 7.4 所示。

算法 7.4　基于改进拓扑势的作战体系核心发现算法

输入：有向加权网络 $G=(V,E,Q)$ 和影响因子 σ，其中 $V=\{v_1,v_2,\cdots,v_n\}$，$E\subseteq V\times V$，$|E|=w$，Q 为边权值的集合，$v_j=\{\mathrm{SD}_j(A),\mathrm{SD}_j(B),\cdots,\mathrm{SD}_j(X),\cdots,\mathrm{SD}_j(Z)\}$，$\mathrm{SD}_j(X)$ 表示参演方 X 侦察到节点 v_j 状态的准确概率

输出：作战体系核心 G_0；作战体系网络局部核心 $G_1,G_2,\cdots,G_k\subseteq G$

算法步骤：

① $[\varphi(v_1),\cdots,\varphi(v_n)]=\text{Cal\_TopologicalPotential}(G,\sigma)$； //计算节点拓扑势

② $G_0\varphi(v_i) = \sum_{j=1}^{l} n_j(v_i)\times \mathrm{e}^{-\left(\frac{j}{\sigma}\right)^2} = \text{MaxNode}(\varphi)$；// 排序 $\varphi(v_i) = \sum_{j=1}^{l} n_j(v_i)\times \mathrm{e}^{-\left(\frac{j}{\sigma}\right)^2}$ 得到全 // 局核心 G_0

③ $G_i=\text{Search\_MaxPotentialNodes}(G,\varphi(v_1),\cdots,\varphi(v_n))$；//搜索局部极大势值节点

(3) 实验结果

在相同仿真数据的基础上，本节采用改进后的拓扑势算法分析红方的作战体

系核心，以及蓝方通过情报侦察判断的红方作战体系核心，分别得到红方在 1:00 和 9:00 两个仿真时刻，以及蓝方在 9:00 时刻判断的红方作战体系核心的前八排名顺序，如表 7.9 所示。可以看出，作战体系核心随着时间的推进也在发生变化。蓝方判断红方的作战体系核心与红方判断的本方的作战体系核心还是有差别的，这与情报侦察感知能力有关，符合实际情况。

表 7.9　基于改进拓扑势的红方动态作战体系核心前 8 排名表

视角	红方视角				蓝方视角	
时间	1:00		9:00		9:00	
排名	Name	G_i	Name	G_i	Name	G_i
Top1	55	187.244	8	417.361	234	364.91
Top2	108	143.07	234	377.912	8	361.22
Top3	56	129.312	206	364.286	206	344.75
Top4	58	122.746	9	347.09	28	339.64
Top5	59	119.825	296	326.47	296	321.51
Top6	54	119.658	56	311.83	56	301.89
Top7	109	103.485	28	310.95	9	300.73
Top8	77	102.376	78	308.772	78	295.9

此外，用爬山法发现红方在仿真 12:00 时出现多个局部核心，如图 7.24 所示。

图 7.24　仿真 12:00 时红方动态作战体系网络局部核心图

5. 基于仿真数据的实验结果分析与结论

(1) 静态作战体系核心分析与结论

为了更直观地比较,从7.3节采集的仿真数据中,按上述三种方法分别计算静态作战体系核心,如表7.10所示。

表7.10　红方静态作战体系核心前8排名表

方法	基于介数中心性		基于网络连通性		基于改进拓扑势	
排名	Name	G_i	Name	C_i	Name	G_i
Top1	108	2968.36	108	0	108	1017.133
Top2	55	2341.22	55	0.0001	55	875.191
Top3	109	1599.83	54	0.00031	109	823.182
Top4	54	1120.98	109	0.00036	54	747.109
Top5	HHHJ	982.46	HHHJ	0.0043	HHHJ	712.413
Top6	ZZZJZJS	731.16	XXYJT	0.0057	XXYJT	711.018
Top7	56	650.89	56	0.0076	56	691.18
Top8	58	626.93	58	0.0084	58	683.173

上述三种方法在同样的仿真数据基础上,我们得到的红方静态作战体系核心均为108号节点。55号节点的重要性仅次于108。尤其是,当采用网络连通性的方法删除该节点时,整个网络不再连通,平均集聚系数为0。

可见,采用仿真数据的方法,得到的结论与静态作战体系网络的结构遵从严格作战指挥体制,一旦网络核心被打击,其影响巨大的观点是一致的。

(2) 动态作战体系核心分析结论

将前三种方法获得的动态作战体系核心与静态作战体系核心相比,可以得到以下基本结论:在指挥员的指挥行为作用下,动态作战体系网络整体结构朝着实现指挥意图的方向上调整时,其核心也随之发生动态变化。

具体表现在以下两个方面。

① 核心迁移具有时变性。随着演习时间的推进,作战体系核心发生迁移,而且迁移的原因与当时的作战任务直接相关。对演习刚开始1:00时的动态作战体系核心与静态作战体系核心进行比较后发现,动态作战体系核心从AAA迁移到担任主攻任务的XXXJT。到仿真时刻9:00,动态作战体系核心又从XXXJT迁移到担任初期火力打击任务的XXXY与XXXT,以及执行干扰任务的XXXDD。

② 核心迁移具有方向性。从实验结果可以发现,动态作战体系核心从最初的XXXJT,迁移到XXXY、XXXT和XXXDD等,级别在不断降低。采用改进拓扑势的方法,发现演习中出现多个局部作战体系核心。例如,在仿真12:00时,出现三

个局部核心 XXXJ、YYYJ 和 ZZZJ,实际代表不同方向的作战任务。

从上述分析结论可以看出,作战体系结构在自组织演化过程中,其网络核心也在发生变化,具有时变性和方向性。这与作战重心的相关理论研究观点基本一致。这一演化现象也证明本章提出的方法可行,且比较符合作战实际。

克劳塞维茨最早将力学上的重心概念引入军事。克劳塞维茨认为[20],有相互联系的地方,就存在同重心类似的东西。因此,军队中也有重心,这种重心的运动和方向对其他各点起着决定性的作用,这种重心便是军队聚集最多的地方。这是作战重心最早的定义。根据克劳塞维茨的观点,作战重心就是军队的力量所在。

作战重心至今尚没有明确的定义,这可能与其具有鲜明的时代特性有关。但是,作战重心无疑会对整个作战全局产生至关重要的影响。当前,对于作战重心的理论还在探讨。

需要注意的是,在近二百年前克劳塞维茨引用重心的概念,其意图是想用自然科学的(当时最先进的)理论作为战争研究的科学基础。尽管他也意识到战争不可能像机械一样,但这个理论不可避免地留有还原论的痕迹,对作战体系的研究有些牵强。我们在研究这个问题的时候,必须用现代科学特别是复杂性科学和网络科学的思想理论加以重新解释,才比较适合信息化条件作战体系的变化。

7.4.3　作战体系结构自组织演化中的社团发现分析

美国前国防部部长科恩曾说过:以往的军事理念是大吃小,今天的军事理念是快吃慢。我国著名战略学者也有相似论述,认为现在的战争是“快鱼吃慢鱼,而非大鱼吃小鱼”。可见,在当今这个时代,再也没有比“早知道、多知道”和“快决策、快行动”更重要的了。要做到这一点,就需要提升部队先敌发现、先敌决策、先敌行动的能力。目前看来,信息化、轻型化和多样化作战模块的军队建设趋势,最有利于发挥部队的灵活反应和快速投送能力,以及提高作战行动的精确性和同步性。

1. 基于时间序列聚类与改进拓扑势的社团发现算法

(1) 社团发现及算法

社团是网络中各个组分节点因某种共同目标而趋于形成紧密联系的“团”。由于社团内部的节点联系非常紧密,而社团之间的节点联系相对稀疏,因此社团结构可以视为复杂网络中,介于宏观网络整体与微观网络节点之间的一种模块化的中观特性。

发现并分析社团结构是理解各种复杂网络结构组成的重要方法,同时有助于认识和理解从网络结构到网络效能转变的关系。目前,寻找网络社团结构的算法很多,比较有代表性的有基于模块度指标的改进算法、基于层次性和重叠性的算法等。

社团结构的动态演化分析，由于之前缺少带时间特性的动态网络数据，而较少有人研究。目前，这种带时间特性的网络数据已逐渐能够获取，但分析社团结构动态演化的方法非常有限，当前还是一个比较新的研究领域。现有的方法主要是获取动态网络一系列的快照，然后对这些快照采用不同的手段与方法来分析与研究[21]。

用适合作战体系网络自组织演化特性的社团发现算法对作战体系网络演化中出现的社团进行划分，是本节研究的首要问题。

(2) 基于时间序列聚类与改进拓扑势的社团发现算法

以往的社团演化分析研究受限于带时间属性的持续化数据获取困难[22]，而我们从演习中采集到的海量仿真数据则不存在这一问题。演习仿真数据具有连续、动态的双重时间特性，既有天文时间戳，又有仿真时间戳。因此，从数据上看，完全具备研究作战体系网络演化的基础。

对于动态作战体系网络的自组织演化，本章采用朴素的按时间序列获取一系列网络快照的研究方法。由于改进拓扑势的算法加入了作战实体的作战能力指数，更适合体现作战实体节点的势能影响力，因此本节将改进的拓扑势算法应用于这些快照的分析，用以发现动态作战体系网络快照的社团划分。如图 7.25 所示为本节算法的应用步骤。

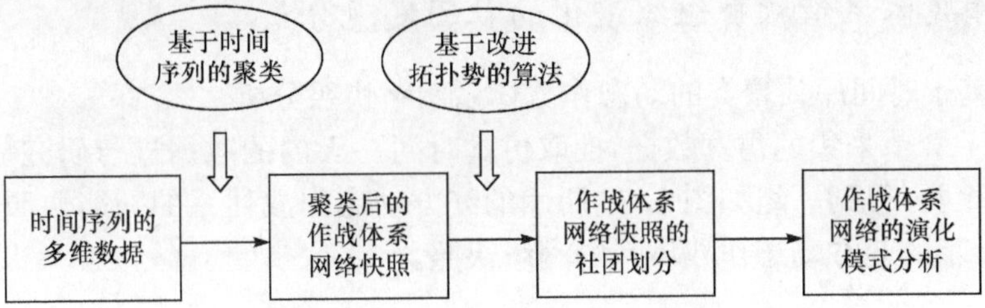

图 7.25　算法应用步骤示意图

① 基于时间序列聚类的动态作战体系网络。

聚类是数据挖掘与模式识别领域的重要研究方法。聚类的目标就是分析和识别数据中自然存在的各个簇，尽量使不同簇数据之间的距离拉大。基于时间序列的聚类方法正是遵循这一思想。我们采集到的仿真数据具有海量、高维的特点，为了便于找出具有代表性的动态作战体系网络，比较理想的办法是先对时间序列的多维数据进行聚类。因此，动态作战体系网络快照是在按时间序列对多维数据进行聚类的基础上获得的。

对带时间序列的仿真数据进行聚类分析，主要分两步进行。定义带时间序列的作战实体数据 At 为{At1，At2，…，At_k}，其中 At_k 代表 t 时刻 A 实体的第 k 维属性状态。由于数据具有不同类型的属性维，因此需要对 At～At'时间内的多维数据进行混合相似性度量，由此得到完整时间序列的作战体系网络的聚类结果。

② 基于改进拓扑势的动态作战体系网络社团发现算法。

得到基于时间序列聚类的作战体系网络快照后，就可以采用改进的拓扑势算法，发掘作战体系网络的社团结构。综上，可以得到基于时间序列聚类与改进拓扑势的社团发现算法(算法 7.5)。

算法 7.5　基于时间序列聚类与改进拓扑势的社团发现算法

输入：带时间序列的有向加权网络 $SoS=\{SoS_1, SoS_2, \cdots, SoS_t, \cdots, SoS_T\}$ 及其影响因子 σ，其中 $SoS_t=(V_t, E_t, Q_t)$，$V_t=\{v_{t1}, v_{t2}, \cdots, v_{tn}\}$，$E_t \subseteq V_t \times V_t$，$\|E\|=w$，$Q_t$ 为边权值的集合
输出：社团 $C=\{C_1, C_2, \cdots, C_t, \cdots, C_T\}$，其中 $C_t=C_{t1}, \cdots, C_{tk}$ 是 t 时刻的蜂群集合
算法步骤：
① $SoS(t)$=FindDifferentPat(SoS)；//获取典型时间的作战体系网络
② $[\varphi(v_1), \cdots, \varphi(v_n)]$=Cal_TopologicalPotential(G, σ)；//计算节点的拓扑势
③ G_i=Search_MaxPotentialNodes($G, \varphi(v_1), \cdots, \varphi(v_n)$)；//搜索局部极大势值节点，即社团的代表//节点集合
④ $C_t=[C_1, C_2, \cdots, C_k]$=Community_Detecting($G, G_i, \varphi(v_1), \cdots, \varphi(v_n)$)；//根据社团代表节点确定//$t$ 时刻的社团划分
⑤ 分析其他时间的作战体系网络快照，输出演化中的社团 C。

2. 作战体系结构自组织演化的社团发现分析

(1) 基于时间序列聚类的动态作战体系网络快照分析

针对 7.3 节采集的仿真数据，抽取仿真时间一天内的数据进行研究。通过时间序列的聚类，得到一组如图 7.26 所示的红方动态作战体系的网络快照，以及如图 7.27 所示的蓝方动态作战体系的网络快照。

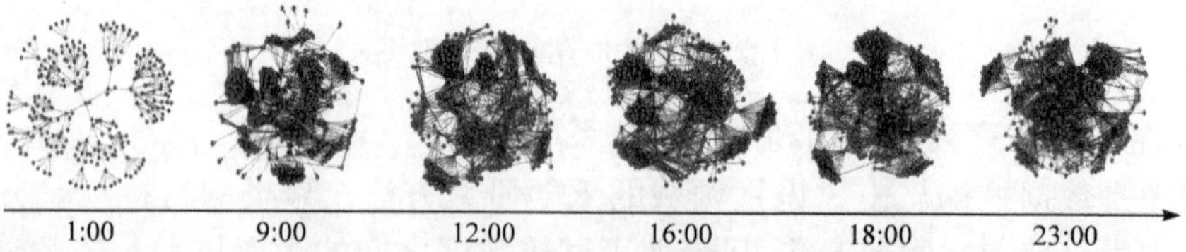

图 7.26　红方动态作战体系网络快照图

(2) 基于改进拓扑势的动态作战体系网络社团发现分析

采用改进拓扑势的社团发现算法对动态作战体系的网络快照进行社团划分分析。以图 7.26 中 1:00 和 23:00 仿真时刻的红方动态作战体系网络快照为例进行说明。

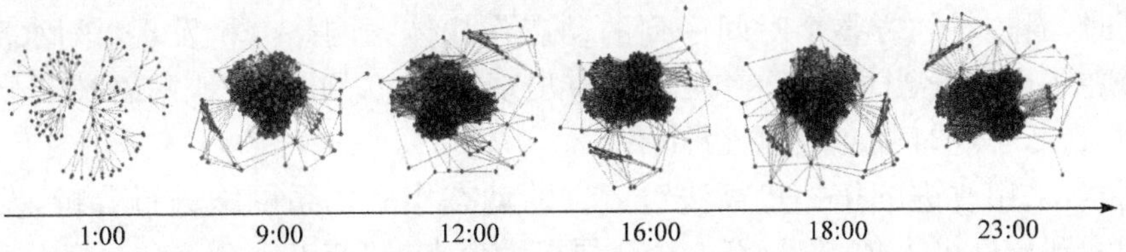

图 7.27　蓝方动态作战体系网络快照图

① 分析比对

对 1:00 时刻的红方动态作战体系网络快照(图 7.28(a))进行分析,获得最优影响因子 σ 为 1.0912。1:00 时刻的红方动态作战体系网络的节点拓扑势分布如图 7.28(b)所示。用改进的拓扑势算法没有搜索到局部极大值点,只有一个全局极大值点,即节点 55。

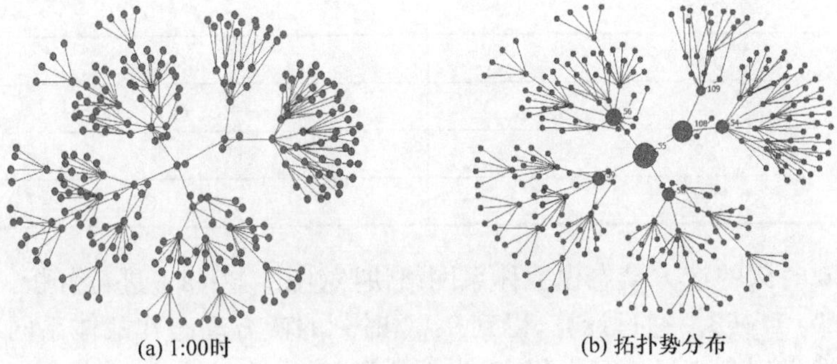

图 7.28　1:00 红方动态作战体系网络快照及其拓扑势分布图

对 23:00 时刻的红方动态作战体系网络快照(图 7.29(a))进行分析,获得最优影响因子 σ 为 1.624。通过计算,得到 23:00 时刻红方动态作战体系网络节点的拓扑势,并搜索到 10 个局部极大值点,依次为 327、8、206、108、234 等序号的节点,如表 7.11 所示。由此得到 23:00 时刻的红方动态作战体系网络快照的社团划分,如图 7.29(b)所示。图中用不同形状的节点表示分属于不同的社团。

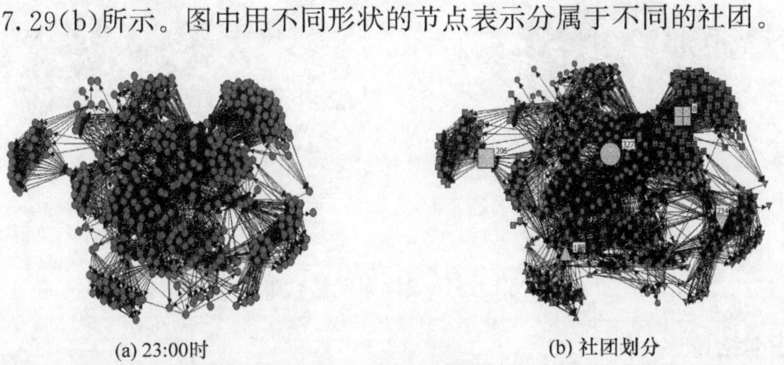

图 7.29　23:00 红方动态作战体系网络快照及其社团划分图

同时,通过对红方整个时间序列的动态作战体系网络分析发现,该网络的社团划分在不断变化当中。1:00 时刻没有出现社团,9:00 时刻该网络被划分为三个社团,到 23:00 时刻变成 10 个社团。

同样,采用改进的拓扑势算法对蓝方的动态作战体系网络进行分析,发现也没有搜索到局部极大值点,只有一个全局极大值点,即节点 107。

表 7.11　23:00 时红方动态作战体系网络社团划分

局部极大值(Name)	社团规模(节点数)
327	182
8	167
206	152
108	127
234	108
332	103
76	102
32	92
346	8

对 9:00 时刻的蓝方动态作战体系网络快照(图 7.30(a))进行分析,获得最优影响因子 σ 为 1.063。通过计算,得到 9:00 时刻的蓝方动态作战体系网络节点的拓扑势,并搜索到 2 个局部极大值点,为 107 和 62 号节点。此时,蓝方动态作战体系网络的社团划分,如图 7.30(b)所示。图中用不同形状的节点表示分属于不同的社团。

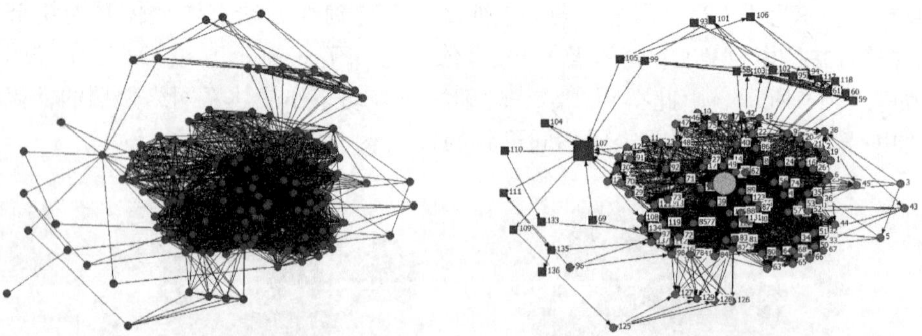

(a) 9:00　　(b) 社团划分

图 7.30　9:00 蓝方动态作战体系网络快照及其社团划分图

② 基本结论。

从上述实验分析,可以得到以下基本结论。

第一,红蓝双方的作战体系网络在自组织演化过程中,都出现社团结构的划分,这与作战中出现的蜂群作战现象相似。整个作战体系网络从一个遵从严格等级的金字塔(或树状)结构,演变成看似松散的网络状结构。

第二,从实验分析的结果来看,红蓝双方的作战体系网络在自组织演化过程中随着时间的推进逐步分散出越来越多的社团,这也与军事上的蜂群作战颇为相似。

从上述实验结果可以看出,在作战过程中,作战体系发生了自组织演化,且在演化进程中涌现出一个个更小的集团,在集团内部联系紧密,外部联系相对松散。这种现象是在实际演习中出现的,却与军事理论研究中的蜂群作战一致。

蜂群实际上是一种现象,表现为大量的运动单元在自由流动中的快速集结。军事上的蜂群战、蜂群战术等概念,都是利用这种自然界的现象对军事行动的一种形象化描述。

蜂群的快速、机动、集中的特点很早就被吸纳于军事作战中。蜂群作战通常具有以下特点[23,24]:一是作战单位趋于小型化,但机动能力强,灵活性好;二是各作战单位之间的通信与情报感知能力强,具有自组织和自协同能力;三是通常都能达到速战速决的效果。但是,从另一角度来说,蜂群战术的效果往往取决于部队的信息化程度和指挥者之间的组织和协同能力。

随着信息技术的迅猛发展,蜂群作战从地面、空中延伸至海上、网络,甚至太空等领域。在美国大规模军事推演"千年挑战-2002"中[25],数艘航空母舰在演习刚开始不久就被击沉,而击沉的原因就是遭到蜂群战术的攻击。虽然演习的仲裁者让被击沉的航空母舰"重新浮出水面"继续演习,但是采用这一作战行动的指挥官——海军陆战队的保罗·范里普尔中将却因此声名大振。2008 年 8 月俄格冲突期间,俄军通过全面的蜂群式网络阻瘫攻击,致使格方重要网站或瘫痪或崩溃,指挥控制系统遭受重创,战争急需物资无法及时运抵指定位置,导致战争潜力遭到严重破坏。前两年,又有报道称美国为防范卫星被攻击而研制了一种蜂群卫星系统。这种卫星系统一旦遭到攻击,就会分解成多个模块分散开,攻击过后还能重新组合在一起。由此可见,蜂群作战思想的运用深入人心。本章再次用仿真数据的方法证明了实际演习中这一作战思想的存在。同时,也证明本章提出的方法的可行性,且基本符合作战实际。

7.5 本章小结

本章主要探讨在仿真数据的基础上研究信息化条件下作战体系结构及能力演化的新方法。

① 提出一种采用仿真数据来研究作战体系的方法,用以解决当前作战体系的

研究工作中存在的问题，并且用大量实验证明这种方法可行且有效。

在基于仿真系统的有人参与的部队实际演习中，发现这类演习产生的海量仿真数据的价值。结合复杂网络理论与数据分析方法，本章面向对抗推演建立了作战体系分析的架构，并按照这一分析架构从海量仿真数据中抽取与作战相关的数据。在仿真数据的基础上实现了对作战体系结构的分析，并进一步对作战体系结构在自组织演化过程中的层次、中心性，以及社团演化进行初步探索。这样获得的实验结果基本上都与现代作战指挥体制的变革趋势理论研究结果一致。

② 提出从仿真数据中发现并表现作战体系网络化结构的新方法，构建了一种面向多方对抗的作战体系层次化网络结构，可以用来研究作战体系的结构特征及演化模式。

对作战体系而言，其结构是客观存在的，并不需要凭空建造。但是，我们却缺乏手段发现并证明它的存在。本章从演习采集到的仿真数据中发现并提出表现作战体系网络化结构的一些方法。由于仿真数据是从有人参与的部队演习中产生的，因此数据中留有指挥行为的印迹。本章从这一角度出发，提出从空间上构建多方对抗的背景下，受指挥员指挥行为影响的多方体系对抗的层次映射模型，并按不同层次划分构建指挥控制网络与作战体系网络。

③ 提出一种基于边权信息的作战体系网络结构算法，并在仿真数据的基础上采用此算法研究作战体系网络自组织演化中的层次问题，发现用仿真数据的方法构建的作战体系网络在自组织演化中的层次变化与当今作战指挥体制扁平化趋势吻合。

考虑信息在自组织行为中的牵引与导向作用，本章结合演习实际，采用对节点进行信息融合加权和对边进行信息传递加权的边权信息来定义作战体系网络结构，通过计算指挥层级与指挥跨度两种指标来综合考量作战体系结构在自组织演化过程中的变化。并用仿真数据的方法对作战体系网络进行结构度量分析，发现作战体系结构在自组织演化过程中指挥层级减少，指挥跨度增加，这与当今作战指挥体制的扁平化趋势一致。

④ 提出一种基于改进的拓扑势的作战体系核心演化算法与社团发现算法，并在仿真数据的基础上采用此算法分析作战体系核心演化与社团发现问题，实验结果发现其演化趋势均与实际作战指挥的发展趋势一致。

本章采用不同的中心性度量方法来分析作战体系核心在自组织演化过程中的变化，并用仿真数据的方法来比对不同方法下作战体系核心的变化情况。通过对节点赋予作战能力指数，以及情报感知能力值，提出基于改进的拓扑势的作战体系核心演化算法。实验结果发现，作战体系结构在自组织演化过程中，其核心具有时变性与方向性，这与作战重心的相关理论研究成果基本一致。同时，作战体系结构在自组织演化过程中出现社团，并且社团有分散的趋势。这与蜂群作战的小型化趋势相吻合。

参考文献

[1] 胡晓峰，杨镜宇，司光亚，等. 战争复杂系统仿真分析与实验. 北京：国防大学出版社，2007.

[2] Hey T, Tansley S, Tolle K. The Fourth Paradigm: Data-Intensive Scientific Discovery. Redmond: Microsoft Research, 2009.

[3] 艾伯特-拉斯洛·巴拉巴西. 链接. 徐彬，译. 长沙：湖南科学技术出版社，2007.

[4] 胡晓峰，杨镜宇. Cyberspace 空间与体系仿真——“空海一体战”带来的挑战//战争复杂系统及 Cyber 空间建模仿真暨第五届全军“战争复杂性与信息化战争模拟”高层学术研讨会，2012.

[5] 胡晓峰，司光亚，吴琳，等. 战争模拟原理与系统. 北京：国防大学出版社，2009.

[6] Alberts D S, Garstka J J, Stein F P. Network centric warfare: developing and leveraging information superiority. Assistant Secretary of Defense (C3I/Command Control Research Program), 2000.

[7] 金伟新，肖田元. 作战体系复杂网络研究. 复杂系统与复杂性科学，2009，6(4)：12-25

[8] Cares J R. Distributed Networked Operations: The Foundations of Network Centric Warfare. Yew York: Iuniverse Inc, 2005.

[9] 朱涛，常国岑，施笑安. 基于复杂网络的指挥信息系统拓扑模型研究. 系统仿真学报，2008，20(6)：1574-1581

[10] 沈寿林，张国宁，杜丹，等. 基于复杂网络的作战系统结构研究. 电子测量技术，2007，30(4)：155-158

[11] Dekker H A. C4ISR architectures, social network analysis and the FINC methodology: an experiment in military organisational structure. http://scholar.google.com.hk[2002-10-20].

[12] 汪海，金士尧. 基于 FINC 方法的 C4ISR 系统建模及效能分析. 计算机仿真，2008，25(1)：16-50

[13] 何大韧，刘宗华，汪秉宏. 复杂系统与复杂网络. 北京：高等教育出版社，2010.

[14] 许国志. 系统科学. 上海：上海科技教育出版社，2000.

[15] 周游，梁剑. 组织结构扁平化与军队管理创新. 国防科技，2007，5：53-37.

[16] 约翰·斯科特. 社会网络分析法. 2 版. 刘军，译. 重庆：重庆大学出版社，2007.

[17] 淦文燕，赫南，李德毅，等. 一种基于拓扑势的网络社区发现方法. 软件学报，2009，20(8)：2241-2254

[18] 淦文燕. 聚类-数据挖掘中的基础问题研究. 南京：解放军理工大学博士学位论文，2003.

[19] 淦文燕，李德毅，王建民. 一种基于数据场的层次聚类方法. 电子学报，2006，34(2)：258-262.

[20] 克劳塞维茨. 战争论. 中国人民解放军军事科学院，译. 北京：解放军出版社，2005.

[21] Tang L, Liu H. 社会计算：社区发现和社会媒体挖掘. 文益民，闭应洲，译. 北京：机械工业出版社，2013.
[22] 程学旗，沈华伟. 复杂网络的社区结构. 复杂系统与复杂性科学，2011，8(1)：57-70
[23] 李军，李敏勇，刘国林. 海上蜂群战探析. 海军大连舰艇学院学报，2010，33(1)：15-17.
[24] 王浩. 浅析美军"蜂群战术". 现代军事，2007，7：5.
[25] 约翰·阿奎拉. 战争新规则. 杨宇杰，庞旭，等译. 外国空军军事学术，2010，3：1-12.

第 8 章 基于超网络模型的作战体系协同机理分析

8.1 基于复杂网络的作战体系指挥与协同问题

战争具有鲜明的时代特征，不同时代的战争需要不同时代的科学语言加以阐释和理解[1]。20 世纪末产生的两大科学新发现：网络科学与数据科学，已经对信息时代产生重大影响，有的甚至是颠覆性的，使许多自然科学理论与社会科学理论需要重新解释，处于重构的边缘。传统战争理论研究的科学基础已然发生动摇：还原论作为一种范式已是寿终正寝，而复杂性作为一个领域也已疲惫不堪[2]。因此，信息时代需要对战争理论基础与研究手段进行升级换代。

1. 跨域作战体系成为信息化战争的主要研究对象

信息化战争以信息为主导，以网络为中心，战场空间急剧膨胀，战争样式迅速变化，需考虑的作战因素多，作战体系内部之间的关联相对紧密，相互作用较强，作战整体性效果更为突出。这种以信息网络为中心的联合，使共享战场态势感知成为可能，异地分布的参战部队自组织、自适应的协同能力倍增，战场反应更为迅速，整体对抗能力更强，体系对抗也因此成为信息化战争的一个突出特点。此外，信息化战争涉及物理域、信息域和认知域等多个领域空间，从时间、空间、复杂度等各个方面都发生着不可逆转的变化。因此，考察和研究作战体系在多域空间的对抗就显得十分必要。

2. 传统战争研究方法对揭示体系作战规律存在局限

由于战争充满不确定性、偶然性与不可重复性，有些人甚至曾经认为战争无规律可循。当只有赢得战争才能赢得生机时，战争的残酷性又决定了古今中外从不缺乏对战争规律的执著探索。在科学技术尚未发展到一定程度时，战争的复杂性使研究战争的方法与手段严重匮乏。因此，以往对战争的探究通常都是在战争实践和历史数据中进行分析与总结。

牛顿科学体系作为现代科学的奠基石，其在观察与认识现实物理世界形成了以还原论方法、绝对时空观和因果对应观为核心的科学研究范式，并强势渗透到社会科学、经济学、政治学等其他学科领域。但牛顿科学范式在解释为什么胜战不复、为什么不会出现两场一模一样的战争、为什么同样的打法却出现完全不同的战争结果等战争现象时却“卡壳”了，因为始终无法找到确保战争获胜的数学公式或不以人们意志为转移的战争运行机理。战争中的偶然性、胜战不复和战争迷雾等现象无不说明战争系统是一个典型的复杂系统，而信息时代的体系作战更是无限放大了这种复杂性，仅靠分解还原认识世界的方法显然无法揭示战争的对抗性与复杂性，需要新的视角与科学方法来研究战争复杂性。

3. 网络科学为作战指挥与协同研究提供了崭新的视角

研究作战体系必须从研究其复杂性质入手，反映体系整体、动态、对抗的特点，而这与一般采用分解还原的分析方法完全不同。对作战体系的分析主要面临以下三个挑战。

① 体系作战的规模庞大，仅仅分析局部不可能得到整体性结果，因为体系性质不具可加性，如何对其进行整体性分析？

② 作战体系的组分之间交互复杂，其结构动态变化，具有自适应、自组织、因果关系不明确、结果不唯一等性质，如何反映其复杂性特点？

③ 体系对抗是由指挥员所主导的，其本质是人与人之间的对抗，而人是有自由意志的，如何纳入对人的因素分析？

针对上述三个挑战，传统以战争实践和历史总结为主的研究方法已经失去作用，采用复杂网络对有人参与的指挥对抗演习过程中生成的仿真大数据进行分析则提供了一个可行途径。

目前，复杂网络的方法有助于刻画并合理构建信息化战争中作战体系的复杂特征。同时，影响战争进程的因素众多且交互复杂，任何一个因素的加入都可能对作战进程产生不可逆的结果，通过对演习仿真过程中数据之间的关联关系进行实时分析和全面挖掘，不仅有助于找到制约作战体系演化要素之间的直接关系，甚至可以进一步探寻更深层次在人的指挥行为干预下的作战体系演化原因。

4. 作战体系整体效能发挥的关键是指挥与协同

信息化战争涉及的体系作战要素繁多，相互之间的关系复杂，交互结果具有涌现性且充满不确定，这使信息化战争中的作战体系具有整体、动态和对抗的特征。作战体系的建立与形成是一个逐步动态演化与生长的过程，不可能一蹴而就。信息技术的发展将作战体系从传统以独立平台为基础的应用形式，转向以网络为中心的系统和体系的应用方式，比以往更加强调整体效能的发挥。因此，指挥与协同已成为体系作战效能发挥的关键因素。指挥与协同的好坏，在很大程度上反映体系作战整体化程度。

作战体系具有作为复杂系统的适应性、动态性和涌现性等特点，导致现代战争中的指挥与协同面临快速的网络化信息交互、较慢的武器装备和更慢的指挥决策之间的矛盾，需要以崭新的视角来研究信息化战争中指挥与协同的客观规律。分析体系作战过程中的指挥与协同效果，关键是对以下两个问题找到相应的分析方法。

① 如何对系统的系统，即作战体系进行建模？因为组成作战体系的成分包括通信网、指控网、传感网等各类网络，且其类型和性质也完全不同，因此需要建立能够描述不同网络及其相互关系的网络模型。

② 以何种角度对体系作战中指挥与协同进行评估？从指挥时效性讲，就是作战体系的指挥决策周期如何变化，关键是指挥-打击链的构成与长度；从作战效能讲，就是作战体系的协同效果如何度量，重点是不同作战行动之间的协调性。

结合当前对作战体系的研究现状，以复杂性科学研究为指导，在仿真大数据基础上，探索并提出一套基于多域交互网络的作战体系的协同机理分析方法。重点从信息作战体系的指挥-打击链构成和 OODA 嵌套来验证基于超网模型研究协同机理的合理性与正确性，探索形成一套基于超网理论的作战体系建模与仿真方法，为研究信息化条件下的体系作战特点规律提供有益的实践指导。

8.2　作战体系的超网络建模方法

信息时代的主要战争形态是体系作战，从拓扑结构上看是以交战（物理毁伤与信息对抗）、指控、通信、感知和融合实体为节点，各实体间的能量、信息和认知交互为边的战争复杂网络。战争复杂网络中的节点本身又是一个复杂网络，具有多层次、多维性、多级性、多属性和多目标等特征，从而导致战争复杂网络是具有自组织的各类网络集成的网络的网络，或称为体系作战超网络。

大部分体系作战研究要么采用还原论的思想单独分析传感网、通信网和指控网等各层网络问题，但作战体系网络的复杂交互显然不等价于各层网络的线性相加；要么在建立作战体系网络结构时，采用单一且简单的同质网络来表征战争复杂系统，往往会因粒度不够而导致模型失真；要么采用静态网络分析体系作战，忽略体系作战是开放的、动态的复杂对抗过程。为刻画信息化条件下体系作战的非线性、适应性和涌现性等特征，需要建立以作战决策过程动态循环的控制主线，综合反映物理域、信息域与认知域三域特点的作战体系网络描述框架。从拓扑角度来看，作战体系网络中的节点是具有不同功能的异质节点，链路是具有信息、能量与认知的多重边，整体结构具有动态对抗的时变性。因此，需要新的方法来研究多层、异质和动态的作战体系网络，而超网络的思想与方法正好为作战体系网络描述与建模提供思路与参考。

定义 8.1 超网络是由多种连接方式将多种类型的节点连接起来构成的强调整体功能的多重边异构网络。该网络可以根据其节点或链路属性划分为多个交互网络，可以表示为

$$M=(V_M,E_M,V,L) \tag{8.1}$$

其中，V 为超网络的节点集；$L=\{L_\alpha\}_{\alpha=1}^d$ 为超网络中网络集合；$V_M\subseteq V\times\prod_{\alpha=1}^d L_\alpha$ 为节点与其所属网络层级的二元组；$E_M\subseteq V_M\times V_M$ 为超网络中所有网络层及不同层间的连边集合。

定义 8.2 超网络中的单层网络是指由同类型节点及其之间的交互构成的网络。单层网络 G_A 可以表示为

$$G_A=(V_A,E_A) \tag{8.2}$$

其中，$V_A=\{(u_i,L_\alpha)|L_\alpha\in L,i\in[1,2,\cdots,n]\}\subseteq V_M$ 为超网络中第 L_α 层网络的节点集，$|V_A|=n$ 是该层网络中节点个数；$E_A=\{((u,\alpha),(v,\beta))\in E_M|\alpha=\beta\}$ 为第 L_α 层网络中节点的交互连边，链路 $L_{ij}:E_A\to\mathbf{R}$ 表示两个节点 v_i 和 v_j 之间的网内关系，其对应的数值即链路权重。

如果各层网络间不具备相互关联关系，那么每层网络将是一个个孤立的网络而无法集成为超网络。因此，各层网络间关联关系是超网络的一个重要属性。

定义 8.3 超网络中网间关系是指不同网络中节点之间的交互连边。网间关系可以表示为网间连边集合，即

$$E_C=E_M\backslash E_A \tag{8.3}$$

其中，E_M 为超网络中所有连边集合；E_A 为所有同层网络间连边集合；$E_A=\{((u,\alpha),(v,\beta))\in E_M|\alpha\neq\beta\}$ 为第 L_α 层网络与 L_β 层网络间连边集合。

根据上述定义，图 8.1 是一个包括三层网络的超网络示意图，其中第二层网络与第一层网络和第三层网络之间同时存在关联关系，而第一层网络与第三层网络之间不存在直接关联关系。

从网络科学的角度来看，作战体系的网络化拓扑结构是传感网、通信网、指控网和交战网综合后的网络的网络，具有多层、多级、多维流量及多属性等特性的超网络。超网络能够按照多种连接方式将多种类型的节点连接起来，构成强调整体功能的多重边异构网络，是研究复杂系统的新工具。作战体系网络是由侦察、监视、指挥与控制、协同、打击等多种关系形成的不同功能、多层次的叠加网络，具有规模巨大、层次聚集、整体涌现等特征。从物理域、信息域和认知域等三层划分作战体系网络，结合作战、指挥、通信、探测等多重节点和信息、能量与物质的交互上给出超网络的定义。物理空间、信息空间和认知空间可以分别表示为 PY、IM 和

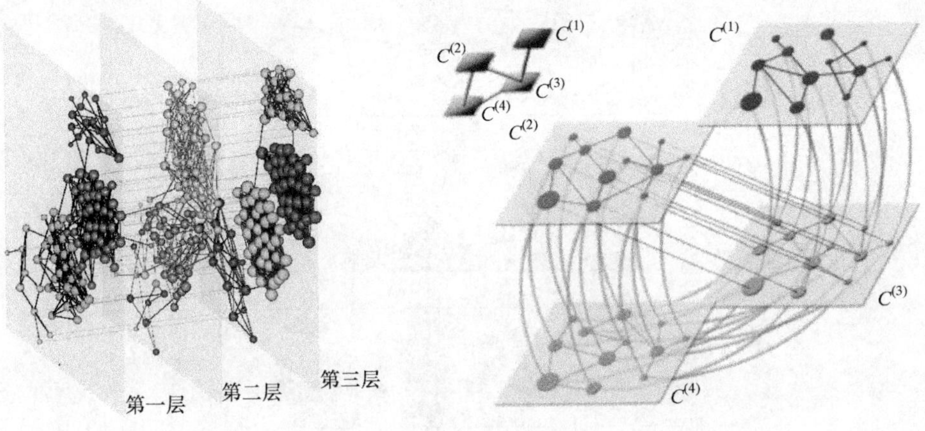

图 8.1　超网络示意图

CG,则物理空间网络用 $G_{py}=(V_{py},E_{py})$ 表示,信息空间网络用 $G_{im}=(V_{im},E_{im})$ 表示,认知空间网络用 $G_{cg}=(V_{cg},E_{cg})$ 表示。权重(网络中的流)根据网络的性质做不同的量化处理。例如,在信息空间网络中流可量化为信息熵,认知空间网络中的流是知识与影响力的强度。

定义 8.4　体系作战超网络是指由物理域、信息域和认知域中不同作战要素,按照网络化的组织指挥关系和作战机制构建的三层复杂网路。可以用 SoSG 表示体系作战超网络,即

$$\begin{aligned}\text{SoSG} &= F(G_{py},G_{im},G_{cg}) \\ &= G_{py}+G_{im}+G_{cg}+E_{py\text{-}im}+E_{im\text{-}cg}+E_{cg\text{-}py}\end{aligned} \tag{8.4}$$

其中,G_{py}、G_{im} 和 G_{cg} 分别表示体系作战超网络在物理域、信息域和认知域上的三层网络;$E_{py\text{-}in}$ 表示物理域与信息域间的交互关系;$E_{im\text{-}cg}$ 表示信息域与认知域间的交互关系;$E_{cg\text{-}py}$ 表示认知域与物理域间的交互关系。

因此,体系作战超网络模型可以主要分为三个层次,即底层是物理域上依托物理实体间交战事件在物理空间形成交战网络,其物理属性体现在物理实体的毁伤状态;中间层是信息域上依靠信息装备平台间信息流转形成信息流网络,其物理属性体现在信息流的传输特性;顶层是认知域上指挥员及其指挥机关之间根据指挥关系形成的指挥网络(图 8.2)。

网间关系则体现不同域上作战实体的映射关系。例如,认知空间网络与信息空间网络之间存在指挥活动的映射,某一指挥活动可能依赖多条物理链路进行。

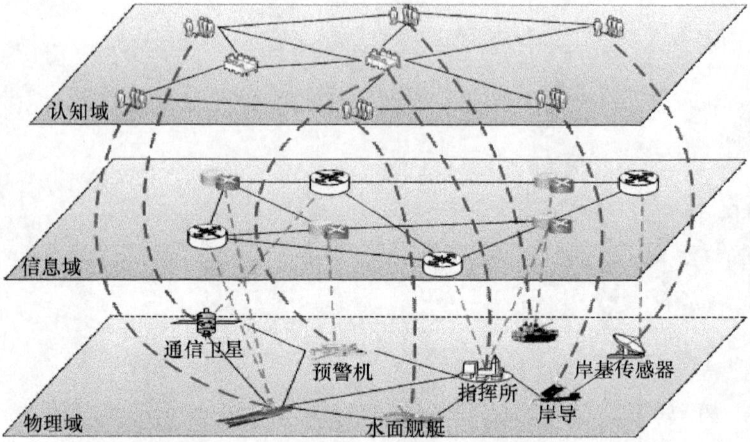

图 8.2　作战体系的超网络三层视图

8.3　基于 OODA 环的作战指挥周期分析

作战体系超网络作为复杂战争系统的抽象，必然是不断演化成长的。赢得信息化战争胜利的关键是让体系作战的指挥节奏适应战场态势的变化节奏，才能让指挥员真正掌握战争的主动权。因此，如何度量体系作战指挥周期并确定影响指挥周期的体系“脆弱点”就显得至关重要。从系统论结构决定功能的观点来看，体系作战超网络的拓扑结构也可以说在某种程度上决定体系作战的效能。本部分围绕如何测量体系作战指挥周期这个问题，从指挥活动与指挥周期的概念与内涵、战场空间与网络空间的联系等方面入手，研究如何基于体系作战超网络来测度体系作战指挥周期，重点解决信息域中节点能力对指挥周期的影响，以及如何从指挥周期的角度确定作战体系的关键节点等。

① 基于作战体系超网络的指挥周期测度。信息化战争的物质基础就是以信息网络栅格为载体，各作战单元之间通过网络化信息交互而实现态势共享，指挥员利用增强的态势感知能力进行快速决策，从而实现压缩时间以加快作战节奏的目的。基于 OODA 环的整个体系作战过程呈现出一定的周期性，而这个周期性则可用于度量体系作战节奏。

② 基于超边的作战体系关键节点研究。体系作战指挥活动是基于 OODA 的循环往复过程，只有完整指挥环路才能产生网络化作战效益。从体系作战超网络看，指挥过程就是从信息网到指控网再到交战网的一条超边。因此，从体系作战指挥时效性的角度看，超边的重要程度反映相应指挥过程在整个体系作战中的主导作用。借鉴有向网络中节点重要性排序的经典算法 PageRank，反映到体系作

战超网络的超边上来，就是说在交战网中与某条超边共享火力打击节点的其他超边数越多，说明该超边与其他超边链接可以获得更大的权重；在信息网中某超边包含信息域节点产生的知识越多，该超边越容易被其他超边利用，从而被其他超边链接的概率就越大。

8.3.1　基于作战体系超网络的指挥周期建模

美国空军退役上校博伊德提出，战场上指挥员的理性指挥过程均可用不断往复循环的观察-判断-决策-行动过程（OODA 环）描述（图 8.3），并认为能够快速截断并破坏敌方 OODA 环的一方，就能获取冲突的胜利。OODA 环是一个严格的线性闭合环路。目前，很多国家在指挥决策流程上大多遵循 OODA 理论模型，描述指挥决策过程。

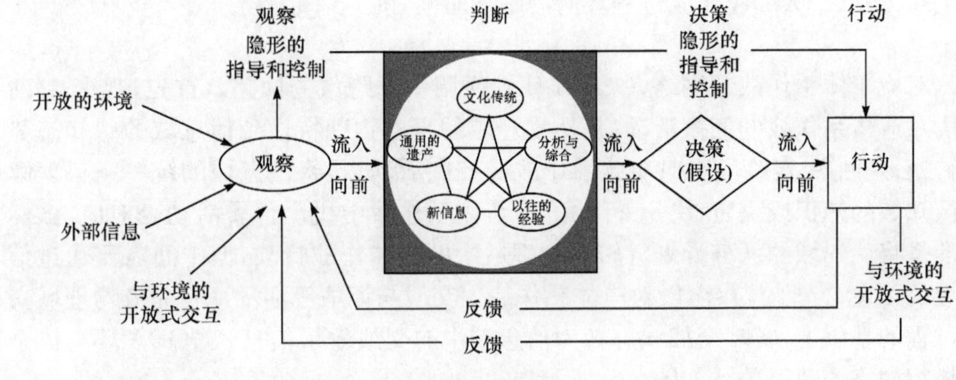

图 8.3　OODA 环

两个具有不同 OODA 环运行速度的对抗过程如图 8.4 所示。

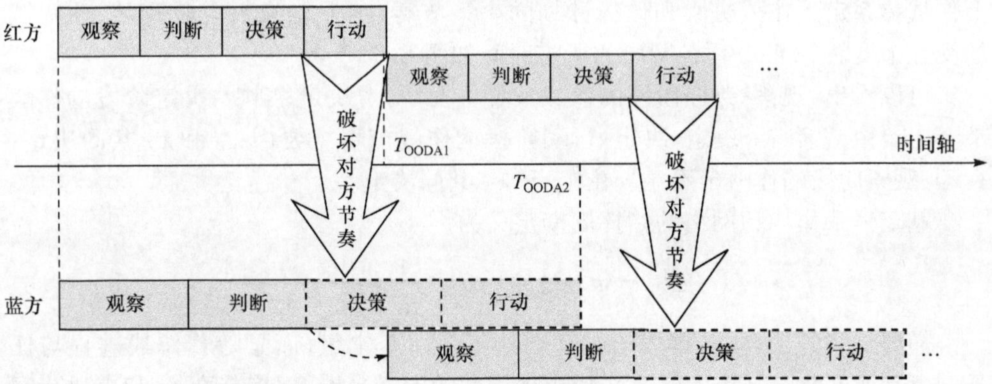

图 8.4　不同 OODA 环运行速度的对抗过程示意图

可以看出,红方的OODA环运行速度要快于蓝方,进而能够快速而有效地破坏蓝方OODA环,使蓝方无法适应作战节奏而导致最终的失败。因此,从OODA环理论来讲,战争的天平是偏向作战节奏快的一方。

1. 基于体系作战超网络的指挥周期测度

信息化战争的物质基础就是以信息网络栅格为载体,各作战单元之间通过网络化信息交互实现态势共享,指挥员利用增强的态势感知能力进行快速决策,从而实现压缩时间,加快作战节奏的目的。基于OODA环的整个体系作战过程呈现出一定的周期性,而这个周期性则可用来度量体系作战节奏。假设在OODA环中,完成观察(O)-判断(O)、判断(O)-决策(D)、决策(D)-行动(A)和行动(A)-观察(O)等各阶段作战任务所需平均时间定义为Δt_1、Δt_2、Δt_3和Δt_4。作战指挥周期定义为完成OODA作战过程环所需平均时间,则

$$T_{\mathrm{OODA}}=\Delta t_1+\Delta t_2+\Delta t_3+\Delta t_4 \tag{8.5}$$

对应于体系作战超网络,OODA环则强调一个跨域的回路。首先,观察-判断阶段对应体系作战的侦察活动,是从物理域的真实物理特性到信息域的感知态势的转换;判断-决定阶段则对应体系作战的控制活动,是将信息域的统一态势理解为认知域的知识或决定;决定-行动阶段与体系作战中机动部署活动相对应,虽然目的是将认知域的任务计划等转为物理域中的具体作战行动,但中间需要通过信息域的传递;行动-观察阶段对应体系作战中交战与评估等活动。在完成物理域交战过程的基础上,实现交战状态转为信息域中的交战效果信息。OODA环与体系作战超网络的映射关系如图8.5所示。

体系作战超网络针对物理域、信息域与认知域分别构建交战网、信息网和指控网,定义λ_d和λ_f是物理域上作战体系的机动部署节奏和交战节奏,λ_{C2}是认知域上作战体系定下作战决心和作战计划的决策节奏,λ_T是信息域与物理域、认知域的交互节奏。OODA环各阶段的所需时间如图8.6所示。

可以看出,观察-判断阶段的作战节奏主要由λ_T决定;判断-决定阶段的作战节奏主要由λ_{C2}和λ_T决定;决定-行动阶段的作战节奏主要由λ_T和λ_d共同决定;行动-观察阶段的作战节奏主要由λ_f和λ_T共同决定。

基于体系作战超网络的指挥周期定义为

$$T_{\mathrm{OODA}}=\Delta t_1+\Delta t_2+\Delta t_3+\Delta t_4\geqslant\frac{4}{\lambda_T}+\frac{1}{\lambda_{C2}}+\frac{1}{\lambda_d}+\frac{1}{\lambda_f} \tag{8.6}$$

需要注意的是,体系作战的指挥周期不是一个常量,而是随着作战进程与任务的不同而变化。从影响体系作战指挥周期的定义来看,部署节奏λ_d和交战节奏λ_f主要受装备性能约束,决策节奏λ_{C2}取决于指挥员的教育程度与培训经历等因素,相对统一固定。信息交互节奏λ_T体现网络化交互中信息共享及其知识效用,

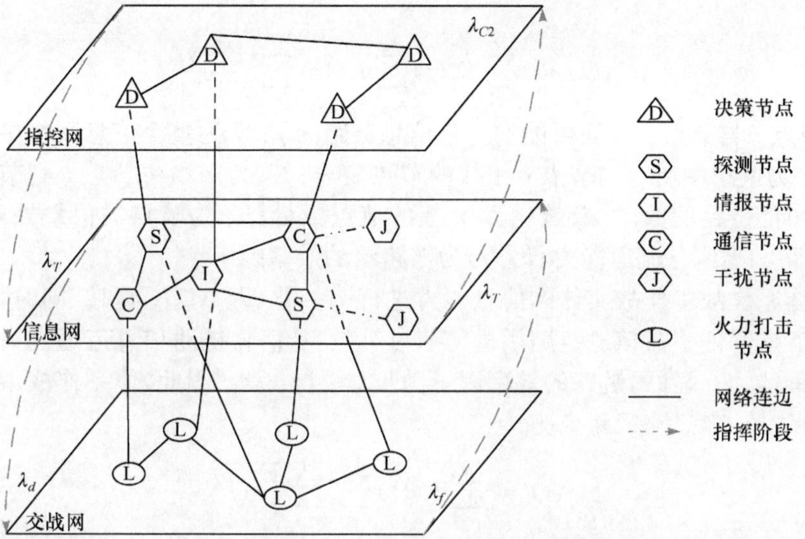

图 8.5　作战体系超网络与作战环的映射关系图

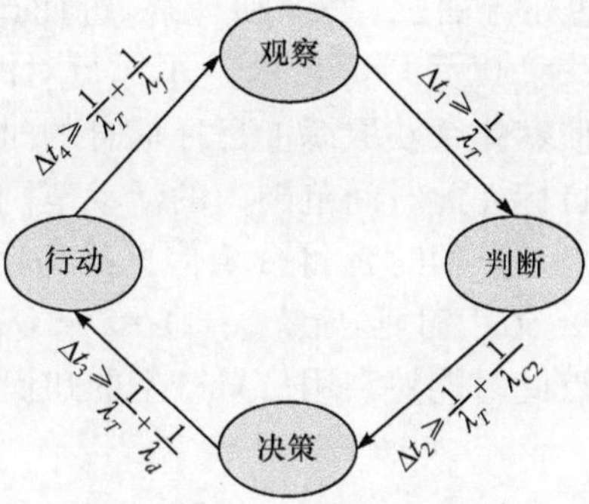

图 8.6　OODA 各个阶段所需时间

其相对变化容易且对指挥周期的影响更大，主要体现信息域在跨域交互中的核心枢纽地位。

2. 体系作战超网络的信息交互节奏

(1) 体系作战信息路径距离

体系作战超网络中信息网是交战网与指控网跨域联系的媒介，正是信息时代出现的网络化交互在发挥作战体系网络化效能过程中起着关键作用。一般来说，信息优势是通过网络化信息共享体现的，因此通过体系作战超网络的信息路径距离来描述作战体系的信息共享能力。

定义 8.5　特征信息路径距离是网络中任意两个节点之间信息连通能力的平

均值，即

$$C_M(t)=\sum_{i=1}^{N}K_i(t)\sum_{j=1}^{\Gamma_i}L^{ij}(t)\sum_{\gamma=1}^{N_{ij}}\frac{F_\gamma^{ij}(t)}{(d_\gamma)!} \tag{8.7}$$

其中，节点 i 与节点 j 之间可能的一条信息链路为 γ；N 为整个信息网络中的节点数量；Γ_i 为网络中所有与节点 i 相邻的节点集合；N_{ij} 为网络中节点 i 到节点 j 之间所有可能链路的数量；d_γ 为链路 γ 上的节点数量；K_i 为节点的信息处理能力；L^{ij} 为链路 γ 上信息流通能力；$F_\gamma^{ij}(t)$为链路 γ 的效率因子。

将体系作战中作战实体的信息能力进行归一化，即 $0\leqslant K_i\leqslant 1$。同时，任意两个作战实体间的直接信息链路用通信节点等效，从而将链路信息流通能力转为通信节点的能力。显然，链路的效率因子满足 $0\leqslant F_\gamma^{ij}\leqslant 1$。因此，体系作战中跨域信息交互的特征信息路径距离为

$$C_M(t)=\sum_{i=1}^{N}K_i(t)\sum_{j=1}^{\Gamma_i}\sum_{\gamma=1}^{N_{ij}}\frac{F_\gamma^{ij}(t)}{(d_\gamma)!} \tag{8.8}$$

(2) 作战体系网络信息熵

基于香农的熵理论，体系作战超网络的信息网中的作战节点必须能够在限定的时间内对接收到的信息进行加工、处理和理解，进而产生可被应用的知识；否则，信息的利用价值将丧失。以兵棋演习中空军执行对海攻击任务为例，当飞机飞临作战空域后，若情报侦察体系获取海上目标信息的时延过长或无法及时融合态势信息时，就可能出现目标在此时间范围内的活动范围超出作战飞机的最佳攻击点。显然，作战节点处理信息的时延将影响信息的利用价值。假设 $t_i^{\max}$ 是信息网中节点 i 处理信息允许的最大时延，定义 $\lambda_i(t)=1/t_i(t)$为作战节点在 t 时刻加工信息的速率，则作战节点此时能够利用信息产生的知识为

$$Q(\lambda_i)=\begin{cases}0, & t_i>t_i^{\max}\\ \ln\left(\dfrac{t_i^{\max}}{t_i}\right), & \dfrac{t_i^{\max}}{e}<t_i<t_i^{\max}\\ \ln\left(\dfrac{et_i^{\max}}{t_i^{\max}}\right)=1, & t_i<\dfrac{t_i^{\max}}{e}\end{cases}$$

$$=\begin{cases}0, & \lambda_i<\lambda_i^{\min}\\ \ln\left(\dfrac{\lambda_i}{\lambda_i^{\min}}\right), & \lambda_i^{\min}<\lambda_i<e\lambda_i^{\min}\\ \ln\left(\dfrac{e\lambda_i^{\min}}{\lambda_i^{\min}}\right)=1, & \lambda_i>e\lambda_i^{\min}\end{cases}$$

定义 8.6 网络信息熵是作战网络中所有作战实体生成知识的平均值，即

$$R_Q=\frac{1}{N}\sum_{i=1}^{N}\lambda_iQ(\lambda_i) \tag{8.9}$$

可以看出,如果一个作战实体 j 产生知识的能力 $\lambda_j Q(\lambda_j)$ 不能达到作战网络的平均值,其加入作战网络后虽然能增加作战网络的知识总量,但会降低整个作战网络的网络信息熵,进而影响整体作战效能。

(3) 体系作战超网络的信息交互节奏

在信息化战争中,体系作战的效率主要取决于网络化信息交互,任一作战网络中信息交互周期主要取决于网络中作战实体数量、交互关系和信息处理能力等要素。因此,每个实际作战网络都有一个反映其网络拓扑结构特征和信息能力水平的交互节奏,而它正体现了体系作战超网络的跨域作战的指挥周期。

定义 8.7　信息交互节奏为体系作战中信息路径距离和网络信息熵的乘积,即

$$\lambda_T = C_M R_Q \tag{8.10}$$

因此,λ_T 反映体系作战中通过网络化交互加快指挥过程的程度。

8.3.2　面向指挥周期的体系作战超网络中心性分析

最近几场高技术局部战争中使用频次最高的一种作战行动样式就是“斩首”行动。其基本指导思想是在体系对抗中掌握战争主动权,重点是对敌方作战体系的关键节点实施外科手术式精确打击,进而达到体系破击的目的。传统机械化作战可以基于双方作战力量在数量规模上的简单线性比对,找出影响战争胜负的关键点与薄弱点,但是在以体系与体系的对抗为基本形态的信息化战争中,由于作战体系中组分系统之间的非线性关联及其共同演化作用,一些平时看似非主要、非关键节点可通过体系的级联失效引发体系坍塌,出现类似蝴蝶效应的现象。体系对抗中的作战节奏已成为影响战争胜负的一个关键要素,因此面向指挥周期的体系作战超网络核心就是从体系作战指挥周期的角度分析体系作战超网络的关键节点或重心。

复杂网络的中心性研究主要涉及节点中心性与结构中心性两方面。网络节点中心性又也分为整体中心性与局部中心性。整体中心性是从网络总体结构上考量一个节点占据重要地位的程度,衡量的依据是一个节点到所有不同点之间的距离。局部中心性则是考量一个节点对其邻点而言的相对重要程度,衡量的依据是直接相连节点之间的距离。结构中心性度量是通过定义中心势的概念来刻画网络的整体凝聚力或中心性趋势。这种度量方法一般是先找出最核心点的中心度与其他点的中心度之差,然后这些实际差值的总和与最大可能差值总和之比就是中心势,侧重于考察网络整体的中心化趋势。一般来说,中心性的度量方法是围绕节点在网络中的重要程度展开的。将中心性概念用于作战体系研究时,这种观点可以用来发现影响作战进程的关键作战过程、行动或要素。进而由此辐射,可以研究与之相关的作战指挥问题。

1. 体系作战超网络的信息中心性分析

(1) 分析思路

网络效率是用来表示网络连通性好坏的指标。网络连通性越好,则网络效率越高。在作战体系网络中,如果某个节点在遭受物理毁伤后导致该节点及其与该节点相连的所有连边都被移出,将导致网络中其他节点之间的一些路径被中断。如果在节点 i 与节点 j 之间有多条路径,中断其中一些路径可能使这两个节点之间的最短路径 d_{ij} 增大,进而整个网络的平均路径长度也会增大,从而使网络连通性变差。两节点 i 与 j 之间的效率为 $1/d_{ij}$,则网络效率为

$$\varepsilon = \frac{1}{N(N-1)}\sum_{i\neq j\in G}\frac{1}{d_{ij}} \tag{8.11}$$

其中,ε 取值范围为 0~1,$\varepsilon=1$ 表示网络连通性最好,$\varepsilon=0$ 表示网络由孤立的节点构成。

(2) 主要算法

基于网络效率的作战体系网络中心节点的挖掘也是与网络规模相关的。假定网络中共有 N 个节点,算法如下(算法 8.1)。

算法 8.1　基于信息中心性的体系作战超网络中心性算法

输入:有向加权连通网络 $G=(V,E,Q)$,其中 $V=\{v_1,v_2,\cdots,v_N\}$,$E\subseteq V\times V$,边权值为$(q_1,q_2,\cdots,q_M)$
输出:作战体系网络信息中心性值排名(ε_i,e_i),$i=1,2,\cdots,N$
算法步骤:
① (ε_0,e_0)=Graph_NE(G);//计算初始网络效率
② G_i'=Del_GraphNode(v_i);//删除节点 i,得到连通图 G_i'
③ (ε_i,e_i)=Graph_NE(G');//计算 G_i'的网络效率与下降比例
④ 对所有网络节点 $v_j\in G$,重复步骤②和步骤③;//计算删除每个节点的网络连通性
⑤ $Z_i[m]$=Top_Rank_Node(ε_i,e_i);//排序并输出前 m 位节点

2. 体系作战超网络的介数中心性分析

(1) 分析思路

介数最早由 Freeman 提出,用来刻画一个节点对网络中其他节点之间交互的调控能力[3]。在体系作战指挥过程环路中,假设作战实体之间在物理域、信息域和认知域上的能量交互、信息交互和知识交互总是沿最短路径传输,且在存在多条最短路径情况下按均等概率任选一条最短路径。从控制指挥链路的角度而言,介数越高的节点在网络调控能力上越重要。

假设节点 s 与节点 t 之间最短路径数为 g_{st},其中经过节点 i 的最短路径数为

$g_{st}(i)$，显然如果经过节点 i 的最短路径数越大，节点 i 调控节点对(m,n)的能力就越强。此时，对于一个节点数为 N 的网络，计算节点 i 在网络中的介数中心性为

$$\mathrm{BC}_i = \sum_{s\neq t\neq i}^{n} \frac{g_{st}(i)}{g_{st}} \tag{8.12}$$

对网络中节点的介数进行归一化，其值介于 0～1，也称为相对介数中心性，可用于不同网络之间节点调控能力的比较，计算公式为

$$\mathrm{BC}_i = \frac{2}{N^2 - 3N + 2}\sum_{s\neq t\neq i}^{N} \frac{g_{st}(i)}{g_{st}} \tag{8.13}$$

介数中心性作为网络节点调控能力的重要判据之一，在军事领域有着广泛的应用。但在体系作战超网络视角下，该方法存在一定局限性，它将超网络中异质节点进行了泛化，同时也忽略了不同连边之间的差异，这样就不能体现节点在所属网络内和所属网络层级之间的调控能力。

(2) 主要算法

为避免单一介数中心性指标在描述交战网、信息网和指控网中调控能力的不足，构建一个基于体系作战超网络的介数中心性的综合评判方法。假设节点 i 是节点数为 N 的网络中的任一节点，算法如下(算法 8.2)。

算法 8.2　基于介数中心性的体系作战超网络中心性算法

输入：体系作战超网络 $\mathrm{SN}=G_p+G_i+G_c+E_{p-i}+E_{p-c}+E_{i-c}$，其中 $G_p=(V_p,E_p)$为物理域交战网，$G_i=(V_i,E_i)$为信息域信息网，$G_c=(V_c,E_c)$为认知域指控网，$E_{p-i}=\{(v_{\mathrm{pm}},v_{\mathrm{in}})\mid v_{\mathrm{pm}}\in V_p, v_{\mathrm{in}}\in V_i\}$为交战网与信息网的连边，$E_{p-c}=\{(v_{\mathrm{pm}},v_{\mathrm{cn}})\mid v_{\mathrm{pm}}\in V_p, v_{\mathrm{cn}}\in V_c\}$为交战网与指控网的连边，$E_{i-c}=\{(v_{\mathrm{im}},v_{\mathrm{cn}})\mid v_{\mathrm{im}}\in V_i, v_{\mathrm{cn}}\in V_c\}$是信息网与指控网的连边

输出：作战体系网络介数中心点排名(ε_i,v_i)，$i=1,2,\cdots,n$

算法步骤：

① (ε_0,v_i)=BC_Graph(SN)；//计算节点在整个超网络中的相对介数

② if $v_i\in G_p$

　(ε_1,v_i)=BC_Graph(G_p)//计算交战网中节点相对介数

　else if $v_i\in G_i$

　(ε_1,v_i)=BC_Graph(G_i)//计算信息网中节点相对介数

　else if $v_i\in G_c$

　(ε_1,v_i)=BC_Graph(G_c)//计算指控网中节点相对介数

　end

③ if $v_i\in G_p$

　//计算物理网络中节点在异质网络层间相对介数值

　　(ε_2,v_i)=(BC_Graph($G_p+G_i+E_{p-i}$)+BC_Graph($G_p+G_c+E_{p-c}$))/2；

```
    else if v_i∈G_i
//计算信息网络中节点在异质网络层间相对介数值
    (ε_2,v_i)=(BC_Graph(G_p+G_i+E_{p-i})+BC_Graph(G_i+G_c+E_{i-c}))/2;
    else if v_i∈G_c
//计算指控网中节点在异质网络层间相对介数值
    (ε_2,v_i)=(BC_Graph(G_p+G_c+E_{p-c})+BC_Graph(G_c+G_i+E_{c-i}))/2;
    end
④ (ε_i,v_i)=((ε_0,v_i)+(ε_1,v_i)+(ε_2,v_i))/3;//计算节点 i 加权平均的相对介数值
⑤ 对网络节点 v_j∈SN,重复步骤①~④; //计算每个节点加权平均后的相对介数值
⑥ Z_i[m]=Top_Rank_Node(ε_i,v_i); //排序并输出前 m 位节点
```

3. 体系作战超网络的超边中心性分析

(1) 分析思路

信息化战争的作战过程是各交战方基于地理上广域分布的传感器节点从战场空间获取和感知目标数据,然后通过通信节点传输与分发获取的信息,继而再通过情报融合节点综合得到态势信息,战场态势被作战指挥员理解、开发与利用,形成作战方案、计划和命令,最终指挥部队实施火力打击。可见,体系作战指挥活动是基于观察-判断-决策-行动的循环往复过程,只有完整的指挥环路才能产生网络化作战效益。从体系作战超网络看,指挥过程就是从信息网到指控网再到交战网的一条超边。因此,从体系作战指挥的角度看,超边的重要程度反映相应指挥过程在整个体系作战中的主导作用。

定义 8.8　超边是指体系作战超网络中横跨指控网、信息网和交战网的链路。

超边的作战意义是指挥主体基于态势对指挥对象作战行动的一次跨域的指挥过程。首先,超边中仅有一个指控网节点,映射体系作战中的指挥主体。其次,超边仅有一个交战网节点,映射体系作战中指挥客体。最后,超边中至少有一个或多个信息网节点,映射体系作战中态势信息。为识别体系作战超网络中的关键超边,定义两个超网络属性指标。

定义 8.9　体系作战超网络中某个节点超度值是指经过该节点的超边数量。

定义 8.10　若体系作战超网络中两条超边均含有同一节点,则这两条超边经过该节点相连。超边连接度就是所有与该超边相连的其他超边数量。

有向网络中节点重要性排序的经典算法 PageRank 的基本想法是一个节点的重要程度 PageRank 值。该值不仅取决于连接到该节点的数量,而且与这些节点的 PageRank 值相关。具体反映到体系作战超网络的超边上,就是在交战网中与某条超边共享火力打击节点的其他超边数越多,说明该超边与其他超边链接获得权重的更大。在信息网中,某超边包含的信息域节点产生的知识越多,该超边越

容易被其他超边利用,从而被其他超边链接的概率就越大。

(2) 主要算法

为弥补介数中心性无法体现体系作战指挥过程产生的效益,利用代表指挥过程的超边作为测度,扩展体系作战超网络的 PageRank 算法对超边进行排序,进而挖掘体系作战指挥的关键节点。物理域上的超边如果包含共同的节点,每条超边横跨物理域、信息域和认知域,具体如算法 8.3 所示。

算法 8.3　基于 PageRank 的体系作战超网络的超边中心性算法

输入:体系作战超网络 $\mathrm{SN}=G_p+G_i+G_c+E_{p-i}+E_{p-c}+E_{i-c}$,其中 $G_p=(V_p,E_p)$ 为物理域的交战网,$G_i=(V_i,E_i)$ 为信息域的信息网,$G_c=(V_c,E_c)$ 为认知域的指控网,$E_{p-i}=\{(v_{\mathrm{pm}},v_{\mathrm{in}})\mid v_{\mathrm{pm}}\in V_p,v_{\mathrm{in}}\in V_i\}$ 为交战网与信息网之间的连边,$E_{p-c}=\{(v_{\mathrm{pm}},v_{\mathrm{cn}})\mid v_{\mathrm{pm}}\in V_p,v_{\mathrm{cn}}\in V_c\}$ 为交战网与指控网之间的连边,$E_{i-c}=\{(v_{\mathrm{im}},v_{\mathrm{cn}})\mid v_{\mathrm{im}}\in V_i,v_{\mathrm{cn}}\in V_c\}$ 是信息网与指控网之间连边

输出:体系作战超网络的超边排名 (ε_i,v_i),$i=1,2,\cdots,N$。

算法步骤:

① $\mathrm{SE}_i=(S_i,I_i,D_i,L_i)$;//抽取横跨物理网、信息网和交战网的超边

② $R(S_i)=\dfrac{F(S_i)}{M}$;//计算超边的信息利用率

③ $D(I_i)=\dfrac{F(I_i)/A(I_i)}{M/N_c}$;//计算超边的知识效用

④ $S(L_i)=\dfrac{F(L_i)/A(L_i)}{M/N_c}$;//计算超边的作战效用

⑤ 对体系作战超网络中所有超边 $\mathrm{SE}_j\in\mathrm{SN}$,重复步骤①～④; //计算每条超边的信息利用率、知识//效用和作战效用值

⑥ 通过重复迭代计算每条超边的 PageRank 值

$$\mathrm{PageRank}(\mathrm{SE}_i)=D(\mathrm{SE}_i)S(\mathrm{SE}_i)+R(\mathrm{SE}_i)\sum_{\mathrm{SE}_j}\frac{\mathrm{PageRank}(\mathrm{SE}_j)}{L(\mathrm{SE}_j)}$$

//超边的 PageRank 值

⑦ $Z_i[m]=\mathrm{Top\_Rank\_Edge}(\varepsilon_i,v_i)$;//排序并输出前 m 位超边

⑧ 对每个节点计算其平均超边分值

$$\mathrm{PageRank}(v_i)=\frac{\sum\mathrm{PageRank}(\mathrm{SE}_{v_i})}{\mathrm{SD}_{v_i}}$$ // 节点参与所有超边的平均值

⑨ $Z_i[m]=\mathrm{Top\_Rank\_Node}(\varepsilon_i,v_i)$;//排序并输出前 m 位超边

当前,针对体系作战指挥问题的研究大部分都是定性分析,定量研究相对较少,但指挥不但是艺术,而且是科学。体系作战指挥的时效性问题是影响信息化战争进程的关键要素。为研究影响体系作战指挥周期的关键节点,分别从接近中心性、介数中心性和超边中心性等方面给出体系作战指挥周期关键节点的算法。通过复杂网络理论对指挥问题进行量化分析对体系作战具有重要的现实指导意义。

8.4 基于超网络作战环的自同步研究

在信息化战争中,各作战力量之间要想形成战场自同步,必须具备自行决定行动,而且能够与整个行动自然配合,这是战场部队协同的最高境界。体系作战是由人主动参与的复杂动态系统,研究利用演习仿真大数据构建作战体系的演化过程,根据作战实体具备功能补偿的非线性动力学特性,揭示作战体系网络中蜂群组织及交互链接方式在随机与蓄意攻击下功能上的动态鲁棒性,进而实现作战网络的优化与控制,为基于仿真大数据认识战争规律、预测战争现象和实现战争管控开辟新的思路。

有什么样的战争形态就必然会出现与之相适应的战争管控方法与系统。在工业时代机械化战争中,人们的认识是基于传统的线性科学理论,典型特征是使用最优化和集中计划的方式使行动有效。在战场上对所有部队个体实行集中统一控制其实是很难实现的,看似高度统一,一旦打起来就会大不一样。因为情况千差万别,又时刻在变,每个个体不可能了解全部情况。通过局部的规则,也就是事先明确的战场纪律、指挥关系等,可以自然形成整体的效果,这就是所谓的战场自同步。皮尔洛提出将部队的指挥控制分为全部集中指挥控制、集中指挥分布执行、协同指挥控制、分散指挥控制自同步执行和无组织指挥控制等五大类。他通过总结每一种方法的优缺点及成本后得出如下结论。

① 集中方式不太适合复杂系统的特点,这一点与“第四代战争理论”比较吻合:集中可能意味着会集中不确定性,集中更多的摩擦和战争的迷雾。

② 对作战体系这类复杂系统而言,分散控制更有利于作战效能的发挥。采用分散控制的方式,要求信息化条件下的体系对抗中的作战实体都能实现自同步。

定义 8.11 体系作战自同步是指各作战单元在上级指挥控制下,在完成具体作战任务过程中涌现出的整体效果。

战争进程往往依靠作战决心的执行向前推进,而作战决心却是指挥员在分析与研判当前战场态势后的决策结果。一般而言,不同层次的指挥员往往会根据当前态势形成互不相同的作战决心,从而最终影响整个体系作战效果。因此,体系作战指挥的自同步就是追求通过网络化共享的通用态势,实现作战指挥过程之间的同步,进而形成协调一致的作战行动,最大限度地减少战场上的“摩擦”。

在针对体系涌现性的研究中,比利时科学家维斯克通过研究揭示了当每个个体对信息获取的不确定性程度一致时,如果群体的密度较小,则整个群体无法形成一个确定群体运动方向;只有当群体密度超过一定阈值时,整个群体会突然向一个方向运动。在体系作战中,指挥员能够快速掌握战场态势变化信息,及时控制与调节各参战部队及友邻部队的作战行动,实现对多种作战力量联合作战控制的自同步。但是，作战单元的密度应该是多少，涌现的临界点在什么地方，却值得深入研究。

8.4.1　基于作战环的体系作战协同动力学模型

同步是物理、生物、化学、工程技术，以及社会科学系统中普遍存在的非线性现象，最早可追溯到 1665 年惠更斯发现两个挂钟同步摆动的现象，进而探究两个物理振子的同步。Watts 和 Strogatz 在发表复杂网络的奠基论文之前，就一直致力于研究一定区域内蟋蟀之间鸣声的同步现象[4]。Winfree 在研究耦合振子之间的同步问题时，将其动力学建模为相位变化问题。Kuramoto 探究了全联通网络中恒等振子的耦合同步问题。1995 年提出的 Vicsek 相变模型，就是最早从物理学上研究如何通过个体与近邻信息交互的局部作用达成全局状态整体一致的模型。

一般而言，物理学上的动力学研究是通过大量长期的观察与思考，归纳出体系组分之间相互作用，以及外部环境对系统的作用与体系演化行为之间关系的普适规律。体系作战中各组分在作战过程中相互作用，作战指挥是体系动态演化的内在动力，作战协同则是体系成长的满意目标。体系具有涌现性，在信息化战争中，最期望作战体系的相变就是同步。在体系作战过程中，作为加快指挥节奏的自同步，强调的正是在没有传统树形强指挥结构下，以作战效果为牵引，通过作战单元间的局部铰链实现全局同步。因此，物理学上的一致性与同步问题可以为体系作战协同提供研究参考。

1. 复杂网络上同步的动力学模型

人们一般利用微分方程或迭代方程来研究系统的非线性动力学。自然界与人类社会中的许多真实系统均可用复杂网络来描述，因此完全可以将非线性动力学方法与工具应用到复杂网络的演化研究上来[5-7]。如果网络中的每个节点加上一个动力学系统，这个动力学系统既可以是极限环，也可以是混沌的，使有边相连的两个节点的动力学系统之间存在相互的耦合作用，就形成一个动力学网络。正是节点自身的动力学特性与节点的耦合关系共同导致网络同步现象的涌现。

严格地说，设网络共有 N 个节点，第 i 个节点在时刻 n 的状态变量是 $x_i(n)$，单个节点在不考虑耦合作用的时候所满足的动力学方程是 $x_i(n+1)=F(x_i(n))$。设 H 是每个节点状态变量的函数，用于对其他节点耦合。这样，存在耦合作用的情况下，第 i 个节点满足的状态方程表示为

$$x_i(n+1) = F(x_i(n)) + \eta \sum_{j=1}^{N} G_{ij} H(x_j(n)) \tag{8.14}$$

对于连续系统，第 i 个节点满足的状态方程为

$$\dot{x}_i(t)=F(x_i(t))+\eta\sum_{j=1}^{N}G_{ij}H(x_j(t)) \tag{8.15}$$

其中，η 是耦合强度；G_{ij} 表示耦合矩阵 G 的矩阵元，即

$$G_{ij}=\begin{cases}k_i, & i=j\\ -1, & j\in\Lambda_i\\ 0, & 其他\end{cases} \tag{8.16}$$

式中，k_i 是节点 i 的度；Λ_i 是节点 i 相邻节点的集合；耦合矩阵 G 包含网络结构的全部信息。

定义 8.12（网络同步区域）　假定 $x_i(t,X_0),i\in[1,N]$ 是复杂动力网络 $\dot{x}_i=f(x_i)+c,i\in[1,N]$ 的一个解，其中 $X_0=((x_1^0)^{\mathrm{T}},(x_2^0)^{\mathrm{T}},\cdots,(x_N^0)^{\mathrm{T}})^{\mathrm{T}}\in\mathbf{R}^n$，$f:D\to\mathbf{R}^n$ 和 $h_i:D\times\cdots\times D\to\mathbf{R}^n,i\in[1,N]$ 都是连续可微的，$D\subseteq\mathbf{R}^n$ 且满足 $h_i(x,x,\cdots,x)=0$。

若存在一个非空开集，$E\subseteq D$，使对于任意 $x_i^0\in E,i\in[1,N]$ 和 $t\geqslant 0$ 时，有

$$x_i(t,X_0)\in D\ 且\lim_{t\to\infty}\|x_i(t,X_0)-s(t,x_0)\|=0,\quad i\in[1,N] \tag{8.17}$$

其中，$s(t,x_0)$ 是系统 $\dot{x}_i=f(x_i)$ 的一个解，且有 $x_0\in D$。

此时，$E\times\cdots\times E$ 就称为复杂动力网络的同步区域。

定义 8.13（网络完全同步）　当 $t\to\infty$ 时，网络中节点状态满足下式，即

$$x_1(t)\to x_2(t)\to\cdots\to x_N(t)\ 或\lim_{t\to\infty}\|x_i(t)-x_j(t)\|=0,\quad i,j\in[1,N]$$

其中，$\|\cdot\|$ 代表 Euclidean 距离。

定义 8.14（相位同步）　如果两个耦合节点的相位 ϕ_1 和 ϕ_2 之间以一定的比率 $n:m$（n 和 m 均为整数）锁定，$|n\phi_1-m\phi_2|\leqslant\varepsilon$，其中 $\varepsilon>0$ 是一个很小的常数，理想情况下为零。此时，我们称两个耦合节点能够实现相位同步。

在耦合作用下，经过一段时间的演化，使 $x_1=x_2=\cdots=x_N=s$，网络就进入同步状态。由于耦合矩阵是实对称拉普拉斯矩阵，有且仅有一个重数为 1 的零特征根，而其余的特征值均为非负实数，因此特征值按大小可排列为 $\theta_0\leqslant\theta_1\leqslant\cdots\leqslant\theta_{N-1}$。最大特征值与最小非零特征值的比值经常用来衡量网络的同步能力，如果耦合矩阵的特征值比 $R=\theta_{N-1}/\theta_1$ 满足 $R<\alpha_2/\alpha_1$ 时，网络就能达到同步[8-10]。α_2/α_1 是由单个节点的状态方程和变量的耦合方式决定的，θ_{N-1}/θ_1 仅依赖拉普拉斯矩阵。因此，在 α_2/α_1 一定的情况下，特征值比可以描述网络的同步能力，其值越小，将使越多的动力学系统同步，这样的网络同步能力更强。

2. 体系作战超网络中基于作战环的协同建模

(1) 基于作战环的作战协同

信息时代战争的主要特征是基于信息系统的体系作战。体系作战指挥就是

一个面向若干复杂体系、对强对抗性活动进行组织管理的实践活动[11]。实践是知与行的结合，指挥员既要认知活动态势、又要执行判断决策，人的认知空间与物理空间不断进行着信息交互，循环往复地构成连续的指挥活动。体系作战中指挥协同是指挥员及其指挥机关在统一作战任务的约束下，通过研判当前战场态势而进行的作战部署[12]。以往人们更多地强调基于共享战场态势的指挥员之间的指挥协同，此时指挥员根据其经验、培训经历，以及受教育程度、性格等主观因素来做出决定。信息化战争中时间与空间维度被最大限度地压缩，作战节奏也越来越快，往往在指挥员尚未或刚做出最终决策时战场态势已发生改变，指挥员必须根据战场态势变化不断调整决策命令，实现基于态势的指挥。

OODA 环是对体系作战行动整个过程的一种高度抽象，能够较为清晰地描述整个作战行动的全过程。体系作战与 OODA 的每个环节，以及作战网络的结构密切相关，从体系作战超网络来看，横跨指控网、信息网和交战网的作战环就代表作战过程中的一次作战决策。

“O”：运用传感设备和网络进行情报收集，包括预警探测的信息、目标位置信息、目标状态信息等，主要通过指控体系作战要素中的节点 S 来完成，是指控体系中感知信息流的来源。

“O”：对收集的情报分析，判明情报的真伪，研判当前的态势，主要通过指控体系作战要素中的节点 S 和节点 D 来完成，是指控体系中信息流的处理中心。

“D”：基于情况判断定下决心，指定行动和任务方案，主要通过指控体系作战要素中的节点 D 来完成，产生新的指挥控制信息流。

“A”：根据做出的决策和指定的行动计划采取相应的动作行为，主要通过指控体系作战要素中的节点 D 向节点 A 发出指控命令，再由节点 A 来完成，是指控体系信息流进行打击行动的具体实现。

定义 8.15　作战环是完成观察、判断、决策、行动等四大要素构成的 OODA 环结合最为紧密的战场作战体系，涉及对战场态势的感知、理解、判断、决策等多种跨域行为。

在体系作战过程中指挥协同不仅是指挥员与指挥员之间协商，更应是指挥员在信息系统支撑下基于观察-判断-决策-行动指挥过程的协同，如图 8.7 所示。

(2) 体系作战超网中作战环建模

体系作战的作战环包含指挥员、信息系统和作战实体等要素。其指挥主体与指挥客体分别代表体系作战超网络在认知域与物理域上的节点。信息系统则代表体系作战超网络在信息域的节点。作战环就是由物理网、信息网和指控网三层网的节点构成的链路。战场态势的演变是由敌我双方的作战环共同触发的，因此体系作战中基于态势的指挥实际就是基于作战环的指挥。

体系作战中的指挥协同是为达成共同的作战目的，作战部队在指挥员的命令

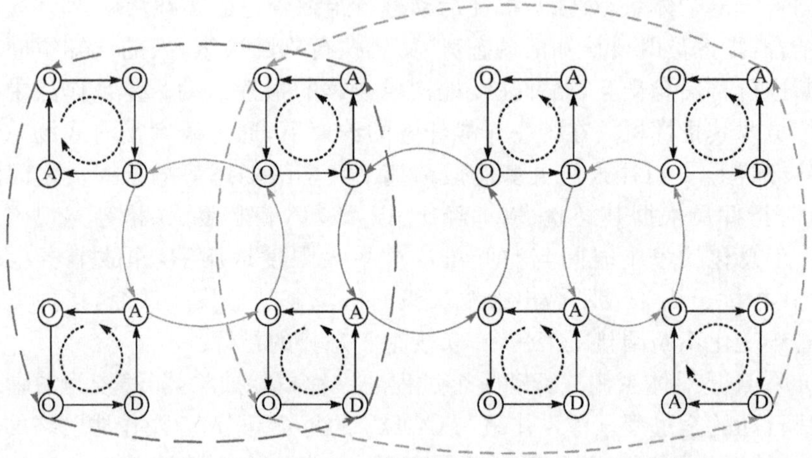

图 8.7　基于 OODA 的体系作战协同模型

下完成的作战行动，强调完整的 OODA 环[13]。因此，从指挥协同的作战意义上讲，体系作战超网络就可视为由作战环构成的单层同质节点网络。针对体系作战超网络，提出建立基于作战环的体系作战协同网络过程如图 8.8 所示。

针对如图 8.8(a)所示的体系作战超网络，一次完整的作战指挥行动过程是指控网中节点代表的指挥主体在信息网络支援保障下，指挥交战网中节点代表的指挥客体完成一次物理上的作战行动。因此，作战行动对应的作战环必然包括一个指控网节点、交战网节点和至少一个信息网络节点。如图 8.8(b)所示，首先在指控网与交战网中任选一个节点对(D_i, L_j)，以节点对之间经过信息网的最短路径 l_{D_i,L_j} 为表征作战过程的作战环；在最短路径上，可以有一个或多个信息网上节点，但不能有重复信息网节点。为确定作战环之间的协同关系，在图 8.8(c)中将信息网和交战网中节点的连边删除，仅保留信息网络中连边，同时将信息对抗节点划入与之相连的作战环。最后，将作战环抽象成节点，而将作战环之间共有的信息网节点变为连边，从而形成一个如图 8.8(d)所示，以作战环为节点，信息交互为连边的指挥协同网络，从而将跨域的体系作战三层超网络压缩成单层同质节点网络。

假设体系作战超网络 $SN=G_p+G_i+G_c+E_{p-i}+E_{i-c}$，其中 $G_p=(V_p, E_p)$为物理域的交战网，$G_i=(V_i, E_i)$为信息域的信息网，$G_c=(V_c, E_c)$为认知域的指控网，$E_{p-i}=\{(v_{pm}, v_{in}) \mid v_{pm}\in V_p, v_{in}\in V_i\}$为交战网与信息网之间的连边，$E_{i-c}=\{(v_{im}, v_{cn}) \mid v_{im}\in V_i, v_{cn}\in V_c\}$为信息网与指控网之间连边。综上所述，基于作战环的体系作战超网络降维过程如下。

① 在体系作战超网络中的指控网与交战网中分别任选一个节点，构成节点对(v_{pi}, v_{cj})，其中 $v_{pi}\in G_p$，$v_{cj}\in G_c$。

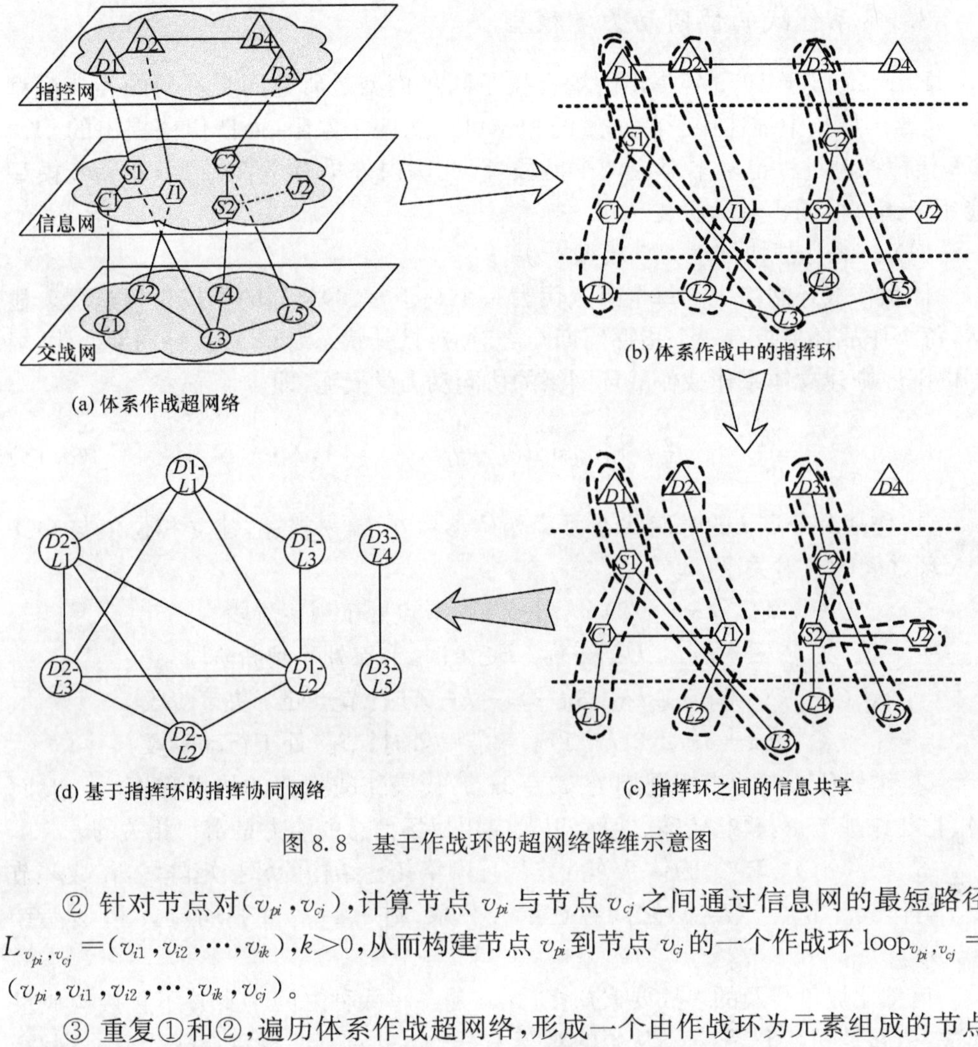

(a) 体系作战超网络

(b) 体系作战中的指挥环

(c) 指挥环之间的信息共享

(d) 基于指挥环的指挥协同网络

图 8.8　基于作战环的超网络降维示意图

② 针对节点对(v_{pi}, v_{cj})，计算节点 v_{pi} 与节点 v_{cj} 之间通过信息网的最短路径 $L_{v_{pi}, v_{cj}} = (v_{i1}, v_{i2}, \cdots, v_{ik})$，$k > 0$，从而构建节点 v_{pi} 到节点 v_{cj} 的一个作战环 $\text{loop}_{v_{pi}, v_{cj}} = (v_{pi}, v_{i1}, v_{i2}, \cdots, v_{ik}, v_{cj})$。

③ 重复①和②，遍历体系作战超网络，形成一个由作战环为元素组成的节点集 $V_{\text{loop}} = \{v_{\text{loop}_i}\}$。

④ 对节点集 V_{loop} 中节点 v_{loop_i} 与 v_{loop_j} 对应的两个作战环 loop_i 与 loop_j，如果这两个作战环之间至少共享一个以上信息网节点，则在节点 v_i 和 v_j 之间建立一条连边 $e_{ij} = (v_i, v_j)$；否则，节点 v_i 与 v_j 之间没有连边。

⑤ 遍历节点集 V_{loop} 中所有节点对，依据④构建节点对之间的连边集 $E_{\text{loop}} = \{e_{ij} = (v_{\text{loop}_i}, v_{\text{loop}_j}) \mid \forall v_{\text{loop}_i}, v_{\text{loop}_j} \in V_{\text{loop}}, (\text{loop}_i \cap \text{loop}_j) \neq \varnothing\}$。

⑥ 以节点集 V_{loop} 和连边集 E_{loop} 共同构建以作战环为节点，作战环之间信息交互为连边的体系作战协同网络 $G_{\text{loop}} = (V_{\text{loop}}, E_{\text{loop}})$。

3. 体系作战的协同动力学模型

Kuramoto 于 1975 年提出的耦合振子同步模型是研究同步现象的经典模型之一，鉴于模型中描述振子状态量的相位可归属四个象限，而博伊德提出的 OODA 指挥控制过程也基本对应四个阶段，因此国内外早有学者将 Kuramoto 模型应用于指挥协同领域的研究[14]。

(1) 体系作战协同动力学模型

体系作战环网络中的每个节点代表一个基于 OODA 环的作战指挥过程。显然，每个作战环节点有一个指挥周期与之对应，且其状态沿 OODA 环周期变化，根据以下原则建立体系作战作战环网络的协同动力学模型，即

$$\frac{\mathrm{d}\theta_i}{\mathrm{d}t}=\omega_i+c\sum_{j=1}^{N}a_{ij}\sin(\theta_i-\theta_j),\quad i=1,2,\cdots,N \tag{8.18}$$

① 作战环节点 i 的时变状态可用相位参数 $\theta_i(t)$ 来描述，建立相位值与 OODA 环之间的映射关系，即

$\theta_i\in[2k\pi,2k\pi+\pi/2),\quad k\in\mathbf{Z}$ 时，节点处于观察阶段

$\theta_i\in[2k\pi+\pi/2,2k\pi+\pi),\quad k\in\mathbf{Z}$ 时，节点处于判断阶段

$\theta_i\in[(2k+1)\pi,2k\pi+3\pi/2),\quad k\in\mathbf{Z}$ 时，节点处于决策阶段

$\theta_i\in[2k\pi+3\pi/2,2(k+1)\pi),\quad k\in\mathbf{Z}$ 时，节点处于行动阶段

② 作战环节点的指挥周期为 $T_i=2\pi\omega_i$，代表作战指挥的快慢程度。一般而言，它与作战节点获取、传输、处理，以及应用战场信息的能力是密切相关的。

③ $A=(a_{ij})\in\mathbf{R}^{N\times N}$ 为体系作战作战环网络拓扑结构的邻接矩阵，若作战环节点 i 与作战环节点 $j\,(i\neq j)$ 之间存在耦合关系，则 $a_{ij}=a_{ji}=1$；否则，$a_{ij}=a_{ji}=0$ $(i\neq j)$。

信息化战争涉及的参战要素众多，尤其是各军兵种之间本身并不直接构成隶属关系，而是相互平等、互不从属的对等关系。但针对某一特定作战任务而言，它们之间由于任务和分工的不同，必然要有主次之分，从而动态形成支援与配属关系[15]。在体系作战作战环网络中，作战环节点之间的连边是在完成作战任务过程中，指挥行动之间相互联动、相互支撑的一种抽象。

定义 8.16 作战环耦合强度是体系作战环网络中连边的权值，是作战环节点之间指挥控制及相互影响的度量。

在体系作战过程中，处于低层级的作战实体有责任将其获取的全部战场信息尽快上报给高层级的作战实体，而高层级作战实体在综合研判战场情况后下达的作战命令将要求下级无条件地服从与执行。此时，低层级指挥员对高层级指挥员的影响力为 c_{ij}，且 $0<c_{ij}<1$，而高层级指挥员对低层级的影响力则为 1。体系作

战过程中涉及的战场空间纵横交错、作战任务多样且作战样式互不相同，导致体系作战协同方式也灵活多变，而不同的作战协同方式必然导致各参战兵力之间指挥权力分布方式的不同。体系作战作战环网络中节点之间的耦合强度会导致不同的作战同步能力，从而在一定程度上影响指挥协同的效果。

(2) 信息演化价值下的协同动力学模型

美国《2020 年联合构想》指出：信息优势和决策优势的区别就是信息获取时机上的“任何”和“恰当”，即信息优势和决策优势对信息需求的本质区别是量和质的区别。信息优势强调的是信息的质量，是指信息的客观属性，主要研究信息及其反映的客观现实的符合程度。决策优势更关注信息的价值，指信息作为资源满足信息使用者需要的程度，与信息使用者、任务等信息环境相关，强调信息的使用目的。

信息的价值充满辩证，在数量与质量、精度与速度、真假与虚实之间，有度的存在与把握。信息并非越多越好，越精密越好，更重要的是恰当的时机、合理的数量与质量、高效的运用机制。战场态势信息既是指挥决策的依据，又是作战单元执行作战任务所必需的。信息价值是信息作为资源的有用程度，反映情报信息的军事应用价值。信息价值不仅在于信息的准确性和完整性，还取决于信息在时间上的有效性。信息的获取、处理、分发和使用越快，信息越能反映目标的实际状态，其价值就越大，随着时间的延迟，信息价值会逐渐衰减，以至消失。信息在决策和作战中发挥的作用和带来的效益为信息效用。

定义 8.17　信息时效性是指产生信息的时间(存在时间)与所支持任务之间的关系，即它对所支持的任务在时间上的利用率。

目标信息是对某一时刻目标状态的观测或估计，信息的有些属性是不随时间变化的，但更多的属性随时间动态变化。观测或融合处理的时间越长，信息表示的目标状态与实际状态可能就相差越大。信息在传递和使用的过程中，因为延迟导致表示目标状态进一步偏离实际状态，信息价值下降。及时性强的信息给所支持的任务的准备时间就长，反之则越短。在体系作战作战环网络中，节点之间状态的不同代表其处于不同的作战指挥阶段。显然，处于不同指挥阶段的节点之间交互的信息的价值是不一样的；当节点之间状态差随时间变化时，信息价值也随时间而不断演化。

定义 8.18　信息演化价值是指因作战环节点之间的状态差，而导致出现信息可被利用的价值随时间的演化。

在信息化战争条件下，体系作战中各作战实体之间交互的信息价值随时间演化并呈现出非线性衰减特性，因此必须对体系作战作战环网络的协同动力学模型进行适应性改造。一般而言，当作战环节点之间状态差值较小时，作战环节点能共同利用协同信息。此时，信息的利用价值最大。当作战环节点之间状态差值扩大时，相互之间的协同信息就失衡了，此时信息的利用价值也逐渐衰减。

因此，在网络节点的动态特性上引入二次非线性限制衰减方程 $f(\Delta\theta)=1/(2e^{-\lambda\Delta\theta}-1)$，其中 λ 是反映外部环境与节点处理能力的影响因子。此时，体系作战作战环网络的协同动力学方程为

$$\frac{d\theta_i}{dt}=\omega_i+c_{ij}\sum_{j\in\Gamma_i}a_{ij}\sin(\theta_i-\theta_j)/(2e^{-\lambda|\theta_i-\theta_j|}-1),\quad i=1,2,\cdots,N \tag{8.19}$$

在体系作战协同过程中，影响作战体系的整体动态同步性能主要涉及以下三个因素。

① 作战实体之间指挥权力的差异将影响方程中作战环耦合强度 c 的变化，而它正是驱使网络同步的动力。

② 作战实体类型与性能上的差异将影响协同动力学方程中信息演化价值 λ 的变化，而它也是网络整体失调的源头之一。

③ 体系作战作战环网络的整体拓扑结构的变化，将直接导致邻接矩阵(a_{ij})的变化，而它也是引导网络同步的方向。

8.4.2 基于仿真数据的体系作战协同演化分析

体系作战协同的最高境界是自同步，即各作战单元能够在共同作战任务背景下，根据感知与共享的战场态势实施自适应的作战指挥。显然，体系作战协同的效率与指挥关系、指挥手段和指挥体系均有关系。

Roman 将博伊德的四元素 OODA 环分解为两个交互的过程，即信息收集与作出决策。在理想情况下，信息收集应与决策行为相匹配。如果信息收集功能强，此时导致决策阶段需要从大量信息中抽取决策相关信息，从而降低指挥节奏；反之，如果决策功能太强，指挥员就需要大量的情报信息来支持其作出决定，而不论信息收集是否具备相应的情报收集功能。因此，信息收集与决策之间的失衡都将导致指挥节奏的不一致，此时就需要通过指挥员、结构和信息等三个要素之间的协调达到指挥节奏的一致。

1. 体系作战自同步能力分析

(1) 体系作战协同网络的同步判据

在体系作战作战环网络的同步现象研究中，一般选择度量网络同步全局一致性的全局序参量[16-18]，即

$$r(t)\mathrm{e}^{i\varphi(t)} = \frac{1}{N}\sum_{k=1}^{N}\mathrm{e}^{i\theta_k(t)} \Rightarrow \begin{cases} r(t) = \dfrac{1}{N}\sqrt{\left(\sum\limits_{k=1}^{N}\cos\theta_k(t)\right)^2 + \left(\sum\limits_{k=1}^{N}\sin\theta_k(t)\right)^2} \\ \varphi(t) = \arctan\left(\dfrac{\sum\limits_{k=1}^{N}\cos\theta_k(t)}{\sum\limits_{k=1}^{N}\sin\theta_k(t)}\right) \end{cases} \tag{8.20}$$

其中，参数 $0 \leqslant r(t) \leqslant 1$ 在一定程度上描述了网络中形成同步节点数量占整个网络中节点数量的比例，其测度的是整个作战体系随时间演化后的最终协同效果；$r(t)=0$，表明整个作战体系中各作战节点的作战节奏各异，没有形成作战合力；$r(t)=1$，表明作战体系的所有节点达到作战同步。

定义 8.19　对于体系作战作战环网络的全局序参量 $r(t)$，如果所有的 $t > T_{\mathrm{sync}}$，存在一个相当小的正实数常量 σ，对于任意 $\Delta t > 0$，均能使 $|r(t+\Delta t) - r(t)| < \sigma$ 成立，就称体系作战作战环网络达到同步稳定状态[19]。

定义 8.20　稳定同步时间 T_{sync} 是指体系作战作战环网达到同步稳定状态所需的最小时间。

一般而言，如果信息化战争中作战环网络达到自同步的作战环越多，且所需的时间越短，说明能够步调一致地实施作战行动的作战力量越多，产生的作战效能也越大，其指挥协同能力也越强。

定义 8.21（指挥协同能力）　对于能力达到同步稳定状态的体系作战作战环网，指挥协同能力 E_{sync} 为

$$E_{\mathrm{sync}} = r(T_{\mathrm{sync}})\alpha^{T_{\mathrm{sync}}} \tag{8.21}$$

其中，$r(T_{\mathrm{sync}})$ 为全局序参量 r 在同步稳定状态的均值；T_{sync} 为稳定同步时间；$0 < \alpha < 1$ 为稳定同步时间对指挥协同能力的调节因子。

(2) 体系作战中作战环的互同步判据

全局序参量是从宏观与整体的意义上描述作战体系的协同效果，如果仅立足于宏观层面（大尺度），只从体系作战的结果上分析其统计规律，常常只能看到战争的开始和结束，而容易掩盖实际作战的指挥过程，从而很难发现宏观规律的机理和演化的过程[20]。如果 $r(t)$ 度量的是作战网络的整体同步能力，无法解释作战实体之间以何种路径实现全局完全同步，就缺乏对体系作战指挥的指导作用[21]。因此，为研究体系作战同步的演化路径，定义一个局部序参量来度量不同节点对之间的协同相关系数[22-24]，即

$$\rho_{ij}(t) = \langle \cos[\theta_j(t) - \theta_i(t)] \rangle \tag{8.22}$$

其中，$\rho_{ij}(t)$ 为节点对之间相对初始状态的平均值，一般满足随时间单调递增；$D=$

(ρ_{ij})为作战体系协同网络的互相关矩阵，其随时间演化可揭示作战体系协同中节点形成群或社团的路径。

为抽取体系作战协同互相关矩阵的结构变化信息，通过设置互相关阈值将互相关矩阵转换为 0-1 布尔矩阵。定义动态连通矩阵[25-28]为

$$D_t(T)_{ij}=\begin{cases}1, & \rho_{ij}(t)>T\\0, & \rho_{ij}(t)<T\end{cases} \tag{8.23}$$

显然，在特定时间切片上，通过互相关阈值 T 的变化将得到反映不同社团结构的动态连通矩阵；对固定互相关阈值 T，将得到不同时间尺度的动态连通矩阵结构的变化信息。动态连通矩阵的特征值谱 $S(D(T))$ 中零特征值的个数确定了作战体系网络中互不连通社团的个数[29-32]。零特征值个数越多，作战体系网络越能呈现出未同步的孤立节点。随着零特征值的减少，作战体系网络逐渐呈现出具有层次化结构的社团结构[33-36]。

(3) 体系作战中作战环的同步路径

体系作战指挥的最终目标都是自同步，但胜战不复的道理却告诉我们，研究作战体系从紊乱、无序状态转向整体步调一致的作战过程，对认识指挥规律更有作用[37]。从复杂网络的角度，为探究同步状态的形成过程，可以从中观尺度上定义一个局部序参量来描述网络是如何形成同步模式的，即

$$r_{\text{link}}=\frac{1}{2N_l}\sum_i\sum_{j\in\Gamma_i}\left|\lim_{\Delta t\to\infty}\frac{1}{\Delta t}\int_{t_r}^{t_r+\Delta t}\mathrm{e}^{i(\theta_i(t)-\theta_j(t))}\,\mathrm{d}t\right| \tag{8.24}$$

其中，N_l 为网络中所有连边数量；Γ_i 为节点 i 的邻居节点集。

从定义上可以看出，r_{link} 为网络中达到同步的节点对之间连边占网络所有连边的比值。

复杂网络从无序演化到全局同步的过程中，必然包含只有部分节点同步的中间状态，通过定义同步块 G_s、同步块数量 N_c 和最大同步块节点个数 G_C 等序参量[38-41]来描述网络同步过程的中间状态。

同步块 G_s 定义为网络中达到同步的连通子集。若同步块 G_s 中节点数为 M，显然 G_s 满足下式，即

$$\|G_s\|=M,\quad \left|\frac{1}{M}\sum_{k\in G_s}\mathrm{e}^{i\theta_k}\right|\approx 1 \tag{8.25}$$

定义同步块数量 N_c 为网络中达到同步的连通子集数量。定义最大同步块节点数 G_C 为网络中达到同步的最大连通子集中节点的数量，即

$$G_c=\max\{\|G_{s_k}\|\},\quad k\in N_c \tag{8.26}$$

2. 作战环耦合强度对协同能力的影响性分析

信息化战争中联合作战任务的完成需要多个作战行动共同配合完成，这必然

强调作战要素跨域之间的整体联动。在体系作战作战环网络中，每个节点实际代表着为实现作战任务而具体实施的一次作战指挥行动，而作战环之间的耦合强度就表征这些作战行动之间的协调强度，因此在联合作战行动中，作战指挥权力的分配模式将直接影响作战环的耦合强度。从指挥体制上讲，处于不同级别的指挥员的影响力是不同的，且指挥员之间相互影响的程度也各不相同。一般而言，指挥层级上端的指挥员相对底端的指挥员具有更大的影响力。在作战行动中，获取信息的路径越短且信息处理能力越强时，作战环中指挥员获取战场态势的准确度越大且更新频率也越快，将从更大程度上影响其他作战环中指挥员的决策与部署。

（1）作战环耦合强度分布对协同能力的影响

针对耦合强度分别为常数、均匀分布和泊松分布时，统计体系作战的作战环网络自同步能力的两个序参量 r 和 r_{link} 随时间变化的趋势。

如图 8.9 所示是作战环网络在作战环数量、指挥周期和初始状态均相同的条件下，耦合强度分布对协同能力的影响。通过对比可以发现，在耦合强度为较小的常数时，序参量 r 随时间近似周期振荡，序参量 r_{link} 则稳步增加，可见此时虽然不能实现全局同步，但局部同步已经开始。当耦合强度持续增加达到某个阈值时，序参量 r 在持续增大一段时间后稳定，产生了全局同步；当耦合强度大于阈值而持续增强时，序参量 r 与序参量 r_{link} 的变化趋势基本相同，但序参量 r 的稳定值随耦合强度的增大而增大，且达到稳态的时间则随耦合强度的增大而减小。因此，耦合强度与自同步能力在某种程度上是正相关的。

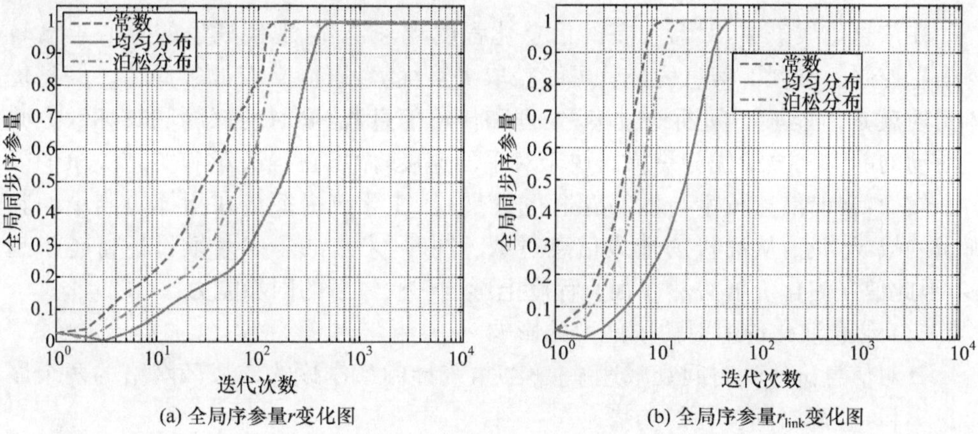

图 8.9　作战环耦合强度分布对协同能力的影响

（2）作战环耦合强度分布对协同路径的影响

针对耦合强度分别为常数、均匀分布和泊松分布时，统计体系作战的作战环

网络的两个序参量 G_C 和 N_c 随时间变化的趋势，同时对比分析同步块中最大度分布情况。

如图 8.10 所示是作战体系的作战环网络在作战环数量、指挥周期和初始状态均相同条件下，耦合强度分布对协同路径的影响。通过对比可以发现，序参量 G_C 总体变化趋势是逐渐增大，序参量 N_c 是逐渐减小，而局部同步块的最大度分布则基本相同，主要减小的是一些最大度较小的同步块。

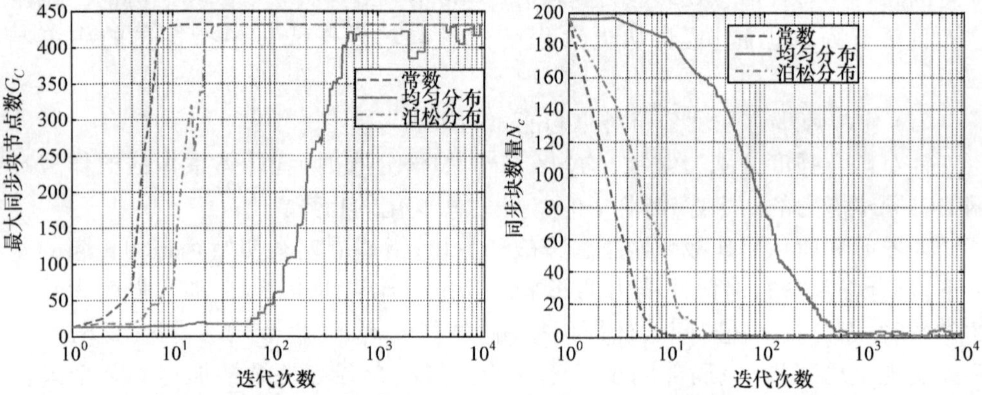

(a) 最大同步块中节点数变化　　(b) 同步块节点数变化

图 8.10　作战环耦合强度分布对协同路径的影响

3. 信息演化价值对协同能力的影响性分析

在信息化战争中，武器装备的信息化程度越来越高，现代战争的重心早已转为信息控制。掌握了信息优势就可能获取决策优势，进而掌控战争局势。信息优势实质就是指能够不间断地收集、处理和传输信息流，同时能探测和破坏敌方此类活动的能力。决策优势是指以快于对手的速度，做出正确决策和实施决策的能力。然而，当前信息技术与网络互联的发展，往往导致指挥员在指挥协同中面临海量的战场信息，从而极易造成信息过载。同时，未来战争中时敏目标将越来越多，因此信息演化价值必然在很大程度上影响作战体系的同步能力。

(1) 信息演化价值对协同能力的影响

针对信息价值随时间衰减速率变化时，统计体系作战的作战环网络的两个序参量 r 和 r_{link} 随时间变化的趋势。

如图 8.11 所示是作战体系的作战环网络在作战环数量、指挥周期和初始状态均相同条件下，两个序参量 r 和 r_{link} 在不同信息价值衰减速率情况下的变化趋势图。通过对比可以发现，序参量 r 总体变化趋势是逐渐增大，而序参量 r_{link} 是逐渐增大的。

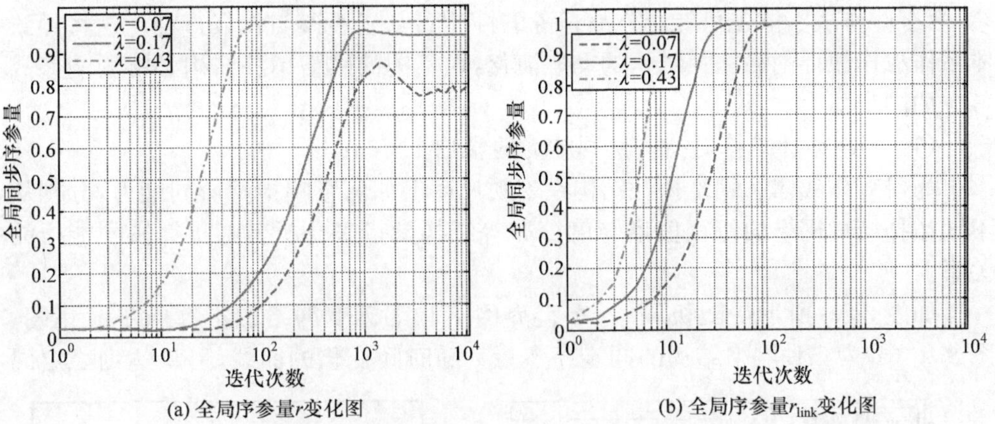

图 8.11　信息衰减速率对协同能力的影响

(2) 信息演化价值对指挥协同路径的影响

针对信息价值随时间衰减速率变化时,统计体系作战的作战环网络的两个序参量 G_C 和 N_c 随时间变化趋势。

如图 8.12 所示是作战体系的作战环网络在作战环数量、指挥周期和初始状态均相同条件下,两个序参量 G_C 和 N_c 在不同信息价值衰减速率情况下的变化趋势图。通过对比可以发现,序参量 G_C 总体变化趋势是逐渐增大,序参量 N_c 是逐渐减小,而局部同步块的最大度分布基本相同,主要减小的是一些最大度较小的同步块。

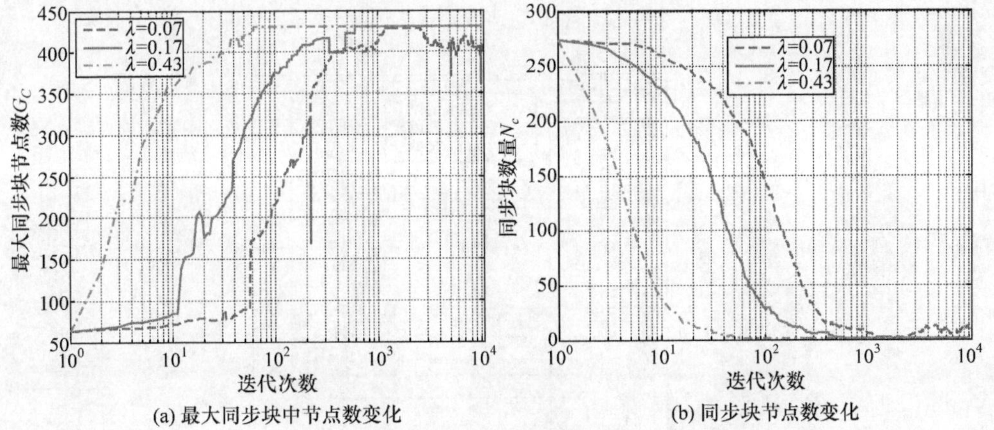

图 8.12　信息衰减速率对协同路径的影响

4. 网络拓扑结构对协同能力的影响性分析

体系作战是参战方激烈对抗的过程,部分作战实体可能因遭受损伤而退出战斗，而有些作战实体也可能因作战任务的性质参与或不参与作战行动。这将导致体系作战作战环网络拓扑结构的动态演化，而不同的网络拓扑结构必将影响参战各方的同步能力。

(1) 网络拓扑结构对指挥协同能力的影响

为研究作战体系网络拓扑结构在宏观尺度上如何影响指挥协同能力，分别从不同拓扑结构网络的特征值谱与度分布等结构参量来分析其与指挥协同能力的关系。

如图 8.13 所示是随机网络、小世界网络和无标度网络的指挥同步演化图。图 8.13(a)为三种网络结构的同步序参量 r 随时间变化的曲线，可见达到稳定同

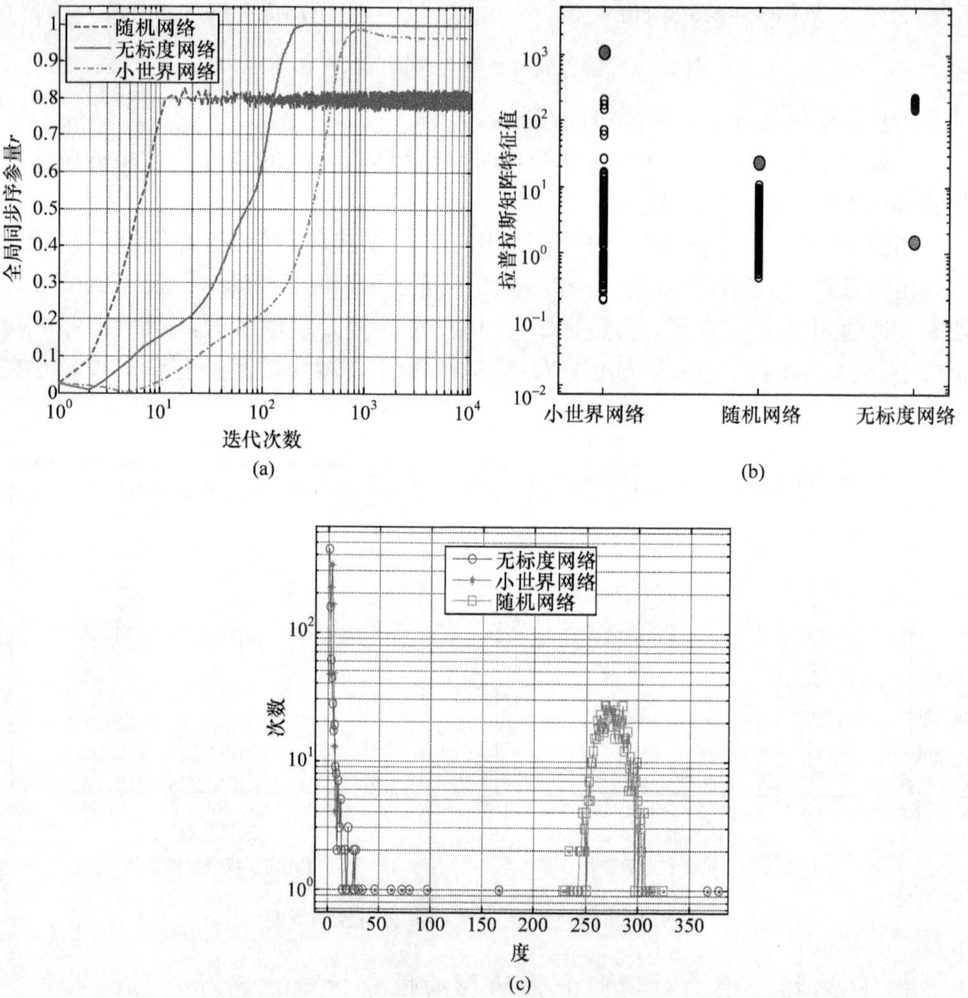

图 8.13　网络拓扑结构对协同能力的影响

步状态所需的时间从短到长依次为随机网络、小世界网络和无标度网络，而稳步状态下 r 值则逐步递减，因此三个网络的指挥协同能力是依次递增。图 8.13(b)为三种指挥网络的拉普拉斯矩阵特征值的散列图，代表同步能力的最大非零特征值与最小非零特征值的比率 R 从小到大依次为随机网络、小世界网络和无标度网络。图 8.13(c)为三种网络结构的度分布曲线图，其中度分布均匀性从大到小依次为随机网络、小世界网络和无标度网络。综合分析可知，R 值与作战体系网络的整体同步能力为负相关，而度分布的均匀性与作战体系网络的整体同步能力为正相关。

(2) 网络结构对指挥协同路径的影响

为研究作战体系网络拓扑结构如何在中观尺度上影响协同路径，分别从网络协同过程中局部同步块数量、最大同步块中节点数量和局部同步块中节点最大度等参数来分析其同步路径。

如图 8.14 所示是随机网络、小世界网络和无标度网络中节点逐步实现同步的路径演化图。通过对比可以发现，序参量 G_C 总体变化趋势逐渐增大，序参量 N_c 逐渐减小，而局部同步块的最大度分布基本相同，主要减小的是一些最大度较小的同步块。序参量 G_C 增长方式的不同代表不同网络同步的演化路径，通过对比序参量 G_C、N_c 与度分布的关系可以看出，随机网络中节点度较均匀，其同步是以许多小聚类块分别同步开始，然后一定时间内合并形成一个几乎与整个网络差不多大小的同步块。无标度网络节点由于度分布不均匀而存在度值极大的几个中心节点，其同步也是以包含这些中心节点的同步块为核心，逐步凝聚其他节点渐进达到全局同步。

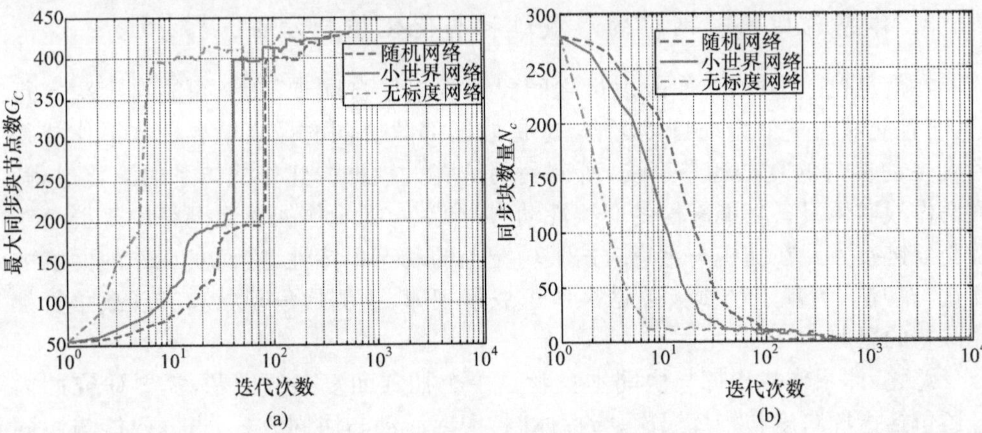

图 8.14　网络拓扑结构对协同路径的影响

8.5 本章小结

体系作战指挥与协同一直是研究信息化战争的重点与难点，本章从体系作战超网络与作战环的角度对体系作战指挥与协同进行了有限研究与阶段性工作总结，实际上还有很多的问题有待进一步深化研究。

1. 面向体系作战的仿真大数据挖掘方法

仿真大数据为体系作战描述提供了近似样本等于全体的全数据基础，而海量数据也不可避免地带来信息质量的参差不齐和时间尺度不一致等问题。作战体系的研究对象涉及传感、指控、通信和交战等作战网络中的各类作战要素。这些要素不但数量庞大，而且各要素之间的关联关系、行动交互复杂且跨领域。基于这一考虑，必须先从网络拓扑结构上对信息化战争作战体系进行分析，包括涉及的特征要素、时间片上交互关系的约简、结构层次与交叠关系等。

2. 基于仿真数据的指挥员行为模式挖掘研究

基于多域交互的作战体系网络结构可以很好地刻画指挥员之间、指挥员和作战人员之间的关联关系与交互关系。大量的仿真数据可以帮助我们分析指挥员的行为模式。本研究利用行为动力学，对指挥员的指挥行为进行跟踪监测，对其时空运行轨迹的规律进行分析与挖掘，可以发现指挥员指挥行为方式遵循的可重复模式。

3. 体系作战协同网络的形成过程与优化控制方法

在信息化战争中，各作战力量之间要形成战场自同步，就必须能自己决定行动，而且能够与整个行动自然配合，这是战场部队协同的最高境界。体系作战是由人主动参与的复杂动态系统，研究利用仿真大数据构建作战体系的演化过程，根据作战实体具备功能补偿的非线性动力学特性，揭示作战体系网络中蜂群组织及交互链接方式在随机与蓄意攻击下功能上的动态鲁棒性，进而实现作战网络的优化与控制，为基于仿真大数据来认识战争规律、预测战争现象和实现战争管控开辟新的思路。

总之，体系作战指挥与协同本身就是一个抽象而复杂的课题，需要研究的内容还包括指挥跨度与指挥层次，指挥体制、指挥活动与协同方式，指挥效能与协同效果评估等多个方面。除了上述提及需进一步深入研究的问题，还有大量需要关注的地方。

参考文献

[1] 胡晓峰. 战争工程论——走向信息时代的战争方法学. 北京：国防大学出版社，2012.
[2] 汪小帆，李翔，陈关荣. 网络科学导论. 北京：高等教育出版社，2012.
[3] 王众托，王志平. 超网络初探. 管理学报，2008，5(1)：1-8.
[4] Watts D J，Strogatz S H. Collective dynamics of 'small-world' networks. Nature，1998，393(6684)：440-442.
[5] 陈姚，吕金虎. 复杂动态网络的有限时间同步. 系统科学与数学，2009，29(10)：1419-1430.
[6] 吕金虎. 复杂网络的同步：理论、方法、应用与展望. 力学进展，2008，38(6)：713-722.
[7] 刘英，邓杰生. 复杂网络的有限时间同步//第五届全国复杂网络学术会议，2009：1.
[8] Nixon M，Fridman M，Ronen E，et al. Controlling synchronization in large laser networks. Physical Review Letters，2012，108(21)：214101.
[9] Sánchez J R，López-Ruiz R. Detecting synchronization in spatially extended discrete systems by complexity measurements. Discrete Dynamics in Nature and Society，2005，(3)：337-342.
[10] Almendral J A，Díaz-Guilera A. Dynamical and spectral properties of complex networks. New Journal of Physics，2007，9(6)：187.
[11] 高飞，高阜乡，王钰，等. 基于实体的指挥控制过程仿真建模. 指挥控制与仿真，2012，34(3)：116-120.
[12] 王斌. 基于复杂网络的作战同步建模研究. 长沙：国防科技大学博士学位论文，2007.
[13] 权良涛. 基于复杂网络理论的作战体系网络建模研究. 西安：西安电子科技大学博士学位论文，2012.
[14] Kalloniatis A，Fairbairn D E. A new paradigm for dynamical modelling of networked C2 processes//Proceedings of the 13th International Command and Control Research and Technology Symposium，2008.
[15] 华峰. 基于网络的战区作战协同问题研究. 长沙：国防科技大学博士学位论文，2008.
[16] Motter A E，Zhou C S，Kurths J. Enhancing complex-network synchronization. Europhysics Letters，2005，69(3)：334.
[17] Zeng A，Son S W，Yeung C H，et al. Enhancing synchronization by directionality in complex networks. Physical Review E，2011，83(4)：45101.
[18] Wang X，Guan S，Lai Y C，et al. Enhancing synchronization in complex networks of coupled phase oscillators. arXiv Preprint arXiv：0711. 1409，2007.
[19] 王欣，姚佩阳，周翔翔，等. 基于任务的网络中心战作战同步能力度量. 火力与指挥控制，2013，38(1)：96-101.
[20] 陈娟，陆君安. 复杂网络中尺度研究揭开网络同步化过程. 电子科技大学学报，2012，41(1)：9-11.
[21] 王鸿洁，郭晶，李学军，等. 网络化作战 C2 系统建模与仿真研究. 系统仿真学报，2007，19(9)：1897-1901.
[22] Dorfler F，Bullo F. Exploring synchronization in complex oscillator networks//Proceedings of the IEEE 51st Annual Conference on Decision and Control，2012：7157-7170.

[23] Leyva I, Sendiña-Nadal I, Almendral J A, et al. Explosive synchronization in weighted complex networks. Physical Review E, 2013, 88(4): 042808.

[24] Gómez-Gardeñes J, Gómez S, Arenas A, et al. Explosive synchronization transitions in scale-free networks. Physical Review Letters, 2011, 106(12): 128701.

[25] Hong H, Kim B J, Choi M Y, et al. Factors that predict better synchronizability on complex networks. Physical Review E, 2004, 69(6): 067105.

[26] Moreno Vega Y, Vázquez-Prada M, Pacheco A F. Fitness for synchronization of network motifs. Physica A: Statistical Mechanics and its Applications, 2004, 343: 279-287.

[27] Moskalenko O, Koronovskii A, Hramov A, et al. Generalized synchronization in mutually coupled oscillators and complex networks. Physical Review E, 2012, 86(3): 36216.

[28] Estrada E. Graph and network theory in physics. Encyclopedia of Applied Physics, 2013, 2: 53.

[29] Pereira T. Hub synchronization in scale-free networks. Physical Review E, 2010, 82(3): 036201.

[30] Shandilya S G, Timme M. Inferring network topology from complex dynamics. New Journal of Physics, 2011, 13(1): 013004.

[31] Lehnert J, Dahms T, Hövel P, et al. Loss of synchronization in complex neuronal networks with delay. Europhysics Letters, 2011, 96(6): 60013.

[32] Pan R K, Sinha S. Modular networks with hierarchical organization: the dynamical implications of complex structure. Pramana, 2008, 71(2): 331-340.

[33] Sorrentino F, Ott E. Network synchronization of groups. Physical Review E, 2007, 76(5): 056114.

[34] Motter A E, Zhou C, Kurths J. Network synchronization, diffusion, and the paradox of heterogeneity. Physical Review E, 2005, 71(1): 016116.

[35] Donetti L, Hurtado P I, Munoz M A. Network synchronization: optimal and pessimal scale-free topologies. Journal of Physics A: Mathematical and Theoretical, 2008, 41(22): 224008.

[36] Dahlhaus R, Neddermeyer J C. On the relationship between the theory of cointegration and the theory of phase synchronization. Statistical Science, 2018, 33(3): 334-357.

[37] Barrat A, Barthelemy M, Vespignani A. Dynamical Processes on Complex Networks. Cambridge: Cambridge University Press, 2008.

[38] Zhao M, Zhou T, Wang B H, et al. Relations between average distance, heterogeneity and network synchronizability. Physica A: Statistical Mechanics and its Applications, 2006, 371(2): 773-780.

[39] Grabow C, Grosskinsky S, Timme M. Speed of complex network synchronization. The European Physical Journal B, 2011, 84(4): 613-626.

[40] Timme M, Geisel T, Wolf F. Speed of synchronization in complex networks of neural oscillators: analytic results based on random matrix theory. Chaos: An Interdisciplinary Journal of Nonlinear Science, 2006, 16(1): 015108.

[41] Pereira T. Stability of synchronized motion in complex networks. arXiv Preprint arXiv: 1112.2297, 2011.

第9章 体系仿真中空间信息网络脆弱性仿真分析

9.1 空间信息网络脆弱性概念建模

脆弱性是系统的特性之一，任何系统都有脆弱的一面，空间信息网络也不例外。随着信息和网络技术的快速发展，空间信息网络组分之间的联系及其与作战体系要素的关联关系更加复杂、交互更加频繁。空间信息网络中某一组分被攻击后，会影响其他组分，甚至作战体系中其他要素的正常工作，从而产生网络化的累积效应和级联反应，这对空间信息网络和作战体系影响巨大。如何理解空间信息网络的脆弱性，怎样进行空间信息网络脆弱性分析，空间信息网络的薄弱环节或关键节点在什么地方，空间信息网络组分失效对网络自身能力影响，以及对体系完成使命任务影响程度怎样，如何有效建设与完善和预防与保护作战体系中的空间信息网络等，这些问题都对空间信息网络脆弱性分析与研究提出紧迫的现实需求。

9.1.1 脆弱性基本概念

不同学科领域对脆弱性的理解差异很大。我们认为脆弱性是系统的固有特性之一，是系统受自身或外界等因素的影响或攻击后，系统表现出的不稳定性。系统的不稳定性通常会用能够反映系统能力、效能或完成使命任务程度等相关参量作为评估指标。针对同一种因素或相同攻击行为，若系统表现出的不稳定性越大，则表明系统在该因素或该攻击行为作用下的脆弱性越高。

在衡量攻击策略对系统造成的不稳定程度时，通过评估系统能力、效能等指标在受攻击前后的变化来判断该攻击策略对系统造成的影响。对系统进行攻击时，其后果不但与受到攻击的节点(如普通节点和关键节点)有关，还与攻击类型(如性能降低攻击和节点摧毁攻击)和攻击程度(如性能降低30%和降低70%)等有关。如图9.1所示为系统能力、效能或完成使命任务程度与攻击策略的关系示意图，描述同一系统中的两个节点在三种攻击类型和攻击程度下的系统能力(以某一种能力为例)变化情况。可以看出，在相同攻击程度下，节点 V_2 的三种攻击类型对系统造成的影响比节点 V_1 大；在相同攻击节点和攻击程度下，攻击类型 B 比攻击类型 A 对系统的影响大。

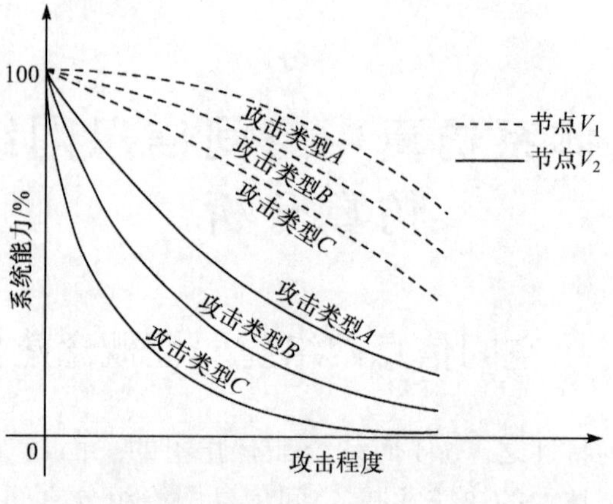

图 9.1　系统性能、效能或完成使命任务程度与攻击策略的关系示意图

基于以上理解，定义空间信息网络脆弱性为空间信息网络在遭受恶意攻击等条件下，导致空间信息网络能力下降的性质。

9.1.2　空间信息网络脆弱性分析面临的问题

目前，国内外对空间信息网络的研究主要集中在体系结构设计、通信协议设计、效能评估等方面，对作战体系中空间信息网络脆弱性的研究几乎处于空白状态，其面临的突出问题集中体现在以下三方面。

(1) 空间信息网络的复杂性给脆弱性分析带来巨大挑战

空间信息网络中的卫星都是按照预定轨道高速运行，卫星之间及卫星与地面站之间的相对位置不断变化，星间链路及星地链路呈间断性连接特性，由此形成随时间而动态变化的网络拓扑结构。空间信息网络中的星间链路或星地链路需要频繁切换才能维持正常运转，使某些节点或链路在特定时间段或特定时刻成为整个网络的关键节点或关键链路。由于拓扑结构动态变化，因此需要强化空间信息网络在时间维度上的分析，而这与当前主要以拓扑结构固定不变的脆弱性分析方法不适应，需要寻找更适合空间信息网络特点的分析方法。再者，空间信息网络包括通信、侦察、预警、导航、气象、测绘等多种卫星，能够提供通信、侦察/预警、导航、测绘、气象等多类服务。每种卫星在工作方式上差异巨大，在效能发挥上均不一样，作用于体系作战过程的不同阶段都对空间信息网络建模及信息交互分析等带来挑战。

(2) 体系作战背景对脆弱性分析带来巨大困难

在体系作战背景下研究空间信息网络，体系复杂性是必须考虑的。体系特别强调整体和涌现，对其效能(或能力)评估具有指标树变指标网、简单和变涌现和、单一值变结果云等新特点，传统评估方法难以适用于体系。体系属于复杂系统，会涌现出组分所不具有的性质。体系在不同对手、不同使命任务和不同环境下的效能是不同的，由此表现出来的脆弱性也是随对手、任务和环境而动态变化的，这给脆弱性分析增加了难度。

(3) 缺乏行之有效的空间信息网络脆弱性分析模型与方法

体系作战背景下的空间信息网络脆弱性分析，注重从体系层面上考虑，以整体、动态、对抗的视角，既要考虑由空间信息网络复杂性，又要考虑空间信息网络与外部环境(以空间信息网络为研究对象，将部分作战单元看成是系统的环境)组成体系后，其脆弱性对体系的影响。然而，传统脆弱性分析模型与方法大多从拓扑结构和网络功能层面考虑，以固定网络结构和同质节点为主要研究对象，以节点(链路)直接移除等为主要攻击策略，侧重于网络自身脆弱性分析，缺乏与外部环境组成更大系统后所呈现出的脆弱性考虑。传统脆弱性分析模型和方法并不适用于体系层面的脆弱性分析。因此，需要引入新的脆弱性分析方法、模型和指标体系。

本章首先建立由结构脆弱性、功能脆弱性和使命脆弱性组成的三层结构空间信息网络脆弱性概念模型，然后分别进行基于时效网络的结构脆弱性仿真分析、基于贡献率的功能脆弱性仿真分析和基于作战环的使命脆弱性仿真分析，最后构建仿真实验，进行脆弱性仿真分析。

9.1.3　空间信息网络脆弱性概念模型

空间信息网络脆弱性概念模型如图 9.2 所示。该概念模型主要从三个层次展开，即结构脆弱性、功能脆弱性、使命脆弱性。

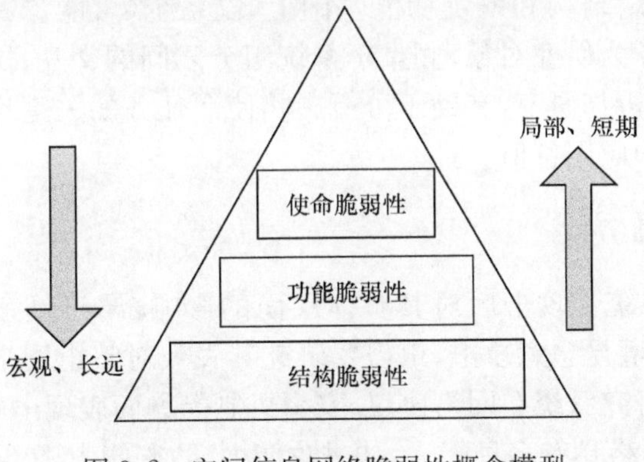

图 9.2　空间信息网络脆弱性概念模型

(1) 结构脆弱性

侧重于从网络拓扑结构角度分析问题，将研究对象内的组分映射为网络节点，组分之间的关系映射为网络的边，节点的属性及性能等参数映射为节点或边的权重。构建网络拓扑结构，再通过某些网络指标反映研究对象在结构上的脆弱性。网络结构脆弱性是空间信息网络固有的，空间信息网络经过初期建设及其后期不断演化，组分之间的关系形成某种网络结构，而这种网络结构会存在脆弱性。不同网络结构特性下的脆弱性呈现的特点不同。

(2) 功能脆弱性

侧重于从系统自身具有的某些功能角度出发，例如卫星导航系统在全球范围的导航能力、侦察卫星在某个地区的侦察能力，由于运行规则处于动态变化、组分性能和组分之间的信息交互能力有限等因素，研究不同攻击策略对系统在功能上的影响程度。

(3) 使命脆弱性

主要研究系统在执行使命任务过程中，受到攻击后对使命任务完成情况的影响程度。一个系统有其自身的使命任务，也会和其他系统组成更大的系统，共同完成某项使命任务。在防空反导体系中，空间信息网络和其他系统组成作战体系，其使命任务就是对来袭导弹和飞行器等目标进行快速预警、有效拦截。

结构脆弱性、功能脆弱性和使命脆弱性是从三个不同视角反映空间信息网络的狭义脆弱性，具有不同的研究意义。对结构脆弱性的分析与研究是以系统组分之间的关联关系构成的网络结构为研究对象。分析关联关系对网络结构的影响是一种底层的、基础的研究，其作用效果是宏观的、长远的，有助于从本质上改进和完善网络结构。对功能脆弱性的分析与研究，是在系统网络结构基础上，侧重于对节点性能、行为规则，以及交互方式等对系统能力影响的分析与研究，有助于提高系统预防某些攻击策略对系统造成重大影响的能力。对使命脆弱性的分析与讨论是在系统网络结构和系统功能基础上，以系统(可能与其他系统组成更大的系统)的使命任务为研究对象，侧重于系统组分之间的交互、协作等因素对使命任务完成情况的分析与研究，有助于分析影响使命任务的关键环节和关键性对抗等研究，具有较强的应用价值。

9.1.4 研究范围界定

① 脆弱性是系统受攻击后对其整体层面的影响，属于复杂系统科学研究范畴。即使单个组分遭受恶意攻击，也需要研究其失效对整个网络及作战体系的整体性影响，而不是研究系统在网络协议、安全机制等方面表现出来的脆弱性。

② 空间信息网络具有多种能力，如进攻能力、防御能力、信息支援能力等。本章以空间信息网络某些方面能力为例展开脆弱性研究，而不是研究空间信息网络的所有能力。

③ 侧重于攻击策略对系统造成后果的研究，即对攻击策略的考量都是基于结果，而不是基于发生概率，不考虑这种攻击策略发生的概率，以及如何操作才能产

生这种攻击策略的效果。对攻击策略发生概率的研究，以及攻击策略对网络造成后果的研究，也是一项非常有意义的工作，限于时间、精力等因素，我们对其进行简化处理。

④ 在对空间信息网络使命脆弱性仿真分析中，考虑空间信息网络支援下作战体系的复杂性，本章侧重对作战体系中空间信息网络部分的研究，而对除此部分的作战体系组成、作战战法、作战样式等不做具体研究。

⑤ 在空间信息网络仿真模型设计与开发上，主要依托课题组研发的基于信息系统的武器装备体系综合仿真试验床平台。

9.2　基于时效网络的结构脆弱性仿真分析

在从结构特性出发研究网络结构脆弱性的文献中，常用的衡量指标有节点的度、介数、接近度和网络效率等，且在互联网、电力网和交通网的脆弱性分析中都有广泛应用。然而，空间信息网络由于拓扑结构动态变化等特点，使对空间信息网络的脆弱性分析变得困难。目前，对空间信息网络结构脆弱性的研究主要存在两个问题：一是忽略了空间信息网络的动态拓扑结构的特性，将其看成是一个静态不变的网络拓扑结构，或者仅以某一时刻的网络拓扑结构为例进行脆弱性研究；二是对空间信息网络的网络节点不加区分，将所有节点看成是同质节点，而不对节点类型加以区分。

因此，本节针对空间信息网络拓扑结构动态变化的特点，引入时效网络，建立空间信息时效网络；再结合空间信息网络节点异质的特点，以具体某些功能网络为研究背景，建立多层结构的空间信息时效网络模型，并以此开展结构脆弱性分析研究。

9.2.1　空间信息网络描述

1. 空间信息网络的多层网络结构

空间信息网络可以看做一个由多种不同类型功能子网构成的多层网络。空间信息网络中各类卫星的业务主要体现在侦察、通信、导航、测绘、预警、监视、监测、水文、气象等方面(图 9.3)。各类业务都是由相应卫星构成的空间信息网络功能子网提供的，对应的功能子网可分为卫星通信网、卫星导航网、卫星侦察网和卫星环境探测网等。

空间信息网络中的多层网络并不是独立的，而是存在多种相互依赖关系，表现为一个功能子网对另一个功能子网的依赖。空间信息网络功能子网之间的依

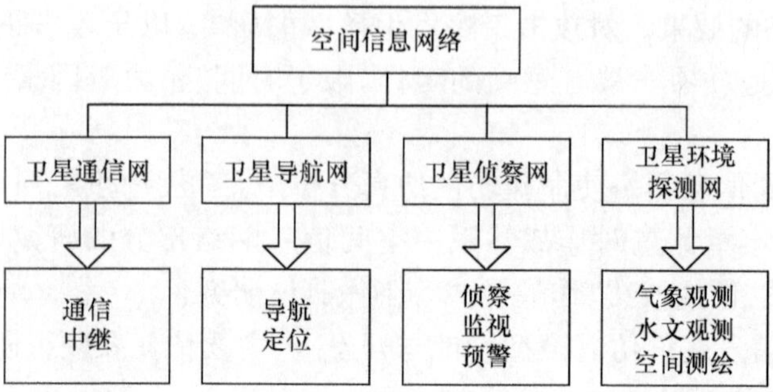

图 9.3　空间信息网络的主要业务类型

赖关系示意表，如表 9.1 所示。

表 9.1　空间信息网络功能子网之间的关系示意表

功能子网	组成成分	网间信息链路	任务
卫星侦察网	电子侦察卫星、预警卫星、成像侦察卫星等	卫星通信网	信息获取
卫星通信网	通信卫星、中继卫星等	星间数据链	信息传递
卫星导航网	导航卫星等	卫星通信网	信息产生
卫星环境探测网	气象卫星、测绘卫星等	卫星通信网	信息获取

2. 空间信息网络节点组成

空间信息网络包含通信卫星、中继卫星、导航卫星、成像侦察卫星、电子侦察卫星、预警卫星、气象卫星、测绘卫星，以及各类卫星对应的地面接收站、测控站和用户终端等。本章主要以卫星通信网、卫星导航网和卫星侦察网为重点进行研究，并将三类网络中的组分抽象为如下四类网络节点。

(1) 卫星通信节点 V_{SC}

主要由通信卫星和中继卫星构成，能够为其他网络节点提供信息传输服务。卫星通信节点在空间信息网络中提供通信渠道，服务对象不但包括空间信息网络中的各类节点，还包括与卫星通信节点直接连接的各类指挥所、作战单元等实体。

(2) 卫星导航节点 V_{SN}

主要由导航卫星构成，为指挥所、作战单元，以及精确制导武器等提供定位、测速等信息服务。

(3) 卫星侦察节点 V_{SR}

主要由成像侦察卫星、电子侦察卫星和预警卫星等构成，用于侦察和监视敌方部队情况、导弹飞行状态(位置、速度、大小)、目标毁伤评估等信息，为指挥所正确决策提供情报信息支援。

(4) 地面站节点 V_{SF}

将各功能子网的地面站、测控站等统一抽象为地面站节点，抽象后的地面站节点能够对通信信号进行转发、对导航卫星进行星历更新等操作，接收卫星侦察节点产生的轨迹信息，并对轨迹信息进行融合等处理。

空间信息网络中四类网络节点的工作特点归纳如下。

① 卫星通信节点主要以转发方式进行工作，在消息到达卫星通信节点后，进入消息队列，然后进行转发，消息在消息队列中只能短暂存储。因此，在进行卫星通信的过程中，通信的源节点和目标节点必须同时与卫星通信节点都连通，否则不能进行通信，如图 9.4(a)所示。卫星通信节点不仅能够转发轨迹信息和星历信息，还能够接收和转发指控信息等。

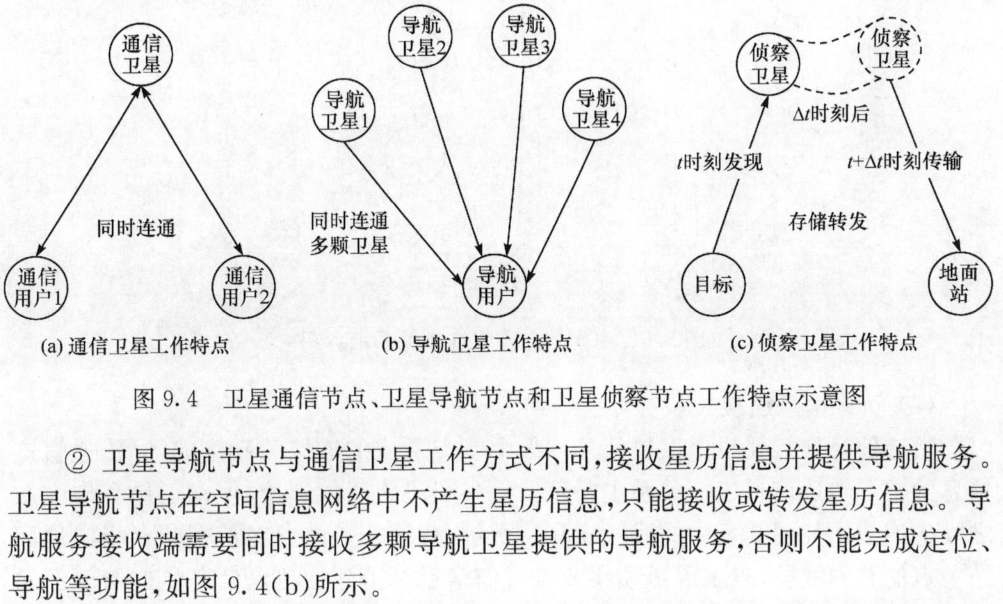

图 9.4　卫星通信节点、卫星导航节点和卫星侦察节点工作特点示意图

② 卫星导航节点与通信卫星工作方式不同，接收星历信息并提供导航服务。卫星导航节点在空间信息网络中不产生星历信息，只能接收或转发星历信息。导航服务接收端需要同时接收多颗导航卫星提供的导航服务，否则不能完成定位、导航等功能，如图 9.4(b)所示。

③ 卫星侦察节点一般有较大的存储空间，在工作过程中，首先对目标进行侦察产生轨迹信息，并将其轨迹信息进行存储，等到有通信链路时才将轨迹信息传回，如图 9.4(c)所示。卫星侦察节点只能产生或者转发轨迹信息。

④ 地面站节点既能够产生星历信息，又能够接收轨迹信息，同时还能够产生、接收和转发指控等其他信息。

3. 空间信息网络连接关系

通过对四类网络节点的分析，可以归纳总结出三种网络连接关系。

(1) 星历信息连接关系

星历信息连接关系由卫星导航网络中节点形成的连接关系组成，以传递星历信息为主。星历信息主要用于更新导航卫星星历等数据，校正导航卫星相关参数。星历信息连接关系主要包括导航卫星之间的连接、导航卫星和地面站之间的连接。如图 9.5 中的线段①和②所示，线段①是地面站节点指向卫星导航节点的有向线段，表示地面站节点对卫星导航节点进行星历数据更新；线段②是两个卫星导航节点之间的双向线段，表示两个卫星导航节点之间可以相互进行星历数据更新。

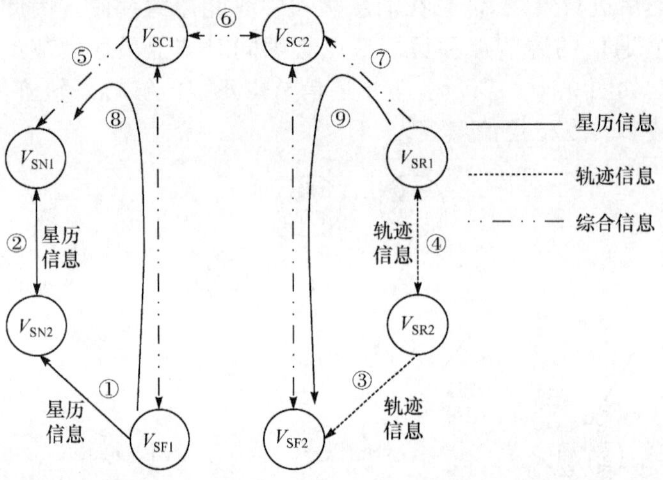

图 9.5 空间信息网络连接关系示意图

(2) 轨迹信息连接关系

轨迹信息连接关系由卫星侦察网络中节点形成的连接关系组成，以传递轨迹信息为主。轨迹信息连接关系主要包括侦察卫星之间的连接、侦察卫星和地面站之间的连接。如图 9.5 中的线段③和④所示，线段③是由卫星侦察节点指向地面站节点的有向线段，表示卫星侦察节点将侦察目标得到的轨迹信息传递给地面站节点；线段④是两个卫星侦察节点之间的双向连接，表示一个卫星侦察节点在获取轨迹信息后将其传递给另一个卫星侦察节点，而该节点则根据轨迹信息对其进行信息融合处理。

(3) 综合信息连接关系

综合信息连接关系是指依托卫星通信网络，由四类网络节点构成的除星历信息连接关系和轨迹信息连接关系之外的其他关系组成。综合信息连接关系可由多种网络节点连接形成，主要包括通信卫星与导航卫星之间的连接、侦察卫星与通信卫星之间的连接和卫星通信网络之间的连接。如图 9.5 中的线段⑤、⑥和⑦所示，其中单向箭头表示有向线段，只能单向传输，双向箭头表示双向线段，信息可以相互传递。依托卫星通信网络，可以实现对卫星导航节点的星历信息更新，如图 9.5 中的线段⑧所示,也可实现对卫星侦察节点轨迹信息的传输,如图 9.5 中的线段⑨所示。

9.2.2 多层结构的空间信息时效网络建模

1. 时效网络定义

文献[1]称用时间标签(time label)标记端点之间连通时间信息的网络为时效网络。本章在其基础上进行适当扩展,给出时效网络的定义。

定义 9.1 时效网络(temporal network)是指用时间标记节点出现与消失等信息和节点之间连通时间等信息的网络,如图 9.6(a)所示。

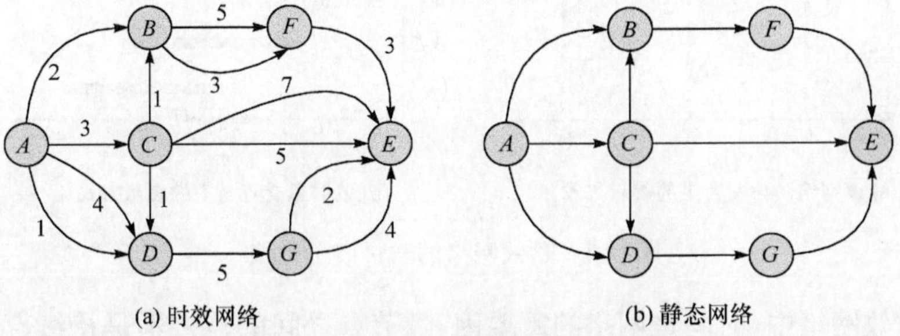

图 9.6　时效网络和静态网络示意图

图 9.6(a)为一个交通运输网络示意图,城市 A 与城市 D 之间两条边的数字 1 和 4 分别表示在第 1 天和第 4 天都有车从城市 A 出发到城市 D。在给出时效网络概念后,为便于描述,本章不考虑节点出现与消失,以及链路连通时间的传统网络。

定义 9.2 静态网络(static network)是指在某一时刻或时间段由网络节点之间的连接关系累积而成的网络,如图 9.6(b)所示。静态网络既可以看成是某一时刻的网络结构,也可以看成是某一个时间段由边的累积而成的网络结构。

时效网络与静态网络的区别在于:在边的连接上没有传递性。在静态网络中,无论是无向图,还是有向图,若 A 与 B、B 与 C、C 与 D 都连接,则 A 与 D 是连通的,而在时效网络中却可能不连通。如图 9.6(b)所示,A 连接 D、D 连接 G、D 连接 E,则 A 与 E 是连通的。而在图 9.6(a)中可以发现,G 与 E 的连接早于 D 与 G 的连接,因此 A 与 E 是不连通的。由于这个特点,导致时效网络在进行分析时都有自己独特的特点,同时也增加了分析的难度。

时效网络有多种表示方式,例如 Kempe[1] 和 Wu[2,3] 给出带时间标签的表示方式,文献[4]～[7]给出时间片表示方式,文献[8]采用类似流线图的表示方法等,其中常用的表示方式主要有两种,即以网络演化图为主的表示方式和以信息交互为主的表示方式,如图 9.7 所示。以网络演化图为主的表示方式,如图 9.7(a)所示,将某时间段内的时效网络划分成一系列的时间片,将每个时间片(也称时间窗口)内的连接做累积处理,得到该时间片的静态网络(也称快照)。当然,若把所有观察时间当成一个时间片,就可以得到整个观察时间内的静态网络。以信息交互为主的表示方式,如图 9.7(b)所示,横坐标表示时间,纵坐标表示两节点之间的边,灰色的横条表示边的信息,包括开始时间和持续时间。从这种表示方式可以直观地看出节点之间的信息交互关系,有利于分析信息交互过程。

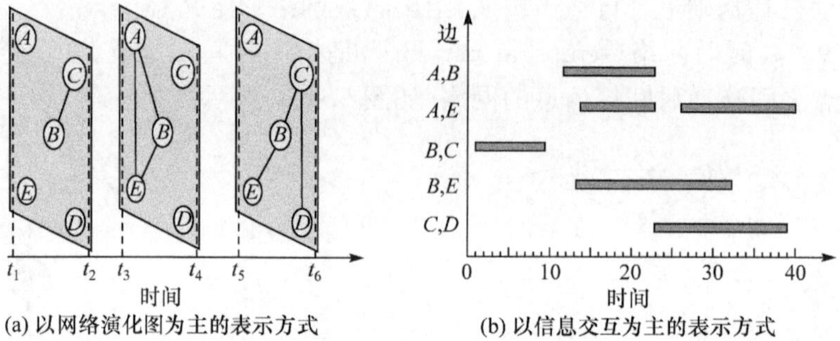

图 9.7　时效网络的两种表示方式

在时效网络中,时间是网络的重要因素,节点之间的连接不是持续存在的,具有时间上的先后次序性和不可逆性[9]。

2. 时效网络模型

时效网络中的节点和边都具有时效性,节点数量和边的连通情况都会随时间变化而变化。为了使研究更加聚焦,本章侧重于对网络边的时效性考虑,而忽略节点时效性,即认为在整个观察时间段内网络节点数量都是固定不变的。

由于节点之间的连接次数在整个观察时间段可能不止一次,会出现频繁连接的情况,为了与网络中的边进行区分,引入接触的概念。

定义 9.3　接触(contact)是指节点之间的一次完整的连接[10]。

接触可用四元组 $c=(u,v,t,\lambda)$ 表示,指示节点 u 到节点 v 在 t 时刻存在持续时间为 λ 的连接关系。为便于形式化描述,引入函数 ρ,表示接触 c 在给定时刻 δ 的连接关系是否存在,其表达式为

$$\rho(c,\delta)=\begin{cases}1, & \delta\in[t,t+\lambda]\\0, & \delta\notin[t,t+\lambda]\end{cases} \tag{9.1}$$

也可记为 $\rho(c)|_{[t,t+\lambda]}=1$ 或 0。

经过上述定义和描述,可以将时效网络 G 建模为二元组,即

$$G=(I,S) \tag{9.2}$$

其中，I 为网络观察时间范围，$I=[T_B,T_E]\subset T$，T_B 和 T_E 分别为观察开始时间和结束时间；S 为时间片网络集合，$S=\{S_1,S_2,\cdots,S_N\}$。

定义 9.4　时间片网络（time slice network）在指某个时间区间内的网络结构。

时间片网络通常按静态网络的处理方式，把时间区间内的节点连接关系进行累积，两个节点之间有连接就认为是持续连接，不考虑连接时长和连接频率等信息。

观察时间范围内的时间片划分方式如下。

① 在观察时间段$[T_B,T_E]$，将其分成 N 个连续不重叠的时间窗口$\{[t_1,t_1+\Delta t_1],[t_2,t_2+\Delta t_2],\cdots,[t_N,t_N+\Delta t_N]\}$，其中 $t_1=T_B$，$t_N+\Delta t_N=T_E$，$t_{m+1}=t_m+\Delta t_m$。

② 将每个时间窗口内的网络结构看成一个静态网络，即 $i=1,2,\cdots,N-1$，对应每个时间段$[t_i,t_i+\Delta t_i]$，$1\leqslant i\leqslant N$，其时间片网络为 S_i。为简化计算，多数情况下设置每个时间片段的时长相等，即 $\Delta t=\Delta t_i=(T_E-T_B)/N$，其中 $1\leqslant i\leqslant N$。

$$A(i)=\begin{array}{c} \\ V_1\\ V_2\\ V_3\\ V_4\\ V_5\end{array}\begin{array}{c}\begin{array}{ccccc}V_1 & V_2 & V_3 & V_4 & V_5\end{array}\\ \begin{bmatrix}0 & 1 & 1 & 0 & 1\\ 1 & 0 & 0 & 0 & 1\\ 1 & 0 & 0 & 1 & 1\\ 0 & 0 & 1 & 0 & 1\\ 1 & 1 & 0 & 1 & 0\end{bmatrix}\end{array} \tag{9.3}$$

时间片网络 S_i 可用二元组 $S_i=(V_i,E_i)$表示第 i 个时间片对应的网络结构，如图 9.8 所示。对应的邻接矩阵 $A(i)$如式(9.3)所示。

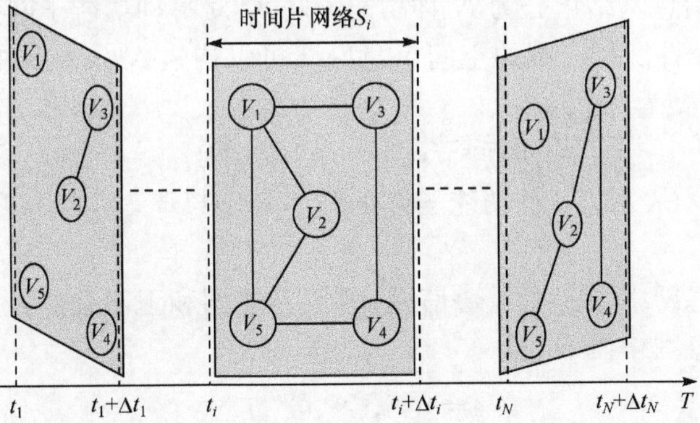

图 9.8　第 i 个时间片对应的网络结构示意图

至此，时效网络模型为

$$G=(I,S)$$

其中，I 为观察时间段，$I=[T_B,T_E]$；S 为时间片网络集合，$S=\{S_1,S_2,\cdots,S_N\}$，时间片网络 $S_i=(V_i,E_i)$。

用 V 表示网络的顶点集合，$E\subseteq V\times V$ 是网络的边集合，用 C 表示网络的接触集合。由于 S_i 可用邻接矩阵描述，因此时效网络 G 可以看成是由一系列时间不重叠且前后连续的邻接矩阵 $A(n)$，$n=1,2,\cdots,N$ 组成的(图 9.9)。

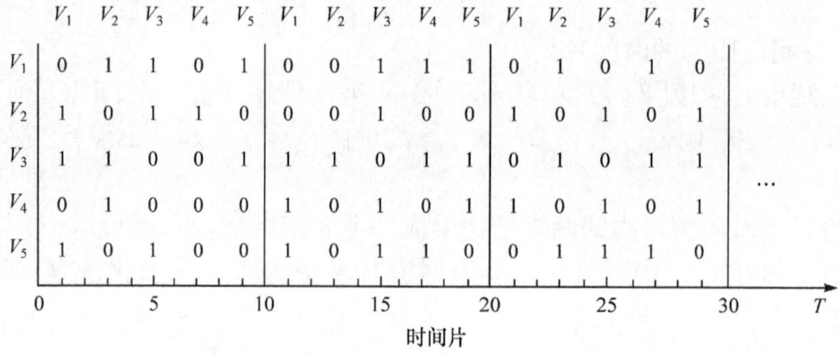

图 9.9　时效网络在时间片时长相等情况下的邻接矩阵表示方式

若用 $a_{ij}(n)$ 表示在第 n 个时间片网络 S_n 内节点 i 与节点 j 之间的连接关系，则其表达式为

$$a_{ij}(n)=\begin{cases}1, & \rho(c,t_n)=1\\0, & \rho(c,t_n)=0\end{cases}\tag{9.4}$$

9.2.3　多层结构的空间信息时效网络模型

假设空间信息网络可分为 N 种功能子网，针对每种功能子网都建立一个时效网络模型，则 N 种功能子网的空间信息网络可以构建 N 层结构的空间信息时效网络模型，其模型为

$$\mathcal{G}=\{G^1,G^2,\cdots,G^N,D^S\}\tag{9.5}$$

其中，$G^i=(I,S^i)$表示第 i 种功能子网的网络模型；D^S 表示网络层间的网间依赖模型。

以空间信息网络中的卫星通信网、卫星导航网和卫星侦察网为例，可以构建三层的空间信息网络模型，即

$$\mathcal{G}=\{G^C,G^N,G^R,D^S\}\tag{9.6}$$

卫星通信网模型 $G^C=(I,S^C)$，邻接矩阵表示为 $A^C(n)$，元素为

$$a_{ij}^C(n)=\begin{cases}1, & \text{节点 } i \text{ 与节点 } j \text{ 在第 } n \text{ 个时间片存在连接}\\0, & \text{其他}\end{cases}\tag{9.7}$$

卫星导航网模型 $G^N=(I,S^N)$，邻接矩阵表示为 $A^N(n)$，$a_{ij}^N(n)$ 与式(9.7)类似。

卫星侦察网模型 $G^R=(I,S^R)$，邻接矩阵表示为 $A^R(n)$，$a_{ij}^R(n)$ 与式(9.7)类似。

网间依赖模型 D^S，主要考虑两种网间依赖关系：一是卫星侦察网对卫星通信网的依赖 D_{RC}，用邻接矩阵 $A^{RC}(n)$ 表示；二是卫星导航网对卫星通信网的依赖 D_{NC}，用邻接矩阵 $A^{NC}(n)$ 表示。

$D^S=\{D_{RC},D_{NC}\}$，$A^{RC}(n)$ 和 $A^{NC}(n)$ 中的元素满足以下关系，即

$$a_{ij}^D(n)=\begin{cases}1, & \text{节点 } i \text{ 在第 } n \text{ 个时间片对节点 } j \text{ 的依赖}\\ 0, & \text{其他}\end{cases} \tag{9.8}$$

用矩阵 $A_{\mathcal{G}}$ 表示三层空间信息网络模型，即

$$A_{\mathcal{G}}=\begin{matrix} & \begin{matrix} C & N & R \end{matrix} \\ \begin{matrix} C \\ N \\ R \end{matrix} & \begin{bmatrix} A^C & (A^{NC})^{\mathrm{T}} & (A^{RC})^{\mathrm{T}} \\ A^{NC} & A^N & 0 \\ A^{RC} & 0 & A^R \end{bmatrix} \end{matrix} \tag{9.9}$$

有了时效网络模型的引入，以及每个功能子网的网络模型 G^i 和网间依赖模型 D^S，可以有效地表示空间信息网络结构，以及拓扑结构动态变化等特点。

9.2.4 基于网络效率的结构脆弱性分析

1. 时效网络中的网络效率

在静态网络中，两个节点之间的最短路径是指连接这两个节点的边数最少的路径，而最短路径的边的数目称为距离[11]。由于时效网络加入了时间因素，导致静态网络中的很多概念并不适用于时效网络，需要进行扩展和完善。

定义 9.5　记序列 $P=\{(n_1,t_1),(n_2,t_2),\cdots,(n_k,t_k)\}$，其中 $n_i\in V$，$t_i\in I$，若序列 P 满足以下条件，则称 P 为一条时效路径。

条件1：$\forall i\in[1,k-1]$，都有 $t_i\leqslant t_{i+1}$。

条件2：$\forall i\in[1,k-1]$，$\exists\delta\in[t_i,t_{i+1}]$，对于接触 $c=(n_i,n_{i+1},t_i,\lambda)$ 都有 $\rho(c,\delta)=1$。

记节点 u 在 t 时刻或者 t 时刻以后出发到节点 v 的时效路径为 $P_{u,v}(t)=\{(u,t_1),(n_2,t_2),\cdots,(v,t_k)\}$，记 $P_{u,v}^*(t)$ 为所有可能路径的集合。目前，常用的时效路径距离有三种[12,13]，如图 9.10 所示。

① 最短路径(shortest path)。经过跳数最少的路径，这是从拓扑角度考虑的，也称为几何路径[14]。

② 最早到达路径(foremost path)。从某时刻开始算起，最早到达目的节点的

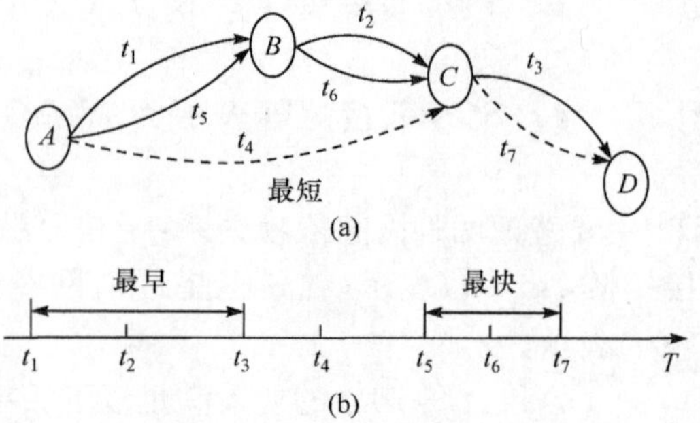

图 9.10　最短路径、最早到达路径和最快路径示意图

路径。

③ 最快路径(fastest path)。从源节点到目的节点所花时间最短的路径。

图 9.10 描述了节点 A 到节点 D 的三种路径，最短路径为 $A \to C \to D$，只需经过两跳；最早到达路径 $A \to B(t_1) \to C(t_2) \to D(t_3)$，在时刻 t_3 到达；最快路径为 $A \to B(t_5) \to C(t_6) \to D(t_7)$。

三种时效路径分别对应三种时效路径的距离，具体如下。

① 最短路径距离为

$$d_{u,v}^{h}(t)=\min\{|P_{u,v}(t)|_h : P_{u,v}(t)\in P_{u,v}^{*}(t)\} \tag{9.10}$$

② 最早到达路径距离为

$$d_{u,v}^{a}(t)=\min\{|P_{u,v}(t)|_a : P_{u,v}(t)\in P_{u,v}^{*}(t)\} \tag{9.11}$$

③ 最快路径距离为

$$d_{u,v}^{f}(t)=\min\{|P_{u,v}(t)|_f : P_{u,v}(t)\in P_{u,v}^{*}(t)\} \tag{9.12}$$

为方便描述，记 $d_{u,v}^{x}(t)$ 为时效网络的距离，其中 $x\in\{h,a,f\}$。

当 u 到 v 之间不存在路径时，即 $P_{u,v}^{*}(t)=\phi$，则令 $d_{u,v}^{x}(t)=\infty$。显然，当 t 越接近 T_E 时，存在时效路径的概率就越小。

在定义时效路径距离的基础上，借用静态网络中网络效率的概念，可以方便地给出时效网络中的网络效率指标，即

$$E^{x}(t)=\frac{1}{N(N-1)}\sum_{u,v}\frac{1}{d_{u,v}^{x}(t)} \tag{9.13}$$

其中，$x\in\{h,a,f\}$ 分别表示最短路径距离、最早到达路径距离和最快路径距离。

相比静态网络中的网络效率指标，时效网络中的网络效率指标考虑路径上的时间因素，更能有效反映时效网络在某个时间段内的网络连通情况。

2. 空间信息网络中的供需流分析

网络效率是计算节点到其他所有节点路径距离倒数的平均值。在空间信息

网络中，拓扑结构能够建立的连接关系并不一定都有实际意义。如图 9.11 所示，线段①是节点 V_{SN1} 到节点 V_{SR1} 的网络路径，表示从卫星导航节点指向卫星侦察节点的连接；线段②和③分别是节点 V_{SR1} 到节点 V_{SR2} 和节点 V_{SN1} 到节点 V_{SN2} 的网络路径，分别表示 V_{SR1} 将轨迹信息传递给 V_{SR2} 和 V_{SN1} 将星历信息传递给 V_{SN2}。这种信息传递关系虽然可以建立，但并不代表该信息能在节点之间被有效使用。因为轨迹信息只有传递到地面站节点才能被使用，星历信息只能靠地面站节点转发，而从卫星导航节点到卫星侦察节点的连接毫无意义。因此，在理想情况下，一个节点到其他节点往往会存在很多网络路径，然而在实际情况中许多网络路径对问题的研究并没有帮助，是无效的。

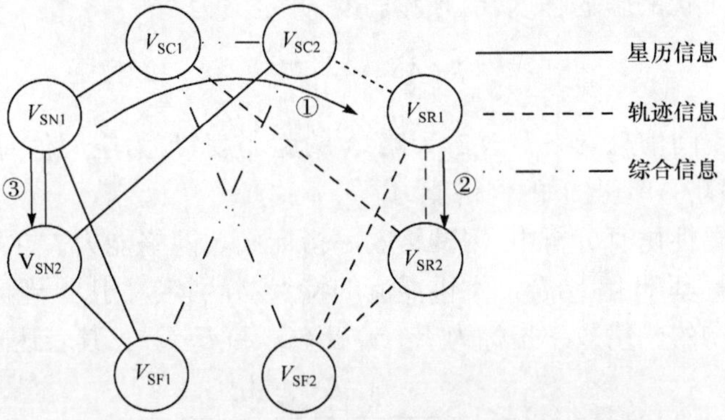

图 9.11　网络效率指标计算中的无效路径示意图

针对无效路径的问题，引入供需流的思想。供需流（supply and demand flow）是以两个节点之间的信息使用情况来判断的，若信息在一个节点中产生，则必须在另一个节点被使用，而这种使用不是指信息被转发。因此，以信息产生与接收为线索，可以结合四类网络节点工作特点与三种网络连接关系，将空间信息网络节点之间的供需关系划分为三类。

① 卫星侦察节点与地面站节点之间形成的供需流，简记为 $SDF_1=\langle V_{SR}, V_{SF}\rangle$，指卫星侦察节点将侦察得到的轨迹信息传递给地面站节点的信息流程。所有卫星侦察节点到地面站节点的供需流信息反映卫星侦察网络在卫星通信网络支持下的网络能力。

② 地面站节点与卫星导航节点之间形成的供需流，简记为 $SDF_2=\langle V_{SF}, V_{SN}\rangle$，指地面站节点将星历信息传递给卫星导航节点的信息流程。所有地面站节点到卫星导航节点的供需流信息反映卫星导航网络在卫星通信网络支持下的网络能力。

③ 卫星通信节点与地面站节点之间形成的供需流，简记为 $SDF_3=\langle V_{SC}, V_{SF}\rangle$。这类供需流主要包括卫星通信节点到卫星通信节点、卫星通信节点到地面

站节点和地面站节点到地面站节点之间的信息流程。所有的这类供需流信息反映卫星通信的网络能力。

由三类供需流构成的所有网络路径信息可以间接反映卫星侦察网络、卫星导航网络和卫星通信网络在拓扑结构上的网络能力。下面以三类供需流为基础，分析网络能力在不同攻击策略下的变化情况，对空间信息网络结构脆弱性进行分析。

3. 基于网络效率的脆弱度

空间信息网络在受到干扰或遭受攻击后，影响网络正常能力，为量化空间信息网络对某种干扰的脆弱程度，引入脆弱度，并定义为

$$R(A)=\frac{E-E^A}{E} \tag{9.14}$$

其中，$R(A)$为空间信息网络对攻击策略 A 的脆弱度；E 为空间信息网络的能力；E^A 为在攻击策略 A 情况下的网络能力。

在结构脆弱性仿真分析中，用网络效率指标代表网络能力。在原有时效网络的网络效率指标基础上，结合三类供需流的特点，分别定义卫星导航网、卫星侦察网和卫星通信网的网络效率指标为 $E_N^x(t)$、$E_R^x(t)$和 $E_C^x(t)$。其表达式为

$$E_N^x(t)=\frac{1}{N_{\text{snn}}(N_{\text{snn}}-1)}\sum_{i=1}^{N_{F,N}}\frac{1}{d_i^x(t)} \tag{9.15}$$

$$E_R^x(t)=\frac{1}{N_{\text{srn}}(N_{\text{srn}}-1)}\sum_{i=1}^{N_{R,F}}\frac{1}{d_i^x(t)} \tag{9.16}$$

$$E_C^x(t)=\frac{1}{N_{\text{scn}}(N_{\text{scn}}-1)}\sum_{i=1}^{N_{C,F}}\frac{1}{d_i^x(t)} \tag{9.17}$$

其中，N_{snn}、N_{srn}和 N_{scn}分别是卫星导航网络、卫星侦察网络和卫星通信网络的节点数量；$N_{R,F}$、$N_{F,N}$ 和 $N_{C,F}$ 分别表示空间信息网络所有的 $\text{SDF}_1=\langle V_{\text{SR}},V_{\text{SF}}\rangle$、$\text{SDF}_2=\langle V_{\text{SF}},V_{\text{SN}}\rangle$和 $\text{SDF}_3=\langle V_{\text{SC}},V_{\text{SF}}\rangle$的数量。

$E_N^x(t)$、$E_R^x(t)$和 $E_C^x(t)$可以用 $E_s^x(t)$统一表示，其中 $s\in\{N,R,C\}$分别表示卫星导航网络、卫星侦察网络和卫星通信网络。

当用 $E_s^x(t)$代替式(9.14)中的网络能力 E 时，用 $\bar{E}_s^x(t)$代替 E^A，式(9.14)可以改写为

$$R_s^x(A)=\frac{E_s^x(t)-\bar{E}_s^x(t)}{E_s^x(t)} \tag{9.18}$$

攻击策略 A 常常会造成节点失效(如节点 V_i)，而在研究中往往会注重节点失效后对网络的影响，忽略对攻击策略 A 的研究。因此，若无特别说明，我们也用

$R(V_i)$表示网络对节点 V_i 被攻击后的脆弱度。

9.2.5　仿真实验与结果分析

1. 想定设计

空间信息网络主要由通信卫星、侦察卫星、导航卫星、地面站及其之间的连接关系构成，共计×个网络节点。

2. 仿真分析流程

如图 9.12 所示为空间信息网络结构脆弱性仿真分析流程，其主要步骤如下。

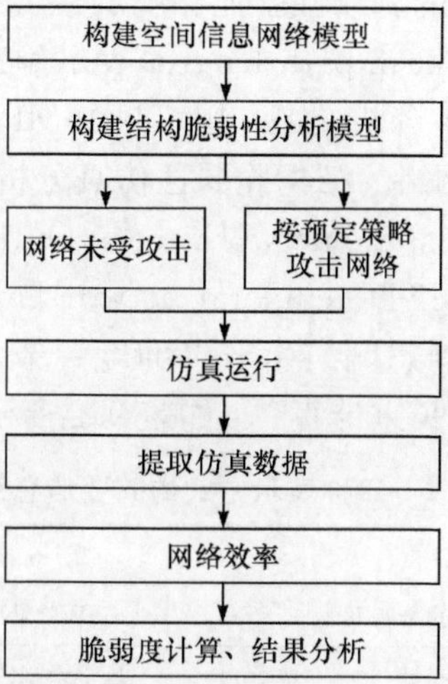

图 9.12　空间信息网络结构脆弱性仿真分析流程图

① 构建多层结构的空间信息时效网络模型。通过网络映射等方式将空间信息网络中的节点和边抽象为网络节点和边，并建立多层结构的空间信息时效网模型。

② 构建结构脆弱性分析模型和衡量节点被攻击后对网络影响的量化指标。

③ 设计想定、仿真运行。在网络未受攻击的情况下，构建想定并运行；当网络受到攻击时，按预定策略对网络进行攻击（在攻击策略的研究上，只考虑网络节点 0 和 1 两种状态。0 表示节点正常，1 表示节点受到攻击。当节点状态处于 1 时，则将该节点从网络中移除）。想定运行结果为后期结构脆弱性分析提供数据基础。

④ 提取仿真数据。运行想定后，提取仿真运行结果，得到网络节点和网络边的具体信息。

⑤ 计算网络效率。在提取仿真数据后,运用结构脆弱性分析模型进行分析,得到网络效率等指标。

⑥ 脆弱度计算,结果分析。通过对比攻击前后网络效率变化情况,计算空间信息网络对攻击策略的脆弱度。仿真实验完成后,对结果进行分析。

3. 仿真实验及结果分析

(1) 仿真实验Ⅰ:基于时效网络的结构脆弱性仿真分析方法的有效性验证

① 实验目的。

通过与静态网络中的脆弱性分析结果对比,验证本章提出基于时效网络的结构脆弱性仿真分析方法的有效性。

为了对脆弱性分析方法的有效性验证和脆弱性分析结果的有效分析,本章用 SNW-MPL(static network-mean path length)表示静态网络中以网络效率(不考虑供需流)为指标的脆弱性分析方法,用 TNW-MPL(temporal network-mean path length)表示基于时效网络的结构脆弱性仿真分析方法,考虑最短路径下的时效网络效率;用 SNW-MND(static network-mean node degree)表示静态网络中节点度的统计方法,用 TNW-MND(temporal network-mean node degree)表示时效网络中节点度的统计方法(静态网络中节点的度=节点出度+节点入度;时效网络中节点的度用节点连接时长来计算[15],如表 9.2 所示。

表 9.2　四种表示方式的简要信息列表

序号	方法名称	编号	方法描述
1	静态网络中的节点度	SNW-MND	主要考虑邻接节点数量
2	静态网络中的脆弱性分析方法	SNW-MPL	平均最短路径长度倒数
3	时效网络中的节点度	TNW-MND	主要考虑节点的连接时长
4	基于时效网络的结构脆弱性仿真分析方法	TNW-MPL	平均最早到达路径长度倒数

② 实验参数。

整个仿真运行时间为 2 小时,仿真步长为 3 秒,共计 2400 个步长,网络节点数量为 55,通过动态数据采集,仿真期间的网络边数量共计 164,接触数量共计 308。最大路径长度设置为 5 跳(LimitHop=5),节点之间的传输时间矩阵设置为一个仿真步长(Traffic=1),即一个仿真步长上只能有 1 跳。

③ 实验结果。

第一,卫星通信网络。

分析卫星通信网络时,需要考虑地面站和通信卫星。地面站数量为 9 个,通信卫星为 12 颗,网络边数为 39,接触数为 83。卫星通信网络节点脆弱度分布情况如图 9.13 所示。卫星通信网络节点的度分布情况如图 9.14 所示。图中横坐标的

1～12 分别表示卫星通信节点 Com01～Com12,横坐标 13～21 分别表示地面站节点 Fac01～Fac09。

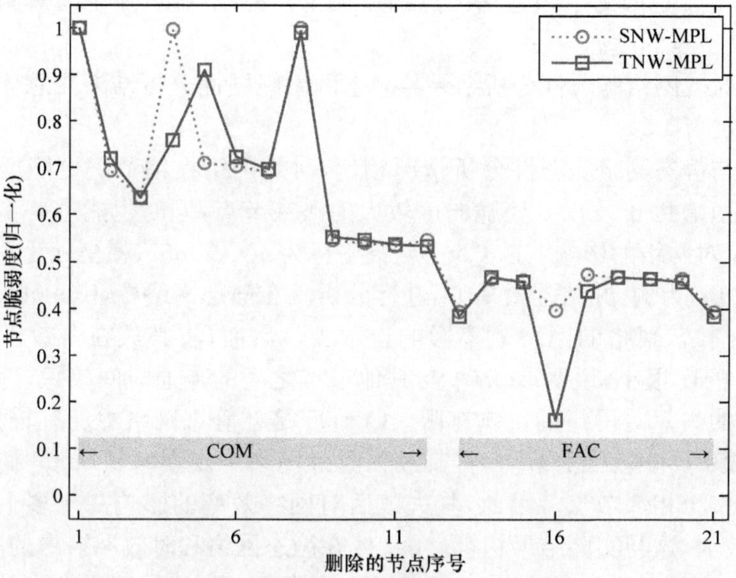

图 9.13　卫星通信网络节点脆弱度

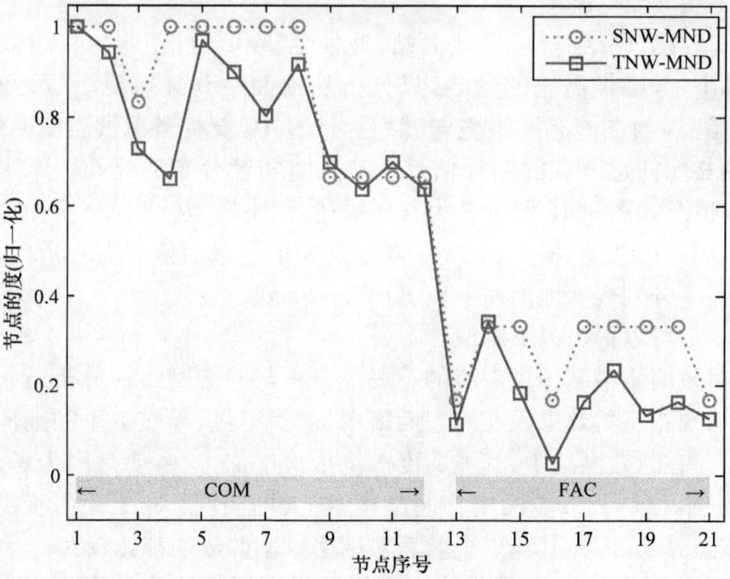

图 9.14　卫星通信网络节点的度

从图 9.13 可以得出以下结论。

其一，卫星通信节点失效后对网络的影响普遍大于地面站节点失效后对网络的影响，这主要是因为卫星通信节点的度无论在静态网络，还是时效网络均普遍大于地面站节点的度。

其二，时效网络脆弱性分析结果与静态网络脆弱性分析结果在总体趋势上基本保持一致。

其三，与静态网络脆弱性分析情况相比，时效网络在细节上更能反映节点的脆弱性情况，有助于发现一些脆弱度较大的潜在节点，同时也能进一步弱化脆弱度较低节点对网络的影响。以 Com04（横坐标为 4）、Com05（横坐标为 5）和 Fac04（横坐标为 16）为例，并结合图 9.14 进行分析。在静态网络中，Com04 的度很大，其失效后对静态网络的网络效率影响也很大。然而，将其放在时效网络中观察时，Com04 的度很小，说明 Com04 与其他节点之间的连通时间较短，这就间接导致 Com04 的失效对网络的影响有限。Com05 是在静态网络中拥有较大节点度，但对网络效率影响较低的节点，将其放在时效网络中观察时，Com05 拥有较大的度，且大于多个相邻节点。因此，其失效后对网络效率的影响高于多个相邻节点的可能性较大，这与实验结果相符。Fac04 在静态网络和时效网络中的度都很小，经过时效网络的网络效率分析后，可以进一步降低 Fac04 对网络效率的影响。这三种情况在静态网络中是无法反映来的。

第二，卫星导航网络。

分析卫星导航网络时，考虑地面站、通信卫星和导航卫星。在时效网络脆弱度指标计算中，考虑供需流的影响，只分析从地面站到导航卫星（可经过通信卫星）的路径信息，而在静态网络脆弱度指标计算中，没有考虑供需流的影响，分析的是节点到其他任意节点的路径信息。节点脆弱度分布情况如图 9.15 所示，节点的度分布情况如图 9.16 所示。为方便描述，图中横坐标 1～24 分别表示卫星导航节点 GPS01～GPS24，横坐标 25～36 分别表示卫星通信节点 Com01～Com12，横坐标 37～45 分别表示地面站节点 Fac01～Fac09。

从图 9.15 可以得出以下结论。

其一，时效网络中基于供需流的脆弱性分析与静态网络的分析结果有很大出入，其趋势出现相反的效果。在静态网络中，通信卫星、导航卫星和地面站的脆弱度依次减少。在时效网络中，其脆弱度却是依次增加，这主要是因为考虑供需流。以地面站为例，虽然其节点的度普遍没有卫星通信节点高，但是由于供需流都是从地面站节点算起，因此其节点失效后对网络效率的影响都比较大。

其二，时效网络突出了部分节点的脆弱性。通过观察节点 GPS05、GPS09、GPS13、GPS17 和 GPS21（对应的横坐标分别是 5、9、13、17 和 21），其脆弱度都非常大。通过图 9.16 可知，这些节点无论是在静态网络，还是在时效网络，节点的

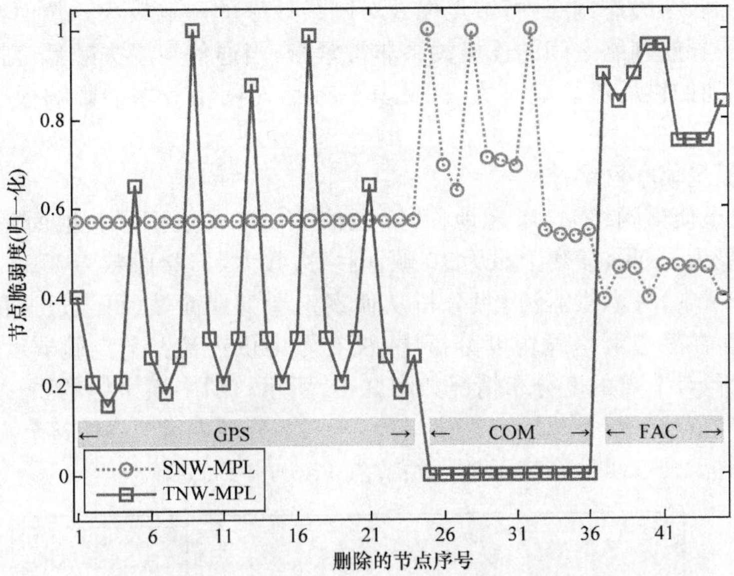

图 9.15　卫星导航网络节点脆弱度

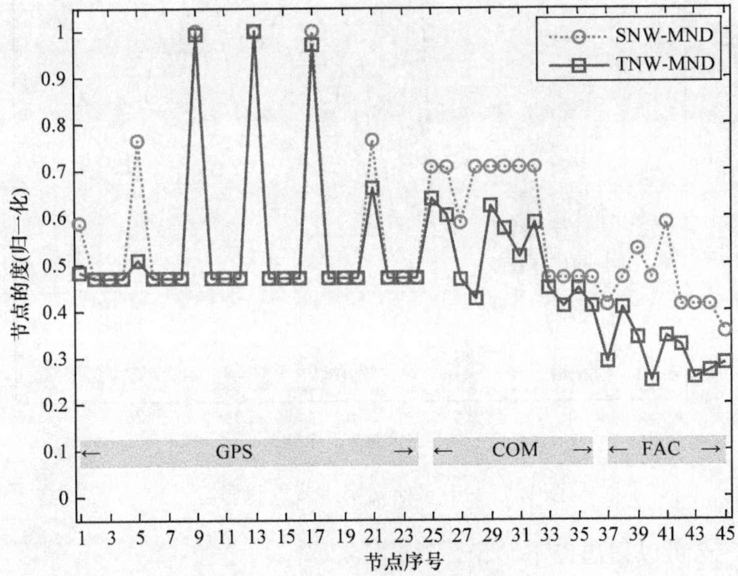

图 9.16　卫星导航网络节点的度

度也非常大，说明这些节点与其他节点的连接数量多、连接时间长，其失效后对网络效率影响大。

其三，卫星通信节点失效对脆弱性影响很小。从图 9.16 可知，卫星通信节点的度都比较高，在静态网络中，节点失效对网络效率的影响较大。然而，在考虑供需流后，由于导航网络之间的连接关系非常紧密，当通信卫星失效后，对地面站到导航节点之间的供需流影响不大，因此其失效后对网络效率的影响很小（几乎可以忽略不计）。

第三，卫星侦察网络。

分析卫星侦察网络时，考虑地面站、通信卫星和侦察卫星。地面站数量为 9 个，通信卫星为 12 颗，侦察卫星为 10 颗，网络边数为 77，接触数为 173。在时效网络脆弱度分析中，考虑供需流，只分析从侦察卫星到地面站（可经过通信卫星）的路径信息，而在静态网络脆弱度分析中，没有考虑供需流。节点脆弱度分布情况如图 9.17 所示，节点的度分布情况如图 9.18 所示。图中横坐标的 1～12 分别表示卫星通信节点 Com01～Com12，横坐标 13～22 分别表示卫星侦察节点 Rec01～Rec10，横坐标 23～31 分别表示地面站节点 Fac01～Fac09。

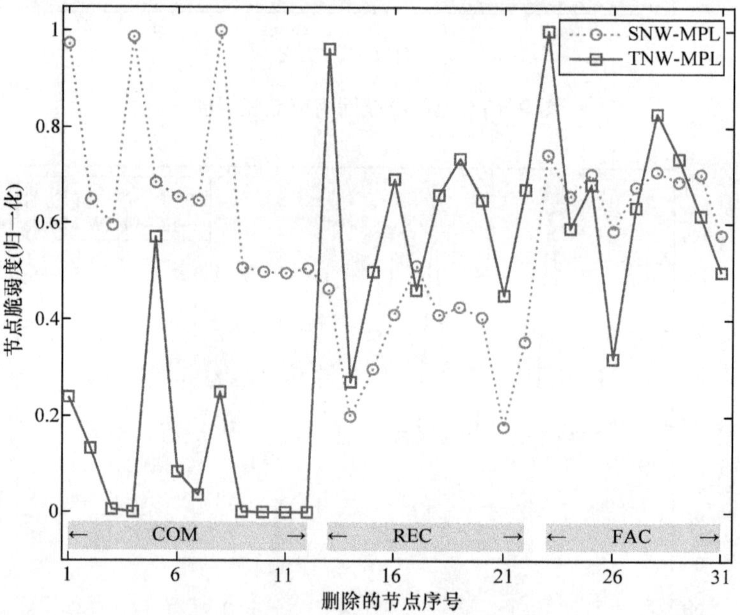

图 9.17　卫星侦察网络节点脆弱度

从图 9.17 可以得出以下结论。

其一，卫星侦察节点的脆弱度普遍提升。节点的脆弱度分析结果在静态网络和时效网络中相差很大（即使静态网络和时效网络中节点的度在图中的趋势基本一致），主要原因与卫星导航网络中的分析基本相同，在时效网络中考虑供需流，使卫星侦察节点的脆弱度普遍提升。

其二，卫星通信节点的脆弱度普遍下降，但同时也映衬出一些更重要的节点。

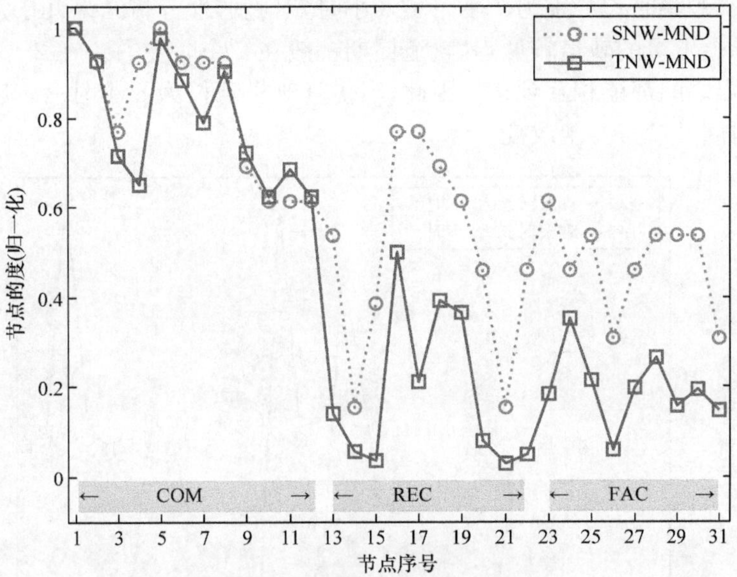

图 9.18　卫星侦察网络节点的度

卫星通信节点的度比较大，说明卫星通信节点连接其他节点的数量较多、连接时间较长。在供需流的作用下，卫星通信节点只是中间传输节点，但由于侦察卫星之间的联系没有导航网络那么紧密，因此削弱了部分通信节点的作用(如 Com08、Com09 等)，同时突显出一些对网络真正起作用的节点(如 Com05)。

④ 仿真实验总结。

通过对卫星通信网络、卫星导航网络和卫星侦察网络脆弱性分析实验，经过比较 SNW-MPL 和 TNW-MPL 算法，并对数值从 SNW-MND 和 TNW-MND 两个方面进行分析。实验结果证明，本章提出的结构脆弱性方法是有效的，并且有助于对节点脆弱性分析做进一步分析。

(2) 仿真实验Ⅱ：时效网络中的不同参数对脆弱性分析的影响

① 实验目的。

主要分析时效网络不同参数(观察时长和观察开始时间等)对分析结果的影响。

② 实验结果分析。

以卫星侦察网络为例，共计 31 个网络节点，用横坐标 1～12 表示卫星通信节点 Com01～Com12，用横坐标 13～22 表示卫星侦察节点 Rec01～Rec10，用横坐标 23～31 表示地面站节点 Fac01～Fac09。如图 9.19 所示是在观察时长分别为 2 小时和 8 小时下的脆弱性分析结果。

从图 9.19(a)可以看出，当网络效率是基于最早到达路径情况分析时，不同观察时间长短(观察时长分别为 2 小时和 8 小时)对脆弱性分析结果几乎没有影响,其原因是侦察卫星的轨道较低,其轨道周期一般在 2 小时左右。在 2 小时的仿真时长内,节点之间都能相互到达。因此,当仿真时长延长为 8 小时后,其节点之间最早到达时间并没有发生改变。

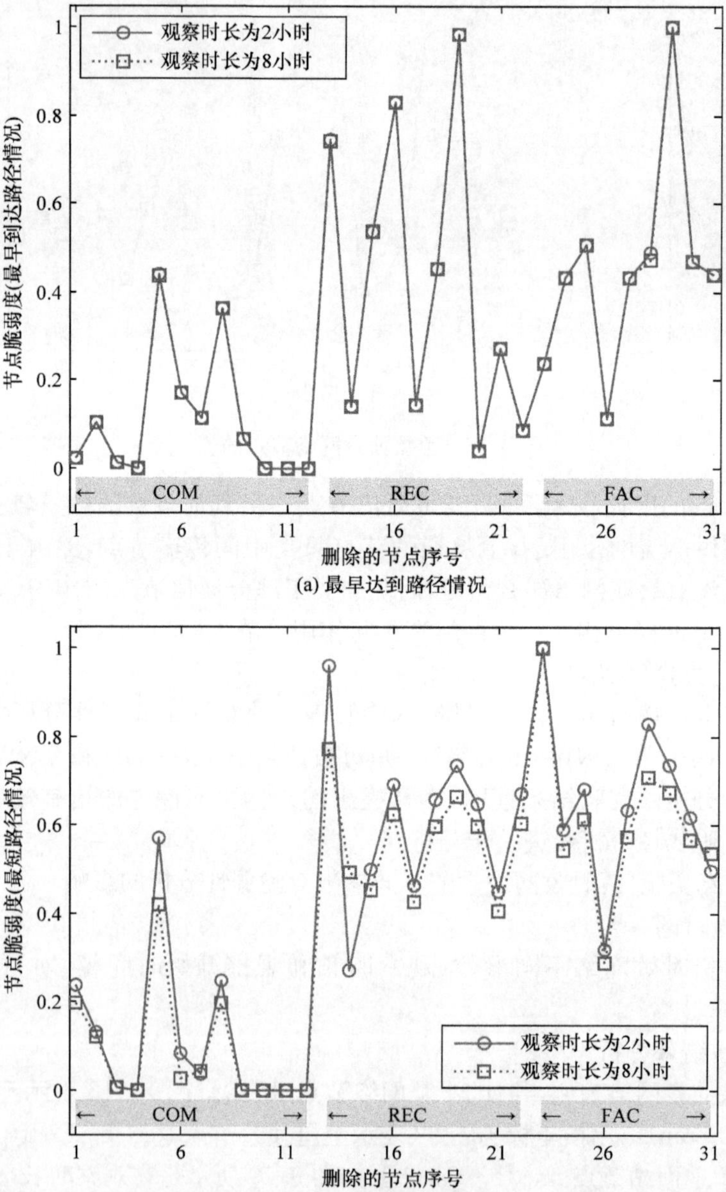

(a) 最早达到路径情况

(b) 最短路径情况

图 9.19　不同观察时长下的脆弱性分析

从图 9.19(b)可以看出，当网络效率是基于最短路径情况分析时，脆弱性分析结果发生了变化，但总体变化趋势很小。这主要是因为随着仿真时间的延长，两个节点之间的最短路径可能随着某个新的接触的加入而发生细微变化，致使大部分原有节点的脆弱度降低，而使某些节点的脆弱度更加突出。

如图 9.20 所示是在观察开始时间分别为 0 小时、1 小时、3 小时和 5 小时，观察时长为 2 小时下的脆弱性分析结果图。

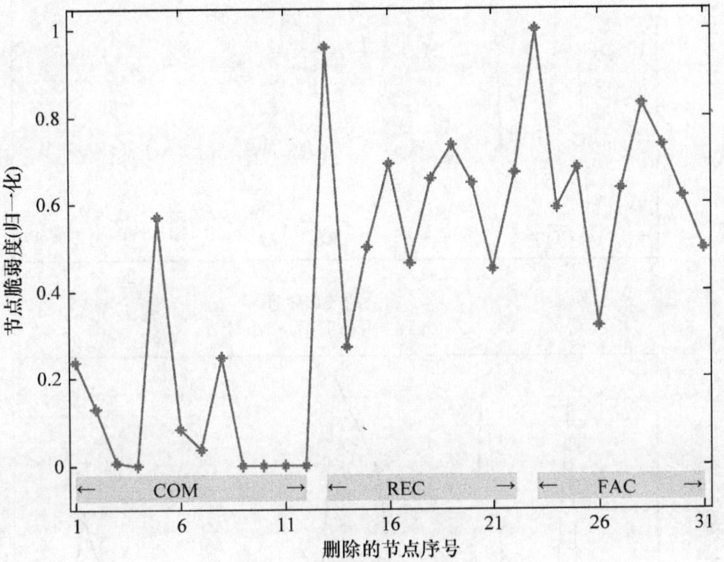

(a) 观察开始时间T=0

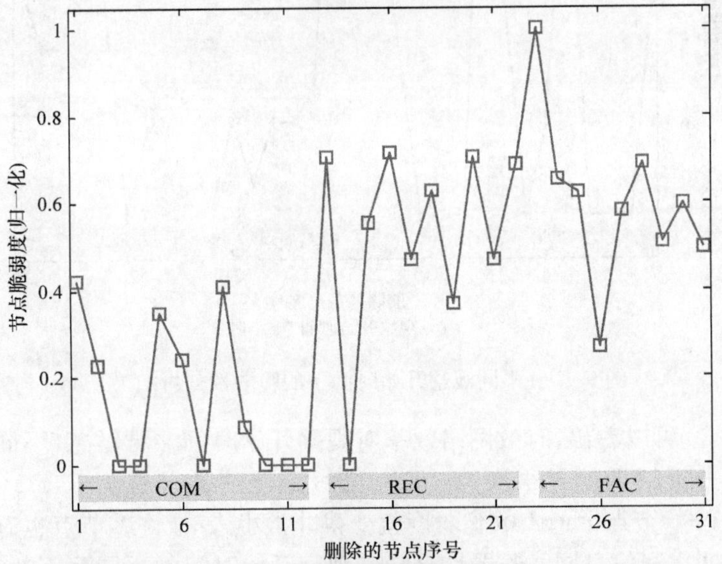

(b) 观察开始时间T=1小时

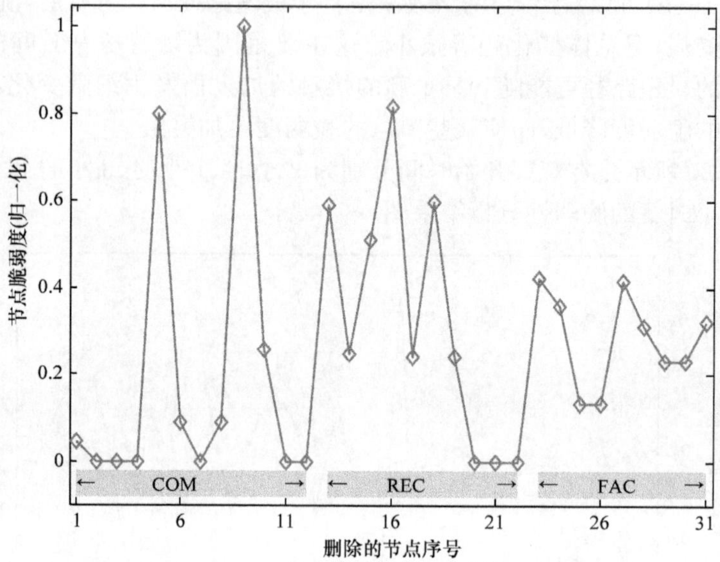

(c) 观察开始时间T=3小时

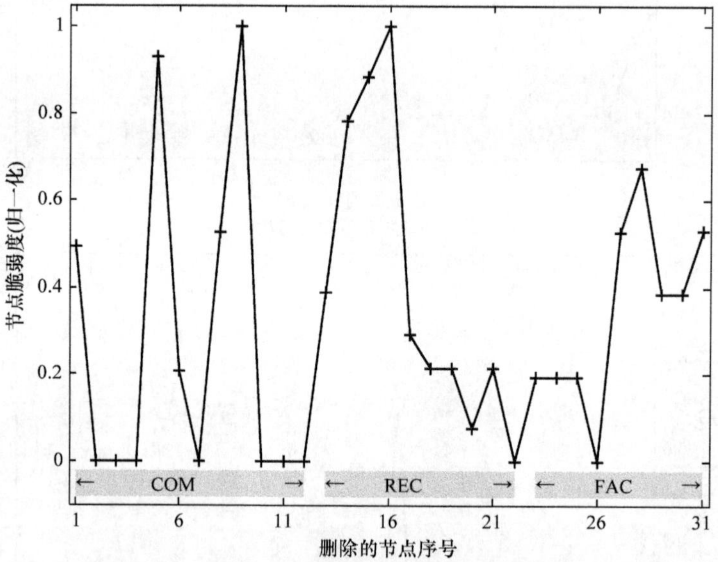

(d) 观察开始时间T=5小时

图 9.20　不同观察开始时间下的脆弱性分析结果

从图 9.20 可以看出，时效网络效率对观察开始时间非常敏感，不同开始时刻下的脆弱性分析结果差异很大，在 $T=0$ 时，最脆弱的节点为 Fac01（横坐标为 23）；在 $T=1$ 时，节点 Fac01 的脆弱度就变得非常小，其他许多节点也有类似的结论。这也说明空间信息网络脆弱性会随着观察开始时间的不同而不断演化，在某些特殊时刻，一些容易被忽视的节点失效后也可能会成为对整个网络影响最大的节点。

③ 仿真实验总结。

通过不同观察时长和不同观察开始时间下的脆弱性分析可知，针对空间信息网络的脆弱性分析，对观察开始时间比较敏感，特定时刻某些节点的失效会对整个网络的脆弱性产生有很大的影响；由于空间信息网络中卫星轨道的周期性原因，当观察时长达到一定阈值时，观察时长的增加对其脆弱性分析结果的影响不大。

9.3　基于贡献率的功能脆弱性仿真分析

9.3.1　功能脆弱性分析方法及面临的问题

对体系功能脆弱性通常采用建模与仿真分析的方法，因为体系的动态失效大多伴随级联失效和体系坍塌效应，用数学解析方法描述比较困难。通过对级联失效过程建立仿真模型，模拟不同攻击策略对网络的影响，比较典型的有对通信、电力和交通等网络的级联失效研究。一种思路是基于网络结构驱动的仿真模型，主要是依据网络结构特性构建信息流、行为规则及失效处理规则等，其初始负载、容量，以及失效后的负载分配规则常常与网络结构相关联，通常依据节点的度、介数等结构特性分配负载和容量等参数。该类型的仿真模型，建模过程较为简单，涉及的参数较少，与真实网络情况差别较大。另一种思路是基于任务驱动的仿真模型，以参与作战过程或完成某些使命任务为牵引，驱动信息在仿真模型内流转。其节点信息的产生、传输、处理，以及信息量等相关参数一直处于动态变化过程中，并不是根据网络结构特性预先分配的。该类模型比较贴近实际，往往是现实系统的一种映射，涉及的参数较多，建模过程较复杂。本节主要采用基于任务驱动的仿真模型。

在基于结构驱动的仿真模型中，由于仿真过程较为简单、相关参数较少，可以通过仿真实验测试主要参数在不同攻击策略下对网络功能的影响。在多故障情况下，有随机攻击策略和按节点度或介数最大攻击的蓄意攻击策略。在单故障情况下，若节点数量不是太多，可以穷举每个节点失效后研究对网络造成的影响。这种类似穷举的思路对基于任务驱动的空间信息网络仿真模型而言，却不一定非常适用，主要原因如下。

① 网络功能受地理空间、服务时间，以及服务对象等因素的影响大。由于网络节点高速运动等因素，空间信息网络中的导航、通信和侦察等功能与地理空间、服务时间，以及服务对象（通信用户、敌方目标和导航接收端）的特性等都有密切

关系,不同位置、不同时间和不同服务对象下的功能各不相同。

② 参数空间范围大,取值可能性多。在空间信息网络仿真模型中,各项功能涉及的参数非常多,且参数变化空间也并非只有 0 或 1,导致整个搜索空间非常大,通过直接遍历参数的方法几乎不可行。

③ 仿真过程时长不定,导致运行时间不可控。在任务驱动下,仿真模型需要一定的运行时间来完成各项任务,尤其当涉及作战过程,以及考察网络能力随时间的变化情况时,仿真运行时间更是一个不得不考虑的因素。例如,完成 10 变量 10 水平 10 分钟实验需要 19 万年,这是无法接受的。

通过以上分析,针对基于任务驱动的仿真模型,提出基于贡献率的空间信息网络脆弱性仿真分析方法,并就如何减小搜索空间等问题给出相应的解决方案。

9.3.2 基于贡献率的功能脆弱性仿真分析方法

1. 功能脆弱性仿真分析的概念模型

针对搜索空间和仿真时间等问题,需要通过有效算法(或筛选准则)找到可能重要的节点,然后对这些节点进行失效模拟仿真测试,进一步验证节点失效对网络的影响程度。为此,本节给出功能脆弱性仿真分析概念模型,如图 9.21 所示。

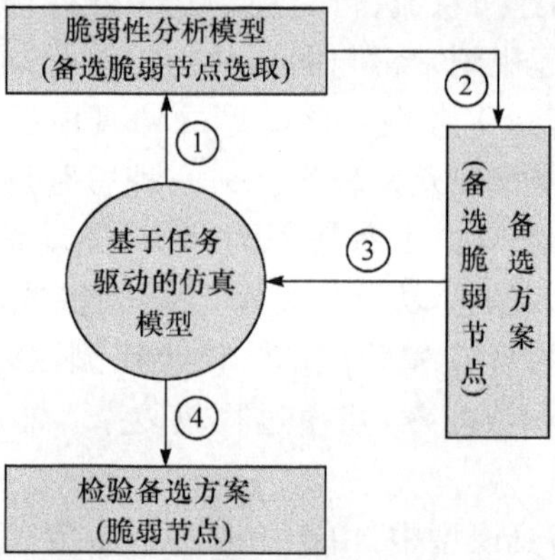

图 9.21 功能脆弱性仿真分析概念模型

在图 9.21 中,脆弱性分析模型的主要功能是通过理论方法或准则筛选出可能重要的节点。通过脆弱性分析模型对仿真数据分析,得到一些可能的脆弱节点,形成备选方案,再将备选方案放入基于任务驱动的仿真模型中,对备选方案进行检验,以验证和确认该节点的脆弱性。

为方便描述,本章将可能的脆弱节点称为备选脆弱节点,将通过仿真实验模拟节点失效后对网络能力影响巨大(超过某个阈值)的节点称为脆弱节点。备选脆弱节点组成的集合称为脆弱节点备选集合 SVN。脆弱节点组成的集合称为脆弱节点集合 VN。

在进行功能脆弱性仿真分析时,有以下两点需要特别注意。

① 备选脆弱节点经过初步筛选后,更重要的是将备选脆弱节点通过仿真模型进行仿真验证,只有在仿真模型中对网络影响大的,才能成为真正的脆弱节点。

② 评估脆弱性节点时,需要确立网络或体系能力指标。这些指标既可以是来源于理论的能力指标,也可以是从仿真数据中提取的能力指标,下面将不做区分。

2. 空间信息网络功能脆弱性仿真分析框架

在功能脆弱性仿真分析概念模型的基础上,结合空间信息网络功能与观察时间、作用空间和服务对象等关系紧密,在功能脆弱性分析过程中,必须明确空间信息网络的时间、空间和功能等相关参数。

空间信息网络功能脆弱性仿真分析方法以判定脆弱节点为主要内容,得到网络在某些能力或某种能力下的脆弱节点集合。该方法的框架及流程如图 9.22 所示。

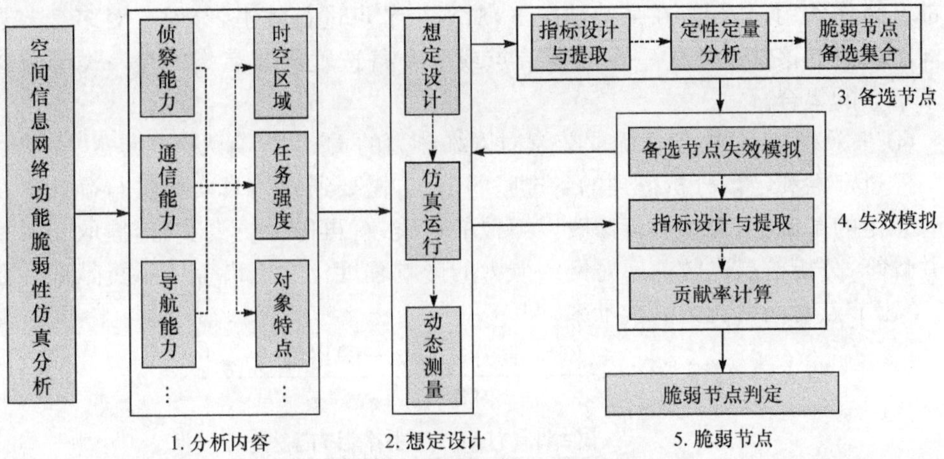

图 9.22　空间信息网络功能脆弱性仿真分析框架及流程示意图

① 明确分析内容,划分分析区域,设定服务对象。

首先,明确空间信息网络功能脆弱性分析的主要能力,如侦察能力、通信能力和导航能力等。然后,划分分析区域。以某些重点区域为研究对象,而不是全球范围;以某个时间段为研究对象,而不是大尺度时间跨度。最后,设定服务对象,功能强弱与所服务的对象有密切关系,需要根据任务强度设定不同的服务对象。

② 想定设计,仿真运行,动态测量。

首先,利用仿真实验平台,构建基线想定。然后,进行仿真,得到实验结果。

最后，根据实验需要，设计能够反映网络能力的指标(针对脆弱节点和备选脆弱节点分别制定相应的脆弱性指标)，并给出计算方法。在仿真实验结果的基础上，计算网络能力指标，供后续分析使用。在指标计算过程中，需要设置监测点动态获取过程数据，指标计算的数据来源应该是多次仿真实验的综合结果。

③ 脆弱节点备选集合分析。

脆弱节点备选集合分析采用定性和定量两种方法。定量分析是运用复杂网络科学等方法，通过对网络进行建模或对仿真结果进行数据挖掘，量化节点失效对网络能力可能造成的影响，以此找出对网络能力影响较大的节点。定性分析是运用分析人员的领域知识，根据对相关问题的总体把握、分析和判断，确定一些可能重要的节点。定性分析主要关注两类节点：一类是具有重要地位的节点，如通信枢纽节点、指挥所节点等；另一类是发挥显著作用的节点，如高性能的卫星侦察节点、先进的制导武器等。通过定性与定量相结合的分析方法，可以获取脆弱节点备选集合。

当然，在寻找脆弱节点备选集合上，需要结合攻击手段等特点进行统一考虑。例如，赛博攻击可能会对同一类型节点都攻击，空间轨道武器会对同一轨道的卫星都有毁伤作用。因此，在某些情况下，对一个节点进行攻击，等效于对多个节点的同时攻击。该情况下的一个脆弱节点或一个备选脆弱节点指的是一类节点或多个节点的集合。

④ 失效模拟，分析备选脆弱节点对网络能力的贡献率，确认脆弱节点。

经过定性和定量分析得到的备选脆弱节点，需要通过仿真实验进行确认。在原有想定的基础上，对其进行修改以模拟节点失效，再进行仿真实验，提取相关指标并计算，分析节点失效前后对网络能力的影响程度。这里借鉴体系贡献率的概念，给出节点对网络能力的贡献率，即

$$\begin{aligned}\text{节点}A\text{的贡献率} &= \frac{|\text{网络能力}_{\text{节点}A\text{失效}} - \text{网络能力}_{\text{正常}}|}{\text{网络能力}_{\text{节点}A\text{失效}}} \\ &= \frac{\text{网络能力}_{\text{正常}} - \text{网络能力}_{\text{节点}A\text{失效}}}{\text{网络能力}_{\text{节点}A\text{失效}}}\end{aligned} \tag{9.19}$$

用 $\mathrm{con}(A)$ 表示节点 A 的贡献率，E 和 E_A 分别表示正常情况和节点 A 失效情况时的网络能力，则式(9.19)可以进一步描述为

$$\mathrm{con}(A)=\frac{E-E_A}{E_A} \tag{9.20}$$

当备选脆弱节点 A 的贡献率大于某个阈值 ε 时($\mathrm{con}(A)>\varepsilon$)，认为该备选脆弱节点就是脆弱节点；否则，从脆弱节点备选集合中删除该节点。

⑤ 得到脆弱节点集合，分析结果，提出建议与对策。

经过前四个步骤的多次仿真实验与分析,可以得到空间信息网络的脆弱节点集合,并就此提出有针对性的改进建议或完善方案。

综上所述,基于贡献率的功能脆弱性仿真分析方法不是一次性的分析过程,而是通过指标提取、定性定量分析和节点贡献率等方法对脆弱节点进行确认,是仿真、分析、再仿真验证的循环提炼过程。

3. 空间信息网络功能脆弱性仿真分析 FVSA 算法

根据分析框架描述的内容和步骤,设计功能脆弱性仿真分析 FVSA 算法,获取空间信息网络在功能上的脆弱节点集合,如算法 9.1 所示。该算法在脆弱节点备选集合选择上,只考虑定量分析,无定性分析。

算法 9.1　空间信息网络功能脆弱性仿真分析 FVSA 算法

输入:空间信息网络
输出:空间信息网络的脆弱节点集合
算法步骤:

① 确定空间信息网络功能脆弱性的研究范围 Fun,主要包括卫星通信网络、卫星侦察网络和卫星导航网络功能脆弱性,即 Fun={卫星通信网络,卫星侦察网络,卫星导航网络};

② 针对每一项功能 $\text{fun}^i \in \text{Fun}$,执行如下步骤;

③ 确定分析区域、时间跨度、任务强度和服务对象;

④ 构建基线想定 Base_Scenario,运行 Base_Scenario,获取仿真运行结果;

⑤ 构建脆弱性指标体系及其指标计算方法,并从仿真运行结果中计算网络能力 E;

⑥ 从仿真结果中抽象出网络模型 G,设计节点 V_i 的脆弱性分析指标 R_i,若 $R_i \geqslant \varepsilon_1$,脆弱节点备选集合 $\text{SVN}=\text{SVN}+\{V_i\}$,所有节点分析完毕,得到 SVN;

⑦ 针对每一个 $\text{svn}^i \in \text{SVN}$,执行如下步骤;

⑧ 在 Base_Scenario 基础上,模拟节点 svn^i 的失效,运行想定,获取节点失效后的网络能力 E_i;

⑨ 计算节点 svn^i 贡献率 $\text{con}(i)=\dfrac{E-E_i}{E_i}$,设定脆弱节点判定阈值 ε_2,若 $\text{con}(i) \geqslant \varepsilon_2$,则 svn^i 为脆弱节点,脆弱节点集合 $\text{VN}=\text{VN}+\{\text{svn}^i\}$ 中;若 $\text{con}(i)<\varepsilon_2$,$\text{SVN}=\text{SVN}-\{\text{svn}^i\}$;

⑩ 返回脆弱节点集合 VN;

⑪ end;// 算法结束

9.3.3　基于时效网络的备选脆弱节点选取方法

在功能脆弱性仿真分析 FVSA 算法中,涉及脆弱节点备选集合 SVN,且该集合的有效性和集合的大小直接影响仿真搜索空间的搜索质量和搜索范围,对 FVSA 算法有重要影响。对备选脆弱节点的选取,可以从基线想定 Base_Scenario 的仿真运行数据中提取网络模型,再借鉴复杂网络的相关理论与方法,根据相关指标对网络节点进行辨识,选取脆弱节点备选集合。在此,结合前面提出的多层结构空间信息时效网络模型，给出几种常用指标的备选脆弱节点选取方法。

1. 基于时效网络效率的备选脆弱节点选取方法

在时效网络结构脆弱性分析中，节点失效后对网络效率影响越大的节点越有可能成为脆弱节点。时效网络中的网络效率如式(9.15)～式(9.17)。在此，可以借鉴结构脆弱性分析中的方法和结论，计算出每个节点失效后对网络效率的影响程度。

基于时效网络效率的备选脆弱节点选取方法如下。

① 从仿真运行结果中抽取空间信息时效网络模型 $\mathcal{G}$。

② 计算 $\mathcal{G}$ 的网络效率。

③ 移除节点 V_i，计算 V_i 失效后的网络效率，得到 V_i 的脆弱度 R_i。

④ 根据设定的阈值 ζ，遍历各节点。若 $R_i>\zeta$，则 V_i 为备选脆弱节点；或者将 R_i 从大到小排序，选取前 N 个节点进入脆弱节点备选集合。

2. 基于时效网络介数中心性的备选脆弱节点选取方法

节点 V_i 在第 s 个时间片的介数中心性 $B_i(s)$ 计算公式为

$$B_i(s)=\frac{1}{(N-1)(N-2)}\sum_{\substack{j\in V\\ j\neq i}}\sum_{\substack{k\in V\\ k\neq i\\ k\neq j}}\frac{U(i,s,j,k)}{|\sigma_{j,k}|} \tag{9.21}$$

其中，$\sigma_{j,k}$ 为节点 j 到 k 的最短路径的数量；$U(i,s,j,k)$ 为节点 j 到 k，且在第 s 个时间片之前经过节点 i 的最短路径的数量。

整个观察时间段内节点 V_i 的介数 B_i 为

$$B_i=\frac{1}{S}\sum_{s}B_i(s) \tag{9.22}$$

节点介数是从信息传输角度看待问题的，介数越高的节点，其失效后意味着对网络传输影响越大。

基于时效网络介数的备选脆弱节点选取方法为

① 从仿真运行结果中抽象出空间信息时效网络模型 $\mathcal{G}$。

② 计算 $\mathcal{G}$ 中节点 V_i 的介数 B_i。

③ 根据设定的阈值 ζ，遍历各节点。若 $B_i>\zeta$，则 V_i 为备选脆弱节点；或者将 B_i 从大到小排序，选取前 N 个节点进入脆弱节点备选集合。

3. 基于时效网络接近度中心性的备选脆弱节点选取方法

接近度中心性反映节点与网络中其他节点的接近程度，可以用节点到其他节点平均距离的倒数来反映接近程度。节点 V_i 的接近度中心性 C_i 计算公式为

$$C_i = \frac{N-1}{\sum_j d_{ij}} \tag{9.23}$$

其中，d_{ij} 为节点 i 到 j 的最短距离。

接近度越高的节点，表明该节点与其他节点的关系越紧密，其失效后对网络功能的影响可能越大。

基于时效网络接近度的备选脆弱节点选取方法如下。

① 从仿真运行结果中抽象出空间信息时效网络模型 $\mathcal{G}$。

② 计算 $\mathcal{G}$ 中节点 V_i 的接近度 C_i。

③ 根据设定的阈值 ζ，遍历各节点。若 $C_i > \zeta$，则 V_i 为备选脆弱节点；或者将 C_i 从大到小排序，选取前 N 个节点进入脆弱节点备选集合。

4. 基于时效网络点权的备选脆弱节点选取方法

在网络效率、介数中心性、接近度中心性指标中，其计算过程都相对复杂、运算量较大。这里设计一种新的指标，即时效网络中的点权，目的是给出一种更加简便、快捷和运算量小的指标。

节点 V_i 的点权 Q_i 计算公式为

$$Q_i = \sum_{j=1}^{N} w_{ij} \times t_{ij} \tag{9.24}$$

其中，w_{ij} 为节点 i 与 j 之间边的权重[15]；t_{ij} 为节点 i 与 j 的连接时长。

在点权的计算过程中，考虑边的时长和权重的因素，点权越大的节点，从侧面反映的对网络功能的影响也可能越大。

基于时效网络点权的备选脆弱节点选取方法如下。

① 从仿真运行结果中抽取空间信息时效网络模型 $\mathcal{G}$。

② 计算 $\mathcal{G}$ 中节点 V_i 的点权 Q_i。

③ 根据设定的阈值 ζ，遍历各节点。若 $Q_i > \zeta$，则 V_i 为备选脆弱节点；将 Q_i 从大到小排序，选取前 N 个节点进入脆弱节点备选集合。

9.3.4 面向贡献率的空间信息网络能力指标体系构建

贡献率的计算主要根据仿真实验结果得到，用于分析和判定备选脆弱节点。本章主要针对仿真实验数据，从空间信息网络的通信能力、侦察能力和导航能力建立脆弱性仿真分析指标体系，并给出相应指标计算方法，为贡献率的计算奠定基础。

1. 通信能力分析指标体系

卫星通信网络在网络整体效能层常用的服务能力指标包括传输时延、延迟抖动、吞吐量、丢包率和平均跳数等[16]。本章借鉴文献[16]中的部分指标，并根据研究需要对相关指标进行改进，以适合脆弱性分析。卫星通信网络能力分析指标体系如表 9.3 所示。

表 9.3　卫星通信网络能力分析指标体系

序号	指标名称	指标描述
1	平均传输时延	数据包从源节点传输到目的节点后在时间上延迟
2	平均跳数	数据包从源节点传输到目的节点后经过的节点个数
3	成功发送率(传输成功率)	被传送的数据包占总发送数据包的比例
4	成功接收率(丢包率)	接收到的数据包占总发送数据包的比例

2. 侦察能力分析指标体系

在侦察能力分析指标体系的构建上，参考文献[17]的相关指标，可以建立卫星侦察网络能力分析指标体系，如表 9.4 所示。

表 9.4　卫星侦察网络能力分析指标体系

序号	指标名称	指标描述
1	首次探测时间	平台被传感器探测到并传回地面站的最早时间
2	平均首次探测时间	目标被每个传感器探测到并传回地面站的最早时间的平均值
3	平均方向误差	地面站在得到目标探测信息后，目标运行方向上的平均误差
4	平均速度误差	地面站在得到目标探测信息后，目标运行速度上的平均误差
5	总探测次数	所有传感器探测目标次数和

3. 导航能力分析指标体系

卫星导航网络在网络整体性效能层常用的服务能力指标包括精度、可用性、连续性和完好性[16]。精度指估计位置与真实位置的匹配程度，通过实际测量值与理论值来计算，常用百分比表示。完好性指当导航网络发生故障导致导航服务不可用时，卫星导航网络向用户发出告警的能力。可用性指可以使用卫星导航网络服务的时间百分比[17]。连续性指导航网络在现有条件下，在规定时间内，以所要求的性能实现其功能的概率[16]。以上四个指标具有普遍性，在实际运用中比较广泛。因此，在卫星导航网络脆弱性仿真分析中，其分析指标体系如表 9.5 所示。

表 9.5　卫星导航网络脆弱性仿真分析指标体系

序号	指标名称	指标描述
1	精度	估计位置与真实位置的匹配程度
2	可用性	可以使用卫星导航网络服务的时间百分比
3	连续性	在现有条件和规定时间内，以要求的性能实现其功能的概率

9.3.5　空间信息网络功能脆弱性仿真实验分析

以空间信息网络通信能力为例，运用功能脆弱性仿真分析 FVSA 算法和构建的脆弱性分析指标，进行仿真实验分析。

1. 仿真实验设计

(1) 实验目的

实验目的是通过分析空间信息网络通信能力在关注区域内(不是全球范围)的脆弱节点，验证所提脆弱性分析方法的有效性。

(2) 实验设计

卫星通信网络关注区域有两个：一是区域 A，坐标范围为东经 XX-XX 度、北纬 XX-XX 度；二是区域 B，坐标范围为东经 XX-XX 度、北纬 XX-XX 度。

在力量部署方面，立足假设的空间信息网络，并在区域 A 和区域 B 内分别添加多个通信用户(如移动地面站、指挥所、作战单元等)。卫星通信网络服务能力主要考察区域 A 与区域 B 之间的通信能力。让区域 A 的每个用户向区域 B 的每个用户发送信息，同时也让区域 B 的每个用户向区域 A 的每个用户发送信息，观察两个区域之间的信息传输特性。

想定中有地面站节点 9 个、卫星通信节点 12 个、通信用户若干个。区域 A 通信用户主要与各个地面站连接，通过各个地面站与通信卫星相连，则区域 A 内通信用户的地理位置对网络通信能力实验没有什么影响。区域 B 通信用户直接与通信卫星相连，通信用户的地理位置对通信能力实验有一定影响，需要对区域 B 进行网格划分。

(3) 区域网格划分

在区域 B 内，采用等间隔采样方法，即将该区域在经度上分成 N_{lon} 份，在纬度上分成 N_{lat} 份，则关注区域内形成 $N_{lon}\times N_{lat}$ 个交叉点，交叉点位置即采样点位置(采样点上可以设置导航接收机、通信收发端和敌方目标等对象)，如图 9.23 所示。通过以上划分方法，关注区域内就形成 $N_{lon}\times N_{lat}$ 个采样点，并对这些采样点按预定时间间隔(如 a 个仿真步长)进行采样。

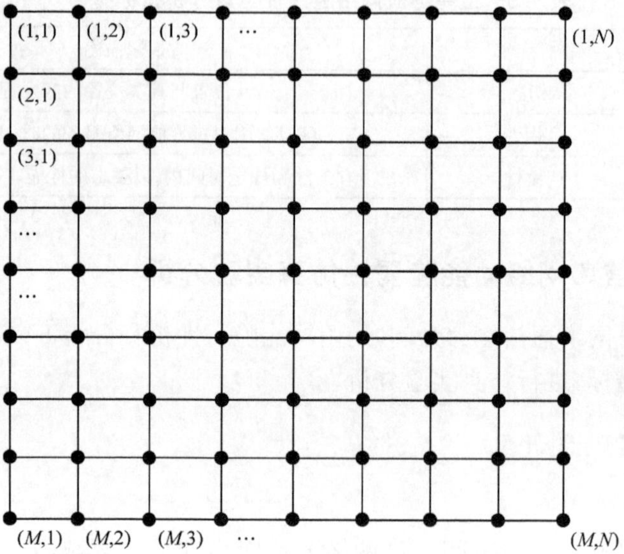

图 9.23 关注区域网格划分示意图

2. 功能脆弱性仿真实验分析

(1) 实验参数设置

① 参数设置。

仿真时间长度为 $T=8412$ 秒，考虑运算效率的问题，在观察区域内每隔 1 度设置一个采样点，即 $N_{\text{lon}}=22$，$N_{\text{lat}}=19$，共计 418 个采样点。针对每个采样点分别制定 1 个基线想定，则可形成 418 个基线想定，采样间隔为 1 个仿真步长。

区域 A 设置一个通信用户，通过地面有线链路连接到各个地面站，区域 B 设置一个通信用户，直接连接各通信卫星。在每个仿真步长内，A 和 B 都互相发送一个数据包。

② 脆弱节点备选集合 SVN 选取。

第一，构造网络结构。以第 i 个基线想定为例，可提取出网络结构 $\mathcal{G}_i$，第 j 个基线想定的网络结构为 $\mathcal{G}_j$。$\mathcal{G}_i$ 与 $\mathcal{G}_j$ 的主要差别在于采样点 i 和 j 位置的不同。将两个网络结构合并得到 $\mathcal{G}_{i+j}$，可以看成由两个采样点 i 和 j 构成的一个基线想定的网络结构。按此思路，将 418 个基线想定的网络结构进行合并，得到网络结构 $\mathcal{G}$。

第二，网络结构 $\mathcal{G}$ 的时间分段划分。实验以通信网络为例，消息都有传输有效时间(自身寿命)，且远小于整个仿真运行时间。然而，在计算 $\mathcal{G}$ 的节点脆弱度时，认为信息可以存活于整个观察时间段内，这与本实验的情况相差很大。为此，需要将整个时间段内的网络结构 $\mathcal{G}$ 按时间（仿真步长）等分为若干个网络结构 $\mathcal{G}^t$。

第三，节点脆弱度计算。分别计算每个网络结构 $\mathcal{G}^t$ 的时效网络效率，并对其进行求和，作为网络结构 $\mathcal{G}$ 的网络效率。进行节点失效模拟，得到节点的脆弱度。在计算时效网络效率时，需要注意的是，此时的供需流是区域 A 中的用户分别与区域 B 中的 418 个用户之间的信息流。

第四，选取脆弱节点备选集合。根据节点脆弱度最大的前 N 个节点构成备选脆弱节点集合 SVN。

③ 贡献率指标计算与脆弱节点辨识。

贡献率指标与网络能力有关，而网络能力的计算来自仿真实验数据。对于每个基线想定，提取仿真实验数据，第 i 个基线想定的网络能力 E_i 用平均传输时延的倒数表示，用所有基线想定的网络能力平均值表示空间信息网络在该区域的通信能力，即

$$E=\frac{1}{N}\sum_{i}E_i \tag{9.25}$$

其中，$N=418$。

根据备选脆弱节点集合，进行节点失效模拟，重新计算节点失效后的网络能力，得到节点的贡献率指标，并以此进行脆弱节点辨识。

(2) 实验结果与分析

对 418 个基线想定分别进行仿真实验，提取每个想定的网络结构，将其合并得到整个关注区域的网络结构 $\mathcal{G}$。$\mathcal{G}$ 的时间分段间隔为 100 个仿真步长，以时效网络效率为脆弱度指标，计算节点脆弱度，其结果如图 9.25 所示。图 9.24 中的横坐标 1～12 分别表示卫星通信节点 Com01～Com12，横坐标 13～21 分别表示地面站节点 Fac01～Fac09。

可以看出，节点 Com01（横坐标为 1）和 Fac01（横坐标为 13）的脆弱度明显高于其他节点。因此，选取这两个节点构成脆弱节点备选集合 SVN＝{Com01，Fac01}。

提取 418 个基线想定的平均传输时延，并根据式(9.13)和式(9.26)，计算卫星通信网络在区域内的通信能力，得到网络能力 $E=15.8636$，其平均传输时延如图 9.25 所示。

为了更好地与脆弱节点备选集合 SVN 进行比较，随机选取 4 个节点 Com05、Com09、Fac04 和 Fac09（横坐标分别为为 5、9、16 和 21），构成随机节点集合 RN＝{Com05，Com09，Fac04，Fac09}。对 SVN 和 RN 进行节点失效模拟，其节点失效后的平均传输时延如图 9.26 所示。

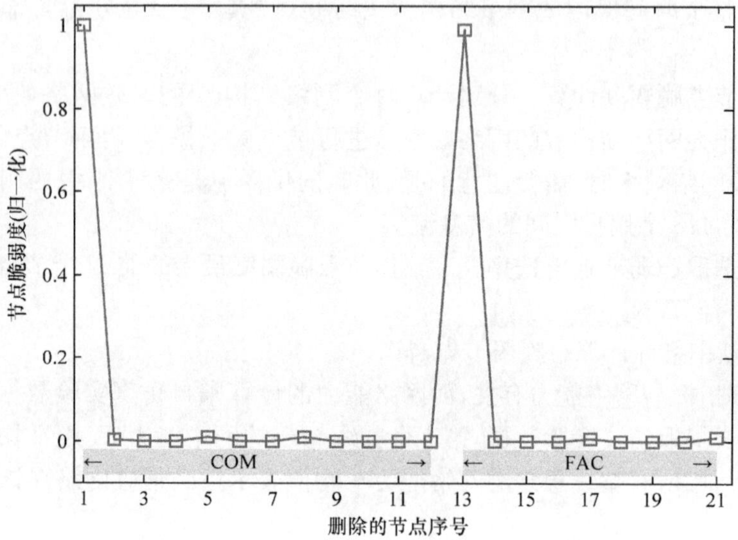

图 9.24　卫星通信网络节点脆弱度

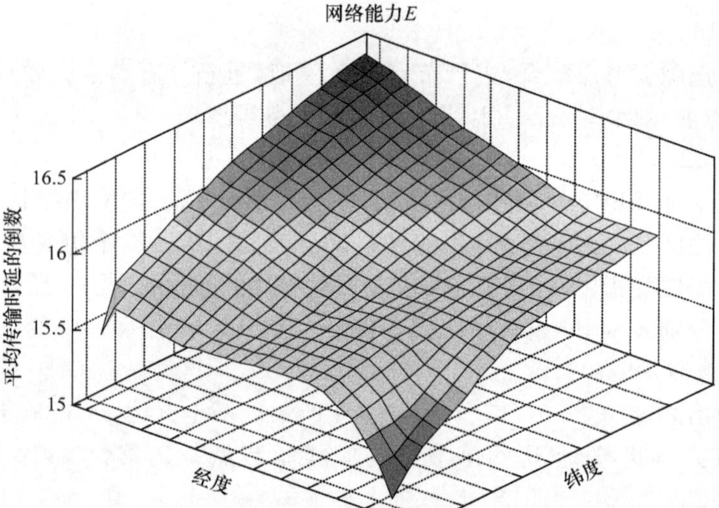

图 9.25　基线想定平均传输时延

对比图 9.25 和图 9.26 可以看出，Com01、Fac01 和 Com05 失效后对网络能力影响很大，Fac04、Com09 和 Fac09 失效后对网络能力影响非常小。

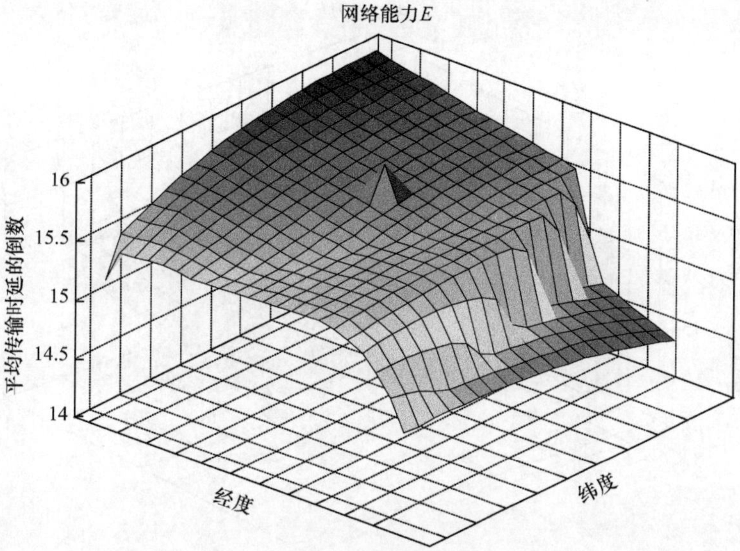

(a) Com01失效模拟结果

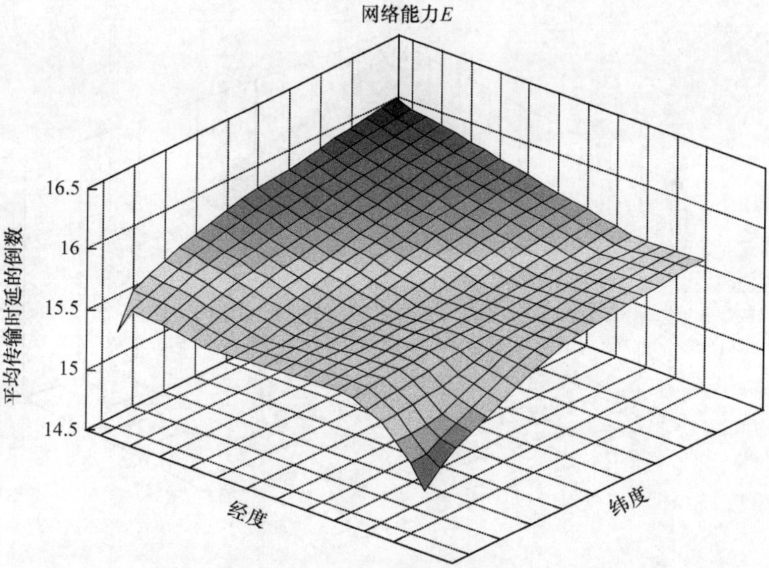

(b) Fac01失效模拟结果

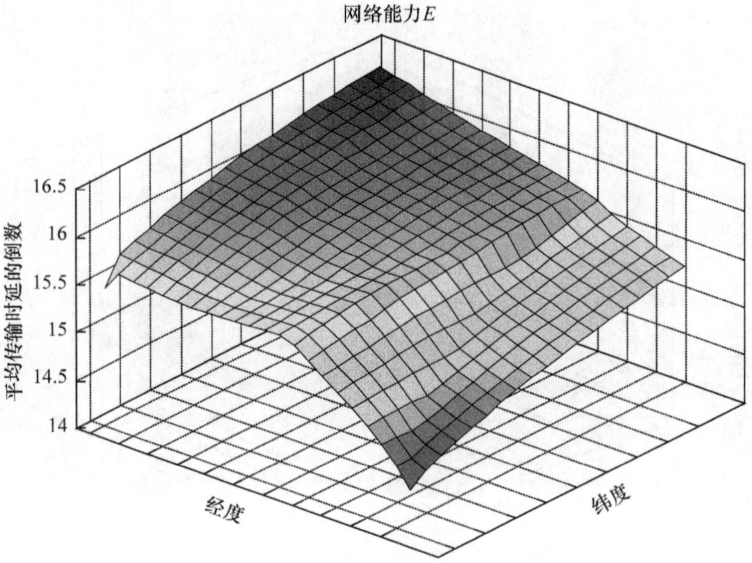

(c) Com05失效模拟结果

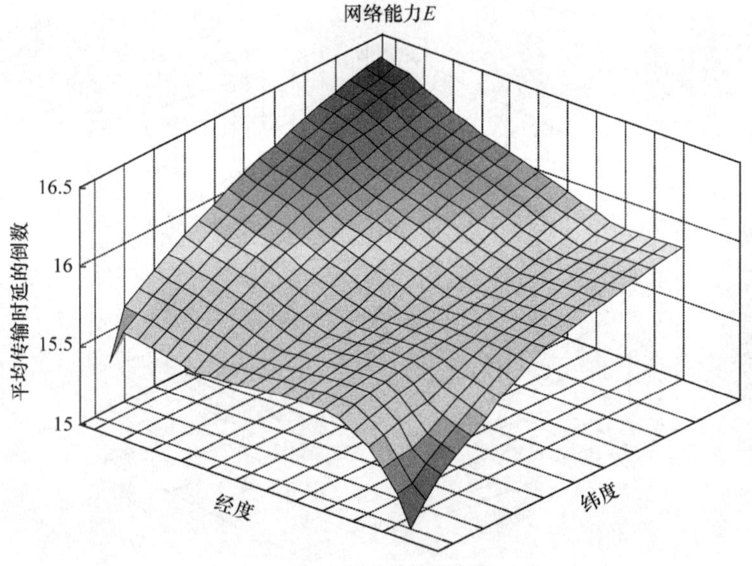

(d) Fac04失效模拟结果

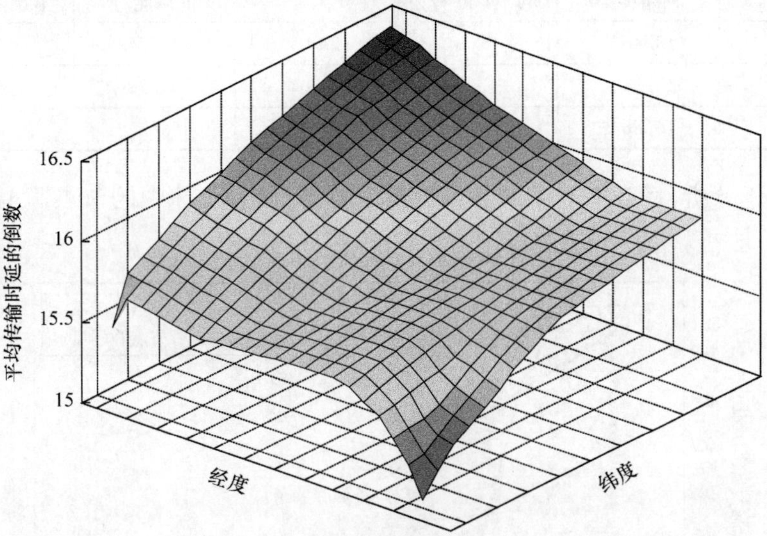

(e) Com09失效模拟结果

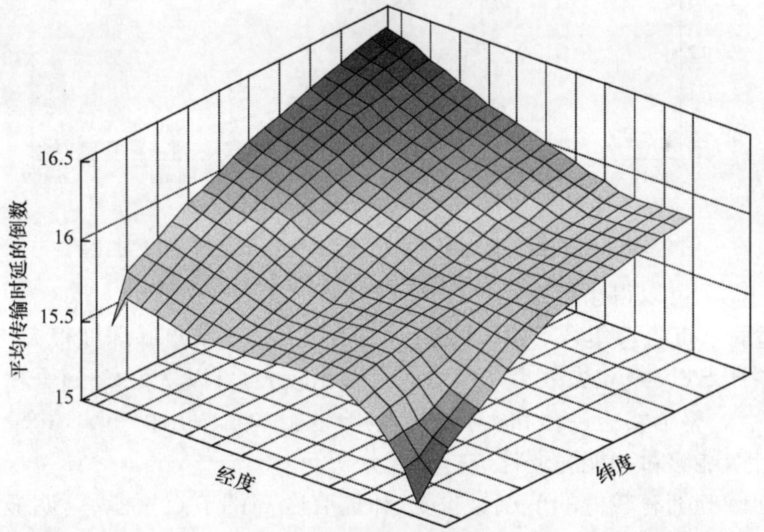

(f) Fac09失效模拟结果

图 9.26 节点失效模拟平均传输时延结果

分别计算 SVN 和 RN 节点失效后的网络能力,可以得到节点贡献率(表 9.6)。

表 9.6 功能脆弱性分析中失效节点的节点贡献率

节点编号	网络能力	节点贡献率/%	节点编号	网络能力	节点贡献率/%
Com01	15.4627	2.59	Fac01	15.6342	1.47
Com05	15.6454	1.39	Fac04	15.8286	0.22
Com09	15.8636	0	Fac09	15.8556	0.05

为便于分析，将表 9.6 中的节点贡献率与 SVN 和 RN 中的节点脆弱度比较，如图 9.27 所示。

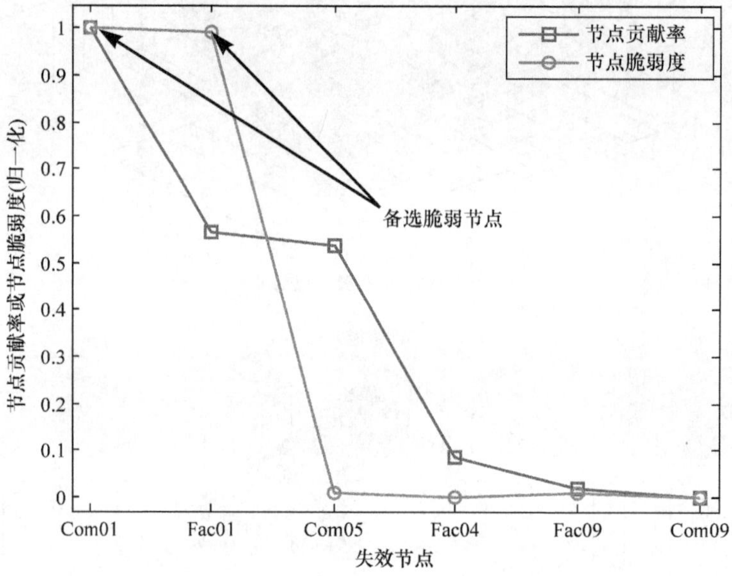

图 9.27 功能脆弱性分析中节点贡献率和节点脆弱度对比图

从图 9.27 可以得出以下结论。

① 脆弱节点备选集合 SVN 中的 Com01 和 Fac01 节点脆弱度很大，节点贡献率较高，说明 SVN 节点失效后对网络能力影响较大，可以认为 Com01 和 Fac01 就是脆弱节点。整个实验过程和实验结果也验证了本章提出的 FVSA 算法的有效性和科学性，能够对功能脆弱性进行有效分析。

② Com05 拥有较低的节点脆弱度，却拥有较高的节点贡献率，明显高于 RN 中的其他节点，说明不在 SVN 中的节点也可能是潜在的脆弱节点。主要原因是有两个，一是计算量问题。为减少计算量，在选取 SVN 时，分段时间间隔为 100 个仿真步长，时间尺度变大，降低了模型的精确度。二是，在 SVN 选取中，只采用定量分析方法，缺乏定性分析。

③ 节点贡献率曲线和节点脆弱度曲线之间不存在线性关系，可能出现较大的出入。节点脆弱度是通过分析得出节点失效时可能对网络能力造成的影响程度，

脆弱度计算过程忽略了很多因素(如节点能力、环境等),而节点贡献率是由实际仿真模型数据得到的,与具体想定有很大关系。节点脆弱度计算结果可以有效地指导仿真实验,与节点贡献率计算结果共同为脆弱性分析提供参考数据。

针对节点众多的网络功能脆弱性分析,若事先不进行分析而盲目仿真实验,必然难以达到预期的分析效果,而通过计算节点脆弱度指标等方式,提取可能的脆弱节点,减少搜索空间,再有针对性地进行脆弱性仿真实验,可以达到快速分析功能脆弱性的目的。

9.4　基于作战环的使命脆弱性仿真分析

9.4.1　相关研究与基本思路

1. 相关研究

体系作战背景下的作战网络,区别于互联网、电力网和交通网等一般复杂网络,其功能是面向作战任务。因此,常用的度、介数和网络效率等指标很难适用于分析作战网络,必须相应地建立能够反映作战网络特点的指标。目前,已有部分文献对作战网络进行了研究,并提出一些相关的脆弱性衡量指标。Cares[18] 提出信息时代战斗模型 IACM,认为 IACM 中的网络环(三维或更高维数的环)是产生网络化作战效能的源泉,并用 IACM 邻接矩阵的 PFE 特征值来度量网络化效能。在此基础上,国内也出现许多相关研究。文献[19]提出作战环的概念;文献[20]提出控制环的概念;文献[21]以作战环数量的多少衡量网络性能,并以此分析作战网络的脆弱性;文献[22]采用体系对抗网络邻接矩阵的 PFE 特征值分析 OODA 环鲁棒性;文献[23]将作战环的思路和方法扩展到空间信息支援体系,以卫星节点参与作战环数量的多少衡量卫星的重要性。然而,将以上方法或思路直接用于空间信息网络支援下的体系作战中来考虑问题时,存在一些明显缺陷,主要表现在以下方面。

(1) 缺乏对空间信息网络结构动态变化的考虑

目前,在空间信息网络建模及脆弱性分析过程中,很少考虑空间信息网络结构动态变化带来的影响。空间信息网络结构的动态变化,造成网络边在时间维度上具有明显的时断时续特点,而时间因素在空间信息网络中具有不可忽视的作用。作战流程由网络节点和网络边的特定序列组成,在时间维度上不可逆,网络边在序列上的先后关系必须符合实际网络边在连通性上的时间先后关系。如图 9.28(a)所示是静态网络中的作战流程,通过 6 个步骤实现从发现目标到打击目标的过程。如图 9.28(b)所示是在考虑空间信息网络结构动态变化的作战流程，截至 t_1 时刻，作战过程已经完成前 4 个步骤，当准备实施步骤⑤时（给作战单元下达命令），在 t_2 时刻由于拓扑结构变化导致其通信网络与作战单元之间的不连通，因此后两步无法实施，该作战流程不能完成。

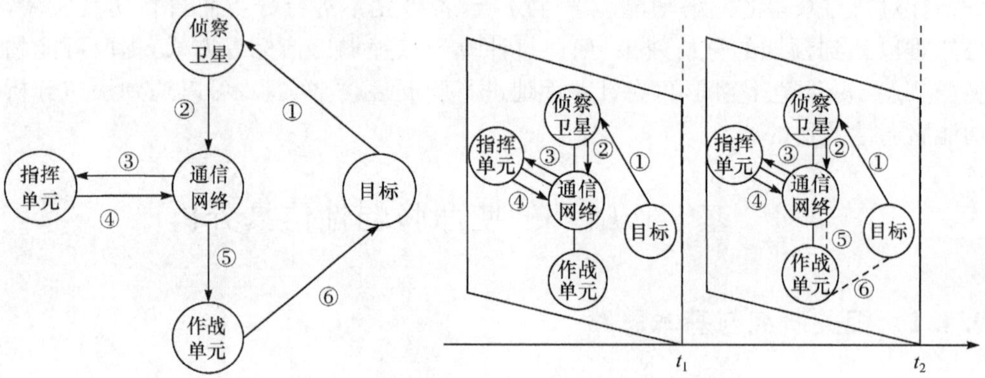

(a) 静态网络中的作战流程　　(b) 时效网络中的作战流程

图 9.28　空间信息网络中的作战流程示意图

（2）缺乏对网络环的考虑

① PFE 表征的是网络中能够形成网络环的多少，而网络环的多少并不能有效表示作战环的多少。如图 9.29 所示，三颗侦察卫星形成网络环，表示传感器对探测目标的轨迹融合，但是这样的网络环不能形成有效的作战环，无法发挥作战效能。

② PFE 和作战环的数量反映网络中能够形成作战环的情况，但是却无法有效体现不同作战环之间的差别。每个作战环所经历的侦察、判断、决策和行动等阶段都是不一样的，对应的作战效能也是有区别的。如图 9.30 所示，相比作战环 2，作战环 1 经历的指挥层级少、用时少，对体系的作战效能应该比作战环 2 大。

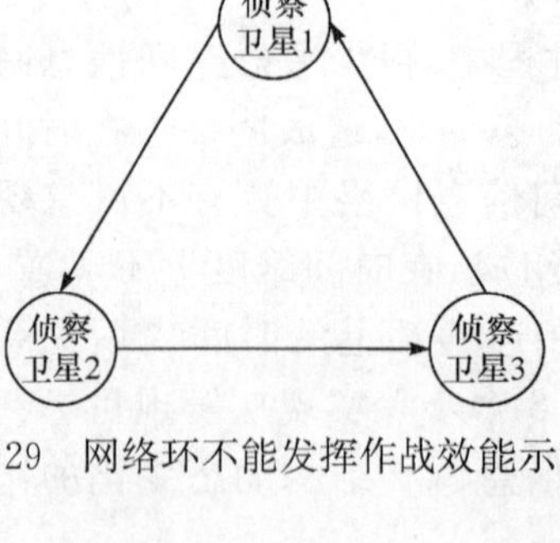

图 9.29　网络环不能发挥作战效能示意图

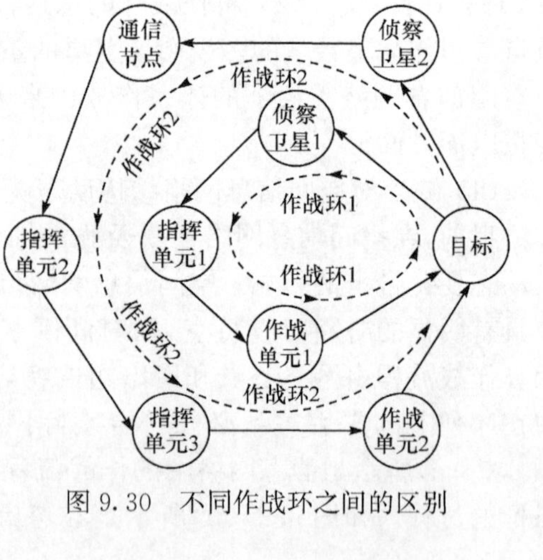

图 9.30　不同作战环之间的区别

(3) 缺乏对体系作战中空间信息网络较为全面的考虑

空间信息网络中有一个重要的组成部分，即导航网络。导航网络对体系的作用已经在近几次美军主导的局部战争中展现出来。现有的包含空间信息网络的体系作战建模与仿真分析中，缺乏对导航网络的考虑。然而，导航网络与通信网络或侦察网络工作方式不同，导航终端需要同时连上多颗导航卫星才能正常接收服务，这也增加了对导航网络研究的复杂性。

2. 基本思路

通过以上分析可知，在以作战环为基础的备选脆弱节点选取上，关键在于对作战环的把握，必须与空间信息网络自身特点及其在精确打击体系作战中的特点相结合才能正确进行分析。其基本思路如下。

(1) 通过对作战环的约束来减少无效网络环的干扰

无效网络环干扰衡量体系的指标，通过增加对节点和边的约束性来突出作战环，将作战环定义为必须依次经历侦察、判断、决策和行动等行动环节的作战过程，从而提高采用作战环为衡量指标的有效性。

(2) 以作战环时长区分不同的作战环效能

在地面军事网络中，作战环时长主要受信息融合时间、指挥时间、判断时间、决策时间等因素的影响。然而，在空间信息网络中，除以上因素，由拓扑动态变化带来的信息传输时间也是个不可忽略的因素。空间信息网络拓扑结构变化频繁，节点之间的链路时断时通，从发现目标、指挥研判到打击目标等过程都与空间信息网络结构密切相关。因此，需要结合作战环时长来衡量每个作战环的效能，作战环所用的时间越短，其作战效能就越高。

(3) 以能否接收导航服务评判作战环是否有效

作战环的作战效能最终需要通过武器对目标的有效攻击来体现，在武器攻击目标的过程中，有无卫星制导在作用上有很大的差距。武器在有卫星导航服务时，其命中精度会有明显提升，而在不能获取卫星导航服务时，武器只能依靠自身的惯性导航等方式进行制导。这种方式在飞行时间较长时会带来较大的误差，命中精度也会明显下降。因此，对作战环是否有效的判断应该结合武器在攻击目标过程中接收导航服务的情况。

基于以上考虑，针对空间信息网络使命脆弱性分析，将沿用功能脆弱性仿真分析中的概念模型、分析框架和 FVSA 算法思路，重点提出一种基于时效网络作战环的备选脆弱节点选取模型，构建贡献率指标，并进行仿真实验分析。

9.4.2　基于时效网络作战环的备选脆弱节点选取模型

1. 基于时效网络的作战环模型

(1) 标准作战环模型

现代作战理论认为作战过程是观察、判断、决策、行动的循环往复过程，即OODA环。OODA环可以有效描述作战中的四个过程，在OODA环全流程的基础上，将每个流程功能映射到体系建模中，文献[23]建立了由传感节点(Sen)、指控节点(Dec)、打击节点(Inf)和目标节点(Tgt)等四类节点组成的作战环模型。如图9.31(a)所示为一个标准作战环，描述作战环中的四类节点与OODA环的四个过程。体系作战流程可以看成由传感节点发现目标，并将信息传递给指控节点；指控节点对形势进行分析、研判后形成决策，并将命令下达给打击节点；打击节点对目标节点实施军事行动组成。整个作战过程是循序进行，形成多个作战环路。

对标准作战环，存在这样一种认识，即节点之间的连接是持续存在的，能够依次形成目标、传感器、决策器、打击的环路。这种认识与实际情形有较大出入，忽略时间对网络影响的考虑。为此，提出基于时效网络的作战环模型。

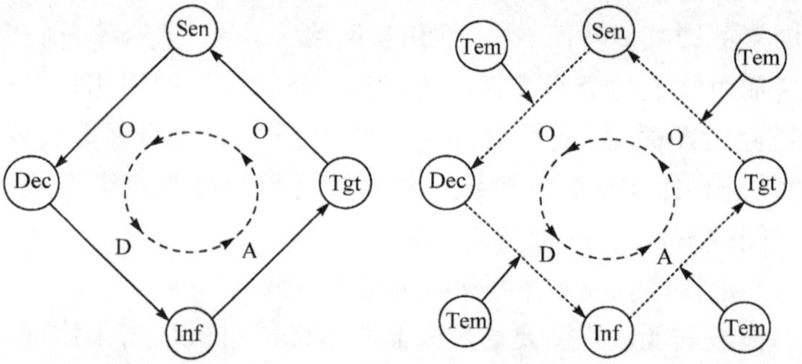

(a) 标准作战环　　(b) 基于时效网络的作战环

图9.31　作战流程描述

(2) 基于时效网络的作战环模型

基于时效网络的作战环，将体系内组分抽象为传感节点(Sen)、指控节点(Dec)、打击节点(Inf)、目标节点(Tgt)和时效因素节点(Tem)等五类。基于时效网络的作战环如图9.31(b)所示。所谓时效因素，就是那些造成节点连接不能保持持续存在的因素。例如，两个地面站需要经通信卫星才能连接，但由于通信卫星的周期运行，导致两个地面站之间通信链路时断时续，那么通信卫星就是一个时效因素，在分析问题时需要特别对待。分析时效因素时，重点关注节点间的关系是如何被抽象的。例如，在体系建模中，当研究地面网络节点链路关系时，这种节点间的连接就是持续存在的；当研究节点间的交互关系时，这种关系不是持续存在的(即使两个节点在物理链路上是一直连接的)。

以空间信息网络支援下的作战体系为例，节点间的通断关系主要是由节点高速运动导致拓扑结构动态变化引起的，那么卫星侦察节点、卫星通信节点和卫星导航节点就是其时效因素。基于此，可以定义空间信息网络支援下的作战环。

定义 9.6　空间信息网络支援下的作战环是指从目标节点开始，依次经过卫星侦察节点、指控节点和打击节点的作战过程，每个作战过程都必须满足时效性的要求，且打击节点在对目标实施攻击的过程中能够接收导航服务。

为方便描述，若无特别说明，均用作战环代替空间信息网络支援下的作战环。

定义 9.7　作战环时长是指目标节点从被发现到打击节点准备攻击目标时的时间长度。

作战环时长可以从侧面反映作战体系的反应速度，时长越长，说明体系对目标的反应越慢，其作战环所产生的效能就越低；反之，作战环产生的效能越高。

在能否接收导航服务的判断上，对其简化处理，认为打击节点在准备攻击时，能够同时接收到 N_{rec} 颗以上导航卫星提供的服务，则认为打击节点能够接收导航服务；否则，当同时接收卫星导航服务少于 N_{rec} 颗时，则认为打击节点不能接收导航服务。

2. 作战体系的网络模型构建

(1) 作战体系映射到网络节点

将作战体系中的空间信息网络抽象为四类网络节点，分别是卫星通信节点 V_{C}、卫星导航节点 V_{SN}、卫星侦察节点 V_{SR} 和地面站节点 V_{SF}。其中，V_{SC}、V_{SN} 和 V_{SF} 分别对应通信卫星、导航卫星和地面站，V_{SR} 由电子侦察卫星、成像侦察卫星和预警卫星等抽象而来。针对空间信息网络之外的作战体系，参照 Cares[18] 对作战体系的抽象方法，可以将空间信息网络以外的作战体系抽象为指控节点(V_{Dec})和打击节点(V_{Inf})。为了体现作战体系中完整的作战环过程，将对方作战体系抽象为单一目标节点(V_{Tgt})，用于表示对方可能的目标集合。这样使在分析过程中，侧重的是己方的兵力部署和网络结构，而与对方作战体系的网络结构无关。

在网络节点映射过程中，若作战体系中的某个实体具备多种功能，则需要将其分别映射成多种不同的网络节点。例如，指挥所可以接收侦察卫星的信号，也可以使用通信卫星，则将其抽象为指控节点和地面站节点。

至此，双方作战体系被抽象为 V_{SC}、V_{SN}、V_{SR}、V_{SF}、V_{Dec}、V_{Inf} 和 V_{Tgt}。

(2) 作战体系映射到网络边

将作战体系中的节点关系抽象为网络的边，通过对其详细分析，可以抽象为探测关系、导航关系、打击关系和通信关系，如图 9.32 所示。

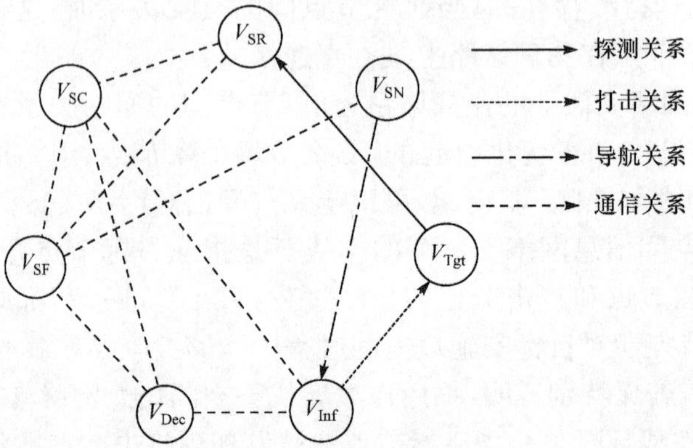

图 9.32　作战体系中的节点连接关系示意图

① 探测关系是目标节点与卫星侦察节点之间形成的关系，当目标被探测到时，则形成由目标节点指向卫星侦察节点的有向边。

② 导航关系是卫星导航节点与打击节点之间形成的关系，为打击节点提供导航、定位等信息服务，当打击节点能够接收到卫星导航节点信息时，则形成由卫星导航节点指向打击节点的有向边。

③ 打击关系是打击节点与目标节点之间形成的关系，当打击节点准备向目标节点进行打击时，则形成一条从打击节点指向目标节点的有向边。

④ 通信关系是己方体系中各类网络节点之间依靠节点自身能力或通信节点传递侦察轨迹、星历数据、指控命令等信息所形成的关系，通信关系需要根据具体情况判断边的有向性情况。

(3) 作战体系网络模型

在将作战体系映射为网络节点和网络边的基础上，构建作战体系的时效网络模型 $G=(I,S)$，其中 $I=[T_B,T_E]$ 为观察时间段；S 为时间片网络集合，$S=\{S_1, S_2,\cdots,S_N\}$；$N$ 为时间片的个数，等分时间间隔为 Δt，网络中的节点个数为 N_V，边的数量为 N_E，接触数量为 N_C。以第 n 个时间片 S_n 为例，其邻接矩阵关系为

$$
A^n=\begin{array}{c} \\ V_{SR} \\ V_{SC} \\ V_{SN} \\ V_{SF} \\ V_{Dec} \\ V_{Inf} \\ V_{Tgt} \end{array}
\begin{array}{c}
\begin{array}{ccccccc} V_{SR} & V_{SC} & V_{SN} & V_{SF} & V_{Dec} & V_{Inf} & V_{Tgt} \end{array} \\
\begin{bmatrix}
A_{SR,SR} & A_{SR,SC} & A_{SR,SN} & A_{SR,SF} & A_{SR,Dec} & A_{SR,Inf} & A_{SR,Tgt} \\
A_{SC,SR} & A_{SC,SC} & A_{SC,SN} & A_{SC,SF} & A_{SC,Dec} & A_{SC,Inf} & A_{SC,Tgt} \\
A_{SN,SR} & A_{SN,SC} & A_{SN,SN} & A_{SN,SF} & A_{SN,Dec} & A_{SN,Inf} & A_{SN,Tgt} \\
A_{SF,SR} & A_{SF,SC} & A_{SF,SN} & A_{SF,SF} & A_{SF,Dec} & A_{SF,Inf} & A_{SF,Tgt} \\
A_{Dec,SR} & A_{Dec,SC} & A_{Dec,SN} & A_{Dec,SF} & A_{Dec,Dec} & A_{Dec,Inf} & A_{Dec,Tgt} \\
A_{Inf,SR} & A_{Inf,SC} & A_{Inf,SN} & A_{Inf,SF} & A_{Inf,Dec} & A_{Inf,Inf} & A_{Inf,Tgt} \\
A_{Tgt,R} & A_{Tgt,SC} & A_{Tgt,SN} & A_{Tgt,SF} & A_{Tgt,Dec} & A_{Tgt,Inf} & A_{Tgt,Tgt}
\end{bmatrix}
\end{array} \tag{9.26}
$$

针对每个矩阵 $A_{U,V}$，$U,V\in\{V_{\mathrm{SR}},V_{\mathrm{SC}},V_{\mathrm{SN}},V_{\mathrm{SF}},V_{\mathrm{Dec}},V_{\mathrm{Inf}},V_{\mathrm{Tgt}}\}$中的元素 $a_{ij}(n)$为

$$a_{ij}(n)=\begin{cases}1, & \text{在第 } n \text{ 个时间片内有节点 } i \text{ 指向节点 } j \text{ 的接触}\\ 0, & \text{其他}\end{cases}\tag{9.27}$$

3. 基于作战环的脆弱度指标建模

在备选脆弱节点的选取过程中，用基于作战环的脆弱度指标来衡量节点失效后对作战体系能力的影响程度，而体系能力则用作战体系在观察时间段内能够形成的作战环数量和作战环时长等信息综合表示。下面分别就体系能力表示和脆弱度计算进行介绍。

作战环是由目标节点出发，经过侦察、指控等节点到达打击节点的作战过程，为便于形式化表示，可用下式表示作战体系的作战环数量，即

$$N_{\mathrm{Opt}}=\sum_{u=1}^{N_{\mathrm{Tgt}}}\sum_{v=1}^{N_{\mathrm{Inf}}}f(u,v,t)\tag{9.28}$$

其中，N_{Tgt}为目标节点数量；N_{Inf}为打击节点数量；$f(u,v,t)$为从目标节点 u 出发到打击节点 v，且经过侦察、指控等节点形成的作战环数量。

对 $f(u,v,t)$求解时，为防止无效作战环的计算，加入以下作战环约束规则。

① 每个作战环必须经过目标节点、侦察节点、指控节点和打击节点，且这四类节点的先后顺序不能发生变化。

② 每个作战环中的节点还可能存在通信和地面站等节点。

③ 作战环是否有效以打击节点在攻击目标时能否接收导航服务为准。

作战体系在观察时间段内共形成的 N_{Opt}个作战环，令 l_i 为第 i 个作战环($i=1,2,\cdots,N$)，对应的作战环时长为 t_i。考虑不同作战环时长对体系产生的效能不同，时长越短的作战环对体系的效能应该越大，因此根据作战环时长定义每个作战环的权重 ω_i，即

$$\omega_i=\begin{cases}\left\lceil\dfrac{t_i}{\xi}\right\rceil, & t_i\leqslant t_{\mathrm{Thred}}\\ 0, & t_i>t_{\mathrm{Thred}}\end{cases}\tag{9.29}$$

其中，操作符$\lceil * \rceil$表示向上取整操作；ξ 为作战环时长量化因子；t_{Thred}为作战环时长阈值，当作战环时长超过阈值，即从发现目标到准备打击目标的作战时间过长时，认为该作战环对体系产生的效果可以忽略不计，该情况下令该作战环的权重为 0；$\omega_i\in\left\{0,1,\cdots,\left\lceil\dfrac{t_{\mathrm{Thred}}}{\xi}\right\rceil\right\}$。

综合作战环数量和作战环时长的体系能力可以表示为

$$E_G = \sum_{k=1}^{N_{\mathrm{Opt}}} \frac{1}{\omega_k} \tag{9.30}$$

若作战体系中的空间信息网络受到攻击策略 A 的影响，致使其体系能力下降为 $\bar{E}_G$，则体系作战背景下的空间信息网络对攻击策略 A 的脆弱度可以表示为

$$R(A)=\frac{E_G-\bar{E}_G}{E_G} \tag{9.31}$$

由于 $\bar{E}_G \leqslant E_G$，因此 $0 \leqslant R(A) \leqslant 1$。

根据 $R(A)$ 的值，可以选取备选脆弱节点。

9.4.3 节点贡献率指标构建

本节主要内容是构建节点贡献率指标。由于该指标与体系能力有关，因此借鉴文献[24]的研究成果，用使命任务完成率指标衡量体系能力。首先，给出节点贡献率指标的定义。然后，介绍使命任务完成率指标。最后，给出基于使命任务完成率的节点贡献率指标。

1. 节点贡献率

在脆弱度指标建模过程中，节点贡献率主要用于选取备选脆弱节点。备选脆弱节点能否成为真正的脆弱节点，需要再对备选脆弱节点进行失效模拟仿真实验，并根据节点对体系的贡献率来判断。其贡献率计算公式为

$$\begin{aligned}\text{节点}\,A\,\text{的贡献率} &= \frac{\left|\text{体系效能}_{\text{节点}A\text{失效}}-\text{体系效能}_{\text{正常}}\right|}{\text{体系效能}_{\text{节点}A\text{失效}}} \\ &= \frac{\text{体系效能}_{\text{正常}}-\text{体系效能}_{\text{节点}A\text{失效}}}{\text{体系效能}_{\text{节点}A\text{失效}}}\end{aligned} \tag{9.32}$$

式中涉及对体系效能的描述，体系效能是体系能力的反映，以完成使命任务为渠道，通过作战效能方式表现出来。用什么指标、用哪些指标能够反映体系效能或体系能力，这是体系评估问题。本节借鉴已有的体系评估的研究成果，选择合适指标进行脆弱性分析。

2. 使命任务完成率

文献[24]总结了体系效能的常用评估指标，将其分为体系使命任务效能指标、体系整体性效能指标和网络结构效能指标。体系使命任务效能指标主要包括战果、战损、推进速度、使命任务完成度、使命任务完成度和使命任务完成率等。体系整体性效能指标主要包括决策能力、网络通信能力、侦察协同能力、攻击协同能力、体系自同步及适应能力等。网络结构效能指标主要包括网络连通性、网络可控性、网络同步能力、网络传播能力等。

这里关注的是体系使命任务效能指标层，相比较战果、战损、推进速度等指标，使命任务完成度和使命任务完成率更能从整体上反映使命任务的完成情况，下面重点介绍这两个指标。

(1) 使命任务完成度

使命任务完成度是在特定想定环境下进行单次演习或仿真而完成所有特定使命任务的程度，计算公式通常为

$$S_M = \sum_{i=1}^{N} W_i O_i \tag{9.33}$$

其中，使命任务 M 的使命任务完成度为 S_M；M 可以分为 N 个作战目标(或子任务)；W_i 为第 i 个作战目标(或子任务)所占的权重；O_i 为第 i 个作战目标(或子任务)的完成情况。

(2) 使命任务完成率

使命任务完成率是针对同一使命任务 M，通过多次演习和大量仿真，基于使命任务完成度 S_M 的一个统计结果，即

$$P_M = \frac{\sum_{i=1}^{Q} S_M^i}{Q} \tag{9.34}$$

其中，使命任务 M 的使命任务完成率为 P_M；Q 为仿真次数；S_M^i 为第 i 次使命任务完成度。

使命任务完成率可以有效地降低单次仿真中的随机因素对任务完成情况的影响。

3. 基于使命任务完成率的节点贡献率

根据式(9.32)，节点 i 对体系的贡献率 $\mathrm{con}(i)$ 可以表示为

$$\mathrm{con}(i) = \frac{P_M - P_M^i}{P_M^i} \tag{9.35}$$

9.5 精确打击体系下空间信息网络使命脆弱性仿真实验分析

9.5.1 仿真实验设计

1. 实验目的

以空间信息支援下的精确打击体系为作战背景，以某些使命任务为牵引，通过仿真实验，研究空间信息网络在使命任务中的脆弱性，验证使命脆弱性仿真分

析方法的有效性与合理性。

2. 基本部署

实验想定由红蓝双方构成。红方为空间信息网络支援下的精确打击体系所在方，对关注区域进行严密监视，并对出入关注区域内的蓝方实施综合打击。蓝方由一个机动编队组成，在红方的关注区域内出没，并试图穿越区域。

9.5.2 仿真实验及结果分析

仿真时间长度为 $T=7200$ 秒，$N_{\text{lon}}=22$，$N_{\text{lat}}=19$，共计 418 个采样点，分别在每个采样点上设置为蓝方编队的初始位置，并制定 1 个基线想定，共形成 418 个基线想定，采样间隔为 1 个仿真步长。

提取 418 个基线想定的网络结构 G，计算节点的脆弱度，其结果如图 9.33 所示。横坐标 1～12 表示卫星通信节点 Com01～Com12，横坐标 13～21 表示地面站节点 Fac01～Fac09，横坐标 22～31 表示卫星侦察节点，横坐标 32～37 表示导航卫星的 6 个轨道面(对导航卫星攻击时，将每个轨道面看成一个节点进行攻击，轨道面的设置略)。

如图 9.33 所示为仅以作战环数量和综合考虑作战环数量与作战环时长为指标的使命任务中的节点脆弱度分析结果。可以看出，两种不同指标下的脆弱度分析结果大致相同，只是在部分节点上表现出差异，对部分卫星通信节点(如 Com02～Com07)、卫星侦察节点(Rec08～Rec10)和每个导航卫星轨道面的打击都不会对使命任务有影响，而部分节点(如 Com08、Rec02 和 Rec04 等节点)的失效对使命任务影响很大。

以综合作战环数量和时长为指标来选取备选脆弱节点，选取值最大的 3 个节点(横坐标为 23、25 和 27)构成脆弱节点备选集合 SVN={Rec02，Rec04，Rec06}。

从仿真结果中提取使命任务完成率 P_M 表示体系能力。第 i 个基线想定的体系能力 $E_i=P_M^i$，用所有基线想定的体系能力平均值表示空间信息网络在该区域内体系能力，即

$$E=\frac{1}{N}\sum_{i}E_i \tag{9.36}$$

其中，$N=418$。

为简化使命任务完成率 P_M 的计算，可以认为导弹命中编队即完成一项子任务，将每次仿真结果的导弹命中率记为使命任务完成度。每个位置仿真次数为 5 次，5 次的使命任务完成度的平均值记为同一位置下的使命任务完成率。如图 9.34 所示为精确打击体系在网络节点未受到任何攻击情况下的使命任务完成率，分别用颜色块和等高线表示的区域使命任务完成率，计算得该区域内体系能

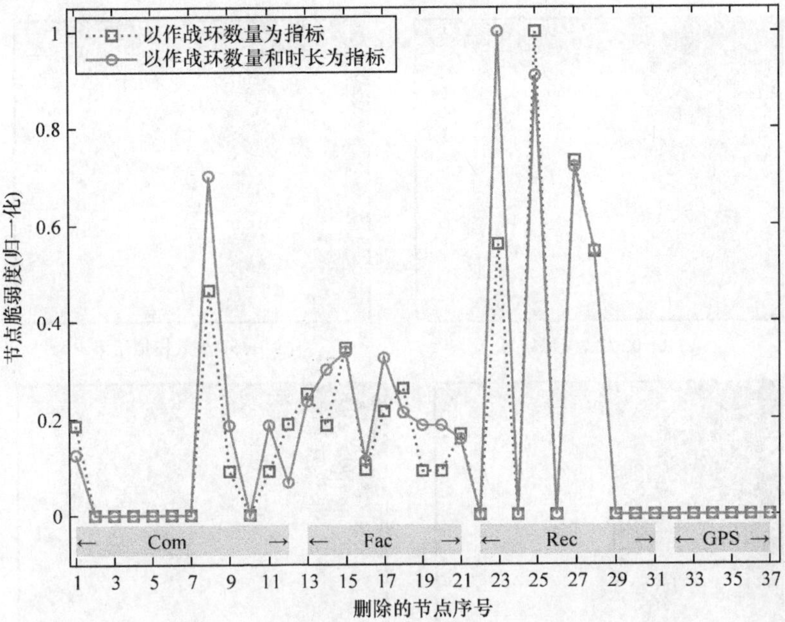

图 9.33　使命任务中的节点脆弱度

力为 $E=38.76\%$。

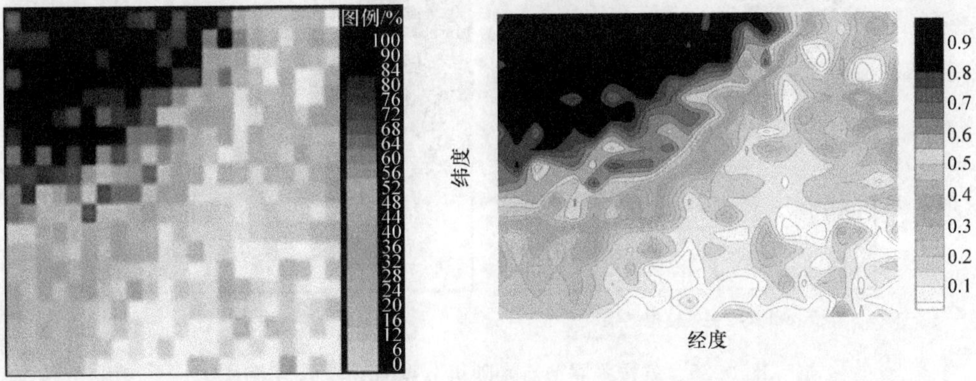

(a) 区块颜色卡表示　(b) 等高线表示

图 9.34　使命任务完成率示意图

为了更好地与脆弱节点备选集合 SVN 进行比较，选取节点 Com08、Fac02 和 Rec07(横坐标分别为 8、14 和 28)，构成随机节点集合 RN＝{Com08，Fac02，Rec07}，分别对 SVN 和 RN 进行失效模拟，得到的 6 个节点失效后的体系能力如图 9.35 所示。

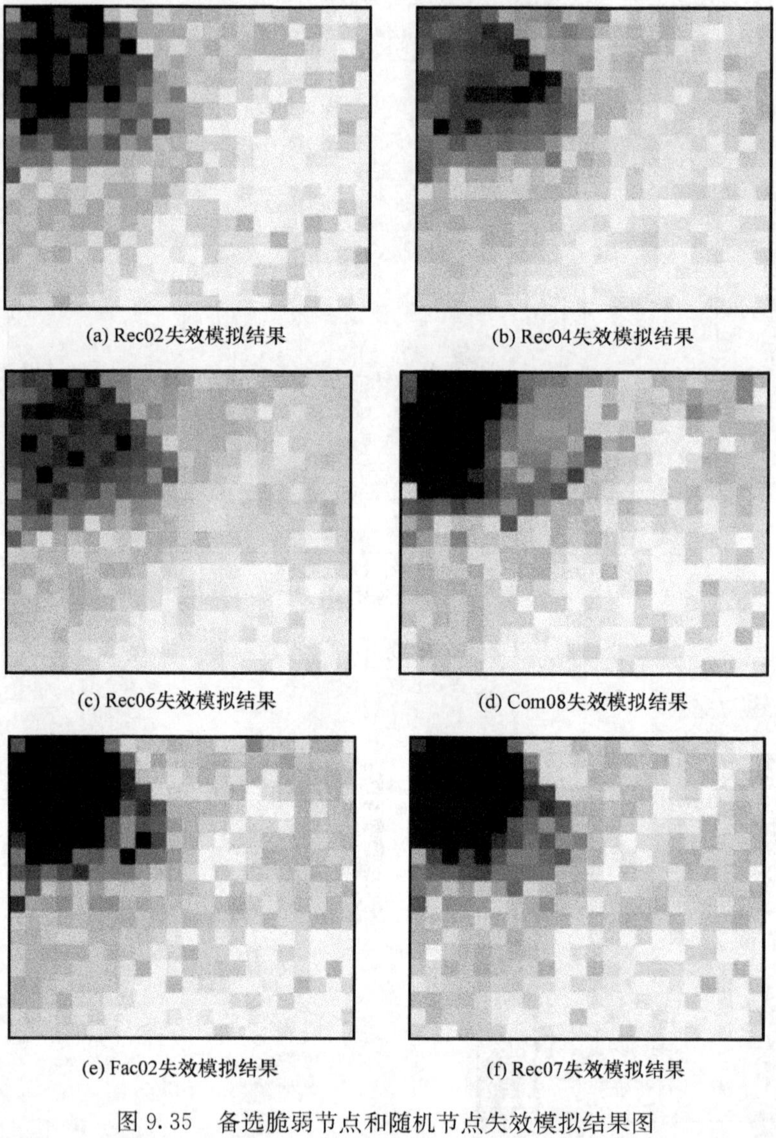

(a) Rec02失效模拟结果　(b) Rec04失效模拟结果

(c) Rec06失效模拟结果　(d) Com08失效模拟结果

(e) Fac02失效模拟结果　(f) Rec07失效模拟结果

图 9.35　备选脆弱节点和随机节点失效模拟结果图

可以看出,节点失效后,整个关注区域的能力在空间分布上的整体趋势没有变化;对关注区域内的左上角位置影响最为明显。

得到 SVN 和 RN 中节点失效的体系能力后,结合想定的初始体系能力,可计算得到各个节点的贡献率,如表 9.7 所示。

表 9.7　使命脆弱性分析中失效节点的节点贡献率

节点编号	体系能力/%	节点贡献率/%	节点编号	体系能力/%	节点贡献率/%
Rec02	32.99	17.49	Com08	37.11	4.45
Rec04	34.17	13.43	Fac02	37.07	4.56
Rec06	35.40	9.49	Rec07	36.03	7.58

为便于比较分析，将表 9.7 中的节点贡献率与 SVN 和 RN 中的节点脆弱度集中显示，并分别给出以作战环数量为指标和以作战环数量与作战环时长为指标的脆弱度，如图 9.36 所示。

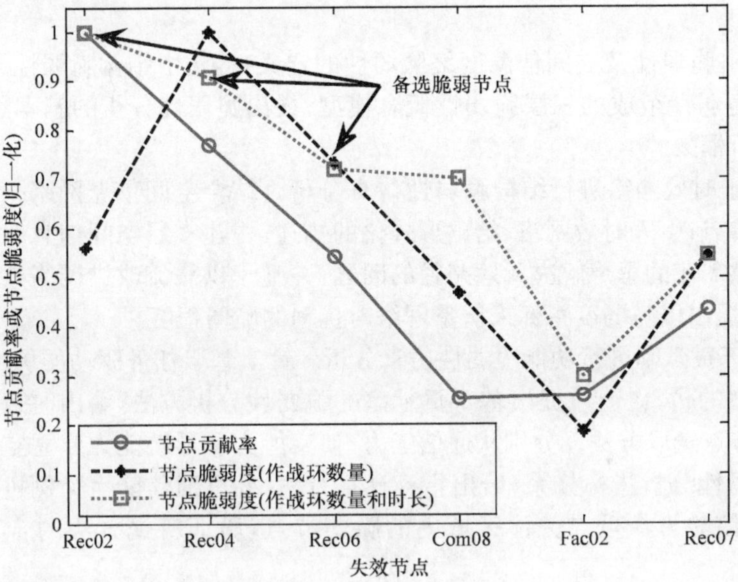

图 9.36　使命脆弱性分析中节点贡献率和节点脆弱度对比图

从图 9.36 中可以得出以下结论。

① 节点 Rec02、Rec04 和 Rec06 是通过模型选取的三个备选脆弱节点，对应的节点贡献率明显高于随机节点，说明提出的备选脆弱节点选取模型的有效性。

② 从节点 Rec02 和 Rec04 可以看出，综合考虑作战环数量和时长的备选脆弱节点选取模型优于仅以作战环数量为指标的备选脆弱节点选取模型。

③ 对比节点 Com08 与 Rec06 可知，两个节点均拥有较高的节点脆弱度，然而 Com08 比 Rec06 的节点贡献率小很多，即使 Com08 被选为备选脆弱节点(若实验中选取 4 个备选脆弱节点)，说明通过备选脆弱节点选取模型得到的节点未必就是真正的脆弱节点。

以上分析表明，本节基于时效网络作战环的备选脆弱节点选取模型的有效性和可行性，能够较准确地识别出备选脆弱节点。同时，实验过程和实验结果也再次印证了 FVSA 算法的有效性。

9.6 本章小结

体系仿真中的空间信息网络脆弱性分析是一个亟须解决的问题。虽然目前在空间信息网络发展、体系建模与仿真、脆弱性分析等方面均有一定程度的研究，但是缺乏对空间信息网络自身特殊性的考虑，网络脆弱性分析模型也主要从结构和功能两个角度展开，对功能脆弱性的分析研究相对较少，而且缺少体系层面的影响分析。

① 给出脆弱性及空间信息网络脆弱性的定义，构建由结构脆弱性、功能脆弱性和使命脆弱性组成的三层脆弱性概念模型，提出脆弱性分析的基本思路，建立脆弱性分析框架。

② 基于时效网络进行结构脆弱性仿真分析。结合空间信息网络拓扑结构动态变化的特点，引入时效网络，给出形式化的描述，构建多层空间信息时效网络模型。引入供需流的思想解决无效路径的问题，并基于供需流改进网络效率指标的计算方法，提出以脆弱度指标来衡量网络对扰动的脆弱程度。

③ 基于贡献率进行功能脆弱性仿真分析。针对基于任务驱动的仿真模型，结合该类模型的仿真特点，提出基于贡献率的脆弱性分析方法，给出时效网络下的备选脆弱节点选取方法。分别从通信能力、侦察能力和导航能力建立空间信息网络功能脆弱性分析指标体系，给出指标计算方法，并以通信能力为例进行仿真实验，分析通信能力在重点关注区域内的脆弱节点，验证所提方法的合理性与有效性。

④ 基于作战环进行使命脆弱性仿真分析。结合空间信息支援下的体系作战特点，对标准作战环模型进行改进，提出基于时效网络的作战环模型，建立备选脆弱节点选取模型，并提取使命任务完成率指标用来判断节点失效对完成使命任务的影响程度。通过体系仿真实验，表明备选脆弱节点选取模型的有效性与合理性。

⑤ 以精确打击体系下的体系能力为切入点，进行使命脆弱性仿真分析实验。实验结果表明，备选脆弱节点选取模型的有效性与合理性。

参考文献

[1] Kempe D, Kleinberg J, Kumar A. Connectivity and inference problems for temporal networks. Journal of Computer and System Sciences, 2002, 64(4): 820-842.

[2] Wu H H, Cheng J, Huang S L, et al. Path problems in temporal graphs//Proceedings of the

40th International Conference on Very Large Data Bases, 2014.

[3] Wu H H, Cheng J, Huang S L, et al. Path problemsin temporal graphs (preliminary version). http://www.cse.cuhk.edu.hk/~hhwu/temsp.pdf[2014-11-10].

[4] Tang J, Mascolo C, Musolesi M, et al. Exploiting temporal complex network metrics in mobile malware containment//Proceedings of the 12th IEEE International Symposium on a World of Wireless, Mobile and Multimedia Networks, 2011.

[5] Nicosia V, Tang J, Mascolo C, et al. Graph Metrics for Temporal Networks. Heidelberg: Springer, 2013.

[6] Tang J K. Temporal network metrics and their application to real world networks. England: Robinson College, University of Cambridge, 2011.

[7] Tang J, Musolesi M, Mascolo C, et al. Temporal distance metrics for social network analysis//Proceedings of the 2nd ACM SIGCOMM Workshop on Online Social Networks, 2009.

[8] Kostakos V. Temporal graphs. Physica A: Statistical Mechanics and its Applications, 2009, 388(6): 1007-1023.

[9] 潘玉剑,李翔.时效复杂网络结构可控性研究.复杂系统与复杂性科学,2015,12(2):23-31.

[10] Jain S, Fall K, Patra R. Routing in a delay tolerant network//ACM SIGCOMM, 2004.

[11] 汪小帆,李翔,陈关荣.网络科学导论.北京:高等教育出版社,2012.

[12] Xuan B B, Ferreira A, Jarry A. Computing shortest, fastest, and foremost journeys in dynamic networks. International Journal of Foundations of Computer Science, 2003, 14(2): 267-285.

[13] Zhao D J, Yang H T, Jiang J, et al. Modeling and simulation of the invulnerability of space information network//Proceedings of the International Conference on Internet Technology and Applications, 2010: 1-5.

[14] Casteigts A, Flocchini P, Mans B, et al. Measuring temporal lags in delay-tolerant networks//Proceedings of the 25th IEEE International Parallel & Distributed Processing Symposium, 2011: 1-10.

[15] 张明智,罗凯,吴曦.空间信息网络关键节点分析方法研究.系统仿真学报,2015,27(6): 1235-1239.

[16] 王新敏.空间信息系统信息能力评估方法研究与实现.北京:中国人民解放军装备学院硕士学位论文,2004.

[17] 朱丽萍.基于不确定性理论的航天侦察系统作战效能评估研究.北京:中国人民解放军装备学院硕士学位论文,2006.

[18] 杰夫・凯尔斯.分布式网络化作战——网络中心战基础.于全,译.北京:北京邮电大学出版社,2006.

[19] 王斌,谭东风,凌云翔.基于复杂网络的作战描述模型研究.指挥控制与仿真,2007,4(29): 12-16.

[20] 白亮,肖延东,侯绿林,等.基于控制环的作战网络对抗模型.国防科技大学学报,2013, 35(5): 42-47.

[21] 狄鹏,胡涛,胡斌,等. 基于复杂网络的作战网络模型抗毁性研究. 系统仿真学报,2011,1(23):60-64.

[22] Ma L,Zhang M Z,Zhou Z W. The OODA loop robustness evaluation based on OSOS combat network//Proceedings of the 2014 International Conference on Information and Communications Technologies,2014:145-149.

[23] Jin X,Bi Y M,Li Y. Evaluation on affection of different MSIS to operation efficiency. Journal of System Simulation,2008,19(20):5066-5070.

[24] 季明. 面向武器装备体系仿真实验的试验床实验设计方法研究. 北京:国防大学博士学位论文,2015.

第 10 章　基于仿真大数据的体系对抗指挥效能分析方法

10.1　体系对抗指挥效能问题概述

10.1.1　以往指挥效能分析存在局限

“兵非多益，惟无武进，足以并力、料敌、取人而已”，意思是兵不在多，只要运用智谋，指挥得当，便可以一当十。可见，作战指挥极大地影响部队战斗力的发挥，指挥效能是衡量战斗力的重要指标。

战斗力由人、武器装备，以及二者的结合方式(如编制体制、指挥控制系统)等要素组成。信息化战争是以信息为主导、网络为中心的体系之间的对抗。过去，由于信息化战争数据难获取、战争中人的因素难测量等条件的制约，造成指挥效能的研究方法和研究对象存在局限。

在指挥效能的研究方法上，以往研究偏重于理论研究，缺乏量化分析的有效手段。一是通过实际战争或实兵实装演习来获取分析数据代价太大；二是缺乏动态分析的数据基础与技术手段，这使量化分析局限在对局部数据的静态分析上。

对于指挥效能的研究对象，以往研究偏重于对装备和作战行动的分析，对指挥员的因素研究较少，很难反映人是战争的主导。即使采用仿真模拟方法研究，由于对人仿真的局限性，传统的仿真模拟也难以真实反映人的主观因素，因此分析对象局限在指挥控制装备上。

要实现对指挥效能的动态量化分析，就需要获取有真人参与的体系对抗的完整数据，并找到分析的新方法与数据基础。

10.1.2　复杂网络为研究指挥效能提供新方法

信息化战争是体系之间的对抗。作战体系是战争体系中对抗最为激烈的部分，而作战指挥决策是其最核心的内容[1]。随着战场信息化程度的提高，战场各要素更为紧密地关联成一个整体，而且相互影响、相互制约。指挥效能是对以人为主导的指挥活动产生作用大小的度量，随着战场各要素的改变和时间的推进不断发生变化。从作战体系的角度研究指挥效能，不但能够全面考察影响指挥的相关因素，而且能够动态、实时地观察体系效能的变化，因此能较好地对指挥效能进行动态量化分析；可以将作战体系作为指挥效能分析的切入点。

复杂网络已经成为研究作战体系的新方法[2]。信息化条件下作战体系的各系统之间没有明显界限。通信网、指控网、防空网、传感网交织在一起，甚至敌我双方网络也没有严格的物理界限。战场各层网络独自运行，又相互影响，共同作用生成作战体系能力。复杂网络通过对复杂系统的网络化抽象，能够细致地描述影响指挥效能的不同性质实体及实体间的各类关系，不但可以涵盖指挥效能的影响因素，而且能较好地体现作战体系整体、动态、对抗的特性，因此为从作战体系的视角分析指挥效能提供了新的方法。

10.1.3 兵棋推演数据为指挥效能分析提供研究基础

仿真模拟是和平时期获取战争数据的有效途径。有人参与的战役兵棋演习系统通过参演人员的指令输入，驱动模型运算，产生带有时间戳信息的各类数据[3]。这些数据是模型运行的结果输出，也是指挥员行为的记录。它是整个战争过程的全样本数据，既包括战争想定、部队体制编制、武器装备、地形地貌等静态数据，也包括指挥决策、侦察监视、部队行动、后勤保障等动态数据。

指挥效能分析需要的指挥员行为数据、部队实体数据、武器装备数据，以及影响指挥的主客观因素数据都以结构化或半结构化的形式存储在兵棋演习仿真数据中，是双方作战体系对抗的完整记录。由于信息带有时间戳，因此可以提取到任何时间节点与作战指挥相关的数据，为从指挥活动全过程动态分析指挥效能提供数据基础。

10.1.4 影响指挥的主客观因素是分析指挥效能的关键方面

指挥的主体是指挥员。指挥员的指挥决策活动受到战场客观形势及自身指挥决策水平的影响。在基于态势的指挥决策活动中，战场客观形势以战场综合态势的形式展现给指挥员，指挥员根据态势显示进行指挥决策。由于参演方的演习角色和侦察能力不同，导致作战双方所感知的实体状态是不一样的，即显示态势基于感知真实[3]。既然是感知真实的态势，那么态势的显示质量也能够反映指挥员对侦察力量使用的有效程度。在相同的情况下，侦察力量运用越合理有效，态势显示质量越高，基于态势的指挥决策越有利于作战目标的达成。对于理性指挥员而言，高质量的感知态势意味着知己知彼，可以说态势感知质量是影响其指挥效能的客观因素。

战役兵棋演习系统是一类练指挥、练谋略、练战法的指挥训练系统。其训练对象是战役指挥员及其指挥机关，体现体系对抗是人之间对抗的本质。由于战场态势是基于感知真实，因此存在“战场迷雾”。对于相同质量的感知态势，指挥员的认知是降低战场不确定性的决定因素。一个优秀的指挥员能够对战场态势做出准确判断，正确运用侦察力量发现敌方的关键目标并及时进行打击，快速达成作战目标。如果指挥员陷入态势的海量信息中，无法判断敌方意图，则会处于被动挨打的境地。因此，态势认知水平是影响指挥效能的主观因素。

在指挥员进行作战指挥的过程中，指挥效能的高低受到显示态势这个客观因素和指挥员指挥决策这个主观因素的影响。因此，通过对影响指挥的主观与客观因素进行量化分析，能够更多地考虑人的因素，体现人是战争的主导。

通过上述分析可知，兵棋演习大数据几乎涵盖指挥效能分析相关的所有信息，使更多考虑人在指挥活动中的作用、从全样本演习数据中提取相关数据来量化分析指挥效能具有可行性，这也是本章研究的主要问题。具体来讲，就是在大量演习数据的基础上，提取与指挥员指挥活动相关的态势感知与认知数据，进而动态分析对指挥效能的影响。

10.1.5　基于仿真大数据分析体系对抗指挥效能的研究思路

传统的分析方法基于分解还原论思想建模，往往不能反映作战体系整体、动态、对抗的特性，也难以描述作战体系中各因素的复杂关系[3]。超网络理论和大数据方法为本章研究提供了分析方法。

指挥效能分析的重点是分析体系对抗中态势感知质量与态势认知水平。前者是影响指挥效能的客观因素，后者是影响指挥效能的主观因素。要从作战体系的视角对指挥效能进行动态分析，必须做三件事。

1. 构建作战体系概念模型，并在此基础上进行效能评估

作战体系的传统分析方法将不同性质的实体抽象为同样属性的节点，将不同性质的联系抽象为连边，构建一张网络。这样运用单层网络描述异质节点的多种关系，会因为过于简化而导致模型失真，难以得到准确的结果。超网络技术是将作战体系看成各类网络在信息网的作用下形成的网络的网络。通过构建多层网络能够更为真实地描述作战体系，为数据提取和指挥效能分析打下更为坚实的基础。

构建作战体系超网络模型，从整体上对影响指挥的主观因素、客观因素及二者之间的关联关系进行描述。在作战体系超网络模型的基础上，对网络节点的不同功能进行分析，赋予相应权值，通过效能评估算法计算节点毁伤造成的体系效能降低值，以此作为指挥效能高低的度量。

2. 度量态势感知质量，分析客观因素对指挥效能的影响

提出度量态势感知质量的指标，在作战体系超网络模型的框架下，从兵棋演

习海量数据中提取相关度量指标的导演方与作战方数据，通过对比分析可以得到态势感知质量的好坏。这也能够反映指挥员对侦察力量的运用是否合理有效。假设多次演习均为理性指挥员，在不同的态势感知情况下，通过相关性分析可以得到态势感知质量与指挥效能的关联关系。

3. 提取态势认知数据，分析主观因素对指挥效能的影响

分析能够反映态势认知水平的信息，在作战体系超网络模型的框架下，从兵棋演习海量数据中提取反映指挥员认知的作战命令和战场情况报告数据，通过一致性分析可以比较分析态势认知水平高低。在演习态势感知程度相同的前提下，更换不同指挥员进行作战指挥，通过对不同的态势认知水平数据分析可以得到态势认知水平与指挥效能的关联关系。

以相同想定背景下的多次演习数据为基础，分析以人为主导的指挥活动对指挥效能的影响，期望得出与理论研究一致的结论，以验证本章提出的指挥效能分析方法的有效性。

10.2 基于仿真大数据的体系对抗超网模型构建

科学研究经历了"经验总结"、"理论推导"和"仿真模拟"三种范式。随着数据的急剧增长，基于大数据的分析成为一种新的方法，吉姆·格雷将数据密集型科研作为第四范式，可见大数据对科学研究产生的深刻影响。有人参与的兵棋演习数据能够体现体系整体、动态和对抗的特征，成为研究的数据基础。超网络理论为从作战体系视角研究指挥效能提供了新的方法，基于体系对抗仿真大数据构建作战体系超网络，是量化分析体系效能的基础。

10.2.1 作战体系超网络建模

信息化战争是各作战方体系之间的对抗，只有具备体系优势才能获得战争主动，因此构建刻画物理域、信息域和认知域"三域一体"的作战体系超网络对于研究信息化战争具有重要的意义。从指挥的角度，将作战体系从指挥主体和指挥客体两个方面进行划分。作战指挥活动可抽象为指挥主体作用于指挥客体，指挥客体信息反馈给指挥主体的过程。指挥主体由指挥员组成，对应认知域，体现人对作战的理解。指挥客体由部队和武器装备组成，对应物理域，可以体现实体间的能量交互。指挥主体和客体通过信息域中的信息流动进行交互。因此，作战体系概念模型由"两层三域"组成，即指挥主体层、指挥客体层，物理域、信息域和认知域。作战体系超网络示意图如图 10.1 所示。

定义 10.1 作战体系超网络是指由认知域中的指挥员组成的指挥主体网络、

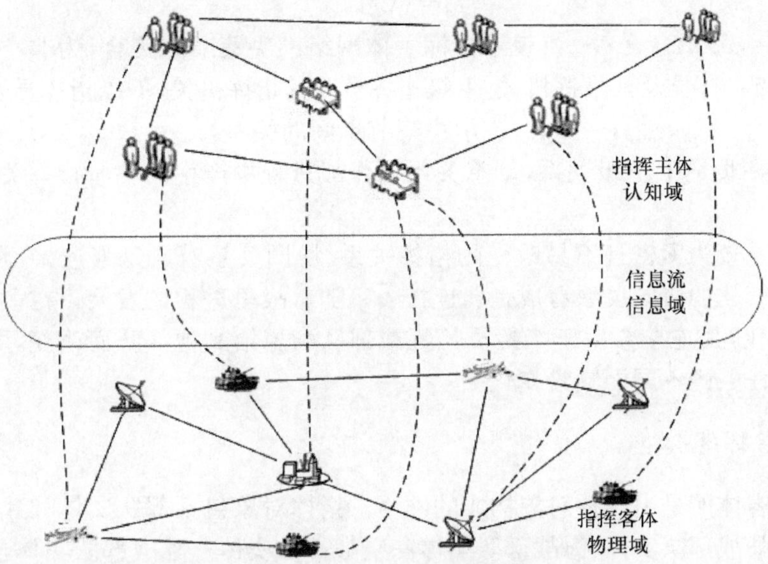

图 10.1　作战体系超网络示意图

物理域中的交战部队和装备组成的指挥客体网络，以及信息域中反映两层网络的交互信息组成的网络的网络，可以用 NoNG 表示，即

$$\mathrm{NoNG}=F(G_m,G_o)=G_m\cup G_o\cup E_{m-o} \tag{10.1}$$

其中，G_m 为认知域的指挥主体网；G_o 为物理域的指挥客体网；E_{m-o}为信息域中的信息交互。

1. 指挥主体网

指挥主体网[3]是以指挥员为主体构成的认知网，是战场主体要素（指挥员）的集中展现，包括真实指挥员及其指挥机关与仿真指挥实体。真实指挥员及其指挥机关是指现实中参加演习的指挥人员及其指挥机关，他们的指挥行动是实际的，反映其指挥意图。仿真指挥实体指仿真系统中特定级别的仿真指挥节点，是由兵棋推演系统按照作战规则确定的，反映的是根据历史经验总结出来的指挥活动规律。在指挥主体网中，连边是体制编制中指挥关系和作战过程中产生的协同关系。指挥主体网可以描述参演人员对态势的感知和理解、作战意图、决策制定等。

定义 10.2　指挥主体网是由参加兵棋推演的真实指挥员及其指挥机关与兵棋推演系统中营及营以上级别的仿真指挥实体组成的，通过体制编制和作战协同关系连接的同质单层网络。

可以用二元组将指挥主体网 G_m 描述为一个有向网络[4]，即

$$G_m=(V_m,E_m) \tag{10.2}$$

其中，$V_m=\{v_{m1},v_{m2},\cdots,v_{mn}\}$表示指挥主体网络中决策节点集合，为非空有限集，$v_{mi}=\{$本级指挥员及其指挥机关，上级指挥员及其指挥机关，下级指挥员及其指挥机关$\}$；$E_m=\{e_{m11},e_{m12},\cdots,e_{mnn}\}$表示决策节点间的关系，$e_{mij}=(v_{mi},v_{mj})$，静态关系主要为指挥员的上下级关系，动态关系为作战过程中产生的临时指挥关系、协同关系。

将联系较为紧密且不易改变的指挥关系、协同关系看成是强连接，将随作战任务不断变化的协同关系看成是弱连接[5]。随着战争进程的发展，指挥主体网也在不断演化，强连接会由于指挥员牺牲或部队配属给其他部队而改变，弱连接则会随协同任务的不同而频繁变化。

2. 指挥客体网

指挥客体网是由指挥对象构成的网络。指挥对象包括部队实体和武器装备。部队包括陆战部队实体、海战部队实体和空战部队实体。陆战部队实体包括聚合部队实体和高分辨率部队实体。海战部队实体对应海上编队、单舰或单艇。空战部队实体包括空中编队、作战飞机、机场和前方补给点。武器装备包括通信设备、干扰器、传感器和导弹发射等平台。由于指挥客体网中节点是落实指挥主体命令、指示的执行节点，因此指挥客体网是指挥主体指挥控制能力的体现。

定义 10.3 指挥客体网由兵棋演习系统中的仿真部队实体与武器装备组成，是通过体制编制和作战配属关系连接的同质单层网络。

可以用二元组将指挥客体网 G_o 描述为一个有向网络，即

$$G_o=(V_o,E_o) \tag{10.3}$$

其中，$V_o=\{v_{o1},v_{o2},\cdots,v_{on}\}$表示作战部队集合，为非空有限集，$v_{oi}=\{$本级部队，上级部队，下级部队$\}$；$E_o=\{e_{o11},e_{o12},\cdots,e_{onn}\}$表示 V_o 部队之间的关系，$e_{oij}=(v_{oi},v_{oj})$，部队关系为编制关系及作战过程中的配属关系。

指挥客体网中的关系均为强连接关系，只有部队被歼灭或隶属关系改变才会发生变化。

3. 网间关系

指挥主体网与指挥客体网是相对独立的两张网，二者通过网间关系发生交互。网间关系体现的是两网的作用机理，指挥主体网与指挥客体网分别为两类不同的节点。指挥员通过命令、指示等指控行为对指挥客体网中的实体进行指挥。此时网间产生指控信息流，将指挥主体网的决策传送给交战客体。传感器等设备侦察到交战客体的行为效果，并通过网间交互反馈到指挥主体网。此时网间产生的是态势信息流，将作战态势实时展现给指挥员，以便下一步指挥控制。如此循

环往复，推动作战体系结构的演化。

定义 10.4　网间关系指连接指挥主体网与指挥客体网的态势信息和指挥控制信息。

指挥主体网中连边体现指挥与协同关系变化，属于关系交互。指挥客体网中连边体现编制与交战关系变化，属于能量交互。网间关系体现两网之间的联系，属于信息交互。网间关系可以描述为

$$E_{m-o}=\{(v_{mi},v_{oj})\mid v_{mi}\in V_m,v_{oj}\in V_o\}$$

其中，v_{mi} 和 v_{oj} 分别表示指挥主体网与指挥客体网中的节点。

指挥主体网对指挥客体网的作用关系可以描述为

$$F_{mi}=f1(V_{mi}\rightarrow(V_{oi1},V_{oi2},\cdots,V_{oin}))$$

决策节点通过网间信息流将指挥命令传达给部队实体 V_{oi}，信息以命令下达和文书的形式传递。

指挥客体网对指挥主体网的作用关系描述为

$$F_{oi}=f2((V_{oi1},V_{oi2},\cdots,V_{oin})\rightarrow V_{mi})$$

部队实体节点状态通过态势信息流展现给决策节点 V_{mi}，以战场情况报告的形式分发给指挥员。

作战体系超网络模型框架下的体系作战指挥过程如图 10.2 所示。

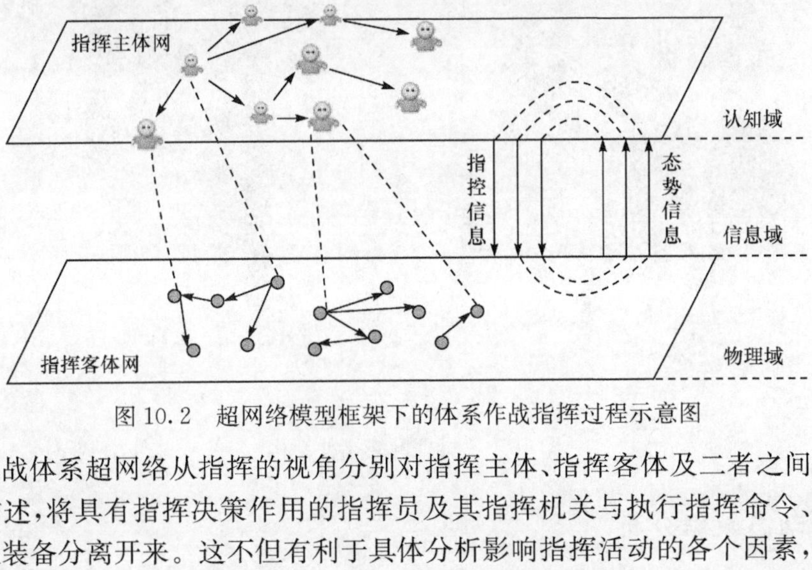

图 10.2　超网络模型框架下的体系作战指挥过程示意图

作战体系超网络从指挥的视角分别对指挥主体、指挥客体及二者之间的联系进行描述，将具有指挥决策作用的指挥员及其指挥机关与执行指挥命令、指示的部队及装备分离开来。这不但有利于具体分析影响指挥活动的各个因素，而且有利于从体系的角度量化分析指挥效能。指挥员及其指挥机关与所指挥的部队有密不可分的联系，二者在作战体系超网络模型中存在映射关系。对于同一支部队，具有指挥决策能力的指挥员及其指挥机关在指挥主体网中抽象为一个节点，其作战力量则相应地在指挥客体网中抽象为一个节点，两个节点的有机结合才是

该部队的整体作战能力。武器装备作为执行空中侦察及攻击等相关任务的终端节点，与其所属部队直接相连。这类节点只存在于指挥客体网。

10.2.2　作战体系数据结构及可视化

1. 静态数据分析

静态指挥主体网主要由演习中分配的站位数据和指挥人员编制数据构成，分别对应实际参演人员和仿真部队指挥员。真实决策节点数据从演习席位配置表中获取。仿真指挥员主要从部队表中获取，将有指挥决策功能的部队实体作为仿真决策节点。节点之间的指挥关系作为指挥主体网的连边。

静态指挥客体网主要由演习中的仿真部队及其装备数据构成，主要从部队编制表和装备相关表中获取，是作战部队及其装备的集合。节点之间的编制关系和装备配属关系作为连边。

以某次演习为例，在某一作战时刻，仅装备实体数据记录就多达上万条。为简化，装备实体只考虑传感、通信、干扰、导弹装备四类。经统计，决策节点共×个，部队节点共×个，指挥网络拓扑结构如图10.3所示。

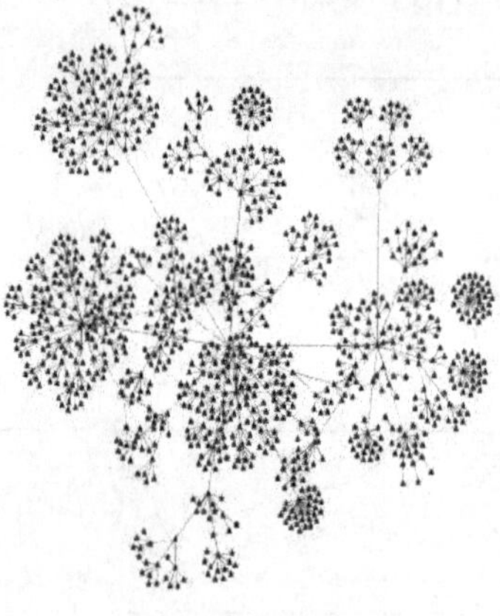

(a) 主体网

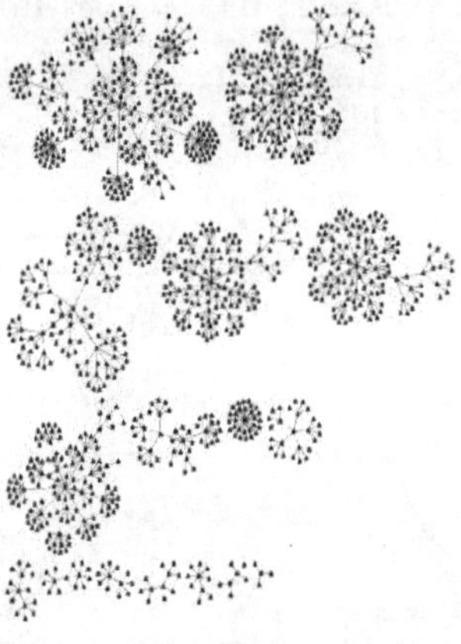

(b) 客体网

图10.3　指挥网络拓扑结构

2. 动态数据分析

动态指挥主体网数据随战争的进程不断变化。指挥员间的协同或者牺牲都会导致节点或连边的改变。指挥员的节点信息分别存储在陆、海、空和导弹部队的部队动态表中。若部队被歼灭，则认为指挥员牺牲。指挥之间的协同可以从战场情况报告中分析得到，在同一作战阶段，不在同一编制序列内的部队共同打击一个目标,则认为二者有协同。

动态指挥客体网的改变主要是由于部队被歼灭、部队配属给其他部队或装备损失造成的。

指挥主体网以命令和指示的方式对指挥客体网产生影响,主要以分析机动类、攻击类和防御类命令表为主。指挥客体网主要以态势的形式展现给指挥主体网节点,通过分析报告的形式获取相关信息。

10.2.3　基于超网络的指挥效能评估分析方法

定义 10.5　指挥效能是指挥员及其指挥机关实施的指挥活动在作战中产生的有利作用,是衡量作战指挥活动有效程度的综合性指标[6]。

效能是指对系统自身蕴含或在应用过程中发挥作用的程度。指挥效能是指挥活动发挥作用的程度。作战指挥的效果最终体现在作战结果上,但是作战指挥与作战效果并不是简单的因果关系,即作战指挥好,作战效果并不一定好,因为作战效果是多方面因素影响的综合结果。因此,本章在尽量保证其他影响因素相同的情况下,改变影响指挥效能的某一方面因素,对比分析其对作战效果的影响,进而判断指挥效能的高低。

在体系对抗中,作战效果体现在作战体系整体能力的降低上。由于能力的绝对值难以通过权值进行度量,因此采用同样背景下的作战能力降低的相对值来分析两次指挥效能的高低。在体系超网络模型框架下,作战效果体现在毁伤节点所在层效能降低值和关联层的效能降低值两个方面。效能的降低值可以通过对指挥主体的指挥能力,以及指挥客体的作战能力赋予权值进行量化分析。

体系作战注重体系要素的整体联动,不同级别的作战单元担负的作战任务不同,因此可以通过权值大小进行区分,能够更加准确地描述各个不同属性的节点。对指挥主体网而言,指挥级别越高,指挥权限越大,那么其权值应相对大些。对指挥客体网而言,不同类型的攻击任务,陆地、空中和海上装备发挥的作用不同,可以根据装备类型的不同进行区分,对执行任务发挥作用较大的装备赋予较大的权值。由于作战体系超网络模型中的指挥主体与指挥客体存在映射关系,因此需要根据毁伤节点所在的网络层及其自身属性,确定其对另一层网络的影响,可以通过设立影响因子实现。本节在体系超网的基础上,通过总结以往经验,确定不同级别的指挥节点和不同类型的作战武器节点的权重,并充分考虑二者之间的关联规则,通过计算毁伤节点所在层的网络效能和受影响的另一层网络效能之和,即体系节点权重降低的相对值来衡量指挥效能的高低[7]。

1. 指挥主体网效能评估

指挥主体网的节点是各级指挥员及其指挥机关。指挥主体网节点权值的含义是指挥能力大小的相对值。在兵棋演习中，命令、指示都是从上级传到下级部队，上级部队拥有更大权限，因此上级部队的权值应大于下级部队。

(1) 权值确定

从构建的超网络可知，以最高指挥机构——联合作战指挥部作为根，将指挥主体网以根树的层次结构展现，会出现明显的层级。如图 10.4 所示为红蓝双方初始时刻的指挥主体网络拓扑图，自中心向四周级别由高到低出现明显的层次结构。

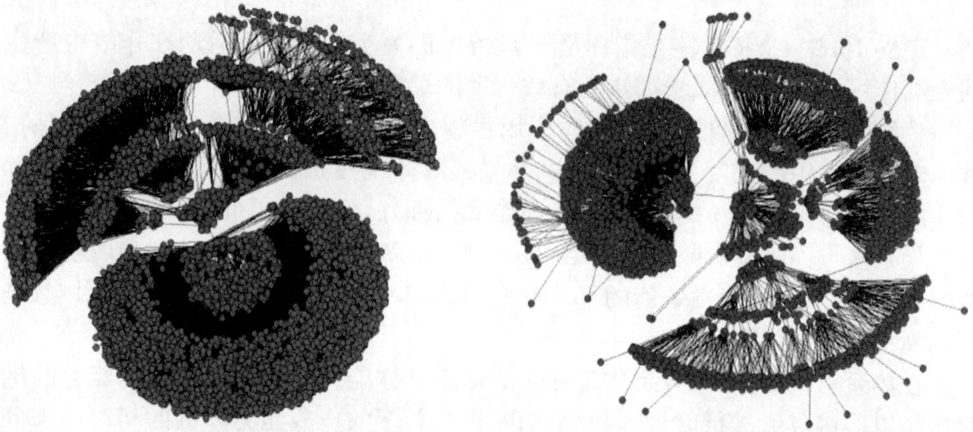

(a) 红方指挥主体网　　(b) 蓝方指挥主体网

图 10.4　指挥主体网络拓扑图

网络中的每个节点都对应兵棋演习系统中的某一级指挥员及其指挥机关，从代表高层中心节点到代表营级等最小指挥单元的叶子节点，每一层代表一定级别的指挥员及其指挥机关。通常来说，级别越高的指挥员及其指挥机关在指挥活动中发挥的作用越大，因此通过节点所在的层级来表示其作用的相对大小。

以根树形式表示指挥主体网。令最外层节点权值为 1，从叶子节点到中心节点，每增加一层，其权值也增加 1。假设指挥主体网共有 M 层，自叶子节点往上分别为 $L_1,L_2,\cdots,L_M$ 层，则各层节点权值为 $L_i=i$，其中 $i=1,2,\cdots,M$。

指挥主体网节点间的关系有两种，即指挥关系和协同关系。对于指挥关系，节点毁伤对其直接上级与下级的效能影响不同。通常来讲，指挥机构毁伤会造成“群龙无首”，对其下级的影响更大。由于毁伤节点上级部队的网络结构没有改变，对上级部队的指挥效能影响相对小一些。对于协同关系，节点毁伤的影响可能导致作战行动的失败，也可能只是影响局部行动。为简化计算，将协同关系的影响介于上级指挥节点与下级指挥节点之间。

(2) 毁伤算法

当指挥主体网中的指挥员及其指挥机关节点毁伤时，网络节点权值变化规则如下。

① 该毁伤节点权值置为0。

② 若该节点存在直接上级部队节点，则上级部队节点权值降低0.1倍。

③ 若该节点存在直接下级部队节点，则下级部队节点权值降低0.3倍。

④ 若该节点存在协同部队节点，则协同部队节点权值降低0.2倍。

⑤ 若②～④中变化权值的节点存在直接上级、下级或协同部队节点，则这些上级、下级或协同节点权值在降低倍数的基础上按规则继续降低相同倍数，直至叶子节点。

⑥ 将毁伤节点的直接上级与直接下级相连。

算法 10.1　基于深度优先搜索的指挥主体网毁伤算法

```
输入：指挥主体网络 G_m=(V_m,E_m)
    毁伤节点 v_i
输出：指挥主体网效能相对降低值 R_m
算法步骤：
  ① v_i=0；//节点权值置0
    R_vi=Weight(V_i)；//毁伤节点效能降低值 R_m1
  ② if(Child_V_i) //V_i 存在下级节点
    R_mc1=SUM(0.3^n * Weight (Child_Vin))；//下级节点的第 n 层效能降低值 R_mcn 为节点值的 0.3 的
                                          //n 次方倍
  ③ if (DirectFather_V_i)// V_i 存在直接上级节点
    R_mf1=0.1 * Weight (Father_V_i)；//直接上级效能降低值为 R_mf1
  ④ if(Cooperate_V_i) //V_i 存在协同节点
    R_mp1=0.2 * Weight (Cooper_V_i)；//协同节点效能降低值为 R_mp1
  ⑤ while (Child_Vifn|| DirectFather_Vifn)
          if(Child_Vif)//V_i 的直接上级存在除了 V_i 外的子节点
            repeat  Step2；
            elseif (DirectFather_Vif)//Vif 存在直接上级节点
            repeat  Step3；
            else if (Cooperate_Vif)//Vif 存在协同节点
            repeat  Step4；
    until (! Child&&! Father)  //直到遍历所有节点
  ⑥ R_m= R_vi+SUM(R_mci)+SUM(R_mfi)+SUM(R_mpi)；//效能降低相对值=该节点效能降低值+相
                                              //对下级部队降低值+相对上级部队降低值
                                              //+协同部队降低值
```

2. 指挥客体网效能评估

指挥客体网中的节点是各级部队及武器装备，而战斗力的体现是人与武器的结合，因此对指挥客体网中的叶子节点赋权值，含义是武器装备的作战能力。对指挥客体网中各级部队中兵员赋权值，含义是士兵的作战能力。

(1) 权值确定

在兵棋演习中，指挥客体的毁伤体现在装备和人两个方面。装备的权值按照装备的类型进行区分，部队节点看成武器装备节点能力的综合。

兵棋推演系统中的武器装备包括防空武器、火炮、飞机、舰艇、传感器、干扰装备、通信装备等多种类型。其权值的设定要根据不同作战任务的不同阶段有所区分，例如信息干扰阶段，干扰装备、通信装备、传感器的权值要相对大一些；火力打击阶段，火炮、飞机的权值就要相对大一些。

(2) 毁伤算法

指挥客体网中节点毁伤时，其效果是体现在叶子节点的装备和非叶子节点的兵员(算法 10.2)。

算法 10.2　基于深度优先搜索的指挥客体网毁伤算法

输入：指挥客体网络 $G_0=(V_0,E_0)$

　　毁伤节点 V_i

输出：指挥客体网效能相对降低值 R_0

算法步骤：

```
Begin
    if (Leaf_Vi)      //Vi 为叶子节点
        Ro=Weight (Vi);      //效能降低值为该节点的权值
    else if (! Leaf_Vi)   //Vi 不是叶子节点
        Ro= SUM (Weight (Child_Vi));
End
```

3. 关联关系

关联关系是指挥主体网或指挥客体网中任何一层节点的改变对另一层影响的程度，可用影响参数 μ 表示。由于不同类别的节点毁伤对作战体系会产生不同的影响，而且效能评估主要是判断体系效能降低的相对大小，因此 μ 是一个相对影响程度的表示，而不是一个固定的值。

(1) 指挥主体网节点毁伤情形

不同级别的毁伤对所属部队的影响程度不同，级别越高的部队毁伤对所属部队的影响越大，因此指挥层级的高低可以用来衡量指挥主体网对指挥客体网的影响程度。指挥层级越高的部队毁伤对客体网效能的影响越大。也就是说，如果不考虑其他条件限制，就单个部队毁伤而言，对指挥中心的攻击会产生更好的效果。

假设毁伤节点位于指挥主体网的 L_i 层，那么指挥客体网的映射节点所配备的武器装备节点效能降低值大小与 L_i 成正比，令 μ 值等于 L_i 的 0.1 倍。假设具有隶属关系的营团两级部队，营级部队为第一层，团级为第二级。若营级部队毁伤，则映射到指挥客体网节点下的叶子节点权值下降 0.1 倍；若团级部队毁伤，则映射到指挥客体网节点下的所有叶子节点权值下降 0.2 倍。

(2) 指挥客体网节点毁伤情形

武器装备是实施作战的终端设备，是部队作战力量的重要组成部分，也是指挥客体网效能的体现。与指挥主体网节点对应的客体网部队节点能力是武器装备能力的综合。在作战体系中，作战行动的实施都要落实到具体武器装备，因此将指挥客体网中的叶子节点（即武器装备）依据其在作战中的作用赋予相应权值，其他节点（即部队）则是叶子节点能力的综合。对指挥客体网中节点的毁伤分为对武器装备节点和部队节点两类，对武器装备节点毁伤，则通过其所属部队将影响参数 μ 传递到指挥主体网。对部队节点毁伤，等同于摧毁部队所属的所有武器装备的毁伤。具体参数设定分为以下两种情况。

① 若该节点是叶子节点，则其上层节点映射到指挥主体网中的节点权值降低值等于毁伤节点占兄弟节点的百分比，即 μ 等于该节点占兄弟节点的比例。

② 若该节点是非叶子节点，则其映射到指挥主体网中的节点权值降低 0.9 倍，即 $\mu=0.9$。

(3) 网间关联实现算法（算法 10.3）

算法 10.3　网间关联实现算法

输入：作战体系超网络 NoNG $=F(G_m,G_o)=G_m\cup G_o\cup E_{m-o}$

　　毁伤节点 v_i

输出：网间影响参数 μ

算法步骤：

```
Begin
   if (SubjectLi_Vi)   //Vi 位于指挥主体网的 Li 层
     μ= 0.1 * Li;  //对指挥客体网的影响为 0.1 * Li
   else if (Object_Vi)   //Vi 位于指挥客体网
       if(Leaf_Vi)   //Vi 为叶子节点
           μ=Percent(Brother_Vi);   //对主体网影响为占兄弟节点数的百分比
       else   //Vi 为非叶子节点
           μ= 0.9;  //对指挥主体网的影响参数为 0.9
End
```

根据本章效能评估算法，假设黑色节点 b、c 和 x 为毁伤节点，分别代表指挥主体网节点、指挥客体网部队节点和指挥客体网武器装备节点毁伤的情形。体系效能评估示意图如图 10.5 所示。

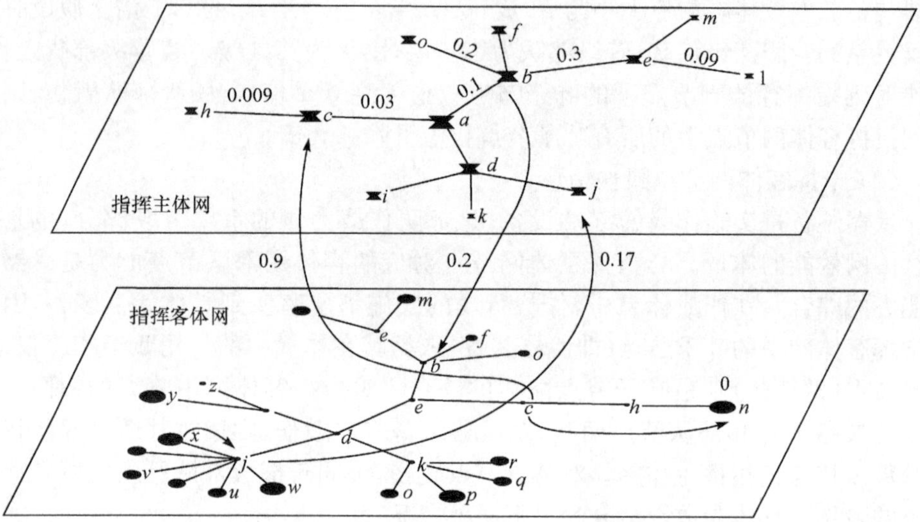

图 10.5　体系效能评估示意图

作战体系效能评估考虑指挥员、作战部队，以及武器装备等三个构成作战体系的主要因素，特别是对不同实体的级别和相互关联进行分析。无论是指挥主体网，还是指挥客体网中的节点遭受毁伤，结果都会造成整个作战体系效能的降低，其效能降低值等于三个方面降低值相加，即自身权减小值、同层网络其他节点降低值和影响层节点降低值。

10.3　面向体系的态势感知影响分析

指挥员的指挥决策过程是依据感知态势对战场情况进行判断，制订行动计划并执行的过程。刘伯承元帅说过：五行不定，输得干干净净。五行指任务、敌情、我情、地形和时间，而五行中的敌情是战争中最捉摸不定的因素。可见，有效的态势感知是实施有效指挥的前提。指挥效能是作战体系各要素协调运行、相互作用的结果，与整个体系相关，本节对影响指挥效能的客观因素——感知态势的质量进行分析，在假设参加演习均为理性指挥员的背景下，考虑态势感知质量对指挥效能的影响。

10.3.1　态势感知质量分析

定义 10.6　态势感知是指挥员及其指挥机关通过运用侦察力量获取的战场

情况信息，最终以态势图的方式展现给指挥员。

指挥员的指挥过程是基于感知真实的态势进行决策的过程。物理域的感知态势是指挥员认知的基础，打击效果是指挥员认知的结果。体系作战过程是指挥员对态势进行观察、判断、决策和行动的循环往复的过程，也是信息优势转化为决策优势和行动优势的过程。信息优势是指不间断采集、处理和分发信息流的能力，同时阻止敌方完成同样事情的能力[8]。信息优势是一个相对的概念，描述作战各方对战场客观态势感知能力的对比情况[9]。

在兵棋演习中，战场信息充分体现在为指挥员提供的战场态势图中。侦察行动的指挥越有效，态势感知质量越好，指挥员掌握的情况就越多，所作决策的质量就有可能越高。态势是数据融合后的信息展现形式，是经过数据处理后的信息，因此态势度量不是简单地对探测能力进行评估，而是对情报侦察和信息融合能力的整体度量。例如，现有敌方一架飞机经过某区域，我方有两部雷达同时覆盖该区域，一部雷达探测结果为发现敌方目标，一部结果为虚假目标，按一定规则融合后，该目标没有出现在态势图上。态势感知度量是对经过信息处理后，展现在指挥员面前的综合态势的度量，因此数据提取时要区分融合前后的数据，不能混为一谈。

态势是实体的函数[10]，与实体相关的信息，如名称、位置、数量、速度、方向、实力、级别等是态势形成的基本元素，与侦察能力密切相关。在兵棋推演系统中，被侦察的实体主要分为部队、装备与设施两大类。在某一时刻，指挥员对实体的关注集中于三个方面：一是有没有；二是新不新；三是准不准。有没有指作战一方对敌方目标有没有侦察到，即感知态势的完整性。新不新指侦察的敌方目标是不是实时，即感知态势的时效性。准不准指侦察的目标属性是否正确，即感知态势的准确性。从时间来看，态势不断更新，因此可以通过态势更新频率、完整性、时效性和准确性四个指标对态势感知质量进行度量[11]。感知态势度量指标如图 10.6 所示。

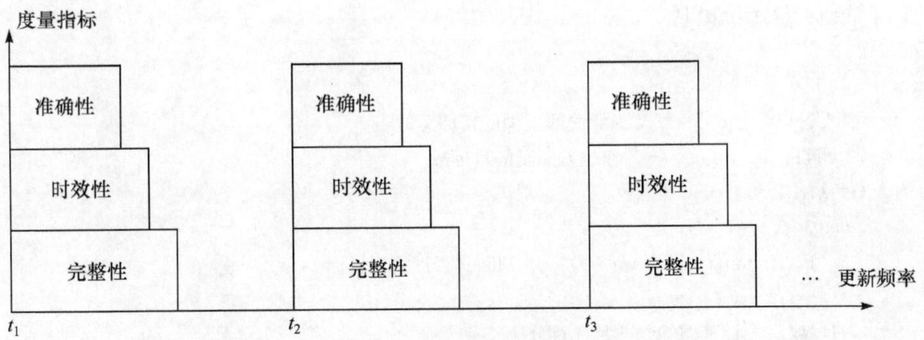

图 10.6　感知态势度量指标

本节以兵棋推演数据为基础，通过数据挖掘技术，分析感知态势的完整性、时效性与准确性，对比两次作战相同阶段的指挥效能相对值。实际上反映的是指挥员对侦察行动组织指挥的效果，来衡量不同的态势感知质量对指挥效能的影响。

10.3.2 态势感知质量度量

1. 态势感知完整性度量

(1) 态势感知完整性度量分析

定义 10.7 态势感知完整性是指在某一时刻己方态势图上所感知的部队、装备和设施的数量与客观战场态势中实际数量的吻合程度，是随时间变化的函数。

兵棋推演系统中的实体包括各军兵种的部队、指挥机构，以及桥梁、隧道、传感器、跑道等多种目标。将数据库中真实的部队、装备与设施作为目标类，某一作战方探测到的部队、装备与设施作为对比类，通过判断对比类中已识别目标及运行产生目标总数占目标类相应目标总数的比例来度量态势感知的完整性。通常情况下，随着时间的增长，目标完整性比例不断提高。

假设目标类的部队实体为 M 个，装备与设施类实体为 N 个。在 t 时刻，对比类部队实体为 $m(t)$ 个，装备与设施类实体为 $n(t)$ 个。t 时刻，运行过程中目标类中增加的目标对象为 $K(t)$ 个，对比类中侦察到 $k(t)$ 个。t 时刻态势的完整性为

$$\text{Integrality}(t)=\frac{m(t)+n(t)+k(t)}{M+N+K(t)}\times 100\% \tag{10.4}$$

(2) 态势感知完整性度量实现(算法 10.4)

算法 10.4 感知完整性实现算法

```
输入:targ_i,想定目标数据列表,属性值为 t_i(i=1,2,…,n)
     targ_d,导演方目标数据列表,属性值为 t_i(i=1,2,…,n)
     targ_s,某一作战方目标数据列表,属性值为 t_i(i=1,2,…,n)
输出:已识别目标数 N1
     感知到的目标百分比 P
算法步骤:
Begin
    N=COUNT(targ_d)    //N 为导演部提供的目标总数
    n=COUNT(targ_s)    //n 为作战方探测的目标数
    for (i=1; i<=n; i++)
        for (j=1; j<=N; j++)
            if (strcmp(targ_s,targ_d))    //判断是否探测到目标
              N1++;
    P= N1/N;    //计算感知到的目标百分比
    returnN1,P;
End
```

2. 态势感知时效性度量

(1) 态势感知的时效性分析

定义 10.8　态势感知的时效性是指部队或装备与设施目标机动到战场的某个位置的时间与当前时间的一致程度。

在兵棋推演系统中，态势感知的时效性受到三个方面的制约：一是目标性质的制约，通常时敏目标的时效性要求更严；二是该方的侦察手段和技术使用的制约，包括卫星侦察、电子侦察、战术侦察、高分辨率部队侦察、无线电侦察，以及传感器侦察；三是受到网络延迟的制约，如两支部队的距离及其 C3 能力、不同作战集团之间的传输障碍、受到干扰机或环境的干扰。

时效性与目标分类(表 10.1)相关。固定目标对时间不敏感，主要在被攻击之后才会出现属性改变，如桥梁。因此，本节主要考虑移动目标的时效性。移动目标通常伴随部队的机动或执行任务而移动，由于具有随时间快速变化的属性，因此需要及时派遣侦察力量对其进行侦察。只有状态改变时才会在数据库中记录，所以多次侦察的目标不一定在态势中更新多次，且时间延迟等会造成更新的时间也不一定是探测的时间，因此目标出现的时间与侦察到目标的时间并不一定相同。

表 10.1　兵棋推演系统中目标分类

类型	对象
固定目标	桥梁、跑道、后勤补给仓库、固定设施等
移动目标	防空导弹阵地、传感器、地地导弹、物资运输装备等

分析移动目标和机动中可配置目标的时效性，针对本次实验目的，时效性分析重点是提取已探测到的目标真实出现在该探测区域的时间。将当前时间作为目标类，将数据库中探测到部队时的导演部视角下的仿真时间作为对比类，所得时间间隔可以作为态势感知的实效性度量指标。

参照情报信息的划分标准，可以将移动目标时效性分为×个等级，如表 10.2 所示。

表 10.2　目标时效性等级划分

等级	含义
1 级	出现时间与当前时间相差×小时
2 级	出现时间与当前时间相差×小时
3 级	出现时间与当前时间相差×小时

续表

等级	含义
4 级	出现时间与当前时间相差×小时
5 级	出现时间与当前时间相差×小时
⋮	⋮

表中时间间隔代表侦察到目标的时间与目标真实在该位置出现时间的接近程度，可以根据作战阶段划分和战役激烈程度，对时间间隔进行微调。

(2) 感知态势时效性度量实现(算法 10.5)

算法 10.5　感知时效性实现算法

输入：table_d，已探测的目标数据在导演方视角的属性列表，属性值为目标名称 a_i、仿真时间 T_i，($i=1, 2,\cdots,n$)

当前时间 T

输出：各时效级别目标数 N_i，i 为时效等级

算法步骤：

```
Begin
    for (i=1; i<=n; i++)
        ti=abs (T-Ti)        //计算时间间隔
        if(ti<=1)        //判断时效性等级
          N1++;
        else if (ti>1&&ti<=2)
          N2++;
        …
        else if(ti>9 &&ti<=10)
          N10++;
    Return Ni;
End
```

3. 态势感知准确性度量

(1) 态势感知的准确性分析

定义 10.9　态势感知准确性是指某个时刻指挥员从态势中看到的部队、装备及设施的特征值与实际值的一致程度，是随时间变化的函数。

准确性是对目标探测能力更高的要求，也是决定打击效果的关键因素。不同目标对象的属性值不同，导致准确性的含义有所差异。从数据挖掘[11]的角度对整体态势感知准确性进行度量，由于战场目标属性类型多样(表 10.3)，因此采用数据库中的概念描述方法，通过数据特征与比较实现度量。

表 10.3　目标分类及属性

目标	属性[12]
部队	指挥所类型、军兵种、编成、任务等
装备与设施	类型、型号、序列号、攻击力、弹种、数量、用途、范围、通信方式等

将兵棋推演数据库中导演部的目标属性作为目标类，某一方探测目标属性作为对比类，通过属性相关分析和面向属性的归纳来度量态势感知准确性。因为准确性是时间的函数，所以某个时刻态势的准确性应提取距离该时刻最近一次探测的目标的整体准确性。

对于数值类型，利用方差来分析对移动目标的侦察结果与真实战场情况的偏离程度。假设 t 时刻导演部 M 个目标属性值 $S_m=(S_{1t},S_{2t},\cdots,S_{nt})$，作战方相应目标探测属性值 $s_m=(s_{1t},s_{2t},\cdots,s_{nt})$，则偏离程度定义为

$$\text{Veracity}=\frac{\sum_{j=1}^{M}\sqrt{\dfrac{\sum_{i=1}^{n}(s_{it}-s_{it})^2}{n}}}{M} \tag{10.5}$$

对于标称类型，利用布尔值所占总数的比例来衡量。假设 t 时刻作战与导演部目标属性值相同，则置为 1，否则为 0。定义偏离程度为

$$\text{Veracity}=\frac{\sum_{i=1}^{n}s_i}{n}\times 100\% \tag{10.6}$$

(2) 感知态势准确性度量过程描述(算法 10.6)

算法 10.6　感知准确性实现算法

```
输入:attr_d,导演方数据属性列表,属性值为 a_i(i=1,2,…,m)
    attr_s,某一作战方数据属性列表,属性值为 b_j(j=1,2,…,n)
输出:对比度量指标,如标准差
算法步骤:
Begin
  if (a_i,b_j∈标称类型)      //属性为标称类型
    while (a_i==b_j)
      n++;
      p=n/N;              //计算相同属性的比值
  else if (a_i,b_j∈数值类型)   //属性为数值类型
      s=SUM (sqrt (a_i-b_j)^2)/n;   //计算标准差
  return p,s;
End
```

4. 态势感知更新频率

(1) 态势感知更新频率

定义 10.10 态势感知的更新频率是指在一定时间段内,部队、装备与设施目标状态在态势显示图上的更新次数。

在兵棋推演过程中,只要目标状态发生变化,回放数据库都会记录该变化的数据,而对于没有属性改变的时间段,系统将不对其状态进行重复记录,所以用一段时间内的更新次数来表示态势感知的更新程度更为合理。由于目标重要性及指挥员关注重点不同,因此在态势上,不同目标的更新频率不同。从态势的整体性视角,用更新的平均时间衡量态势的更新性。更新频率与指挥员对态势的理解息息相关,间接反映指挥员对侦察力量的使用情况。

(2) 感知态势更新频率度量过程描述(算法 10.7)

算法 10.7 态势更新频率实现算法

```
输入:attr_d、time_s,某一方数据时间属性列表,属性值为 a_i(i=1,2,…,n)
    关注的时间段 T
输出:平均更新次数 r
算法步骤:
Begin
//作战方属性列表共 N 条记录
    for (i=1; i<=N; i++)    //分析 a_i 属性
        if (strcmp(a_i,a_{i+1}))    //a_i 的前后状态不同
            n++;   //计算更新总次数
            r=n/T ;
    return r ;
End
```

10.3.3 案例分析

以同一想定的两次演习过程为分析对象,演习阶段划分相同,红方和蓝方为主要对抗方,同一站位的指挥员不变,两次演习的仿真时间约为 1 天半。

从红方视角分析感知蓝方态势的完整性。两次演习的仿真时间均为×小时,导演部提供的目标对象均为×个。具体数据如表 10.4 和图 10.7 所示。

表 10.4 感知态势完整性相关统计值

过程 \ 内容	初始态势目标比例/%	运行时产生目标数据/个	作战开始1小时目标探测比例/%	最大探测速率/(个/时)	平均探测速率(个/时)	完整性最大值/%
过程一	×	×	×	×	×	91.5
过程二	×	×	×	×	×	93.4

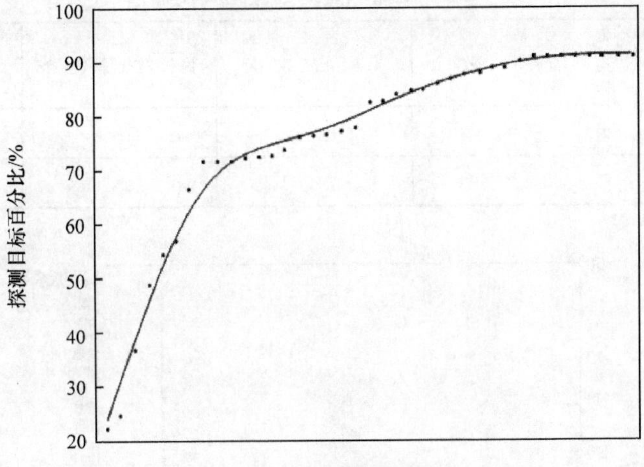

(a) 感知态势完整性(过程一)

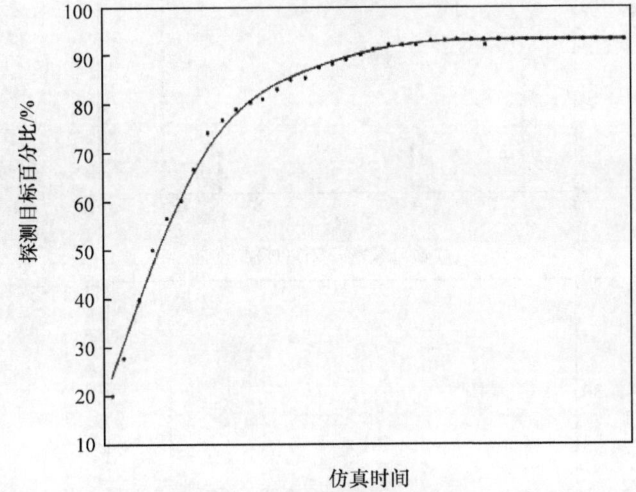

(b) 感知态势完整性(过程二)

图 10.7　感知态势完整性对比

通过分析得知,两次演习在作战开始后仿真时间 1 小时内,目标侦察比例迅速上升到×以上,说明敌方将近×的目标已被侦察。总体看来,第二次演习目标侦察数量和速度均比第一次有提升,反映了第二次演习的指挥员对侦察活动的组织指挥更为有效。

在已在态势上显示的目标为分析对象,计算目标显示的时效性。按小时进行等级划分,统计每个时间段各等级目标的个数。过程一中满足要求的移动目标有×个,过程二中有×个,结果如表 10.5 和图 10.8 所示。

表 10.5　感知态势时效性相关统计值

内容 / 过程	移动目标个数/个	共探测次数/次	目标数据条数/条	一级目标总比例/%
过程一	×	×	×	18.3
过程二	×	×	×	26.4

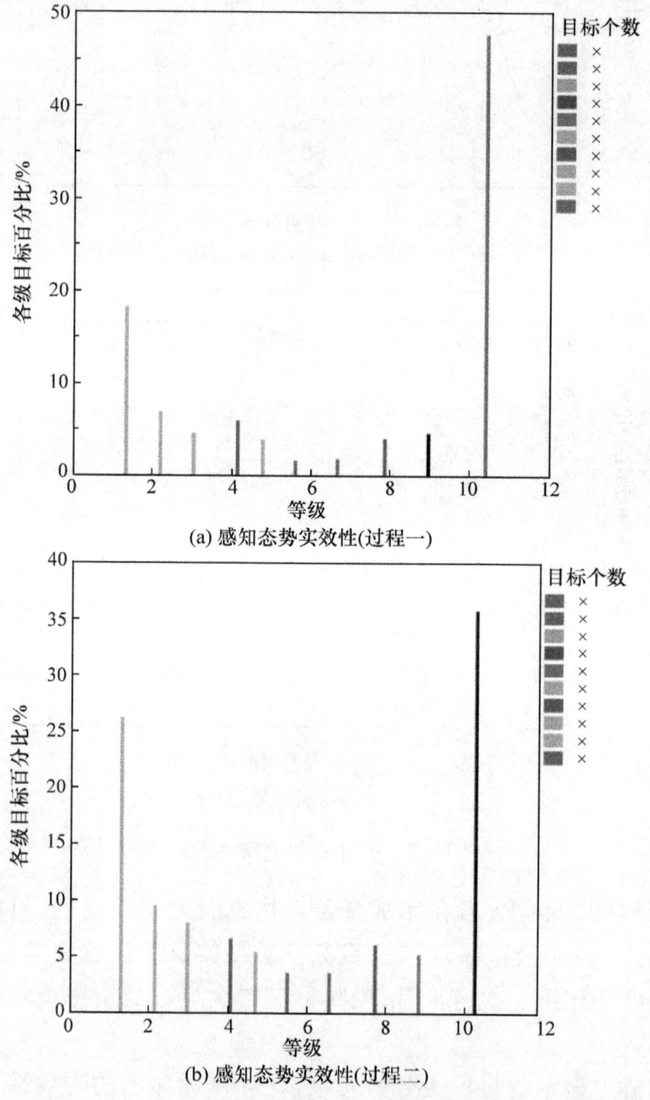

图 10.8　感知态势时效性对比

在作战开始阶段,时效性强的目标数量较多,与完整性的上升速率基本一致。说明作战开始甚至战争打响之前,作战方就注重侦察力量的使用,同时也是由于作战开始,很多目标首次被探测到,不但离目标进入作战的时间较近,而且提升了目标探测的完整性。过程二的时效性明显高于过程一,对移动目标的侦察次数较多,对过时的情报信息较为及时地进行了更新。

对于移动目标,准确性以分析其位置误差为例。对于地面移动目标主要考察经纬度探测值的准确度,通过标准差来量化计算。对于空中移动目标,增加高度维来进一步分析准确度。以小时为统计单位,判断时效性较强目标的准确性,统计整个过程标准差的平均值,结果如表 10.6 和图 10.9 所示。

表 10.6　感知态势准确性相关统计值

过程＼内容	标准差最大值	标准差最小值	标准差平均值
过程一	0.0623	0.0065	0.044
过程二	0.0543	0.0017	0.032

可以看出,第一次演习过程开始与结束阶段,侦察目标个数明显下降,准确度明显降低,从导演部看,指挥员进入状态较慢,且退出作战过早,在战争开始时侦察力量运用不够及时,而作战还未结束,就出现倦怠情绪,侦察行动明显减少。第二次演习过程,力量使用比较合理,没有出现长时间目标侦察不准确的情况,在侦察到的目标准确度方面明显优于过程一。

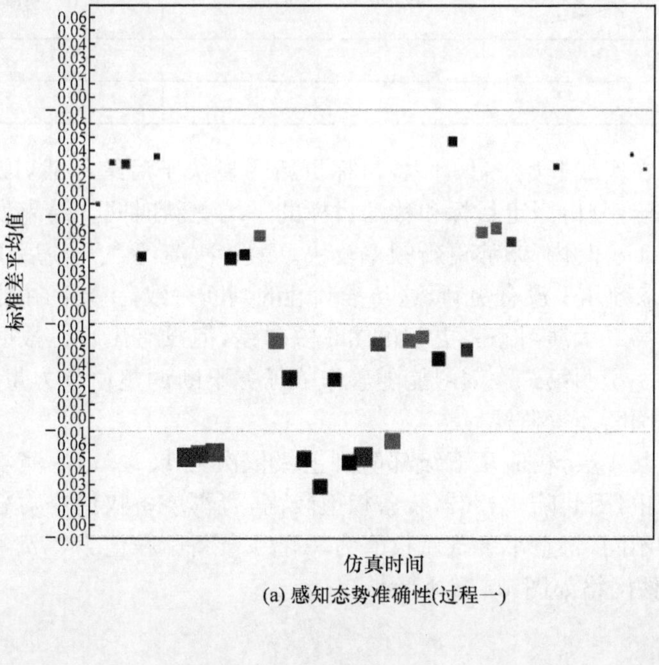

(a) 感知态势准确性(过程一)

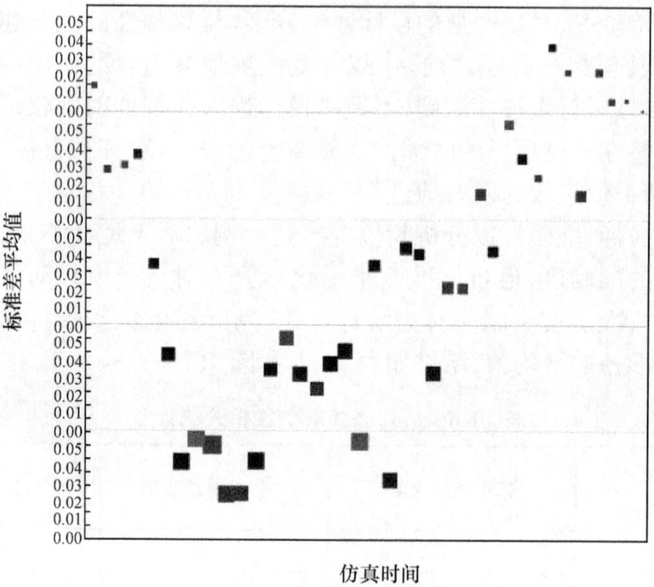

(b) 感知态势准确性(过程二)

图 10.9 感知态势准确性对比

以态势图中的移动目标作为分析对象,统计移动目标在态势图上的更新频率。结果如表 10.7 和图 10.10 所示。

表 10.7 感知态势更新频率相关统计值

内容 过程	频率最大值/(次/分钟)	频率平均值/(次/分钟)
过程一	×	×
过程二	×	×

两次演习在作战开始一小时内,目标更新明显快于后续作战,以仿真时间 10 分钟为一个单位,分析固定目标和移动目标的平均更新时间。结果发现在作战开始后仿真时间 1 小时内,态势更新频率较快。第一次演习在开始后 1 小时左右及 23 小时以后,态势几乎没有更新,这与准确性的判断一致,主要的由于指挥员侦察不到位导致。第二次演习态势更新虽然时快时慢,但没有出现一段时间内更新次数为 0 的现象。说明第二次演习能随着作战任务不断调整侦察力量使用,并且注重对敌方的不间断侦察监视。

指挥员网共 4 层,权值从下级部队到上级依次为 1、2、3、4。演习以陆上及空中作战行动为主,因此陆、空武器装备权值较高,海军装备权值相对较低。为表示其发挥作用的不同,将空军装备赋权值为 3,陆军装备赋权值为 2,海军装备赋权值为 1。效能评估网络如图 10.11 所示。

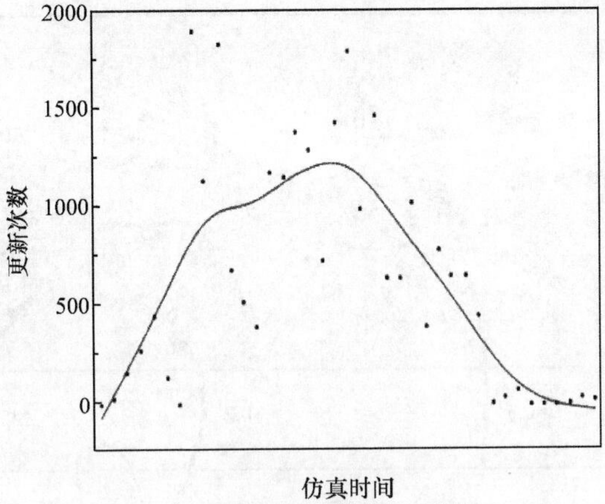

(a) 感知态势更新频率(过程一)

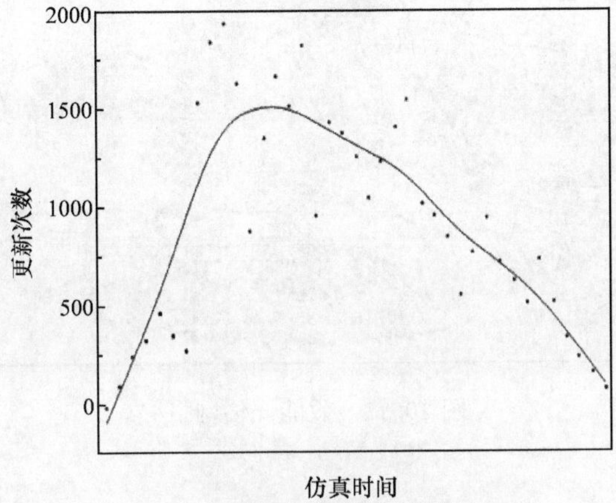

(b) 感知态势更新频率(过程二)

图 10.10　感知态势更新频率对比

由表 10.8 的实验结果可知,在两次演习作战想定和各席位参演人员相同的前提下,第二次演习红方由于侦察力量运用恰当,态势感知质量明显高于第一次演习,特别是在探测目标的时效性和准确性两个方面,而对蓝方作战体系效能的降低可以知道,第二次演习效能降低值明显高于第一次,说明对蓝方造成了更大的毁伤。通过两次演习的数据对比分析,有力地论证了提高态势感知质量可以有效降低战场的不确定性,提高指挥效能。

表 10.8　效能降低相对值

内容＼过程	过程一	过程二
效能降低相对值	1324.6	1942.2

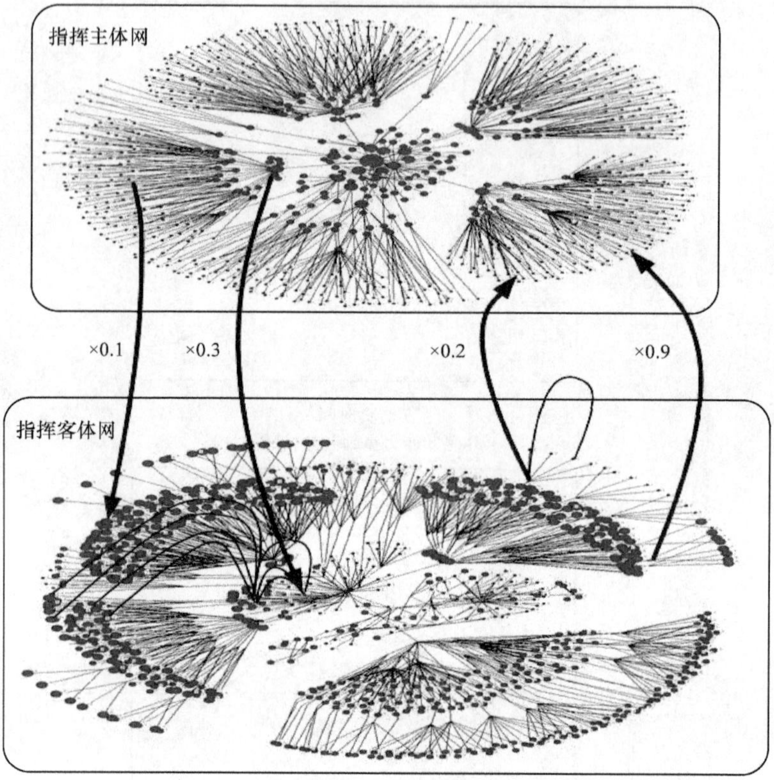

图 10.11　效能评估网络

10.4　面向体系的态势认知影响分析

战场态势感知是通过已有的技术和力量来获取敌方的力量部署,本质上是战争科学。战场态势认知是在感知的基础上,运用人的智慧来判断敌方意图进而作出决策,本质上是战争艺术[14]。信息优势促进决策优势,但不确定性是战争的一个本质属性,哪怕是看到一切也不意味着理解一切,由于受到指挥决策心理的影响,信息优势不一定会转化为决策优势。指挥决策从心理学的角度分析是对态势图进一步加工、对战场情况进一步认识的心理过程,是在复杂的心理机制参与下进行的,受指挥员的经验、认知、经历、思维、性格、情感和意志等因素的影响。对于指挥员而言,他认为重要的目标或区域,就会加大侦察力度,在情报收集的基础上,决定是否对该目标或区域进行打击。因此,关注重点和行动重点可以作为考量指挥员认知的两个方面。本节通过对指挥员的关注重点和行动重点两个方面的分析来度量态势认知对指挥效能的影响。

10.4.1　态势认知和数据来源

定义 10.11　态势认知是指挥员及其指挥机关对战场感知态势的理解和判断，其认知结果最终体现在指挥决策行动上。

指挥主体网中真实指挥员及其指挥机关是态势认知的主体，认知结果以命令、指示的形式下达。因此，可以通过对认知主体下达的命令、指示的量化分析实现对态势认知水平的度量。

指挥员对感知态势的判断最终以作战命令的形式传达给作战部队，因此作战命令是态势认知的体现。作战命令由参加演习的指挥员下达，部队实体执行，所以作战命令的下达也是指挥关系的体现。兵棋作战命令指参加兵棋推演的真实指挥员为达成作战目的下达的各类命令。

战场情况报告主要是对作战任务进度及战损战果的统计汇总，是对态势认知结果的呈现，是对战场上侦察情况、打击情况、兵力毁伤等影响作战的各类因素的汇总。

10.4.2　态势认知分析

在作战体系中，对目标进行攻击是达成作战目标的主要手段。通过初步侦察，指挥员认为的重点区域或目标会加大侦察力度且采取一定行动。通常情况下，指挥员关注的重点与行动重点应该一致，重点目标或区域会有多次侦察命令和行动命令。本节通过分析指挥员关注重点与行动重点之间的匹配程度，来判定指挥员的认知程度，通过对比相同态势的不同认知导致的体系效能变化，分析态势认知水平对指挥效能的影响。

1. 指挥员的关注重点

指挥员的关注重点可以从某个时间段内下达的情报侦察类命令中分析得到。在演习数据的基础上，通过侦察命令和侦察结果中的区域及目标进行统计，分析指挥员关注的重点目标和区域，如算法 10.8 所示。

算法 10.8　关注重点实现算法

```
输入：recon_s，某一方数据属性列表，属性值为侦察命令 a_i 和侦察目标 b_i(i=1,2,…,n)
      recon_d，侦察目标数据表，目标名称 B_j(j =1,2,…,m)
输出：关注的重点目标侦察次数
算法步骤：
  Begin
    //作战方目标列表共 n 条记录
```

```
    for ( j=1; j<=m; j++)
        for (i=1; i<=n; i++)
            if (strcmp (b_i,B_j))          //b_i 中存在与 B_j 相同的目标
                number(B_j++);             //计算 m 个目标分别侦察的次数
return number(B_j);
End
```

2. 指挥员的行动重点

态势图是存放当前战场信息的数据仓库。信息量庞大，缺乏有效组织，各指挥部门需要根据各自的任务关注态势图的某些部分而非全局。如此一来，筛选信息的质量就非常关键，否则最终决策可能丢失部分有用信息，造成打击效果不明显。随着战场侦察技术和手段的进步，侦察到的目标数目急剧增大，例如 1949～1980 年，美军对苏联的核打击目标从 70 个增至 40 000 个[15]，重点目标的选择成为重难点。兵棋推演系统中目标数量成千上万，根据不同的演习想定而稍有不同，只有找到敌方的"阿喀琉斯之踵"，打击才能起到体系破击的效果。

指挥员的行动重点可以从对某个时间段内下达的作战类命令中分析得到。在已有演习数据的基础上，通过作战命令对作战的区域及目标进行统计，分析指挥员的行动重点。通过对作战命令的分析，可以得到指挥员最终决定攻击的目标信息。这些目标数据的选择是指挥员对海量信息的最终理解，也是能否达成作战目的的关键环节。

① 相关数据收集。从数据库中提取某一作战方的作战类数据。

② 作战阶段分析。按作战阶段划分作战时间，按时间关系提取关注的某一阶段作战数据。

③ 提取作战目标信息。统计②中数据的目标名称和位置属性。

④ 目标重要性排序。

算法 10.9 行动重点实现算法

```
输入：oper_s，某一作战方数据属性列表，属性值为 a_i(i=1,2,…,n)
输出：打击的重点目标次数
算法步骤：
Begin
//作战方目标列表共 n 条记录
```

```
  for (i=1; i<=n; i++)
    for (j=i; j<=n; j++)
        if (strcmp (ai,aj))        //对 ai 目标进行重复打击
           number (ai++);        //计算 ai 目标打击次数
  return number(ai);
End
```

10.4.3 案例分析

以同一想定的两次演习过程为分析对象，演习阶段划分相同，红方和蓝方为主要对抗方，导演部提供基本态势，并在演习过程中不断调整，使红方两次演习的感知态势质量一致，但两次演习同一站位的指挥员会有改变，演习的作战时间约为 1 天。

对于指挥员关注的重点目标及行动重点，既有结构化数据，也有半结构化数据，分析结果如表 10.9 和表 10.10 所示。根据体系效能评估算法计算降低的相对值结果如表 10.11 所示。

表 10.9　侦察及攻击重点目标(过程一)

排名	侦察类命令		攻击类命令	
	名称代号	次数	名称代号	次数
1	69	×	86	×
2	105	×	84	×
3	79	×	132	×
4	86	×	143	×
5	153	×	69	×
6	134	×	56	×
7	53	×	122	×
8	155	×	58	×
9	84	×	79	×
10	94	×	178	×

表 10.10　侦察及攻击重点目标(过程二)

排名	侦察类命令		攻击类命令	
	名称代号	次数	名称代号	次数
1	53	×	86	×
2	86	×	89	×
3	123	×	53	×
4	154	×	103	×
5	89	×	123	×
6	84	×	75	×
7	69	×	114	×
8	153	×	65	×
9	114	×	167	×
10	134	×	69	×

表 10.11　效能降低相对值

内容＼过程	过程一	过程二
效能降低相对值	1864.8	2365.4

从上述实验可见,两次演习作战想定和态势感知能力相同的前提下,红方的侦察重点与行动重点的排名前十中,第一次演习的一致性为40%,第二次演习为60%,即在第二次过程中,红方对其反复侦察的60%的目标采取进一步行动。从一致性上判断第二次过程较好,说明态势认知水平较高。

从体系效能判断,第二次过程蓝方效能降低值明显高于第一次,说明第二次演习红方对蓝方造成的毁伤更大。

可见,红方态势认知水平高低与蓝方体系毁伤大小成正比,即认知水平越高,对敌方的毁伤越大。通过两次演习的数据对比分析,有力地论证了提高态势认知水平可以有效降低态势判断的不确定性,提高指挥效能。

综合相关实验可知,降低战场不确定性,提高指挥效能,需要提高指挥员及其指挥机关的专业素养,来提高态势感知质量和态势认知水平。

10.5　本章小结

本章以有人参与的兵棋推演仿真大数据为研究基础,以基于态势的指挥决策过程为主线,从态势感知与态势认知两个方面,分析以人为主导的指挥活动对指挥效能的影响。在超网络理论和大数据理念的支撑下,研究基于仿真大数据的指挥效能分析方法,并通过对比实验论证方法的有效性。

① 构建作战体系超网络模型,在模型指导下提取作战体系数据并可视化表现。针对作战体系组分不同、联系多样的特点,在超网络理论的支持下,构建能够反映指挥活动中指挥主体、指挥客体,以及相互关系的作战体系超网络。作战体系超网络的建立不但反映体系作战整体、动态、对抗的特性,而且为提取相关数据和评估指挥效能打下了基础。

② 提出基于作战体系超网络的指挥效能评估方法,从网络化的角度对指挥效能进行度量。由于指挥效能的绝对值难以计算,本章采用作战体系效能的相对降低值来判断指挥效能的高低。在作战体系超网络模型的基础上构建效能评估加权网络,充分考虑网络节点间的关联关系,计算单点毁伤对整个超网络效能的降低值。

③ 在作战体系超网络框架下,研究感知态势质量对指挥效能的影响,通过兵棋推演对比实验证明指挥效能分析方法有效。感知态势是指挥的基础,也是影响指挥效能的客观因素,通过对感知态势的完整性、时效性、准确性和更新频率四个方面数据的提取,对比分析不同感知态势下指挥效能的高低,通过实验验证提高态势感知质量能够有效地提高指挥效能。

④ 在作战体系超网络框架下,研究态势认知水平对指挥效能的影响,通过兵棋推演对比实验证明指挥效能分析方法有效。态势认知水平是影响指挥效能的主观因素。在体系超网的框架下,提取作战方与导演方态势认知数据,通过作战命令和情况报告数据,分析指挥员的认知对指挥效能的影响,通过实验验证提高认知水平能有效地提高指挥效能。

参考文献

[1] 胡晓峰. 战争工程论——走向信息时代的战争方法学. 北京:国防大学出版社,2012.

[2] 胡晓峰,李志强,贺筱媛,等. 复杂网络:战争复杂系统建模仿真新途径. 装备指挥技术学院学报,2009,4(2):1-7.

[3] 刘洋. 基于兵棋演习仿真数据的作战体系分析方法研究. 北京:国防大学博士学位论文,2013.

[4] 汪小帆,李翔,陈关荣. 网络科学导论. 北京:高等教育出版社,2012.

[5] Jia J, He X Y, Hu X F. Drawing hypergraphs in hyperedge′s average degree and multi-rules. Applied Mechanics and Materials, 2015, 713: 1682-1688.

[6] Henson M A. Nonlinear model predictive control: current status and future directions. Computers & Chemical Engineering, 1998, 23(2): 187-202.

[7] 王光宙. 作战指挥学. 北京:解放军出版社,2004.

[8] 陶雪娇,刘洋,胡晓峰. 态势的感知质量对决策影响的度量分析//军事系统工程第二十四届

学术年会，2014：406-408.
[9] 王新辉，刘茂刚. 空情态势感知的能力分析与度量. 空军装备研究，2007，1(3)：61-64.
[10] 陶雪娇，贺筱媛，胡晓峰. 指挥控制体系建模技术研究//第六届全军"战争复杂性与信息化战争模拟"高层学术研讨会，2014：289-293.
[11] Han J W，Kamber M，Pei J. 数据挖掘：概念与技术. 3版. 范明，孟小峰，译. 北京：机械工业出版社，2012.
[12] 董志明，郭齐胜，黄玺瑛，等. 战场环境建模与仿真. 北京：国防工业出版社，2013.
[13] 尹俊. 兵棋推演与领导决策. 北京：国防大学出版社，2013：8.
[14] 史越东. 指挥决策学. 北京：解放军出版社，2005.
[15] 饶德虎. 基于复杂网络理论的体系作战指挥与协同机理研究. 北京：国防大学博士学位论文，2014.

第 11 章　联合作战体系对抗目标价值评估分析方法

11.1　联合作战体系对抗目标价值评估问题概述

在信息化条件下，评估联合作战目标的价值，形成目标打击清单是指挥员指挥决策的重要环节。目标价值评估贯穿于联合作战的全过程，是指挥员战场态势感知的重点内容。在信息化条件下，联合作战战场态势复杂、瞬息万变，仅依靠以人力为主，已无法从海量战场信息中快速准确地判断目标价值，对目标价值认知的速度落后将导致相应决策和行动的滞后，使指挥决策周期远长于对手，甚至无法形成有效的 OODA 环，而始终处于落后、被动、挨打的局面。因此，需要探索计算机智能辅助方法，帮助指挥员进行目标价值评估。

11.1.1　传统目标价值评估方法存在局限

1. 缺乏从指挥员进行态势感知的角度来认识目标价值问题

指挥员对目标价值的判断，不仅要考虑在战场态势之下，目标在作战体系对抗中发挥的客观作用，更重要的是一种对作战任务和战场局势的主观认知，受自身认知水平、知识结构，以及经验思路等的制约。正如“一千个读者心中有一千个哈姆雷特”，同一个客观事物在不同的主观认知之下可能有很大差异。因此，研究目标价值评估不但要综合体现客观的评估标准，而且要反映指挥员主观的认知判断。

但是，过去的研究都比较强调从客观的角度进行评估，而忽略从作战任务到作战结果，指挥员对目标价值的主观认知在其中发挥的重大作用，因此在理论和建模中没有着重考虑主观认知因素的影响。例如，一些研究把目标价值限定在其本身的价格上，越贵重的装备价值越高，而没有考虑其在战场上的作用和意义；也有一些研究，虽然采取复杂网络的方法，分析目标在体系内的相互关系，但仍然是从物理关系的角度出发，忽视其在体系对抗过程中对敌方体系的效用和对己方实现作战目的的意义。这些都是相对独立于指挥员主观认知的客观评估。此外，也有一些研究完全是定性分析，更加缺乏科学依据。

指挥员对目标价值的认知判断，是在战场不完全信息，甚至真伪并存信息条件下进行的，是一个宏观与微观相结合、经验与理性并重的高度艺术化的思维活动，很多内在运行与作用机理目前仍不清楚，需要探索新的研究思路和技术方法。

2. 缺乏体现整体、动态、对抗的复杂战争系统研究特点

战争系统是典型的复杂系统，不能简单地用传统还原论的科学思想来研究。因此，在进行目标价值评估时，必须站在复杂战争系统的体系对抗角度。但是，传统大多是基于还原论思想的小样本分析方法，还属于简单分解、线性叠加的静态评估方法，很难满足对信息化条件下联合作战目标价值评估的需求。

① 没有从体系对抗的角度考虑目标价值的动态变化，尤其是对该目标实施打击后为后续作战行动创造的效果。在作战的全过程，目标价值会连续变化，且不平滑，可能随战局变化而剧变，是一个动态变化的值。

② 没有从联合作战整体的角度，考虑大量不同类型、性质目标之间的相互关联制约、复杂交互、动态演变的整体过程。

③ 对不同作战对手的目标价值评估方法一样，难以反映不同作战体系的相对效果。

因此，在研究目标价值评估问题时，应该引入指挥员的主观因素，在建模时体现人的主观认知，同时也应该采用复杂系统建模的方法来体现战争复杂系统的性质特点，使目标价值评估结果更加符合战争实际。

11.1.2 指挥员的注意力机制是目标价值评估中值得探索的方向

人能从复杂环境中搜索特定对象，并对对象信息有选择处理的能力。这就是人的注意力机制(attention mechanism)，能够帮助人在复杂环境中快速有效地把握重点。注意力机制的研究起源于心理学，主要的研究是针对人的视觉注意、听觉注意探索背后的生物学机理，并基于此建立计算机模型用于处理图像识别、目标定位等问题。目前，对于注意力机制并没有公认的定义，但普遍被接受的观点就是，注意力是人有选择性地聚焦于某些事物的能力，主要作用是降低认知负载。

在作战中，指挥员会根据作战任务将注意力集中到某些重点目标上，忽略相对次要的目标。随着作战进程的推进，指挥员会根据作战行动结果调整优化其关注重点。这也是一种注意力机制。指挥员评估作战目标价值的整个过程是注意力机制发生和作用的过程，是客观见之于主观的过程，也是高层次的抽象认知思维。将心理学中的注意力机制引入战场态势感知，用于目标价值评估问题，需要重新界定相关的概念和理论。

由此，本章从联合作战背景下的指挥员态势感知角度出发，研究指挥员在战场态势感知中的注意力机制，并基于注意力机制改进目标价值评估的方法。重点研究三方面内容。

① 分析战场态势感知中的注意力机制是什么,以及如何发挥作用。

② 分析如何基于注意力机制实现对作战目标的动态评估。

③ 设计基于注意力机制的目标价值评估和高价值目标筛选模型并进行验证。

11.2　基于注意力机制的联合作战体系对抗目标价值分析框架

11.2.1　战场态势感知注意力机制的内涵

1. 战场态势感知的概念

定义 11.1　战场态势(battlefield situation)是指在作战中,参战各方的所有作战要素的状态、变化与发展趋势,包括兵力部署情况、装备情况、地理环境等态势要素。

战场态势包含时间要素、空间要素、实体要素、实体间相互关系等,需要统一的形式化描述。国防大学胡晓峰教授提出战争体系及系统建模的 EBI 框架,将战场描述归结为对实体、行为和交互三方面进行建模[1]。这种面向对象的建模思路能够很好地反映复杂战争系统的特点,适合用于描述战场态势。

鉴于此,以实体为基础来描述战场态势,即

$$S=\{E,A,R,t\}$$

其中,E 为战场实体的集合;A 为实体动作的集合;R 为实体间各种关系的集合;t 为当前作战时刻。

具体而言,动作是实体所能进行的最小的具体行动,任何动作都由实体完成。行为是动作的集合。任务是由行为组成的、有明确意图和目的的行动过程。交互是实体行为相互作用造成的效果,最终体现在实体状态的改变,即战场态势的改变上。战场态势是一个动态变化的空间。在某个时刻,是一个静态的“状态”,但其中隐含了动态的“趋势”。

不失一般性,假设参战方为红蓝两方,双方的实体个数分别为 m 和 n 个,则战场实体集合为

$$E=\{R,B\}$$

$$R=\{R_1,R_2,\cdots,R_m\}$$

$$B=\{B_1,B_2,\cdots,B_n\}$$

实体用属性描述。描述实体时,不仅需要描述当前时刻的状态,还需要描述实体的动态变化趋势。因此,将实体的属性分为静态属性、动态属性和趋势属性。可以用下式描述 t 时刻某个实体的状态,即

$$E_i=\{a_1,\cdots,a_m,b_1,\cdots,b_n,c_1,\cdots,c_k\}$$

其中，$a_1, \cdots, a_m$ 为实体的 m 类静态属性，属性值一般固定；$b_1, \cdots, b_n$ 为实体的 n 类动态属性，属性值会随着作战进程而改变；$c_1, \cdots, c_k$ 为实体的 k 类趋势属性，会随着作战过程的推进而累积式显现。

趋势属性根据不同时刻某些动态属性的变化情况来定义，取值表现了实体变化的趋势。例如，一个舰艇实体，其静态属性包括所属军种、舰艇类型、最大航行速度等，动态属性包括地理位置、战斗力、当前物资数量等，趋势属性有机动方向、实力变化等。对于开战前的战场实体和刚刚侦察到的战场实体而言，其趋势属性值都为 0。

要强调的是，由于战争迷雾的存在，一方几乎不可能完全掌握其他参战方的所有情况。所以对于战场态势而言，存在感知真实与战场真实的区别。鉴于指挥员进行战场态势感知只能依赖己方所掌握的对方信息，即感知真实的信息，可能不完全、有错误，因此对对方战场实体的认知结果可能与对方的实际情况有所不同。

定义 11.2 战场态势感知(battlefield situation awareness, BSA)是指在作战中，指挥员对战场态势的动态认知过程，通过综合兵力、装备、环境等态势要素，识别和分析已发生的和当前的事件，推断敌方的作战意图，解释当前的战场情况，并对未来态势变化做出预测。

战场态势感知一定是有明确主体的。不同的指挥员进行战场态势感知的过程和结果是不同的。这就是为什么面对同一张态势图，战役指挥员和战术指挥员看到的内容完全不同。

美国空军首席科学家 Endsley 于 1995 年提出一个通用的态势感知模型，包括觉察、理解、预测三层[2]。经过三十年的发展，这已经成为在态势感知领域应用最广泛的参考模型。据此，在战争复杂系统中，可以用两层的战场态势感知模型来描述。第一层为战场态势觉察(battlefield situation perception, BSP)，即对应当关注的态势要素予以关注，形成觉察态势。第二层为战场态势认知(battlefield situation cognition, BSC)，即对觉察态势进一步分析研判，形成认知态势。然后，根据认知结果，指挥员做出决策并指挥部队开展行动，行动又会影响战场原始数据，即形成 OODA 的闭环(图 11.1)。

战场态势感知体现的是指挥员在遵循指挥决策基本规律的情况下，对战场态势的一种认知思维活动。针对的是战场态势感知数据基础，而非战场原始数据。

定义 11.3 战场态势感知数据基础(battlefield situation awareness data bases, SADB)是指己方获取的战场原始数据经过初步的数据处理融合，形成指挥员进行战场态势感知的数据基础，包括展现的态势示意图，以及描述性信息(文本、图表等)。

战场态势感知数据基础经常表现为一张综合显示所有已知敌、我目标的信

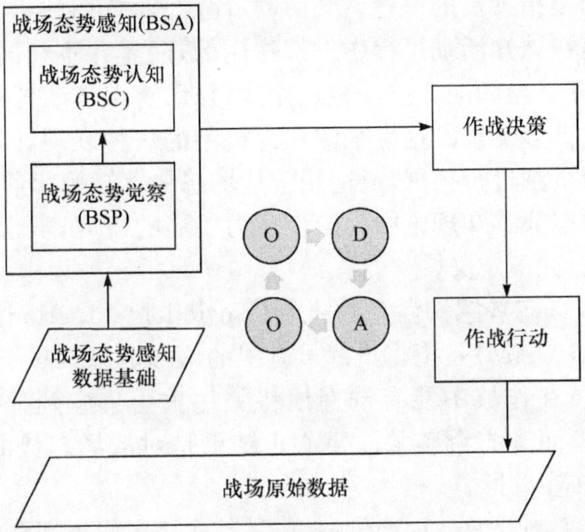

图 11.1　战场态势感知示意图

息图。

可将指挥员战场态势感知的过程看作一个嵌套函数 $f_{\mathrm{bsc}}(f_{\mathrm{bsp}}): S \rightarrow S'$，即

$$S' = f_{\mathrm{bsc}}(f_{\mathrm{bsp}}(S, \mathrm{Task}, K))$$

其中，S 为 t 时刻己方掌握的战场态势感知数据基础；Task 为作为态势感知主体的指挥员承担的当前作战任务；K 为指挥员掌握的先验知识；f_{bsp} 为战场态势觉察的过程；f_{bsc} 为战场态势认知的过程；S' 为战场态势感知的结果。

2. 战场态势感知注意力机制的概念

注意力机制的研究源于心理学，主要研究的是人的视觉注意、听觉注意探索背后的生物学和心理学机理，并基于此建立计算机模型用于处理图像识别、目标定位等问题。

在态势感知理论中，注意力机制是一项重要内容，而且是对心理学中关于注意力研究的进一步拓展与创新。心理学对注意力的研究一般都是基于个人觉察、理解某些刺激的背景。在态势感知理论中，注意力是意识到自己周围广阔、动态的环境，试图理解他人行为和意图，采取与对他人未来行动的心理预测一致的行动[3]。

目前，对注意力还没有公认的定义。共识在于，注意力是主体具有的一种有选择性地、动态地聚焦于某些客体或客体的某些部分的功能，是一种降低负载的方式。注意力不应看成一种固定的事物，也不仅是一种心理、生理的功能，对注意力的认识应当随着具体的应用领域而拓展。

战场态势感知是指挥员的一种认知活动，而注意力机制是人具备的一种认知机制。认知机制是在认知活动过程中发挥作用的，两者并不相同，不可混为一谈。在作战过程中，指挥员会倾向于关注重点作战目标、重点作战任务等，并相应地在决策和行动上予以更多侧重。这也是注意力机制的一种表现，因此需要对注意力机制的内涵和作用范围进行拓展，以适用于战场态势感知的背景。

基于心理学和态势感知理论中关于注意力机制的研究，从指挥员进行战场态势感知的角度，给出如下定义。

定义 11.4 战场态势感知注意力机制（battlefield situation awareness-attention mechanism，BSA-AM）是指将指挥员有限的认知资源聚焦于重点的一种资源分配机制，使指挥员在作战中能有选择地将关注重心集中到某些战场态势要素上，并随着作战进程而动态调整关注重心。结果是对战场态势的高水平认知，为后续决策和行动奠定基础。

可以将注意力机制看做一种聚焦的方式，其作用主要体现在两个方面。

① 降低复杂度，减少认知负载。联合作战战场上目标众多，会对指挥员战场态势感知造成巨大的认知负载。注意力机制就是指挥员对任务相关目标或者对自己存在威胁的目标进行聚焦，同时忽略其他不相关的目标，将有限的认知资源集中在该目标上。这主要发生在战场态势觉察阶段，注意的结果就对应觉察态势。

② 提升复杂度，提高认知精度。对于任务相关的或者是可能对己方产生巨大威胁的目标，指挥员应当予以更多的关注，在已知这些目标相关信息的基础上，倾注更多的认知资源进行深入的系统性分析，研判目标在当前整个作战体系中的价值。这主要发生在战场态势认知阶段，注意的结果就对应认知态势。

就本质而言，注意力机制是一种有助于指挥员获取信息，并理解信息的认知机制。需要注意的是，注意力机制作用的对象归根结底是战场实体。在作战过程中，指挥员也会对关键行动、关键时节、关键地域等予以关注，这也是注意力机制的一种表现。但是，其本质都可以归结为实体的属性、行动和交互。因此，对于关键行动、关键时节、关键地域等的注意力机制归根结底都是对战场实体的注意力机制。

11.2.2 基于注意力机制的目标价值评估问题分析

作战目标价值评估是指挥员指挥决策的基础，这是一个很重要的研究领域。目标价值是客观见之于主观的，纯粹的客观分析并不客观，而纯粹的主观分析有时候也缺乏科学依据。因此，将战场态势感知注意力机制引入目标价值评估问题研究中，不仅在机理上符合人认知作战目标的客观机制，也能将人的主观因素用比较科学的方式予以量化，体现主客观相结合。

定义 11.5　联合作战目标(joint target)是指在联合作战中，己方作战行动所要打击的敌方战场实体，包括敌方部队、装备设施、基础设施等。

联合作战目标(简称目标)在战场态势感知各阶段的注意力机制作用下，会得到不同的产品。下面分别进行定义。

定义 11.6　可见目标(sense target，ST)是指己方拥有的战场态势感知数据中包含的所有作战目标。

指挥员对作战目标的认识都是从自己能掌握的信息开始的。如果完全不知道有这个目标，即使目标本身具有高价值，从指挥员自身角度而言，目标的价值也无从谈起。

定义 11.7　觉察目标(situation perception target，SPT)是指指挥员在可见目标的基础上，经过战场态势觉察阶段的注意力机制作用得到的作战目标集合，属于觉察态势。

此时的注意力机制作用方式，就是基于一些简单的特征，如类型、距离等，进行目标的过滤。

定义 11.8　高价值目标(high value target，HVT)是指指挥员在觉察目标的基础上，经过战场态势认知阶段的注意力机制作用得到的作战目标集合，属于认知态势。

此时注意力机制的作用就是进行目标价值评估，要从体系的角度对目标的属性和在体系结构中的作用进行分析，得到在作战目标体系中的高价值目标，以便后面能够将有限的行动资源聚焦于重点目标上。

定义 11.9　响应目标(response target，RT)是指指挥员在高价值目标的基础上，综合考量己方能力、作战条件限制等多方面因素，决定要予以行动的作战目标集合，属于决策阶段的内容。

针对高价值目标和期望实现的效果(如压制、摧毁等)，分析己方是否具备相应的能力，然后做出决策。具体到打击行动，就是决定打击什么目标，由谁来打，怎么打的问题。对高价值目标予以合适的行动，体现了指挥员的正确决策和己方作战实力。因此，可以用响应目标集合和高价值目标集合的重合度来衡量指挥决策水平和己方作战能力。

图 11.2 体现了作战目标的集合关系，形式化描述为

$$\mathrm{RT} \subseteq \mathrm{HVT} \subseteq \mathrm{SPT} \subseteq \mathrm{ST}$$

11.2.3　注意力机制的作用流程

指挥员在进行战场态势感知时，会有意识地去关注已知目标中的重点，这是对已经掌握的重点或者说是当前作战任务要求的内容予以关注，是一种自上而下的作用方式。同时，指挥员也会被突然出现的新目标注意，如果突然出现的新目

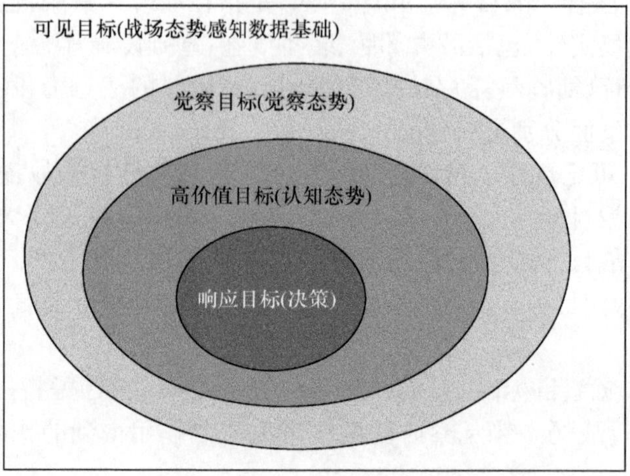

图 11.2 作战目标集合关系

标有助于完成当前作战任务或者可能对己方造成很大威胁，指挥员也会继续予以关注，这是一种自下而上的作用方式。可以看出，战场态势感知注意力机制有两种作用流程，自上而下的目的驱动式和自下而上的数据驱动式。

定义 11.10 目的驱动式(goal driven, GD)是指在作战中，指挥员在一定程度上掌握作战目标相关信息的情况下，有选择地对某些目标投入更多的认知资源，进行深入分析的一种注意力机制作用流程。

定义 11.11 数据驱动式(data driven, DD)是指在作战中，指挥员在没有掌握任何先验信息的情况下，通过自己组织侦察或者收到的敌情通报等多种方式被动获知作战目标的存在，从而能在一定程度上掌握作战目标相关信息的一种注意力机制作用流程。

要强调的是，目的和数据驱动是认知的思维方式，两者区别在于是否掌握关于目标的先验知识，后面将详细说明。这与心理学对于目的和数据驱动的定义并不相同。在心理学中，目的驱动就是任务导向，数据驱动就是由环境要素的简单特征引导。也就是，心理学中作用流程的区分方式是基于特征的，而非实体。但是，这种思路在应用到作战目标价值评估问题上并不合适，会导致后续对注意力机制建模时出现困难。现有的注意力机制模型大多是针对图像的像素点，通过注意力机制得到图像中实体的轮廓。但战场是以实体为基本单元，这种基于特征来区分目的和数据驱动的方式会导致建模时对这两种作用流程界定模糊的问题。

下面举例说明目的驱动式和数据驱动式。例如，指挥员承担的作战任务是对己方某个重要目标 V 进行防卫。指挥员判定的主要防御方向为×方向，因此在×方向部署防御力量 A_1, A_2, A_3，同时在次要防御方向×部署防御力量 A_4。此时，指挥员已知敌方有一个空中作战集群 B_1, B_2 从敌方机场 B_4 起飞，正要向我方来袭，这就是掌握目标的先验知识。指挥员的注意力被从×方来袭的 B_1 和从×方来袭的 B_2 吸引，这都是目的驱动式的注意。但是，从主要防御方向东南方突然出现敌方来袭力量 B_3，此前并不在指挥员的掌握了解范围内，即没有掌握目标的先验知识。B_3 吸引了指挥员的注意，这是一种数据驱动式注意。防御任务注意力驱动流程如图 11.3 所示。

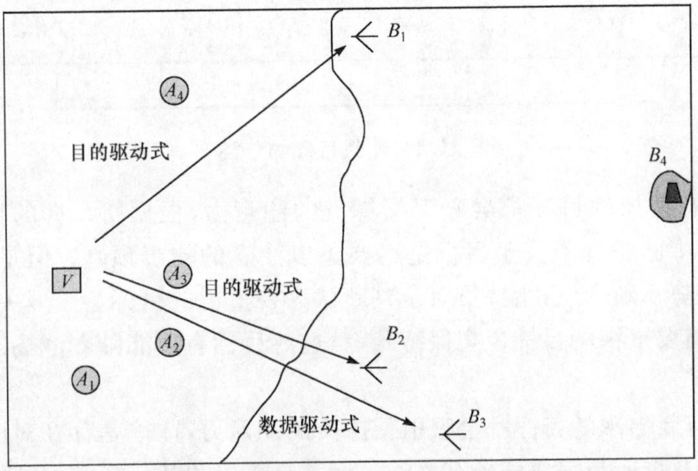

图 11.3　防御任务注意力驱动流程

目的驱动式和数据驱动式的根本区别在于，指挥员是否掌握作战目标的先验知识。先验知识是指在知道目标客观存在的基础上，一定程度上掌握的目标相关信息。任何作战筹划和作战行动的基础都是情况研判。在开战前，作战筹划人员需要对敌方的情况进行掌握和分析，包括敌方的作战目的、兵力规模、敌方体系的强弱点等。因此，开战前会对已知目标形成先验知识。在作战中，战场态势瞬息万变，会出现很多新的作战目标。此时，在探测到新目标的相关信息后，对新目标的分析研判也会成为这些目标的先验知识，在下一次进行战场态势感知的周期中发挥作用。

定义 11.12　战场态势感知周期（battlefield situation awareness cycle）是指指挥员基于战场态势感知数据基础，在先验知识的指导下，进行战场态势觉察和战场态势认知，并将认知结果形成新的先验知识的整个时间周期。

战场态势感知周期具体有多长，难以确定，一般依靠经验给出。假设某个指挥员战场态势感知周期时长为 1min，当前作战时刻为 T。在$[T-1\text{min}, T)$，指挥员进行了上一轮战场态势感知的过程。对于新一轮战场态势感知周期而言，在 $T-1\text{min}$ 时刻指挥员已掌握先验知识的目标都是已知目标，在$[T-1\text{min}, T)$，指挥员才获悉的目标都是新出现目标。在$[T, T+1\text{min})$，指挥员要在此基础上，完成新一轮战场态势感知的过程。本章提出的战场态势感知周期概念，可以看做是

OODA 环中嵌套的小环，是认知的周期迭代。

在把作战目标分为已知目标和新出现目标的基础上，还要进一步分类，如图 11.4 所示。

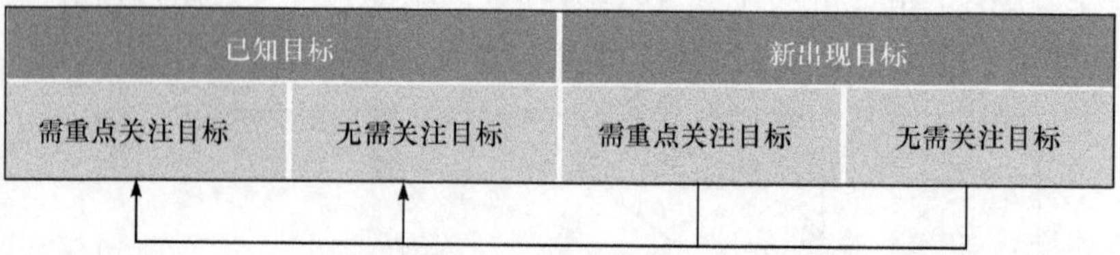

图 11.4　作战目标的分类

并非所有已知的目标都会吸引指挥员的注意力，根据所掌握的目标先验知识，指挥员心中已经有了关于目标是否要予以注意的初步预判。但是，在作战过程中，战场态势不断变化，指挥员对于判断认为要重视的目标会予以关注，但对于之前觉得不需要重视的目标也会保持跟踪，这些目标有可能随着战场态势的变化又需要重视了。

并非所有新出现的目标都会吸引指挥员的注意力，往往是存在对己方可能杀伤关系的，以及可能与完成任务有关的目标才会予以关注。在掌握了新出现目标的信息后，在下一次指挥员进行战场态势感知过程中，这些新出现的目标就成了掌握先验知识的已知目标。

注意力机制在战场态势感知的觉察阶段和认知阶段都发挥了作用。基于注意力机制的作战目标分析过程如图 11.5 所示。该过程可以形式化描述为

$$E=\{E_{\text{old}},E_{\text{new}}\}$$
$$E_{\text{TD}}=f_{\text{TD1}}(E_{\text{old}},K_{\text{prior}})$$
$$E_{\text{BU}}=f_{\text{BU}}(E_{\text{new}})$$
$$E_{\text{sp}}=\{E_{\text{TD}}E_{\text{BU}}\},\quad E_{\text{sp}}\in E$$
$$E_{\text{HVT}}=f_{\text{TD2}}(E_{\text{sp}}),\quad E_{\text{HVT}}\in E_{\text{sp}}$$

其中，E 是己方全部可见的作战目标集合，包括已知的目标 E_{old} 和刚刚获知的新目标 E_{new}；E_{old} 在先验知识 K_{prior} 的条件下，经过觉察阶段目的驱动的注意力机制 f_{TD1} 作用，得到自上而下觉察目标 E_{TD}；E_{new} 经过觉察阶段数据驱动的注意力机制 f_{TD1} 作用，得到自下而上觉察目标 E_{BU}，觉察阶段得到的目标集合 E_{sp} 是己方全部可见目标 E 的子集；E_{sp} 经过认知阶段的自上而下的注意力机制 f_{TD2} 的作用，得到高价值目标集合 E_{HVT}，这是觉察目标 E_{sp} 的子集。

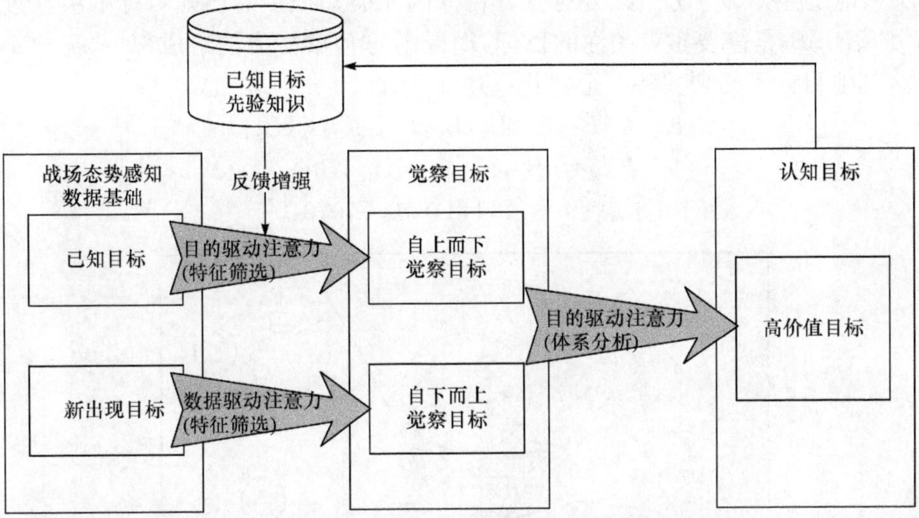

图 11.5　基于注意力机制的作战目标分析过程

要强调的是，认知阶段的目的驱动与觉察阶段的目的驱动有一定的区别。在态势觉察阶段，目的驱动的注意力机制是对掌握先验知识的已知目标通过一些简单特征计算显著度，从而得到显著目标，作用是降低认知负载。在态势认知阶段，目的驱动的注意力机制是对觉察目标集合中的目标通过体系分析的方式计算价值指标，从而得到高价值目标集合，作用是提高认知精度。但是，这两者都是指挥员在一定程度上掌握目标相关信息的情况下，有选择地对某些目标投入更多认知资源的过程。本章认为，注意力的本质就是有选择的聚焦。

下面举例描述战场态势感知注意力机制的整个作用流程。例如，在某时刻，某红方指挥员承担的任务是派遣飞机对蓝方防空体系进行打击(表 11.1)。

表 11.1　图标注释

图标	图标含义	图标	图标含义
	红方飞机		蓝方雷达站
	蓝方飞机		蓝方地地导弹
	蓝方在海上布的雷场		蓝方地空导弹

红方指挥员的战场态势感知数据基础如图 11.6 所示。圆圈圈出的指已知目标，即蓝方的地地导弹 B_4、B_6、B_7，雷达站 B_3、B_5 和地空导弹 B_1、B_2，以及海面的雷场 B_8。方框框出的指新出现目标，即蓝方来袭飞机 B_9、B_{10}，地地导弹 B_{13}，雷达站 B_{12} 和地空导弹 B_{11}。红方承担的作战任务是打击蓝方的防空体系，包括目标雷达

站 B_3 和地空导弹 B_1、B_2。红方对蓝方目标的先验知识是对已知目标的关注度权值。B_1、B_2、B_3 是需要重点关注的目标，B_5 是蓝方侦察能力的组成部分，需要部分关注，其他目标不需要关注。形式化描述如下，即

$$E_{\text{old}}=\{B_1,B_2,B_3,B_4,B_5,B_6,B_7,B_8\}$$

$$E_{\text{new}}=\{B_9,B_{10},B_{11},B_{12},B_{13}\}$$

$$K_{\text{prior}}=w=[1,1,1,0,0.5,0,0,0]$$

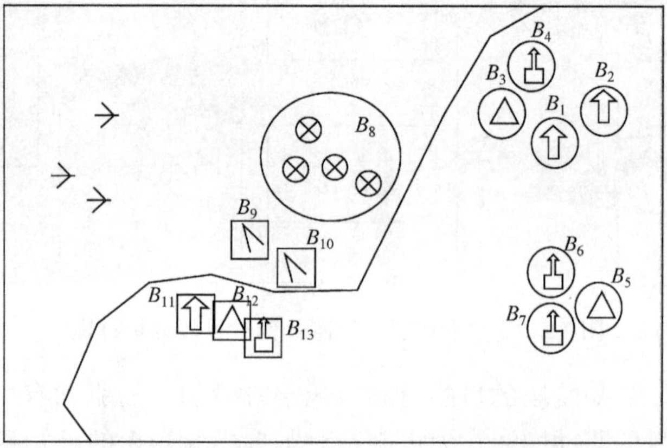

图 11.6　红方指挥员的战场态势感知数据基础

红方指挥员的觉察态势图如图 11.7 所示。在态势觉察阶段，经过目的驱动式注意力机制，红方对蓝方的已知目标进行初步筛选，得到自上而下觉察目标集合 $f_{\text{TD1}}:E_{\text{old}},K_{\text{prior}}\rightarrow E_{\text{TD}}$。经过数据驱动式注意力机制，红方对蓝方的新发现目标进行初步筛选，得到自下而上觉察目标集合 $f_{\text{BU}}:E_{\text{new}}\rightarrow E_{\text{BU}}$。

$$E_{\text{TD}}=\{B_1,B_2,B_3,B_5\}$$

$$E_{\text{BU}}=\{B_9,B_{10},B_{11},B_{12}\}$$

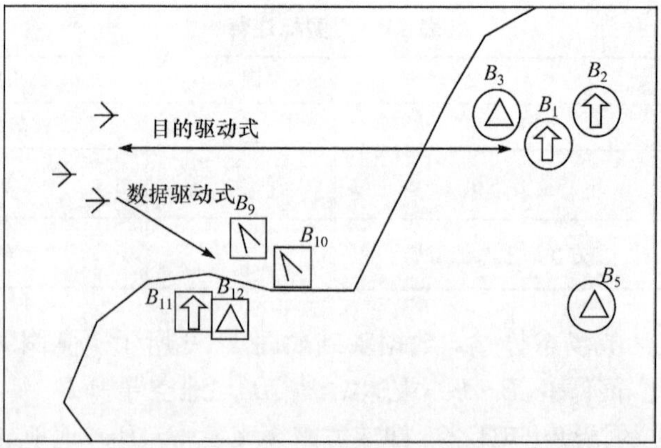

图 11.7　红方指挥员的觉察态势图

红方指挥员的认知态势图如图 11.8 所示。在态势认知阶段，指挥员通过目的驱动式注意力机制对所有在态势觉察阶段予以注意的目标进行价值评估，得到高价值目标集合 $f_{TD2}:E_{TD},E_{BU}\rightarrow E_{HVT}$。对红方指挥员而言，任务内的雷达站 B_3 和地空导弹 B_1、B_2 是高价值目标，红方形成巨大威胁的来袭敌机 B_9、B_{10}，蓝方的雷达站 B_{12} 和地空导弹 B_{11} 也是高价值目标，即

$$E_{HVT}=\{B_1,B_2,B_3,B_9,B_{10},B_{11},B_{12}\}$$

同时，红方对蓝方目标 $E=\{B_1,B_2,B_3,B_4,B_5,B_6,B_7,B_8,B_9,B_{10},B_{11},B_{12},B_{13}\}$ 的先验知识进行了更新；E_{HVT} 集合中的是需要重点关注的目标，B_5 是一般目标，其他目标不需要关注。

$$K^*_{prior}=w^*=[1,1,1,0,0.5,0,0,0,1,1,1,1,0]$$

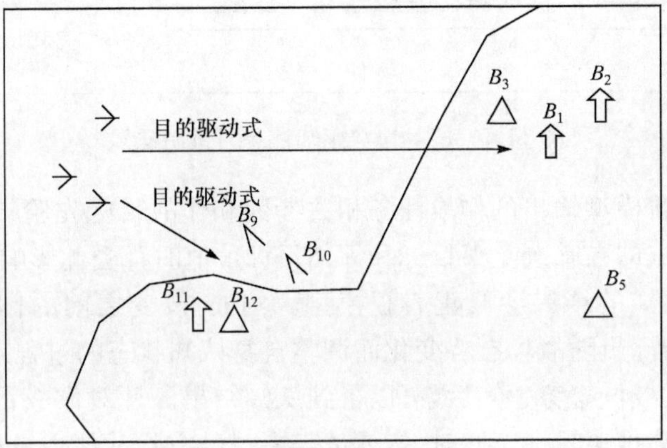

图 11.8　红方指挥员的认知态势图

11.2.4　注意力机制的整体框架

战场态势感知注意力机制框架如图 11.9 所示。

定义 11.13　心智模型(mental model, MM)是指挥员对任务的领会和理解。

态势感知理论中也有心智模型的概念，本章予以重新界定，用于战场态势感知。心智模型的输入是当前任务和之前态势认知的结果，输出是作战任务相关参数和作战目标先验知识。形式化描述为

$$\text{Parameter}_{task},K_{prior}=F_{MM}(\text{BSC},\text{Task})$$

其中，BSC 为战场态势认知的结果；Task 为当前作战任务；K_{prior} 为作战目标先验知识；Parameter_{task} 为作战任务相关参数，如任务对象、任务承担主体、任务类型、任务相关地域等。

作战任务对指挥员战场态势感知和后续决策、行动的影响都是通过心智模型完成的，因为指挥员都会先对作战任务形成自己的理解，然后才能据此研判目标

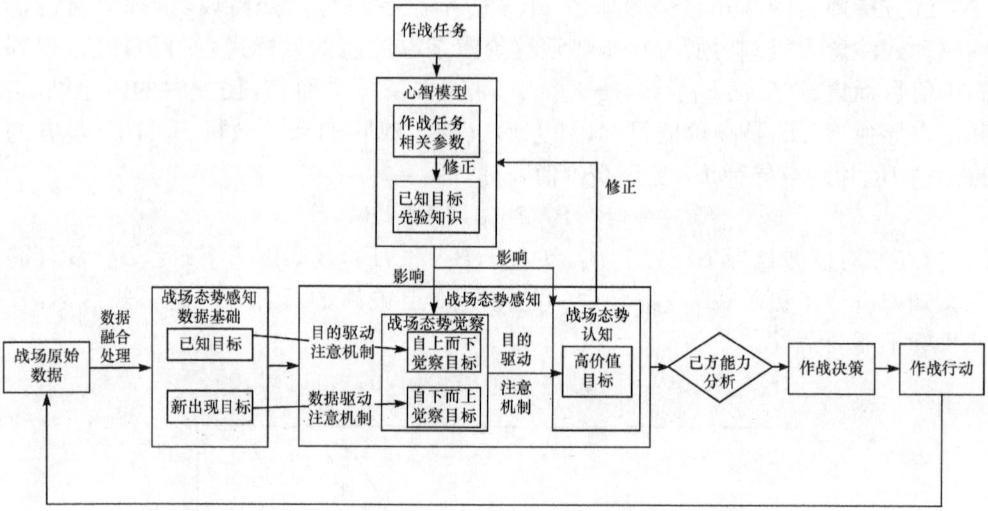

图 11.9　战场态势感知注意力机制框架

价值。因此，心智模型输出的作战任务相关参数和作战目标先验知识会影响战场态势感知的结果，即在筛选觉察目标和评估目标价值时都受此影响。

战场态势认知的结果会修正心智模型。例如，改变之前的作战目标先验知识。这体现了指挥员随战场态势变化而调整自身认知状态的过程。

指挥员经过战场态势感知后，可以得到认知结果。针对作战目标价值评估问题，得到的就是高价值目标。此时，指挥员需要对己方作战能力进行分析，然后决策，分配作战力量执行任务。在这个过程中，当前任务可能会发生变化。例如，本来是要执行进攻性任务，因为有敌方部队突袭，所以任务转为防御。

心智模型还可以反映指挥员的个性，如指挥风格的保守、激进等。因为即使面对相同的任务，不同的指挥员风格不同，可能在理解和执行过程中也会有所不同。这主要通过其中的任务相关参数来体现。

由于研究的是基于战场态势感知注意力机制的作战目标价值评估问题，因此心智模型的构建和内部的机理并非本章研究的范畴，在这里只是简单说明，体现指挥员基于任务的指挥。在后续建模中，心智模型只体现输出结果，即作战目标先验知识和作战任务的相关参数，因为这些参数会影响对作战目标分析评估的结果。

注意力机制是主体对客体的认知机制，与主体的视角直接相关。在分析注意力机制的时候，要分层次、分方向讨论。例如，在联合作战中，联合指挥员需顾及全局，但一般关注粒度较粗；军种低层级指挥员只考虑局部，但一般关注的粒度更细。因此，注意力要选择性分配，在广度和深度上实现平衡，不能一概而论。

相应地，可以将注意力机制作用结果在战场态势图上体现。如果不考虑主体情况，对所有层级和方向的指挥员都展示相同的态势图，会妨碍指挥员的注意力指向，影响战场态势感知结果，不利于后续做出正确的决策。

对作战目标进行战场态势感知具有层次依赖性，从低层到高层，先觉察目标，再评估目标价值。进行战场态势感知的主体也有层次依赖性，联合作战指挥员既独立于军种指挥员进行态势感知，又依赖军种指挥员的态势感知结果。两者是系统和子系统的关系，从指挥层次的低层向高层，不断进行战场态势感知结果的融合。

将心理学中的注意力机制引入战场态势感知研究，是借鉴灵感而不是完全模仿指挥员。是学到人的优点，而不是模拟人的缺点。在实际作战中，由于自身个人局限和战场态势过于复杂等种种原因，指挥员对战场态势感知的结果未必正确，因此在模拟指挥员的注意力机制建模时，模型得到的结果必须是应该关注的目标，而不是受人的认知水平限制而关注的目标。在利用战场态势感知注意力机制框架进行建模时，不必模拟认知的局限，应该假设战场态势中应当被注意到的都要被注意到。如果没有注意到，只要模型继续完善，也一定能被注意到。

上述框架可用于未来设计战场态势智能认知系统，能够在作战目标价值评估等一些智能认知问题上辅助指挥员进行认知和决策，而不是替代人进行认知决策。即使拥有再完备的计算机辅助认知系统，指挥员还是要自己看态势、理解态势。因此，在战场态势感知模块中，必须要能实现帮助人降低认知负载的功能，即第一阶段通过基于注意力机制的态势觉察来缩小战场实体集合必不可少。同时，可以将态势觉察和认知的结果以不同的形式可视化，在态势图上体现，辅助指挥员更好地集中注意力。

11.3　战场态势觉察阶段的目标分析方法

11.3.1　战场态势觉察阶段的注意力机制分析

1. 觉察阶段的注意力机制作用分析

研究证实，由于所处环境复杂多变，进入视野的视觉信息海量且重要性各不相同，人的视觉系统进化形成视觉注意力机制，能够对看到的图像进行实时处理，并有选择地聚焦于重点。视觉注意力机制有“胜者通吃”的现象，即优势中心突出，导致注意力被集中，同时其他区域被抑制。借鉴这种原理，可以探索研究适合战场态势感知的注意力模型，帮助指挥员聚焦有限的认知资源。对于指挥员认知作战目标的过程而言，战场态势觉察就是通过注意力机制对大量异质的作战目标进行初步筛选,注意与己方作战任务相关的或是有威胁的目标,并形成觉察目标集合,其他目标则忽略,大大减少所需关注的目标数量。在这里,注意力机制的作用是降低认知的复杂度,减少认知负载,并使后续对觉察目标集合进行价值评估的过程得以简化。

2. 目的-数据双驱动的注意力流程

心理学的研究证实,人的视觉注意力包括两种流程,即数据驱动式预注意和目的驱动式集中注意。自下而上对注意力的影响主要是图像的显著性,现有的预注意模型都是从输入图像中提取多种不同特征,予以并行处理。这些特征可以是一些基本特征,也可以是特征组合,具体选择根据图像而定。注意力的引导取决于不同特征的显著度,通过比较和竞争体现。自上而下对注意力的引导主要来自对当前任务的理解,根据对任务包含的感兴趣事物的信息,来修正预注意的内容,即人可以故意去注意不起眼的事物。自上而下的注意力受意识支配、依赖具体任务。

在选择显著性特征并分别计算特征的显著度后,需要将这些特征融合成最终的显著图。显著图就是和原始图像大小相同的图像,其中每个像素值表示原图像对应像素点的显著度。该方法由 Koch 和 Ullman 提出[4],现有的模型几乎都使用基于显著图的方式来融合特征,以引导注意力。在将视觉注意力模型应用到战场态势感知注意力机制中时,图像不再是以像素为单位,而是以战场的实体为像素点,以实体的特征值为像素值。

定义 11.14 战场态势显著图(battlefield situation saliency map)是指对战场态势感知数据基础中包含的作战目标提取显著性特征,并计算各特征的显著度,然后以实体为单位将各显著性特征的显著度值融合,形成战场态势显著图。

觉察阶段的注意力机制是目的-数据双驱动的注意力分配流程,基于实体对目的-数据驱动两种方式进行分类,体现方式就是实体(即作战目标)的简单特征。简单特征分为自显著性(自身属性)和互显著性(与其他目标比较)两类。

数据驱动注意力机制体现指挥员对战场态势中较为“凸显”的一些目标被动予以关注的实际情况,而这些要素的“凸显”取决于目标的位置、类型、运动方向等简单特征。例如,指挥员会注意态势图上突然出现的向己方舰艇靠近的敌方潜艇。目的驱动注意力机制体现指挥员对于当前作战任务的关注,在感知战场态势、评估作战目标,以及后续决策、行动时都以任务为牵引的实际情况。根据对作战任务的领会,心智模型会指导注意力集中到与任务相关的作战目标上。例如,空中编队指挥员会重点关注当前任务要打击的敌方防空阵地。其中,自上而下的目的驱动式注意应当是在指挥员战场态势感知过程中发挥主要作用。战场上众多的作战目标相互铰链、动态变化,使指挥员极易受干扰分心。虽然指挥员要关注临时出现的意外情况，但主要注意力应当集中于自身的作战任务上。

3. 以线索为对象的战场态势觉察过程

Lundberg 认为[5]，线索(cue)是环境中实体的子集，反映环境的部分情况。这些环境中的实体可能已经被感知(aware)，或者即将被感知。线索可以吸引注意力。本章认为，在战场态势觉察阶段，指挥员对于作战目标的注意过程也是以线索为对象。在注意到某些线索之后，进一步拓展到线索相关的实体上。这样考虑是限于人的认知资源有限，指挥员不太可能直接对所有的目标都进行是否要予以注意的"处理"，而应该是针对环境中已有实体的子集(即线索)。被关注到的线索及其相关的实体构成觉察目标集合。

定义 11.15　线索目标(cue target)是指与己方作战任务直接相关、体现敌方作战能力的目标。在战场态势觉察阶段，注意力机制通过显著性特征筛选得到显著的线索后，要将与这些线索相关的其他作战目标一并选出，共同形成觉察目标集合。

相关性体现在指挥关系、协同关系和保障关系上。例如，针对打击敌方防空反导阵地的进攻性任务，线索目标是敌方具有防空反导作战能力的平台，如导弹发射架、战机等。线索相关的目标则包括火控雷达、机场跑道等。所有这些共同组成觉察目标集合。在下一个战场态势认知阶段，要对这些觉察目标集合中的所有实体进行价值评估。

11.3.2　态势觉察阶段注意力机制模型构建

1. 视觉注意力计算模型

在设计战场态势觉察阶段的注意力机制模型时，主要是借鉴视觉注意力模型的研究思路。在建立视觉注意模型的过程中，往往需要考虑以下问题。

① 特征选择和显著度计算。这是建模的关键步骤，是将图像内容转化为可计算内容的过程。应用到目标价值评估中，如何选择合适的目标特征是首要问题。这些特征要尽量全面地反映指挥员被"凸显"内容吸引注意力，同时又关注自身任务的情况。特征选取之后，还要根据不同特征的特点，设计相应的显著度计算方式。

② 显著图生成。在确定特征类型和显著度计算方式后，如何将这些特征融合统一，形成有效描述注意力导向的显著图十分关键。不同的特征对于注意力引导的贡献度是不同的，应当在融合成显著图时赋予不同的权值。

③ 显著对象选择。在综合显著图的基础上，要进一步将显著对象与其他对象分离。常用的方法有阈值法，是将对象按显著度大小依次排序，取最大的前 k 个

候选对象作为显著对象。

关于自上而下的注意力机制建模，相关的研究工作较少。通常是先基于自下而上的模型得到显著图，然后根据具体任务确定感兴趣区域，从而进一步调整显著图。困难之处在于对任务的理解。任务具有多样性，且往往由语义概念给出，难以统一形式化描述。在作战领域，这就涉及作战任务的形式化描述，以及任务分解、理解等问题的研究。本章直接通过心智模型"领会"作战任务，得到计算显著图所需的特征，是一种简化的方式。

借鉴视觉注意建模的思想，提出一种适用于战场态势觉察阶段的注意力模型，用于筛选觉察目标集合。该方法综合目的-数据双驱动注意流程，体现了指挥员关注当前作战任务，又兼顾突发情况的实际。

2. 模型输入基础

作战目标主要包括军事人员、武器装备、军事设施、交通运输设施等。这些目标是异质的，各自的属性和能力(功能)并不相同，而且目标的描述信息多维，与目标层级、位置空间、时间等因素密切相关。此外，由于战争迷雾的存在，指挥员很难完全掌握敌方作战目标的所有真实信息，已方能掌握的都是基于情报感知映射的信息。这些都是描述作战目标时需要考虑的。鉴于上面对战场态势和战场实体的描述，对作战目标的描述如下。

在 t 时刻，指挥员感知的所有敌方作战目标个数为 m，定义为

$$E=\{e_i\},\quad i=1,2,\cdots,m$$

基于感知真实的目标在 t 时刻的状态用一个向量表示，向量元素是目标属性，即

$$e_i=[\mathrm{ID},\mathrm{service},\mathrm{type},\mathrm{echelon},\mathrm{Kill}_{ij},\mathrm{cmdID},\mathrm{sptID},\mathrm{lon},\mathrm{lat},\mathrm{cap},O,t_{\mathrm{det}},\Delta\mathrm{cap},\mathrm{sal}]$$

如果有些属性信息已方未能掌握，或者是对于某些类型的目标不存在这样的属性，则该属性值为空。属性描述如表 11.2 所示。

根据战场态势感知周期 Δt，以及当前作战时刻 t，可以将作战目标分类。$t-\Delta t$ 时刻已有的是已知目标 E_{old}，$[t-\Delta t,t)$ 获知的是新出现目标 E_{new}。

在 t 时刻，指挥员的当前作战任务是 Task。输入心智模型后，输出结果包括以下参数。

① 任务类型 m。根据《中国军事百科全书》定义，作战任务按作战类型可分为进攻作战任务和防御作战任务。进攻任务 m 值为 1，防御任务 m 值为 -1。

② 任务地域 Area。对进攻性任务而言，任务地域是根据进攻纵深、进攻方向、进攻地带等综合而来。对防御性任务而言，就是防御地域，包括前沿防御地域和纵深防御地域。简化到二维空间考虑，任务地域往往是一个面。根据不同任务的情况，计算时可以简化为面的重心点 $A_0=(x_0,y_0)$，x_0 和 y_0 分别表示经纬度

坐标。

③ 主体所在位置 A_1。战场态势感知主体所在的指挥所位置 $A_1=(x_1,y_1)$，x_1 和 y_1 分别表示经纬度坐标。

表 11.2　作战目标属性描述

属性类型	属性名称	属性含义
静态属性	ID	目标编号
	service	目标所属的军种(如陆军、海军等)
	type	目标类型(如部队、舰艇、飞机、导弹阵地等)
	echelon	目标级别(如军、团、连等)
	⋮	⋮
动态属性	cmdID	目标上级部队的编号
	sptID	目标保障部队的编号
	lon	目标所处的经度
	lat	目标所处的纬度
	⋮	⋮
趋势属性	Δcap	与上一观察时刻相比，目标战斗力的变化值
	⋮	⋮

④ 执行任务的单位 E_{zhuti}。己方负责执行该作战任务的作战力量 $E_{\text{zhuti}}=\{u_{z1},\cdots,u_{zi}\}$。这些实体往往是战场态势感知主体的下属部队及装备设施。

⑤ 协同执行任务的单位 E_{xietong}。与己方执行任务部队一同完成某项任务的己方协同力量 $E_{\text{xietong}}=\{u_{x1},\cdots,u_{xj}\}$。这些实体往往不属于战场态势感知主体指挥控制。

⑥ 作战任务对象 E_{obj}。作战任务针对的对象 $E_{\text{obj}}=\{v_{o1},\cdots,v_{om}\}$。对于防御性任务而言，就是要重点防卫的己方目标。对于进攻性任务而言，就是要打击和夺取的敌方目标。

⑦ 可能威胁目标 E_{threat}。所有与己方执行任务的单位存在可能杀伤关系的敌方目标 $E_{\text{threat}}=\{v_{t1},\cdots,v_{tn}\}$。这些目标对 E_{zhuti} 中所有实体的杀伤关系为 1。

⑧ 线索目标 E_{cue}。敌方作战体系中具备作战力量的平台 $E_{\text{cue}}=\{v_{c1},\cdots,v_{cn}\}$，$E_{\text{cue}}\subseteq E_{\text{obj}}$，是作战目标的子集。对于进攻性任务而言，是要打击的敌作战体系中的作战平台。对于防御性任务而言，是任务所要防御的敌方对己方产生重大威胁的作战平台。

下面举例说明。假设进行战场态势感知的主体是空军指挥员，承担的当前作战任务是瘫痪敌方某防空阵地，由常规导弹部队进行支援。作战任务相关参数如

表 11.3 所示。

表 11.3 作战任务相关参数

参数类型	参数值
任务类型 m	进攻性
任务地域 Area	敌方某防空阵地位置
主体所在位置 A_1	空军指挥所
执行任务的单位 E_{zhuti}	空军飞行部队
协同执行任务的单位 E_{xietong}	协助打击的常导部队
作战任务对象 E_{obj}	敌方某防空阵地
可能威胁目标 E_{threat}	敌方飞机、敌方反导阵地
线索目标 E_{cue}	敌防空发射架、敌战机

3. 数据驱动注意机制建模

对$[t-\Delta t,t)$获知的新出现目标 E_{new} 中的线索目标进行特征显著度计算，形成显著图的过程。

(1) 特征选取

在视觉注意力模型的特征抽取过程中，一般选择较为简单、彼此独立的特征。在战场态势觉察阶段，指挥员会被突然出现的意外情况吸引。这些意外情况包括可能对己方产生威胁的敌方作战目标，或者有利于完成作战任务的目标。指挥员不应该被战场上的其他不相关的目标分散注意力。根据实际经验，在态势觉察阶段，指挥员注意力被吸引的原因往往是敌方目标的一些简单特征，如距离当前作战任务地域比较近、距离己方指挥所比较近以至于形成威胁等。综合考虑联合作战的实际情况，选择以下显著性特征进行战场态势觉察阶段数据驱动注意机制建模，如表 11.4 所示。

表 11.4 态势觉察阶段数据驱动注意机制建模选取的特征

显著类型	特征名称	特征定义
互显著性	目标的聚集度 C	一定大小区域内的目标个数(区域设为圆形，半径 d)
	与己方的距离 L	目标与主体所在位置 A_1 的距离
	与任务地域的距离 D	目标与任务地域(重心点 A_0)的距离
自显著性	目标的战斗力 Cap	目标的剩余战斗力
	与任务的关联度 R	根据心智模型输出参数判定

(2) 特征显著度计算

① 第 i 个目标的聚集度 C_i。该特征值越偏离平均水平，显著度越大。因为聚集度特别高或者特别低的目标，即扎堆和孤立的目标，更容易吸引注意力。第 i 个目标聚集度的显著度为

$$C_i' = |C_i - \overline{C}| \tag{11.1}$$

$$S_{C_i} = 1 - \mathrm{e}^{-\frac{C_i'}{\overline{C}_i}} \tag{11.2}$$

② 第 i 个目标与己方的距离 L_i 是该目标位置与己方战场态势感知主体所在的指挥所位置 A_1 的距离。该特征值越小，显著度越大。敌方目标距己方较近时，可能产生威胁，因此会吸引注意力。第 i 个目标与己方距离的显著度为

$$S_{L_i} = 1 - \frac{L_i - L_{\min}}{L_{\max} - L_{\min}} \tag{11.3}$$

③ 第 i 个目标与任务地域的距离 D_i 是该目标位置与任务地域重心点 A_0 的距离。该特征值越小，显著度越大。如果是进攻性任务，则目标与进攻地域越近，越吸引注意；如果是防御性任务，则敌方目标离我方防御地域越近，越吸引注意。第 i 个目标与任务地域距离的显著度为

$$S_{D_i} = 1 - \frac{D_i - D_{\min}}{D_{\max} - D_{\min}} \tag{11.4}$$

④ 第 i 个目标的战斗力 Cap_i。该特征值域为[0,100]。特征值越大，则显著度越大。根据一般规定，当战斗力低于阈值 ∂ 时，目标暂时失去战斗力，不需予以关注。因此，第 i 个目标的战斗力显著度为

$$S_{\mathrm{Cap}_i} = \begin{cases} \dfrac{\mathrm{Cap}_i - 30}{100 - 30}, & \mathrm{Cap}_i \geqslant 30 \\ 0, & \text{其他} \end{cases} \tag{11.5}$$

⑤ 第 i 个目标与任务的关联度 R_i。指挥员会着重关注与任务关联较大的目标，包括直接相关与间接相关。直接相关就是任务内的任务对象 E_{obj}。间接相关就是可能产生威胁的目标 E_{threat}。对于其他目标，指挥员不应予以关注，以免分散注意力。因此，第 i 个目标与任务关联度的显著度为

$$S_{R_i} = \begin{cases} 1, & E_i \in E_{\mathrm{obj}} \\ 0.5, & E_i \in E_{\mathrm{threat}} \\ 0, & \text{其他} \end{cases} \tag{11.6}$$

(3) 生成显著图

通过上述显著度计算方法，得到的 5 个特征的显著度为 S_{C_i}，S_{L_i}，S_{D_i}，S_{Cap_i}，

$S_{R_i} \in [0,1]$。

鉴于指挥员总是以完成任务为首要考量，因此在进行特征融合时，要赋予与任务地域距离的显著度更大的权重。对于与任务毫不相关或已经丧失战斗力的目标而言，无论该目标其他特征的显著度有多大，指挥员都不应予以关注。由此可知，自显著性相当于"准入门槛"，而互显著性相当于"竞争出头"。

由于各个互显著性特征的显著度分布不同，因此需要做预处理。将目标聚集度特征的显著度做如下处理，即

$$S'_{C_i} = S_{C_i} - \overline{S_C} + 1 \tag{11.7}$$

则 $S'_{C_i} \in [0,2]$，且 $\overline{S'_C} = 1$。将目标与己方距离的显著度 S_{L_i}、目标与任务地域距离的显著度 S_{D_i} 做相同处理，分别得到 S'_{L_i} 和 S'_{D_i}。

基于以上考虑，将各个特征融合成目标综合显著度，形成显著图 Map_1 的公式为

$$S_{i1} = (S'_{C_i} + S'_{L_i} + 2S'_{D_i}) \times S_{R_i} \times S_{\mathrm{Cap}_i} \tag{11.8}$$

4. 目的驱动注意机制建模

目的驱动注意机制建模是对 $t-\Delta t$ 时刻，掌握的已知目标 E_{old} 中的线索目标进行特征显著度计算，形成显著图的过程。在这个阶段，心智模型输出的作战目标先验知识 K_{prior} 会对注意过程产生影响。

(1) 特征选取

在战场态势觉察阶段，指挥员通过目的驱动的注意和数据驱动的注意主要区别在于，是否有目标先验知识对显著性产生影响。针对掌握的已知目标，指挥员心中已有关于这些目标重要性的一个大致印象，这个来源于上一轮的战场态势感知周期，是态势认知结果的反馈。因此，对于已经判定比较重要的目标，指挥员会继续予以关注，但是对于之前认为不太重要的目标，也会继续保持跟踪，而不是直接忽视。在目的驱动注意机制建模过程中，会类似于数据驱动，基于一些较为简单的特征计算目标显著度。对于已经判定的高价值目标，会在显著度上得到侧重。

在态势觉察阶段，数据驱动和目的驱动注意机制模型中选取的显著性特征大体一致，因为指挥员对于已知目标和新出现目标的关注原因都是类似的。综合考虑联合作战的实际情况，选择以下显著性特征进行战场态势觉察阶段目的驱动注意机制建模，比数据驱动注意机制的特征增加了情报时效性和先验重要度，如表 11.5 所示。

表 11.5　态势觉察阶段目的驱动注意机制建模选取的特征

显著类型	特征名称	特征定义
互显著性	目标的聚集度 C	一定大小区域内的目标个数(区域设为圆形,半径 d)
	与己方的距离 L	目标与主体所在位置 A_1 的距离
	与任务地域的距离 D	目标与任务地域(重心点 A_0)的距离
	情报时效性 I	当前时刻 t 与最近侦察到该目标信息的时刻 t_{det} 的时差
	先验重要度 V	根据先验知识 K_{prior} 中对目标重要度的权值来确定
自显著性	目标的战斗力 Cap	目标的剩余战斗力
	与任务的关联度 R	根据心智模型输出参数判定

(2) 特征显著度计算

为叙述方便,对与数据驱动注意机制的特征显著度计算方式的不同予以说明,相同的直接参照上面。

① 第 i 个目标的情报时效性 I_i,即

$$I_i = t - t_{\text{det}} \tag{11.9}$$

该特征值越小,显著度越大。在作战实际中,对于实效性比较高的时敏目标,指挥员会予以较高的关注度。第 i 个目标情报时效性的显著度为

$$S_{I_i} = 1 - \tanh(I_i) \tag{11.10}$$

② 第 i 个目标的先验重要度 V_i。该特征值越大,显著度越大。指挥员会直接将注意力放在已经预估比较重要的目标上。目标先验知识对已知目标重要度的量化结果,是对每个已知目标的一个关注权值,值域为[0,1],由上一轮战场态势感知的认知结果反馈。如果是刚开战,则根据战前筹划中对敌方目标的预判结果得到。第 i 个目标先验重要度的显著度为

$$S_{V_i} = w, \quad w \in K_{\text{prior}} \tag{11.11}$$

(3) 生成显著图

通过上述显著度计算方法,得到 7 个特征的显著度 $S_{C_i}, S_{L_i}, S_{D_i}, S_{I_i}, S_{V_i}, S_{Cap_i}, S_{R_i} \in [0,1]$。

对 5 个互显著性特征的显著度做处理。处理方式与上述一致,分别得到 S'_{C_i}, $S'_{L_i}, S'_{D_i}, S'_{I_i}, S'_{V_i}$。

鉴于指挥员在作战时的思维经验,进行特征融合,赋予与任务地域距离、目标先验重要度、情报时效性等特征的显著度更大的权重。基于以上考虑,将各个特征融合成目标综合显著度,形成显著图 Map_2 的公式,即

$$S_{i2} = (S'_{C_i} + S'_{L_i} + 2S'_{D_i} + 2S'_{I_i} + 2S'_{V_i}) \times S_{R_i} \times S_{\text{Cap}_i} \tag{11.12}$$

(4) 觉察目标选取

通过数据驱动注意力机制得到的线索目标显著图 Map_1 包含的是新出现目

标,假设有 m 个;目的驱动注意力机制得到的线索目标显著图 Map_2 包含的是已知目标,假设有 n 个。

对这两张显著图中目标的综合显著度进行处理。先进行归一化,然后使其平均值统一到 1,即

$$S'_{i1}=\frac{S_{i1}-S_{1\min}}{S_{1\max}-S_{1\min}},S'_{i2}=\frac{S_{i2}-S_{2\min}}{S_{2\max}-S_{2\min}},\quad S'_{i1},S'_{i2}\in[0,1] \tag{11.13}$$

$$S^*_{i1}=S'_{i1}-\frac{\sum_1^m S'_{i1}}{m}+1,S^*_{i2}=S'_{i2}-\frac{\sum_1^n S'_{i2}}{n}+1,\quad S^*_{i1},S^*_{i2}\in[0,2] \tag{11.14}$$

则对所有线索目标而言,综合显著图的显著度为 S^*_{i1} 和 S^*_{i2},全局平均显著度为

$$\overline{S}=\frac{\sum_1^m S^*_{i1}+\sum_1^n S^*_{i2}}{m+n} \tag{11.15}$$

对所有的线索目标按综合显著度 S^*_{i1} 和 S^*_{i2} 排序,取显著度值大于 $\overline{S}$ 的目标,作为注意到的线索 E^*_{cue}。

显著度只是用来选取线索,然后要在已有的线索目标集合 E^*_{cue} 的基础上,发现线索相关的目标,共同组成觉察目标集合 E_{sp},进入下一步战场态势认知阶段,进行价值评估。具体而言,就是将这些线索目标的上级单位 cmdID,以及与这些线索目标具有支援关系 sptID 的作战目标加入觉察目标集合。如算法 11.1 所示,主要包含四个步骤。

① 寻找线索目标集合 E^*_{cue} 中所有实体的上级单位 E_1,$E_1\subset E_{\text{old}}\cup E_{\text{new}}$。

② 寻找 E_1 的上级单位 E_2,$E_2\subset E_{\text{old}}\cup E_{\text{new}}$,直到敌方最高级别指挥机构 E_n;否则,循环该步骤,得到线索目标的所有上级单位 E_{cmd}。

③ 寻找线索目标集合 E^*_{cue} 中所有目标的支援保障单位 E_{spt},$E_{\text{spt}}\subset E_{\text{old}}\cup E_{\text{new}}$。

④ 觉察目标集合 $E_{\text{sp}}=E_{\text{cmd}}\cup E_{\text{spt}}$。

算法 11.1　战场态势觉察阶段觉察目标选取算法

```
输入:基于数据驱动的线索目标集合 E*_sp_down
     基于目的驱动的线索目标集合 E*_sp_up
输出:觉察目标 E_sp
算法步骤:
Begin
    S̄=Aver(E*_sp_down.S_i, E*_sp_up.S_i);   //计算显著度平均值
    E* =Append(E*_sp_down, E*_sp_up);   //线索目标整合
    E*_cue=E*[E*>S̄];   //获得注意到的线索目标集合
    for e_i in E*_cue   //依托线索找出觉察目标集合
      if (e_i! =E_n)
        E_cmd=FindCommand(e_i);
        E_spt=FindSupport(e_i);
```

```
        E_sp = Append(E_sp, E_cmd, E_spt);
        e_i = E_cmd;
End
```

11.4　战场态势认知阶段的高价值目标分析方法

11.4.1　战场态势认知阶段的注意力机制分析

1. 认知阶段的注意力机制作用分析

认知阶段的注意力机制就是在上一个觉察阶段的基础上，对觉察目标集合中的目标进一步分析评估价值，得到高价值目标集合，从而将后续的作战资源进一步集中在这些重点目标上的认知过程。这个认知过程就是对作战目标进行价值评估，然后从中选取高价值目标集合的过程。

美军《联合目标选择》[6]指出，目标的重要度取决于打击该目标是否与预期作战一致，且是否有助于实现指挥员的作战目的和终态。可以看出，目标的价值不是孤立的，要从双方体系对抗的角度考虑。体现指挥员主观认知特性的注意力机制，作用就是使指挥员不是对于客观上高价值的目标都予以关注，而是只关注其中的一部分——与己方作战任务相关的或有助于完成作战任务的。

定义 11.16　目标价值(target value)是指打击该作战目标能够对敌方体系造成的损伤程度，以及对实现己方作战目的或完成作战任务的效用。

① 目标的价值有高低之分。高价值目标不仅仅是敌之要点，也是我之要点，对于交战双方的兵力、资源的合理分配都有非常重要的意义。对于价值不同的目标，不应一视同仁，而要在后续的决策和行动上有所侧重，将作战资源合理分配到重点之上。

② 目标价值有主客观之分。从客观上来说，目标的价值体现在该目标在敌方作战体系中的功能、地位和作用，既包括该目标自身的大小、位置等属性，也包括该目标与其他目标之间的关联交互导致的在体系结构中的重要性。从主观上来说，目标价值与指挥员关注的作战行动密切相关，即使该目标在敌方作战体系中十分重要，如果对己方完成作战任务无用，则该目标的价值也没那么重要。因此，目标价值是客观见之于主观的结果，既反映敌方作战体系的客观情况，又体现己方指挥员的主观认知。

定义 11.17　目标价值评估(target value assessment)是指对作战目标的价值进行分析，得到目标价值量化结果的一种认知活动。

目标价值评估是指挥员进行战场态势感知的一项重要内容,贯穿于作战的整个过程。根据目标价值评估的结果,按价值大小排序,可以得到高价值目标集合,这是指挥员后续决策和行动的基础。在高价值目标集合的基础上,可以进一步分析己方作战能力,形成目标打击清单等。

现代战争是体系和体系的对抗。体系是由网络的网络构成的有机系统,因此必须从整体、动态、对抗的角度加以研究[7]。目标体系是作战体系在作战目标视角下的反映。分析目标体系要从整体看个体、从结构看功能、从关联看节点,寻找对敌方作战体系发挥整体能力至关重要的高价值目标,作为决策和行动的着力点。

定义 11.18 目标体系(target system of system)是指多个异质的作战目标系统按照一定的关系和结构组成的具有某种特定功能的有机整体。

作战目标是目标体系中最基础的、不可分割的要素,能对其直接采取打击。目标系统是多个作战目标的有机组合,具有某种作战能力。目标系统之间存在相互关联,但相互独立运行。目标体系是多个目标系统的集合,在更高层次涌现出支持某种使命任务的作战能力。

目标之间具有复杂关联关系,某个目标的变化可能引起整个体系的演化。在作战过程中,目标的价值会随着作战体系的演化而不断发生动态变化。因此,战场态势认知阶段的注意力机制,就是指挥员面对错综复杂的战场态势,以体系的思维方式对目标自身的属性、在体系结构中的作用,以及对我完成作战任务的效用进行深入的、系统性的分析,研判目标在当前整个作战体系中的价值。在这个过程中,认知的复杂度增加,但是认知的精度提高了。

根据以上分析,战场态势认知阶段的注意力机制,就是要从整体、动态、对抗的角度对觉察目标集合中的目标进行价值评估,得到高价值目标集合。

2. 目的驱动的注意力流程

在态势觉察阶段,所有新出现线索目标和已知线索目标分别经过数据驱动、目的驱动注意力机制的初步筛选,较为“凸显”的目标都进入觉察目标集合。在态势认知阶段,要在觉察目标集合的基础上,根据承担的作战任务,进一步对敌方目标体系进行分析,这也是目的驱动的注意力分配流程。

根据对作战任务的领会,心智模型会引导注意力集中到与任务相关性更大,以及对完成任务威胁更大的作战目标上,即这些目标的价值会比其他目标更高。例如,某指挥员承担着防卫己方某个重要目标的任务,则向重要目标逼近的敌方来袭战机就是与任务相关性很大的目标,具有高价值。敌方的空军基地和空军指挥所就是对己方完成防卫任务造成潜在威胁的目标,也具有高价值。心智模型通过作战任务相关参数$\text{Parameter}_{\text{task}}$对注意力进行引导。

11.4.2　基于复杂网络的目标体系构建

研究面向体系的目标价值评估需要采用复杂科学的方法。目标体系可以看作各类目标组成的网络的综合集成，是网络的网络，可以采用复杂网络理论来研究[7]。用复杂网络的方法研究复杂系统，可以将复杂系统简化为节点和连边的集合。节点表示系统基本元素。连边表示节点间的相互作用。节点和连边可以赋予不同的权重。为完成某些特定功能，复杂网络会逐渐演化，出现网络平均距离小、聚集系数较大等特性[8]。

在网络模型中，不但要包含节点和连边，还要包含与点和边有关的参数。只有定义这些参数后，才能用网络模型描述真实系统的一些特性。常见的网络参数有节点的度、节点的介数等。

超网络是复杂网络最热门的研究方向之一。超网络这个概念由 Sheffi 在研究交通运输网络时首次提出[9]。超网络由不同的子网组成，每个子网都可以独立运行，并具有不同的性质。这些性质反映了节点在不同视角下的复杂关联。子网内存在节点间的关联，子网间存在相互依赖和相互作用关系，通过网间和网内关系，整个超网涌现出体系的能力。

由此可以看出，超网络能够体现作战目标体系中基于整体的各个组分之间相互独立又相互关联的关系，为研究作战目标体系提供了很好的方法。

1. 目标体系中目标和关系的划分方法

要对目标体系建模，首先就要对作战目标和目标之间的关系进行抽象，即如何定义网络中的节点和连边。

(1) 目标分类

Cares[10]在描述作战体系时首次引入复杂网络理论，提出信息时代战斗模型(IACM)，将节点分为传感器、决策器、影响器和目标四类。王斌等[11]也对节点做出了类似的划分。单方实体可以抽象为传感器、决策器、影响器三类节点，敌方实体可以表示为目标节点。这种划分方法存在一个问题，就是对敌方的作战目标描述过于简单，没有体现目标的互相关联耦合。

可以将作战目标分为以下几类。

① 指控单元，包括各级指挥控制实体，能够根据战场态势信息做出决策。

② 火力单元，包括各种能够执行软、硬杀伤的作战平台，是敌方体系中作战能力的生成点。

③ 保障单元，分为信息保障和其他保障。信息保障是指直接参与作战行动的信息保障单位，包括探测和通信类的实体，能够侦察战场态势并融合态势信息，如雷达站和通信站等。其他保障是指非直接参与作战行动的各类保障单位及设施，如跑

道等。以防空体系中的部分目标对上述分类方式进行举例说明，如表 11.6 所示。

表 11.6 防空体系目标分类

目标类型		目标举例	
指控单元		各级导弹部队指挥所	空军指挥所
火力单元		防空导弹发射架	空中任务编队
保障单元	信息保障	雷达站、通信站	雷达站
	其他保障	弹药库、导弹保障基地	机库、机场

(2) 关系分类

作战涉及的实体间关系包括指挥关系、控制关系、协调关系、协同关系和保障等[1]。在实际作战中，作战目标间的关系极其复杂。例如，装备设施本身隶属于某个单位，但是在原来的上级单位遭到打击后，这些设施会归于新的单位。在这种情况下，新的上级单位属于“备份”的指挥关系。

根据作战目标体系建模需要，以及出于一定程度简化的考虑，可以把作战目标间的关系分为以下几种。

① 指控关系，是指挥员和指挥机关对下属作战力量的指控与被指控关系。这些下属作战力量可以通过隶属、配属或支援等方式从属于上级指控单位。

② 协同关系，是指不同的作战力量之间共同遂行作战任务或是为了实现作战体系的作战能力而形成的相互关系。

③ 保障关系，是指为作战力量能够发挥作战能力而提供的支撑关系，包括信息保障、工程保障等。在后续建模时，没有考虑后勤保障。

协同关系、保障关系在一定程度上通过指控关系在上下级单位之间继承，如要求某个导弹旅和空军某个飞行部队协同，则导弹旅指挥所及其下面的所有导弹营都与空军某飞行部队有协同关系。以防空体系部分目标间的关系对上述分类进行举例说明，如表 11.7 所示。

表 11.7 防空体系关系分类

关系类型	目标间关系举例	
指控关系	导弹部队指挥所-下级部队	空军指挥所-下级飞行部队
	导弹部队-下属装备设施	飞行部队-空中任务编队
协同关系	导弹部队-飞行部队	导弹部队指挥所-空军指挥所
保障关系	发射架-雷达站	空中任务编队-机场

2. 作战目标体系构建

作战目标体系是以包含指控单元、火力单元、保障单元等各类目标为节点，各目标间的信息、能量交互为边的复杂网络。过去基于单层同质网络的建模方法已经无法反映当前信息化条件下作战目标体系的特点。

借鉴作战体系超网络的划分方式，可以将作战目标体系分为指挥主体和指挥客体两个层次。指挥主体对指挥客体进行指挥控制，指挥客体向指挥主体反馈行动情况，两者通过信息流动交互。

定义 11.19　作战目标体系超网络是由认知域中的指挥主体组成的指挥主体网、物理域中指挥客体组成的指挥客体网，以及信息域中反映两层网络交互的信息组成的网络的网络。

可以形式化表示为

$$H=(L_z,L_k,E) \tag{11.16}$$

其中，L_z 为指挥主体网；L_k 为指挥客体网；E 为两个网之间的交互。

定义 11.20　指挥主体网是由各级指挥员及其指挥机关组成的，通过指控关系、协同关系连接的单层网络。

指挥主体网反映对作战的理解，对应认知域，可以表示为

$$L_z=(N_z,E_z) \tag{11.17}$$

其中，$N_z=\{N_{z1},N_{z2},\cdots,N_{zn}\}$是指挥主体网中的节点集合。

假设指挥主体网中的节点包括特定界别的指挥机构。对应上面划分的决策单元，以防空目标体系为例，指挥主体网包括敌方最高指挥机构，及其下辖的防空反导部队指挥机构和下辖部队，以及营以上空军指挥机构和空军飞行部队。$E_z=(e_{mij})$，$i=1,2,\cdots,n$，$j=1,2,\cdots,n$ 表示节点间的关系，e_{mij} 表示决策单元 i 与 j 之间的关系。静态关系是上下级的指控关系。动态关系包括作战时产生的临时指控关系和协同关系。

定义 11.21　指挥客体网是由作战部队和武器装备及设施组成的，通过指控关系、协同关系、保障关系连接的单层网络。

指挥客体网反映部队和装备等实体间的行动交互，对应物理域，可以表示为

$$L_k=(N_k,E_k) \tag{11.18}$$

其中，$N_k=\{N_{k1},N_{k2},\cdots,N_{kn}\}$是指挥客体网中的节点集合。

对应上面划分的火力单元、保障单元。假设指挥客体网中的节点包括某特定级别的作战部队，其下属更低级别的部队及相关的装备设施都聚合到该层级部队，便于后面简化目标价值评估的计算。以防空目标体系为例，指挥客体网包括连级防空反导部队，其下属的发射架作为火力单元、雷达站作为保障单元都聚合到连级防空反导部队，还包括空中任务编队，机场作为保障单元聚合到空中任务编队。$E_k=(e_{kij})$，$i=1,2,\cdots,p$，$j=1,2,\cdots,p$ 表示节点间的关系，e_{kij} 表示单元 i 与 j 之间的关系。静态关系是上下级的指控关系和保障关系，动态关系包括作战时产生的临时指控关系、协同关系和保障关系。

定义 11.22　网间关系是指挥主体网和指挥客体网之间通过战场态势信息和

指控信息的传递所体现的交互关系。

网间关系 E 可以表示为

$$E=\{(N_{zi},N_{kj})\mid N_{zi}\in L_z,N_{k1}\in L_k\} \tag{11.19}$$

其中,E 表示指挥主体网和指挥客体网之间节点的关联。

由于没有考虑信息作战对于作战目标体系之间节点交互的影响,因此网间关系在后面进行目标价值评估的计算时,可以直接简化为上下级指控关系。

根据以上描述,作战目标体系超网络示意图如图 11.10 所示。

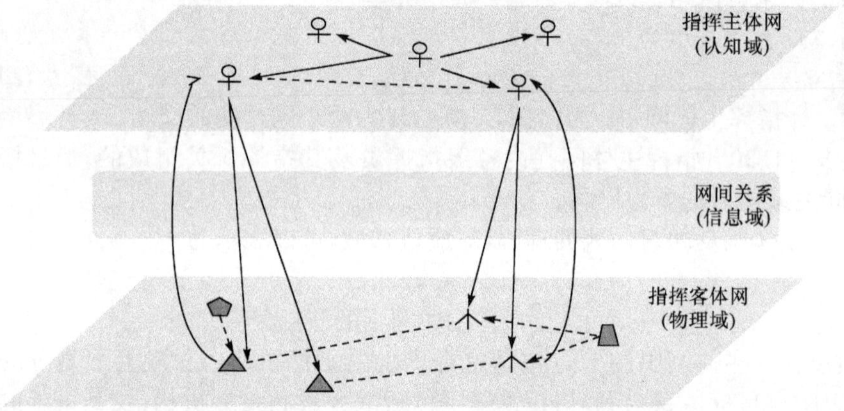

图 11.10 作战目标体系超网络示意图

以防空体系为例,对作战目标体系超网络予以说明。美军《联合作战目标选择》列出了防空体系的组成,包括地面防空力量和空中作战力量两部分,分别有预警雷达和火控雷达、防空火炮和防空导弹、指控通信系统和油料弹药、跑道、维护设施等[6]。防空体系一般包括地面防空火力和空中作战力量两大部分。根据实际情况分析,地面防空火力一般包括地空导弹部队、高炮部队,以及相应的导弹发射架、防空火炮、火控雷达、防空通信设施等。空中作战力量一般包括飞行部队、空军基地、空中任务编队、雷达、机场跑道等。这些单元之间的关系包括指控关系、协同关系、保障关系等。

防空目标体系超网络是由防空指挥机构组成的指挥主体网,防空作战部队、空中任务编队,以及装备设施组成的指挥客体网。两层网络交互的信息共同组成的网络的网络,即防空目标体系超网络如图 11.11 所示。

11.4.3 态势认知阶段目标价值评估模型构建

美军对目标价值进行评估时,先分析敌方最难以损失的目标,以及对敌方体系能力最有利的目标,美军称之为高价值目标。然后,在高价值目标中,进一步确定其中能够有助于完成作战任务、达成作战目的的目标,这是高价值目标的子集,

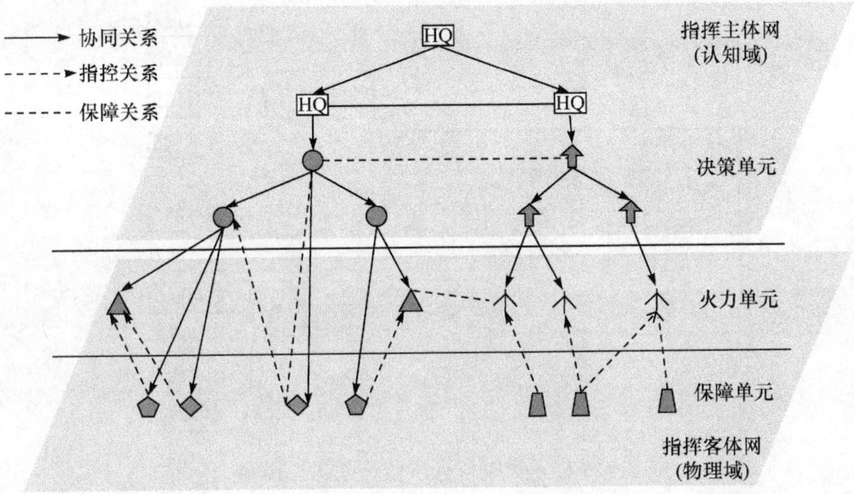

图 11.11　防空目标体系超网络

美军称之为高回报目标。

本章提出的战场态势认知阶段基于注意力机制的作战目标价值评估模型，就是在分析敌方目标体系中的关键节点，以及体系能力的强点的基础上，通过作战任务相关参数的作用，进一步筛选得到对我方更有意义的高价值目标。该模型综合目的驱动注意流程，以及基于体系视角的目标价值评估方法，体现了指挥员高层次的认知思维和对作战任务的关注度。

态势觉察阶段的注意力机制建模过程主要包括选取特征、显著度计算和融合，以及选取显著目标。态势认知阶段的建模过程也是以这三步为主，即构建目标价值指标体系、指标计算和聚合，以及选取高价值目标。

1. 目标体系价值指标分类

指标(measure)是对属性的测度。有的价值评估指标可以直接通过对属性的测量得到，如目标的机动速度等；有的则需要建立模型对目标数据计算得到，如目标的聚集度等。

美军《联合目标选择》提出目标系统分析评估所要考虑的因素，共 2 类 10 项，并以炼油厂的例子说明[6]，如图 11.12 所示。

国内也有很多关于作战目标价值指标的研究。综合来看，由于考虑的层次和角度不同，目标价值指标的涵盖和划分各有说法。但是，这些指标普遍存在难以科学量化、划分不清晰等问题，而且对目标价值评估在指挥决策周期过程中属于哪个阶段并没有明确区分。

客观上分析，高价值目标主要包括以下三类。

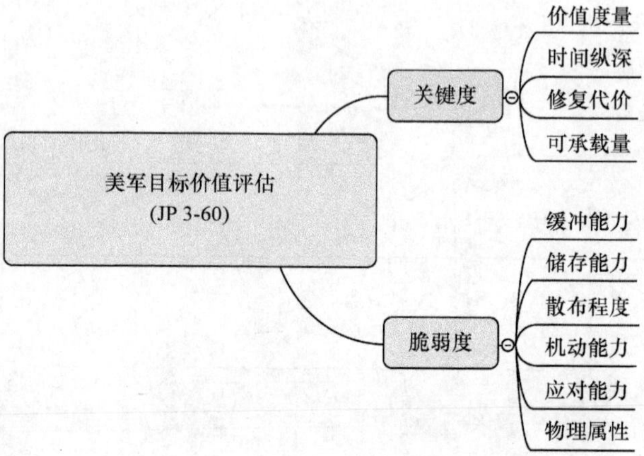

图 11.12　美军目标价值评估指标体系

① 在敌方作战体系居于重要位置的目标，往往是敌方体系结构的中心点。

② 在敌方作战体系属于作战能力很强的目标，往往是目标自身属性使其具有很强的作战能力。

③ 敌方作战能力发挥所要依赖的目标，往往是一些保障类的目标，如雷达、机场等。

客观上高价值的敌方目标，必须得对己方达成作战目的、完成作战任务有作用，对我方指挥员而言才能具有高价值。因此，影响目标价值的因素，除了上述客观因素，还应当包括主观的己方相关任务。

因此，作战目标的价值是客观见之于主观的认知结果，应该分主观和客观来讨论。客观价值体现在目标自身属性、目标对敌体系影响度两方面。主观价值体现在目标对己方任务影响度这方面。目标自身具有的作战能力和抗毁能力各有不同，以及目标之间交互导致对整个作战体系会造成不同程度的影响，因此需要在比较时先统一。

根据层间关系的不同，指标体系结构可分为网状和树状两种，目前大多数评估采用树状结构。作战目标具有层次性和多样性，对应的目标价值也有层次性和多样性。通常用多个指标构成的指标树进行目标价值评估。下面分别予以论述(图 11.13)。

(1) 目标自身属性

描述的是作战目标的属性，是在某个时刻的实体属性的切片。通过战场态势感知周期的周期性度量，能实现对目标价值的动态评估。在开战前，分析的是静态的目标体系。开战后，分析的是动态目标体系。动态性由动态属性和趋势属性体现。用于度量目标自身的内在价值，主要体现在目标的抗毁能力和作战能力两

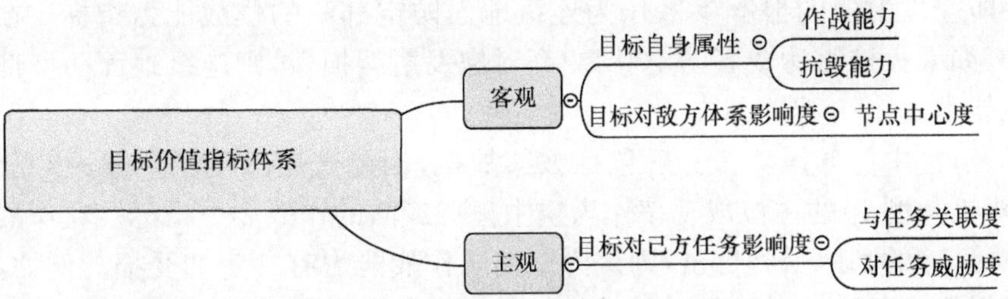

图 11.13　目标价值指标体系

个方面。根据目标的不同类型，有不同的细化衡量方式。例如，对于防空反导阵地而言，价值指标包括毁伤半径、弹药数量、发射架数量等。

(2) 目标对敌体系影响度

描述的是目标之间的关系，包括指控、协同、保障等作战关系。用于度量目标在目标体系中的结构性价值。系统科学的基本思想是结构决定功能。在目标价值评估问题上，目标体系的结构也影响目标价值。对于目标体系超网络而言，可以用网络参数来描述目标的结构性价值，如介数中心性等。

(3) 目标对己任务影响度

用于度量目标对己方部队完成作战任务的影响程度，包括与当前作战任务的关联度，以及对己方部队完成任务造成的威胁程度。

打击能力(包括可用的部队、武器装备性能等)和打击时间窗口等都不算目标价值本身，应该是明确目标预选清单后进行己方作战能力评估时(即打击行动可行性分析)要考虑的因素。

2. 目标价值指标模型的构建

基于提出的三类目标价值指标，分别予以细化和量化。由于作战目标的多样性和层次性，在进行价值指标选取的时候，首先根据目标的不同类型进行区分。例如，在联合作战背景下，作战目标涉及不同军兵种部队，因此在自身属性类指标中，目标具有不同类型的作战能力和抗毁能力，难以统一描述。

因此，还是以防空目标体系为例。根据上面的分析，主要包括指控单元和火力单元(保障单元的属性聚合到火力单元上)，具体涉及地面防空导弹/高炮部队和空军飞行部队的各级指挥所，以及连级地面防空部队、空中任务编队。

(1) 目标自身属性类指标构建

① 作战能力 V_{op}。

第一，营及营以上指挥所。因为指挥机构不具备防空反导作战能力，只能指挥下级的火力单元进行防空反导，因此设置指挥机构的防空反导作战能力为 0。

第二，连级地面防空部队。一般包括火控雷达和防空导弹/高射炮发射架，因此选用防空发射架的射程参数作为连级地面防空部队的作战能力指标。在作战过程中，如果火控雷达或者防空导弹/高射炮发射架损毁，则连级地面防空部队失去作战能力。

第三，空中任务编队。一般包括数架战机，因此选用飞机在空战中对敌方目标(战斗机类型 1)的占位成功率作为空中任务编队的作战能力指标。在作战过程中，如果保障的基地受到打击，则认为该编队作战能力有一定的受损。例如，如果是跑道损毁，则飞机必须要转场，甚至可能无处降落，设定该编队的作战能力受损度为 50%。

② 抗毁能力 V_{vul}。

抗毁能力主要体现在机动能力和散布程度两方面。

第一，机动能力 V_m。一般而言，由于机动目标灵活性更强，指挥员更加倾向于打击固定目标。对于机动目标而言，机动能力越强，则目标能够在遇到威胁时尽快撤离，抗毁能力更强。固定目标的机动能力为 0。

第二，散布程度 V_s。一般而言，分散的目标比紧凑的目标更难攻击，因此具有更强的抗毁能力。

针对指挥所、地面防空部队，都选择开阔地形的机动速度作为机动能力指标，选择展开半径作为散布程度指标。针对空中编队，以战机在经济飞行高度的平均飞行速度作为机动能力指标，以飞机被探测概率作为散布程度指标。

(2) 目标对敌体系影响度类指标构建

分析节点对敌方作战目标体系的影响度，也就是度量网络中节点的中心性。节点中心性度量最早出现在社会网络分析领域中，用于研究群体中的“明星”人物。中心性考量的是节点在网络的总体结构上的重要程度，具体度量方法包括节点的度值、介数、特征向量中心性等。

将节点中心性度量应用到作战目标体系上，可以发现整个目标体系中处于核心位置的节点，即对整个网络结构具有重要意义的节点。指挥员会倾向于打击敌方作战目标体系的关键节点。选取节点的度中心性和介数中心性[12]两个指标综合衡量节点的重要程度。

① 度中心性 C_D。

节点的度中心性用于测量网络中一个节点与其他所有节点相联系的程度，是节点中心性度量的重要指标。节点 i 的度为$D_i=\sum_{J=1}^{g} x_{ij}\,(i\neq j)$。通常，节点的度越大，在某种意义上就越重要。节点的度中心性是对节点度的标准化测量，即

$$C'_{D_i}=\frac{D_i}{g-1} \tag{11.20}$$

其中，D_i 为节点的度；$g-1$ 为节点 i 与其他节点最大可能的连接数；$C'_{D_i}\in[0,1]$，

当 $C'_{D_i}=0$ 时，该节点与所有节点都没有联系；当 $C'_{D_i}=1$ 时，该节点与每个节点都有直接联系。

② 介数中心性 C_B。

介数中心性是指经过某个节点的最短路径的数目，可以刻画节点重要性。对于有 n 个节点的网络，节点的介数中心性的计算方法如下。

第一，计算目标体系网络中所有的节点间的最短路径，即必经的作战实体节点数。节点 i 与节点 j 之间的最短路径为 g_{ij}，$i=1,2,\cdots,n,j=1,2,\cdots,n,i\neq j$。

第二，判断节点 k 是否处在节点 i 和节点 j 之间的必经路径，若是，则计算经过节点 i 的最短路径数 $g_{ij}(i)$。

第三，计算节点 i 的介数中心性 $C_{B_i}=\sum_{j<k}\left(\dfrac{g_{ij}(i)}{g_{ij}}\right)$。

(3) 目标对己方任务影响度类指标构建

① 与任务关联度 T_D。

考虑作战实际情况，选择作战目标与任务地域重心点的距离作为与任务关联度的指标。第 i 个目标与任务地域重心点 A_0 的距离为 D_i，定义第 i 个目标与任务关联度指标 T_{D_i} 为

$$T_{D_i}=1-\frac{D_i-D_{\min}}{D_{\max}-D_{\min}} \tag{11.21}$$

② 对任务威胁度 T_L。

选择作战目标与己方的距离作为对任务威胁度的指标。如果态势感知主体是空军指挥员，则己方位置就是空军指挥所所在地。第 i 个目标与己方战场态势感知主体所在的指挥所位置 A_1 的距离为 L_i，定义第 i 个目标对任务威胁度指标 T_{L_i} 为

$$T_{L_i}=1-\frac{L_i-L_{\min}}{L_{\max}-L_{\min}} \tag{11.22}$$

3. 指标的聚合

指标聚合的本质是对多个指标进行降维，通常采用自下而上逐层聚合的方法。美军联合作战评估经常采用线性加权法，因为该方法操作简便、逻辑较为简单。

指标聚合时，首先对各指标进行归一化。对于目标自身属性类指标而言，作战能力 V_{op} 和抗毁能力 V_{vul}（机动能力 V_m 和散布程度 V_s）都要分别归一到[0,1]，然后将平均值统一到 1。对于第 i 个作战目标的作战能力指标 V_{op} 而言，其归一化处理过程如下，其他指标处理方法类似，即

$$V'_{\mathrm{op}_i}=\frac{V_{\mathrm{op}_i}-V_{\mathrm{opmin}}}{V_{\mathrm{opmax}}-V_{\mathrm{opmin}}},\quad V'_{\mathrm{op}_i}\in[0,1] \tag{11.23}$$

$$V^*_{\mathrm{op}_i}=V'_{\mathrm{op}_i}-\frac{\sum_1^m V'_{\mathrm{op}_i}}{m}+1,\quad V^*_{\mathrm{op}_i}\in[0,2]\text{且}\overline{V^*_{\mathrm{op}_i}}=1 \tag{11.24}$$

$$V^*_{\mathrm{vul}_i}=0.5*V^*_{m_i}+0.5*V^*_{s_i} \tag{11.25}$$

将作战能力 $V^*_{\mathrm{op}_i}$ 和抗毁能力 $V^*_{\mathrm{vul}_i}$ 融合，可以得到目标自身属性类指标 $V^*_{\mathrm{own}_i}$。其中，参数 α 体现指挥员更看重目标的作战能力，还是是否好打的个人倾向性。不失一般性，设 α 为 0.5，则有

$$V^*_{\mathrm{own}_i}=\alpha*V^*_{\mathrm{op}_i}+(1-\alpha)*V^*_{\mathrm{vul}_i} \tag{11.26}$$

对于目标对敌体系影响度类指标，包括度中心性 C_D 和介数中心性 C_B，先分别按照上述方法进行归一化处理，然后将 $C^*_{D_i}$ 和 $C^*_{B_i}$ 融合，得到目标对敌体系影响度类指标 $V^*_{\mathrm{sos}_i}$。其中，参数 β 体现指挥员对目标体系关注角度的不同。不失一般性，设 β 为 0.5，则有

$$V^*_{\mathrm{sos}_i}=\beta*C^*_{D_i}+(1-\beta)*C^*_{B_i} \tag{11.27}$$

对于对己方任务影响度类指标而言，包括任务关联度 T_D 和任务威胁度 T_L，先分别按照上述方法进行归一化处理，然后将 $T^*_{D_i}$ 和 $T^*_{L_i}$ 融合，得到目标对任务影响度类指标 $V^*_{\mathrm{task}_i}$。其中，参数 γ 体现指挥员对任务对象，以及当前威胁的不同侧重。不失一般性，设 γ 为 0.5，则有

$$V^*_{\mathrm{task}_i}=\gamma*T^*_{D_i}+(1-\gamma)*T^*_{L_i} \tag{11.28}$$

将上述三类指标进一步融合，可以得到目标的综合价值度 V_i，即

$$V_i=(a*V^*_{\mathrm{own}_i}+b*V^*_{\mathrm{sos}_i}+c*V^*_{\mathrm{task}_i})*p \tag{11.29}$$

其中，$a+b+c=1$，参数 a、b、c 分别反映指挥员在评估目标价值时，对于作战任务和目标在敌方体系中客观价值的不同侧重。

设定 $a=0.25$，$b=0.25$，$c=0.5$；p 为可信度因子，由侦察时间折算得出，设计该因子主要是考虑在后续决定是否采取打击行动时，目标侦察情报的时效性是需要重点考虑的因素之一，即

$$p=\frac{1}{\left\lceil\frac{t_{\mathrm{det}}-t}{\Delta t}\right\rceil+1} \tag{11.30}$$

其中，t_{det} 为最近一次侦察到该目标信息的时刻；t 为当前时刻；Δt 为态势感知周期。

对所有觉察目标集合中的作战目标而言，按照综合价值度 V_i 排序，取大于平均值 $\bar{V}$ 的目标作为高价值目标集合。

11.5　基于注意力机制的目标价值评估模型验证

11.5.1　验证思路

基于战场态势感知注意力机制进行目标价值评估，包括两个阶段：一是战场态势觉察阶段对线索目标的筛选与拓展，得到觉察目标集合；二是战场态势认知阶段对觉察目标集合从体系的角度建模并进行价值评估，得到高价值目标集合。注意力的作用又体现在两个方面：一是在态势觉察阶段减少觉察目标数量，降低认知负载；二是在态势认知阶段分析目标价值，提升认知精度。因此，主要是针对这两个方面对模型进行有效性验证。

以兵棋推演系统在某想定背景下的演习数据为基础，选取一个完整的作战时间段$[T, T+n\Delta t)$，计算注意力模型在这个区间内迭代后得到的综合高价值目标集合。然后，挖掘在$[T+\Delta t, T+(n+1)\Delta t)$，指挥员下达的打击行动指令中所打击的敌方作战目标集合。最后，将两者进行匹配分析。使用这种验证思路存在以下两个问题。

(1) 认知结果不等于决策和行动结果

两者之间不匹配的原因有很多，可能是己方部队作战能力不足以支撑，或者受到一些法律、道德因素等的限制，导致想打的没打成。还有一种情况，就是己方不止一支部队具有所需要的作战能力。这种情况多发生于具有协同关系的部队之间，可能对于这些部队的指挥员而言，其高价值目标都是高度重合的，具体由谁负责打击是依据战场当时局势来决定的。

假定推演数据只包含态势感知数据基础，以及决策和行动的数据，缺乏过程中的认知数据。这是分析的难点所在，只能在一定程度上做近似，在选取验证的案例时，需要考虑这方面的问题，尽量选取具备相应作战能力的部队作为验证。

(2) 从认知到决策和行动存在时延

指挥员心中有了对目标价值的评估结果，但是受到各种限制，未必能立刻下达指令，使部队立刻采取相应的行动。这个过程中存在时延，但难以衡量，只能大概估计。

出于简化，将时延定为 Δt，因此指挥员在$[T, T+n\Delta t)$的认知结果，可以用$[T+\Delta t, T+(n+1)\Delta t)$的指令数据进行验证。

11.5.2　数据准备和任务分析

采用 Python 3.5 作为开发工具，以 Spyder 作为开发平台，进行数据提取、预处理，以及模型的构建工作。以 Tableau 作为可视化平台，进行态势图的展示。鉴于保密需要，对所有态势图都进行了必要的处理。

以某联合作战想定为背景，选取其中一个作战阶段，从红方空中作战指挥员的视角对模型进行验证。选取 $T_0 \sim T_9$ 时刻，共划分 9 个战场态势感知周期。由于系统经常是快速推演，指挥员在真实的天文时间内认知态势和指挥决策，而系统仿真过程已经推进更多。因此，选择的态势感知周期较长，为 30 分钟。

在该作战阶段，空中作战指挥员肩负的任务是对×地区实施打击，瘫痪蓝方防空反导作战体系。利用心智模型，得到红方任务分析结果，如表 11.8 所示。依据推演数据的特点和模型的要求，对数据进行预处理，主要包括数据选择、数据清洗，以及数据变换。

① 数据选择。利用数据挖掘工具从数据库中选择该作战阶段内，红方所掌握的蓝方目标的所有数据，包括战场环境、实体属性、作战编成等基础数据，目标位置、目标战斗力、目标状态等战场动态数据，数据总量达×万条。

② 数据清洗。针对数据中可能存在的丢失，以及冗余等情况，利用先验知识和前后时序关系对数据进行补充和平滑处理，删除冗余的数据。同时，针对每个态势感知周期对数据进行划分，以第 1 个态势感知周期为例，经整合后共获得数据×条。

③ 数据变换。利用下式将不同类别的目标的各个字段进行归一化处理，取值范围为[0,1]，即

$$x_i = \frac{x_i - \min}{\max - \min + \delta} \tag{11.31}$$

其中，min 和 max 分别为样本在该维度中出现的最小值和最大值；δ 为一个极小数，防止分母为 0。

依次对各样本维度进行归一化。

表 11.8　红方任务分析

参数类型	参数值
任务类型 m	1
任务地域 Area	×地区，重心点 $A_0=(×.15,×.72)$
主体所在位置 A_1	红方空中作战指挥所 $A_1=(×.24,×.25)$
执行任务的单位 E_{zhuti}	空军飞行部队
协同执行任务的单位 $E_{xietong}$	协助打击的导弹部队
作战任务对象 E_{obj}	蓝军防空反导作战体系
可能威胁目标 E_{threat}	蓝方飞机、蓝方防空阵地
线索目标 E_{cue}	蓝方的防空发射阵地，以及蓝方的空中任务编队
时间区间 T	阶段开始时间 T_0，阶段结束时间 T_9
态势感知周期 Δt	$\Delta t=30$min，共划分 9 个态势感知周期

11.5.3 实验过程

1. T_1 时刻模型静态分析

$[T_0,T_1)$是第一个战场态势感知周期。对 T_1 时刻的指挥员而言,T_0 时刻之前已经掌握的是已知目标,在$[T_0,T_1)$获悉的是新出现目标。利用获得的数据,可以得到 T_1 时刻红方对蓝方作战目标的侦察情况,即蓝方所有可见目标集合,如图 11.14 所示。

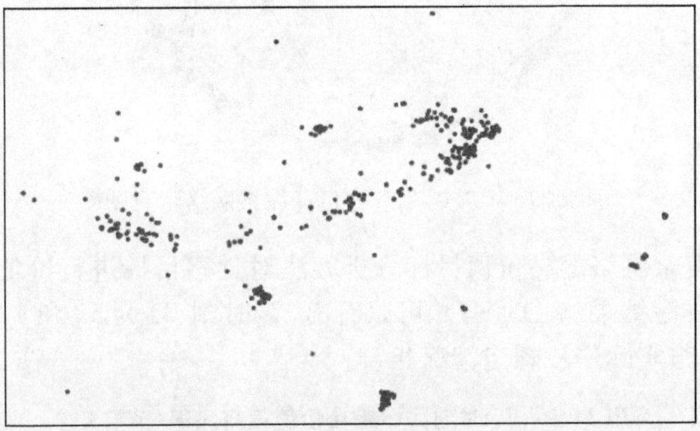

图 11.14 T_1 时刻所有蓝方可见目标的情况

此时,红方共掌握蓝方目标×个。利用基于注意力模型的觉察目标分析方法对该时刻的线索目标进行分析,得到线索目标的显著图,如图 11.15 所示。

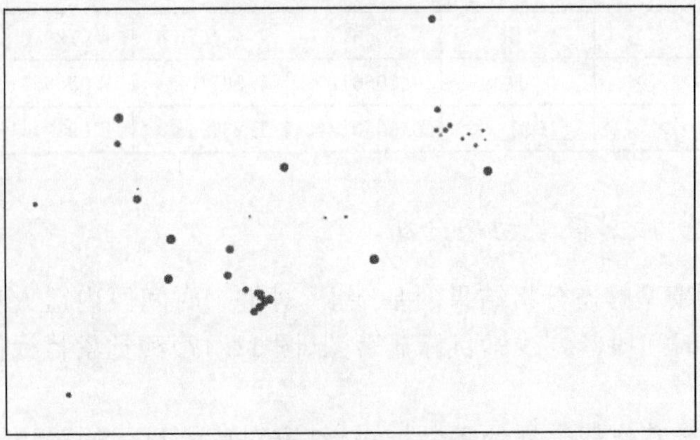

图 11.15 T_1 时刻蓝方线索目标显著图

可以看到,×个线索目标由于显著度高被明显与其他目标区分开来,最终共获得觉察目标×个,认知负载得到较大的降低。

对觉察目标进行体系建模，得到目标体系网络示意图，如图 11.16 所示。

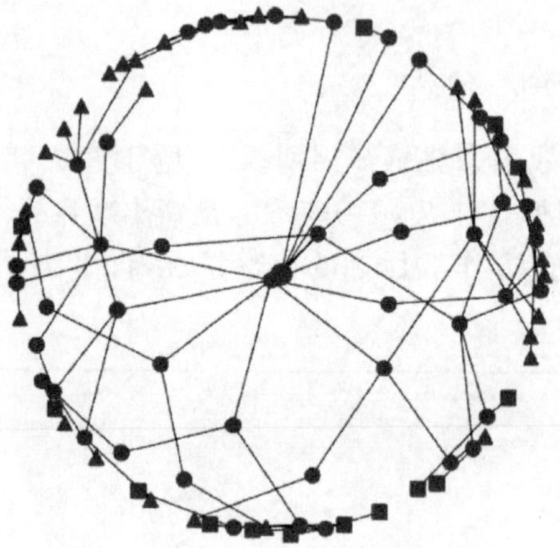

图 11.16　T_1 时刻蓝方目标体系网络示意图

利用基于复杂网络的高价值目标分析方法对觉察目标进行价值评估，得到目标综合价值度排序结果(表 11.9)。可以看出，T_1时刻 ID 为 52 和 42 的目标较高，目标类型为 A，与实际作战想定情况相符。

表 11.9　T_1 时刻目标综合价值度排序表(节选)

ID	NAME	TYPE	SOS	OWN	Task	V
52	××××	A	0.005617×	1.554978×	1.091266×	1.469914×
42	××××	A	0.005617×	1.554978×	1.088762×	1.469219×
83	××××	B	0.005617×	1.421073×	1.084948×	1.393807×
43	××××	B	0.005617×	1.421073×	1.072010×	1.390215×
38	××××	B	0.005617×	1.367107×	1.090353×	1.365343×
26	××××	A	0.005617×	1.251948×	1.093046×	1.302148×

2. $T_0 \sim T_9$ 时刻模型动态分析

在 T_1 时刻模型静态分析结果的基础上，对整个时间段内蓝方目标进行动态分析，得到各个时间段蓝方线索目标显著图(图 11.17)和觉察目标体系网络示意图(图 11.18)。

由此可知，随着作战进程的不断推进，红方对蓝方目标的关注对象和关注程度在不断变化，蓝方被注意到的觉察目标的体系结构也在不断改变。通过目标价值评估模型，可以最终得到不同时刻的高价值目标排序结果(表 11.10)。综合排序结果，最终获得 $T_0 \sim T_9$ 时刻的×个高价值目标。

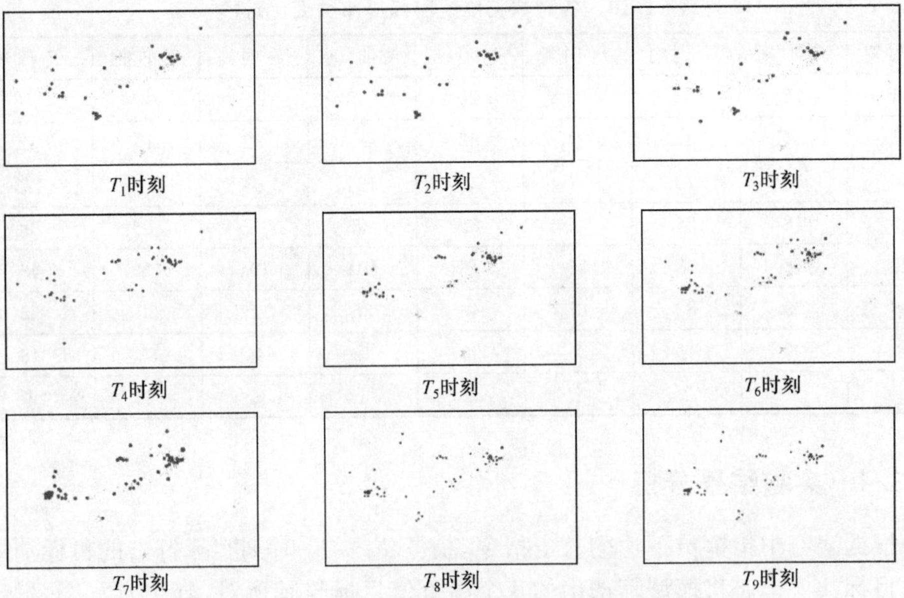

图 11.17　各个时间段蓝方线索目标显著图

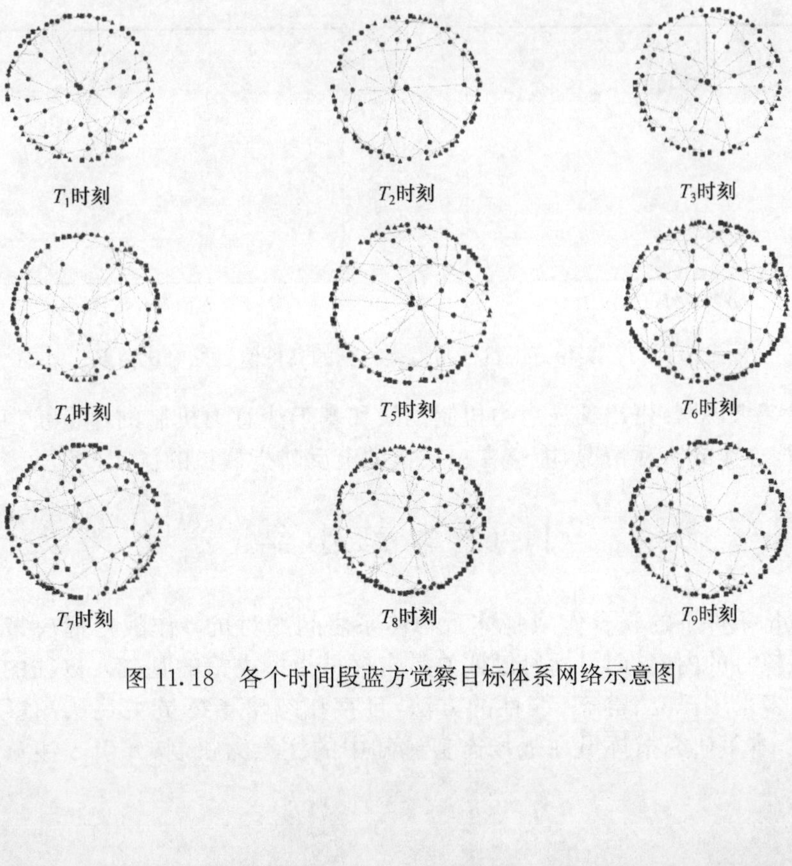

图 11.18　各个时间段蓝方觉察目标体系网络示意图

表 11.10　各时刻高价值目标排序结果(节选)

T_1 时刻	T_2 时刻	T_3 时刻	T_4 时刻	T_5 时刻	T_6 时刻	T_7 时刻	T_8 时刻	T_9 时刻
51	75	53	26	25	119	117	120	118
41	44	44	34	33	31	32	30	32
83	38	78	41	40	124	83	71	123
13	48	25	31	30	38	125	125	38
25	18	38	38	78	104	104	128	43
46	29	83	87	46	35	122	36	35
36	32	13	36	90	45	44	33	48
⋮	⋮	⋮	⋮	⋮	⋮	⋮	⋮	⋮

11.5.4　实验结果分析

根据演习中指挥员下达的打击指令，获得 $T_0 \sim T_9$ 时刻实际打击的目标清单，各类目标共×个。将模型筛选出的×个高价值目标与其比对，其中有×个目标被下令打击，匹配率达到×。实际打击目标与模型得到的高价值目标对比如图 11.19 所示。

(a) 实际打击目标

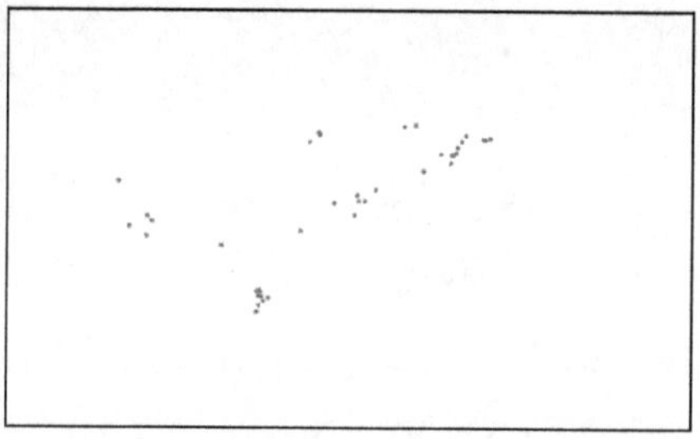

(b) 高价值目标

图 11.19　实际打击目标与模型得到的高价值目标对比情况

实验结果说明，提出的注意力机制框架和基于注意力机制的目标价值评估模型有效，符合作战实际情况，能够在一定程度上反映指挥员的认知过程。

11.6　本章小结

信息化条件下的联合作战是体系与体系之间的对抗。作战指挥决策是体系对抗中最核心的内容，而目标价值评估是指挥员指挥决策的基础。以往的目标价值评估大多采用孤立、静态、线性的方法，且存在忽略指挥员主观认知影响的问题。因此，本章研究指挥员在战场态势感知中的注意力机制，并引入注意力机制改进目标价值评估的方法。

① 借鉴心理学和态势感知理论中注意力机制的研究成果，提出战场态势感知的概念和两层模型指挥员战场态势感知注意力机制的概念和作用流程，以及将注意力机制用于目标价值评估问题时的分析框架。该分析框架能够体现复杂系统整体、动态、对抗的特点，并将指挥员在认知战场态势时主观、客观因素相结合，为后续构建模型奠定理论基础。

② 对战场态势觉察阶段的注意力机制进行分析，分别对自下而上的数据驱动注意机制和自上而下的目的驱动注意机制建模，选取多项特征并计算线索目标的显著度，将两个模型的结果融合，筛选出注意到的线索目标，并进一步拓展形成觉察目标集合。

③ 对战场态势认知阶段的注意力机制进行分析，构建“两层三域”的目标体系超网络，提出目标价值指标体系，通过指标的计算和聚合，筛选后得到高价值目标集合。

④ 通过实验验证，证明提出的理论框架和评估模型有效，能够在一定程度上反映指挥员在指挥作战中对目标价值评估的认知过程和结果。

需要进一步研究解决的问题如下。

① 选取的指标都是经过经验得出的，没有经过敏感性、完备性等测试，虽然结果证明较为合理，但是仍需进一步完善。

② 在进行目标价值评估时，没有考虑对预测进行建模，但是态势感知过程是包含预测的，下一步可以在目标价值指标体系中增加对于体系毁瘫的影响度等指标，预测打击某个目标后对整个体系结构的影响。

③ 验证方式是将决策的指令数据近似为认知数据，存在一定的不完备性，下一步可以通过增加认知数据采集方式来解决该问题。

④ 以深度学习为主的机器学习在很多领域取得了超过人类的水平，深度神经网络可以用于研究需要先验知识的态势认知问题，下一步在储备大量认知数据的基础上，可以探索使用深度学习等方法，进行目标价值评估模型的构建。

参考文献

[1] 胡晓峰，司光亚，吴琳，等. 战争模拟原理与系统. 北京：国防大学出版社，2009.

[2] Endsley M R. Toward a theory of situation awareness in dynamic systems. The Journal of the Human Factors and Ergonomics Society，1995，37(1)：32-64.

[3] Hoffman R. Origins of situation awareness：cautionary tales from the history of concepts of attention. Journal of Cognitive Engineering & Decision Making，2015，9(1)：73-83.

[4] Koch C，Ullman S. Shifts in selective visual attention：towards the underlying neural circuitry. Human Neurobiology，1985，4(4)：219.

[5] Lundberg J. Situation awareness systems, states and processes: a holistic framework. Theoretical Issues in Ergonomics Science, 2015, 16(5): 447-473.
[6] Zenko M. JP 3-60 joint targeting and US targeted killings. http://www.cfr.org[2018-12-20].
[7] 胡晓峰,张昱,杨镜宇,等.体系仿真实验床:体系评估理论和方法的探索与实践.论证与研究,2015,31(6):1-9.
[8] 胡晓峰,杨镜宇,司光亚,等.战争复杂系统仿真分析与实验.北京:国防大学出版社,2008.
[9] Daskin M S. Urban transportation networks: equilibrium analysis with mathematical programming methods. Transportation Science, 1985,(4): 463-466.
[10] Cares J.分布式网络化作战:网络中心战基础.于全,译.北京:北京邮电大学出版社,2006.
[11] 王斌,谭东风,凌云翔.基于复杂网络的作战描述模型研究.指挥控制与仿真,2007,29(4):12-16.
[12] 汪小帆,李翔,陈关荣.网络科学导论.北京:高等教育出版社,2012.

第12章 基于深度学习的武器装备体系效能预测方法

12.1 武器装备体系效能预测问题概述

战争复杂体系效能预测是战争复杂体系研究的核心内容，其预测结论的精确性和时效性直接关系到战时体系对抗的胜负和平时体系能力建设的宏观设计。当前，战争复杂体系效能预测面临体系对抗环境日益复杂，不确定性风险加大，对抗机理排查不清，传统预测方法失效等现实问题。为此，应结合大数据时代蓬勃发展的技术优势，开展体系效能预测创新方法研究，提高体系整体性指标，特别是非线性宏观涌现性指标预测能力，为指挥员进行战时决策，指导部队开展非战争时期部队战斗力发展建设提供有力的技术保证。

12.1.1 战争体系研究面临的困境

体系是复杂系统的一种典型形态，当前体系效能预测主要面临以下问题。

① 整体性能力不易获得。由于体系内外实体间关联复杂，各种明暗强弱关联关系层叠交错，导致开展体系效能预测时，预测指标选择难以独立，分解聚合的预测过程不易实现，体系整体性能力获取困难。

② 多因多果的网状机理难以明晰。由于非线性等原因，弱关联可能导致强效果，同一结果可由多种原因造成，传统通过强关联发现因果机理的逻辑分析方式受到严重挑战。

③ 预测结果不确定性更强。由于作战对手不同，体系效能不是一个固化的值，而体系内部实体、子系统的自适应性、非线性、演化性，造成体系预测结果值域范围、变化方向、变化量级存在多种可能，各种可能的高阶组合导致预测结果指数级爆炸。

④ 预测精准性、时效性客观要求更高。现代战争追求"秒速"作战，体系攻防对抗的 OODA 环循环更快，同时战场对抗环境的不确定性更高，客观上对战时体系效能预测的时效性和准确性提出更高的要求。

12.1.2 传统建模评估方法存在局限

长期以来，以还原论为指导的传统建模评估方法，大多以构建单方、局部、静态的预测模型为主，在处理机械化战争时期简单系统效能预测问题时取得了成功。但是，面对复杂系统体系效能预测，现有的方法难以反映体系自适应性、演化性、整体性、涌现性、不确定性等特点，导致预测结果不准确、不合理。深入分析发现，传统建模预测方法存在以下缺点。

(1) 建模思路固化

长久以来，基于牛顿机械还原论的指导，研究人员习惯于采用假设验证式方法进行科学研究，即先预设研究对象的特性，然后用最熟悉的方式快速迭代，通过验证结果的正确性获得对问题的认识，体现在效能预测方法上，即表现为以建模为核心的小数据、大模型预测模式[1]。由于体系的复杂运行机理越来越趋近于黑盒问题，导致无法对其进行正确认识，使以模型为中心的建模方式难以获得较好的效果。

(2) 主观性过强

一方面，在指标及影响因素选择上，通常是领域专家依据分解聚合的思路，采用层次分析来人为选择、构建层级化指标，但是由于对体系认识的困难，一些隐性影响因素，非强相关因素被删除，一些不符合作战实际的、无法体现体系效能的指标长期存在，造成指标选择的主观性、片面性较强。另一方面，在指标关系构建上，大多利用树状线性结构聚合指标间的关联关系，对于体系中代表整体性、涌现性、动态性的非线性聚合指标的定量关联，目前还没有很好的聚合求解方法。

12.1.3 大数据思维提供崭新视角

尽管当前战争复杂系统体系效能预测缺乏成熟有效的指导理论和方法，但是随着传统仿真方法，特别是对基于 agent 的建模仿真方法、探索性仿真分析方法、复杂网络理论等技术方法的长期应用，研究人员积累了大量不同类型、层级、颗粒度的仿真模拟数据，再加上各种战场传感器设备的广泛部署，各类型海量的实战数据、演习数据、训练靶场数据不断积累，体系效能预测分析数据呈现出大数据化的趋势。

军事大数据的出现，不但为解决复杂系统问题提供丰富的数据资源，而且提供一种全新视角，即绕开体系因果机理难以探究的困境，转而从数据分析入手，通过相关性直达结果，或由大量相关共性规律的总结，引导研究人员从中发现因果性机理。这一全新的思路为解决复杂系统效能预测问题带来曙光，但是当丰富的数据摆在研究人员面前时，如何发现相关性又成了新的难题，研究人员发现没有合适的数据处理方法。

12.1.4 深度数据分析发挥关键作用

随着数据资源在体量、类型、价值、速度等方面的迅速增加，大量噪声数据、不完整数据，甚至欺骗数据也混入其中，给数据分析技术带来极大压力。小数据时代设计的传统数据处理方法，在面临大数据这种变化时，适应性很差。量变到质变的规律作用，造成传统数据处理方法不但效率低下，而且精确度不高，除了简单的统计处理及炫目的可视化应用，数据底层隐藏的关联关系，以及该关联体现的军事意义和价值很难得到充分认识和利用，急需合适的数据分析算法加以支持。

为了深化对战争复杂系统和体系的研究，人们不断探索破解系统复杂性的科学理论和方法。我们在分析中发现，利用大数据理念，采用深度学习方法[2]似乎是当前解决上述复杂系统体系效能预测问题的可行途径，理由如下。

① 深度学习是一种多层人工神经网络，可以高效、准确的支持大数据处理运算。

② 深度学习支持从全体数据入手，具有良好的逐层特征提取能力，可以摆脱过于依赖领域知识的人工指标选择。

③ 深度学习理论上可以拟合任意非线性函数，支持对指标间非线性聚合关联模式的发现，能够摆脱人为设定指标聚合关系的主观性问题。

但是，在军事大数据背景下，深度学习能否有效支持战争体系效能预测任务，目前还存在困惑，即深度学习方法在体系效能预测中，应用的可行性如何？能否减少人工参与，进行自主学习，从而支持体系效能非线性聚合指标预测？大样本是大数据现象中的一种简单情况，针对大样本数据能否采用深度学习方法进行体系效能预测？对于战前突发情况下面临的高维噪声小样本数据，体系效能预测问题应该如何解决？一直以来，深度学习方法被视为数据吞噬器，那么在小样本情况下深度学习是否起作用？

本章针对上述问题，以军事大数据为研究背景，以深度学习为主要方法，以导弹攻防体系对抗为牵引，以武器装备体系效能预测为研究目的，重点围绕基于深度学习的体系效能预测总体框架，开展体系非线性聚合效能指标预测研究，为装备发展论证、作战指挥决策、部队发展建设提供真实可靠的技术支撑，具有重要的理论创新意义和现实应用价值。

12.2　基于深度学习的体系效能预测框架

12.2.1　预测数据

1. 大数据与小数据

传统研究数据由于数据量的限制，以及数据类型的单一，因此一般认为是小数据。自从 2008 年，Nature 出版了 *Big Data* 专刊；2011 年，Science 出版了

Dealing with data 专刊，大数据走进科学研究的领域。国内外不同的专家和学者对大数据有不同的认定，中国科学院计算技术研究所李国杰院士从数据构成的角度认为，大数据就是海量数据加复杂数据类型[3]。维基百科对从数据处理的角度指出，大数据是由于规模、复杂性、实时性而导致的使之无法在一定时间内用常规软件工具对其进行获取、存储、搜索、分享、分析、可视化的数据集合[4]。Gartner咨询公司从数据作用的角度指出，大数据是需要新处理模式才能具有更强的决策力、洞察发现力和流程优化能力的海量、高增长率和多样化的信息资产[5]。互联网数据中心则从数据处理技术角度提出，大数据是为更经济地从高频率、大容量、不同结构和类型的数据中获取价值而设计的新一代架构和技术[6]。

需要特别说明，当前围绕个人为中心全方位进行数据采集、处理、分析的数据系统也称为小数据(iData)。这种概念定义下的数据不在本章的研究范围。

我们认为，军事大数据是指存在、应用于军事领域的大数据，其基本特征有数据体量大、数据类型杂、数据速率快等特点。

大小数据的区别包括数据的量、数据种类与格式、数据处理速度、数据复杂度，其中各种海量非结构化数据的出现，如图像、语音、文本，使大小数据产生了明显的界限。

2. 大样本与小样本

样本又称为子样，英文为 sample，是按照一定规则从总体中抽取出来的用来研究全体性质的集合体。

样本的大小是指样本容量大小。样本容量是样本包含的个体单位数。在统计学概念中，大样本性质是指研究样本大小趋于无限时，统计量和相应的统计方法的极限性质(渐近性质)。小样本性质是指样本大小固定时，统计量和相应的统计方法的性质。一般来说，样本越大从总体中提取的信息就越多，对总体的代表性就越好。

在计量经济学中，样本容量必须不少于模型中解释变量的数据(包括常数项)，这就是最小样本容量[7]。传统上，由于模型参数少，因此样本大小一般以30个单位为界：容量超过30的样本为大样本，容量不足30的样本为小样本。这样划分主要是指当样本容量足够大时，根据中心极限定理，标准化的样本均值(t 分布)趋近于正态分布。

在机器学习领域，由于训练数据的特征和数据决定模型性能的好坏，来自Google的软件工程师 Haldar 发表的一篇文章给出了影响训练数据样本的重要因素。例如，正在执行的任务、最终通过模型实现的性能、现有的输入特征、训练数据中的噪声、已提取特征中的噪声、模型复杂度等，并通过实验提出10倍数据法则，即要训练出一个性能良好的模型，所需训练样本数量至少应是模型参数数量的 10 倍[8]。这里神经网络模型的参数主要由网络节点间连接权重，各层偏置，以及非线性阈值函数等组成。由于大样本、小样本定义目前还没有形成统一认识。具体所需训练样本要结合具体问题、神经网络模型结构、数据稀疏等多种情况具体分析。

3. 数据来源

军事数据来源可划分为实战数据、训练数据、实验数据、试验数据等。本章研究体系效能预测数据来源包括武器装备体系综合仿真试验床系统；导弹攻防对抗试验数据；兵棋演习相关数据；同一作战方案不同批次任务的裁剪；依据典型体系突防能力战指标，计算机自动生成数据；网上下载的武器装备毁伤图像数据；基于 Photoshop、3DMax 视景仿真技术处理的相关图像数据。

每一类数据来源都存在一定的局限性、片面性、偏差性，只有集成、融合各种不同来源的原始数据，才能获得反映事物真实本质的记录。由于来源不同，从不同角度描述同一实体的数据能提供互补信息，方便对问题更深入的理解，因此在武器装备体系效能大数据分析中，尽量汇集多种来源的数据是关键。

12.2.2　深度学习及迁移学习

1. 深度学习

深度学习的概念源于人工神经网络。人工神经网络是模拟生物系统的组织结构、处理方式和系统功能的一类人工智能简化系统[9]。其基本组成单元为神经元，一般由输入器、加权求和器、传输器、输出器组成，如图 12.1 所示。区分不同神经元模型的主要标志为激励函数。

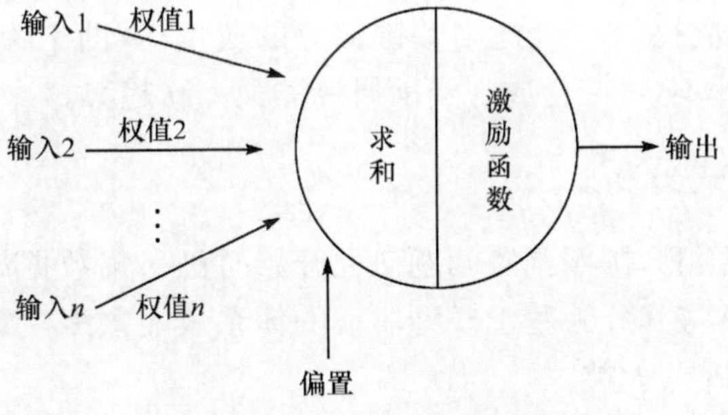

图 12.1　神经元模型示意图

浅层神经网络是一种人工神经网络，其隐含层数通常不超过一层或两层，通过反向传播算法获得最优值，如支持向量机、条件随机场模型、最大熵方法等。利用浅层神经网络进行学习的过程是浅层学习。一般而言，浅层学习依靠人工经验选择输入样本特征，经模型学习后仅得到单层特征。

深层神经网络又称深度神经网络（deep neural network，DNN），是由多个单层非线性网络叠加而成的人工神经网络。深度学习是基于深度神经网络的学习方式，旨在研究如何从数据中自动进行逐层特征提取。其核心思想是通过数据驱动的方式，利用一系列非线性变换，从输入数据中提取由低层到高层、由具体到抽象、由一般到特定语义的特征[10]，因此深度学习可得到的层级化特征，其研究涉及的应用领域包括计算机视觉、语音识别、图像特征编码、语意表达分类、自然语言理解、手写识别、音频处理、信息检索、机器人学[11]。

2. 迁移学习

迁移学习是机器学习的一个新领域，近年来得到广泛的关注。通常认为，迁移学习是对不同但相关领域问题，利用已知知识进行求解的一种新方法。2005年，美国国防部预先研究计划局（Defense Advanced Research Planning Agent，DARPA）给出的迁移学习定义：一个系统利用以前所学的知识和技巧，并将其应用到新任务中的能力[12]。迁移学习的存在突破了传统机器学习对测试数据与源数据必须独立同分布的要求，可进行跨领域、跨任务的学习。目前，迁移学习的研究还处于初级阶段，其跨越的领域与任务可以不同，但必须相关。

迁移学习的相关研究成果也不少，如香港科技大学对无线路由器位置模型进行迁移探索，以支持不同领域的定位任务[13]。文献[14]对不同语言进行文本挖掘。文献[15]提出基于信息理论的迁移学习方法，给出跨语言分类的迁移学习策略，从而解决中英文网页翻译的交叉语言分类问题。

由于深度学习具有良好的特征逐层发现、表示能力，可以通过辨别隐含数据关系结构中关键特征和非关键特征，并通过多层特征关联对输入数据进行聚合和抽象，降低非关键部分的权重、提高关键部分的权重，有助于跨领域迁移学习，因此将深度学习与迁移学习结合成为当前研究的又一新趋势。

12.2.3 预测模式分析

对于体系效能预测，按照预测问题研究开始时已采集数据量的规模和预测过程的驱动方式，本章将其分为基于模型驱动的体系效能预测模式和基于数据驱动的体系效能预测模式两大类。

1. 基本概念

模型驱动（model-driven）是将数据与模型分开，使模型独立出来，数据围绕模型和程序转[1]。其核心是模型，模型是整个研究的推动力。模型驱动的研究主要包括模型基本假设、选配构成变量、模型求解、检验验证等多个过程。在实验科学、理论科学和计算科学时代,任何学科的形式化公理系统都是研究的假设起点,形成了大定律、大模型、小数据时代,因此我们认为传统效能预测研究多是基于模型驱动。

数据驱动(data-driven)是程序和模型围着数据转。其核心是数据,数据是整个研究的推动力。随着数据爆炸和计算机技术的迅猛发展,形成小定律、小模型、大数据时代,因此可以认为数据密集型科学是基于数据驱动。

2. 模型驱动

基于模型驱动的体系效能预测模式如图 12.2 所示。

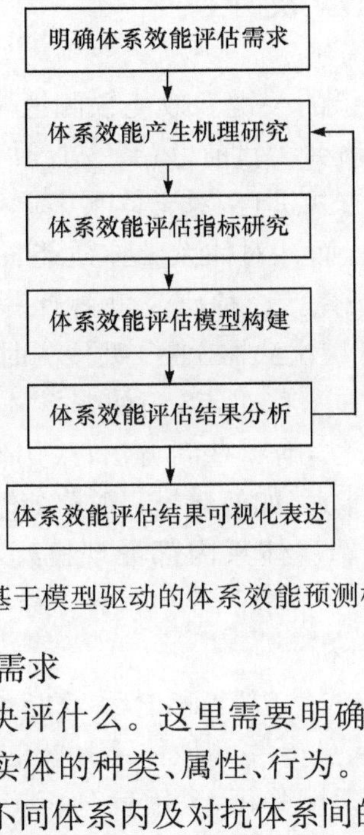

图 12.2　基于模型驱动的体系效能预测模式示意图

(1) 明确体系效能预测需求

根据拟研究的问题,解决评什么。这里需要明确研究对象是什么,划定体系研究的边界,确定需要分析实体的种类、属性、行为。根据体系内只有合作、竞争没有对抗关系的原则,确定不同体系内及对抗体系间的各种交互关系。

(2) 体系效能产生机理研究

体系由于其组分和组分间关联关系的复杂性及其不断动态演化,导致体系中众多因素互为因果,相互作用反馈,因此其产生机理很难理清。对体系效能产生机理分析既是开展各层级效能预测指标及其影响因素确立的依据,也是分析输出数据结果科学可信的必要验证环节。对此可以从多角度开展分析研究,如从体系作战应具备的作战能力角度,如信息能力、打击能力、机动能力、防护能力、保障能力;从体系对抗物质能量、信息、认知多域交互角度;还可以从 OODA 指挥环数、循环周期时长、频率等不同层次不同粒度开展机理分析,探究体系效能的内部机理。

(3) 体系效能预测指标研究

军事需求是牵引,效能预测的目的是解决军事问题,因此针对军事人员关心的问题,需选择合适的度量来表征问题。指标研究存在两个难点:指标度量的确立,即依据预测需求选择哪些指标对其进行观察;指标间关系的确立,即指标的聚合解聚问题。传统指标树的方法通过层次化、模块化分解问题,利用对局部问题获得解的线性整合达到对整体问题的认识,从一定程度上解决对系统的预测要求。但是,由于体系具有非线性、涌现性、不确定性等众多特性,使对指标间独立性、线性相关的假设前提不再成立,因此从哪些角度选取指标,哪些指标间有关联关系,层级指标间如何聚合,对某类研究问题研究对象是否存在代表性指标,是否可以通过各层级代表性指标构建从微观到宏观的指标体系等问题是体系效能指标研究过程中必须思考并加以解决的。

(4) 体系效能预测模型构建

预测模型是获取指标结果的关键。效能预测通常需要依据研究领域和研究问题尺度的不同开展相应的研究。目前,体系效能预测多采用传统方法与新方法(如复杂网络方法)相结合的方式进行,对于体系中单一武器或武器系统效能指标计算预测一般基于传统方法,而针对体系整体效能、涌现效能解算则多利用复杂网络、人工智能等新方法来研究。这种研究思路有一定的好处,它将不同层级的研究问题分开处理,对涉及低层次武器、平台级预测时,传统研究方法有许多已验证的成果可以借鉴。但也存在一些难点,例如哪类领域、哪些层级必须采用复杂系统理论,引入体系预测新方法,有哪些新方法;采用什么方法能够较好地预测体系层次涌现能力及整体涌现能力,如何建模,建模粒度如何把握;如何验证预测模型的有效性等。这些问题在军事体系内部涌现机理不清的情况下,很容易陷入困境。

(5) 体系效能预测结果分析

根据体系的不确定性、非线性等特征,体系效能预测结果值只是一个相对于作战对手的相对度量,军事人员更关心该体系效能的最大最小值域的范围,因此可以开展针对体系效能的探索性分析、灵敏度分析。同时,预测结果还需要进行军事机理剖析,以验证结果的可信度和合理性。对于体系效能预测,人们往往更希望发现其涌现出的超出常规判断的结果,即所谓意料之外,情理之中的结果。

(6) 体系效能预测可视化表达

预测目的是加深对体系的认识,通过预测获得体系相对某一对手在某方面能力的相对值域。可视化表达不仅是对结果的直观表现,同时也可以通过可视化分析,发现数据中的异常和关联等信息,引发研究人员深入的思考。

模型驱动的体系效能预测模式的核心是模型构建。其思想本质是还原论指导下的验证式研究方法,即提出假设、问题分解、构建模型、线性聚合、结果验证的研究思路。这种方法近来在面对复杂战争体系时每每受挫，究其原因，我们认为是方法论层面出了问题。这种单纯依靠假设再依据假设构建模型方式，是一种类似白盒或灰盒的问题构建思路，而这种构建思路随着战争体系内部的复杂交互、因果不明，体系外部对抗持续不断所带来的非线性、演化性、不确定性、涌现性等多种原因，难度越来越大。相对研究人员的认识水平，它已经不再是灰盒问题，更不可能是白盒问题，因此不是我们的建模方法不够好用，模型刻画的不够细致，算法选择的不够合理，而是需要从方法论和理念上突破固有思维模式。

3. 数据驱动

面对复杂系统认知困难，基于数据驱动方法绕开了针对研究对象构建选择模型的困难，这种转变不仅是经验论，实际是解决复杂系统问题时，用计算量和数据量的增加来换取认识困难导致的滞阻时间[16]。

(1) 基于数据驱动方法的理论基础

切比雪夫不等式为

$$P(|X-E(X)|\geqslant\varepsilon)<\frac{\sigma^2}{n\varepsilon^2} \tag{12.1}$$

其中，X 为随机变量；$E(X)$是该随机变量的数学期望；ε 为误差；σ^2 为方差；n 为样本数或实验次数。

该式表达的含义是，一个随机变量及其数学期望之间的误差随着样本量的增加最终可以小于任意值，即在大样本数据下，数据样本的随机性和噪声影响都可以忽略不计。

上述以空间换时间的想法是数据驱动方法最初的动机。该方法的最大优势是它可以最大限度地利用计算机技术的进步。尽管在一开始面对数据样本少、计算能力不足时，数据驱动方法略显粗糙，但是摩尔定律保证了数据量和计算能力会随着时间推移以指数级增长的速度递增，数据驱动方法可以相当准确。相比之下，很多需要靠理论突破进行改进的方法，研究周期都非常长。近十年，计算机变得越来越聪明，很大程度上是数据量增加的缘故。

(2) 预测模式

随着信息采集、存储技术的不断发展，来自论证、工业、测试、科研、使用等多部门的多源多维结构化、半结构化、非结构化数据呈现出爆炸趋势。伴随着这种军事大数据的新情况，体系效能预测在“数据科学”第四范式引领下催生出新的预测模式。

基于数据驱动的体系效能预测绕开体系因果难以探究的困境，可以解决没有假设和模型如何预测体系整体能力的问题，巧妙的通过挖掘隐藏在数据底层的信息，获取可能的相关关系，继而发现问题研究的共性规律，引导研究人员从中探究因果机理，即采用挖掘相关性→获得共性规律→发现军事因果性，或者挖掘相关性→发现聚合指标的研究思路来回溯分析体系产生、演化、涌现的复杂内部机理或者预测体系未来可能的趋势。其工作主要包括体系效能需求分析，数据采集、处理与建模，预测结果分析，其中数据采集、处理与建模是数据驱动模式的核心。

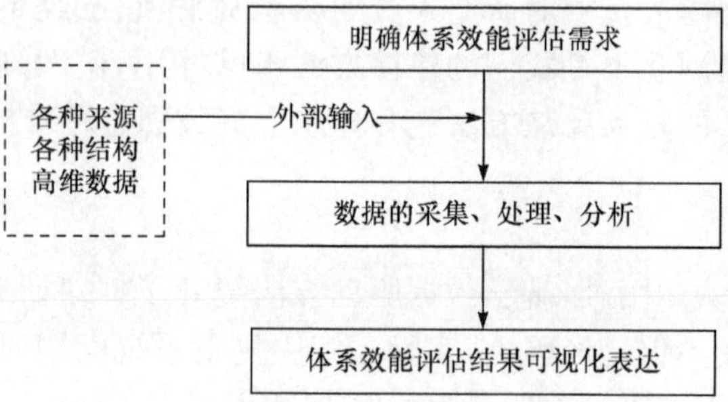

图 12.3　基于数据驱动的体系效能预测模式示意图

① 需求分析。

不同的需求，界定的研究范围和层次不同，涉及的研究对象也不一样。体系效能预测需求更加强调整体性、动态性、对抗性。体系效能需求分析直接决定后续基于数据的实验设计、数据采集、算法选配，实验效果验证等内容。

② 数据采集、处理与建模。

这部分内容是数据驱动体系效能预测的重点和关键。其主要内容包括全样本数据的预处理、特征获取、模型的构建、模型的训练学习、模型的泛化能力分析等。

数据驱动的运行原理类似光场相机，即先对所有数据进行收集和存储，然后面向全样本数据进行处理、挖掘和分析。整个过程采用全维指标输入，无需人工介入选择指标，这与传统武器装备体系效能预测方法不大相同，即相关影响因素指标的自选择。然后，将全部指标投入深度数据挖掘算法，让算法代替军事专家进行关键特征及关联关系的发现、提取、拟合，这是与传统武器装备效能预测方法第二个不同，即关联关系的自学习，通过大样本数据学习不同抽象程度间指标的非线性关联权重，再利用该模型开展新情况下的能力预判。

这部分研究是针对当前各科研机构和军工部门已经长期广泛深入地开展了作战体系对抗模拟，并积累了大规模高维数据的现状设置的。随着数据量的快速膨胀，数据深度处理效率是研究该问题的瓶颈，同时这部分工作的自动化、智能化需求将越来越突出。

③ 结果的验证与分析。

这一阶段主要完成对预测结果的合理性、精准度、可信度的验证分析。基于该预测结果，研究人员可按研究需求向前进行作战运用设计、作战方案优选等工作，也可以对体系效能预测结果开展探索性分析、灵敏度分析；向后进行体系对抗军事机理回溯剖析，实现由数据科学相关性到战争工程因果性的映射探究。

基于数据驱动的体系效能预测重点是数据挖掘分析。通过挖掘数据间隐含的特征和规律，获得对体系效能的洞见。其实质是通过大数据研究获得复杂系统某一层面的局部或共性认识。难点是如何突破仅能发现表层统计规律，获得深层次的机理认识，同时找到具有较强泛化能力的模式，使对体系效能规律的认识具有很好的通用性。针对这部分研究，我们认为可以借鉴、利用当前炙手可热的深度学习方法，通过分析其特点优势，研究其在武器装备体系效能预测领域的可能应用。

4. 基于深度学习的预测模式设计

放弃传统还原论指导下的军事机理研究，从体系的全样本大数据角度入手，利用大数据相关性代替因果性的核心理念，通过构建深度神经网络分类或回归预测模型，进行深层神经网络逐层特征自主学习，实现从不同抽象层次对复杂系统的非线性拟合，获得数据深层关系模式，采用数据与指标的映射，获得军事领域层级化聚合指标关联关系，利用该关联关系高效、科学地进行体系效能预测，为指挥决策、武器装备发展论证、部队作战力量建设提供支持；也可以进行大量共性规律的总结，开展机理回溯研究。其总体框架如图 12.4 所示。

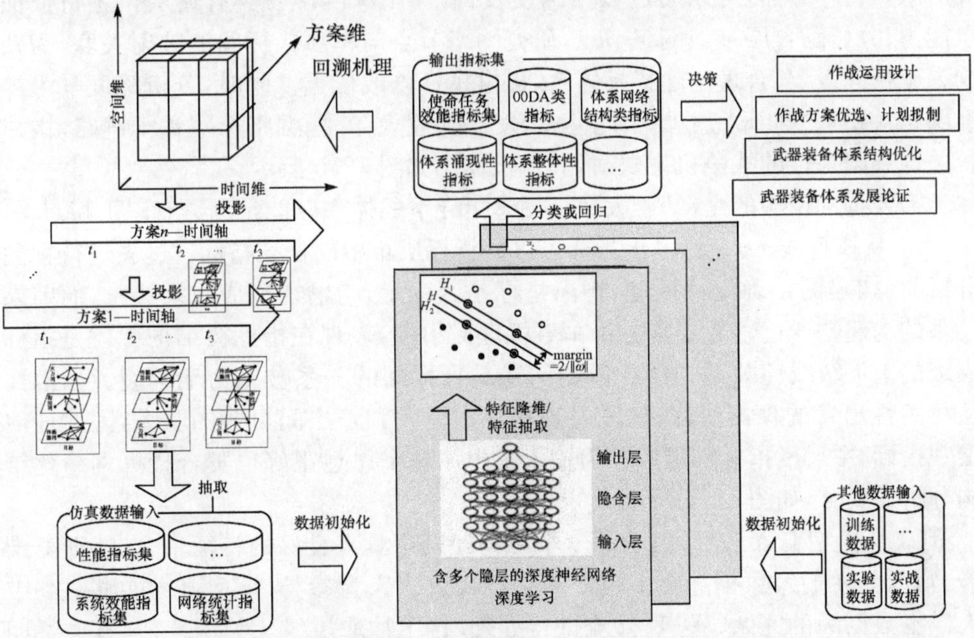

图 12.4　基于深度学习的体系效能预测总体框架示意图

具体工作思路如下。

首先，根据研究问题的需要开展某使命任务下对抗双(多)方武器装备体系的能力刻画，这里的刻画方法可以是从时间、空间、方案三个维度对平台、子系统、系统进行实体行为交互(entity behavior interaction，EBI)建模，也可以是基于复杂网络的拓扑结构描述等其他方法，刻画的目的是获得各类体系描述数据，除了上述通过仿真建模的方式得到输入数据，训练、试验、演习、实战数据都是该框架下支持的数据输入。因此，这些输入数据包括各种类型。例如，依据仿真建模方法对体系瞬时时空及其演化采集的结构化数据记录，打击效果毁伤图像、音频数等非结构化数据，以及仿真导调运行等日志数据。

其次，对数据进行清洗，并由深度学习神经网络或者由其构建的组合模型用标签数据开展特征抽取、特征降维、特征聚合、函数拟合、模式构建等回归、分类学习，利用学习好的特征提取器或函数拟合器，实现对拟研究的各层级非线性聚合指标的分类或回归预测。

最后，以各个聚合指标预测结果为基础，向前可进一步汇总体系静动态整体性、综合性指标，获得对体系涌现性、层级化、综合性指标的认识，实现对作战效果的判断。这里的作战效果既可以是真实的打击效果，也可以是依据各仿真、试验、训练数据开展的能力预判，之后依据战役目标，进行战前方案选择或战后下一步作战计划拟制；或落实到武器装备能力上，进行结构优化或提出武器装备体系发展需求。另一方面，可以通过数据深度发掘，利用深度学习具有逐层自主特征抽象能力，分析隐含层神经网络节点，研究网络节点与军事指标间的映射关联，为减少人工指标设定，合理构建指标体系，提供指标修改依据。同时，分析深度学习神经网络关键权重，研究重要相连模式，发现共性规律，挖掘指标网骨干链路，构建相关性到因果性的战争机理映射，其地位作用如图 12.5 所示。

需要特别说明的是，基于大数据理念指导下的体系效能预测具有以下特点。

① 从模型输出来看，输出指标可以是指标层集中的任意指标。过去进行预测分析时，构建的是确定性模型，输出指标是因变量，与输入构成因果关系，而因果关系的构建是通过领域专家分析军事机理提出的，表现在指标树结构中就是指标层级的上下级线性关系。这样做的问题是指标间的关系被人为地割裂、组合，而从相关性出发的预测研究，试图发现任意多输入和输出间可能的联系，因此任何宏观指标、中尺度指标都可以作为输入输出。这个思想正好也契合指标网络化结构分析的要求，如图 12.6 所示。

② 从模型输入来看，由于深度学习神经网络具有良好的特征聚合、特征降维能力，因此在输入数据选择上可以不必涉及过多人为参与，模型自身能够对高维大样本数据间的冗余、噪声、稀疏进行处理，自主抽取层级化关键特征，省去长期以来困扰研究人员的指标筛选工作。

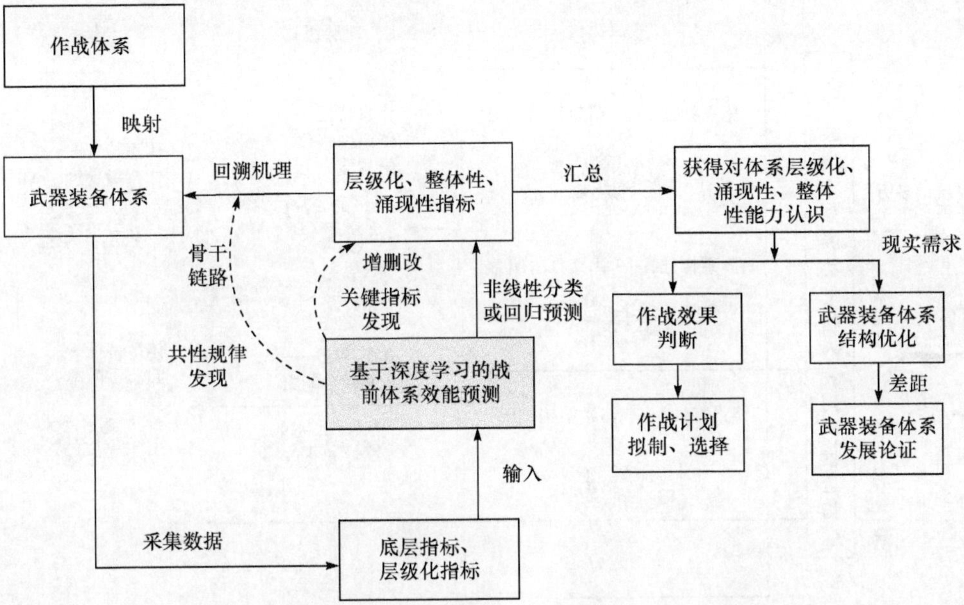

图 12.5　基于深度学习的体系效能预测作用示意图

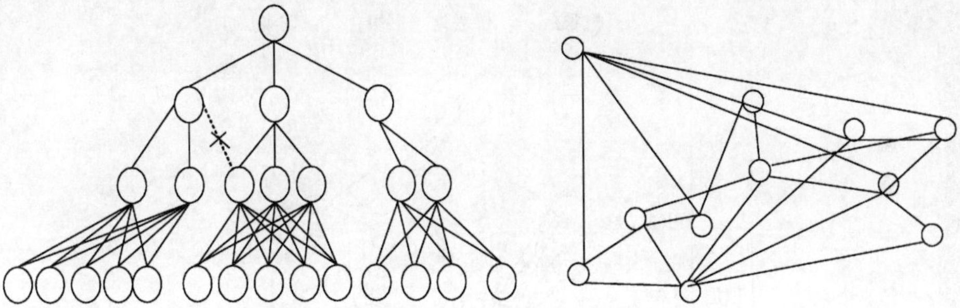

图 12.6　指标树与指标网示意图

③ 从模型泛化性能来看，这里给出的体系效能预测模型是一种通用参考模型，如图 12.7 所示。可以看到，每一个待预测指标，如中尺度的信息对抗能力、宏观顶层指标武器贡献率，只要有大样本数据支持，都可以在不知道军事机理的情况下，通过深入抽取数据间的关联，拟合出体系效能输入输出非线性函数关系，从而提供较好的体系效能预测。在预测过程中，我们的输入既可以是最底层的各种武器装备性能参数、网络拓扑度量参数，也可以是层级化系统效能指标，如对抗能力、打击能力等，输出指标可以是其上层聚合指标，也可以直接是宏观指标(图 12.8)，反映该总体思路的通用性。

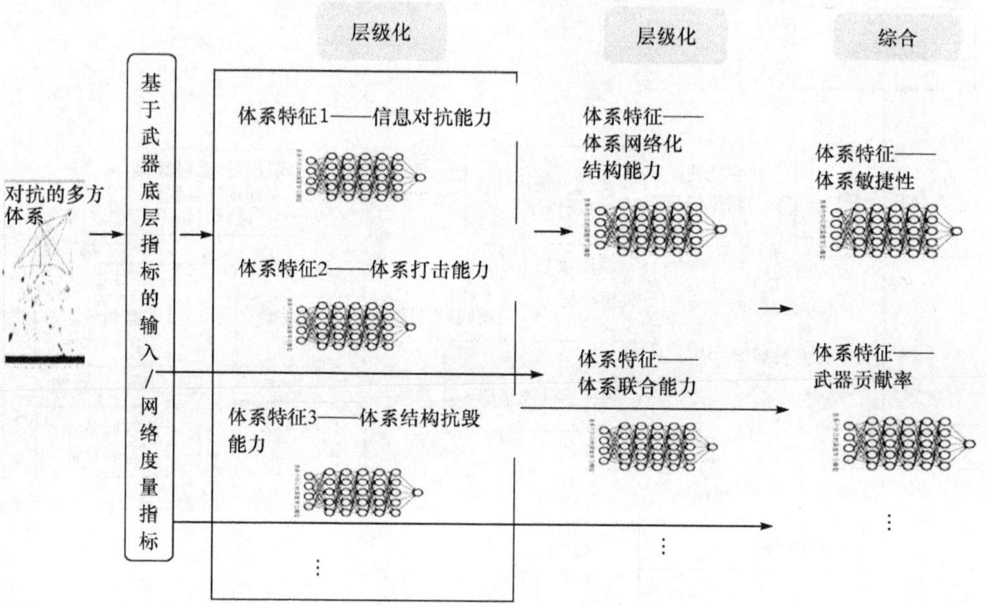

图 12.7 基于深度学习的层级化指标预测示意图

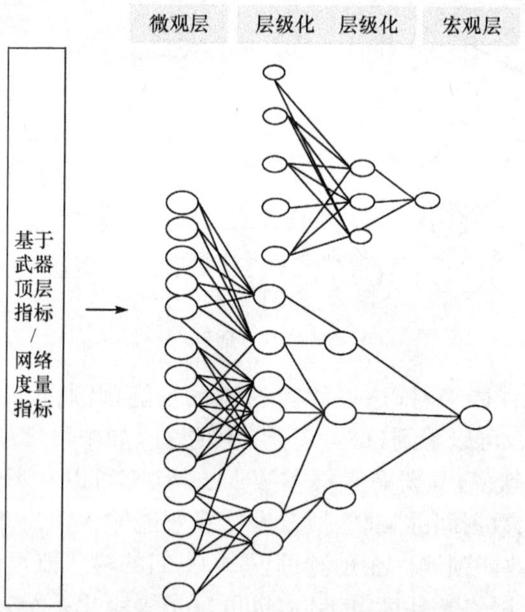

图 12.8 基于深度学习的跨层级预测示意图

12.3　大样本条件下体系效能预测方法

12.3.1　问题分析

随着技术进步和对抗环境的变化，战争体系效能预测面临如下问题。

首先，不确定性给战前预测带来困扰。为提高作战的精准性，现代作战博弈通常在战前对方案进行严格论证。传统的方法是由作战参谋对方案进行推演分析，公式计算，得出作战效果结论，上报首长机关，最后做出决策。由于信息化技术的深入应用，传统机械化作战中确定的作战对象、单一少量的作战策略被海量信息化武器系统，以及复杂关系取代。特别是，信息对抗、网电攻击等手段的应用，战争的不确定性被指数放大，战前预案制定面临选择困惑，为此必须放弃过程推演和线性外推等费时粗糙的常规方法，积极研究能够跟进最新战场情况，迅速准确地得出体系对抗能力结果的新方法和新手段，为战时决策提供有力的支撑。

其次，整体性对预测提出挑战。军事决策者通常关心反映体系整体能力、综合能力的宏观指标。通过对复杂系统的深入分析，这些整体性、综合性的宏观指标，一般都是层级化的聚合类指标。聚合类指标按照聚合关联关系可以进一步分为线性聚合和非线性聚合关联。线性聚合可以认为是非线性关联的一种特殊形式，其影响因素由线性加权获得聚合指标，由于机理简单，传统牛顿还原分解方法已有大量成熟的模型可供解算，并且效果很好。但是，对于非线性聚合指标，由于指标影响因素多，影响因素间的非线性关联采用传统牛顿还原方法难以发现，因此给研究工作带来困难。进一步研究还发现，体系的这些整体性能力常常表现出“$1+1\neq 2$”的现象，即体系层级化聚合涌现性特征明显，究其原因正是绝大多数聚合类指标都是非线性聚合指标。例如，使命任务类指标、涌现性指标等，如何快速有效地发现这些非线性关联关系并给出量化结果，是战前预测在模型上必须解决的棘手问题。

最后，数据处理能力陷入瓶颈。伴随着信息采集技术和计算机存储技术的不断发展，针对作战体系及其相应的武器装备体系的研究不断深入，大量来源不同、类型各异、抽象层次不一、描述尺度不同的仿真实验、靶场试验、军事演习数据不断积累，特别是在仿真领域，由于仿真需求的不断变化和仿真平台对大规模运行支撑能力的提升，武器装备体系研究数据呈现出大数据的特征和趋势，面对这些多种来源高维度噪声大样本数据，由于样本量和维度效应的影响，许多在小样本低维数据上表现良好的分类预测方法无法有效运用在大数据上，给战前体系效能预测数据处理带来技术难题。

同时,从技术角度,传统方法通常是假设训练数据(源域)与测试数据(目标域)服从相同的数据分布,然后基于给定充分量的抽样训练数据学习一个预测模型,利用该模型对测试数据进行预测,面对数据在体量、类型、算法复杂性等问题,有三点需要加以注意。

① 代表性样本是抽样的基础。传统方法试图通过分析具有代表性的少量采样数据,总结出研究对象的规律性知识。但是,由于复杂系统非线性、适应性的特质,总体分布无法预判,抽取具有代表性样本本身就是一个难题,代表性样本的抽取就更带有盲目性,因此复杂系统采用全样本进行研究是有一定理论依据的。

② 机器学习的原理是期望最大化(expectation maximization)。无论是传统统计学理论和机器学习方法,如 BP 神经网络、支持向量机,还是最新的深度学习方法,都是采用同一迭代递进思维,即设定一个学习目标,然后算法不断优化模型参数,让其结果越来越接近该学习目标。由于机器学习计算复杂度一般最少都为高阶多项式,数据量增加一点,复杂度会增加很多,因此面对大样本数据,不但计算迭代时间剧增,而且进行计算的系统内存开销剧增。传统方法面对大样本数据要么陷于无限迭代循环,要么收敛于局部极值点,这里还没有考虑高维大样本情况下人工抽取关键特征的时效问题。

③ 并行化无法通过简单增加计算机来实现。传统方法面对大样本数据,如果仅增加计算机规模实现并行是很难的。因为这里涉及模型对并行分解的支持、并行计算的平台架构、通信交换网络带宽等多个因素。

基于以上分析,传统方法由于设计背景、设计理念等不适用于大样本数据,必须采用新的数据分析方法,克服以上传统问题带来的掣肘,以全样本为依据,自动进行特征抽取,准确拟合数据底层规律,为军事领域战前方案阶段预测提供有力的方法和模型支持。为此,我们展开了广泛的分析,发现深度学习方法符合上述要求,具备解决战前体系效能预测问题的可能。

为此,本章尝试基于大数据思维,采用人工神经网络深度学习方法,面对战前高维噪声大样本数据,提出基于深度学习的体系效能预测模型,利用深度神经网络对高维噪声大样本数据良好的非线性拟合能力,以及特征自主抽取能力,科学高效地获得精准的预测结果。该方法不但解决了组合爆炸下的方案选择问题,而且从模型和数据处理技术上,为大数据条件下,研究战争复杂系统效能预测探索了一条全新之道。

12.3.2　基本概念

1. 支持向量机

支持向量机(support vector machine,SVM)是一种有监督的学习方法,适合解决小样本的统计分类或回归分析问题，目前是一种主流的机器学习方法。其优点是对小样本、高维、非线性预测问题有较好的表现，但在模型特征选择、多类分类和大样本数据信息处理等方面预测效果不佳。在解决回归问题时，SVM 方法又称支持向量回归机（support vector regression，SVR）或回归型支持向量机。

SVR 的核心理念就是将原始空间的训练数据通过某种非线性映射方法变换到某一高维空间中，由于维度的增加，非线性问题易被线性化，从而将非线性函数估计问题转化为线性函数估计问题。其具体是通过核函数[14]实现的。

设 φ 是输入空间 χ 到特征空间 F 的映射，对于所有的 $x,z\in\chi$，若函数满足下式，即

$$k(x,z)=\varphi(x)\varphi(z) \tag{12.2}$$

则称函数 $k(x,z)$ 为核函数。

常用的核函数及其表达式如下。

线性核函数：$K(x_i,x_j)=x_i^{\mathrm{T}}x_j$。

Sigmoid 核函数：$K(x_i,x_j)=\tanh(\gamma x_i^{\mathrm{T}}x_j+r)$。

径向基函数（RBF）核函数：$K(x_i,x_j)=\exp(-\gamma\parallel x_i-x_j\parallel^2)$，$\gamma>0$。

多项式核函数：$K(x_i,x_j)=(\gamma x_i^{\mathrm{T}}x_j+r)^d$，$\gamma>0$，$d=1,2,\cdots$。

SVR 方法的突出优点是：在进行高维空间线性方程求解时，并不是使用所有的样本数据，而是选择分类超平面附近的一部分样本进行学习，因此这部分样本被称为支持向量。SVR 方法在数据量不充足的小样本条件下时也能取得不错的效果，但是 SVR 进行回归时，需要根据数据的特征构造输入向量 X，因此输入特征向量的选择会直接影响模型的准确性，而这部分工作通常是专业人员人为设置的，具有一定的主观性。

回归型支持向量机的决策函数为

$$f(x)=\langle w,\phi(x)\rangle+b \tag{12.3}$$

其中，$\phi(x)$ 为输入空间到高维空间的非线性映射；变量 w 为权重；b 为偏置量。

为估计 w 和 b，通过下式最小化来估计，即

$$\min\frac{1}{2}\parallel w\parallel^2+C\frac{1}{n}\sum_{i=1}^{n}L_{\varepsilon}(y_i,f(x_i))$$
$$\text{s.t.}\begin{cases}(wx_i+b)-y_i\leqslant\varepsilon+\xi_i\\ y_i-(w^Tx_i+b)\leqslant\varepsilon+\xi_i^*,\quad \varepsilon>0\\ \xi_i,\xi_i^*\geqslant 0,\quad i=1,2,\cdots,l\end{cases} \tag{12.4}$$

其中，C 为惩罚系数；L_{ε} 为损失函数，C 对大于 L_{ε} 的数据进行调整，相差越大，C 值越大。

计算真实值与预测值之间的偏差绝对值，仅当该值大于 ε 时才计算损失。这

相当于以 $f(x)$ 为中心，构建宽度为 2ε 的间隔带，若样本落入此间隔带，则认为是预测正确的。

引入 Lagrange 方程，得到下面对偶规划，即

$$\min_{\alpha} \frac{1}{2}\sum_{i,j=1}^{l}(\alpha_i^* - \alpha_i)(\alpha_j^* - \alpha_j)(x_i \cdot x_j) + \varepsilon\sum_{i=1}^{l}(\alpha_i^* + \alpha_i) - \sum_{i=1}^{l} y_i(\alpha_i^* - \alpha_i)$$

$$\text{s.t.} \begin{cases} \sum_{i=1}^{l}(\alpha_i^* - \alpha_i) = 0 \\ 0 \leqslant \alpha_i, \quad \alpha_i^* \leqslant C, \quad i = 1,2,\cdots,l \end{cases} \tag{12.5}$$

对相关参数求偏导，可以得到支持向量机的回归估计函数，即

$$f(x) = \sum_{i=1}^{v}(\bar{\alpha}_i - \bar{\alpha}_i^*)K(x_i, x) + b \tag{12.6}$$

其中，$\bar{\alpha}_i, \bar{\alpha}_i^* \geqslant 0(i=1,2,\cdots,N)$ 为 lagrange 乘子；$k(x_i, x_j)$ 为核函数，可以通过选择不同类型的核函数，获得不同的非线性决策学习机。

由于径向基核函数在低维、高维、大样本、小样本等情况下都具有良好的适应性和收敛域，因此采用 Gauss 径向基核函数。

2. 自编码神经网络

深度学习源于人工神经网络，后者是一种类人脑的具有层次结构的计算模型。这里的深度是指从输入到输出的最长路径中，同时具有父、子节点的神经元数目大于 1。从单层神经网络(感知器)开始，到包含一个隐藏层的浅层神经网络，再到多层的深度神经网络，人工神经网络的发展至少经历了感知器、浅层学习和深度学习三次起落，从单层神经网络，到两层浅层神经网络，再到多层神经网络。图 12.9 说明随着网络层数的增加，以及激活函数的调整，神经网络所能拟合的分界平面的能力。

通过分析神经网络的发展和各个不同神经网络的能力可以发现，单层神经网络无法解决异或问题，反向传播算法(back propagation，BP)的出现，让浅层学习在 20 世纪 80 年代再次兴起。该方法相比传统基于人工规则的机器学习更有优势，可以支持机器从大量数据中发现统计规律，更好地用于预测。但是，这种浅层学习自身也存在问题，由于是利用 BP 算法，在神经网络层数较多时，容易陷入局部极值和过拟合现象，因此多层神经网络多年来一直无法得到很好的发展。直到 2006 年，深度学习的出现才打破深层神经网络易陷入局部极值的问题，开启了深度学习的研究热潮。实践证明，随着网络层数的增加，神经网络的表示性能越来越强，理论上深度神经网络可以表示任意非线性函数。

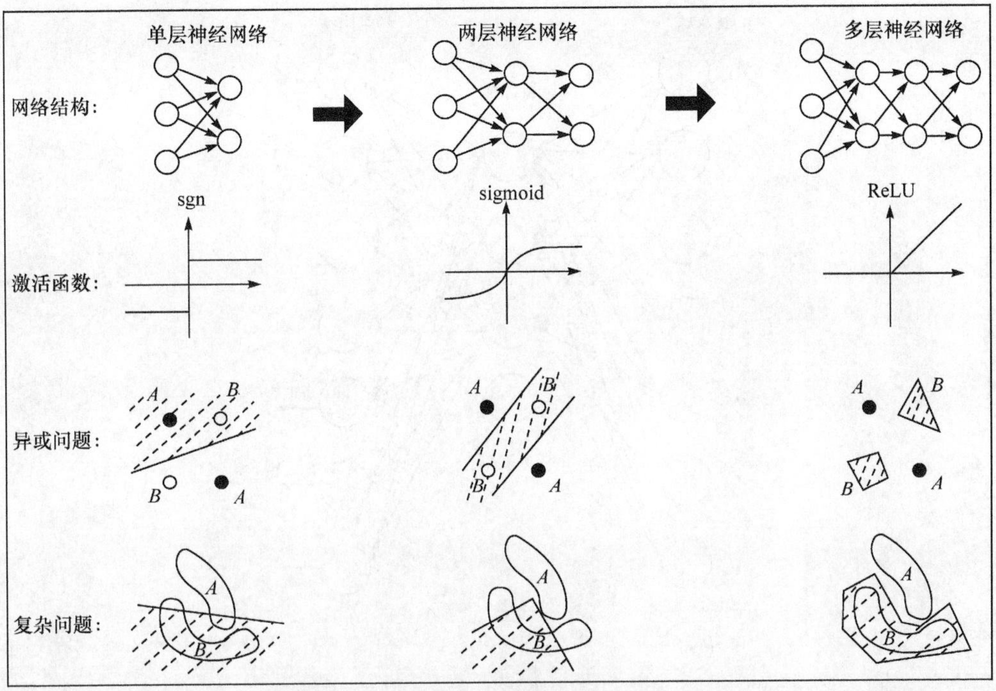

图 12.9　神经网络表示能力变化示意图

深度学习有三种典型代表性网络，即堆栈自编码神经网络、卷积神经网络和深度置信网。堆栈自编码神经网络属于无监督学习，因其容易调试、结构简单，所以得到广泛应用。

自编码网络是组成堆栈自编码的基本模块。其核心思想是对原始向量 x，经过多次投影变换得到输出向量，比较输入输出向量间的差异，差异不大，则可以认为多次投影变换的中间过程都是原始输入的另一种表达。自编码神经网络通过将原始输入进行某种编码 $f(x)$，得到该输入的不同空间表达，然后对该表达再进行同类解码 $g(f(x))$，获得原始输入的重构向量 x，比较重构向量与原始向量间的误差，对该误差进行最优处理，可以得到原始输入的不同表达和训练好的自编码网络。

假设输出与输入相同，构建一个 3 层网络模型，如图 12.10 所示。将每层网络的输出作为下一层网络的输入，取中间隐含层作为提取的特征。通过将输入层和输出层数据最小化，获得输入的隐含层表达。这里输入与隐含层间、隐含层与输出层间的关联关系都是非线性的，如果是线性关联，则该映射编码过程就是主成分分析。

整个网络样本学习分为预训练和微调两个部分，首先从输入到输出进行逐层

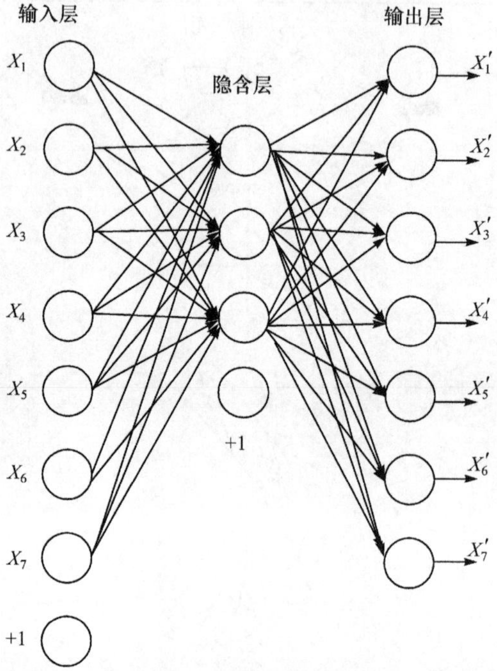

图 12.10　自编码神经网络

预训练，获得网络结构初始化参数，然后利用反向传播算法对全局网络进行参数微调。

假设有 N 个输入样本 $X=\{X^{(1)},X^{(2)},\cdots,X^{(N)}\}$，$M$ 个输出向量为 $X=\{X_1,X_2,\cdots,X_m\}$，隐藏层向量为 $y=\{y_1,y_2,\cdots,y_h\}$，h 为隐藏层单元数，重构层向量为 $z=\{z_1,z_2,\cdots,z_m\}$。假设 $w^{(1)}=R^{m\times n}$ 为输入到中间层权重向量，$w^{(2)}=R^{m\times n}$ 为中间层到输出权重向量，b_ib_j 为各层偏置值。以下为模型训练过程，即

$$h_1=\sum_{i=1}^{m}w^{(1)}x_i+b_i \tag{12.7}$$

$$y_j=\delta(h_1)=\delta\left(\sum_{i=1}^{m}w^{(1)}x_i+b_i\right) \tag{12.8}$$

$$h_2=\sum_{j=1}^{n}w^{(2)}y_j+b_j \tag{12.9}$$

$$z_i=\delta(h_2)=\delta\left(\sum_{j=1}^{n}w^{(2)}y_j+b_j\right) \tag{12.10}$$

从输入到编码层的映射函数通常为非线性函数，即

$$\delta(x)=\frac{1}{1+\exp(-x)} \tag{12.11}$$

通过最小化重建错误率的约束，学习从数据到特征空间映射的关系，自编码的最终目标函数是最小重建误差，即

$$\min \frac{1}{N}\sum_{i=1}^{N}\| x_i - x'_i \|^2 \tag{12.12}$$

从最后一层开始，向前倒推分别计算各层间的梯度获得微调参数，各层梯度计算为

$$\partial_j^{(2)} = \frac{\partial h_{w,b}(x)}{\partial h_2} = (z_i - x_i)(1 - z_i) \tag{12.13}$$

$$\nabla w^{(2)} = \partial_j^{(2)} y_j \tag{12.14}$$

$$\nabla b_j = \partial_j^{(2)} \tag{12.15}$$

$$\partial_j^{(1)} = \frac{\partial h_{w,b}(x)}{\partial h_1} = y_j(1 - y_j)\sum_{l=1}^{n}\partial_l^{(2)} w^{(2)} \tag{12.16}$$

$$\nabla w^{(1)} = \partial_i^{(1)} x_i \tag{12.17}$$

$$\nabla b_i = \partial_i^{(1)} \tag{12.18}$$

参数更新为

$$w = w - \alpha \nabla w \tag{12.19}$$

$$b = b - \alpha \nabla b \tag{12.20}$$

其中，α 为下降率。

3. 堆栈自编码网络

堆栈自编码神经网络（stacked auto encoder，SAE）又称为深层自编码神经网络、自关联网络，是由 Hinton 等 2006 年提出的一种由自编码器堆叠而成的深度神经网络，是当前深度学习领域三大主流算法之一。堆栈自编码神经网络已在数据降维、数据分类、数据聚类中展现出良好的性能。

由于深度神经网络结构理论上能够模拟出任何非线性系统，同时由于堆栈自编码网络训练相对容易，因此得到了广泛使用。

4. 模型训练与调优

多年来，神经网络研究人员一直致力于多层神经网络的研究。以 BP 算法为代表的多层网络训练，由于权重衰减易陷入局部极值，因此无法很好地应用多于 2 个隐含层的网络训练。这使实际应用多以使用单隐含层神经网络居多，即浅层神经网络。该问题由 Hinton 于 2006 年提出的逐层无监督训练方法而得到解决。具体地说，对深度神经网络中的每一层分别进行训练，当前一层训练完毕后，进行下一层网络权值的训练。在训练过程中，将前一层的输出作为该层的输入进行编解码得到。当所有隐含层都训练完毕，使用 BP 算法对整个神经网络的权值进行

精确微调。

12.3.3 基于堆栈自编码的混合预测模型

1. 数据降维与特征自主抽取

从事物或者现象中抽象出一些数据,用这些数据表示或者描述这个事物或者现象,这些数据就是特征。通过分析武器装备体系样本属性不难发现,由于参加体系对抗的武器实体众多,而各实体描述非常复杂,样本数据的高维特性异常突出。例如,单就进攻导弹实体的外形、运动、性能参数就可高达几十项。

如果将所有参战实体可能的属性都加入训练过程必然会导致维度灾难,因此如何从高维属性有效地找出主要特征信息,是信息科学与机器学习领域中的基本问题,也是高维数据分析面临的主要挑战。应对这个挑战的首要步骤就是对高维数据进行降维处理。

数据降维又称维数约简,是一种有效降低维数灾难难题的数据约简技术,其过程是将原始高维属性空间通过某个数学变换映射成一个低维空间。因为很多时候,尽管样本数据高维,但是与任务相关的属性分布也许是低维分布,而原始高维空间的样本点在低维嵌入空间更容易学习。从上面分析可以看出,影响数据降维质量的关键是特征映射机制的选择。

特征选择是从给定特征或属性集合中选择出相关特征子集的过程。一般在训练学习器前,都先进行特征选择,再训练学习器,这样做不但可以大大降低高维属性过多带来的维数灾难问题,而且可以极大地降低学习任务的难度。

传统上,特征选择主要有两种方式。

① 通过假设的方式认定特征间的映射关系。例如,代表线性映射的主成分分析或者代表非线性映射的流行算法,如基于谱分析的算法、等距特征映射算法、局部线性嵌入算法、核主成分分析等。这些方法在使用前已经假设原始高维分布存在一个线性或某种非线性的低维分布,然后通过相应的算法抽取低维特征,但是该假设前提在面对复杂系统时,置信度值得商榷。

② 通过领域先验知识人工直接设定低维特征。例如,通过对军事机理的分析,认为预警卫星探测能力是由载荷类型、轨道高度、目标类型等相关特征通过物理机理映射获得,简单系统由于尚可理清特征间映射关系的情况。这种方法还可以适应,面对复杂系统特征间直接、间接、线性、非线性等关联交织。上述传统方法依靠领域知识、人工抽取的特征选择方式不但无法应对高维复杂应用场景,而且面对具体问题需要构建特定特征集合的“竖烟囱”小作坊式解决方式也远远落后于当前应用场景多变的时代要求,探索能够自动分析、自主抽取、不局限于某一特定应用的特征降维方法才是破解问题的根本之道。

2. SAESVR 预测模型

人类感知系统通过层次结构，逐层提取高级感官特征来识别物体，不但可以降低视觉系统处理的数据量，而且保留了物体有用的结构信息。深度学习方法就是利用这一仿生学原理，通过逐层学习机制得到数据的层级化分布式特征表达，实现对输入输出间复杂关系的建模。在获取层级化抽象特征时，堆栈自编码采用减少隐含层神经元数量的方式获得输入数据的降维特征，即隐含层维度小于输入数据维度。这一方法的可行性已在图像、语音、自然语言处理上得到成功的验证。

在满足独立同分布的假设条件下，支持向量回归机由于特殊的边界学习机理，对小样本、非线性、高维样本具有较强的预测性能，是当前数据分析和统计学习领域一种主流的预测方法。但是，支持向量回归机本质上是一种局部估计算子，要求数据具有平滑性和足够的先验知识。当遭遇大规模样本预测时，由于高维属性和大样本数据的共同作用，使其内存开销剧增，学习速度急剧减缓，预测性能大幅下降。如何提高支持向量机在大规模数据上的性能，一直是业内研究重点。

通过深度学习方法良好的特征自主抽取和降维能力，可以减少高维大样本数据给支持向量回归机带来的计算压力，因此可以将两者结合解决高维大样本预测问题。这一想法在本章写作期间陆续有文献发表，从不同领域验证了该方法的可行性。

本章将其应用到武器装备体系效能预测上，设计基于堆栈自编码与支持向量回归机(stacked auto encoder and support vector regression，SAESVR)混合预测模型。以全样本数据为输入，利用堆栈自编码神经网络算法良好的特征逐层抽取能力和非线性拟合能力，通过无监督逐层预训练和有监督参数调优，完成数据降维，最后采用支持向量回归机对降维特征进行回归预测。由于无监督预训练比随机初始化效果好，因此采用贪婪逐层预训练算法预设堆栈自编码权重，SAESVR 模型的算法及其流程如算法 12.1 和图 12.11 所示。

算法 12.1　基于堆栈自编码和支持向量回归机的大样本预测算法

输入：大样本数据
输出：预测结果、SAESVR 模型
算法步骤：
① 将第一个自编码模型作为第一层，采用无监督训练，使原始输入的重建误差式(12-6)最小；
② 将自编码模型的隐单元输出作为下一层输入；
③ 按照上述迭代初始化每一层参数；
④ 对每一层参数进行合并，获得整个堆栈自编码的初始权重；
⑤ 通过验证样本对整个堆栈自编码进行反向传播微调；
⑥ 获得堆栈自编码网络，将测试样本通过堆栈自编码输出交给支持向量回归机进行预测；
⑦ 结果输出。

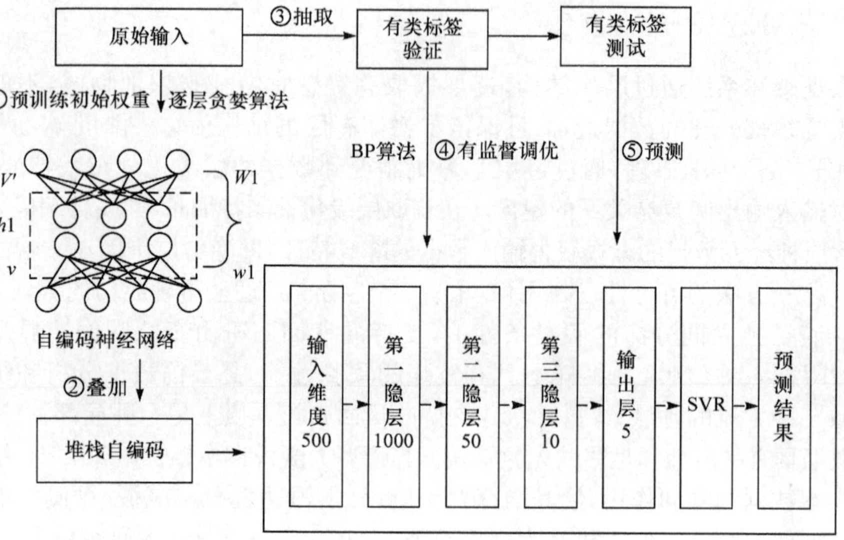

图 12.11　SAESVR 模型工作流程示意图

12.3.4　实验与分析

1. 实验设计

在各种战争体系对抗中，弹道导弹攻防对抗体系由于导弹武器投送能力强、作用威力大，反导防御体系全球化部署等原因，受到广泛的关注。同时，又因其具备对抗实体多方多域、体系交互明暗交织、对抗效果级联涌现等典型特征，成为复杂系统研究的代表。对其开展武器装备体系效能预测研究，不仅可以指导新型导弹武器装备的研发，规划导弹武器装备整体结构，还可以通过这类典型体系效能预测研究，探寻复杂系统效能预测方法规律，支持、带动作战体系能力建设和作战运用实践。

在信息化作战过程中，弹道导弹突防是一个进攻与拦截的对抗过程。该过程可以分为隐身与侦察对抗、识别与反识别对抗、拦截与反拦截对抗多种类型。由这几种主要对抗能力构成单弹的突防能力，因此导弹突防能力是一个聚合类指标(图 12.12)，从弹道导弹系列化定型突防指标来看，导弹突防能力不是 1+1=2 的线性关系，因此在体系攻防对抗中，突防概率是一个非线性聚合指标。

以侦控打评武器装备体系突防效能预测为牵引，选取某方向典型使命任务下弹道导弹体系攻防对抗红蓝方相关对抗实体，其组成如表 12.1 所示。

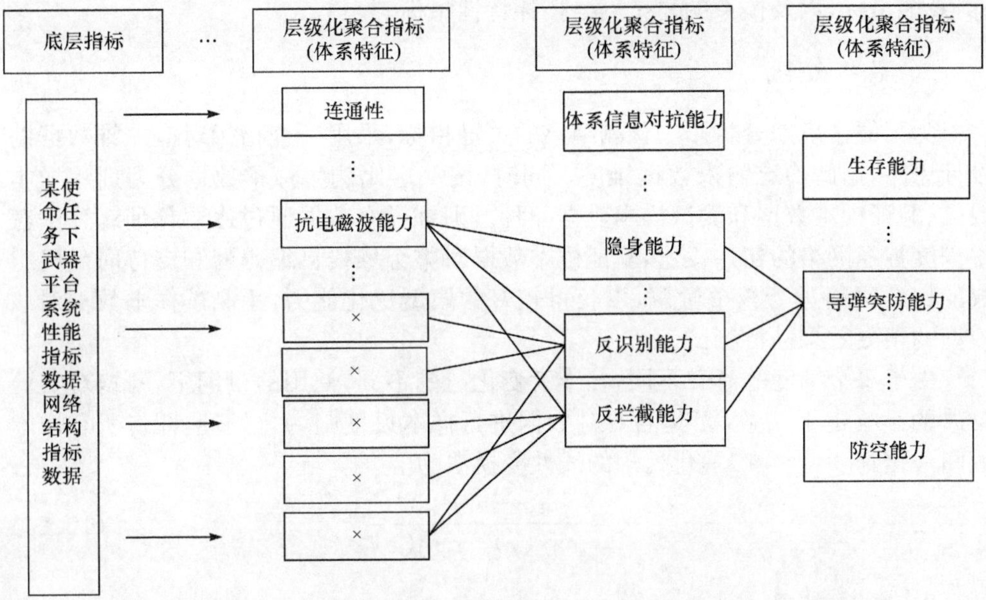

图 12.12　导弹突防能力指标聚合关系示意图

表 12.1　典型反导攻防体系对抗实体组成表

对抗体系		名称
红方进攻体系	进攻武器系统	×
	侦察武器系统	×
	指控系统	×
	通信系统	×
蓝方反导体系	预警卫星系统	×
	预警雷达系统	×
	指控系统	×
	跟踪系统	×
	拦截火力单元	×

样本数据来源主要为武器装备体系仿真实验数据。数据采集基于国防大学仿真实验平台——武器装备体系综合仿真试验床系统。该试验床为武器装备体系研究构建了一个多方多层多域的仿真实验环境，通过设置背景想定和以焦点装备的快插即仿为变化的对比想定，经过探索性分析下的仿真运行过程，可以获得大量的关于不同实体、各类交互、任务行为下的仿真过程数据和结果数据，利用仿真试验床采集同一想定下多方案相关数据。

实验数据采集的内容主要包括与使命任务相关的武器、平台、系统的性能指标、效能指标，以及体系的复杂网络拓扑特性指标等。

2. 数据处理

为了便于后期分析影响预测结果的关键指标，采用一个指标对应一维数据的设计思路，据此确定输入数据维度。同时，按一定比例将样本数据分为训练样本数据、验证样本数据和测试样本数据三种。训练样本数据通过逐层预训练算法获得深度神经网络的初始权重，验证样本数据对整个堆栈自编码网和支持向量机组成的组合网络进行权重微调，以获得较好的模型泛化能力，用测试样本数据对该模型的预测效果进行测试。

由于每个维度的意义不同，各维度变化范围不同，使用的量纲不一致，对实验结果的影响也不一致，因此需要对数据进行样本尺度归一化处理，即将所有样本值归一化到[0,1]。归一化处理的线性变换法为

$$y=\frac{x_i-\min(x)}{\max(x)-\min(x)} \tag{12.21}$$

3. 算法实现

用 MATLAB 的工具包 DeepLearnToolbox 编写深度学习神经网络，用 libsvm 实现支持向量回归机的算法，分别将导弹攻防对抗涉及红蓝方实体，如进攻弹道导弹、天基预警卫星、空/地/海基预警雷达、探测跟踪雷达、指挥控制中心、陆/海/空基拦截火力单元等相关实体和子系统数据指标选入输入维度，共采集原始样本数据 500 维。

实验以每发导弹采集的数据为一个训练样本，共选取 3 种类型各×枚导弹对抗 3 种不同的拦截单元，每种情况各运行×次，共获得 9000 个样本数据。采用仿真实验多次运行的统计平均值作为深度学习预测值的比对数据，利用均方根误差作为误差指标。实验样本数据如表 12.2 所示，其中横向是输入样本指标集和预测指标，纵向是各条记录样本，各指标代表不同的属性，例如指标 1 代表进攻导弹飞行高度。

表 12.2　实验样本数据表

样本号	指标 1	指标 2	…	指标 500	突防概率
0001	2000	3	…	0.8	0.9
0002	4000	4	…	0.5	0.75
0003	1000	2	…	0.6	0.82
0004	1000	4	…	0.6	0.43
⋮	⋮	⋮		⋮	⋮
9000	3000	7	…	0.8	0.5

原始数据是 500 维，故输入层节点数维度为 500，通常堆栈自编码器在第一隐含层维度大于或等于输入层维度时，可以得到比较好的特征提取效果。因此，在实验设计时，第一层隐含层数一般设置为大于等于输入层的 2 倍。这里第一层隐含层节点数为 1000，之后分为 50、10、5。实验的分类器参数均由 5 倍交叉验证获得。其超参数设定如表 12.3 所示。

表 12.3　堆栈自编码超参数表

超参数	值
堆栈自编码预训练学习率(DA pre-training learning rate)	1
堆栈自编码输入节点维度(number of nodes in input layer)	500
堆栈自编码输出节点维度(number of nodes in output layer)	5
堆栈自编码第一层隐含层节点(number of nodes in 1st hidden layer)	1000
堆栈自编码第二层隐含层节点(number of nodes in 2nd hidden layer)	50
堆栈自编码第三层隐含层节点(number of nodes in 3rd hidden layer)	10
预训练次数(pre-training epoch)	1
微调次数(fine-tuning epoch)	1
激活函数(activation-function)	Sigmod
批训练大小(batchsize)	100

4. 结果分析

将 9000 个样本分为训练、验证、测试三类，各类样本数分别为 5000、2500、1500。利用多轮交叉验证获得突防概率平均结果，纵向为模型输出指标值，这里是通过预测和仿真统计获得的突防指标概率值，横向为测试样本数据个数(图 12.13)。

可以看出，支持向量回归机在高维大样本预测上整体效果不佳；基于同样的 SVR 预测模型，增加 PCA 降维后，预测效果有改善，但性能提升并不大；采用深度学习的堆栈自编码神经网络与支持向量回归机的各种组合模型，通过深度学习网络较强的特征抽象能力，将高维大样本数据转化为低维关键特征向量，可以有效地提升支持向量回归机的整体预测效能。

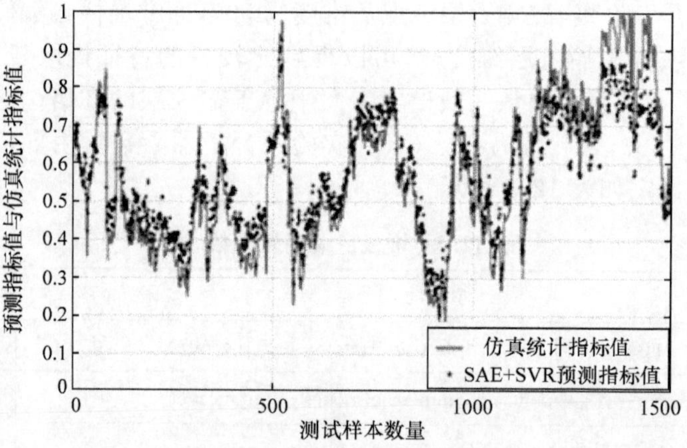

(a) 1层隐含层深度学习混合模型预测

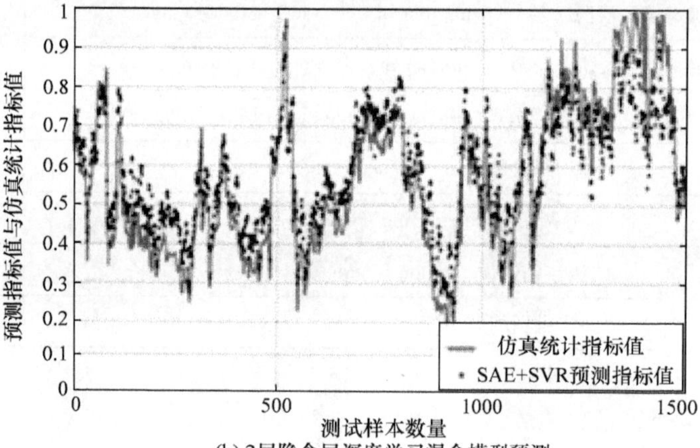

(b) 2层隐含层深度学习混合模型预测

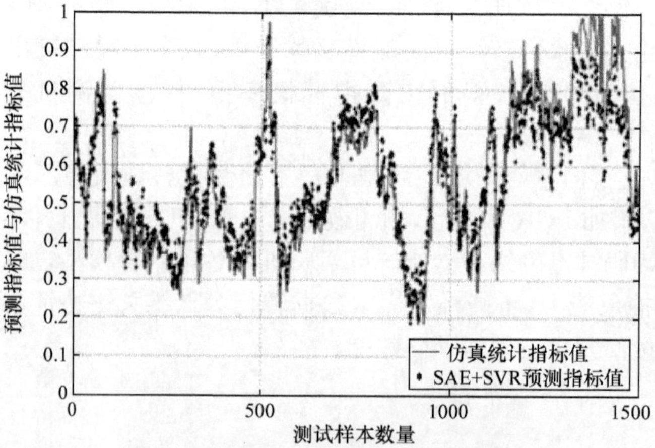

(c) 3层隐含层深度学习混合模型预测

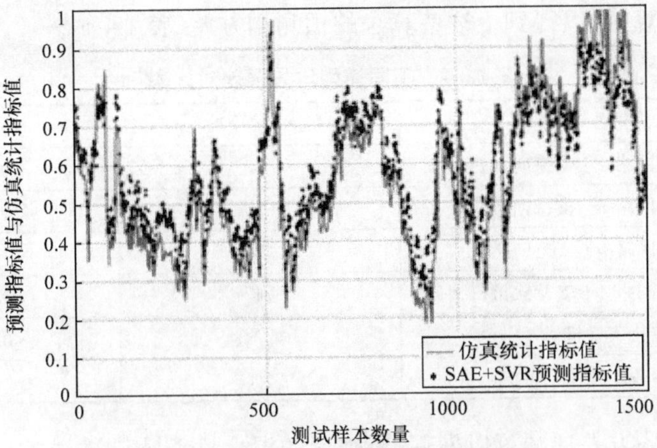

(d) 4层隐含层深度学习混合模型预测

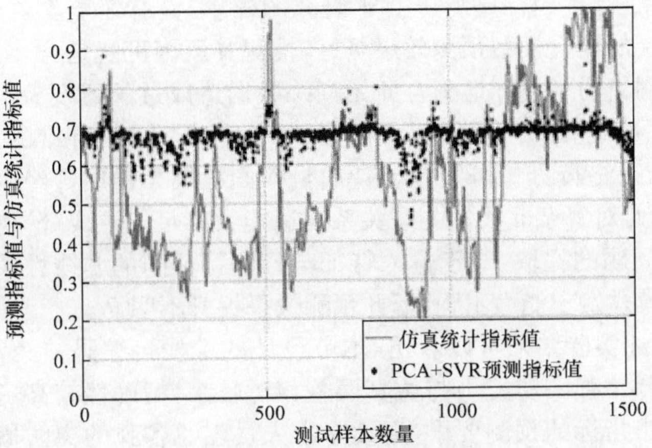

(e) 主成分分析混合模型预测

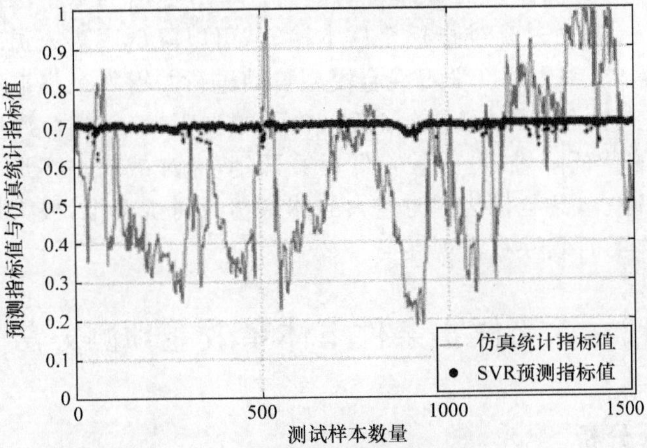

(f) 简单回归支持向量预测

图 12.13　各算法建模预测效果比较

进一步计算,可以得到上述各算法的预测均方差(表 12.4)。

表 12.4 不同模型均方误差对比表

模型	隐含层个数	均方误差
自编码神经网络 1+支持向量机	1	0.0294
自编码神经网络 2+支持向量机	2	0.0184
自编码神经网络 3+支持向量机	3	0.0104
自编码神经网络 4+支持向量机	4	0.0116
支持向量机		0.0557
主成分分析+支持向量机		0.0430

从前三项均方差递减可以发现,层数深的混合模型比层数浅的混合模型预测效果好,但并不是层数越深越好。对于研究的样本,具有 3 层隐含层的混合模型比含 4 层隐含层的混合模型预测效果更好,推测其原因可能是含 4 层隐含层的堆栈自编码神经网络为了更好地拟合原始训练数据造成过学习现象。同时,研究发现,混合模型比单纯支持向量回归机模型、基于主成分分析降维的混合模型预测效果好,对该结果进行分析可能是支持向量回归机属于浅层神经网络,由于其学习层数较少,因此对复杂非线性关联关系表达能力不足。主成分分析算法主要是针对线性特征问题的提取,对于输入特征与预测特征间的非线性关联关系,该方法对指标间的模式发现能力不强,因此预测效果提升不明显。

总之,从上述实验结果可以看出,本节设计的堆栈自编码神经网络降维的混合模型预测导弹单弹突防能力与仿真误差相对较小,精确性较高,基本可以达到预估待研究输出指标的预测要求,后续军事人员汇总各弹的突防概率,可以获得该想定下导弹攻防对抗体系的整体突防能力。本节提出的基于深度学习的体系聚合指标预测方法,通过高维指标全样本输入,可以降低军事人员对各种体系对抗机理的认识需求,利用深度学习混合模型自动进行关键特征提取和非线性模式拟合,减少研究人员考虑指标选择和指标关联的主观性。同时,深度神经网络通过对高维输入的特征降维,可有效降低运算开销,考虑战前方案选择的时效性压力,该方法可以减少,甚至替代耗时量大的体系仿真对抗模拟,极大地提升战前方案阶段预测工作的时效性和客观性。

12.4 小样本条件下体系效能预测方法

12.4.1 问题分析

在军事领域,当前的作战及武器装备效能预测研究常常面临突发情况,如对抗环境迥异、演习数据过期、实时数据受损、武器装备换代、交互关联激变等。这种突发情况带来的直接后果是相关研究样本稀少，不能支撑有效预测。重新组织情报获取、模拟对抗，需要从组织、人员、工程等众多方面增大投入，其可行性、时效性遭受挑战。另一方面，先前积累的大量实战、演习、模拟数据完全丢弃不用也非常浪费，但是怎么科学利用这些数据又是一个待解难题。

在数据科学领域，大数据代表一种具有数据体量大、数据类型多、价值密度低、流量速度快等特征的数据现象，但是在大数据世界中，小数据并没有消失，大小数据并存状态将会持续很长一段时间，这给复杂系统研究带来一些困扰。

① 区别于以往简单系统，描述复杂系统的有用的数据稀少带来的小数据现象将会直接导致传统机器学习预测精度不高。

② 由于复杂系统的演化性和不确定性、数据的时效性和多源化，同一领域不同任务间，甚至同一任务内的数据集都可能出现不满足同分布的要求。

这些问题给迁移学习带来机遇。迁移学习方法就是把其他领域的知识，迁移到新问题领域，“触类旁通，举一反三”表达的就是迁移思想。基于特征的迁移学习是实现迁移学习的主要方法。

12.4.2　基本概念

1. 独立同分布与迁移学习

常规的机器学习方法对数据样本的要求是独立同分布，即训练数据和测试数据均来自同一特征空间且数据分布相同。但是，当数据分布、特征空间或标签空间发生变化时，传统机器学习方法就会失效。

迁移学习近年来受到广泛的关注和发展。根据智库百科的定义，迁移学习是学习理论的重要组成，表达一种已知知识对另一学习的影响，是在新情况下对已知通识的重新建构。美国国防部预先研究计划局定义迁移学习为一个系统识别以前所学知识和技巧，并将其应用到新任务中的能力。

定义 12.1　领域由 d 维特征 x 与边缘概率分布 $P(x)$ 组成，即 $D=\{x,P(x)\},x\in X$。

定义 12.2　任务由标签空间 Y 和预测模型 $f(x)$ 组成，即 $T=\{y,f(x)\},y\in Y$，按照数理统计的定义，要求的预测模型就是条件概率分布 $f(x)=P(y|x)$。

定义 12.3　迁移学习是指给定含标签的辅助域 $D_s=\{(x_1^{(s)},y_1^{(s)}),\cdots,(x_n^{(s)},y_n^{(s)})\}$ 和任务 T_s，含少量数据的目标域 $D_t=\{(x_1^{(t)},y_1^{(t)}),\cdots,(x_l^{(t)},y_l^{(t)})\}$ 和任务 T_t，迁移学习的目标是在 $D_s\neq D_t$ 或 $T_s\neq T_t$ 的条件下，降低目标域预测模型的泛化误差。

迁移学习的目标是从一个或多个源领域（任务）中提取有用的知识或模式，并将该知识或模式有效地应用到不同但相关的新领域或新任务中，本质是知识的迁移再利用。它类似于人类认知能力中的类比学习(learning by analogy)，使机器在解决现实问题时，不用都从零开始，可以像人类那样利用其他问题或领域的启发，获得对新问题的认识。

2. 特征迁移

定义 12.4 特征迁移是利用特征处理方法，将原始空间特征映射到新向量空间，使数据在源域与目标域的分布更接近，或原始领域特征可以被简单特征替代表示。

特征选择与特征变换是两种主要的特征迁移方法。

3. 特征选择与特征变换

特征选择方法是挖掘源域和目标域间的共有特征，选择这些特征在低维空间进行处理。

特征映射方法是同时将源域和目标域的数据向低维空间映射，使在新空间的两个领域数据分布是相近的。

特征选择与特征映射的区别在于，特征选择后的特征还是原始特征，但是特征映射后的特征不再是原始的特征，而是新空间下变换后的特征。

4. 特征迁移的理论基础

对于许多相关或相近领域，尽管领域间存在不同，但它们特征空间中的有些特征是领域独有的，而另一些特征是领域可共享且可泛化的，或者存在一个领域间可共享且可泛化的隐含特征空间。该空间可以通过特征学习算法在减小领域概率分布的条件下抽取得到。基于特征的迁移学习方法就是从数据特征入手，通过发现相近领域共同特征从而实现知识迁移的方法。

12.4.3 基于堆栈降噪自编码的混合预测模型

1. 小样本预测分析

一般来说，传统方法针对小样本数据设计，能够取得不错的结果，如 BP 神经网络、支持向量机。但是，如果数据量过小导致数据不具备代表性，就会出现欠拟合现象，即训练出来的模型在数据集上表现效果较差。基于特征的迁移学习方法是解决这类问题的一种重要方式，当前已经有众多学者对此展开研究。Pan 等[17]提出通过降维方式找出新的特征空间，建立了源域与目标域的迁移桥梁。Xie

等[18]提出减小两域分布差异的 LatentMap 方式。该方法结合 SVD 降维和回归算法，在填补缺失值的基础上，对源域输入数据进行降维，从而改变领域间的样本分布差异，之后在新数据空间开展回归建模。

上述方法旨在找出源域与目标源间相同或相近的特征表示，从而将源域知识传递给目标域，可以在一定程度上提升小样本目标域学习模型性能，但是也有如下问题无法解决。

① 当前的共享特征是基于目标域小样本数据学习得到的，在实际应用过程中，少量样本数据极易出现分布偏差或带有噪声干扰，直接用这样的数据训练得到的共享特征对问题的解决作用不大，有时甚至会产生错误的结果。

② 当前源域样本量迅速增加，为相近任务特征迁移提供重要的信息，但现有方法在高维大样本数据深层特征抽取上存在局限性，导致作为桥梁的共享特征知识表达不足，难以真正有效地辅助目标域预测模型学习。

2. 求解思路

深度学习由于可以自主辨别数据底层隐含的特征，并通过层次化结构，逐层获取输入数据间的各级抽象表达，近年来在语音识别、图像分类、自然语言处理等领域的应用中取得了很好的效果。因此，目前已经有一些研究者将深度学习方法引入迁移学习应用中，通过降低变化知识的权重、提高不变部分的权重，强化迁移学习效果。例如，Oquab 等将大数据集上学习的卷积神经网络作为目标域数据集的底层和中层特征提取器，修改最后全连接层为自适应层，获得针对目标域的图像分类能力。

针对大数据环境下高维噪声小样本预测问题，提出一种基于堆栈降噪自编码与支持向量回归机的混合模型。基于堆栈降噪自编码神经网络对通用深层特征良好的发现能力，利用大样本数据挖掘相似任务间的共有特征知识，将这部分通用知识迁移到小样本训练数据学习上，形成目标领域小样本的先验知识，从而提升传统预测模型在小样本噪声数据上的预测能力。

以一个多方攻防对抗为例，该体系由弹道导弹进攻方体系与反导拦截体系、目标体系共同组成。进攻方作战体系由进攻方多型弹道导弹依据不同组织编配关系组成。反导体系主要由预警探测子系统、侦察跟踪子系统、指挥控制子系统、拦截子系统等构成。根据各种实际作战想定背景，交战双方在一场战役中可以互为进攻、防御方。

反导体系还可以依据问题需要进一步细分，直至参战武器、平台、系统的战技性能指标。例如，预警探测子系统可以进一步分为天基红外预警卫星系统、空基预警雷达系统、陆基预警雷达系统、海基预警雷达系统等，天基红外预警卫星又可以依据搭载平台、轨道高度、工作载荷、运行速度、星座数量、工作模式等参数进一步细分，形成针对预警能力指标的一个小的层级化指标体系。综合整个反导攻防对抗作战过程效能分析可以形成一个庞大的层级化指标体系。该体系底层是参战武器、平台、子系统构成的组分系统的性能指标参数及体系网络化结构度量参数层；中层是各种子系统的任务效能层和涌现性效能指标层；最高层是体系的使命任务效能指标层，并且各指标之间不是传统的树状结构，而是呈现出网络化关联关系。

武器装备体系效能迁移预测研究思路：复杂军事体系层级化聚合效能指标，同一指标相近场景（增减改部分武器）或具有聚合关系的邻近指标间会具有一定的特征共通性，如果可以发现并利用这种共同的特征“知识”辅助新指标的学习，从而科学的构建出预测模型，解决目标域指标样本量高维噪声稀少带来的预测困难。

3. 堆栈去噪自编码

(1) 去噪自编码

为了使深度网络对噪声更加鲁棒，Vincent 等提出去噪自编码器（denoising auto-encoder），如图 12.14 所示。以一定概率分布通过在信号上添加噪声破坏原始输入 x，即随机设置某些值为 0，作为训练集 x' 计算 y，将重建信号 z 与未施加噪声的原始信号 x 作对比，得到重建误差，使该自编码对噪声具有一定的抗噪能力。

去噪自编码是自编码理论的统计学版本，其原理是利用没有噪声的原始数据作为标准值，以一定的概率分布产生噪声来改变输入数据，进行有监督的学习变换，要求在解码后的输出端能够恢复出没有被污染的数据。因此，去噪自编码网络的主要能力包括对输入编码，也就是保存输入数据的基本信息；克服噪声对输入数据的影响。可以看出，利用添加噪声学习到的去噪自编码器，抽取得到特征的泛化性能更强。

从图 12.14 可以看出，通过对原始数据的随机变换 $x \sim q_D(x'|x)$，进行原始输入数据 x 的噪声叠加，从而得到含噪声的数据 x'，D 表示数据集。

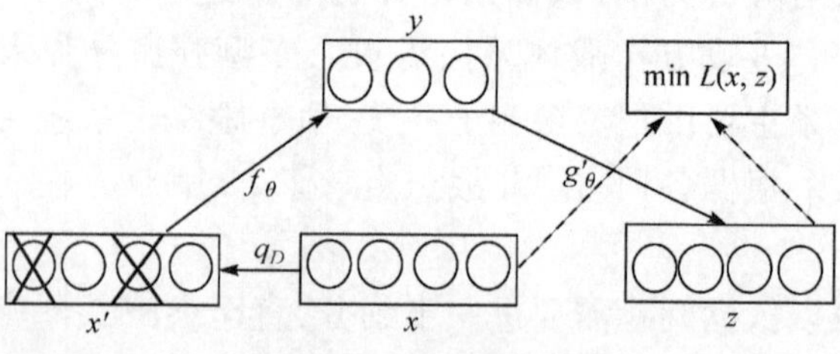

图 12.14　去噪自编码学习过程示意图

去噪自编码的编码器是输入 $x\in[0,1]^d$ 的噪声版本 x' 到其他特征空间表示 $x\in[0,1]^{d'}$ 的映射，表达式为

$$y=f_\theta(x)=s(Wx'+b) \tag{12.22}$$

其中，$\theta=\{W,b\}$ 为该映射的参数集合；s 为非线性激活函数；W 为一个的 $d\times d'$ 的权重矩阵；b 为偏置向量。

解码器函数 $g_{\theta'}(y)$ 将其他空间表示映射回原始空间表示 $z\in[0,1]^d$，即

$$z=g_{\theta'}(y)=s(W'y+b') \tag{12.23}$$

其中，$\theta'=\{W',b'\}$ 为该映射的权值矩阵和偏置向量。

通过不断地将 $x^{(i)}$ 编码成 $y^{(i)}$，再解码回原始空间可以得到 $z^{(i)}$，获得重构误差，即

$$L(x,z)=\| x-z \|^2 \tag{12.24}$$

使 z 尽可能地接近初始输入 x，并且 z 是 x' 的函数。定义联合分布函数为

$$q^0(X,X',Y)=q^0(X)q_D(X'|X)\delta_{f_\theta(x')}(Y) \tag{12.25}$$

其中，X、X' 和 Y 为随机变量，Y 是 X' 的映射函数；$q^0(X,X',Y)$ 以 θ 为参数。

通过梯度下降算法最小化目标函数为

$$\arg\min_{\theta,\theta'} E_{q^0(X,X')}[L(X,g_{\theta'}(f_\theta(X')))] \tag{12.26}$$

(2) 堆栈去噪编码(stacked denoising autoencoder，SDA)

通过去噪自编码器的堆叠可以形成堆叠去噪自编码器或称为堆栈降噪自编码神经网络。由于深度神经网络随机初始化权值容易得到局部最小值。2006 年，深度学习创始人之一 Hinton 提出贪婪逐层算法来解决该问题，之后陆续有文献利用贪婪逐层预训练算法初始化基于去噪自编码器的堆叠去噪自编码器。SDA 初始化方法的有效性在多个数据集中得到验证。用叠加噪声的输入训练网络，训练出来作为特征提取器的各层编码器具有较好的容错性能，同时学习得到的特征表示健壮性更强。SDA 的网络结构如图 12.15 所示，显示了去噪自编码器学习过程。

首先，对输入数据进行噪声处理，通过优化第一层权重向量 f_θ(图 12.15(a))，使重构误差最小。然后，将第一层编码表达的结果输出作为输入，训练第 2 层的去噪自编码器(图 12.15(b))。同样采用上述方法获得该层权重向量 $f_\theta^{(2)}$，重复调整输入输出设置(图 12.15(c))，直至全部去噪自编码器都训练完。

根据研究需要，堆叠自编码器神经网络通常在最后一个隐藏层后接其他预测器或分类器。这样整个模型就是一个具有逐层特征提取的深度分类器或预测器。为进一步提高该模型性能，通常采用有监督学习方法对训练好的模型进行参数微调，从而获得高鲁棒性的预测分类器。

4. SDASVR 模型

若同领域两个任务相似，尽管任务数据间存在差异，但相似任务在某一抽象

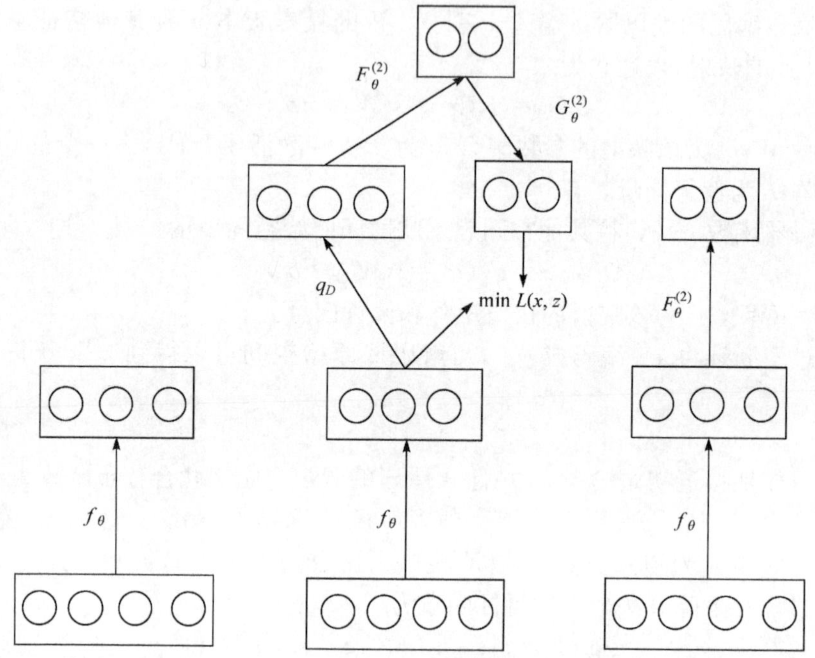

(a) 第一层隐藏层训练结构　　(b) 第二层隐藏层训练结构　　(c) 堆叠结构

图 12.15　SDA 的网络结构

层次会有部分共同的特征或者暗藏相近的特征表示。如果能够利用源域发现这个特征，将其迁移到目标域任务中，目标域利用这个迁移过来的先验知识，就可以用非常少的样本数据实现预测模型的学习，完成在小样本数据条件下的预测任务。基于堆栈降噪自编码与支持向量回归机的小样本预测算法模型（stacked denoising auto-encoder and support vector regression，SDASVR）。实现如算法 12.2 所示。

算法 12.2　基于堆栈降噪自编码与支持向量回归机的小样本预测算法

输入：源域大样本集 $S=\{(s_1, y_1^s), \cdots, (s_k, y_k^s)\}$，$s_k$ 为源域大样本输入向量，k 为源域样本个数，y_k^s 为样本 s_k 的标签
目标域 $T=\{X^{Tm}, X^{Tn}\}$，其中 X^{Tm} 和 X^{Tn} 分别表示目标域中训练样本集和测试样本集，$X^{Tm}=\{(x_1, y_1), \cdots, (x_n, y_n)\}$，$x_n$ 为目标域训练样本输入向量，n 为目标训练样本个数，y_n 为样本 x_n 的标签；$X^{Tst}=\{x_1^t, \cdots, x_m^t\}$，$x_m^t$ 表示目标域测试样本向量，m 为目标域测试样本个数
输出：堆栈降噪自编码与支持向量回归机迁移预测模型；迁移预测结果
算法步骤：
① 对源域高维噪声大样本数据和目标域高维噪声小样本数据进行预处理；
② 将源域大样本数据按一定比例分成训练样本、验证样本，同时将目标域小样本数据作为训练样本和测试样本；
③ 分别用源域训练样本和验证样本训练堆栈降噪自编码与支持向量回归机混合模型，获得初始 SDASVR 模型；

④ 利用目标域高维噪声小样本训练数据 X^{Tm} 对混合模型进行目标域模型参数微调训练；
⑤ 对目标域高维噪声测试数据集 X^{Tst} 进行预测，并输出预测结果。

在上述研究思路中，如何利用大样本数据发现相似任务间的共通特征表达是解决问题的关键。深度神经网络具有自主逐层非线性提取特征的良好优势，能够在大样本数据支持下进行特征降维变换和关键特征发现，因此这里采用堆栈降噪自编码作为大样本数据特征学习模型。

通常神经网络前几层得到的是通用特征，网络的后几层则是与数据库和预测任务相关的特定结构参数，因此可以在给定新的数据库和分类预测任务时进行调整。不仅如此，堆栈去噪自编码在样本降维、去噪方面还具有良好的表现，用它作为特征提取器提取的特征具有更强的通用性、鲁棒性、泛化性。在满足独立同分布条件下，支持向量回归机具有较强的小样本、非线性、高维预测性能，但是对大规模样本学习存在学习速度过慢，性能较差的问题。因此，这里将两者结合实现迁移学习的目的。

12.4.4　实验与分析

1. 实验设计

本节分别使用模拟数据、某方向典型使命任务下弹道导弹体系攻防对抗仿真实验数据来验证高维噪声小样本迁移混合模型的预测能力。为了进一步验证该混合模型的性能，构造以下对比迁移回归算法。

① 采用支持向量回归机直接用目标域小样本数据训练并测试预测效果。

② 采用支持向量回归机用源域大样本训练，用目标域样本测试预测效果。

③ 由于主成分分析法也具有特征降维和特征抽取能力，因此构建 PCA 和支持向量回归机混合模型，用目标域小样本训练该混合模型，并进行预测。

④ 构建 PCA 和支持向量回归机混合模型，用源域大样本训练该模型，在目标域上进行预测。

性能比较时采用式(12.27)定义的评价指标作为泛化能力的度量，J 越小表示泛化能力越强，即

$$J=\frac{\sum_{n=1}^{N}e^2(n)}{Ny_r} \tag{12.27}$$

其中，$e(n)=y_{\text{real}}(n)-y_{\text{predict}}(n)$，$y_{\text{real}}$ 为第 n 个测试样本的真实值，y_{predict} 为第 n 个

测试样本的回归预测值；N 为测试样本数；$y_r=[\max(y_{\text{real}})-\min(y_{\text{real}})]^2$。

我们在 Intel Corei 5-5200U CPU，主频 2.20GHz，内存为 4G 的硬件上开展实验，编程环境为 MATLAB R2012a，并包括编写深度学习神经网络的 deeplearn toolbox 工具包，实现支持向量回归机算法的 libsvm 工具包。

2. 体系预测实验

现代战争系统是一种复杂系统，双方对抗方式为体系对抗。导弹体系攻防对抗由于对抗实体多方多域多层交互的激烈性、对抗体系内互动关联的复杂性、对抗效果的涌现性、级联性等原因具有典型复杂体系对抗的特点，因此以常规导弹与反导防御体系攻防对抗效能迁移预测问题为牵引，开展大规模模拟仿真，采集研究所需实验数据。

本节使用某方向典型使命任务下，弹道导弹体系攻防对抗武器装备仿真实验模拟数据来验证 SDASVR 模型。

(1) 典型问题设置与分析

以弹道导弹突防效能预测为研究目标，基本参战装备为表 12.5 中不含空基预警雷达的情况，此数据量样本极大。当前，由于对手在原有武器的基础上突然增加了新研武器——某型空基预警雷达，因此需要预测弹道导弹对抗增加新武器后反导体系的突防效能，而新情况仅有少量含噪声训练数据。

表 12.5　导弹攻防对抗实体组成

对抗体系		名称
红方进攻体系	进攻武器系统	×
	侦察武器系统	×
	指控系统	×
	通信系统	×
蓝方反导体系	预警系统	×
	指控系统	×
	跟踪系统	×
	拦截单元	×

复杂体系由于内部关联交互的作用，具有非线性整体涌现的特点，因此增加空基雷达后体系反导能力不是线性递增的，而是会产生能力跃升。面对这种情况直接用不含空基预警卫星数据（源域）的原始数据学习预测模型，在包含空基预警雷达的反导攻防体系中预测（目标域），所得结果必定误差较大；新情况（目标域）

下训练样本数据量小且含噪声，无法支持预测模型学习。因此，如果可以利用源域不含空基预警雷达的训练样本学习得到目标域增加空基预警雷达情况下的某些知识。在这些知识的基础上进行模型训练，就能有效减少训练样本量，从而产生科学合理的效能指标预测值。

基于深度学习具有良好的大样本特征自主抽取能力，尝试引入深度学习方法，帮助洞察两任务数据间隐藏的通用特征和关键特性。同时，减少大数据带来的各种不利影响，如样本量大、类型多、噪声、冗余、稀疏等问题，增强预测模型的鲁棒性，达到高效辅助决策的目的。

(2) 堆栈降噪自编码设计

分别将导弹攻防对抗涉及红蓝方实体相关数据指标选入输入维度。为了便于日后分析影响预测结果的关键指标，采用一个指标对应一维数据的设计思路，据此确定输入数据维度数，当前选择 582 维，采用式(12.21)进行数据归一化处理。

在实验中，源域样本数据共 9000 条记录，采用其中 8000 个进行实验，目标域样本 58 条，随机抽取 10 条作为当前任务训练样本，20 条作为当前任务测试样本。迁移实验样本数据集描述如表 12.6 所示。

表 12.6　迁移实验样本数据集描述

突防能力	原始数据量	抽取样本据量	输入参数维数	输出标准
源域	9000	8000	582	
目标域	58			J
训练		10	582	
测试		20	582	

为获得具有较好泛化能力的预测模型，将源域 8000 条记录进一步分为源域训练样本数据、源域验证样本数据、源域测试样本数据。源域训练样本数据通过逐层预训练算法获得深度神经网络的初始权重，源域验证样本数据对整个堆栈自编码网和支持向量机组成的混合网络进行权重微调，测试样本数据验证模型预测效果。迁移学习前混合模型训练示意图如图 12.16 所示。

通过上述算法的迭代优选，源任务下的堆栈降噪自编码超参数如表 12.7 所示。

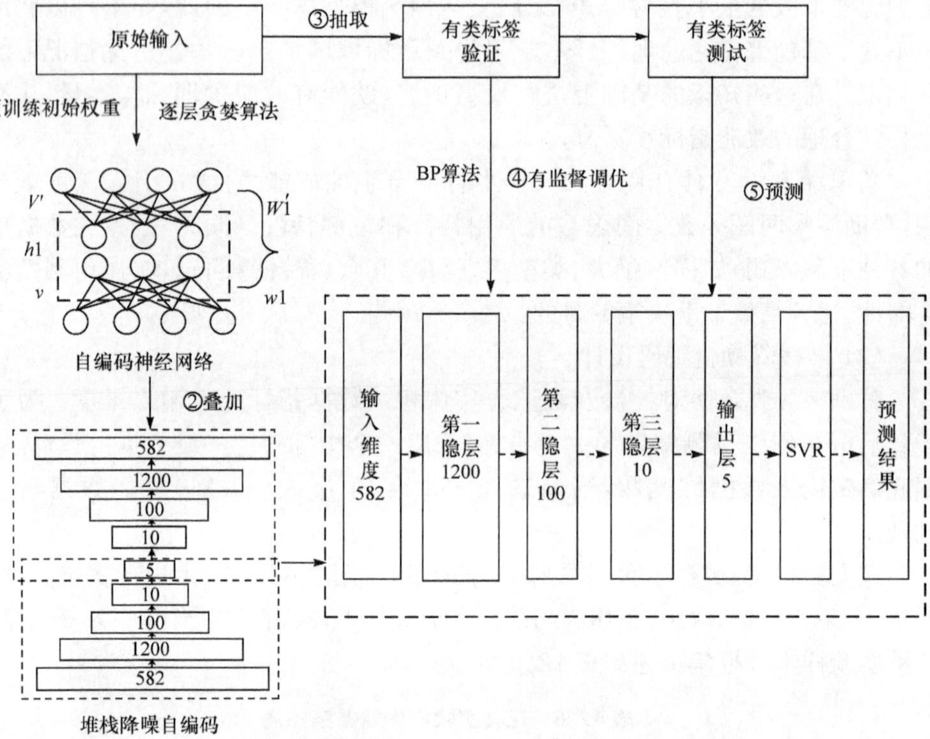

图 12.16　迁移学习前混合模型训练示意图

表 12.7　堆栈自编码超参数表

超参数	值
堆栈自编码学习率	1
输入层节点数	582
输出层节点数	5
第一层隐含层节点数	1200
第二层隐含层节点数	100
第三层隐含层节点数	10
激活函数	Sigmod
稀疏惩罚	0.05

用目标域小样本噪声数据训练上述超参数结构的堆栈降噪自编码和支持向量回归机混合模型，经过多轮交叉检验，得到如表 12.8 所示的误差对比。

表 12.8　不同模型迁移预测均方误差及泛化误差对比

模型	均方误差	泛化误差
支持向量机(目标域小样本训练)	0.1159	0.080
支持向量机(源域大样本训练)	0.1336	0.107
PCA+支持向量机(目标域训练)	0.1494	0.134
PCA+支持向量机(源域训练)	0.1020	0.062
SDA+SVR 混合模型	0.0198	0.002

从数据表第 1、2 行可以看出,若用源域训练的支持向量回归机做预测器,对目标域测试集进行预测,预测效果没有直接用目标域小样本训练的结果好,分析原因可能是训练大样本数据集由于噪声等,让支持向量机产生过拟合,导致整体预测效果下降。

从数据第 3、4 行可以发现,PCA 与支持向量回归机混合模型整体性能不高,甚至低于直接用小样本训练的预测器,分析原因可能是主成分分析这种采用线性组合的降维方式对于武器装备体系这种高维非线性应用的数据降维效果不够好,因此导致无论用源域大数据,还是目标域小样本数据的 PCA 特征降维,其混合模型的预测效果都非常差。

从第 5 行可以看出,基于源域训练的堆栈降噪自编码神经网络和支持向量回归机混合模型,利用堆栈降噪自编码网络作为通用特征提取器,在目标域上进行测试的整体平均效果优于上述所有支持向量回归机及其改进型。

上述实验证明,在不满足独立同分布条件下,支持向量机由于数据噪声的影响,预测效果不好,而采用本章的 SDASVR 模型,通过堆栈降噪自编码对相似领域或任务的特征逐层自主提取,可以获得对共性知识的把握,因此可以有效地提高支持向量机在高维噪声小样本数据上的预测能力,为战前方案阶段进行武器装备体系效能预测,解决由于新环境、新武器、新理念等突发情况带来的预测精度低的难题提供了保证。

12.5　本章小结

武器装备体系效能预测是作战体系效能预测在武器装备维度上的映射,因此可以将人的意图、能力、作战策略以武器装备编组及其运用形式加以体现。信息化战争的任务需求,军事大数据的迅猛发展,都给武器装备体系效能预测带来新的挑战和机遇。传统还原论方法和数据分析手段由于自身局限,无法应对上述问题。本章以军事大数据为研究背景,以深度学习为主要方法,围绕深度学习方法是解决武器装备体系效能预测的创新途径这一主题,从预测模式、解决方法、预测实践三个层次展开探索,主要研究工作及创新有以下三点。

① 依据大数据理念，构建基于深度学习的体系效能预测基本框架，为大数据条件下进行体系效能预测提供新的思路方法。该方法不同于以往“先研究机理，选取相关指标，后分解聚合”的还原论方法，以军事大数据为背景，采用深度学习方法，不需要过多领域知识的参与，从而绕开复杂系统因果机理不清的困境，利用相关性获得对体系效能“是什么”的认识。据此给出大数据条件下基于深度学习的非线性聚合指标预测思路方法和流程，并深入分析深度学习在其中的作用。

② 提出基于深度学习的 SAESVR 混合模型，提升大样本条件下体系效能非线性聚合指标预测的精准性。针对战前方案阶段体系效能预测任务面临的高精准、时效性强的军事要求，以及体系自身机理难辨、高维海量指标数据处理困难等问题，提出 SAESVR 混合模型。该算法可以突破传统人工提取指标，高维度、大样本数据解算困难，仿真模拟运算耗时长等限制，采用全维指标作为输入，通过深度学习进行特征自选择；取消指标关联关系的人为假设，利用深度神经网络大样本训练进行指标间非线性关联自发现，利用多轮交叉验证确保模型鲁棒性、准确性。实验证明，该方法比传统用于预测的 SVR 及其混合模型准确性好，在大样本数据支持下的战前方案阶段，可替代过程推演和线性外推等费时粗糙的常规方法，迅速准确地得出体系对抗效能结果，为武器装备发展规划、基于武器装备体系效能预测的战前方案选择提供有力的支撑。

③ 建立基于深度学习的 SDASVR 混合模型，为突发情况小样本条件下武器装备体系效能预测提供可靠的模型。由于战争的不确定性、体系涌现性和数据处理能力低下等原因，战前方案阶段的体系效能预测任务在突发小样本情况时，预测精准度大大降低，甚至发生重大偏差。为此，本章提出基于堆栈降噪自编码进行特征迁移的 SDASVR 模型。该算法不同于传统算法受限于独立同分布的假设约束，利用深度神经网络良好的非线性函数拟合能力及特征发现能力，挖掘相近领域共通性知识，从而辅助新任务学习，降低新任务下的学习样本。实验证明，该方法不但比传统小样本预测方法准确性高，而且对数据预处理要求不高，模型整体鲁棒性好。

在新军事战略、新科技创新、新武器应用等共同作用下，战争体系研究成为当前军事人员关注的热点，同时也是难点问题。其关键之处就在于战争体系是复杂系统，具有复杂系统的非线性、不确定性、演化性等典型特征，落实到问题分析上表现为内外部影响因素众多，作用机理不明，体系整体能力阶跃相变等问题。这使传统牛顿还原论方法对此难以适用。

本章针对复杂系统没有成熟理论方法指导的现实情况，基于大数据相关性理念，以数据作为复杂体系问题切入点，利用最新的深度学习、迁移学习等智能分析方法，开展战争复杂体系效能预测研究。通过本章研究，不仅为复杂体系能力预测提供精准可行的方法，为战时指挥员决策和非战争时期部队体系能力建设提供相关思路方法，同时以此为基础可进一步开展战争体系能力智能分析和评估方法研究，为人工智能方法适用未来战争的应用奠定理论和技术基础。

参考文献

[1] 李德毅. 大数据认知——"2015 大数据价值实现之路高峰论坛"主题报告. 重庆理工大学学报(自然科学)，2015，29(9)：1-6.

[2] 吴岸城. 神经网络与深度学习. 北京：电子工业出版社，2016.

[3] 程学旗，靳小龙，王元卓，等. 大数据系统和分析技术综述. 软件学报，2014，25(9)：1889-1908.

[4] Snijders C C P，Matzat U，Reips U D. "Big Data"：big gaps of knowledge in the field of internet science. International Journal of Internet Science，2012，7(1)：1-5.

[5] Gartner. Big Data. http://www. gartner. com/it-glossary/big-data[2016-11-11].

[6] IDC. Big Data. https://www. idc. com/prodserv/fourpillars/bigdata[2015-9-26].

[7] 李子奈，潘文卿. 计算经济学. 3 版. 北京：高等教育出版社，2010.

[8] Haldar M. 数据模型需要多少训练数据. http://www. techweb. com. cn/network/system/[2016-02-19].

[9] 马跃. 人工神经网络原理. 北京：机械工业出版社，2010.

[10] 孙志军，薛磊，许阳明，等. 深度学习研究综述. 计算机应用研究，2012，29(8)：2806-2810.

[11] Lecun Y，Bengio Y，Hinton G. Deep learing. Nature，2015，521(5)：436-444.

[12] Pan S J，Yang Q. A survey on transfer learning. IEEE Transactions on Knowledge & Data Engineering，2010，22(10)：1345-1359.

[13] Cristianini N，Shawe J T. An Introduction to Support Vector Machines and Other Kernel Based Learning Methods. Cambridge：Cambridge University Press，2000.

[14] Dai W Y，Yang Q. Transferring naive bayes classifiers for text classifi-cation//Proceedings of the 21st AAAI Conference on Artificial Intelligence，2007：1-6.

[15] Blitzer J，McDonald R，Pereira F. Domain adaptation with structural correspon-dence learning//Proceedings of the Conference on Empirical Methods in Natural Language，2006：1-6.

[16] 吴军. 智能时代. 北京：中信出版社，2016.

[17] Pan S J，Kwok J T，Yang Q. Transferring learning via dimensionality reduction//Proceedings of the 23st National Conference on Artificial Intelligence，2008：677-682.

[18] Xie S，Fan W，Peng J，et al. Latent PCA domain transfer between high dimensional overlapping distributions//Proceedings of the 18st International Conference on World Wide Web，2009：91-100.

第 13 章　基于强制稀疏自编码神经网络的作战体系能力评估方法研究

13.1　作战体系能力评估问题分析

13.1.1　作战体系能力评估的复杂性挑战

作战体系是典型的复杂系统，具有复杂系统的基本特点[1]。首先，作战体系的性质具有整体性。不可分解，没有可加性，把作战体系分解研究将会导致体系整体性的丧失。其次，作战体系的结构具有适应性。系统的结构决定功能，作战体系结构在不断改变，功能在不断改变，性质也在不断改变，因此不能用简单系统的那种不变结构描述和研究作战体系。再次，作战体系的演化具有涌现性。不同的组合或交互，会产生出许多新的性质，会有诸多意想不到的结果发生，而且演化过程非线性，因此不能采用简单线性相加的研究方法。最后，作战体系行动的结果具有不确定性。作战体系因果关系不明确，原因和结果之间往往不是一对一的关系，而是呈现结果云的情况，状态混沌，难以给出确定的答案。

传统作战体系能力评估有多种方法，包括数学解析计算方法、基于历史数据和实验的统计方法，以及基于计算机仿真分析方法等。这些方法往往基于独立性假设的指标树，通过基于线性还原论的简单和方式得到具有确定性结论的单一值，虽然也能解决一些问题，但是随着作战体系规模越来越庞大、关系越来越复杂，已经越来越难以描述动态变化的作战体系、构建客观全面的指标体系、表示级联涌现的能力生成机理这些体系能力评估的核心问题。因此，需要基于复杂系统理论，创新体系能力评估新理念和新方法。

13.1.2　体系能力评估新的理念

体系能力评估应该重点研究体系能力的整体涌现机理、网络化带来的级联效应和体系结构动态演化造成的能力不确定性，因此评估应该采用复杂系统的思想，与整体、动态、对抗的方式，合起来看、动起来测、抗起来评，评估理念更需要实现进行“三个转变”[2]。

① 抛弃体系能力可分解合并的假设，把传统体系能力评估指标的“简单和”转变为“涌现和”。体系能力是体系中各组分系统交互涌现的整体性相变结果，而不

是组分系统能力的简单和，即 $1+1\neq 2$。因此，体系能力评估指标应是体系中各组分系统能力指标聚合涌现出的效果而不能简单求和。

② 抛弃体系能力评估指标的独立性假设，把传统体系能力评估的“指标树”转变为“指标网”。在复杂体系能力评估中，能力评估指标之间的关系实质是网状关系而非树状关系，所以应抛弃以独立性和完备性等还原论思想为基础的指标树，构建体系能力评估的指标网。

③ 抛弃体系能力评估结果单一性假设，把传统体系能力评估结果的“单一值”转变为“结果云”。一方面，体系能力是不断动态变化的，并且随着对抗强度的不同或者时间节点的不同表现出不同的体系能力值，进而形成体系能力评估的结果云。另一方面，体系能力从不同侧面展现的能力值不同，例如体系的作战任务不同，展现的体系能力类型及数值就不同。因此，体系能力评估应是动态的，呈现出体系能力值的结果云。

13.1.3　体系能力评估新的方法

① 基于大数据的体系能力评估已经形成共识，无论是基于仿真实验，还是实战或演习，体系能力评估的起点应该是数据[3-6]。面向大数据的回溯分析[6,7]直接面向相关关系，回避复杂系统因果关系难找的难题，变简单分析为深度分析，为深入研究体系能力涌现性机理、找到影响体系能力的关键因素提供新的途径。不同于预测分析，回溯分析更关注对体系能力涌现过程和形成机理的深层次分析，因此对体系能力涌现过程的形式化描述是关键。然而，传统的大数据分析方法还停留在统计分析和数据挖掘层面，虽然可以确定防空体系内部交互涌现的复杂关联关系，但是却难以将其形式化地表示出来。

② 基于复杂网络的体系能力分析方法同样被证明是解决体系效能评估的有效手段。复杂网络与复杂作战体系在性质上具有很多相似性。体系能力是多个组分系统相互作用、相互联动整体涌现的结果。涌现的产生一方面依赖不同功能的组分之间的耦合，多种功能的组分实现空间和时间的协同、补充，形成组分层没有的能力；另一方面依赖相同功能的组分之间的耦合，多个组分之间共同作用实现单个组分不具备的能力。前者是功能互补产生的协同涌现效应，后者是数量产生的规模涌现效应。体系能力动态演化和整体涌现的物质基础是网络化结构。我们团队前期在网络化体系能力评估方面进行了有益的探索[3,8-12]，然而局限于传统数据挖掘方法无法对复杂系统级联涌现关系进行形式化描述的局限，因此未能实现对体系涌现性指标取值范围及其对使命任务的贡献度等重点问题的量化分析。

③ AlphaGo、德州扑克 AI 等的成功[13,14]，使人们越来越认识到深度学习在复杂系统建模评估中具有的巨大应用潜力[15-18]，并已在基于大数据的复杂体系模式

识别和预测分析方面取得显著进展[19-24]。与传统的大数据处理方法相比，采用深度学习方法分析防空作战体系具有如下优势。

第一，以防空作战的使命任务为牵引进行的有监督学习，可以实现不同组分系统能力对体系能力汇聚过程及贡献度的描述。

第二，通过逐层自主抽取体系能力指标，而非依靠专家经验判断，可以客观、全面、高效地描述指标之间的非线性、不确定性的复杂涌现关系。

第三，隐含层得到面向整个体系的全局能力指标，取代面向分系统能力的局部描述指标，具有更强大的全局评估效果。

然而，深度学习的黑箱模型让我们很难得到中间隐含节点，即模型涌现出的体系能力指标的军事内涵。这成为深度学习应用于作战体系涌现性机理回溯分析的最大困难。同时，我们也看到，深度学习目前的发展正朝着结合各类体系分析方法，引入诸如注意力机制[25]、记忆机制[26]、增强机制[13,27]等模式的方向发展，其本质是将人类认知复杂体系的经验作为先验知识赋予深度学习网络模型，以提高其计算效率和发现复杂系统规律的能力，同时增强模型的可解释性。如何通过获取先验知识改进深度神经网络的黑箱特性，或许是作战体系能力涌现性回溯分析的可行途径。

基于以上分析可以看出，解决体系能力评估的复杂性难题，需要在新的评估理念指导下，综合运用大数据、复杂网络和深度学习方法。因此，为实现作战体系能力涌现性机理的深度分析，本章提出一种基于强制稀疏自编码神经网络(force-sparsed stacked-encoding neural networks，FS-SAE)的体系能力回溯分析方法。该方法创新性地将基于大数据的关联关系分析、复杂网络的功能结构分析和基于深度学习的指标逐层涌现描述相结合，以防空作战为例，构建描述作战体系能力的指标网，形式化描述体系能力的涌现和，得到不同条件下面向使命任务的体系能力结果云，同时实现作战体系各功能模块对使命任务完成度的影响机理和体系贡献度分析，为辅助指挥员深入认知复杂作战体系能力形成机制提供理论基础和技术手段。

13.2　防空体系能力回溯分析研究思路

防空体系能力指标是度量防空体系在完成作战任务过程中所能支配的资源与所具备的运用资源手段和效果的工具，是防空体系作战能力评估的基础。防空体系能力回溯分析的目的是深入分析防空体系各能力指标与使命任务完成度之间的作用和影响机制，为指挥员调整优化防空部署提供决策支持，其本质是建立防空体系各能力指标集与使命任务完成度指标之间的函数映射关系。因此，防空体系能力回溯分析主要有两个步骤，一是确定防空体系能力指标体系，二是形式化表示指标体系之间的涌现关系。

深度神经网络通过逐层抽象特征实现对复杂系统规律的形式化表示和认知，如果我们将各层神经网络的节点作为指标，其网络结构内各节点就构成反映复杂系统各方面能力特性的一整套指标体系，即

$$Y = f(H(X)) \tag{13.1}$$

其中，Y 为输出指标集；X 为输入指标集；f 为神经网络等效函数形式；$H(X)$ 为网络化指标体系结构。

神经网络的黑箱模型主要体现在 $H(X)$，即各隐含节点意义不明确，因此要“白化”黑箱模型，需要在指标体系构建上下工夫。我们采用大数据和复杂网络分析的方法，构建描述防空作战体系能力的指标网络结构框架，以此作为先验知识，采用堆栈自编码神经网络结构，构建基于 FS-SAE 的防空体系回溯分析模型。其分析思路如图 13.1 所示。

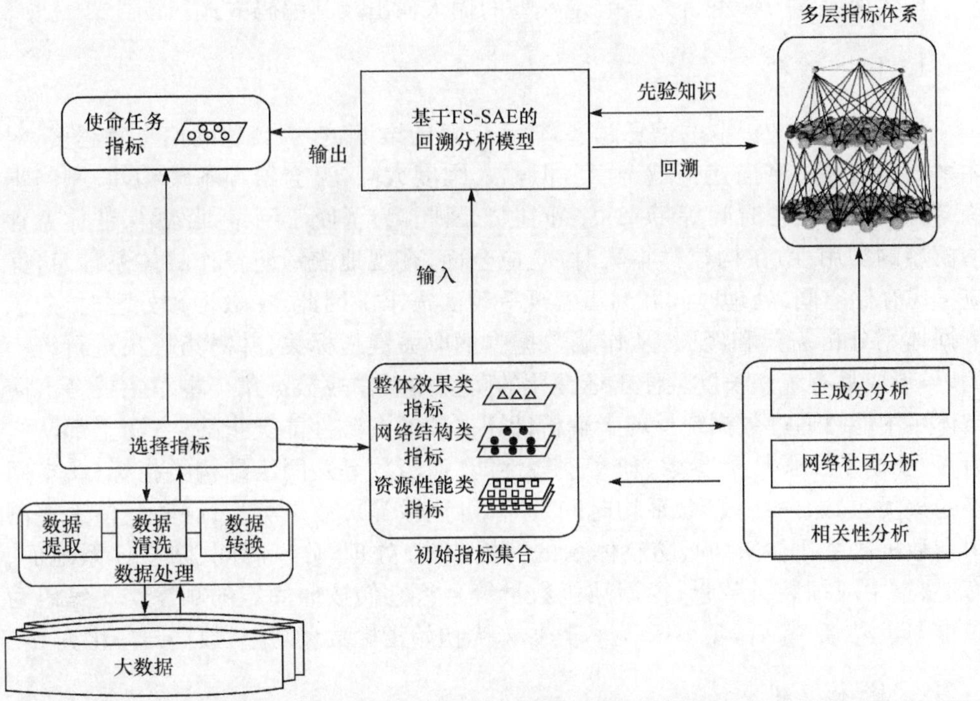

图 13.1　基于 FS-SAE 的防空体系能力回溯分析模型思路

① 对防空体系作战产生的海量数据进行预处理，依据使命任务选定初始指标集，将使命任务指标集作为输出，其他指标集作为输入。

② 以大数据分析和复杂网络相结合的方法，构建层层聚合的网络化能力指标体系结构框架。

③ 构建以初始指标集合为输入节点、以使命任务指标为输出节点、以网络化能力指标体系结构框架为网络结构的 FS-SAE 模型，通过对使命任务的预测验证模型的有效性。

④ 依据 FS-SAE 确定涌现关系形式化表示，回溯分析体系能力涌现性机理和体系贡献率。

可以看出，防空体系交战数据记录越全面，能力指标集越完备，指标交互关系分析越深入，对防空体系能力的回溯分析将越准确。

13.3 基于 FS-SAE 的防空体系能力回溯分析模型

13.3.1 FS-SAE 模型输入与输出编码

构建深度学习模型首先要确定模型的输入输出及其编码方式。

1. 输入编码

从战场数据中提取的信息越多，输入信息的维度越大，表达的信息就越多，对体系效能的评估将描述得越全面。但输入维度太高，又会给样本集构建、网络训练、存储空间、处理时间等带来很多问题。因此，为了便于网络训练，保证体系评估模型的实用性，在构建样本集时，既应全面、客观地表示防空作战体系信息，又应考虑存储空间、处理时间和易于实现等现实需求。因此，在数据预处理时，应该依据体系分析需要和经验，从作战数据中抽取关键指标集，并对指标集进行统一编码，形成具有统一长度且便于标准化的防空体系作战数据集。本章主要考虑防空体系中能够通过数据统计或者解析计算得到的资源性能类指标（各防空部队实力、主要防空武器性能参数、侦察预警性能、弹药数等）、网络结构类指标（防空网络的聚类系数、网络效率、平均时间效率、可达性等）、效果类指标（防空体系探测识别敌机数量、距离时间、防空体系的情报收集、处理、分发时间、防空体系地面、海上、空中战损装备数量、拦截敌机数量等），将它们按照固定的顺序统一编码为一维向量集 $X=\{X_1,X_2,\cdots,X_k\}$，其中 k 为初始指标数量，并对数据归一化。

2. 输出编码

深度学习的主要应用形式是模式识别和分类，防空作战的使命任务可视为任务是否达成的分类问题，如目标是否被摧毁，战损比大于 1，还是小于 1 等。因此，定义 FS-SAE 模型的输出空间为使命任务指标构成的向量空间 $Y=\{Y_1,Y_2,\cdots,Y_l\}$，其中 k 为使命任务指标维度。

依据输入指标编码和输出指标编码，抽取防空体系作战数据，构建样本集 $T=$

$\{(X_1,X_2,\cdots,X_k),(Y_1,Y_2,\cdots,Y_l)\}_n$，其中 n 为数据集的组数，即 n 次防空作战记录的作战数据。

13.3.2　FS-SAE 模型网络结构的设计

深度学习模型之所以称为黑箱模型，就是其网络结构包括隐含层层数及每个隐含层节点数的选取尚没有理论指导，自由度很大。这就造成各隐含层节点完全处于自适应状态，无法赋予其物理含义，这在只重效益不重过程的评估，如预测类分析类任务具有很好的应用，但对于需要深入分析内部级联涌现机理，并以此管理控制复杂系统的回溯分析任务来往往无能为力。在这种情况下，需要结合大数据、复杂网络等复杂体系分析方法，构建具有明确军事含义的防空作战指标体系框架，作为先验知识设计神经网络模型，赋予神经网络隐含节点相对明确的物理含义，实现神经网络模型的"白化"。

下面依次采用指标关联关系分析、功能社团挖掘及社团特征分析方法，对初始指标集 $X=\{X_1,X_2,\cdots,X_k\}$ 的关联涌现关系进行深入分析，聚合反映体系整体能力的社团特征指标集和体系功能指标集，得到反映体系指标网络化交互涌现特点的多层指标体系结构框架，以此作为构建深度学习模型结构的依据。这样构建的神经网络各隐含层节点间具有相对固定的连接关系和相对明确的物理含义。设计流程如图 13.2 所示。

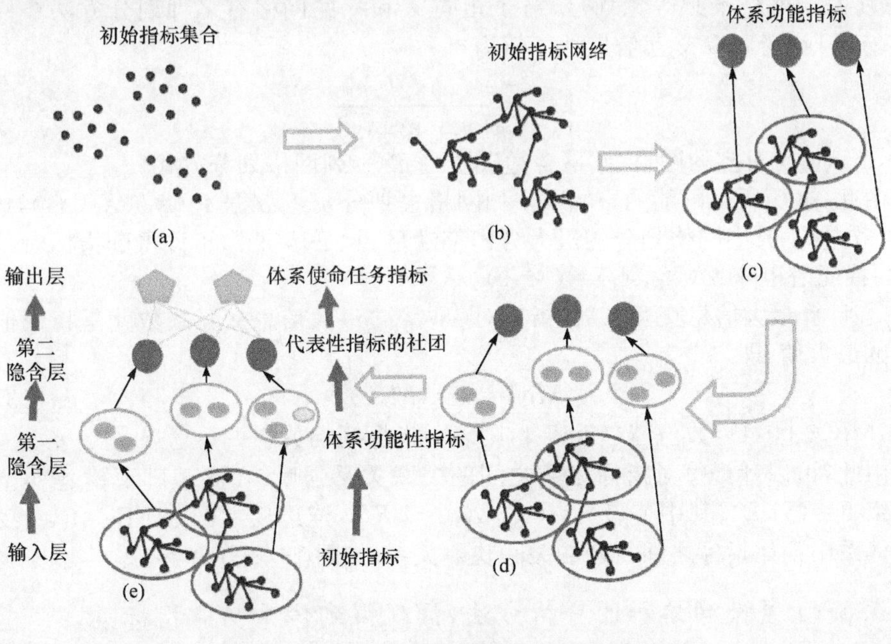

图 13.2　FS-SAE 模型网络结构设计流程

1. 基于最大信息交互算法的关联关系分析，得到初始指标网络

网络化的作战体系决定了各指标之间网络化的关联关系，而这种关联关系往往具有非线性、不确定性。为此，本章采用最大信息交互算法[3,28]对初始指标之间的关联关系进行分析。相对于 Pearson、Spearman 等相关性算法，最大信息交互算法无预设参数，具有通用性（对任意关系类型都有较强适用性）和均匀性（对噪声的鲁棒性）两大重要性质。其基本思路是，如果指标对(X_i,X_j)之间存在相关性，使所有的数据点分布在该网格的单元格中，通过不断增加分辨率，比较每种网格划分下所有网格的互信息值，再对互信息值进行标准化，其中最大的互信息标准化值就是最大信息交互系数（maximal information coefficient，MIC）。其算法可分为以下三步。

① 如果两个指标存在关联关系，那么在此指标对的散点图上存在一个“最合适”的网格划分，使指标对的大多数数据点集中在该网格的几个单元格中。因此，对于划分指标对(X_i,X_j)坐标平面的一种 x 行×y 列网格 g，定义单元格 g_{xy} 的概率密度 $p(x,y)$为其中样本点数量占此指标对样本总数量的比例。为衡量指标对样本的集中程度，定义网格 g 的交互信息为

$$I(X_i,X_j)=\iint p(x,y)\log\left(\frac{p(x,y)}{p(x)p(y)}\right)\mathrm{d}x\mathrm{d}y \tag{13.2}$$

其中，$I(X_i,X_j)$为网格 g 划分条件下指标对之间的关联强度。

② 由于网格不必等宽划分，对于相同 x 和 y 的网格有多种划分方法 $G\{g1, g2,\cdots\}$，因此定义 G 交互信息特征值为

$$M_{x,y}=\frac{\max\{I_G\}}{\log\min\{x,y\}} \tag{13.3}$$

其中，$\max\{I_G\}$对应的网格为“最合适”的 x 行×y 列网格划分方式。

由此，遍历所有可能的 x 行×y 列网格去划分 n 组数据 $T_{ij}=\{(X_i,X_j),(i\neq j)\}$的散点图，其中网格划分的最大分辨率满足 $3<xy<n^{0.6}$，可以得到指标对(X_i,X_j)的特征值矩阵 $M(X_i,X_j)=(M_{x,y})$。

③ 计算最大信息交互系数，指标对(X_i,X_j)最大信息交互系数就是特征值矩阵中的最大值，即

$$\mathrm{MIC}=\max(M_{x,y}) \tag{13.4}$$

其中，$\mathrm{MIC}\in[0,1]$，数值越趋近于 1，则表明指标间的关联关系越强。

由此，可以计算每对指标参数之间的关联关系强度，在此基础上构建初始指标网络 $F=(V,E)$，其中节点 $V=(X_1,X_2,\cdots,X_k)$，连边权重 $E=(\mathrm{MIC}_{ij})_{k\times k}$，反映作战体系中初始指标之间复杂的关联映射关系，如图 13.2(b)所示。

2. 基于复杂网络社团分析方法，涌现得到体系功能指标集。

复杂网络往往由若干社团组成，每个社团内部的节点之间连接相对紧密，而

各社团之间的连接相对稀疏。初始指标网络是度量体系能力的基础，初始指标网络的社团可以认为是作战体系围绕特定使命任务涌现的功能属性，我们将社团代表的功能属性定义为体系的功能指标，因此初始指标网络有几个功能社团就可以聚合出几个高层次的体系功能指标，如图 13.2(c)所示。这里功能社团的划分方法采用 GN 算法[29]。其基本原理是位于社团之间的边的介数相对较大。通过不断将社团之间的连边移除(网络中边介数最大的连边)，网络最终只剩下孤立的社团。该算法的流程如图 13.3 所示。算法最终得到的是一个层次树状图，图的底部表示树的叶子节点，根在顶部，自顶而下，随着介数最大的边不断被移除，网络逐渐分成多个社团，实际计算往往是在计算出完整的层次树状图后，在此基础上寻找模块度最大的社团划分为此时初始指标网的最佳社团 $C=\{C_1, C_2, \cdots\}$，以初始指标网络的社团结构作为体系指标功能单元的划分，获得体系功能指标 C_1，C_2，…。

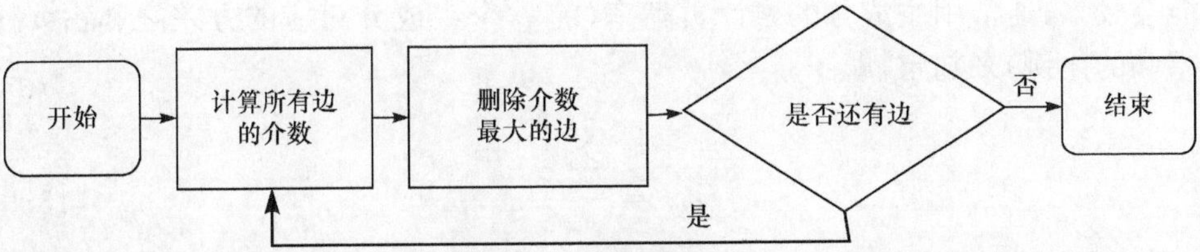

图 13.3　GN 算法流程图

3. 基于主成分分析法，得到每个社团的特征指标集

根据社团划分算法，社团包含的初始指标之间具有强关联性。为了更清晰地描述社团指标与其涌现的体系功能指标之间的聚合关系，降低初始指标之间的耦合性，我们在社团功能指标与初始指标之间用社团特征指标更紧致地表示两者之间的聚合关系，如图 13.2(d)所示。社团特征指标定义为每个社团的特征向量，通过主成分分析方法计算[30]。其主要思想是通过线性变换，用数量相对较少的线性无关的向量表示原始数据中较多的向量，并且不减少原始数据中包含的主要信息，也是一种指标聚合方式。主成分分析方法能够将高维空间的问题转换为低维空间的问题，降低问题维度，得到的特征指标之间线性无关，又能提供原始数据的绝大部分信息，避免主观判断。按照以下步骤进行计算。

① 通过最大信息交互算法得到 k 个指标的相关系数矩阵，即

$$R=\begin{bmatrix} r_{11} & r_{12} & \cdots & r_{1n} \\ r_{21} & r_{22} & \cdots & r_{2n} \\ \vdots & \vdots & & \vdots \\ r_{n1} & r_{n2} & \cdots & r_{nn} \end{bmatrix} \tag{13.5}$$

② 对相关系数矩阵进行分解，得到特征值和特征向量。

求特征方程$|\lambda I-R|=0$的特征根，将特征根从大到小排列可得下式，即

$$\lambda_1 \geqslant \lambda_2 \geqslant \cdots \geqslant \lambda_k \geqslant 0 \tag{13.6}$$

λ_j 对应的特征向量为

$$c_j=[c_{1j}, c_{2j}, \cdots, c_{nj}]^{\mathrm{T}} \tag{13.7}$$

③ 计算主成分。

由特征向量组成的主成分为

$$B_j=c_{1j}X_1+c_{2j}X_2+\cdots+c_{nj}X_n, \quad j=1,2,\cdots,n \tag{13.8}$$

其中，n 个主成分之间是线性无关的，且方差是逐渐减小的。

④ 选取主成分。

选取前 $p(1\leqslant p\leqslant n)$个主成分作为该社团的特征指标，$p$ 值的选择对评估产生直接影响，如果 p 过大，数据的压缩比就很低；如果 p 过小，则数据特征信息丢失可能会较多，通常用主成分的累计贡献率(前 p 个主成分对应的方差之和占 n 个方差和的比例)来判定，即

$$\omega_p=\frac{\sum_{j=1}^{p}\lambda_j}{\sum_{j=1}^{n}\lambda_j} \tag{13.9}$$

一般要求 $B_1, B_2, \cdots, B_p$ 的方差之和占全部方差比例达到 85%以上，这样原有的 n 个指标就转换为 p 个指标。

4. 结合使命任务指标，得到多层网络化指标体系结构

可以通过对初始指标集的分析，抽取社团特征指标、定义涌现的体系功能指标。因此，在具体使命任务指标牵引下，可以得到分层网络化指标体系结构模型。其形式化表示为

$$H=(V,E) \tag{13.10}$$

其中，节点$V=(X,B,C,Y)$；连边$E=(E_X, E_{XB}, E_{BC}, E_{CY})$，$X$ 为初始指标层，B 为特征指标层，C 为体系功能指标层，Y 为使命任务指标层，E_X 为初始指标测层连边，E_{XB}、E_{BC}和 E_{CY}分别为各层间指标之间的连接关系；体系指标网络结构模型 H 不仅表现体系初始指标之间的复杂关联关系，同时反映初始指标到社团特征指标，再到体系功能指标，最后到使命任务指标的级联涌现关系，为体系效能评估和体系涌现性机理研究提供了模型基础。

5. FS-SAE 模型的网络结构

以多层网络化指标体系结构为模型框架，我们构建出如图 13.2(e)所示的堆

栈自编码神经网络模型：输入层节点为初始指标集 X，输出层节点为使命任务指标集 Y，第一和第二隐含层节点分别为社团特征指标集 B 和体系功能指标集 C，以此构建具有明确节点数和网络连接关系的神经网络结构。与传统神经网络模型的黑箱特征不同，这里构建的自编码神经网络，输入层和隐含层、两隐含层之间的连接关系被社团隶属关系强制约束，即只有社团内初始指标与其对应的社团特征指标、社团特征指标与社团功能指标之间存在连接关系，而与其他社团的特征指标和社团功能指标之间无连接。这就意味着，两隐含层的隐含节点都与所在社团功能相关，通过解析分析可以给出相对明确的军事含义。与一般设置稀疏化参数的稀疏自编码神经网络[31]不同，我们定义这一模型为强制稀疏自编码神经网络模型。

6. 模型学习优化算法设计

FS-SAE 模型的输入层与隐含层之间采用自编码神经网络模型(auto encoder neural Network，AENN)。从图 13.3(e)可以看出，强制稀疏后整个网络模型相当于 N 个 SAE 模块并联(N 为输入指标网络的社团数)，然后通过逻辑回归模型(Softmax)分类，输出为使命任务指标。因此，模型设计和优化的基本单元仍以 AENN 为主。

(1) AENN 层算法设计[32]

采用 Sigmoid 函数作为 AENN 的激活函数，即对于样本集 $\{x^1, x^2, \cdots, x^{(m)}\}$ 中的样本 $x^{(i)}$，其编码后的隐含特征表示 $y^{(i)}=f(x^{(i)})$ 变换为

$$f(x^{(i)})=\frac{1}{1+\exp(-(Wx^{(i)}+b))} \tag{13.11}$$

然后，利用解码器对隐含表示进行重构，计算重构信号 $z^{(i)}=f'(y^{(i)})$，即

$$f'(y^{(i)})=\frac{1}{1+\exp(-(W'y^{(i)}+b'))} \tag{13.12}$$

其中，W 和 W' 分别为输入层和隐含层的权重矩阵，通常满足约束 $W'=W^{\mathrm{T}}$；b 和 b' 分别为输入层和隐含层的偏置向量。

W、W'、b 和 b' 为 AENN 的主要参数，记为 $\theta=\{W, W', b, b'\}$。采用负对数似然函数(negative log likelihood，NLL)定义重构误差 $e^{(i)}$，$e^{(i)}=L(x^{(i)}, z^{(i)}, \theta)$，其计算公式为

$$e^{(i)}=-\sum_{k=1}^{d}(x_k^{(i)}\log(z_k^{(i)})+(1-x_k^{(i)})\log(1-z_k^{(i)})) \tag{13.13}$$

其中，d 为样本维度；$e^{(i)}$ 为单个样本的误差，采用平均误差来衡量样本集的重构代价 $\bar{c}$，即

$$\bar{c}=\frac{1}{M}\sum_{i=1}^{M}e^{(i)} \tag{13.14}$$

式中,M 为一个样本集中样本的数量。

(2) 分类器构建

选择 Softmax 分类器作为隐含层与输出层的逻辑回归函数,Softmax 函数具有收敛速度快、计算精度高且易与 AENN 网络级联等优点。Softmax 函数的基本原理为

$$h_\theta[x(i)]=\begin{bmatrix}p(y^{(i)}=1)\mid x^{(i)};\theta\\p(y^{(i)}=2)\mid x^{(i)};\theta\\\vdots\\p(y^{(i)}=k)\mid x^{(i)};\theta\end{bmatrix}=\frac{1}{\sum_{i=1}^{k}\mathrm{e}^{\theta_j^{\mathrm{T}}x(i)}}\begin{bmatrix}\mathrm{e}^{\theta_1^{\mathrm{T}}x(i)}\\\mathrm{e}^{\theta_2^{\mathrm{T}}x(i)}\\\vdots\\\mathrm{e}^{\theta_k^{\mathrm{T}}x(i)}\end{bmatrix}\tag{13.15}$$

FS-SAE 模型的优化算法仍然采用 SAE 模型的随机梯度下降算法,而在训练优化时,每个 AENN 子模块各自计算更新参数。

(3) FS-SAE 的优化算法

FS-SAE 模型采用随机梯度下降(stochastic gradient descent,SGD)算法[33]。其核心思想是从全样本空间随机抽取一个较小的样本子集 $B=\{x^{(1)},x^{(2)},\cdots,x^{(M_B)}\}$,通过计算子集 B 中 M_B 个样本的梯度,估计全样本空间梯度的期望值,即

$$g=\frac{1}{M_B}\sum_{i=1}^{M_B}(\nabla_\theta L(x^{(i)},y^{(i)},\theta))\tag{13.16}$$

可见,由于样本子集 B 是从样本空间中随机采样得到的,只要保证样本子集 B 具有良好的分布特性,就能确保 g 可以较好地代表全样本空间梯度的期望值。而通常又存在 $M_B \ll M$,因此可以大大降低算法的计算复杂度。

通过以上构建过程可以看出,FS-SAE 模型以大数据和网络分析获取的先验知识为基础进行构建,通过减少网络模型连边优化模型算法,得到相对稳定的级联涌现关系,并实现对涌现过程的形式化描述,为进一步分析作战体系效能涌现性机理提供可能。

13.3.3 基于 FS-SAE 的体系涌现机理分析和贡献率分析模型

FS-SAE 模型将防空作战体系的指标与使命任务指标之间的函数映射关系通过神经网络的形式表示出来,为回溯分析指标涌现机理、体系贡献度,并进一步管理和控制防空作战体系提供依据。下面基于 FS-SAE 模型形式化表示体系指标的涌现关系,依次为防空体系能力回溯分析体系涌现性机理,并对体系贡献度进行分析。

1. 社团功能指标模型涌现性机理分析

依据 FS-SAE 模型定义,各社团 AENN 层内输入节点对隐含层点的涌现计算

公式可以形式化表示为

$$h_{1j}^{(i)}=f_{1j}(x^{(i)})=\frac{1}{1+\exp(-(W_{1j}x^{(i)}+b_{1j}))} \tag{13.17}$$

$$h_{2j}^{(i)}=f_{2j}(h_1^{(i)})=\frac{1}{1+\exp(-(W_{2j}h_1^{(i)}+b_{2j}))} \tag{13.18}$$

通过社团指标之间的映射关系，我们可以确定社团结构内初始指标对社团特征指标，社团特征指标对体系功能指标的涌现形式。需要强调的是，这里隐含节点 h 的取值状态只有两个，分别为 0 和 1，而公式计算结果为隐含层涌现性指标取 1 的概率，因此严格来讲，公式计算得到的是涌现性指标的期望值，即

$$E(h_{nj}^{(i)})=\frac{1}{1+\exp(-(Wn_jx^{(i)}+b_{nj}))} \tag{13.19}$$

其中，$n=1,2$，分别代表第 1 隐含层社团特征指标和第二隐含层体系功能指标。

这种概率表现形式很好地表示了复杂体系能力涌现过程的不确定性，且为分析能力指标取值范围和分布特征 $P(E(h_{nj}^{(i)}))$ 提供方法。

2. 社团功能指标的体系贡献率分析

依据 FS-SAE 防空体系能力回溯分析模型，体系功能指标与使命任务指标之间的关系为

$$y_\theta^k[h_2(i)]=\frac{\mathrm{e}^{\theta_k^{\mathrm{T}}h_2(i)}}{\sum_{i=1}^{k}\mathrm{e}^{\theta_j^{\mathrm{T}}h_2(i)}} \tag{13.20}$$

其中，$y_\theta^k[h_2(i)]$ 为样本 $x^{(i)}$ 条件下，使命任务指标 $y_\theta^k[h_2(i)]$ 的期望值。

在此基础上，我们定义隐含层涌现性指标对使命任务指标的相对贡献度为

$$\rho(y_i:h_{2j})=\frac{\Delta y_i}{y_i\Delta h_{2j}}=\frac{y_i'}{y_i} \tag{13.21}$$

可以证明

$$\rho(y_i:h_j)=\theta_i^j(1-E(y_i)) \tag{13.22}$$

其中，θ_i^j 为涌现性指标到使命任务指标的连接权值。

因此，在 FS-SAE 模型中，涌现性指标的体系相对贡献率与指标间的连接权值和使命任务指标的期望值相关。通过测量体系功能指标与使命任务指标的响应关系，我们可以实现对防空体系使命任务完成能力的监控，进而辅助指挥员管理和控制防空作战体系朝着有利的方向发展。

13.4　基于兵棋仿真数据的实验验证

13.4.1　数据来源和想定背景

1. 数据来源

实验数据分别来自人在回路的兵棋演习和人不在的回路的仿真试验床。基于人在回路的兵棋推演数据包含体系对抗过程产生的全维度、全要素和全样本数据，同时包含人的认知和指控行为、多方博弈产生的对抗数据，是目前在缺少实际作战数据的情况下最接近实战的作战数据，但受限于演习场次，数据量有限。基于人不在回路的体系仿真试验床实验可在想定背景下，通过“增”、“减”、“改”焦点装备和关键行动进行多次快速仿真，从而获取海量体系对抗数据，其缺点是对抗过程按照计划执行，不能很好地反映人的认知。下面以人在回路的兵棋推演确定作战方式、作战行动和使命任务，以此为基本想定背景和条件，利用仿真试验床进行仿真实验，获取海量数据实现对作战体系的效能评估。

2. 想定背景

以兵棋演习中典型的要点防护防空作战为背景，在仿真试验床平台上构建防空作战想定[3]，如图 13.4(a)所示。想定红方作战目标是防卫指挥所不被摧毁。通过不断改变蓝方空袭机群作战飞机的基本性能、挂载的空空导弹和空地导弹的发射距离、空袭机群的高度、密度、突入方向、指挥通信协同网络，以及加入预警机指挥、电子战机电磁干扰等因素来检验红方防空体系的自适应和涌现性能力，进行 6000 次仿真实验。

3. 指标集和样本集的确定

在仿真实验中，防空武器装备体系生成的海量数据以各个分系统指标参数的形式记录下来，指标参数大体可分为侦察预警类数据(如防空体系探测识别敌机数量、距离时间等)、情报处理类数据(如防空体系的情报收集、处理、分发时间等)、火力交战类数据(如防空体系地面、海上、空中战损装备数量、拦截敌机数量等)、电磁对抗类数据(如防空体系受干扰的各类装备数量及性能变化等)和通信类数据(如防空体系通信网数量、通信量等)等。同时，考虑一些典型的体系能力状态指标(如各类部队实力数、各类兵器火力的性能对比等)和网络结构类指标[8,9,34](如网络效率、可达性、不同网络模体数量、网络聚集系数、平均时间效率等)，共选取 168 个指标，其中确定指挥所是否被摧毁作为体系的使命任务指标

(Y)，其余 167 指标作为初始指标集构建数据样本集 $T=\{X_1,X_2,\cdots,X_{167}:Y\}_{6000}$，并对数据样本集进行归一化处理。

13.4.2　网络化指标体系的构建

1. 指标关联关系分析

基于最大交互信息强度算法，对表征防空体系的 167 个初始指标进行关联关系挖掘，可以得到防空指标间最大交互信息强度值，表 13.1 所示。以初始指标为节点、关联关系强度为连接权重，构建初始指标网络，如图 13.4(b)所示。

表 13.1　防空指标间最大交互信息强度值

指标	X_1	X_2	X_3	X_4	X_5	X_6	X_7	X_8	…
X_2	0.22279								…
X_3	0.24872	0.87671							…
X_4	0.23126	0.51958	0.71057						…
X_5	0.24557	0.51958	0.55146	0.43817					…
X_6	0.95095	0.40619	0.24412	0.50126	0.99107				…
X_7	0.40363	0.62376	0.30889	0.43817	0.47075	0.2046			…
X_8	0.54195	0.4581	0.32039	0.29671	0.48878	0.2239	0.41154		…
X_9	0.99901	0.52382	0.39655	0.38655	0.45452	0.70896	0.18274	0.8192	…
X_{10}	0.99901	0.66457	0.24557	0.7832	0.74427	0.57025	0.49494	0.24153	…
X_{11}	0.24872	0.48884	0.35515	0.56452	0.47423	0.70896	0.38681	0.53619	…
…	…	…	…	…	…	…	…	…	…

2. 体系功能指标和社团特征指标选取

采用 GN 模型对输入指标网络进行社团划分，得到 4 个稳定的社团 G_1、G_2、G_3 和 G_4，如图 13.4(c)所示，分别包含 59、52、45 和 11 个初始指标。G_1 社团的指标主要包含防空装备间的指挥通信量、情报传输量及处理效率、防空兵器参战率等与指挥信息相关的性能指标参数。G_2 社团主要有探测率、防区突防率、拦截率、战损率、武器平台发射数量等与体系一体化火力打击相关的参数。G_3 社团主要包括红方地面防空部队实力、模拟数量、红方出动的各型飞机总数、红方感知到的蓝方干扰机开机数量等结构力量类指标。G_4 社团主要包括首次接敌时间和距离、首次开火打击时间和距离、作战 OODA 环时间、红方平均对每架飞机采取的行动次数、网络效率等与体系反应能力性能相关的指标。在方差贡献率阈值为 85％的条件下，社团特征指标数分别有 6、3、2 和 3，而每个特征指标均来自所在社团输入指标的涌现。

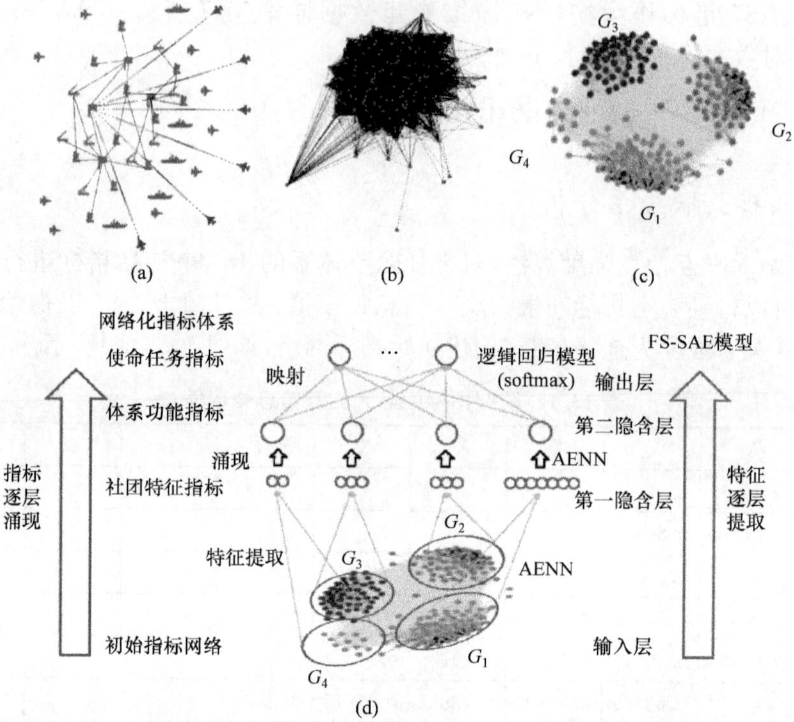

图 13.4　想定背景及网络指标体系模型构建

3. 模型网络结构

可以看出，这 4 个社团代表的功能分别反映防空体系作战中 4 个关键整体性效能，即体系指控效能、体系一体化打击效能、结构力量效能和体系敏捷性效能。可以看出，采用复杂网络社团分析方法得到的社团实际上代表防空体系高层次抽象的 4 大功能模块，对应防空体系作战中相应的体系功能指标，分别定义为指控效能相关指标(C_1)、一体化打击效能相关指标(C_2)、结构力量相关指标(C_3)和体系敏捷性效能相关指标(C_4)。至此，我们构建出从初始指标(X)->社团特征指标(B)->体系功能指标(C)->使命任务指标(Y)这一防空作战体系效能评估的指标网络化体系结构模型，如图 13.4(d)所示。在此基础上，我们构建四层强制稀疏自编码神经网络，其输入层为 167 维的初始指标集，第一隐含层包含 4 个社团共 14 维的社团特征指标集，第二隐含层包含 4 个社团代表的 4 维体系功能指标集，输出层为 1 维的使命任务指标 Y，顶层分类器设计为逻辑回归函数，将数据样本集 T 随机分为训练集(4000 组)、测试集(1000 组)和验证集(1000 组)。

13.4.3　FS-SAE 模型的优化训练

作为对比，我们增加两个网络结构相同、优化算法不同的对比模型，一个是未做任何处理的 SAE 模型，一个是增加稀疏系数的 Sparsed-SAE 模型。从图 13.5 可以看到，稀疏化后的 SAE 模型明显比未作任何处理的模型收敛速度更快，准确率更高；强制稀疏自编码网络由于加入符合数据分布特征的先验知识，模型的性能明显强于传统稀疏自编码神经网络，其校验误差在 5%以下。

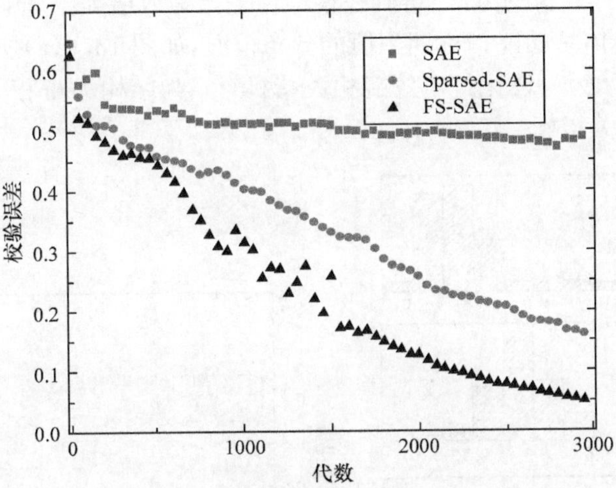

图 13.5　不同模型算法的收敛性比较

训练完成的模型对训练样本集和测试样本集中的样本进行识别，统计 FS-SAE 和 Sparsed-SAE 模型对使命任务判断的准确率，如表 13.2 所示。

表 13.2　FS-SAE Sparsed-SAE 模型对使命任务判断的准确率

模型	训练集识别准确率/%	测试集识别准确率/%
FS-SAE	95	82
Sparsed-SAE	84	73

由此可见，采用 FS-SAE 模型，对训练样本的识别准确率达 95%，具有良好的收敛性能。同时，该模型对测试样本的识别准确率达 82%。对于 Sparsed-SAE 而言，训练集和测试集的识别精度分别达到 84%和 73%，低于相应的 FS-SAE 模型。可见，FS-SAE 模型能够以较高的精度实现对使命任务完成度的判断。同时，该模型结构考虑基于大数据、复杂网络等体系分析得到的先验知识，其节点作为涌现类指标，不仅被赋予相对明确的军事含义，还可以通过模型的连接权重量化级联涌现关系，为解决作战体系能力指标涌现生成机理和体系能力贡献率分析提供基础。

13.4.4 基于 FS-SAE 模型的体系功能指标模型分析和体系贡献率分析

我们将样本数据输入训练完成的 FS-SAE 模型，得到体系功能指标的期望值。通过数据统计分析的方法，得到在使命任务指标取值为 1，即防护要点未被摧毁的情况下，4 个体系功能指标期望值的分布情况，如图 13.6(a)所示。C_1 为指控效能相关指标，C_2 为一体化打击效能相关指标，C_3 为结构力量相关指标，C_4 为体系敏捷性效能相关指标。

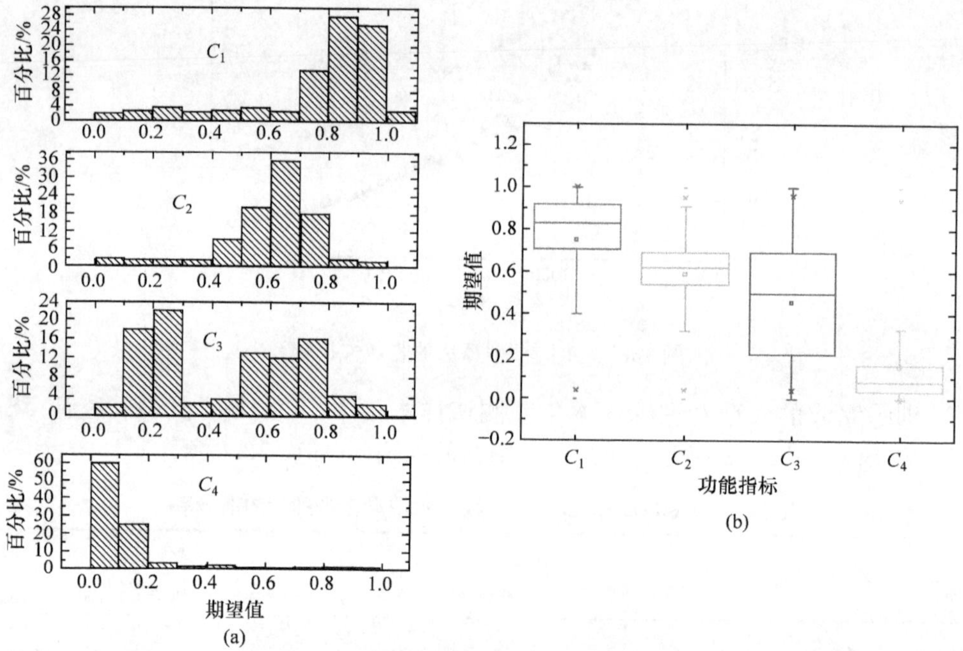

图 13.6 体系功能指标期望值分布情况

同时，我们得到 4 个指标期望值的平均值和取值区间，如图 13.6(b)所示。可以看出，对抗条件下体系功能指标取值不是单一值，而是具有一定取值区间的结果云。结果云的相对集中程度则反映数据样本空间分布内体系功能指标对体系任务完成度的评判准确度和对使命任务指标响应的灵敏度。基于训练得到的 FS-SAE 模型，可以得到 C_4，即体系敏捷性功能指标对任务完成度评估的灵敏性最高。

利用式(13.21)，我们进一步计算体系功能指标对使命任务完成度的相对贡献度。其主要与 FS-SAE 模型分类器的连接权重系数和指标平均期望值相关，在训练完成的模型中，Softmax 分类器的连接权重(w_1, w_2, w_3, w_4)取值为

$$(w_1, w_2, w_3, w_4) = (2.21, 1.17, 0.34, -4.05) \tag{13.23}$$

而 4 个体系功能指标平均期望值分别为(0.75,0.59,0.49,0.15)，由此得出 4 个功能指标对使命任务指标的贡献度分别为

$$\rho(y=1:C_1)=0.55,\quad \rho(y=1:C_2)=0.48 \tag{13.24}$$

$$\rho(y=1:C_3)=0.17,\quad \rho(y=1:C_4)=-3.44 \tag{13.25}$$

由此可以得出以下结论，与体系敏捷性相关的效能指标对防空体系贡献最大，且与使命任务负相关，而体系结构力量指标贡献相对较小。

这样的结果并不代表实际武器装备体系中结构力量相关效能指标对防空体系不重要，恰恰反映实验结果与背景想定和数据采集的一致性。在仿真实验的想定中，红方防空体系的力量部署和编成结构基本不变，变化较大的是蓝方飞行编队的规模、航向、高度等参数，以及红方防空体系侦察、指控、信息、火力等相关参数。在这样的对抗中，防空体系的反应速度和指控效能对体系防空能力的作用相对更加突出，从而验证了模型在回溯分析体系能力形成机制方面的有效性。从另一方面来说，基于仿真大数据和深度学习的体系能力分析往往与想定任务和所采集数据样本分布的特征密切相关。这既能反映体系对抗和自适应带来的体系能力相对性和不确定性，同时也提醒我们数据样本采集的目的性和完备性同样会对体系能力分析带来人为的影响。

13.5　本章小结

本章以联合作战条件下的防空体系作战为背景，以兵棋推演和仿真试验床产生的海量数据为基础，以大数据和复杂网络分析得到的多层网络化指标体系模型框架作为先验知识，构建基于强制自编码神经网络的防空作战体系能力回溯分析模型，实现了网络化指标体系涌现关系的形式化表示、体系功能指标涌现机理分析及其对使命任务相对贡献度的计算。实验表明，FS-SAE 模型不仅具有比传统稀疏自编码神经网络更高的预测准确率，同时还赋予模型隐含节点相对明确的物理含义，为深度分析认知防空体系各功能模块对使命任务完成度的作用及影响机理提供了一种可行的方案，为辅助指挥员监控、管理并控制防空作战体系提供了有效手段。在下一步的工作中，我们将引入时序机制、注意力机制等模型，进一步深入分析防空作战体系的动态演化特性和体系指标在动态条件下的涌现性和贡献度问题。

参考文献

[1] 胡晓峰. 战争工程论——走向信息时代的战争方法学. 北京：国防大学出版社，2013.

[2] 胡晓峰，张昱，杨镜宇，等. 体系仿真试验床：体系评估理论和方法的探索与实践. 论证与研究，2015，31(6)：1-9.

[3] 姚晓毅,郭圣明,胡晓峰,等. 基于 MINE-FNA 组合算法的防空体系指标网构建方法研究. 指挥控制与仿真,2016,1(1):94-100.

[4] Tolk A. The next generation of modeling and simulation: integrating big data and deep learning//Proceedings of the Conference on Summer Computer Simulation,2015:1-8.

[5] Tannahill B,Jamshidi M. System of systems and big data analytics-bridging the gap. International Journal on Computers for Electrical Engineering,2014,40:2-15.

[6] 胡晓峰,贺筱媛,徐旭林. 大数据时代对建模仿真的挑战与思考. 中国科学:信息科学,2014,44(5):676-692.

[7] 张斌,胡晓峰,王燕,等. 体系异常状态分析的初步研. 系统仿真学报,2011,23(11):2494-2499.

[8] 伍文峰,胡晓峰. 基于大数据的网络化作战体系能力评估框架. 军事运筹与系统工程,2016,30(2):26-32.

[9] 伍文峰,胡晓峰,郭圣明,等. 基于多层时序网络的作战体系协同分析. 复杂系统与复杂性科学,2017,14(2):1-10.

[10] 姚晓毅,郭圣明,胡晓峰,等. 基于 RF-GLR 组合机器学习算法的防空体系能力指标挖掘方法研究. 指挥与控制学报,2015,1(3):269-277.

[11] 胡晓峰,张昱,李仁见,等. 网络化体系能力评估问题. 系统工程理论与实践,2015,35(5):1317-1323.

[12] Ding J,Si G,Yang G,et al. Visualization analysis of the capability of weapon system of systems for multi-dimensional indicators. Journal of Systems Engineering and Electronics,2017,28(2): 292-300.

[13] Silver D,Huang A,Maddison C J,et al. Mastering the game of go with deep neural networks and tree search. Nature,2016,529:484-489.

[14] Brown N,Sandholm T. Superhuman AI for heads-up no-limit poker:libratus beats top professionals. Science,2018,359(6374):418-424.

[15] Elaraby N M,Elmogy M,Barakat S. Deep learning: effective tool for big data analytics. International Journal of Computer Science Engineering,2016,5(5):254-262.

[16] 胡晓峰,郭圣明,贺筱媛. 指挥信息系统的智能化挑战——"深绿"计划及 AlphaGo 带来的启示与思考. 指挥信息系统与技术,2016,7(3):1-7.

[17] Guo S M,He X Y,Hu X F,et al. Challenges and trends in intelligent military information system. Control Theory and Applications,2016,33(12):1562-1571.

[18] 陶九阳,吴琳,胡晓峰. AlphaGo 技术原理分析及人工智能军事应用展望. 指挥与控制学报,2016,2(2):114-120.

[19] Goodfellow I,Bengio Y,Courville A. Deep Learning. Cambridge:MIT Press,2016.

[20] Lee M,Bressler S,Kozma R. Advances in cognitive engineering using neural networks. Neural Networks,2017,92:1-2.

[21] Chen Q,Song X,Yamada H,et al. Learning deep representation from big and heterogeneous data for traffic accident inference//The 13th AAAI Conference on Artificial Intelligence,

2016:338-344.

[22] Angermueller C, Pärnamaa T, Parts L, et al. Deep learning for computational biology. Molecular Systems Biology, 2016, 12(7): 1-17.

[23] 张乐,刘忠,张建强,等. 基于自编码神经网络的装备体系评估指标简约方法. 中南大学学报,2013,44(10):4130-4137.

[24] 欧微,柳少军,贺筱媛,等. 基于时序特征编码的目标战术意图识别算法. 指挥控制与仿真,2016,38(6):36-41.

[25] Luong M T, Pham H, Manning C D. Effective approaches to attention-based neural machine translation//Proceedings of the 2015 Conference on Empirical Methods in Natural Language Processing, 2015: 1412-1421.

[26] Sukhbaatar S, Weston J, Fergus R. End-to-end memory networks//Advances in Neural Information Processing Systems, 2015: 2440-2448.

[27] Mnih V, Kavukcuoglu K, Silver D, et al. Human-level control through deep reinforcement learning. Nature, 2015, 518: 529-541.

[28] David N R, Yakir A R, Hilary K F. Detecting novel associations in large data sets. Science, 2011, 334(6062): 1518-1524.

[29] Girvan M, Newman M E J. Community structure in social and biological networks. Proceedings of the National Academy of Sciences, 2002, 99(12): 7821-7826.

[30] Martinez A M, Kak A C. PCA versus LDA. IEEE Transactions on Pattern Analysis & Machine Intelligence, 2002, 23(2): 228-233.

[31] Meng L, Ding S, Zhang N, et al. Research of stacked denoising sparse autoencoder. Neural Computing and Applications, 2018, 30(2): 2083-2100.

[32] Bengol Y, et al. Deep learning tutorial. http://www.deeplearning.net[2014-12-1].

[33] Zhou X, Guo J, Wang S. Motion recognition by using a stacked autoencoder-based deep learning algorithm with smart phones//Proceedings of the International Conference on Wireless Algorithms, Systems, and Applications, 2015.

[34] Wu W, Hu X, Guo S, et al. Methods of analyzing combat SoS coordination pattern based on temporal motif//Proceedings of the Asian Simulation Conference, 2016: 544-554.

第 14 章 面向体系能力分析的体系异常状态分析与适应性结构分析

现代作战体系具有网络中心、信息主导、体系支撑的基础属性，整体性特点极为突出。从能力角度看，其战斗力生成机制也更为复杂，难以通过规模数量的简单累加、性能指标的线性叠加来评估衡量。状态决定水平、结构决定功能，探索从体系全局的状态与结构层面，挖掘体系宏观特征，有助于扩展和深化对体系能力评估测度的认知。

14.1 体系异常状态分析

14.1.1 体系异常状态的概念与类型

1. 体系异常状态的概念

体系达到其功能目标的过程是一个动态演进过程，包括短程动态条件下的对抗演化，如作战背景下武器装备体系对抗，其演化是一种激烈对抗过程。同时，体系演化也包括在其长期建设中，不断满足需求调整，而逐步对结构、要素进行优化的过程，如体系发展路线图，就是对体系建设演化的一种形象表示，反映体系长期的演化过程[1]。这里重点讨论体系对抗条件下的异常状态，部分方法也可以应用到体系建设能力评估评价中。

体系异常是在体系状态转化的时机出现，具备较强时间特性。其产生原因主要是由于体系对抗的存在，使体系组分能力、组分规模和体系结构剧烈变化，并依托体系关联结构，接续形成网络化扩散与级联反应，影响体系进一步演化方向。

体系的异常状态。体系状态 $\text{State}(\text{SoS})_t$ 是 t 时刻对应的体系状态，将其时变序列记为

$$\{\text{State}(\text{SoS})_1, \text{State}(\text{SoS})_2, \cdots, \text{State}(\text{SoS})_t, \cdots\} \tag{14.1}$$

对应时刻的体系能力记为

$$\{\text{Cap}(\text{SoS})_1, \text{Cap}(\text{SoS})_2, \cdots, \text{Cap}(\text{SoS})_t, \cdots\} \tag{14.2}$$

一定时刻的体系状态决定该时刻的体系能力，即

$$\text{State}(\text{SoS})_t \rightarrow \text{Cap}(\text{SoS})_t \tag{14.3}$$

不同时刻 $t1$ 与 $t2$，体系能力的变化度量记为

$$\| \mathrm{Cap}(\mathrm{SoS})_{t1} - \mathrm{Cap}(\mathrm{SoS})_{t2} \| \tag{14.4}$$

若存在 T 时刻,使

$$\| \mathrm{Cap}(\mathrm{SoS})_{T} - \mathrm{Cap}(\mathrm{SoS})_{t} \| > \xi \tag{14.5}$$

则称 $\mathrm{State}(\mathrm{SoS})_T$ 为相对于 $\mathrm{State}(\mathrm{SoS})_t$ 的体系异常状态,其中 ξ 为体系状态异常判别阈值,是对体系能力增量的评判。

2. 体系异常状态的类型

从体系能力构成的结构、规模和能力的角度来看,体系异常状态包括体系的关联结构异常、组分规模异常和局部能力异常。

体系关联结构异常是指体系组分间的关联关系发生了明显改变,并导致体系能力显著变化。体系关联结构是体系状态的首要特征,同时也决定体系能力属性。体系演进中的优化、毁伤或重构等过程,导致体系网络化关联结构的变化,进而导致体系整体能力的类型与大小变化[2]。例如,战场通信网络关联结构特征由树状结构变化为网状结构,将对通信能力,乃至作战能力生成模式产生较大影响。

体系组分规模异常主要指由于体系组分规模数量发生改变,导致体系能力显著变化。体系能力以一定规模的体系组分为基础,如果体系组分规模变化过大,则可能会导致体系能力临界现象的产生。例如,有国外文献指出[3],针对互联网进行一次有组织的恶意攻击,当攻击使5%～10%的集散节点同时失效时,就能使因特网彻底瘫痪。

体系局部能力异常是指体系局部组分的能力发生明显改变,并导致体系能力显著变化。体系能力是体系各组分系统能力的整体涌现,组分能力是局部的或部分的体系能力,它的变化也可能导致体系能力类型与能力大小变化。例如,防空反导体系中的预警雷达被干扰压制将导致预警探测能力的衰减,从而使防空反导体系整体防御能力大幅削弱。

体系关联结构异常与体系组分规模异常都属于体系结构方面的异常状态。二者区别在于前者强调组分关联关系的显著改变,而组分数量未必减少,多发生在体系组分交互的信息域层面;后者强调的是组分数量的剧烈变化,多发生在体系的物理域层面。

14.1.2　体系异常状态判定方法研究

1. 体系关联结构异常判定方法

设体系 SoS 在 t 时刻的结构参数记为

$$\| \mathrm{Formation}(\mathrm{SoS}_t) \| \tag{14.6}$$

若存在 T 时刻,有

$$\| \text{Formation}(\text{SoS}_t) \| = \| \text{Formation}(\text{SoS}_t) \| + \Delta \tag{14.7}$$

其中，Δ 为结构参数的增量，且有

$$\| \text{Cap}\ (\text{SoS})_T - \text{Cap}\ (\text{SoS})_t \| > \xi \tag{14.8}$$

则称体系在 T 时刻产生相对于 t 时刻的体系关联结构异常。

在体系能力较难定量描述时，研究体系结构异常引发的体系能力变化可以弱化为体系结构参数变化。体系结构特征参数可以采用如表 14.1 所示的结构参数，即节点数 n、边数 m、连通度 κ 等[4]，比较 T 时刻的图 G_T 和 $T+\Delta$ 时刻图 $G_{T+\Delta}$ 对应参数的变化，来判定是否产生结构异常。

表 14.1　结构参数示例

图	n(节点数)	m(边数)	κ(连通度)
G_T	$n(G_T)$	$m(G_T)$	$\kappa(G_T)$
$G_{T+\Delta}$	$n(G_{T+\Delta})$	$m(G_{T+\Delta})$	$\kappa(G_{T+\Delta})$

2. 体系组分规模异常判定方法

设体系 SoS 在 t 时刻的规模为 $\| \text{SoS}_t \|$，若存在 T 时刻，使

$$\text{SoS}_T = \text{SoS}_t + \Delta \tag{14.9}$$

且有

$$\| \text{Cap}(\text{SoS})_T - \text{Cap}(\text{SoS})_t \| > \xi, \quad t < T \tag{14.10}$$

则称体系在 T 时刻相对于 t 时刻产生组分规模异常，其中 ξ 为组分规模异常阈值。

体系规模往往指体系可度量的组分系统个数之和，也是形成体系能力所必需的基础性要素。在某型武器装备体系中，是指构成体系的各类独立的武器装备的数目，而不是各类武器平台的载荷总量。在体系能力较难定量描述时，研究体系规模异常引发的体系能力变化可以弱化为组分规模的变化。采用数学分析方法对组分规模异常进行确定，可将组分规模(数量)的变化表示为以时间为自变量的体系规模函数，例如可选取战损曲线中的尖点、极值点和拐点，来确定组分规模的异常变化，如图 14.1 所示。

14.1.3　体系局部能力异常判定方法

1. 体系局部能力异常判定

设体系 SoS 组分 C_i 在 t 时刻对体系能力的贡献为 $\text{Cap}(C_i)_t$，若存在 T 时刻，有

$$\text{Cap}(C_i)_T = \text{Cap}(C_i)_t + \Delta \tag{14.11}$$

且有

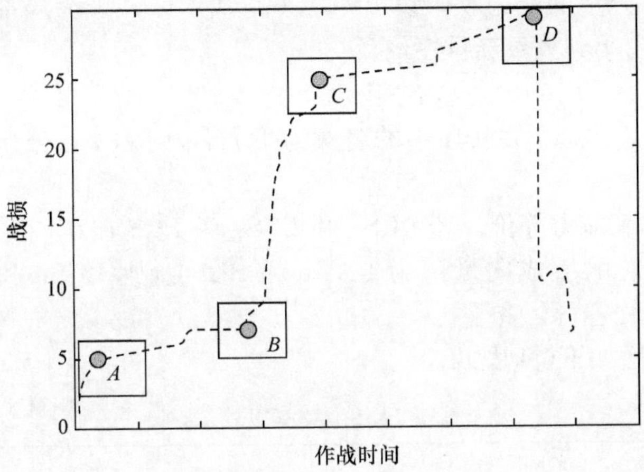

图 14.1　战损曲线中的规模异常

$$\| \mathrm{Cap}(\mathrm{SoS})_T - \mathrm{Cap}(\mathrm{SoS})_t \| > \xi, \quad t < T \tag{14.12}$$

则称体系在 T 时刻产生相对于 t 时刻基于组分 C_i 的局部体系能力异常，其中 ξ 为组分能力异常判定阈值。

体系局部能力是该体系组分对体系能力的贡献，是部分的或者局部的体系能力。不同于体系能力的整体性和抽象性，组分能力往往是具体的和易于度量与理解的。

2. 基于 ASACT 方法的局部能力异常判定

ASACT(abormity state analysis by compatible test)方法是基于相容性检验[5]的异常判定方法，通过统计学显著性特征的判别实现异常能力的判别评价。首先，对体系局部能力的生成向量和局部体系能力的秩进行定义。

体系局部能力的生成向量。假设体系局部能力 LCS 对应体系能力 Cap(SoS) 划分中的 Cap_j，若

$$\mathrm{SCap}_i = \{\mathrm{SCap}_i^1, \mathrm{SCap}_i^2, \cdots, \mathrm{SCap}_i^m\}, \quad 1 \leqslant i \leqslant n \tag{14.13}$$

则每个组分关于 Cap_j 的能力值构成的向量称为该体系局部能力的生成向量，记为 BVL。

例如，在防空反导体系中，探测网构成的探测能力是一种由传感器构成的局部体系能力，若将传感网中每个探测节点的探测覆盖率作为该传感器的探测能力，则由这 n 个传感器探测面积构成的向量称为关于探测能力这一体系局部能力的生成向量，可表示为

$$\mathrm{BVL} = (v_1, v_2, \cdots, v_i, \cdots, v_n) \tag{14.14}$$

其中，V_i 为传感器 i 的探测覆盖率。

生成向量各分量的能力秩。设 $BVL=(V_1,V_2,\cdots,V_n)$ 为局部体系能力生成向量，将各分量由小到大重新排序，有

$$V_1^* \leqslant V_2^* \leqslant \cdots \leqslant V_n^* \tag{14.15}$$

如果 $V_k=V_j^*$，即 V_k 在排序中的名次为第 j 名，则称 j 为分量 V_k 的能力秩，记作 r_k。

两个局部体系能力等价。若 LCS_{T1} 和 LCS_{T2} 为 LCS 在 T_1 和 T_2 时刻的局部体系能力，其对应的生成向量记为 BLV_{T1} 和 BLV_{T2}，则 LCS_{T1} 和 LCS_{T2} 等价 $\Leftrightarrow$ BLV_{T1} 和 BLV_{T2} 相容。

ASACT 算法如下(算法 14.1)。

算法 14.1　ASACT 算法

Begin

① 设 $X=(X_1,X_2,\cdots,X_n)$ 和 $Y=(Y_1,Y_2,\cdots,Y_n)$ 为两个局部体系能力生成向量，将两个向量的全部分量由小到大排序，得到如下次序统计量 $Z_1 \leqslant Z_2 \leqslant \cdots \leqslant Z_{2n}$；

② 如果 $X_k=Z_j$，则记 $r_k(X)=j$；如果 $Y_k=Z_i$，则记 $r_k(Y)=i$；

③ 以 X 能力秩的和 $T=\sum_{k=1}^{n_1} r_k(X)$ 作为检验体系能力是否相同的标准统计量，表 14.2 给出 Wilcoxon-Mann-Whitney 的对秩和的检验方法。该表给出了满足 $P\{T_1<T<T_2 \mid A\}=1-\alpha$ 的 α 与 T_1 和 T_2 的关系的数值。事件 A 表示不同状态下对应的局部体系能力对生成向量相容的事件。如果满足一定的显著性水平，则称该组分能力产生异常；反之，则没有；

End

表 14.2　相容性检验表

n_1	n_2	$\alpha=0.025$		$\alpha=0.05$	
		T_1	T_2	T_1	T_2
2	4			3	11
2	5			3	13
2	6	3	15	4	14
7	7	37	68	39	66

3. 方法应用示例

A 方干扰机对 B 方传感器探测网实施电子干扰，现对干扰效果进行评价。在此问题中，待评价的体系能力为 B 方 7 个传感器组成的探测网的探测能力。该体系能力是由探测网内部独立组分通视能力共同形成的一种同质的局部体系能力。体系环境主要是 A 方干扰机影响下的电磁环境背景。

将该探测网体系和局部体系能力关联组分集合记为

$$\text{SCCLCS}=\text{SoS}=<S_1,S_2,\cdots,S_7> \tag{14.16}$$

以该传感器的通视率代表该传感器的探测能力，可以由仿真系统通视性计算得到，记为

$$V_{si},\quad i=1,2,\cdots,7 \tag{14.17}$$

则在电子干扰环境下，体系局部能力基础向量为 7 维向量，记为

$$\text{BVL}=(V_{S1},V_{S2},\cdots,V_{S7}) \tag{14.18}$$

在 A 方不实施干扰的条件下，经过仿真计算，此时由 B 方探测网的各传感器通视率构成的关于探测能力的局部体系能力生成向量为

$$\text{BVL}_{无干扰}=(0.2000,0.2832,0.4685,0.3594,0.5479,0.9973,0.8022)$$

在 A 方实施一定强度的干扰措施下，局部体系能力生成向量为

$$\text{BVL}_{干扰}=(0.1839,0.1639,0.3566,0.1940,0.2932,0.7655,0.6000)$$

易见，探测网内部各传感器的探测能力有所下降，进一步采用相容性检验来判别这种差异程度能否达到一定的统计学上的显著程度。将两个局部体系能力生成向量的各个分量进行排序（表 14.3），取显著性水平为

$$\alpha=0.025$$

在无干扰条件下，对应分量的能力秩进行相加（和为 62），即

$$T=4+5+7+9+10+13+14$$

根据秩检验表，可以发现当组分数量为 7 时，T 介于 $T1$ 和 $T2$，因此满足相容性，反映当前干扰强度下，导致的探测能力下降没有满足统计学上的差异显著程度，即从整体上体系能力差异没有发生质的变化。

表 14.3　干扰条件下的探测数据

秩排序	1	2	3	4	5	6	7
无干扰条件	0			0.20	0.28		0.36
干扰条件	0.16	0.18	0.19			0.29	
秩排序	8	9	10	11	12	13	14
无干扰条件		0.49	0.55			0.80	0.99
干扰条件	0.36			0.60	0.77		

A 方增加干扰强度，此时在不实施干扰的条件下，B 方探测网的各传感器通视率构成的关于探测能力的局部体系能力生成向量不变，即

$$\text{BVL}_{无干扰}=(0.2000,0.2832,0.4685,0.3594,0.5479,0.9973,0.8022)$$

在 A 方增强干扰的条件下，仿真计算得到的 B 方局部体系能力生成向量变为

$$\text{BVL}_{干扰}=(0.839,0.0839,0.2591,0.0967,0.0969,0.0861,0.0000)$$

进一步，采用相容性检验来判别这种差异程度能否达到一定的统计学显著程

度。对两个局部体系能力基础向量的各个分量进行排序(表 14.4),取显著性水平 $\alpha=0.025$,此时能力秩的和 $T=7+9+10+11+12+13+14=76$。根据秩检验表,发现当组分数量为 7 时,$T > T2$,反映在增加干扰强度后,导致 B 方探测能力下降并满足相应的差异显著程度,体系能力发生较大改变,A 方干扰效果明显。

表 14.4 加强干扰力度后的探测数据

秩排序	1	2	3	4	5	6	7
无干扰条件							0.20
干扰条件	0.00	0.08	0.08	0.09	0.10	0.10	
秩排序	8	9	10	11	12	13	14
无干扰条件		0.28	0.49	0.36	0.55	0.80	0.99
干扰条件	0.26						

14.1.4 体系异常状态回溯分析研究

1. 回溯中的因果关系

体系异常状态回溯是指利用相关方法来确定导致当前 T 时刻体系组分状态产生的因果关系,可定义如下。

回溯中的因果关系。令 $e=\text{Event}(x)$ 为实体 x 于时间 t 的一个事件,$\text{State}^T(x')$ 为体系组分 $x'(x'\neq x)$ 于时间 $T(T>t)$ 的状态,若存在 x 的事件 e 在 x' 上的总效用 $A(x,x')_T$,则称 e 是 $\text{State}^T(x')$ 的一个原因,记为 $C(e,\text{State}^T(x'))$。

这种因果关系一般具有两种形式,如图 14.2 所示。潜在的因果关系是指关于组分或事件关联的一种推测和估计,它是由体系演化不确定性导致的,即 e 不是 $\text{State}^T(x')$ 的充要条件。直接的因果关系则是具有明确的逻辑先后顺序,即 e 是 $\text{State}^T(x')$ 的充要条件,$A(x,x')_T$ 全部来自事件 e。

2. 回溯中的因果分析

因果分析主要解决为什么的问题,是指为了确定引起某一现象变化的原因分析。在装备体系论证领域,进行科学性强、实用性强的因果分析,对探索基于信息系统武器装备体系效所能涌现的内在成因关联,梳理武器装备体系作战能力生成的基本规律,解释装备体系论证实验中出现的复杂现象,具有很强的应用价值。

因果关联分析主要涉及两个方面的研究,如图 14.3 所示。因果关系的逆推分析,即由结果探索原因的分析。因果关系的正向分析,在特定武器装备体系编组和运用模式下,研究效能的变化趋势,即由原因探索后果的分析。

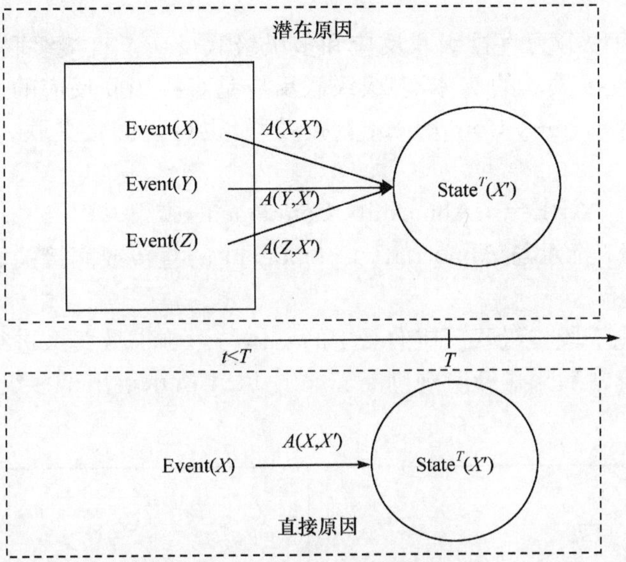

图 14.2　因果关系

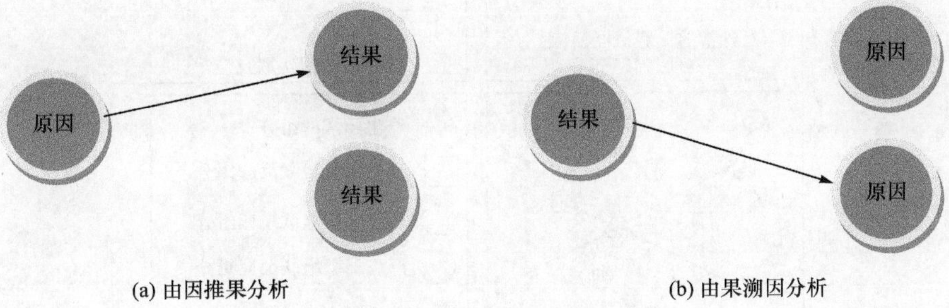

图 14.3　因果分析的两种基本模式

3. 体系异常状态级联反应分析

体系异常状态级联反应是对异常状态后续影响进行的评估。体系的层次间，以及组分间的关联会导致异常状态的影响在体系演化过程中发生扩散，产生级联反应。如果影响结果扩散至体系关键节点，必然会改变体系演化方向和体系能力发挥。

若将体系异常级联反应简记为 ARE(abnormity ripple effect)，可用异常状态影响到的组分集合代表 ARE，即

$$\text{ARE}=<\text{Abnormity Component}, C_1, \cdots, C_n> \tag{14.19}$$

其中，Abnormity Component 为发生异常的组分；C_i 为 Abnormity Component 影

响的组分。

级联反应可以分为直接级联反应和多级级联反应。直接级联反应是指与发生异常的组分直接关联的实体，多级级联反应是直接级联反应的进一步扩散，所以 C_i 可以与 Abnormity Component 直接关联，也可以间接关联。此时，ARE 可记为

$$\text{ARE}=<\text{Abnormity Component}, C_1^1, \cdots, C_n^i> \tag{14.20}$$

其中，C_n^i 的上标 i 标示与 Abnormity Component 的直接或间接关联关系，反映级联反应的层次。

结合可视化手段将级联反应向量中的实体与影响扩散关系进行态势显示，以便分析人员对异常后果进行直观判断。如图 14.4 所示给出了多级级联反应的可视化形式。

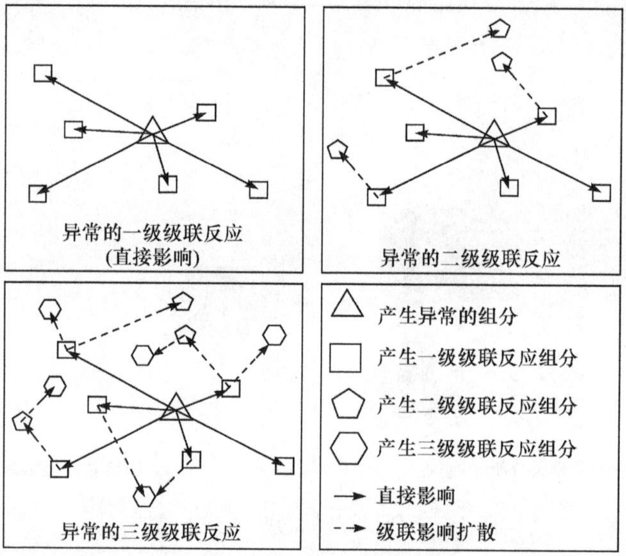

图 14.4　多级级联反应及可视化形式

14.2　体系适应性的结构分析

从复杂系统理论和组织行为学观点看，个体适应性造就群体复杂性，破解适应性产生条件和演化机制，才有可能降解复杂性。简单来看，体系的适应性具有两个方面的特点。

① 两层级的结构性，体系要素既要满足使命任务需求，又要对局部战场态势加以独立研判处置。全局约束与局部行为相互作用、互为条件。

② 能力层的收敛性，体系组分间多是协调、合作关系，即便出现偶发的对抗行为，也是体系能力优化过程中的螺旋上升。其结果最终收敛形成能力。

未来战场，边缘力量将为主宰，体系更趋于敏捷，网络化、态势图、高机动、强火力，驱动战力向末端一线兵力装备靠拢，体系全系统、全要素的战场适应性问题将更加突出。

14.2.1　体系适应性的分析

1. 适应性与涌现

适应性是涌现的原因。体系适应性主要表现在内部组分系统与系统的交互、组分系统与体系环境的交互、人与组分系统的交互。交互行为既包括协作，也包括竞争，但目的都是通过个体的主动适应来维持体系整体的涌现性。对涌现性的原理分析，可类比热力学对力学的提升。描述少量粒子运动规律和相互作用的科学，统称为力学，如经典力学、量子力学，而由少量粒子组成的系统，可以称为力学系统，描述力学系统这一类简单系统，它的元素基本特性可以从自然科学的基础理论中找到描述方法，即使方程复杂一些，原则上也可以得到很好的模拟效果。对于由大量具有自主特性的组分构成的宏观系统而言，线性的力学方法是无能为力的，即使知道宏观系统的精确组成和全部微观作用，也无法刻画出宏观系统的演变方程和全部的初始条件。热力学在描述这一类宏观系统时，通过对大量微观的力学运动统计平均，建立从微观描述过渡到宏观描述的基本方法，采用温度、体积、压力、能量、熵，以及比热等，可以构建完全不同于力学指标的测量体系[6]。目前，对装备系统层的性能、效能和交互作用描述，已经具备很好的基础，但刻画体系，似乎还没有找到很恰当的指标体系通过对装备间交互作用，特别是适应性特征分析，从更高层次描述体系的涌现性、整体性和不确定性。

2. 体系的适应性

体系是一类特殊的复杂系统，其适应性与一般的复杂系统也不尽相同。作为特殊复杂系统，其殊性主要体现在体系能力的产生，这是体系适应性的目的和最终结果。体系适应性不是元胞自动机式的、对局部环境的单一适应性行为[7]，而是依据体系使命，并在体系使命牵引下的适应，更呈现出一种结构化特点，包括体系任务与使命约束下的全局适应性和体系组分态势感知下的个体局部适应性。

14.2.2　适应性的产生机制

体系适应性的产生是由体系独特的背景环境和适应性结构导致的，包括体系的信息环境、体系组分的局部适应性和体系组分的全局适应性。

1. 体系的信息环境

体系组分的适应性是依托体系所处的信息交互环境实现的，这种基于信息的交互机制与简单系统组分间物理交互机制存在区别。

体系信息环境 $E(\mathrm{SoS})$是指与体系存在信息关联的体系外部组分的集合。

体系的本质是系统。系统科学理论中的系统是指由相互联系、相互制约、相互依存的若干组成部分(要素)结合在一起形成的具有特定功能和作用规律的有机整体。例如，自行车和火炮，它们都是由各自的组成部分按照特定的框架结构和运行结构组合在一起的整体，可以实现既定的系统功能。较为典型的体系多指国家经济体系、国家政治体系、国家战争体系、联合作战体系和武器装备体系等[7]。这些体系都是由相互联系、相互制约的组成部分构成的，且具有特定功能和作用机理。体系的信息环境是体系区别于简单系统的标准之一。有观点认为凡系统必涌现，例如将自行车的骑行能力作为一种涌现，认为其是车把、轮胎等部件集成后的整体表现，又如将桌子由桌腿，桌面形成的承载功能作为涌现的整体表现。如图 14.5 所示，体系多是指通过体系组分间大量和普遍的信息交互过程耦合而在整体上所呈现出的能力，而不是指由物理上的力学关系促成的能力，一定规模的信息交互是区别简单系统和体系的重要前提。

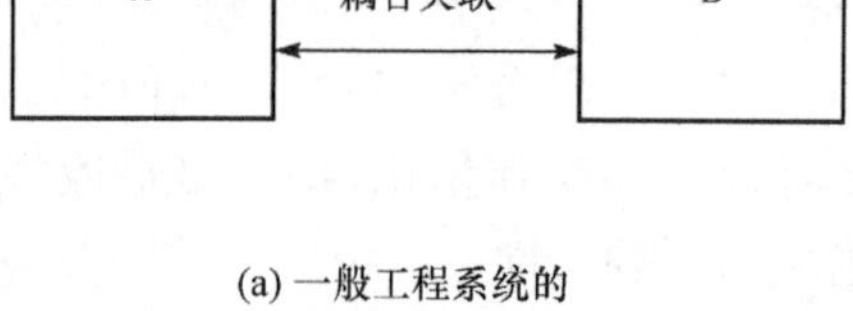

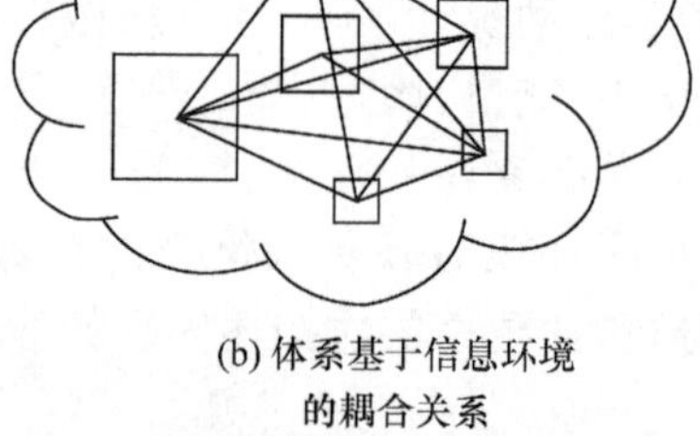

图 14.5　一般工程系统与体系的耦合关系对比

2. 体系组分局部适应性

体系组分在 T 时刻的行为能力 $\mathrm{Entity}_T(n)$，是指由 n 种可能的实体行为 $b(1),\cdots,b(i),\cdots,b(n)$构成的整体，记为

$$\mathrm{Entity}_T(n)=\{b(i)\mid i=1,2,\cdots,n;n\geqslant 1\} \tag{14.21}$$

设 ϕ 为体系组分个体的适应性函数，若

$$\phi(b(m))=\max\{\phi(\mathrm{Entity}_T(n))\} \tag{14.22}$$

则体系组分选取 $b(m)$为体系组分 T 时刻的行为。由此规则确定体系组分适应性

行为的机制称为体系组分的局部适应性，记为 $\text{Adaption}_{\text{local}}$。

体系组分的局部适应性与复杂适应系统中的适应性是一致的，都是指体系组分依据个性偏好而采取自主行为的特性，是一种类似元胞自动机式的适应行为，并不强调复杂体系整体功能和使命牵引。

3. 体系组分全局适应性

体系组分在 T 时刻的行为能力 $\text{Entity}_T(n)$ 是指由 n 种可能的实体行为 $b(1),\cdots,b(i),\cdots,b(n)$ 构成的整体，记为

$$\text{Entity}_T(n)=\{b(i)\,|\,i=1,2,\cdots,n;n\geqslant 1\} \tag{14.23}$$

设 φ 为体系组分的由体系任务确定的全局适应性函数，若

$$\varphi(b(m))=\max\{\varphi(\text{Entity}_T(n))\} \tag{14.24}$$

则体系组分选取 $b(m)$ 为体系组分 T 时刻的行为。由此规则确定体系组分适应性行为的机制称为体系组分的全局适应性，记为 $\text{Adaption}_{\text{sos}}$。

体系组分的全局适应性是在使命任务约束下的一种适应。这种约束可能是作战条令、作战计划、作战规则等。体系组分不能完全依靠个性偏好来选择个体对环境的适应性行为，必须服从体系整体使命要求，是一种有限度的适应性。为了区别 $\text{Adaption}_{\text{local}}$，可将其定义为体系组分的全局适应性。

4. 体系适应性的弱结构

① 体系 $\text{SoS}(n)$ 是指由 n 个存在关联的组分 $e(1),\cdots,e(i),\cdots,e(n)$ 构成的整体，记为

$$\text{SoS}(n)=\{E(n),R_z^*\} \tag{14.25}$$

$$E(n)=\{e(i)\,|\,i=1,2,\cdots,n;n\geqslant 2\} \tag{14.26}$$

其中，R_z^* 表示部分 $e(1),\cdots,e(i),\cdots,e(n)$ 间存在关联的集合。

② 弱结构关联 $R_{ij}^{\text{local}}(t)$ 是指在 t 时刻组分 $e(i)$ 对 $e(j)$ 由组分的局部适应性 $\text{Adaption}_{\text{local}}$ 产生的作用因子，$e(i)$ 通过该作用因子对 $e(j)$ 产生作用，使 $e(i)$ 和 $e(j)$ 间产生一定的弱结构关联关系（图 14.6），其中 $s_i(t)$ 和 $s_j(t)$ 分别表示 $e(i)$ 和 $e(j)$ 的状态。

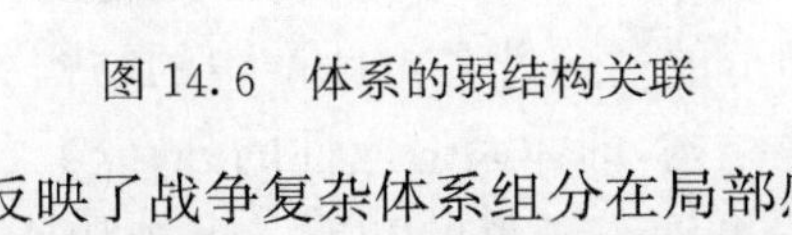

图 14.6　体系的弱结构关联

体系的弱结构关联反映了战争复杂体系组分在局部感知的条件下，由自发的适应性而产生的结构上的关联关系。如果界定在作战体系或者武器装备体系，则

反映组分在体系对抗状态发生剧烈改变时,出现与预设情况不符的局部态势。此时,作战实体或装备实体自行采取的临机行为。

③ 体系 SoS(n)在 t 时刻具有关联 $R_{ij}^{\text{local}}(t)$($1\leqslant i,j\leqslant n;n\geqslant 2$),那么所有弱结构关系 $R_{ij}^{\text{local}}(t)$的集合称为体系的弱结构。

体系的弱结构是指在体系运行期间,体系组分依据局部适应性,自发形成和解除与其他组分关联关系的一种结构特征。

5. 体系适应性的强结构

① 强结构关联 $R_{ij}^{\text{SoS}}(t)$是指在 t 时刻组分 $e(i)$对 $e(j)$由组分的全局适应性 $\text{Adaption}_{\text{SoS}}$产生的作用因子,$e(i)$通过该作用因子对 $e(j)$产生作用,使 $e(i)$和$e(j)$间产生一定的强结构关联关系(图 14.7),其中 $s_i(t)$和 $s_j(t)$分别表示$e(i)$和 $e(j)$的状态。

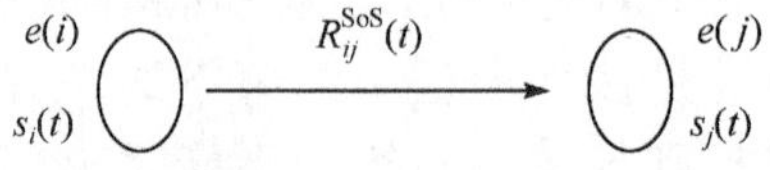

图 14.7　体系的强结构关联

体系的强结构关联反映战争复杂体系组分为了适应体系整体使命任务,组分对全局适应性而产生的结构上的关联关系。在作战体系或者武器装备体系中,强结构关联反映组分根据预设的作战任务、计划和规则而产生的适应性交互行为。

② 体系 SoS(n)在 t 时刻具有关系 $R_{ij}^{\text{SoS}}(t)$($1\leqslant i,j\leqslant n;n\geqslant 2$),那么所有强结构关系 $R_{ij}^{\text{SoS}}(t)$的集合称为体系的强结构。

体系的强结构是指面向体系的整体使命,依据体系任务进行设计或逐步演化的结果,具有明显的需求牵引驱动。在体系运行期间,它承担着支撑体系运行的主要任务。体系的强结构是体系的基础性结构,是体系有序性的表现。

6. 体系适应性耦合结构

基于这种体系结构特性,使体系对于简单系统而言,在能力方面得到提升。从宏观角度来讲,体系能力的出现需要依托一定的体系结构,该结构要相对稳定。即便在体系形成初期,体系结构有待优化,只要结构能够很好地适应体系使命要求及调整,在体系全局适应性 $\text{Adaption}_{\text{SoS}}$的作用下,随着体系演化过程,组分间的正、负反馈作用的积累,组分的适应性和由此产生的结构关联关系会被不断加强,形成比较稳定的体系关联结构,即体系适应性的强结构。同时,在强结构下,体系还需要具备对局部关联关系动态调整的功能。这种功能是根据体系局部适应性 $\text{Adaption}_{\text{local}}$形成的体系局部、暂时的关联结构,主要发生在体系运行期间。特别是，在对抗的体系环境中，对抗越激烈，这种特性就越明显。体系的弱结构也是体系组分适应性的典型表现。体系的适应性就是这样一种强弱结构的整体耦合，如图 14.8 所示。

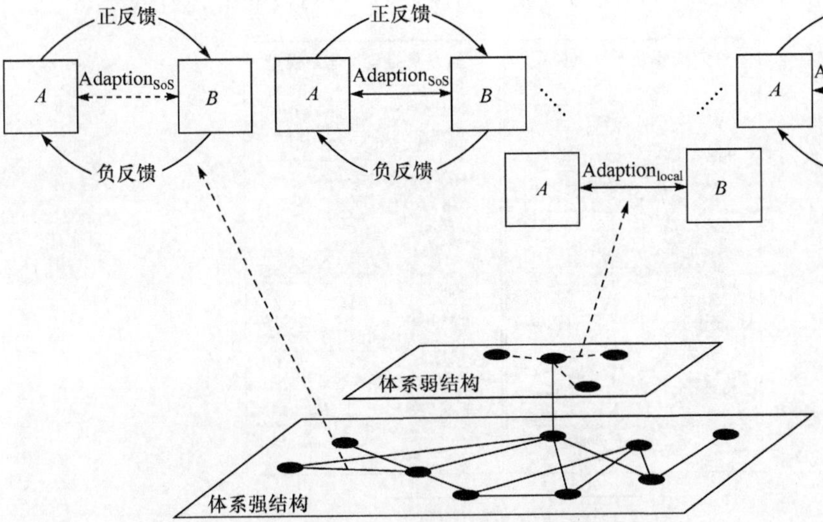

图 14.8　体系适应性强弱结构的耦合

14.2.3　基于约简的适应性结构分析

对体系形式进行必要的约简能够达到简化体系问题的目的，实现一定程度上的体系能力评估，而体系的功能划分和逻辑划分是其最基本的划分依据。

1. 功能结构约简与逻辑结构约简

(1) 功能约简

若体系能力由 k 种体系局部能力构成，即

$$\text{Capability(SoS)}=\{\text{Cap}_1,\text{Cap}_2,\cdots,\text{Cap}_K\} \tag{14.27}$$

对于每种体系局部能力 Cap_i，是通过 n 个体系组分 $e_{i1},e_{i2},\cdots,e_{in}$ 形成的，记为

$$\text{S}(\text{Cap}_i)=\{e_{i1},e_{i2},\cdots,e_{in}\} \tag{14.28}$$

则体系按功能划分可记为

$$\text{SoS}=\{S(\text{Cap}_1),S(\text{Cap}_2),\cdots,S(\text{Cap}_k)\} \tag{14.29}$$

通过提取不同的 $S(\text{Cap}_i)$ 进行体系的功能约简。功能约简方法易于实现，如对作战体系就可以按照通信能力、指控能力、预警探测能力、火力能力来进行划分，约简可以得到关于这些局部体系能力的结构形式。一般来讲，对通信能力的约简得到的是战场通信网络的拓扑结构，按指控能力的约简得到的是战场指控网络的拓扑结构。

如图 14.9 所示为对红蓝双方武器装备体系按空中指挥关系约简的示例，其中体系局部能力定义为空中指挥，约简结果将给出双方的空中指挥结构。约简结果表明，虽然红蓝双方的武器装备体系结构分别具有中心节点和无尺度特性，但在空中指挥层次上都表现出相同的链接均匀性，不具备明显的中心节点。

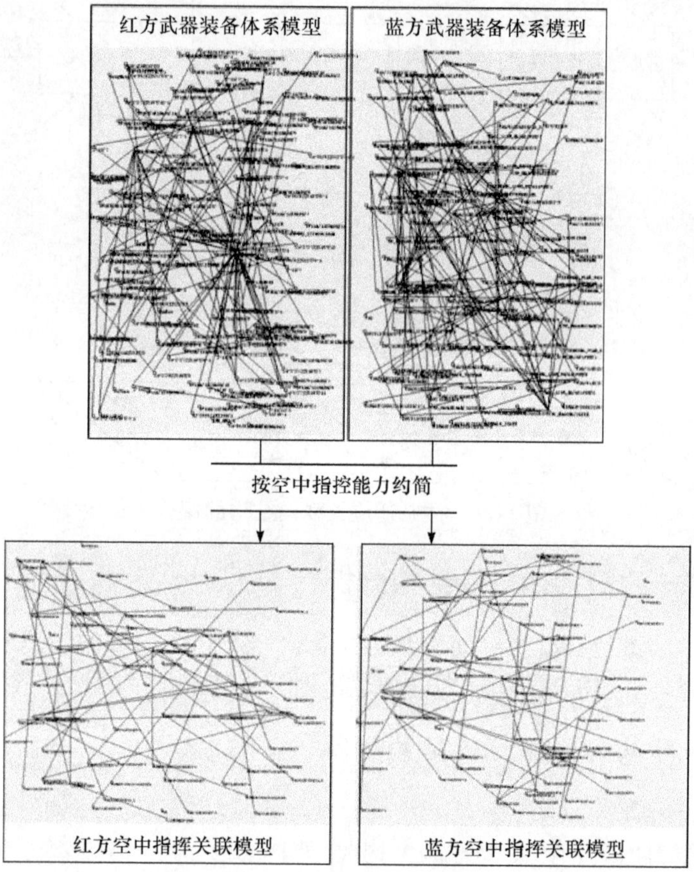

图 14.9　按空中指挥关系约简的示例

(2) 逻辑约简

复杂体系各组分的适应性，主要体现在关联关系上，但由于要素多、关联复杂，如果将组分抽象为节点，适应性抽象为边，则形成的适应性形态描述使体系结构很难辨识，不利于复杂决策问题的表述与分析，也很难区分强结构与弱结构。功能约简虽然便捷，但简化结果有可能破坏体系局部结构的完整性。从这个角度来看，还需要研究。通过逻辑关系，而不指定特定属性下的约简分析方法。依据二层四级[8]的体系结构层级模型，功能约简是在组分系统层对系统性能和效能的功能约简；逻辑约简是在使命任务层次，对涌现行为或依据体系目标任务进行的约简，如图 14.10 所示。

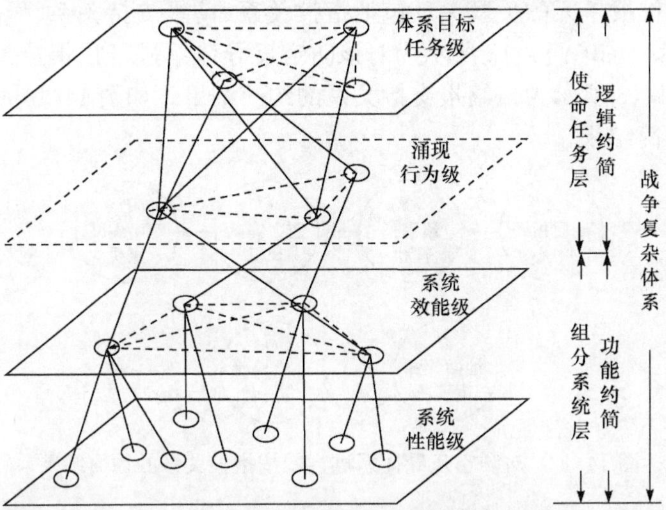

图 14.10　功能约简与逻辑约简

按照体系内在逻辑关系进行约简，可以将体系划分为具有特定逻辑关系的子体系。体系的某种逻辑划分记为

$$\mathrm{SoS}=\{S_1,S_2,\cdots,S_K\} \tag{14.30}$$

其中

$$S_l=\{C_1,C_2,\cdots,C_M\},\quad 1\leqslant l\leqslant M \tag{14.31}$$

则对于 $C_i\in S_l$，存在 C_j，满足 C_i 与 C_j 存在某种特定逻辑关系。

体系的功能约简是对体系逻辑约简的一种弱化。体系的按功能约简结果相对明确，是某一单一功能的系统群，例如战场感知体系涉及大量传感器和传感器网络。体系的按逻辑约简结果一般是作战要素相对完整、跨域连接的子体系。

下面介绍对某防空反导体系模型的约简实例。某防空反导体系结构如图 14.11 所示，共 8 个节点，13 条边，包括地面指挥控制中心(A)、预警指挥机(B)、

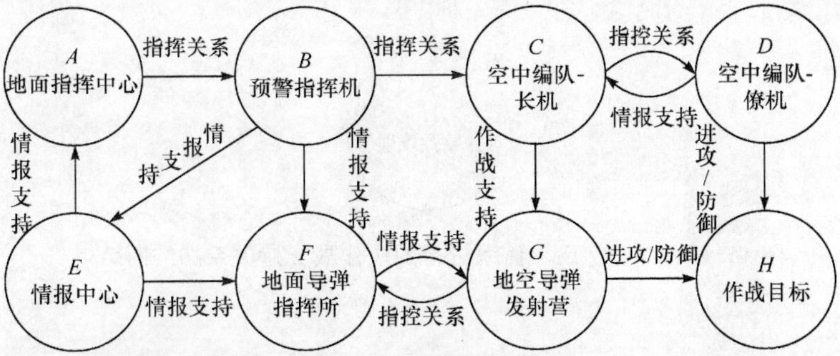

图 14.11　某防空反导体系结构

长机(*C*)、僚机(*D*)、情报中心(*E*)、地面导弹指挥所(*F*)、地空导弹发射营(*G*)、作战目标(*H*)。作战单元的关联关系包括指控关系、情报支持关系、作战支持关系、进攻/防御关系。如图 14.12 所示为对该防空反导体系进行按指控关系约简后的结构。如图 14.13 所示为按情报支持关系的约简结果。如图 14.14 所示为按作战支持关系的约简结果。

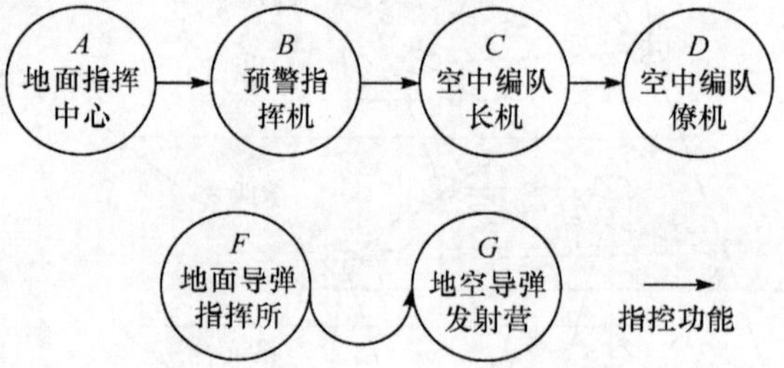

图 14.12 对防空反导体系进行的按指控关系的约简结果

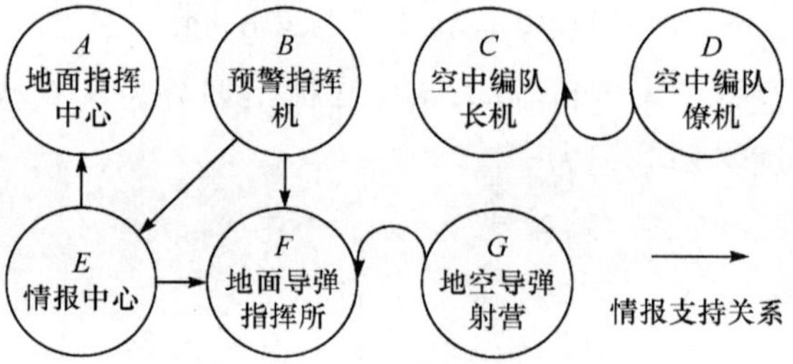

图 14.13 对防空反导体系进行的按情报支持关系的约简结果

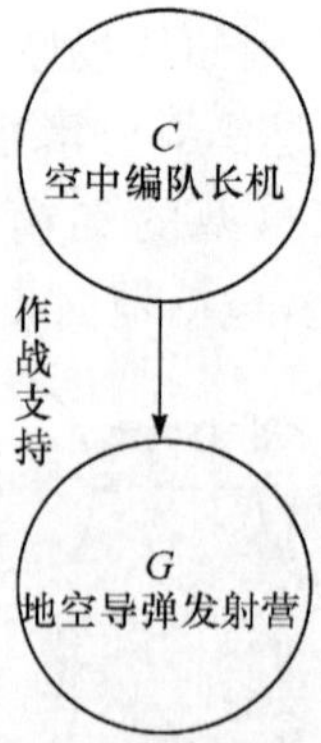

图 14.14 对防空反导体系进行的按作战支持关系的约简结果

2. 适应性结构约简的强连通计算

体系的适应性结构关系主要体现在体系组分间的各类连通关系上。如果体系组分间的连通度比较高,那么可以将该部分及其关联,由体系整体中剥离出来进行单独研究,从而来简化问题。但对体系模型的某一部分进行剥离时最好要保证该部分的完整性。例如,研究结果表明,万维网 28%的节点是强连通的,可以认为这 28%的节点构成的局部网络是万维网的一个骨干结构,因此对这一部分节点及其子结构进行研究对万维网整体的研究是非常有意义的。体系强连通特性可以保证体系适应性子结构的完整性,强连通子图对应适应性的强结构;连接各连通子图间的边,则对应为弱结构。为此引入图论中强连通分支概念。

在有向图 G 中,如果任意两个不同的顶点相互可达,则称该有向图是强连通的,有向图 G 的极大强连通子图称为 G 的强连通分支(strong connect component,SCC)。

如果体系结构对应的网络图具有强连通特性,则反映该部分体系组分间具有正负反馈的作用机制。如图 13.15(a)所示,A 对 C 的影响后果可以由 C 通过 B 再作用给 A,但在图 13.15(b)中这种机制就不存在,由此可定义体系的强连通结构。

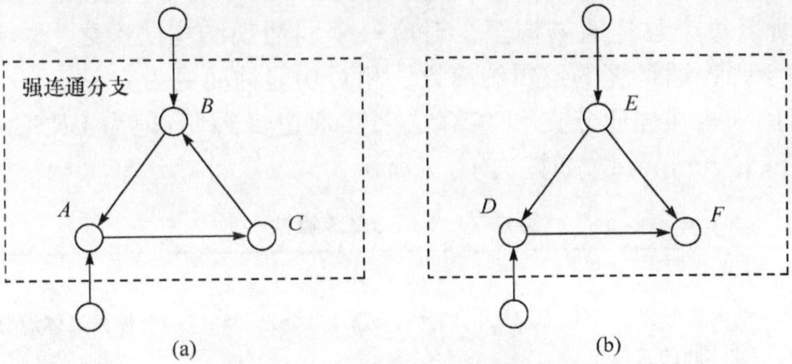

图 14.15　强连通分支的正负反馈

在体系中,如果任意两个不同的体系组分都能形成直接或间接的正负反馈作用,则称该体系是强连通的。体系中的极大强连通部分称为体系的强连通结构(SoS strong connect structure,SSCS)。

正负反馈机制的普遍存在使强连通结构具备了产生涌现的能力。一般来讲,涌现可分为四类[9],如图 14.6 所示。

① 简单涌现(weak emergence)。组分间只有前馈,没有反馈,是一种有名无实的涌现。

② 弱涌现(weak emergence)。具有简单的正负反馈。

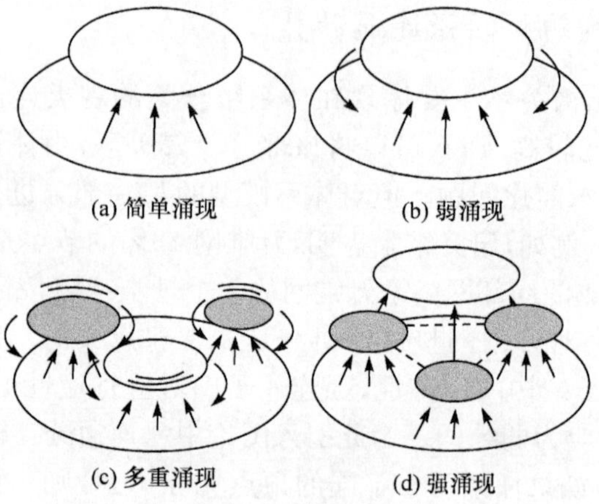

图 14.16 涌现的分类

③ 多重涌现(multiple emergence)。包含多个反馈循环,还具有学习和适应能力。

④ 强涌现(strong emergence)。新性质产生。

体系的强连通结构的基本属性使该结构内部组分具备直接或间接的正负反馈作用的,所以每个强连通结构至少对应一个弱涌现结构层次之上的涌现结构,因此这种基于强连通计算的逻辑约简方法相对功能约简更为完美。

可以借用求解强连通分支 SCC 算法来实现逻辑约简,记为 LRSC3(logic reduction by SCC compute),如算法 14.2 所示。

算法 14.2 LRSC3 算法

Begin

① 构造体系的网络形式 $G=(V,E)$,其中 V 为顶点集,每个元素对应一个体系实体组分,E 作为边集,每个元素对应实体间的某种交互;

② 对图 G 计算其强连通分支;

③ 将图 G 的各连通分支的顶点和边还原为体系的组分及交互关系,得到体系的强连通结构;

End

通过调用 LRSC3 算法,对如图 14.11 所示的防空反导体系适应性结构进行逻辑约简,得到包括 4 个强连通结构 SSCS 的逻辑约简结果,如图 14.17 所示。4 个强连通结构对应 3 类不同逻辑关联的域,即情报与指控域、作战域、作战目标域。强连通结构 1 由节点 A、B 和 E 构成,构成一个局部的情报与指控域;强连通结构 2 由节点 C 和 D 构成;强连通结构 3 由节点 F 和 G 构成,分别构成一个作战域;强连通结构 4 是由单节点 H 构成的,是一个目标域。

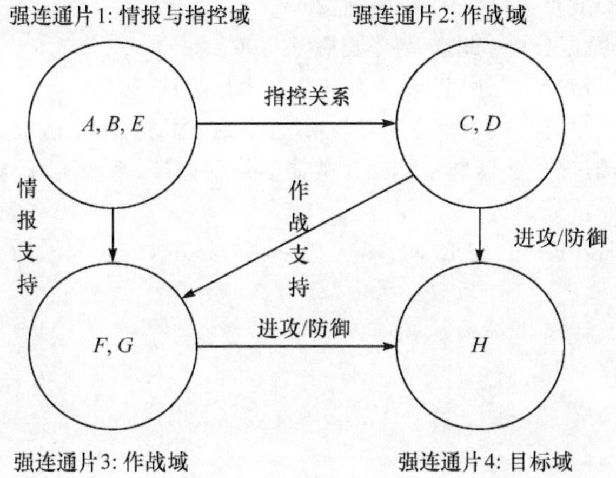

图 14.17　对图 14.11 所示防空反导体系进行的逻辑约简

14.3　本章小结

体系能力分析和战争复杂体系建模是一项极为重要的研究课题，也极为困难。本章重点对体系异常状态分析和适应性结构分析两个问题进行重点研究。

首先，提出体系异常状态分析方法。将体系异常状态的基本类型，主要分为关联结构的异常、组分规模的异常和局部体系能力的异常。给出体系异常状态分析的完整过程，首先进行体系异常状态的判定，然后在判定异常的条件下对产生异常的可能原因进行回溯，并通过级联反应分析预测体系演化的可能趋势。

然后，提出基于适应性强弱结构的体系建模方法。体系适应性是在信息环境作用下由局部适应和全局适应耦合形成的体系适应性强弱结构导致的，分析适应性产生的机制。体系结构的复杂性使其结构特征很难识别，如果能约去次要元素或暂不关心的部分，那么将极大地简化问题。功能约简提供以局部体系能力为依据的快捷约简方法，能够迅速将体系划分为若干部分。其基本原理由体系的松散耦合特性来保证。基于强连通计算的逻辑约简从连通结构上通过划分强连通片实现约简方法，从而保证体系局部涌现结构的完整性。

参考文献

[1] 胡晓峰，杨镜宇，司光亚，等. 战争复杂系统仿真分析与实验. 北京：国防大学出版社，2008.

[2] 胡晓峰，李志强，贺筱媛，等. 复杂网络：战争复杂系统建模仿真新途径. 装备指挥技术学院学报，2009，4(2)：1-7.

[3] Barabasi A L，Bonabeau E. Scale-free networks. Scientific American，2003，(5)：50-59.

[4] 曾宪钊. 网络科学. 北京:军事科学出版社,2006.
[5] 范金城,梅长林 . 数据分析 . 北京:科学出版社,2002.
[6] 欧阳莹之. 复杂系统理论基础. 上海:上海科学技术出版社,2002.
[7] 胡晓峰,司光亚,吴琳,等. 战争模拟原理与系统. 北京:国防大学出版社,2009.
[8] 罗鹏程,傅攀峰,周经伦. 武器装备体系作战能力评估框架. 系统工程与电子技术,2005,27(1):72-75.
[9] Jochen F. Types and Forms of Emergence. Kassel:Kassel University Press,2004.

第 15 章　体系对抗仿真多分辨率联邦构建与运行机制分析

当前体系对抗仿真具有以下三个特点[1]：一是表现体系的大尺度特性；二是注重多角度、多分辨率地表示与分析多体系对抗过程[2]；三是注重仿真资源的集成与联合仿真[3]。基于 HLA/RTI 的多分辨率联邦一直以来都是不同分辨率的仿真资源集成与联合运行的首选方式，但是由于多分辨率联邦的集成与运行中的关键问题没有得到很好地解决，使多分辨率联邦的集成与联合运行成为体系对抗仿真领域研究的难点[4]。针对体系对抗仿真的特点，本章主要研究多分辨率联邦集成的可行性、多分辨率联邦的集成框架，以及多分辨率联邦运行时数据一致性维护等问题。

15.1　多分辨率联邦的可组合性判定

可组合性分为语法可组合性与语义可组合性。从语法可组合性主要关注联邦的互通性，基于 HLA 的联邦运行支撑环境提供的六大服务已经能够满足这个要求。语义可组合性关注联邦运行的有效性。本节主要探讨多分辨率联邦的语义可组合性的判定问题。

联邦可组合性判定是在组建联邦之前，语义层面分析邦员间是否存在一种或多种交互方式能够满足联邦的仿真需求和目的。在把多分辨率联邦执行有效性作为判定联邦可组合性标准的前提下，在基于 EATI 方法对仿真邦员及联邦、多分辨率关系的描述的基础上，通过形式化描述及比较多分辨率联邦概念模型与多分辨率联邦组合模型对多分辨率联邦运行有效性进行描述，并基于 Newman 算法得到判定多分辨率联邦可组合性的方法。

15.1.1　多分辨率联邦的可组合性描述

1. 多分辨率联邦的运行模式与难点

多分辨率模型的运行模式是指不同分辨率模型在联合运行时它们之间的运行关系，包括四种类型。

① 高低分辨率模型异步运行模式。高低分辨率模型不同步运行，模型之间存在离线交互。高分辨率模型运行完毕后，其结果作为输入传递给低分辨率模型运

行，或者低分辨率模型的运行结果作为输入传递给高分辨率模型使用。

② 高分辨率模式。多分辨率模型一直运行在高分辨率模型状态，低分辨率模型的状态及交互实时伴随高分辨率模型被动更新。

③ 低分辨率模式。多分辨率模型一直运行在低分辨率模型状态，高分辨率模型的状态与交互实时跟随低分辨率模型被动更新。

④ 并行模式。不同分辨率的模型同时运行，相互协调完成不同的功能。各个模型之间除了存在实时的较为复杂的交互，还要维护不同分辨率模型之间的一致性，又要处理不同分辨率模型间的交互协调问题，是最为复杂与常见的一种运行方式，也是本章重点研究的一种方式[2]。

并行模式最突出的特点是存在多分辨率实体。多分辨率实体是指在多分辨率联邦中，同一仿真实体在不同邦员中由于分辨率不同所建立的不同粒度的实体模型。多分辨率实体带来的主要问题是模拟同一实体的不同模型之间的状态一致性维护与多分辨率实体计算权限的分配问题。因此，在并行模式中，需要考虑以下关键点。

(1) 多分辨率实体的计算模式

在并行模式中，关于多分辨率实体的模型应该采用高分辨率模式或低分辨率模式。一个时间点，只有一个仿真邦员具有多分辨率实体的计算权限，多分辨率实体在其他邦员中只能被动更新，通过联邦的运行支撑环境的对象类更新，或者通过交互类通知更新[5]。

(2) 多分辨率实体的所有权分配与邦员间的交互管理

随着体系对抗仿真包含的作战实体数量越来越多，邦员之间的交互变得越来越复杂，邦员间的交互管理也成为影响多分辨率联邦可组合性及运行的重要因素之一。邦员间的交互主要受到多分辨率实体的计算所有权在不同邦员间切换时引起的实体之间的交互关系变化的影响。因此，在分析多分辨率联邦的可组合性时，对作战实体之间的交互分析就变得尤为重要[6,7]。

(3) 聚合解聚关系

多分辨率联邦的可组合性很显然与多分辨率实体、作战活动、交互之间是否存在合适的聚合解聚关系有直接的关系[8]。如果在多分辨率实体的不同描述之间难以找到合适的聚合解聚关系，这些邦员的可组合性就会受到严重的影响[9]。

2. 基于 EATI 的仿真系统形式化描述

EATI 的描述方法为系统的形式化描述定义了一个公用的语义和语法模板。在将仿真系统的有关内容用 EATI 描述的过程中，多分辨率关系可以通过相关的 EATI 成员递归分解为一个或多个 EATI 成员循环进行。作战仿真系统经过抽象化描述，就可以在不同层次对实体、动作、任务和交互进行建模，进而实现作战仿真系统的形式化描述。

联邦执行的主要焦点在于协调与管理不同邦员间实体更新与交互的发送与接收，使联邦能够有效地组合运行。因此，基于 EATI 的邦员和联邦应该主要描述以下两项内容，即实体的状态转移关系与实体间的交互关系。

定义 15.1(仿真系统)　仿真系统 F 向量化描述为

$$\{T, I, \mathrm{Evt}, \mathrm{En}, \mathrm{STM}(\mathrm{En}, T), \mathrm{IM}(\mathrm{En}, T)\}$$

其中，T 为仿真系统模拟任务的集合；I 为仿真系统实体间交互的集合；Evt 为仿真系统触发实体状态转移的事件集合；En 为仿真系统作战实体组成的集合；STM(En,T)为仿真系统的状态转移模型，表示实体在执行任务时状态转移过程组成的集合；IM(En,T)为仿真系统的交互模型，表示实体在执行任务时与其他实体交互集合组成的集合。

根据 EATI 理论，对于 $\mathrm{en}_i \in \mathrm{En}$，$\mathrm{en}_i$ 可描述为 $\mathrm{en}_i = (S_i, \mathrm{Atn}_i)$，其中 S_i 表示实体的状态集合；Atn_i 表示实体的动作集合。

定义 15.2(状态转移模型)　设 $\mathrm{en}_i \in \mathrm{En}$，$t_k \in T$，则实体 en_i 为完成某项任务 t_k 的状态转移过程，即

$$\mathrm{STM}(\mathrm{en}_i, t_k) = \{(s_s, \mathrm{evt}_t, s_1) \mid s_s, s_1 \in S_i, \mathrm{evt}_t \in \mathrm{Evt}, \mathrm{evt}_t \neq \varnothing\} \tag{15.1}$$

其中

$(s_s, \mathrm{evt}_t, s_1)$也可记为 $s_s \xrightarrow{\mathrm{evt}_t} s_1$，表示实体 en_i 在执行任务 t_k 的过程中，处在状态 s_s 时，事件 evt_t 会触发状态从 s_s 转移至 s_1。此处，状态 s_1 可以与状态 s_s 相同。

定义 15.3(交互模型)　设 $\mathrm{en}_i \in \mathrm{En}$，$t_i \in T$，则

$$\mathrm{IM}(\mathrm{en}_i, t_k) = \{(\mathrm{en}_i, i_1, \mathrm{en}_h) \mid i_1 \in I, \mathrm{en}_h \in \mathrm{En}, i_1 \neq \varnothing, \mathrm{en}_h \neq \mathrm{en}_i\} \tag{15.2}$$

表示实体 en_i 在执行任务 t_k 的过程中，需要与其他实体进行的交互关系的集合。

3. 多分辨率联邦的可组合性描述

在多分辨率联邦中，存在两种类型的可组合性，即替换性组合与补充性组合。替换性组合是指若两个模型都能模拟同一现象，在两个模型联合运行的情况下，由其中一个模型代替另一模型的运行方式。联邦关于多分辨率实体的计算都是替换性组合方式。补充性组合是指两个模型模拟不同的现象，若要模拟这些现象之间的关系，则不需要重新构建新的仿真模型，只要把两个现有的模型互连起来，其中一个模型的输出作为另一个模型的输入，构建模型间的互连关系，从而可以弥补单个模型不完整的问题。由于两种组合机制截然不同，不能对它们使用同样的形式化描述或者定义。

模型间的可组合性可分为两个层次，即相同分辨率条件下的可组合性与不同

分辨率条件下的可组合性。

定义 15.4（相同分辨率条件下的替换性组合） 若邦员 F_1 与 F_2 都计算实体 en 执行任务 t 的过程，两个邦员对应的状态转移模型分别为

$$\mathrm{STM}_{F1}(\mathrm{en},t)=\{(s_{1s},\mathrm{evt}_{1t},s_{1l})\mid s_{1s},s_{1l}\in S_1,\mathrm{evt}_{1t}\in \mathrm{Evt}_1,\mathrm{evt}_{1t}\neq\varnothing\} \quad (15.3)$$

$$\mathrm{STM}_{F2}(\mathrm{en},t)=\{(s_{2s},\mathrm{evt}_{2t},s_{2l})\mid s_{2s},s_{2l}\in S_2,\mathrm{evt}_{2t}\in \mathrm{Evt}_2,\mathrm{evt}_{2t}\neq\varnothing\} \quad (15.4)$$

若存在关系 $R_s\subseteq S_1\times S_2$ 和 $R_i\subseteq \mathrm{Evt}_1\times \mathrm{Evt}_2$，对于任意 $(s_{1s},\mathrm{evt}_{1t},s_{11})\in \mathrm{STM}_{F1}(\mathrm{en},t)$，存在 $(s_{2s},\mathrm{evt}_{2t},s_{2l})\in \mathrm{STM}_{F2}(\mathrm{en},t)$，使 $(s_{1s},s_{2s})\in R_s$，$(\mathrm{evt}_{1t},\mathrm{evt}_{2t})\in R_i(s_{1l},s_{2l})\in R_s$，则称邦员 F_1 在关系 R_s 和 R_i 下可替换邦员 F_2 对实体 en 的作战任务 t 的模拟，记为

$$\mathrm{en}(F_2)\xrightarrow[R_s+R_i]{t}\mathrm{en}(F_1) \quad (15.5)$$

定义 15.5（相同分辨率条件下的补充性组合） 联邦 F 的两个邦员 F_1 和 F_2，$\mathrm{en}\in F_1$ 且 $\mathrm{en}\notin F_2$，若存在 $\mathrm{en}'\in F_2$ 且 $\mathrm{en}'\notin F_1$，集合 $\{(\mathrm{en},i,\mathrm{en}'),i\neq\varnothing\}\neq\varnothing$，则称邦员 F_1 和 F_2 关于实体 en 与 en′补充性可组合，记为

$$\mathrm{en}(F_1)\oplus\mathrm{en}'(F_2) \quad (15.6)$$

在多分辨率联邦中，影响组合性的主要因素是多分辨率性。在多分辨率条件下，可组合性主要与两种映射关系有关，分别是实体状态映射关系与交互映射关系。在从作战实体和交互的角度讨论多分辨率的形式化描述的基础上，讨论在这三种多分辨率映射关系下两类可组合性的描述。此处，直接给出多分辨率替换性组合与多分辨率补充性组合的形式化定义。

定义 15.6（多分辨率替换性组合） 对于高分辨率邦员 F_h 与低分辨率邦员 F_l，设 $\mathrm{en}\in \mathrm{En}_l$，$b_j\in \mathrm{En}_h(1\leqslant j\leqslant k)$，且 $\mathrm{en}\overset{f}{\Rightarrow}\bigcup_{i=1}^{k}b_i$，若 en 与 $\bigcup_{i=1}^{k}b_i$ 在两个联邦中都能执行任务 t，对于任意 $(s_{1s},\mathrm{evt}_{1t},s_{11})\in \mathrm{STM}_{F1}(\mathrm{en},t)$，设 $(s_{1s},s_{2s},\cdots,s_{ks})=f(s_{1s})$，$(s_{1l},s_{2l},\cdots,s_{kl})=f(s_{ll})$，其中 $s_{js},s_{j1}\in S_{b_i}$。若对于 $\mathrm{evt}_{1t}\in I_1$，存在 $i_{jt}\in I_{b_i}$，使

$$\mathrm{evt}_{lt}\overset{cf}{\Rightarrow}(i_{1t},i_{2t},\cdots,i_{kt}) \quad (15.7)$$

且有

$$(s_{1s},s_{2s},\cdots,s_{ks})\xrightarrow{(i_{1t},i_{2t},\cdots,i_{kt})}(s_{1l},s_{2l},\cdots,s_{kl}) \quad (15.8)$$

则称 $\bigcup_{i=1}^{k}b_i$ 在邦员 F_1 中可替换实体 en 的任务 t，记为 $\bigcup_{i=1}^{k}b_i(F_h)\xrightarrow[f+cf]{t}\mathrm{en}(F_l)$。

定义 15.7（多分辨率补充性组合） 对于高分辨率邦员 F_h 与低分辨率邦员 F_1，若满足以下至少一种情况。

① 设 $\mathrm{en}\in \mathrm{En}_l$，存在聚合体 $\bigcup_{i=1}^{k}b_i$，其中 $b_i\in \mathrm{En}_h(1\leqslant i\leqslant k)$，当聚合体 $\bigcup_{i=1}^{k}b_i$

执行任务 t 时，存在 $i\in I_1$，$i_j(1\leqslant j\leqslant k)\in I_h$，及函数 cf，使 $i\xrightarrow{cf}(i_1,i_2,\cdots,i_k)$。

② 设 $b\in \mathrm{En}_h$，$\mathrm{en}\in \mathrm{En}_1$ 在执行任务 t 时，存在 $i\in I_h$，$I'\in I_1$，以及函数 cg，使 $i'\xleftarrow{cg}i$，则称两邦员在多分辨率条件下补充性可组合，记为 $\mathrm{en}(F_1)\oplus\bigcup_{i=1}^{k}b_i(F_h)$ 或者 $\mathrm{en}(F_1)\oplus b(F_h)$。

15.1.2　多分辨率联邦的可组合性判定

首先根据基于 EATI 的仿真系统的形式化描述方法，定义多分辨率联邦的概念模型与组合模型，并通过对比两个模型给出多分辨率联邦有效性的描述。把有效性作为多分辨率联邦可组合性的判定标准，从而给出多分辨率联邦可组合性的判定方法。

1. 多分辨率联邦形式化描述

(1) 多分辨率联邦概念模型

概念模型描述仿真系统的主要功能、目的及需求，是仿真系统的逻辑模型，主要说明模型包含的对象、活动及其之间的静态与动态关系。从 EATI 描述方法来说，静态关系主要是作战实体之间的交互模型，动态关系主要指描述作战实体活动的状态转移模型。根据仿真系统的形式化描述，联邦的概念模型也可以定义如下。

定义 15.8　多分辨率联邦概念模型为

$$F=\{T,I,\mathrm{Evt},\mathrm{En},\mathrm{STM}(\mathrm{En},T),\mathrm{IM}(\mathrm{En},T)\}\tag{15.9}$$

(2) 多分辨率联邦组合模型

多分辨率联邦组合模型是对联邦概念模型实现的描述，主要描述联邦的组合方式、多分辨率实体计算权限分配、邦员之间交互关系、多分辨率实体的聚合解聚关系、邦员间交互的聚合解聚转换等方面的内容。多分辨率联邦组合模型由邦员模型通过交互组合而来，因此邦员描述要强调邦员内部交互与外部交互的区分。

联邦的实现是通过改造邦员实现的。在联邦中，从可组合性角度来说，邦员描述主要负责计算的作战实体及其需要执行的任务或活动的状态转移模型，邦员能够为其他邦员提供的交互接口，以及邦员之间的交互关系组成的邦员间的交互模型。

定义 15.9(邦员)　设联邦 F 由邦员 $F_i(1\leqslant i\leqslant n)$ 组成，在联邦组合中，由邦员 F_i 负责计算的实体集合记为 $\mathrm{En}_{F_i|F}$，有 $\mathrm{En}_{F_i|F}\subseteq \mathrm{En}_{F_i}$，则 F_i 在联邦运行 F 中的模型可描述为

$$F_{i|F}=\{T_{F_i|F},\text{Inter\_}I_{F_i|F},\text{Out\_}I_{F_i|F},\text{Evt}_{F_i|F},\text{En}_{F_i|F},\text{STM}_{F_i|F}(\text{En}_{F_i|F},T_{F_i|F}),\text{IM}_{F_i|F}(\text{En}_{F_i|F},T_{F_i|F})\}$$

多分辨率联邦组合模型是邦员模型的组合，从语义上简单来说，可以理解为邦员模型的合集。

定义 15.10　多分辨率联邦组合模型定义为

$$\text{CF}=\bigcup_{i=1}^{n}F_i=\{T_{\text{CF}},\text{Fed\_}I_{\text{CF}},\text{Inter\_}I_{\text{CF}},\text{Agg\_FedI}_{\text{CF}},\text{Evt}_{\text{CF}},\text{En}_{\text{CF}},\text{AggEn}_{\text{CF}},\text{STM}_{\text{CF}},\text{IM}_{\text{CF}}\}$$

① 令 $M\in\{T,\text{Evt},\text{Inter\_I},\text{En},\text{STM},\text{IM}\}$，有

$$M_{\text{CF}}=\bigcup_{i=1}^{n}M_{F_i|F} \tag{15.10}$$

且

$$\text{Fed\_}I_{\text{CF}}=\bigcup_{i=1}^{n}\text{Out\_}I_{F_i|F} \tag{15.11}$$

② $\text{En}_{\text{CF}}=\bigcup_{i=1}^{n}\text{En}_{F_i|F}$，有

$$\text{En}_{\text{CF}}=\text{En} \tag{15.12}$$

其中，AggM_{CF}表示 En_{CF}之间的多分辨率关系。

③ 令 $\text{Agg\_FedI}_{\text{CF}}=\{\text{inf}_i\overset{\text{cf}}{\Rightarrow}(\text{inf}_{1j},\cdots,\text{inf}_{kj})\mid\text{inf}_i\in\text{Out}_{\text{IF}_i|F},\text{inf}_{sj}\in\text{Out}_{\text{IF}_i|F},1\leqslant s\leqslant k\}$

$$\bigcup\{\text{inf}'_i\overset{\text{cf}}{\Leftarrow}\text{inf}_j\mid\text{inf}'_i\in\text{Out}_{\text{IF}_i|F},\text{inf}_j\in\text{Out}_{\text{IF}_j|F}\}$$

则该式表示邦员间交互的聚合解聚关系。

2. 联邦组合有效性及可组合性判定

联邦有效性是联邦可组合性判定的标准。在此，首先定义联邦的组合有效性，然后根据有效性是判定可组合性的标准，给出联邦可组合性的判定方法。

定义 15.11(联邦组合有效性)　对于联邦概念模型 F 及联邦组合模型 CF，若满足以下条件，则称由 $F_i(1\leqslant i\leqslant n)$组成的联邦 CF 对于联邦概念模型 F 组合有效。

① 对于 $M\in\{T,\text{Evt},\text{En},\text{STM},\text{IM}\}$，有 $M_F\subseteq \text{M}_{\text{CF}}$，另外 $I_F\subseteq\text{Fed\_}I_{\text{CF}}\cup\text{Inter\_}I_{\text{CF}}$。

② 对于 $\text{en}\in E_F$，满足以下一种情况。

第一，存在 i，有 $\text{en}\in E_{F_i}$，对于 $t\in\text{en}(T)$，有 $\text{en}(F_2)\xrightarrow{t}\text{en}(F_1)$。

第二，存在 $b_{ij}\in E_{F_i}(1\leqslant j\leqslant m)$，及实体解聚函数 f，使 $\text{en}\overset{f}{\Rightarrow}\bigcup_{i=1}^{k}b_{ij}$。

根据组合有效性作为多分辨率联邦可组合性判定准则，可以得到以下联邦可组合性的判定方法，即若存在一个联邦概念模型 F，使邦员组成的联邦组合模型 CF 有效，则可判定联邦 CF 的可组合性。

15.1.3　多分辨率联邦可组合性优化

对于一定的仿真功能与需求来说,已经判定可组合的多分辨率联邦可以有多种组合方式。组合方案的复杂程度取决于仿真实体在各邦员间的计算权限的分配情况而导致的联邦间的交互模型的复杂性。从这些复杂程度不同的组合方案中,选择交互复杂度较小的互连方案就是多分辨率联邦组合性优化需要解决的问题。

1. 组合优化问题描述

在保证联邦组合有效的前提下,组合方案优化主要是指尽量保证作战实体在邦员间的计算权限的分配方式最简。换句话说,选择使邦员间的交互最简的分配方案。若以 $f(x)$ 表示邦员间交互的复杂度,联邦组合方式的优化问题可以形式化描述为

$$\min f(x)$$
$$\text{s.t.}\ \ E_{\mathrm{CF}} \subseteq \bigcup E_{F_i|F}$$

其中,$F_i(1\leqslant i\leqslant n)$组成的联邦 CF 对于联邦概念模型 F 组合有效

目标函数也难以用数学分析或者数学不等式描述,但由于邦员或者作战实体间的交互问题可以归结为图论中的图形分割问题或者复杂网络中的网络社团划分问题,因此可以借鉴其算法来研究关于交互复杂度的满意解。下面给出联邦概念模型交互图及划分的概念。

定义 15.12　设联邦的概念模型为

$$F=\{T,I,\mathrm{Evt},\mathrm{En},\mathrm{STM}(\mathrm{En},T),\mathrm{IM}(\mathrm{En},T)\} \tag{15.13}$$

以交互模型 $\mathrm{IM}(\mathrm{En},T)$ 中的作战实体为节点,实体间的交互为边,得到的图称为交互图,记为

$$G=(E,\mathrm{IM}) \tag{15.14}$$

其中,$\mathrm{IM}=\{(e_1,e_2,i)\mid e_1\in \mathrm{En},e_2\in \mathrm{En},i\in I\}$。

定义 15.13　设 G 为交互的集合,En 为实体类集合,集合 Δ 若满足以下条件,则集合 Δ 称为交互图 G 的划分。X 包含的实体及相关交互组成的图称为 G 中的块或社团。

① 任意 $x\in\Delta\rightarrow x\subset E$。

② 任意 $x\in D$,有 $x\neq\varnothing$。

③ 任意 $x,y\in\Delta,x\neq y\rightarrow x\cap y=\varnothing$。

④ 任意 x 内部交互紧密,与 $y\in\Delta$ 交互稀疏。

因此，联邦组合优化的目标函数可以描述为在一定的约束条件下，寻求联邦概念模型的交互图中使交互复杂度最小的网络划分问题。

2. 基于 Newman 快速算法的可组合性优化算法

在网络划分理论中，Newman 快速算法是一种基于贪婪算法思想的凝聚算法。其基本思想是利用贪婪算法计算网络中所有节点对之间的相似性，从相似性最高的节点对开始，往一个节点数为 n，边数为 0 的空网络中添加边，最终生成的图可以用世系图或者柱状图表示，如图 15.1 所示。

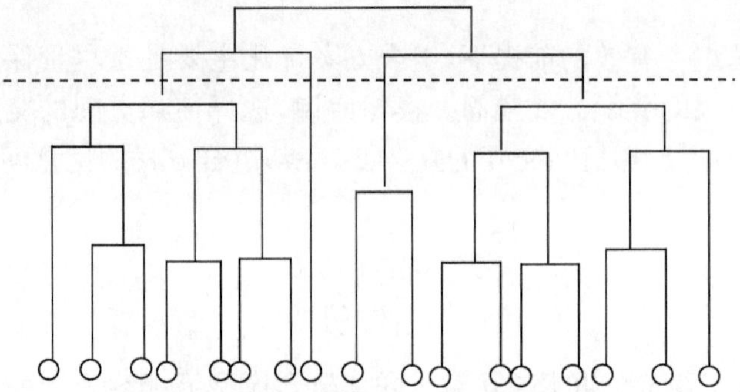

图 15.1 网络划分的柱状图

(1) 模块度

Newman 在算法中引进模块度来衡量网络划分质量，判断网络划分是否有效。

设拥有 n 个节点的网络，某划分把该网络划分为 k 个社团。令 e_{ij} 表示网络中连接两个不同社团的节点的边在所有的边中所占的比例，这两个节点分别位于第 i 个社团和第 j 个社团，则可得到对称矩阵 $E=(e_{ij})_{k\times k}$。

定义 15.14 令 $a_i=\sum\limits_{j=1} e_{ij}$ 为矩阵 E 各行元素之和，表示与第 i 个社团中的节点相连的边在所有边中所占的比例。模块度的定义为

$$Q=\sum_i (e_{ij}-a_i^2) \tag{15.15}$$

其中，模块度 Q 取值范围为[0,1]。

当 Q 的值越逼近 1，说明社团结构越明显；否则，说明网络的社团结构越不明显。在实际网络中，Q 的值一般在 0.3～0.7。

(2) 基于 Newman 方法的可组合性优化算法

根据联邦可组合性优化问题的约束条件，在 Newman 算法的基础上，可以得到可组合性优化算法 15.1。

算法 15.1　基于 Newman 方法的可组合性优化算法

Begin

① 设联邦概念模型的交互图形成的网络包含的节点数为 n，初始化网络为 n 个块，即每个节点是一个独立块。令 $a_i=k_i/2m$，e_{ij} 满足

$$e_{ij}=\begin{cases}1/2m, & i \text{ 和 } j \text{ 有}\\ 0, & \text{其他}\end{cases}$$

其中，k_i 为节点 i 的度；m 为网络总边数。

② 依次合并有边相连的模块对，并计算合并后的模块度增量，即

$$\Delta Q=e_{ij}+e_{ji}-2a_ia_j=2(e_{ij}-a_ia_j)$$

③ 重复执行步骤 Step2，不断合并块，直到整个网络都合并成为一个社团。这一步最多执行$n-1$ 次；

④ 完成后得出一个网络划分的柱状图，再通过选择在不同位置断开，可以得到不同的网络划分；

⑤ 若 Step4 得到的划分下的每个块的元素能够分配到一个邦员中，并且这些邦员间交互能够满足概念模型 F 的 IM(En，T)，且联邦组合有效，则此划分可以作为最优划分或者满意划分；否则，返回 Step4，重新选择位置断开，得到一个新的网络划分。循环该步骤，直到网络划分满足约束条件；

End

15.2　多分辨率联邦的集成与运行机制

本节首先分析面向体系对抗仿真的多分辨率联邦运行模式下的运行特点与亟待解决的有关运作、系统和技术三方面的问题。然后，针对 HLA/RTI 能够提供的技术支持与限制，从技术上分析需要弥补与解决的有关运行支撑环境方面的问题。最后，针对这两方面的特点与问题，介绍面向体系对抗仿真的多分辨联邦的集成框架，并设计有效的运行机制。

15.2.1　多分辨率联邦联合运行的需求分析

1. 作战实体方面的仿真需求

多分辨率联邦是指作战实体之间的多分辨率关系，涉及的主要问题包括作战实体在邦员间分配问题，切割最清晰的分配方式是同一个作战实体仅属于唯一一个邦员；多分辨率实体的状态一致性问题，包括位置、高程、速度、朝向、毁伤情况等状态属性之间在聚合解聚关系下的一致性；多分辨率实体的所有权转移问题，HLA 的所有权是面向对象属性的，而在作战模拟过程中，却更需要面向整个模拟对象的所有权转交问题。

2. 交互的仿真需求

从内容来说，交互分为信息、补给、指派、发射、攻击五类。从实体间的关系来说，交互分为邦员内与邦员间两种。邦员间交互除了涉及直接交互实体之间交互数据，更多的还要考虑交互对邦员及其环境的影响。

3. 作战活动的仿真需求

作战活动是不直接产生交互的行为。在多分辨率联邦中，作战活动的问题源于不同邦员的作战实体在活动期间相互作用。

除了以上需求，还要考虑邦员间的时间同步机制、联邦对象模型（federal object model，FOM）/仿真对象模型（simulation object model，SOM）表设计等一系列问题。鉴于以上描述的多分辨率联邦仿真需求的复杂性，必须从系统与技术两个层面对联邦进行合理设计与构建。

15.2.2 多分辨联邦的相关技术

从技术与系统框架方面，描述 HLA/RTI 对多分辨率联邦的技术支持与限制及目前系统集成的主要技术，并分析它们在面向体系对抗仿真的多分辨率联邦集成中的不足，以及需要弥补之处。

1. HLA/RTI 的技术支持与限制

DIS 是实体单元级的仿真标准，ALSP 是聚合级的仿真标准，只有 HLA 没有对仿真的层次作限制。HLA 中的六大管理服务对多分辨率建模的实现具有重要意义。但是，HLA 提供的这些技术支持在一定程度上不能满足面向体系对抗仿真的多分辨率建模的需求，主要体现在以下几点[10,11]。

① 所有权转移的限制与改进策略。HLA 的所有权转移面向对象属性，也就是说，只是支持对象属性的所有权转移，并不支持对象的所有权转移。在面向体系对抗仿真多分辨率实体的控制上，由于一个多分辨率实体在联邦中会有多个分辨率的模型，如果不对多分辨率实体的所有权进行控制，会对多分辨率实体在不同邦员间的状态一致性维护带来很多麻烦，引起联邦运行时状态不一致问题。

② 时间管理的限制与改进策略。HLA 时间管理服务的目标是要减少因为网络延时等因素引起的事件因果顺序颠倒或接收消息顺序不确定等偏差的产生，或降低此类偏差带来的仿真执行的不一致性等。在多分辨率联邦中，涉及的时间管理问题主要包括邦员间的时间协调机制和联邦推进速度控制。变步长控制联邦推进的功能只能是在联邦中单独添加联邦速度控制模块实现，从整体上一致的控制联邦的时间推进速度，而不能单纯地依赖 HLA 时间管理服务[12]。

③ 对象模型(FOM 与 SOM)及邦员 HLA 接口的开发问题。HLA 的 FOM 与 SOM 表分别提供邦员间公用的、标准化的数据交换规范和邦员对外交互的对象类与交互类[13,14]。两类表格的静态性限制了多分辨率邦员的灵活性与兼容性。本节希望设计一种 HLA 接口框架，使其与具体的联邦执行无关，做到灵活加入不同的联邦执行，从而相应地增强联邦的灵活性与可扩展性。

2. 现有集成框架分析

从系统结构来说，面向体系对抗仿真的多分辨率联邦的集成框架是在 HLA/RTI 运行支撑环境基础上搭建的，除了集成的仿真邦员，主要包括三个功能模块[11]，即聚合解聚模块、一致性维护模块、邦员的 HLA 接口模块。现有的各种联邦集成框架结构根据聚合解聚模块所处的位置，可以分为聚合解聚集中处理模式和聚合解聚分散处理模式。多分辨率联邦集成框架模式分类图如图 15.2 所示。

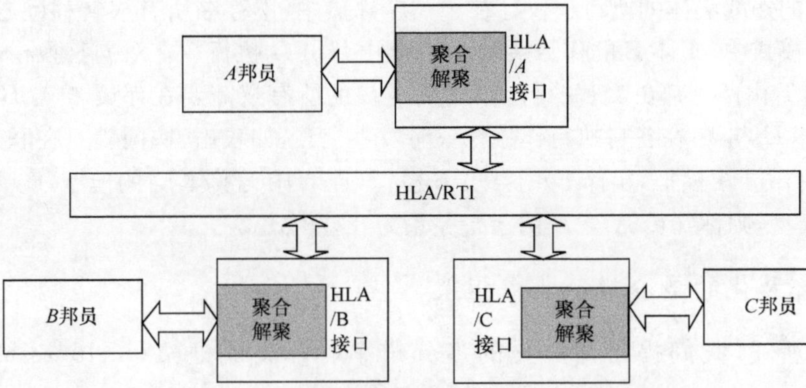

(a) 聚合解聚分散处理模式

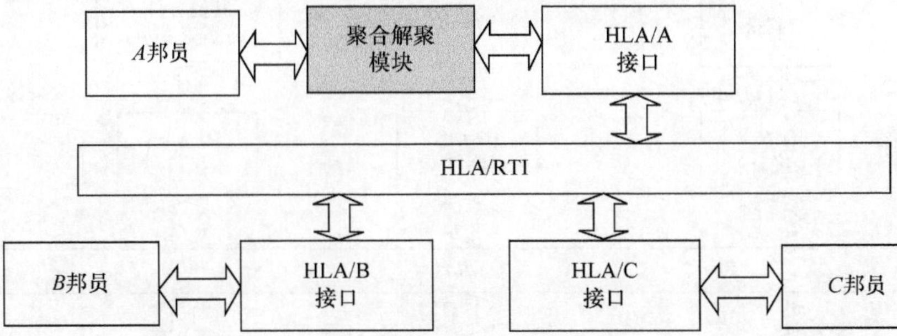

(b) 聚合解聚集中处理模块

图 15.2　多分辨率联邦集成框架模式分类图

集中处理方式的好处在于较分散处理模式更容易实现联邦运行一致性，并且节省重复开发的人力。但是，集中处理模型的专用型太强，容易形成类似于客户/

服务器模式的联邦。如果带有聚合解聚模块的邦员不参与联邦运行，则该联邦也无法正常运行。

15.2.3　邦员化的多分辨率联邦集成框架

本节首先介绍可组合性的分类，对邦员间的运行关系进行种类划分，然后根据各种运行关系模式对集成结构的要求，给出多分辨率联邦的集成框架，分别介绍各个功能模块的构建机制。

1. 邦员间的运行关系

邦员间的运行关系主要有单向替换模式、双向替换模式和互补模式。若在联邦运行过程，邦员 A 与 B 之间仅存在 B 替换 A 的关系，而不存在 A 替换 B 的关系，则称邦员 A 与 B 之间的运行关系为单向替换模式。在单向替换模式下，存在替换关系的作战实体的所有权仅存在于一个邦员中，不存在所有权转移问题。在单向替换模式中，实体 E 的作战活动 T 完全由邦员 B 执行。在双向替换模式中，作战活动 T 由两个邦员交替执行，作战实体 E 的所有权需要在邦员 A 与 B 之间转换；实体 E_1 与 E_2 在各自执行作战任务时发生交互，如攻击、协同等。在联邦中，实体 E_1 由邦员 A 模拟，实体 E_2 由邦员 B 模拟，且 A 中无实体 E_2 的模型，B 中无实体 E_1 的模型，则称邦员 A 与 B 的运行关系为互补模式。

2. 邦员化的多分辨率集成框架

综上所述，我们提出邦员化的多分辨率联邦集成框架（multi resolution federation architecture，MRFA），如图 15.3 所示。

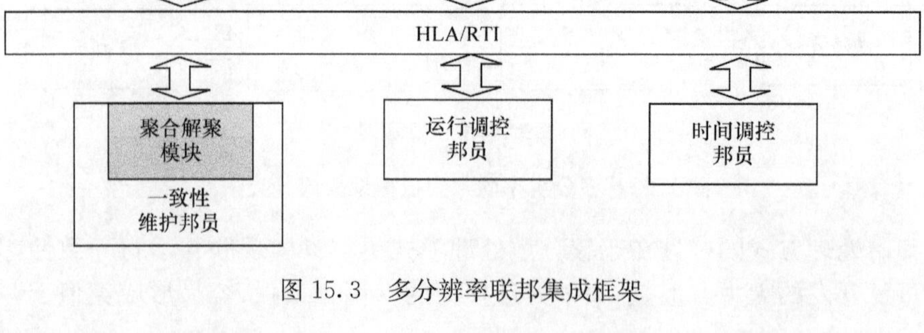

图 15.3　多分辨率联邦集成框架

源于聚合解聚集中处理模式提供的设计思想，MRFA 对联邦的管理与调控功能采用集中设计与构建的思路，不同的是，它们被设计成邦员加入联邦执行。这些管控邦员包括运行调控邦员、时间调控邦员，以及一致性维护邦员。因此，多分辨率联邦中包括管控邦员与仿真邦员。仿真邦员是指被集成到联邦中的作战仿真系统，它们通过在联邦中的联合仿真完成面向体系对抗的仿真需求。管控邦员是指负责协调各个仿真邦员之间的整体运行关系的邦员。在 MRFA 框架中，主要是指运行调控邦员、时间调控邦员，以及一致性维护邦员。

这种设计与传统框架相比具有以下优点。一是有利于简化邦员的 HLA 接口；二是有利于提高联邦的运行效率；三是有利于联邦的功能扩展；四是框架的设计思想具有一定的普适性。

15.2.4　基于数据分割映射的 HLA 接口

关于 HLA 接口，主要包括两个部件的设计与开发，即 FOM、SOM 表的构建，以及邦员的 HLA 接口的设计与实现。FOM 和 SOM 表的开发有比较具体与成熟的方法，在此不再赘述。下面重点介绍 HLA 接口的设计结构。

1. HLA 接口的总体结构

如图 15.4 所示，HLA 接口由系统实现接口与 FOM/SOM 转换器两部分组成。系统实现接口主要负责对象类实例更新、交互类实例的公布、订购，以及对象类与交互类与系统实现之间的对接。FOM/SOM 转换器通过数据对 FOM 与 SOM 表中异构数据的结构分割与映射实现 FOM 表数据与 SOM 表数据之间的映射转换。当接收到邦员间交互时，HLA 接口首先通过 FOM/SOM 转换器把接收到的 FOM 表结构数据转换为 SOM 表结构数据，然后通过接口完成该交互的系统内部处理；当更新对象类实例与发送交互类实例时，HLA 接口首先通过系统实现

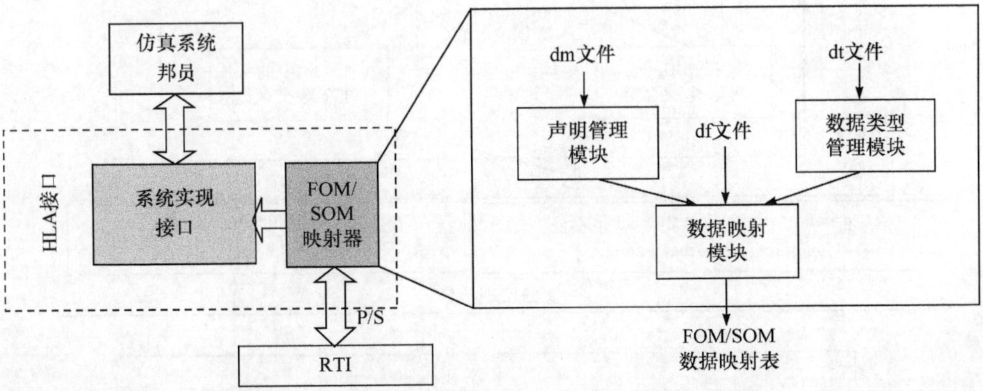

图 15.4　邦员 HLA 接口总体结构

接口把内部数据转换为 SOM 表结构数据，然后通过 FOM/SOM 转换器转换为 FOM 表结构数据发往 RTI。

2. 基于数据分割映射的 FOM/SOM 转换器

FOM/SOM 转换器通过多个文件(dm 文件、df 文件和 dt 文件)和模块(声明管理模块、数据类型管理模块和数据映射模块)实现 FOM 表与 SOM 表数据间的映射，包括声明文件、数据分割映射文件和转换函数文件，即 dm 文件、df 文件和 dt 文件。声明文件描述邦员在联邦运行中需要公布/定购的 FOM 表中对象类及其属性、交互类及其参数。数据分割映射文件用于把 dm 文件声明的 FOM 中的对象类、交互类、属性及参数与邦员 SOM 中的相应对象类、交互类、属性及参数建立映射关系，并指明属性及参数之间需要用到的数据类型分割函数及映射函数。转换函数文件主要定义 df 文件用到的数据类型分割函数与转换函数。

3. HLA 接口的运行机制

HLA 接口的任务包括两个方面。

① 接收 FOM 对象类与交互类实例，转换为 SOM 表实例，并通过系统实现接口，对其添加操作。

② 通过 FOM/SOM 转换把要发送的对象类与交互类实例转换为 FOM 表实例，并发送出去。

HLA 接口的工作流程如图 15.5 所示。其中，实线表示发送过程，虚线表示接收过程。

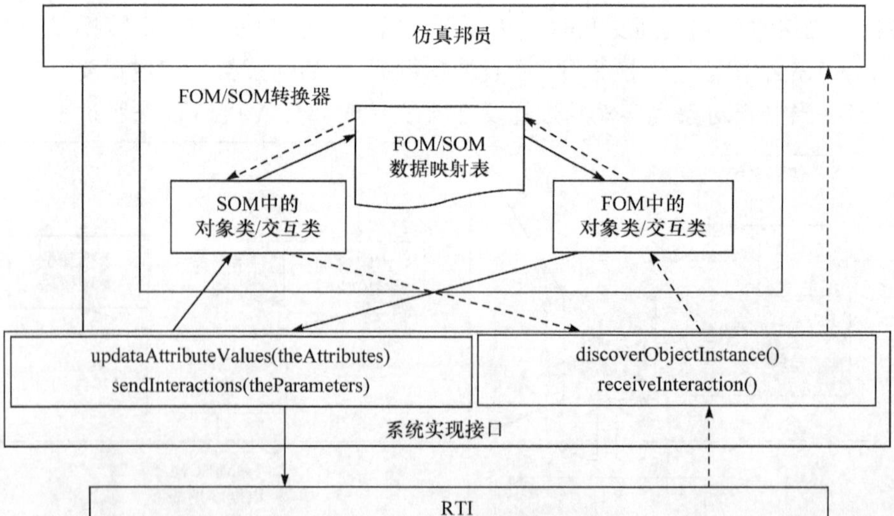

图 15.5　HLA 接口的工作流程图

在算法 15.2 中，仿真邦员首先通过 RTI 的两个回调函数发现 FOM 实例，然后 FOM/SOM 转换器根据三个转换文件描述的 FOM 类与 SOM 类的映射关系与转换函数，把 FOM 格式的对象类实例和交互类实例转换为 SOM 格式，并交予仿真邦员处理。

算法 15.2　HLA 接口接收过程算法

Begin

① 接收 FOM 对象类实例与交互类实例

　　discoverObjectInstance()　//发现对象类实例函数

　　receiveInteraction()　//接收交互类实例函数

② FOM/SOM 转换器把 FOM 表数据结构转换映射为 SOM 表结构

　2.1，根据 dm 文件寻找 FOM 表中的对象类与交互类实例与 SOM 表中对应的 SOM 对象类或交互类。如果 dm 文件存在接收到的 FOM 实例，则执行 Step2.2；否则，返回；

　2.2，根据 df 文件引用的 dt 文件中描述的对象类属性与交互类参数的数据结构分割函数与数据映射函数，把 FOM 对象类实例的属性与交互实例参数映射为 SOM 实例的属性或参数；

③ FOM/SOM 转换器把转换好的 SOM 实例传递给系统实现接口，对其添加相应的操作；

End

在算法 15.3 中，仿真首先调用以上两个函数。在函数中，按照 FOM/SOM 转换器中的数据映射关系，把 SOM 结构的对象类实例或者交互类实例映射成符合 FOM 格式的实例发送到 RTI。

算法 15.3　HLA 接口发送过程算法

Begin

① 调用 RTI 中对象类更新或交互类发送函数

　　updataAttributeValues(theAttributes)//对象类实例更新

　　sendInteractions(theParameters)//交互实例公布

② 在以上两个函数中，调用 FOM/SOM 转换器把 SOM 表数据结构转换映射为 FOM 表结构

　2.1，根据 dm 文件寻找 FOM 表中的对象类和交互类实例与 SOM 表中对应的 SOM 对象类或交互类。如果 dm 文件存在发送的 SOM 类，则执行 Step2.2；否则，返回；

　2.2，根据 df 文件引用的 dt 文件中描述的对象类属性与交互类参数的数据结构分割函数与数据映射函数，把 SOM 对象类实例的属性与交互实例参数映射为 FOM 实例的属性或参数；

③ 发送 FOM 结构数据；

End

15.2.5　时间调控机制

每个邦员在联邦中以不同的互连方式联合运行时，其时间管理策略可能不

同，包括时间控制、时间受限，或两者等，因此在邦员中添加联邦剧情时间控制模块有很大的局限性。

本节采用邦员化的思想，把联邦剧情时间控制模块单独开发为一个仿真邦员，称为联邦剧情时间控制邦员（federation scenario time control federate，FSTC）。FSTC 的结构简单，包含一个速度调控模块和一个配置文件。配置文件主要包括面向联邦的配置参数，如联邦名称、fed 文件、邦员名称、时间是否受限和时间是否控制等。速度调控模块的主要任务是通过用户实时设置的联邦仿真步长，调整整个联邦的仿真步长。由于 FSTC 既影响其他邦员的时间推进，又在一定程度上受限于其他邦员，因此采用既时间受限，又时间控制的管理策略。FSTC 的功能流程如图 15.6 所示。FSTC 向 RTI 提交时间推进请求后，RTI 利用自身的时间管理服务决定是否许可联邦推进到下一步长；否则，等待 FSTC 下一次提交。

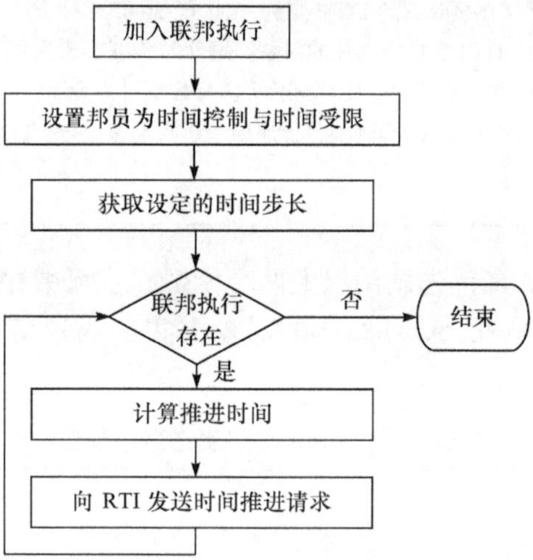

图 15.6　FSTC 的功能流程

15.2.6　多分辨率联邦的运行调控邦员

在多分辨率联邦中，运行调控邦员（federation running control federate，FRC）的主要作用是协调邦员在运行期间的关系，主要负责模型（包括相同分辨率模型与不同分辨率模型）切换过程中数据的调度、更新与控制、作战实体所有权转移等任务，以使由多个异构的、不同分辨率的系统在互连为联邦时能像一个系统一样无缝、协调、合理地运行。

由此可见，FRC 在模型切换时，关键问题在于实体所有权在邦员间的分配和再分配。因此，基于实体所有权在邦员间的分配与转移，设计 FRC 的框架结构如图 15.7 所示。

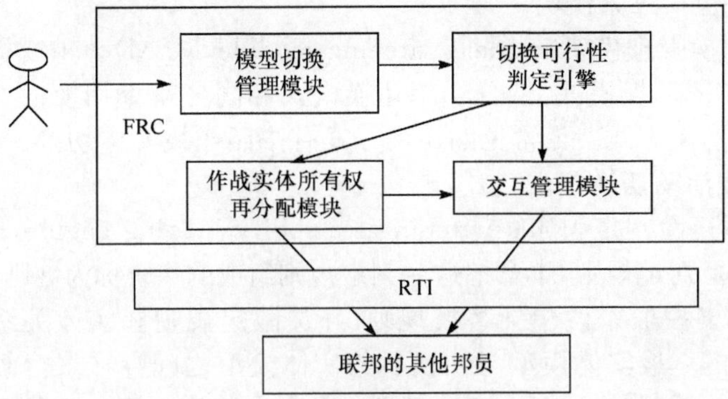

图 15.7　FRC 的框架结构

FRC 包括模型切换管理模块、切换可行性判定引擎、作战实体所有权再分配模块。模型切换管理模块通过交互界面为用户提供模型切换方式，使军事训练人员根据需要从不同的角度与分辨率对当前模拟的作战活动有更加全面的认识。切换可行性判定引擎主要针对用户提交的模型切换方式进行仲裁与分析，判定该切换是否有效。换句话说，判定引擎用来判定模型切换方式能够满足第 3 章介绍的可组合性判定定理。作战实体所有权再分配模块根据联邦模拟的作战实体之间的分辨率关系，以及模型切换的需要判定需要重新分配所有权的作战实体及其分配方式，并把此分配方式通过 RTI 以交互类的方式发送到各个邦员，以关闭与打开作战实体在这些邦员中的计算权限。FRC 模型切换的工作流程如图 15.8 所示。

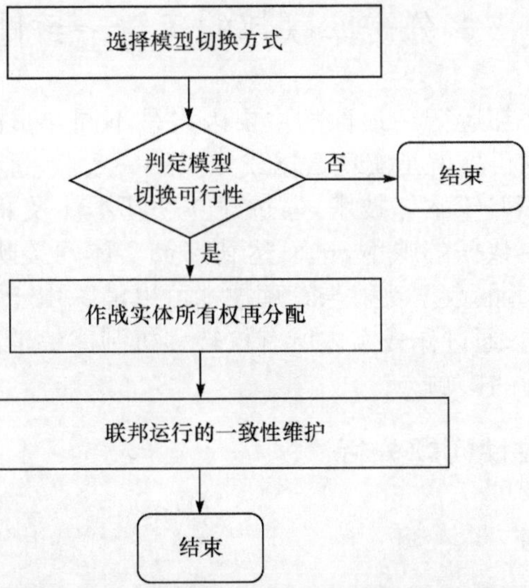

图 15.8　FRC 模型切换的工作流程图

FRC 主要包括三大模块。

① 模型切换管理模块(model switching module,MSM)。主要提供三种切换模式,即高分辨率切换模式、低分辨率切换模式和同分辨率切换模式。切换涉及的主要参数是切换方式。最常见的切换方式有按照作战实体切换、按照作战区域切换、按照作战活动切换等。

② 切换可行性判定引擎(switching feasibility judging engine,SFJE)。最重要的组成部分是判定规则,本章把这些判定规则组成的集合称为规则集(规则库)。

判定规则集一般来说包括替换规则、邦员限定规则和实体关系规则三种类型。若切换前的作战实体模型与切换后的实体模型之间存在聚合解聚模块中开发的聚合解聚关系,则说这两个实体模型之间存在替换规则。邦员限定规则描述邦员之间由于建模与运行机制、描述内容与方式、数据结构等方面的异构性对用户需要的模型切换带来的限制条件。若模型切换后的实体模型 X 与原实体模型 X' 所在的邦员中的其他实体 Y 还存在某种关系,并且实体 Y 也随着模型切换转移到新模型中仿真,则称实体 X 的切换满足实体关系规则。

③ 作战实体所有权再分配模块(entity ownership re-assigning module,EORAM)。当 SFJE 传递给作战实体所有权再分配模块需要转移的作战实体以后,EORAM 根据联邦实体库查找这些作战实体映射后的新作战实体集合,创建包含这些信息的交互类 Ownership_assign 实例,通过 RTI 向其他邦员公布。Ownership_assign 交互类包括两部分内容,一部分描述模型切换之前的作战实体列表,另一部分描述模型切换后生成的新实体列表,并分别有标志符标明它们属于哪个邦员,放弃还是获得它的所有权。

15.3 多分辨率联邦的运行一致性维护

影响多分辨率联邦运行一致性的主要因素是不同邦员的模型异构性与数据异构性。本体技术的目标就是实现数据或知识的一致性,进而达到数据共享与重用的目的[15,16]。下面基于本体技术,通过建立联邦本体及联邦实体库,实现邦员实体与联邦实体库中数据的映射,进而达到邦员实体间接映射的目的。因此,基于本体技术,选择合适的数据映射与管理技术可以消除由于数据异构性带来的联邦运行不一致性问题;通过作战实体所有权转移机制能够消除模型异构性对多分辨率联邦运行一致性的影响。

15.3.1 运行一致性问题分析

1. 运行一致性

联邦运行一致性是指在多分辨率联邦中,描述同一实体的不同模型之间能够实时满足同一映射关系的能力。运行一致性可以从多分辨率、互操作性和数据的变化性等角度来看。在多分辨率联邦运行过程中,需要维护一致性的仿真内容包括作战实体、作战活动、交互、时间、环境等多个方面。在通常情况下,联邦一致性维护的主要内容是与仿真实体及其活动相关数据的一致性维护,主要是指作战实体的状态属性,包括相同和不同分辨率的状态属性间的动态映射一致性。从支持互操作的角度,这里将一致性问题分为语法层与语义层。语法一致性是指交互邦员各方对要交互信息的数据组织结构上要达成映射的一致性。联邦通过 HLA/RTI 的数据管理服务可以实现语法层一致性。语义一致性是指发送邦员与接收邦员之间对交互信息是否有同样的理解,即邦员间对数据的处理是否相似。从数据动态变化的角度讲,一致性可以分为静态一致性与动态一致性。静态一致性是指在联邦运行过程中不会改变的数据的一致性。动态一致性是指在联邦运行过程中值会改变的数据的一致性,如各邦员的状态变量。

2. 运行一致性中的关键问题

本章主要把语义一致性作为研究的问题域,需要考虑如下关键问题。

① 作战实体在不同邦员中模型间的映射,可分为两类,即相同分辨率邦员模型间的映射和不同分辨率邦员模型间的映射。

② 运行一致性维护的时机与机制,需要解决两个问题,即进行一致性维护与如何在映射关系的基础上维护数据一致性。

对于第一个问题,由于一致性维护的对象主要是作战实体的状态,因此在联邦运行过程中,当计算作战实体的邦员中作战实体模型的状态量发生变化时,就需要通过对象类更新服务通知其他邦员更新该作战实体的状态参量。对于第二个问题,运行一致性维护方法的设计则要以可重用、容易扩展等工程开发的标准为原则。

15.3.2　几种典型的一致性维护方法

一致性维护方法大体可以分为基于聚合解聚的方法与基于元数据/本体的方法。

在聚合解聚方法中,若把两个邦员间存在的聚合解聚函数或者变换函数称为一个映射关系,则在完备的情况下,聚合解聚集中处理模式中,最多存在 $n-1$ 个映射关系。在聚合解聚分散处理模式中,最多存在 $n(n-1)/2$ 个映射关系。因此,基于聚合解聚的一致性维护方法比较适用于联邦中有中心邦员的情况。但是,这种方法对于规模较大的联邦来说,基于聚合解聚分散处理与集中处理的框架都不太适合，当映射关系太多时，不容易建立数据间的映射关系，也不适合用于运行时的一致性维护。

本体是对某个知识领域的概念及其关系的形式化定义，能够被人和机器理解。当数据符合本体定义的概念时，数据的语义就是明确的，因此通过参照一个公共本体，应用程序能获得语义一致性，实现异构系统之间的互操作。OWL 语言为本体的建立提供描述机制与技术支持，本体技术在建模与仿真领域的应用越来越受重视[17-20]，并且取得一些成果。

15.3.3 基于本体的多分辨率联邦运行一致性维护

多分辨率联邦数据一致性维护的障碍主要在于因多分辨率数据异构性和邦员间运行关系的复杂性等几个方面导致的相同语义数据有多种描述方式，没有明确统一的表示方式。由于本体在描述数据的明确性及规范性方面的优势，在此以本体技术为基础设计与实现多分辨率联邦的运行一致性维护方法，并把该功能集成于联邦的一致性维护邦员(consistence maintainance federate，CMF)中。

1. 本体

本体(ontology)是一个哲学术语，诞生于 17 世纪，起源于对世界本原的追问，即世界在本质上存在哪些实体。在信息科学领域，斯坦福大学的 Gruber 于 1993 年最早提出本体的概念："An ontology is an explicit specification of a conceptualization"，即本体是概念模型明确的规范说明。这个概念是众多本体概念中最为广泛接受的概念。例如，鉴于本体对知识共享和重用的重要作用，Borst 在这个定义的基础上稍微修改为[21]"An ontology is an explicit specification of a shared conceptualization"，即本体是被共享的概念化的规范说明。

本体具有以下几个特征。

① 本体是概念化的。概念化是指本体是客观事物的存在，表示事物的本质特征，独立于个体对事物的认识，反映群体对事物的共同认知。

② 本体描述是形式化的。本体描述是指人对事物的语言描述，是本体在某种媒介上的投影。在计算机科学领域，本体描述需要具有机器可读性。

③ 本体描述是明确的。本体本身不存在与客观事物的误差，但作为本体描述可以与本体本身存在一定误差。由于本体描述是人们对客观事物的共同观念，这种观念可重用、共享，因此从这个意义上来说，本体描述是清晰的，能够确保人们对同一事物达成一致理解。

2. CMF 框架结构

CMF 的主要任务是维护联邦中各邦员不同分辨率的作战实体模型间状态变

量的一致性。其框架结构如图 15.9 所示。

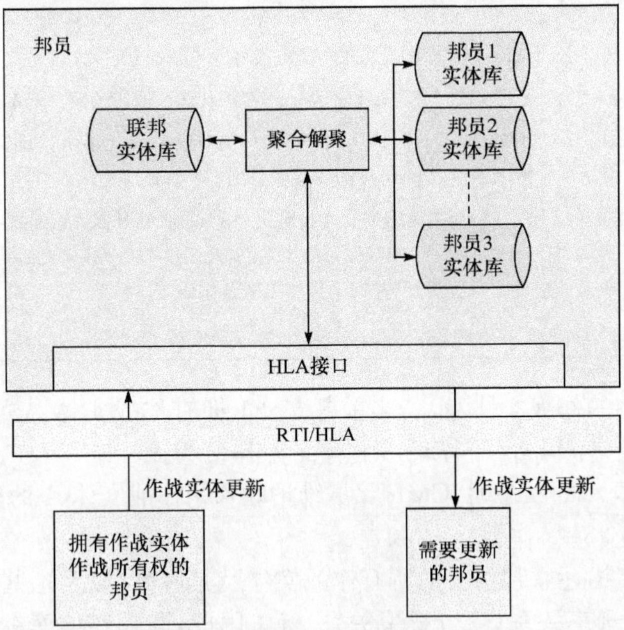

图 15.9　CMF 的框架结构

CMF 包括联邦实体库、仿真邦员实体库、聚合解聚模块 HLA 接口。

① 邦员实体库。包含单个仿真邦员在联邦中模拟的作战实体及其属性。由于不同邦员描述同一语义的作战实体的数据结构、分辨率和状态属性不同,使作战实体在不同邦员模型之间的两两映射变得复杂,因此基于本体的生成、融合与映射技术,生成一个在联邦中明确的联邦实体库,使邦员实体间的两两映射简化为邦员实体库与联邦实体库之间的映射。

② 联邦实体库。基于本体融合技术,由邦员实体库融合生成,明确、规范地描述联邦中所有分辨率下的作战实体及其状态属性,同时也描述联邦实体与邦员实体之间的对应关系。其中,联邦实体是指联邦实体库中作战实体的描述,邦员实体是指邦员实体库中包括的作战实体的表示。

③ 聚合解聚模块。为作战实体在联邦实体库与邦员实体库间的模型描述提供映射函数。这些映射函数可能是聚合关系、解聚关系,或者是同一分辨率下的转换关系。HLA 接口提供所有邦员实体对象类的订购、更新等功能。

在 CMF 框架结构下,CMF 邦员对作战实体状态一致性维护的过程如算法 15.4 所示。

算法 15.4　CMF 邦员一致性维护算法

Begin

① 邦员 F_1 向 RTI 公布作战实体 A 的对象类 MA_{F_1} 实例的更新交互；

② CMF 邦员订购的前提下，通过 HLA 接口把 MA_{F_1} 实例及属性值转给聚合解聚模块；

③ 聚合解聚模块根据联邦实体库与邦员 F_1 实体库之间的对应关系，寻找相应的实体 A 在联邦实体库中的表示 FA，并根据聚合解聚函数，把 MA_{F_1} 的属性映射到 FA 的属性上；

④ 聚合解聚模块寻找 FA 在联邦实体库中所有的对应关系，并通过聚合解聚函数生成模拟该实体 A 其他邦员（$F_2, F_3, \cdots, F_n$ 中一个或者多个）的对应对象类实例，并通过 HLA 接口更新到 RTI；

⑤ 对应邦员接收到相应的对象类更新，并在本邦员更新其作战实体模型；

End

对于联邦中的作战实体 A，若当前邦员 F1 拥有作战实体 A 的所有权，A 在 F_1 中的模型表示为 MA_{F_1}。若联邦中有 n 个邦员为 $F_1, F_2, \cdots, F_n$，则当邦员 F_1 中更新作战实体 A 的状态时，CMF 邦员维护联邦中作战实体 A 的流程如下。

(1) 联邦实体库

联邦实体库描述联邦仿真的所有作战实体及其属性，以及这些作战实体之间的关系，如多分辨率关系（聚合解聚关系）等。因此，联邦实体库主要描述联邦实体表、联邦实体关系表、联邦实体与邦员实体的映射表。

联邦实体表描述联邦中模拟的所有作战实体及武器装备、物资的明确、规范的定义。对于联邦实体表中的任何一个描述对象都应该至少在一个邦员中存在一个仿真实体与之对应。对于邦员实体表中描述的对象，在联邦实体库的某个分辨率下，存在唯一一个作战实体对象与之对应。联邦实体表包含两类联邦实体，即指控实体和原子实体。原子实体指联邦成员中最高分辨率的实体，是武器平台类实体，如飞机、坦克等。指控实体是指不直接参与战斗，但有权利分配其下属作战单位作战任务能力的作战实体。在联邦实体库中，指控实体即可以表示为聚合实体，也可以表示为单元级实体。

实体关系表描述联邦实体之间的关系，主要用于表明联邦实体之间的多分辨率关系，以便作为聚合解聚的根据。在作战模拟中，作战实体之间的关系主要有以下几种。

① Subclass-of 关系，说明一个概念是另一个概念的子类。例如，F-16 战斗机是战斗机的子类，而战斗机是飞机的子类。Subclass-of 关系可以使联邦实体库中的各类实体之间建立更加清晰与工程化的关系。

② Instance-of 关系，就像对象与类之间的关系，说明一个概念是另一个概念的实例。A 与 B 之间是 Instance-of 关系，语言表述为 A 是一个 B。实例是联邦实体库的主要描述内容，联邦仿真的作战实体都是实例。

③ Part-of 关系，是组合关系，一种表示实体之间整体与部分的关系。组合关系是指一个部分同时只能参与一个整体，整体拥有部分，如飞行编队与单架飞机之间的关系。Part-of 关系也属于多分辨率关系的一种，是聚合解聚模块的分析对象之一。

④ Member-of 关系，是聚集关系，另一种表示实体之间整体与部分的关系。与 Part-of 关系一起，统称为聚合关系。Member-of 关系与 Part-of 关系的区别在于：在 Member-of 关系中，一个部分可以同时参与多个整体。因此，Member-of 关系也是聚合解聚模块主要的分析对象，但它多属于动态关系，而 Part-of 关系一般为静态关系。

联邦实体与邦员实体的映射表主要包括两方面的映射关系：一是 1∶1 关系，表示邦员中的一个实体仅与联邦实体表的一个实体对应；二是 1∶n 关系，表示邦员中的多个实体与联邦实体表中的一个实体对应。聚合解聚模块根据 1∶n 关系对作战实体进行聚合解聚。聚合解聚模块的结构示意图如图 15.10 所示。

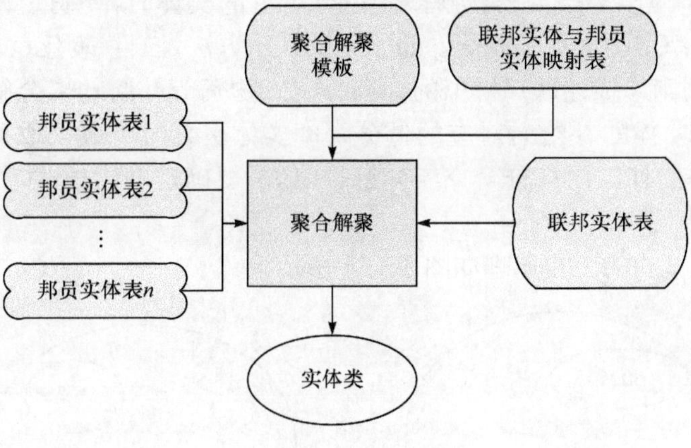

图 15.10　聚合解聚模块的结构示意图

(2) 聚合解聚模块

聚合解聚模板是聚合解聚模块的数据基础，为聚合实体与高分辨率实体间的映射函数（聚合解聚函数或者同分辨率的转换函数）提供必需的补充和转换信息与规则。聚合解聚模板包含的内容主要有以下几个部分。

① 部署规则。作战实体的部署规则包括两部分内容：一部分是低分辨率实体解聚为高分辨率实体时，对低分辨率实体包含的每个高分辨率实体的地理位置或空间位置的确定规则参数；另一部分是由高分辨率实体聚合为低分辨率实体时，确定低分辨率实体的地理位置或空间位置需要的规则参数。

② 任务/活动规则。从分辨率的角度分为两部分，即任务解聚规则与任务聚合规则。解聚是把低分辨率实体的活动分解到它包含的高分辨率实体上，使高分

辨率实体的作战活动能够合理的支持仿真运行。聚合是指把一组高分辨率实体的作战活动聚合为相应的低分辨率实体的整体活动。

在联邦运行过程中,任务聚合解聚的发生有两种情况:一种情况是当拥有多分辨率实体所有权的邦员中的实体模型状态发生变化,在更新其他不同分辨率邦员时,需要对任务进行聚合解聚。在高分辨率活动实体的模型在向低分辨率的实体模型聚合时,需要对其活动(或任务)进行聚合。在低分辨率活动实体的模型在向高分辨率的实体模型解聚时,需对其活动(或任务)进行解聚。另一种情况是当多分辨率实体的所有权在不同邦员之间转移时,需要在不同分辨率邦员之间进行任务的聚合解聚。

③ 毁伤规则。从分辨率的角度也分为两部分内容,即毁伤解聚规则与毁伤聚合规则。一般来说,毁伤的聚合规则比较简单,按照高分辨率实体的毁伤百分比直接聚合到相应的低分辨率作战实体上。毁伤的解聚规则描述低分辨率实体遭到毁伤后,计算高分辨率实体的毁伤状况的规则参数。一般来说,低分辨率实体的毁伤程度按百分比算。当毁伤比解聚到高分辨率的实体时,要确定低分辨率实体包含的高分辨率实体的死伤状况。最常见的表示方法是0代表死亡,1代表存活。

④ 补给规则。描述联邦模拟的弹药、人员、物资等补给的聚合解聚规则。由一组高分辨率实体的补给向对应的低分辨率实体聚合时一般采取加和方式。由低分辨率实体的补给向高分辨率实体解聚时,需要确定补给模式,如优先补给原则、平均补给原则等。

聚合解聚模块的工作原理如图15.11所示。

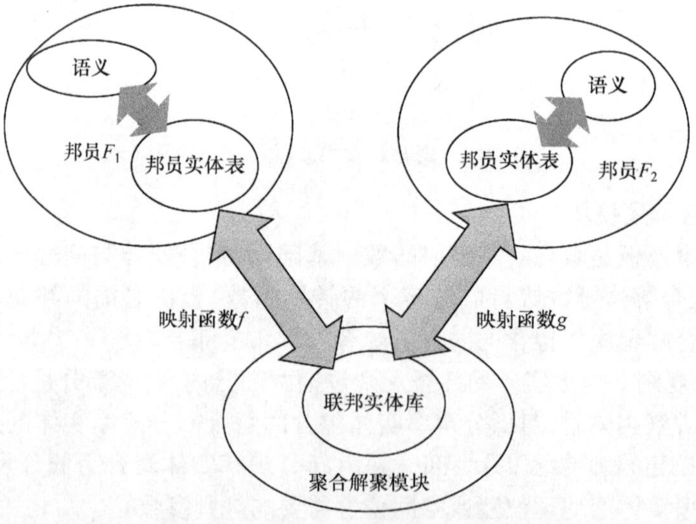

图15.11 聚合解聚模块的工作原理

令 $HF=\{HF_i \mid i=1,2,\cdots,n\}$ 为联邦 F 中高分辨率邦员的集合；$LF=\{LF_i \mid i=1,2,\cdots,m\}$ 为低分辨率邦员的集合；任意 $F_1, F_2 \in LF \cup HF, F_1 \neq F_2$，$M$ 为联邦实体，且 $O_1(M)$ 表示 F_1 的邦员实体库 O_1 对 M 的形式描述；$O_2(M)$ 表示 F_2 的邦员实体库 O_2 对 M 的形式描述；$O(M)$ 表示联邦实体库 O 对 M 的形式描述。

由于 $O_1(M) \neq O_2(M)$，要使 F_1 与 F_2 对 M 有一致的语义理解，并实现映射，需存在映射函数，即

$$\begin{cases} f: Q_1(M) \to Q(M) \\ g: O(M) \to O_2(M) \end{cases} \tag{15.16}$$

使

$$g \circ f(Q_1(M)) = g(f(O_1(M))) = g(O(M)) = O_2(M) \tag{15.17}$$

映射函数 f 与 g 具有可逆性，分为多分辨率邦员实体间的映射关系与同分辨率邦员实体间的映射关系。邦员 F_1 与 F_2 的实体之间的映射要经过两个步骤，即邦员 F_1 的实体通过映射函数 f 转换为联邦实体；联邦实体通过映射函数 g 转换为邦员 F_2 的实体。

3. CMF 运行机制

从联邦运行与数据交互的角度来看，HLA 联邦进行邦员间状态一致性维护主要在对象实例属性更新和发送/接受交互实例进行。

(1) 对象实例更新时一致性维护

在拥有作战实体所有权的邦员中，若该作战实体的状态发生变化，会通过对象类更新发送到 RTI，当 CMF 邦员接受到该实例时，根据联邦实体库及聚合解聚模块的映射规则，更新相应的其他邦员中作战实体的状态，并作为对象类实例发送到其他邦员，相应邦员接受实例更新后，更新其中的作战实体的状态，从而达到联邦中数据一致性的目的。对象实例更新时一致性维护过程如算法 15.5 所示。

算法 15.5　面向对象类实例更新的一致性维护算法

Begin

① 邦员 $F2$ 更新 $E_i(i=1,2,\cdots,n)$ 对应的对象实例；

② CMF 邦员接收到 $E_i(i=1,2,\cdots,n)$ 的更新后，基于 CMF 中已保存的前一时刻实体的状态，根据联邦实体库中 XN_A 与 E_i 的聚合解聚映射关系，计算 XN_A 的状态并保存，如位置、毁伤等；

③ CMF 公布 XN_A 对象实例；

④ 邦员 F_1 订购 XN_A 相应的对象类，根据 $A \subseteqq$ XN_A，F_1 更新 A 的状态；

End

假设低分辨率邦员 F_1 的聚合实体 A 对应联邦实体表的指控实体为 XN_A。XN_A 包含 n 个高分辨率实体 $E_1, E_2, \cdots, E_n \in F_2$，则 $A \subseteqq$ XN_A $=\{E_1, E_2, \cdots,$

$E_n\}$。若邦员 F_2 拥有该作战实体的所有权，E_i 处于活动状态，根据前面的假设，则 A 处于被动更新状态。

(2) 交互时一致性维护

当发送/接收交互实例时，可能涉及作战实体所有权的转移问题。因此，在交互时也需要考虑数据运行时的一致性维护问题。当交互实例从邦员 F_1 发送到邦员 F_2 时，F_1 不再计算对应聚合实体 A 的状态，把实体的控制权交给 F_2 邦员。一致性维护过程如算法 15.6 所示。

算法 15.6　面向交互类实例的一致性维护算法

Begin

① F_1 更新实体 A 的对象实例；

② CFM 更新 XN_A 的状态量，根据联邦实体库中的映射关系，计算 $E_i(i=1,2,\cdots,n)$ 的状态量，并公布；

③ F_2 更新 $E_i(i=1,2,\cdots,n)$ 的状态；

④ F_1 公布交互实例 I；

⑤ CFM 接收到交互 I 后，根据作战活动的聚合解聚关系，把交互 I 的活动实体对应到邦员 F_2 能够识别的 $E_i(i=1,2,\cdots,n)$，并发送。在联邦实体库中，F_1 命令某导弹连 SSM_L1 向某地发射×枚导弹，由分辨率为导弹发射架的 F_2 邦员执行。由于 SSM_L1 包含×个发射架，此步骤的任务是根据聚合解聚模板把 SSM_L1 的发射命令转换为由哪个发射架执行的发射命令；

⑥ 邦员 F_2 接收到交互后，开始执行，并不断更新相应实体 $E_i(i=1,2,\cdots,n)$ 的信息；

End

15.4　本章小结

本章针对 HLA/RTI 在语义互操作层面集成理论与运行控制机制方面存在的不足与亟待解决的问题，运用多分辨率建模、本体技术、网络划分理论、EATI 建模方法、LTS 系统描述方法等理论与方法，展开面向体系对抗仿真的多分辨率联邦的构建与运行机制的研究，并通过面向防空反导体系对抗的多分辨率实验联邦 J&A 的构建与多次仿真实验验证研究工作的可行性。包括如下主要的创新点。

① 提出一种基于 EATI 与 LTS 的多分辨率联邦可组合性判定方法，拓展了可组合性判定理论的研究，使其更加适合面向体系对抗仿真的异构仿真资源的组合判定。

② 提出一种基于网络划分理论的多分辨率联邦组合优化算法，为从多种联邦组合方式中选择较优或者较简单的组合方式提供了一种方便有效的方法。

③ 构建邦员化的多分辨率联邦集成与运行框架 MRFA，使联邦可以通过灵

活地裁剪联邦管理邦员适用于不同仿真应用的需求。

④ 提出基于本体的多分辨率联邦一致性维护方法，使传统仿真邦员间的聚合解聚映射关系的数量从 $n(n-1)/2$ 减少到 n，大大减少了映射函数的冗余及编辑与维护工作，可以极大地提高仿真运行过程中一致性维护的工作效率。

尽管研究工作在多分辨率建模理论的指导下，将军事领域的体系对抗理论与基于 HLA/RTI 的计算机仿真技术结合起来，对多分辨率联邦的集成与运行机制进行了尽可能深入全面的剖析，但由于多分辨率联邦本身的复杂性，很多问题依然没得到很好的解决。

① 进一步构建包含更多异构仿真邦员的多分辨率联邦以检验我们的研究。MRFA 框架的检验实验条件有限，有待于进一步接受更多实验检验。

② 进一步完善多分辨率联邦集成框架及其运行机制的研究。

参考文献

[1] 胡晓峰，杨镜宇，司光亚，等. 战争复杂系统仿真分析与实验. 北京：国防大学出版社，2008.

[2] 刘宝宏. 多分辨率建模的理论与关键技术研究. 长沙：国防科技大学博士学位论文，2003.

[3] 姜忠钦. 武器装备体系仿真环境中的异构资源集成技术研究. 北京：国防大学博士学位论文，2010.

[4] 黄健. HLA 仿真系统软件支撑框架及其关键技术研究. 长沙：国防科技大学博士学位论文，2000.

[5] 李群，王超，朱一凡，等. 基于 MDA 的仿真模型开发与集成方法研究. 系统仿真学报，2007，19(2)：272-276.

[6] Noy N F，Fergerson R W，Musen M A. The knowledge model of Protégé-2000：combining interoperability and flexibility//International Conference on Knowledge Engineering and Knowledge Management，2000.

[7] Sure Y，Angele J，Erdmann M，et al. OntoEdit：collaborative ontology engineering for the semantic Web//Proceedings of the First International Semantic Web Conference，2002.

[8] McGraw R，Treshansky A，Trevisani D A. MRMAide：a technology for implementing mixed resolution models//Proceedings of the International Society for Optics and Photonics Aero Sense，2003.

[9] 胡四泉. 并行和分布式仿真的建模和性能分析研究. 北京：中国科学院研究生院博士学位论文，2004.

[10] Benjamin Y W C，Malcolm Y H L. Predictive algorithms for aggregation and disaggregation in mixed mode simulation//Proceedings of the 2009 Winter Simulation Conference，2009：1356-1365.

[11] Cayirci E. Multi-resolution federations in support of operational and higher level combined/joint computer assisted exercises//Proceedings of the 2009 Winter Simulation Conference，2009：1787-1797.

[12] 陈凌云,姜振东. HLA/RTI中时间管理服务研究. 装备指挥学院学报,2001,12(6):63-67.
[13] 侯迎春,赵新国. HLA及其时间管理. 装备指挥学院学报,2003,4:14.
[14] Drewry D T,Reynolds P F,Emanuel W R. Optimization as a tool for consistency maintenance in multi-resolution simulation. Technical Report No. CS-2002-16, Department of Computer Science,University of Virginia,2002.
[15] Adelantado M,Bonnet S. Multiresolution modeling and simulation with HLA//Proceedings of the ESS'2000,12th European Simulation Symposium,2000:456-461.
[16] Adelantado M,Siron P. Air-ground combat simulation through the ONERA HLA run-time infrastructure//Proceedings of the Symposium on 2000 Military, Government and Aerospace Simulation,2000:191-196.
[17] 陈和平,何璐,陈彬,等. 基于关系数据库的本体生成器设计与实现. 计算机工程,2009,35(5):34-36.
[18] 高俊杰,邓贵仕,张光前. 结构化范例库向OWL本体自动映射算法,计算机工程,2009,35(12):239-241.
[19] 何婷婷,张小鹏. 特定领域本体自动构造方法. 计算机工程,2007,33(22):235-237.
[20] 杜小勇,李曼,王珊. 本体学习研究综述. 软件学报,2006,17(9):1837-1847.
[21] Alexander M. Ontology Learning for The Semantic Web. Norwell: Kluwer Academic Pubilishers,2002.

第 16 章　军队体系建设战略绩效管理方法

16.1　军队体系建设战略绩效管理问题概述

与传统军队管理相比，现代军队战略管理的突出特征是全局性、宏观性、综合性、动态性、精确性。从管理对象来看，整个国防和军队体系，甚至军工企业都是战略管理涉及的对象，总部机关、战区、军种，甚至每个官兵，都是被管理对象，具有前所未有的全局性。从管理层次来看，重点关注的是军事能力建设是否能够满足国家安全发展需要，军事力量体系是否能够支撑打赢信息化战争，具有宏观性、战略性特征。从管理领域来看，除了要将传统的作战、训练、政工、后勤、装备、科研等领域建设成果进行综合，还要考虑军事理论、国防动员、军民融合等领域建设管理，具有高度的综合性。从管理过程来看，规划制定、规划执行、评估改进是一个战略管理周期的典型活动，根据评估情况定期进行资源调配和目标调整，是战略管理有效实施的重要途径，具有相对动态性[1]。从管理方法来看，原有的封闭式规划和粗放式职能型管理已经不能满足建设要求，更强调在一定的领导指挥体制框架下，优化组织结构，实施全过程精确管理，要能综合运用系统分析和综合评价方法，有效控制建设成果达到计划目标，具有精确性。

分析这些特点可以发现，在军队战略管理顶层机构建立后，急需一种能够将战略制定和战略实施结合起来一体运行的执行框架，在体系内形成战略目标共识，融合多种科学方法，促进协调沟通，以提高建设绩效为核心，推动战略管理效益的提升。绩效管理就是无数企业和政府战略管理实践发现的一个有效解决方案。

16.1.1　传统绩效管理面临的问题

绩效管理(performance management)是指通过对管理对象的行为绩效进行指导、监控和考评，改善人们的工作态度、能力和行为，不断增强组织绩效或个人绩效，实现组织发展战略和管理目标的活动过程。经过 30 多年的发展，绩效管理已成为一种广泛应用于经济社会各领域科学实用的管理方法。一些职能领域也引入绩效管理，如军事训练成绩考核、领导干部任职考评、科研项目评奖、作战能力评估等，可以在一定程度上促进领域建设发展。但是，由于受功能领域和管理对象的限制，这些考评结果并不能直接用于衡量战略实施的效益，因此只能称为传统的绩效管理。

面向现代战略管理的特点和需求，分析传统绩效管理方法可以发现还存在四个方面的问题。

1. 缺少战略绩效目标描述机制

明确目标是战略管理的首要问题，就是要让整个军队建设的组织管理体系都清晰地了解战略目标是什么，然后将目标转化为规划计划，进而转变为各自的行动。当前战略规划工作仍以定性描述为主，采用按军种、按领域提报需求分配军费的规划模式，缺乏体系思维指导下的顶层设计模式和清晰描述建设发展目标路径的方法[1,2]，导致各领域各系统按照各自利益设计建设任务，重复建设和盲目上马项目增多，资源争夺加剧，建设效益低下。

多样化任务背景下，军队体系建设中长期目标和年度绩效目标，应是顶层、全局的，也应该是尽可能量化的，在跨领域跨部门跨层级的组织中也应是开放、共识的。因此，必须突破传统绩效管理目标的片面性和局限性，基于复杂系统理论开发战略需求，用战争设计和战略运筹分析等体系化方法来规划论证建设任务[3-5]，用统一的战略描述语言形成组织共识。

2. 缺少战略执行评估过程机制

传统绩效评估大多是在年中或年末组织一次，多数目的是为评功、评奖，对实现战略目标的贡献度并不在评估之列。战略规划执行评估也面临诸多问题。

① 战略评估机制不健全，缺乏战略评估机构和第三方评估组织支持。

② 因战略目标不明确，规划本身有矛盾，致使评估标准刚性不足，加之标准制定缺乏问题导向，衡量标准没有形成共识，导致评价结果可比性可用性不高。

③ 传统的数据采集、专家打分、现场观摩等评估方法组织难度大、评价内容少、人为影响因素多、数据准确度不高、综合评价结果无法有效反映实际问题，评估活动成本效益不高。

④ 评估活动滞后，可以发现问题，却失去及时有效解决问题的时机，导致资源浪费、进展迟缓。

战略执行评估急需在方式、方法上变革，不仅要强化中期评估（事中评估）和总结评估（事后评估）的刚性约束和调控能力，还要从规划执行初始就实施年度绩效预算评估（事前评估），在每个重大建设项目的里程碑节点上实施关键绩效评估（事中评估），这是确保规划执行高效和应变能力的关键。

3. 缺少战略执行愿力激励机制

军队院校、军工部门和部队官兵分别是人才培养、武器装备和军事训练项目的最终落实者，各级机关也是规划计划项目审批管理的执行部门，由于缺乏公开公平的激励法规和制度保障，导致军队战略执行缺乏深层次的"活力"。

现代企业非常重视培养员工的"愿力"，就是让员工愿意做事，提高他们实现战略目标或自身目标的积极性和主动性。解决的方法，就是将战略绩效与员工个人的薪酬、职业发展相衔接，此外还会积极地向员工传播企业的愿景和价值观，从而激发员工的主观能动性，推动战略执行力的提升。

4. 缺少战略执行能力保障机制

即使各级目标责任落实到位、相关责任人做事的"愿力"也不缺，但是如果负责人或分管单位能力不足，无法承担相应的任务，也会导致战略执行无法实现既定目标。

提高战略执行的质量，关键在于找到专业和合适的承建单位或联合团队。战略管理系统要能够很快帮助规划者找出有能力的团队，或者衔接采购指标系统，引入竞争机制，实现低投入高产出。此外，还应建立成果共享交流平台，帮助建设单位通过学习已有成功案例的经验，提高自身完成任务的能力。

解决以上问题最有效的途径，就是构建以绩效为核心的战略管理体系，实现管理全过程的绩效评价，推动战略规划落地、执行过程高效、建设成效提升。这也是西方国家政府和军队，特别是无数现代企业战略管理成功案例总结提出的经验做法[6]。

16.1.2　军队体系建设战略绩效管理方法

针对当前军队体系建设战略管理中的问题和传统绩效管理的不足，借鉴商业领域基于平衡计分卡（balanced score card，BSC）解决绩效评价问题的做法，本章提出基于军事图表卡（military map list and card，MMLC）组织军队体系建设战略绩效管理的新思路、新方法，为军队战略管理者组织实施建设发展绩效评估提供支撑，有助于进一步促进战略管理系统的体系化运转，实现国防和军队体系建设效益的不断提升。

平衡计分卡是近年商业领域运用较多的一种新型绩效评价方法[7,8]。其思想最早起源于 1990 年美国哈佛商学院的罗伯特·S. 卡普兰和复兴全球战略集团总裁大卫·P. 诺顿的跨国公司研究项目，他们希望开发出一套能将员工和信息技术、内部质量等知识资产，与财务会计系统整合在一起的衡量组织业绩的新方法。但是，由于卡普兰的平衡计分卡并未给出统一的绩效度量方法，也没有针对军队体系建设绩效评价的指标体系，因此不能直接引入我军战略绩效评估之中。

与传统绩效评估方法相比，基于军事图表卡 MMLC 的方法有以下特点。

(1) 强调按绩效内涵要求设计评估指标

对军队体系建设效益的评价不仅仅只是建设成果数量的统计,而是包含对成本、进度和质量的综合评价。以绩效为核心设计每个评估指标,就是把绩效蕴含的投入、过程和结果,用一种算法综合起来,按照 3E 模型(economy,efficiency,effectiveness)构建评估指标体系,为效益的综合评价奠定多维度基础。

(2) 强调在统一衡量标准下建立评估标准

军队战斗力的生成过程需要统一设计、统一实施,如果顶层没有给出统一的衡量标准,那么就无法将各层级、各领域的建设成果有效地凝聚到战斗力的生成上,无法实现"军队建设以战斗力为唯一的根本的标准"的要求。能力成熟度衡量标准是借鉴科研领域把技术转化为生产力过程的规律总结成衡量等级标准的做法,把具体的"人"、"装"、"物"等要素建设成果转化为战斗力的典型过程总结成统一的绩效衡量标准。

(3) 强调按照全过程反馈方式组织评估

对各类军队体系建设项目来说,在规划项目立项论证阶段、项目实施阶段和项目完成后的全过程分别组织绩效评估,把预期效果、过程效果和实际结果结合起来,将绩效增长曲线(评估结果)在一张图上显示给高层管理者,是对战略执行检查工作的有力支撑,如果发现问题,还可以立即中断、调整、撤销,避免资源浪费。

16.1.3 相关领域研究现状

1. 绩效评价方法

随着信息时代的到来,网络拉近了高层管理者和企业员工的关系,全球兴起战略执行新科学,重点是研究如何通过建设绩效评价系统,帮助企业集团或公共部门实现战略规划与运营管理一体化。也就是说,通过绩效评价建立绩效管理制度和系统,从而实现战略管理的落地。绩效管理理论和方法在现代经济社会得到广泛应用,由于实践性强,许多方法都具有较强的科学性和实用性,如平衡计分卡、目标管理法、关键绩效指标法、360 度评估法等。

平衡计分卡主要经历了绩效评价、绩效管理和战略管理三个发展阶段,已由最初的绩效衡量工具发展为当今全球领先企业最广为应用的战略执行管理工具。其核心作用是帮助企业对战略进行梳理、转化和分解,促使各部门围绕战略协同一致,并对其执行过程建立规范的监控、分析、评价与管理机制,最终形成战略流程与运营流程高度协同运作,推进整个组织形成高效的战略中心型组织。

目标管理(management by objectives,MBO)是美国管理学大师彼得 · 德鲁克 1954 年提出的管理理论。他认为,企业每个成员所作的贡献各不相同,但是都必须为一个共同的目标作贡献,因此企业的运作要求各项工作必须以整个企业的目标为导向[9]。所谓目标管理，是指通过确定目标、实施目标、对目标实现结果进行评估和奖惩等一系列管理活动。随着绩效管理理论和实践的发展，目标管理、目标评估理论和方法被运用到绩效管理，产生了目标绩效评估。这是绩效评估的一种主要方式。目标绩效评估的主要任务是评判每一个目标执行者的目标达成值，并自下而上对目标达成值进行融合计算。

关键绩效指标法(key performance indicators，KPI)是指运用对提高组织绩效具有关键作用的指标(指标体系)实施评估的一种绩效评估方式。在实践过程中，影响组织绩效的因素通常有很多，把这些因素都作为绩效评估的指标往往不太可能，不但需要花费大量的人力和时间成本，而且有些因素由于难以测量也不宜作为评估指标。因此，通常人们只选择对组织绩效影响较大的关键因素作为评估指标(称为关键绩效指标)。关键绩效指标法的难点在于对关键绩效指标的选择。

360 度绩效评估(360-degree performance feedback)，也叫 360 度绩效反馈，是指由评估对象的上级、同事、下级、客户，以及评估对象自身担任评估者，从多个角度对评估对象进行 360 度全方位评估，再通过反馈程序，达到改变行为、提高绩效等目的。通常包括 5 个方面的内容，即上级评估、同级评估、下级评估、客户评估、自我评估。360 度绩效评估是一种评估组织方式，可以为评估结果的有效性提供更接近真实的数据。

平衡计分卡吸取了目标管理法的很多特点，如层层分解绩效目标、优化绩效目标管理体系、进行绩效沟通和反馈、签订责任书、绩效考评、实施绩效奖惩等。不同的是，MBO 将目标集中于少数几个目标，而 BSC 更注重战略的多个主题之间的平衡；MBO 更注重纵向的分解，而 BSC 还注重横向的目标协调与统一；MBO 一年只做 2 次，而 BSC 可以实现动态绩效管理。与 BSC 一样，KPI 也关注企业的战略问题，企业的 KPI 价值树模型也强调反映价值创造的因果关系。

2. 国防绩效管理

(1) 美国国防部 PPBE 系统和绩效管理

美国国防部作为美国的一个联邦机构，同样需要依据 GPRA、PMA 的要求组织国防部的绩效评估。其方法是在管理系统中加入绩效评估过程，特别是在规划、计划、预算与执行系统中运用绩效管理方法。

① 美军四大战略管理系统。

美国国家安全始终秉持“绝对安全”的理念，而美军也始终追求“绝对优势”、“行动自由”的战略目标。为实现这个目标，美军不断加强战略集权，发展了以联合战略规划系统(joint strategic planning system，JSPS)，规划、计划、预算和执行系统(planning，programming，bugeting，and excution System，PPBEs)，国防采办系统(defense acquisition system，DAS)和联合作战计划与执行系统(joint operational planning and excution system，JOPES）四大系统为核心的战略管理系统[10]。通过这 4 个联合系统，将国家军事战略目标、战略需求、军事能力调配、作战方案制定和实施、教育训练、重大武器装备项目研究开发，以及军事资源保障有机地连接起来，构成美军战略领导和指挥控制的主要框架和运作流程。

第一，联合战略规划系统主要解决为什么打、跟谁打的问题，评估国家目标和安全环境，形成战略判断和确定反映现有状态和期望状态之间差距的战略需求。该系统主要通过联合能力集成开发系统（joint capability integration development system，JCIDS）的文档，向规划、计划、预算和执行系统提供军事需求建议；向联合作战计划制定和执行系统提供政策指南和总统兵力分配计划。

第二，规划、计划、预算与执行系统主要解决用什么打的问题，即军事能力生成。它是美国国防部长的决策工具，也是国防机构运转的主要工作流程。其主要功能是确定美军的战略需求、资源需求和资源分配，将战略需求转化为预算计划，指导美军建设。该系统在 2005 年由 PPBS 改变为 PPBES，将规划、计划、预算环节调整为规划、计划和预算、执行环节。随着分析评估在美军国防管理和军队建设中的运用强化，使事先评估、执行过程评估和成果评估更为系统化，部队建设的效益明显提高，使近期、中期、远期目标相结合，能够针对形势变化对军队体系建设进行适应性调整，实现领先盟国一代、对手两代的目标。

第三，国防采办系统是世界上最大的计划经济系统和政府采购系统之一，是由军方、其他政府机构、企业界、大学和科研机构组成的战略综合体。其采办流程可以从确定任务需求，为此发展能力开始，也可从现有科学技术成果的潜在军事应用开始。采办系统是美国军事变革的重要组成部分，快速生成军事优势的关键。其中，国防部预先研究计划局率先实现适应性规划，在战争准备，甚至战争中快速调动各类科技和生产资源。例如，为解决战区情报侦察问题，该局采用“快规机制”和“螺旋式发展”模式，在经过 3 个月的评估认证后提交承包商生产，仅 6 个月时间就创造出“捕食者”无人侦察机，在多场战争中都发挥了重要作用。

联合作战计划与执行系统是美军筹划战争、准备作战的系统，这里不多介绍。

② 美军绩效管理程序。

美国国防部的绩效评估贯穿美军战略制定和战略实施的全过程，对绩效的规范以一系列文件方式明确。从 1997 年起，美国国防部长办公室根据国家级的国防战略，每四年出台一份战略规划，作为国防政策和军事战略的指导文件，为军费开支、军购重点、面临的主要威胁和军力建设定调（这是明确顶层“效”的文件）。四年防务报告发布之后，美国国防部会根据防务报告制定的战略目标，制定与战略目标对应的战略规划。同时，国防部长办公室还会发布《战略规划指南》和《联合计划指南》来指导各部门制订计划和绩效评估指标（这是明确各层“效”和初步“绩”的文件）。各部门在《战略规划指南》和《联合计划指南》的指导下，制定《计划目标备忘录》和部门《预算报告》,该备忘录是一个七年的规划,包括各部门的使命、绩效目标、完成目标的方法和资源分配情况(这是提出"绩"的文件)。另外,在非预算编制年度(美国国防部的预算编制是"两年一滚动",偶数年编制预算,奇数年只修订预算),各部门还会根据实际情况(如出现紧急情况)编制《计划变动提议》和《预算变动报告》(这是提出"绩""效"变动的文件)。最后,由计划评估小组评估各部门的计划报告和预算报告,评估结果会提交给高级评估小组(Senior Level Review Group,SLRG)进一步讨论。参谋长联席会议针对《计划目标备忘录》进行军事能力发展和军事能力平衡方面的评估。国防部长根据两个评估小组的评估报告建议,最终签署《计划决议备忘录》(这是明确的"绩效"和"效"的执行计划)。美国国防部每年还会向总统和国会提交年度绩效计划—《向总统和国会提交的年度报告》,系统阐述战略目标、军事任务、海陆空部队的年度报告,以及预算的情况。

③ 运用平衡计分卡进行绩效管理。

在测度和设定国防绩效目标的工具上,美国国防部引入平衡记分卡,使其成为美军贯彻战略的工具。美国空军战斗司令部也使用 BSC 来管理空军所有资产,包括战斗机、45 个基地、17 万名员工。采用全面绩效标准后,每个 ACC 单位都自己决定如何达到目标。司令官劳恩将军使用基准制度,根据 ACC 标准衡量绩效,将空军部队和陆军、海军及舰队的相应单位进行对比,甚至与私营部门进行对比。竞争机制实施前,F-16 补充燃料平均需要 45 分钟,实施后逐步减少到 28 分钟。美军运用平衡计分卡进行绩效管理的实例很多,下面重点介绍美陆军运用的情况。

美国陆军在"9·11"事件后认识到,国家军事战略的快速变革和地面战斗力量的日益上升需要陆军采用一种新型的方法来报告军事准备情况。陆军战略准备度系统作为一个完整的战略管理和准备度评估工具在 2002 年 10 月开始实施。它以平衡计分卡为基础,构建利益相关者、内部流程、学习与成长、资源四个维度的战略地图,为陆军领导层提供准确、客观、可预见和可执行的准备度信息,从现役军人和预备役军人两个方面整合准备度信息,使陆军改善对战斗指挥官的支持,以及对士兵及其家庭的投资,并通过不断地业务实践,把陆军转向目标军队(图 16.1)。

由于军队是非盈利组织,因此将财务方面作为资源放入底层作为保障条件,客户更名为利益相关者,包括美国人民、总统、国防部长、国会和战斗指挥官,他们希望看到一支训练有素、准备就绪的陆军,具备一组核心能力,以使主战区作战、多战区联合作战、维和支持、盟军合作,以及国内灾难作出快速反应等任务都能得以完成。

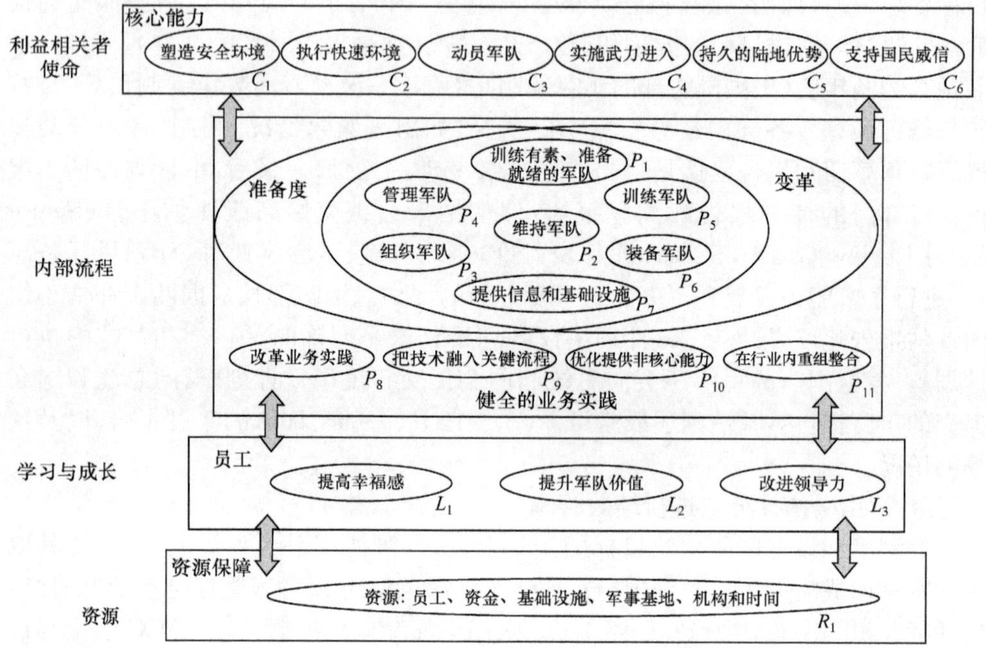

图 16.1　美陆军平衡计分卡的四个维度

内部流程有三个主题：准备度是指具备支持当前全球反恐战争的程度，变革是指最终将转型为未来目标军队的任务，健全业务实践是指从当前准备度状态转向变革后的状态需要执行的活动。准备应对全球反恐战争和实施变革是美陆军当前综合考虑的两个方面。

学习与成长的关键主题是军队及其人员家庭的幸福，因为士兵是军队的灵魂，陆军应为士兵及其家庭创造成长的环境。陆军价值必须渗透到整个军队的生活，并且各个层级都要关注领导力的开发。

资源保障主题是陆军建设成功的关键驱动因素，资源比财务的定义更宽泛，包括军人、资金、基础设施、军事基地、机构和利用资源的时间。

(2) 国内战略绩效管理

战略规划办公室成立，标志着战略绩效管理工作新的起点。国防大学军队建设研究所是率先展开这方面研究的单位，韩为工、于巧华和李璟的《军队建设战略管理》[11]、于连坤的《军队现代化建设效益研究》[12]、李璟的《军队建设绩效管理》[13]和《战斗力解析》[14]等专著中对军队建设效益的概念内涵，绩效的概念、绩效管理程序等都做了论述，为本章的研究提供了基本参考。李璟教授指出，在积极推进中国特色军事变革、加快军队管理创新的要求下，应用平衡计分卡加强军队建设战略管理和绩效管理已经不是需不需要的问题，而是如何对其进行改造和运用的问题。

16.2　军队体系建设战略绩效管理基础理论

16.2.1　军队体系建设绩效和绩效评估定义

1. 绩效相关概念

绩效(performance)一词，最早源于西方国家，应用在企业人力资源管理中，主要用于评价员工的工作效率。20 世纪七八十年代，绩效的价值取向由单纯追求效率，发展为对经济、效率和效益的追求，并逐渐从经济领域扩展到政府公共部门，使绩效内涵逐渐丰富起来。《现代汉语词典》中的定义是“成绩、成效”，成绩是工作和学习的结果，成效是工作或学习造成的客观后果和影响，绩效应是对二者的综合。也有从行为学角度来理解的，绩效是组织对资源的有效、高效及安全的运用，与运营和功能的有效性相关。《军队建设绩效管理》[13]给绩效下的定义是，个人或组织在一定资源投入的情况下为实现管理目标所从事的劳动行为及其结果，等于投入、行为和结果的函数，即 $P=f$(投入，行动，结果)。《公共部门绩效评估》[15]的定义是，绩效不仅仅是对结果的衡量，还包括对过程的衡量，甚至包括对提供方主观努力程度和接受方满足程度的衡量。《国防支出绩效评价研究》[16]的定义是，绩效是效益、效率和有效性的统称，它要求政府在履行公共责任的过程中，在讲求内部管理与外部效应、数量与质量、经济因素与社会论证政治因素、刚性规范与柔性机制相统一的基础上，获得的公共产出最大化，包括行为过程和行为结果两个方面。

与绩效相近但有区别的词，还包括效率、效能、效益、效果。效率(efficiency)是指单位时间内实际完成的工作量。从管理学角度来讲，效率是指在特定时间内，组织的各种投入与产出之间的比率关系。效率与投入成反比，与产出成正比。效能(efficacy)是指达到系统目标的程度，或系统期望达到一组具体任务要求的程度。效益(effect and profit)是指项目对国民经济所作的贡献，包括项目本身得到的直接效益和由项目引起的间接效益。非经济领域的效益是指劳动(包括物化劳动与活劳动)占用、劳动消耗与获得的劳动成果之间的比较。效果(effect)是指由某种动因或原因产生的结果(后果)。效能是衡量工作结果的尺度，效率、效果、效益是衡量效能的依据。

2. 军队体系建设绩效定义

军队体系建设绩效是衡量军队体系建设发展状况的重要指标。一般认为军队建设绩效是军队建设完成各项任务及其取得的结果,集中表现为对战斗力提高的程度。从更全面的角度来看,为了有效提高军队体系建设效益,需要在降低成本、提高建设速度和成果质量上下工夫。参考绩效在经济性、效率性和效果性上的要求,应把建设投入和建设过程耗费的时间都纳进来。因此,军队体系建设绩效可表示为建设投入、建设过程任务、建设成果,以及建设成果综合形成的军队体系战斗力实际水平之间的若干关系。

定义 16.1(军队体系建设绩效) 指军队体系在一定投入下,经过建设、训练等军队体系建设活动取得的建设成果,表示为投入成本、过程时间、产出成果、战斗力生成水平等要素的组合,记为 P。

(1) 军队体系建设活动(program)

定义为需要投入经费、人力、时间完成军队自身物质和精神方面建设的活动安排。

(2) 投入成本(cost)

定义为各类投入的成本,包括军费、人力、技术、土地、设施等。成本的大小一般用军费多少、人天时、土地占用面积、装备和设施损耗经费数量等来表示,包括设计成本、生产成本和使用成本。一般情况下,只考虑军费即可。需要综合考虑投入因素时,可以将人天时和土地占用、装备和设施损耗按照一定算法折合到经费上。

(3) 过程时间(time)

定义为指一项建设任务从计划开始到任务完成的时间。每项建设任务都可以进行分解,直到不可再分解的工作任务。

(4) 产出成果(result)

定义为构成军队组织体系的作战力量类或要素类结果的数、质、量。力量类建设项目的产出成果为基本作战单元或作战体系的类别和数量。要素建设类项目产出成果为构成作战单元的基本元素或功能系统的数、质、量。

① 作战单元是按照体制编制结构定义的作战力量,属性上包括所含编制组成、人员类别和数量、装备类别和数量、物资类别和数量、营房驻地类别和数量、领导组成等属性。其能力指标与担负的任务类别有关,与武器装备的性能参数有关。

② 作战体系是指由不同作战单元和武器系统、战场设施等要素构成的具备完成一定作战任务能力的作战组织。

③ 基本要素是指构成作战单元的不同要素,一般包括人员、装备、弹药、物资、设施、信息知识、条令条例等。

④ 功能系统是指由同类基本要素构成的能够提供特定能力的系统,包括侦察系统、指挥系统、火力系统、防护系统、机动系统等。

⑤ 产出成果是军队项目建设必须描述的产品结果，是绩效内涵中“绩”方面的重要描述。

(5) 战斗力生成水平(enable)

战斗力生成水平定义为作战单元在陆上、海上、空中、太空作战、网络空间、侦察情报、特种作战和后勤保障等领域的发现、指挥、控制、打击、机动、防卫、通信等作战能力的增长幅度。战斗力生成水平是军队体系建设项目立项申报中必须描述的要达到的能力目标，是绩效内涵中“效”方面的重要描述[14]。

如何将产出成果综合形成战斗力生成水平，在许多教材中都有定义，但是这些方法大多只反映静态能力评估[17]。事实上，军队的战斗力只存在于体系之中。体系是一个动态形成的系统，能力只反映明确的对手、有背景的对抗推演过程，并以体系的整体效能展现出来。因此，真正的战斗力生成水平应以完成体系使命任务的程度来描述，并以作战、演习等形式才能准确评估。

当然，此处主要是先建立绩效的概念，对战斗力生成水平的定义来说，可以根据管理目的的不同层次采用一些简化定义。从较低层次来看，可以直接用产出成果来表示，就可以规范化为完成各类单位建设任务的质量，如完成几个部队建设任务；从较高层次来看，可用达到指定作战能力标准的程度来度量，如达到甲类战斗旅团评估标准；从更高层次来看，战斗力水平与有效履行使命任务能力有关，而使命任务内涵需要针对目标分析确定，使命任务外部条件复杂多变，存在不确定性，完成使命任务的作战计划方案的科学性合理性也影响对战斗力实际效益的评价，需要多层次概念来定义。

3. 军队体系建设绩效评估

定义 16.2　军队体系建设绩效评估是指围绕军队体系建设活动的投入耗费、建设过程、产出成果和生成的战斗力水平之间的关系进行的评价和预测。一般包括经济性评估(Pecon)、效率性评估(Peffi)和效果性评估(Peffe)三种函数。

定义 16.3(军队体系建设活动的经济性)　经济性评估模型是指投入成本与给定数量和质量的产出成果(Result)的比值。建设活动的经济性定义为

$$\text{Pecon}=\frac{\text{Cost}}{\text{Result}}\times 100\% \tag{16.1}$$

在产出成果一定的情况下，最高的经济性一般等于最小的 cost。

定义 16.4(军队体系建设活动的效率性)　效率性评估模型是指单位时间内生产所需成果的数值。建设活动的效率性定义为

$$\text{Peffi}=\frac{\text{Result}}{\text{Time}}\times 100\% \tag{16.2}$$

在建设完成时间一定、建设成果特定的情况下，最高效率性一般用 result 的数量表示。

定义 16.5(军队体系建设活动的效果性)　效果性评估模型(Peffe)是指建设活动的实际产出成果(Result)形成的实际战斗力增长水平(Enable1)与预期战斗力增长水平(Enable0)的比值，建设活动的效果性定义为

$$\text{Peffe}=\frac{\text{Enable1}}{\text{Enable0}}\times 100\% \tag{16.3}$$

如果实际战斗力增长大于预期，则该数值大于 1；否则，小于 1。

4. 军队体系建设绩效指数

除了以上表示建设活动经济性、效率性和效果性的函数，在宏观层面，还需要总体衡量军队体系建设的绩效问题，也就是要将投入成本、建设进度和战斗力增长的程度综合起来考虑，以便对各领域和各年度的建设绩效进行比较。本章提出绩效指数(PI)的概念，就是为了描述这个问题，将在 16.4 节介绍。

16.2.2　军队体系建设战略绩效管理框架

本节从剖析战略管理的基本过程入手，通过分析军队体系建设绩效评估所需各类要素在管理中生成的时机、评估方式和作用，提出军队体系建设战略绩效管理的四步框架和体系组成。

1. 战略管理基本过程

军队体系建设的战略管理，以实现军队体系建设发展战略目标为目的，通过周期性制定规划和有组织地实施一系列建设活动来达到目的。一般来说，战略管理可以分为构建战略管理体系、战略分析、战略选择、战略执行、战略控制五个不断循环的过程，其基本过程如图 16.2 所示。图中下层是每个过程产生的主要成果。

(1) 构建战略管理体系

该过程的主要任务是建立军队的使命、愿景、核心价值观、长期目标，以及根据国家安全需要调整军事战略和国防建设目标，适时进行编制体制调整和重大改革，为新一轮管理周期打好组织基础。

(2) 战略分析

该过程主要是对内外部环境进行分析，以明确组织的中长期和短期战略目标，可以分别运用 PESTEL(political、economic、social、technological、environmental、legal)、SWOT(strength、weakness、opportunity、threats)、价值链等一系列战略工具进行分析。

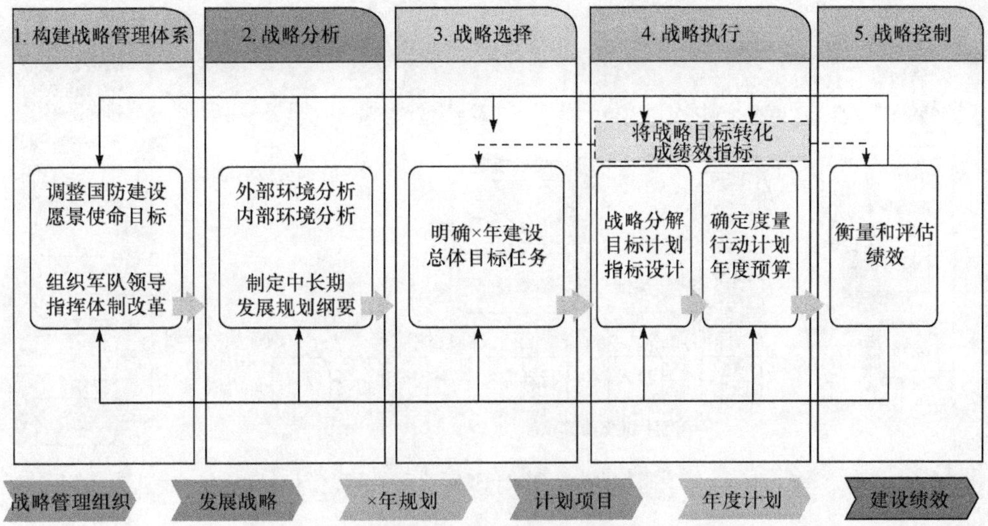

图 16.2　军队体系建设战略管理基本过程图

(3) 战略选择

该过程主要是确定组织的战略目标，在战略分析基础上，结合组织主要业务线，或者要完成的使命任务构建战略目标体系。战略确定后，需要进行宣传和解释，使组织的业务单元或各部门与全体员工明确组织的战略，从而有利于员工行为与组织战略保持一致，发挥战略协同作用。

(4) 战略执行

该过程主要是依据战略目标制定战略执行方案，并有效落实下去，主要工作一般包括描述战略目标、制定目标计划、进行指标设计、确定标准度量、制定执行计划、合理分配资源、组织执行检查等。

(5) 战略控制

该过程主要根据年度计划执行结果，评估工作成果和效果，对战略执行进行反馈；根据战略执行中存在的问题，重新进行战略分析，共同执行新的假设，开始新一轮的战略管理。

2. 绩效评估过程分析

绩效管理是一种战略管理方法。在战略管理的哪些环节实施绩效管理的工作呢？这就需要根据绩效评估所需要素的生成方式，对绩效管理进行分析。绩效中的“效”来自战略目标，即军事能力需求，“绩”来自规划计划项目，经费投入由规划计划控制，年度投入由年度预决算决定，效率性来自建设进度报告，实际的“绩”来自项目验收交付报告，而实际的“效”来自绩效评估系统。如图 16.3 所示为绩效评估嵌入战略管理过程的环节。

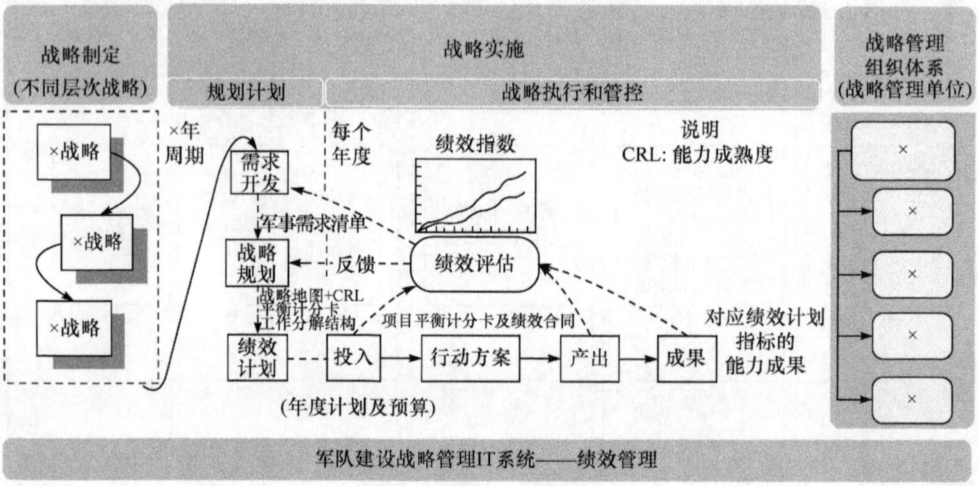

图 16.3　绩效评估嵌入战略管理过程的环节

① 将绩效历史数据支撑设定在战略制定环节。

② 将绩效分析预估设定在规划计划环节。

③ 将绩效的事前评估设定在年度预算环节。

④ 将绩效的事中评估设定在行动方案的阶段性产出(中期评估环节)。

⑤ 将绩效的事后评估设定在验收交付环节(总结评估环节)。

这里的“事”是指规划任务建设实施的活动。

按照设定的绩效评估活动,在军队战略管理的战略制定、规划计划、年度预算、年度评估和总结评估环节中,主要发挥的作用、评估目标、评估方法、运用方式、使用工具、评估主体等,如表 16.1 所示。通过绩效评估在每个环节发挥作用,使作战需求能够牵引战略规划、规划计划、决定资源配置,通过绩效评估改进执行质量,最终促使军队体系建设走上高效益的道路。

表 16.1　绩效评估在战略管理中的运用环节和方法

评估时机	绩效评估方式方法
战略制定	·评估目的:以军队历史绩效数据,支撑战略分析和选择 ·评估类型:事前评估 ·评估方法:SWOT、PESTEL、净评估、系统分析法等 ·运用方式:在战争设计或类似 JCIDS 的联合作战能力需求开发平台上,按照历史绩效展示指定模块化或专业化作战力量的能力,辅助量化分析 ·数据重点:历史绩效数据中的“作战力量模块-任务能力”效益性数据 ·使用工具:战略地图(作为描述战略的工具) ·评估主体:国家安全委员会、军事战略制定相关机构

续表

评估时机	绩效评估方式方法
规划计划	· 评估目的：以军队历史绩效数据，支撑能力需求重要性排序和建设方案选择，辅助形成规划计划体系编制指南类文件、评估各领域、各系统计划的有效性 · 评估类型：事前评估 · 评估方法：体系贡献度评估、排序算法、系统分析法等 · 运用方式：在规划辅助制定系统中，根据历史绩效数据，辅助需求统合过程发现能力建设漏项和重复建设问题；辅助经费总预估过程发现经费超支项目；辅助确定项目重要性等级，初步分配经费；辅助确定项目建设时长，发现配套协调问题；辅助确定项目阶段划分，发现经费安排问题等 · 数据重点：历史绩效数据中的“作战力量模块-任务能力”效益性数据、“作战力量模块-基本建设经费”的经济性数据、“作战力量模块-基本建设时长”的效率性数据、项目的分解结构和阶段安排 · 使用工具：战略地图、平衡计分卡 · 评估主体：负责战略规划的相关部门和机构
年度预算	· 评估目的：以军队同类项目历史数据和绩效数据，支撑对已批复项目提报的年度预算的评估，综合形成年度绩效目标 · 评估类型：事前评估（绩效预算） · 评估方法：比照打分法、模糊综合评判法等 · 运用方式：在年度预算评审系统中，按照年度绩效计划确定的年度绩效目标和项目进度，根据历史绩效数据，评价项目年度预算的分配结构和额度是否合理 · 数据重点：历史同类项目的年度绩效目标和绩效实现情况 · 使用工具：战略地图（描述计划要达到的战略主题）、平衡计分卡（汇总各项目绩效计划数据、关键绩效指标的目标值）、年度平衡计分卡（记录项目年度绩效计划数据、关键绩效指标的年度目标值）、绩效合同（记录各计划项目负责人） · 评估主体：负责财务预算和规划的相关部门和机构
年度评估	· 评估目的：项目进展评估、部门效率评估、单位效率评估 · 评估类型：事中评价 · 评估方法：按照给定标准打分，形成项目进展绩效 · 运用方式：不断监控经费支出、进度、阶段性产出，进行中间绩效评价，并以此调整下年度计划 · 数据重点：项目分解结构、经费支出数据、进度数据、衡量标准、产出数据 · 使用工具：战略地图（描述计划要达到的战略主题）、平衡计分卡（汇总各项目绩效计划进展数据、关键绩效指标累计状态值、绩效目标累计完成度）、年度平衡计分卡（记录项目年度绩效计划进展数据、关键绩效指标年度状态值、绩效目标完成度）、绩效合同（记录各计划项目负责人名下各项目进展情况） · 评估主体：负责战略评估的相关部门和机构

续表

评估时机	绩效评估方式方法
总结评估	· 评估目的：项目绩效评估、部门绩效评估、单位绩效评估、规划计划绩效评估 · 评估类型：事后评估 · 评估方法：按照给定标准打分，综合形成项目绩效；采用战争模拟方法（仿真试验床）基于想定评价项目绩效 · 运用方式：收集项目验收、实验、交付和训练使用中的各种效果数据，采用静态计算、动态仿真、实兵拉动检验等方式确定项目生成的实际能力 · 数据重点：项目分解结构，产出质量数据、经费决算数据、完成时间数据、综合衡量标准、仿真分析得出的绩效指数等 · 使用工具：战略地图（描述计划要达到的战略主题）、平衡计分卡（汇总各项目绩效计划数据、关键绩效指标完成值、绩效目标完成度）、年度平衡计分卡、绩效合同（记录各计划项目负责人名下各项目完成情况） · 评估主体：负责战略评估的相关部门和机构

根据以上分析，可以对军队战略绩效管理过程进行基本设计。当然，从环节上还可以根据需要进一步细分，从方法上还可以增加很多评估方法和运筹分析方法，从工具支撑上，不仅限于平衡计分卡系列工具，也可以是 MBO、KPI 等均可，还可以在平衡计分卡中综合运用这些工具。

3. 战略绩效管理框架

定义 16.6 军队体系建设战略绩效管理是指军队体系建设高层管理部门根据国防和军队体系建设发展战略目标与规划，运用各种管理方法和手段，把军事战略转化为军队各个层级的关键绩效目标，并协调基层建设者的工作活动及产出与军事战略目标保持一致，最终确保战略有效实施的活程。

军队体系建设战略绩效管理涉及计划、组织、控制、协调、评估、激励、改进等所有管理职能。为更加清晰地组织实施这一管理工作，本节提出“四步环”法来支持绩效管理，即绩效计划、绩效协调、绩效评估和绩效改进，如图 16.4 所示。

(1) 绩效计划

绩效计划是指根据国防和军队建设战略目标和规划任务，以及各军种、战区、职能部门的岗位责任，组织相关管理者一起确定绩效目标和指标，并划分任务、分配资源的过程。绩效计划一般包括绩效目标、绩效管理职责、绩效管理流程和绩效管理制度等内容。绩效计划的具体定义将在 16.3 节给出。绩效计划类型很多，按时间长短可分为长期、中期、短期绩效计划。长期计划一般只有绩效目标，多为 3 年以上；中期计划包括绩效目标和绩效标准，多为 1 年左右；短期计划，还包括时间和任务上的细化和具体化，一般以季、月、周为单位。按制定主体的不同可分为整体、部门、个人绩效计划。按内容的不同可分为综合、专业、项目绩效计划。

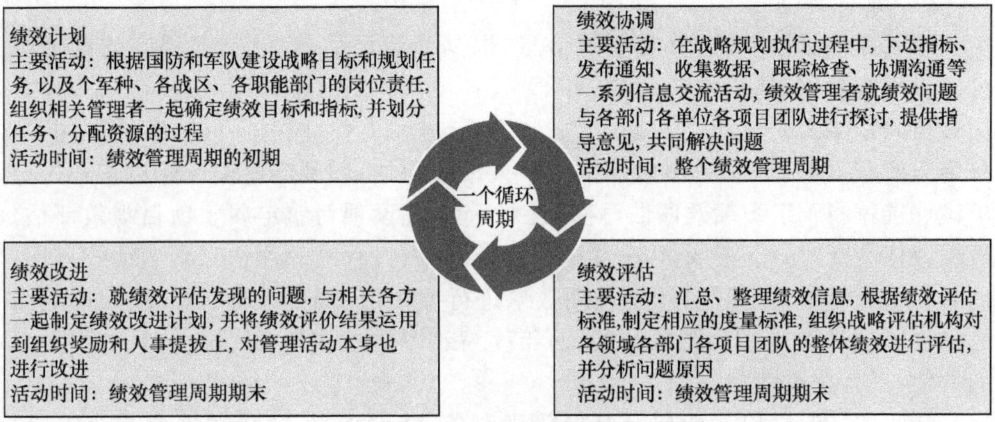

图 16.4　军队体系建设战略绩效管理的“四步环”法

因此，绩效计划是对绩效管理的总体设计，能使管理者和管理对象的岗位、目标、职责、任务和行动更加明确，是一种精确管理设计。

在军队内部实施战略绩效管理，需要从总部顶层开始，制定绩效计划。绩效管理者一般可分为高层的领导和决策者、中层的组织和实施者、基层的绩效创造者三个层级。官兵个人的绩效仍是传统绩效管理的范畴，可与战略绩效管理体系有效衔接。

制定绩效计划的核心是建立绩效目标体系，它是工作预期要达到的绩效结果。建立绩效目标应遵循 SMART 原则，即目标应是具体的(specific)、可测量的(measurable)、相关的(relevant)和有时间限制的(time-based)。目标制定后要分析论证可行性，包括时间、经费和技术手段支撑等因素。绩效计划体系最终应是最优化的，即以最小的投入追求最大的产出。

复杂的绩效计划制定需要对任务、资源、时间进行分配。任务分配通常采用甘特图法、线性责任图法、工作结构图法。资源分配通常采用数学规划法、系统分析法、优先排序法和预算编制法；时间分配通常采用网络图法。

(2) 绩效协调

绩效协调是指在战略规划执行过程中，下达指标、发布通知、收集数据、跟踪检查、协调解决问题等一系列信息交流过程。绩效管理者会就绩效问题与各部门各单位各项目团队进行探讨，提供指导性意见，共同找出解决问题的办法，协调推进重大工程建设。这是绩效管理不同于目标管理、绩效考评的重要内容，是化解管理者和管理对象之间矛盾的最有效办法。管理学家弗雷德·卢森堡通过对 450 名管理者的研究发现，多花时间在绩效协调沟通上，能够大大提高管理效率。绩效协调一般采用收集信息、辅导培训、监督控制、绩效反馈等活动来实施，还可以采用面谈交流、会议沟通、电子邮件等方式。

(3) 绩效评估

绩效评估是指汇总、整理绩效信息，根据绩效评估标准，制定相应的度量标准，组织战略评估机构对各领域、各部门、各项目团队的整体绩效进行评估，并共同分析问题原因的过程。绩效评估有多种形式和类型，根据评估对象的不同，可分为组织绩效评估、项目绩效评估和个人绩效评估，如基层建设达标检查和先进单位评选就属于组织绩效评估，科研成果评奖、建设项目鉴定属于项目绩效评估。根据评估展开时机的不同，可分为事前绩效评估、过程绩效评估和事后绩效评估，例如在绩效计划制定时对计划预期效果进行评估是事前绩效评估。绩效周期内的月度绩效考评是过程绩效评估，而年度绩效评估通常是事后评估，是一种全面的评估，具有权威性。

绩效评估的对象一般包括基层管理对象、建设项目、建设领域或某个阶段。绩效评估的组织体系一般包括领导小组、综合评估机构、数据采集人员、评估咨询专家四类。绩效评估方案是对绩效评估活动进行的具体设计和安排，一般在评估领导小组直接领导下，由综合评估机构根据评估对象和评估目标的要求来制定，其内容主要包括指导思想和原则、评估指标体系、评估方法、实施步骤、任务区分、措施要求等。其中，评估指标体系是对绩效评估内容的定性与定量相结合的描述，是评估的依据和核心。

(4) 绩效改进

绩效改进是指就绩效评估发现的问题，与相关各方一起制定绩效改进计划，并将绩效评价结果运用到组织奖励和人事提拔上，同时对管理活动本身进行改进的过程。绩效改进是前三个环节的自然延续。绩效改进的目的是提高组织整体绩效，改进的直接对象是一切影响绩效的因素，改进的方法就是从组织内部和外部两个方面综合查找影响组织绩效提升的问题，消除差距。绩效改进一般在绩效评估之后进行，主要包括修改绩效计划、改进工作程序方法、改革工作机制、优化组织文化、制定相应的奖惩机制。

以上环节循环进行，并不一定要和战略规划周期完全同步。当发现重大建设绩效问题时，就可以进入绩效计划制定过程，开始另一个循环。

4. 战略绩效管理体系

要使绩效管理形成长效机制，必须建立科学合理、结构完整、功能配套、制度完善的内容体系。这一体系不仅需要描述在军队领导管理体制中绩效管理组织的构成、绩效管理的全过程，根据国防和军队建设总要求和战略目标构建的绩效目标和指标体系、绩效管理的方式方法，还要建章立制，建立绩效管理报告制度、问责制度、奖惩制度等。因此，军队体系建设战略绩效管理体系应包括组织体系、过程体系、指标体系、方法体系、工具体系和制度体系等，如图 16.5 所示。

图 16.5　绩效管理体系构成

16.2.3　军队体系建设战略绩效管理基本流程

军队体系建设绩效管理是根据战略目标与规划，运用各种评估方法和手段，把军事战略转化为战略目标和各战区、军种、部门关键绩效目标，并引导各级各类建设者，使其工作活动和工作产出与军事战略目标保持一致，最终实现军事战略有效实施。这里提出“六步法”，即定目标-画地图-建指标-常跟踪-做评估-细调整。

1. 明确绩效目标框架

军队体系建设绩效管理是为了实现军事战略服务，所以必须首先建立军事战略绩效目标的框架体系。本节构建由战略愿景、战略目标、发展战略和职能战略四个层次构成的战略绩效目标框架，如图 16.6 所示。

(1) 战略愿景(strategic vision)

战略的起点，即军队未来要成为一个什么样的军队。

(2) 战略目标(strategic object)

战略的要求，即军队未来要达到一个什么样的发展目标。

(3) 发展战略(development strategy)

战略的内容，即军队要在哪些区域、哪些方向、哪些重点领域、哪些力量上发展，以及怎样发展。

(4) 职能战略(function strategy)

战略的支撑，即军队需要在作战力量、武器装备、人力资源、战场设施、军费投资、物资器材、军事技术等方面采取什么样的策略支持军队战略愿景、战略目标、发展战略的实现。

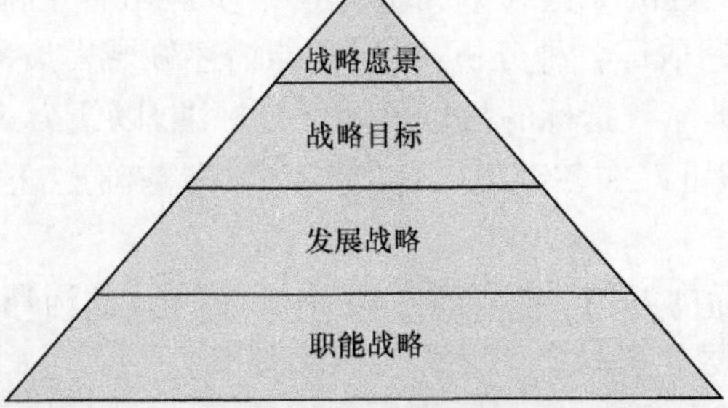

图 16.6　军队体系建设战略绩效目标框架

这四个层次是进行军队体系建设绩效评估的思维基础，上一层次为下一层次提供方向和思路，下一层次为上一层次提供支撑。在后续的步骤中，无论是构建评估指标体系，还是进行分析量算，都必须围绕这个框架进行。

2. 构建战略绩效地图

战略绩效地图是军事战略的内在属性和外在能力的可视化表示方式，它为我们描述了军队如何创造价值、赢得胜利。平衡计分卡创始人卡普兰曾说过：如果你能衡量（描述）战略，那么你就能管理它。其构建平衡计分卡的初衷是改变以财务会计指标为主的业绩衡量方法、探索建立一种持续促进企业未来增长的方法模式。但是，随着平衡计分卡的广泛应用，人们在讨论财务、顾客、内部流程、学习创新四个维度的指标关系和权重时，发现这些指标之间的相互支撑关系，继而找到战略实现的途径，这就是战略地图。与企业战略绩效关注的维度不同，军队体系建设绩效地图在构建时应更多地关注使命任务能力提升。

战略地图反映建设要素之间的因果关系：每个层次、每个主题都会与上一层次，甚至上上层次的主题建立联系，这种初步的因果关系是展开分析的基础，通过主成分分析、因子分析法、神经网络、贝叶斯网络、关联分析等方法的运用，从实际数据中挖掘分析出更多的因果关联，并为每个关联附上权重，为发现高效清晰的建设发展策略提供支撑。

3. 细化绩效指标内容

细化绩效指标就是将战略绩效地图逐步分解到各领域各层次的过程，是从总部机关到每个军人岗位制定绩效目标和计划的过程。主要包括以下四个步骤。

① 确定战略绩效地图中每个层次绩效主题的相关责任部门。这个步骤可以在规划体系编制阶段就与总部机关沟通好，确保每类绩效主题不漏项。

② 每个部门根据战略主题的内涵，结合部门职责任务进行主题分析，确定自己承担的子主题。这个步骤要求，各类配套专项规划必须紧紧围绕分配的子主题进行规划设计，不能超出规划计划范畴另搞一套。

③ 细化每个子主题的关键绩效指标。这个步骤由各个部门根据业务数据进行横向、纵向、切片、钻取等各种分析，找出最能描述领域发展的那些情况指标。

④ 确定每个关键绩效指标的目标值和评分标准，以便为每一项绩效指标进行考核打分。这个步骤可以在各部门已有的考评标准基础上，根据战略主题目标进行修正。

在细化绩效指标内容时，应当建立一种很好的信息沟通机制和标准协调制度，确保绩效目标逐层分解时得到充分沟通和理解。

4. 实施绩效跟踪协调

绩效跟踪协调就是进行规划执行检查、资源调配建议和跨领域跨部门重大问题协调。由于规划实施涉及面广、关系复杂、时间跨度大，必须考虑基于先进的信息化手段进行这项工作。主要考虑以下三方面功能建设。

① 规划计划项目信息监控功能。包括规划计划目标管理、计划项目信息管理、预算标准管理、关键节点进展管理等。其中，常态化跟踪掌握执行情况需要采用数据采集、关键路径跟踪、进展监控等方法。

② 重要资源配置流动分析功能。军队体系建设重要资源统筹是以规划计划为依据，对人力资源、武器装备、经费物资、战备设施等进行科学筹划、合理配置和宏观调控，基本任务是统筹建设资源投入，盘活利用存量资源，督导建设任务落实。主要功能涵盖资源统计、资源分析、需求分析、资源总体配置、年度资源统筹等。

③ 重大问题协调功能。军队跨总部、跨领域重大项目是指列入军队体系建设发展总体规划及其配套专项规划，需要跨总部、跨领域实施建设、调配资源、统筹协调的单个项目或者相互关联的多个项目。重大项目协调推进主要采用重要度分析、关键路径分析、运筹分析、仿真推演、综合研讨、影响度分析等技术，完成重大项目的遴选、重要资源的配置、调整改进意见论证等任务。

5. 组织绩效评估分析

组织绩效评估是根据评估制度，通过各种方法和手段收集信息和数据，并按既设的衡量标准对各级各类部门和部队建设的实际绩效进行评价[18]。绩效评价的信息和数据一般来自两个方面。

① 相关部门提供的数据，如生产率、完成率、增长率、合格率、满意度等。

② 绩效管理周期中收集和记录的关键事件，如职业犯罪率、叛逃人数、演习训练事故率等。

这些绩效信息和数据对应细化得到的关键指标，根据指标权重就能计算得出绩效得分。组织绩效评估的过程一般包括自评、上级评价、同级互评、下级评价、第三方评估、可信度审核、评估结果分析和评价结果沟通等环节。

6. 提出绩效改进意见

绩效评估的重要意义在于，通过整体和局部的绩效分析，发现绩效优秀或绩效不足的真正原因，从而采取有针对性的措施。绩效评估的根本目的并不是要将部队分出强弱高下，而是面向未来，进一步提高军事战略、规划计划的科学性和合理性，从而达到军队体系建设快速发展的目标。根据绩效评估结果和建设发展条件，提出规划项目调整建议是及时弥补绩效低下的重要环节。

16.3 基于MMLC的军队体系建设绩效计划体系构建

16.3.1 绩效计划体系

建立绩效计划体系是实施绩效管理的基础,是绩效沟通、绩效评估和绩效改进的指南,是战略管理各个层级展开绩效管理的起点和中心。

1. 绩效计划定义

定义16.7 绩效计划是被管理者针对上级管理者下达的建设目标和任务,进行筹划设计以实现战略目的的工作,也可以理解为该项工作的计划成果本身。绩效计划一般包括绩效目标、绩效指标、行动计划和绩效责任人。

定义16.8 绩效目标是绩效评价对象针对分配给自己的建设目标和任务,计划在一定期限内要达到的产出和效果。绩效目标包括预期产出、预期效果和服务顾客的满意度。

绩效目标一般来自战略目标和任务,军队体系建设战略管理顶层绩效目标,多从总体规划、配套专项规划、各领域各系统建设计划中来,是高层领导者对一定时期内军队体系建设任务要达到的目标要求的描述。

定义16.9 绩效指标是衡量绩效目标的产出和效果实现程度的评价指标。一般包括共性指标和个性指标。共性绩效指标是所有评价对象都适用的指标。个性指标是针对特别评价对象的特点而设定的指标。

绩效指标是衡量绩效目标的关键指标,一般一个绩效目标可以对多个绩效指标,包括能用数量、质量、时长、投入等量化数值描述的产出指标,以及用定性和定量相结合方法获取的行动能力、作战效能、军事效益等方面的效果类指标。

定义16.10 行动计划是实现绩效目标的具体实施方案,是将绩效目标转化为具体可落实任务的重要环节。行动计划一般包括实现目标的事件、责任人、时间、方法、过程和结果等要素。

在企业绩效管理中,行动计划一般有营销计划、研发计划、采购计划、生产计划、销售计划和人力资源培训计划等。在军队体系建设绩效管理中,行动计划一般是指落实某项任务的规划计划、工作计划、项目建设计划,或者活动组织实施计划等。

定义16.11 绩效责任人是对行动计划或行动计划中的事件负有责任的部门、单位或人员。责任人可以是岗位领导,也可以是项目经理、团队负责人或个人。

定义16.12 绩效计划的类型按时间可分为长期、中期、短期绩效计划,长期绩效计划一般只有绩效目标,多为3年以上;中期绩效计划包括绩效目标、绩效标准、绩效标准和行动方案,多为1年左右;短期绩效计划还会对行动方案进行分解,在任务、时间和人员上更加细化、具体化,一般以季、月、周为单位。

按制定主体不同，可分为整体、单位和项目绩效计划。

2. 军事图表卡

由于商业平衡计分卡的四个维度在军队体系建设绩效管理中并不都适用，并且军队体系建设组织管理的规模远大于一般企业规模，因此需要采用一种新的战略描述方式来辅助军队体系建设战略绩效管理工作。本节在借鉴商业平衡计分卡思想和方法的基础上[7]，提出军事图表卡的新方法，用于描述军队体系建设绩效目标和指标。

(1) 军队体系建设发展战略地图——战略目标描述工具

以往的战略大多用文字描述，并以高密级的文本方式被锁在保险柜里，使真正的战略并不能被组织里的大多数人明确的知晓。那么，有什么办法，能清晰地表达战略主题和实现战略的关键思路，让组织里的相关责任人都知晓从而为之努力呢？

军队体系建设发展战略地图就是一个描述战略的统一可视化方法，它将军队体系建设发展战略要素按照大致的因果次序，从四个层次画在一张图上，为战略管理团队提供一种讨论军队体系建设事业发展方向和优先任务的语言，在战略制定和战略执行之间搭起了一座桥梁。如图 16.7 所示，它描绘了军队未来 3～5 年的发展目标和战略逻辑。

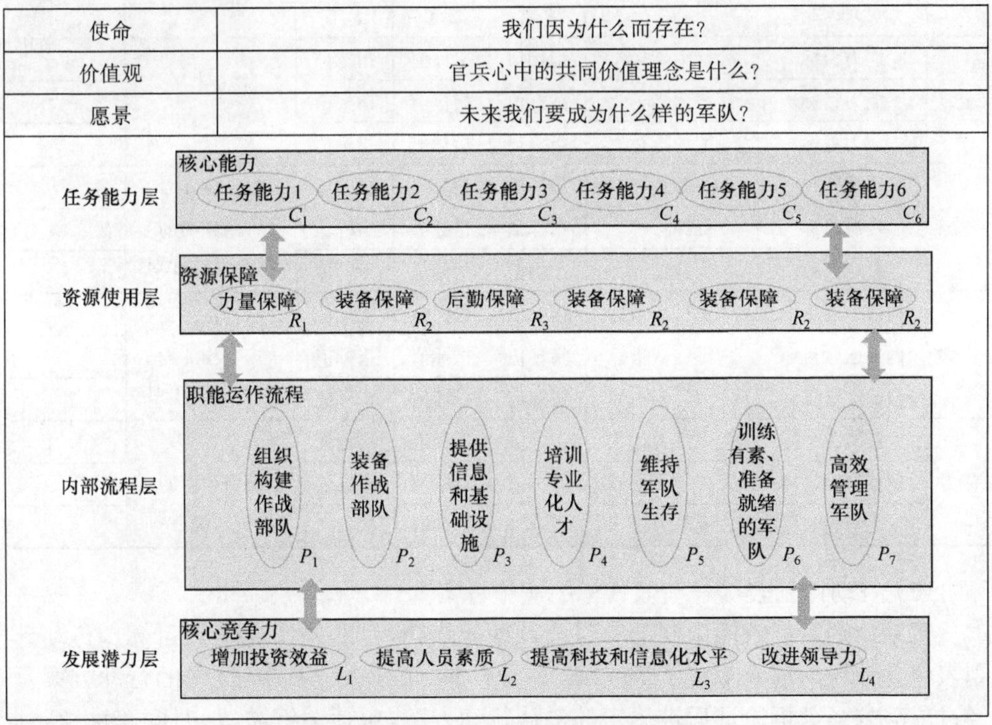

图 16.7　军队体系建设发展战略地图(样图)

与商业平衡计分卡的战略地图不同，军队是非盈利性组织，不以追求利润为根本，所以没有财务和客户层面，但是有价值目标追求和利益相关者。客户层面看起来是追求产品的优质低价和用户满意度，但本质上是打造优质资源池来提供作战运用，因此可以将客户层面改造为部队使用层面或资源管理层面。内部流程层面本质上是追求获得军事能力的各种流程顺畅、高效，因此更多关注的是部队能力训练、装备物资采购，以及管理效率等。学习和成长层面本质上是追求提高每名官兵的能力素质和个人创造力、增加信息基础设施的利用率、提高领导指挥能力，以及加快科技成果转化率促进先进技术在军事领域的运用等[19]，因此可以把学习与成长改造为发展潜力层面或创造未来层面[20]。

为进一步描述军队建设发展战略地图上的每个战略目标、战略主题或战略任务该如何衡量，还需要利用关键指标表来记录战略绩效目标和关键绩效指标。通用的军队体系建设发展关键绩效指标表如表 16.2 所示。对于每个战略目标和战略主题，都要用 1 个或若干个关键绩效指标来衡量，并为其设定未来 1～3 年的目标值。

表 16.2　军队体系建设发展关键绩效指标表(样表)

层面	战略目标与主题	核心绩效指标	目标值			行动计划	责任人
			1 年	2 年	3 年		
能力	能力目标	能力指标	指标值	指标值	指标值		
	能力目标	能力指标	指标值	指标值	指标值		
	能力目标	能力指标	指标值	指标值	指标值		
资源	资源目标	资源指标	指标值	指标值	指标值	简单描述与资源相关的战略支持计划	
	资源目标	资源指标	指标值	指标值	指标值		
	资源目标	资源指标	指标值	指标值	指标值		
内部	内部运营目标	内部运营指标	指标值	指标值	指标值	简单描述与运营相关的战略支持计划	
	内部运营目标	内部运营指标	指标值	指标值	指标值		
	内部运营目标	内部运营指标	指标值	指标值	指标值		
潜力	发展潜力目标	发展潜力指标	指标值	指标值	指标值	简单描述与潜力相关的战略支持计划	
	发展潜力目标	发展潜力指标	指标值	指标值	指标值		
	发展潜力目标	发展潜力指标	指标值	指标值	指标值		

(2) 行动计划表——绩效目标的实施方案

行动计划是有时间限制的项目或计划的集合，目的是实现绩效目标。行动计划表包含针对 KPI 的优选行动方案、资源估算、责任人。其中，优选的行动方案是经过战略方案分析论证后被确定的最佳行动方案，包括关键阶段、时间跨度、行动描述或成功标志；战略预算是估计总投入；责任人包括负责单位、负责人、协作单位、协作人等。其样表如表 16.3 所示。

表 16.3　行动计划表(样表)-以政治工作部门绩效计划为例

关键指标项	关键阶段	行动描述/成功标志	时间	经费估算	负责单位	参与单位	负责人
1. 联合作战指挥官平均培训时数	计划阶段	建立联合作战指挥员遴选标准	1月	×	政治工作部	各部	×
	选拔阶段	识别备选对象	2月				
	建立阶段	建立档案和培训体系	3月				
	培训阶段	组织职业生涯规划和培训	4～6月		训练管理部		×
…							

当然,行动计划表的设计不一定完全和上表一样,但是必须包含的核心要素——相关绩效目标指标、投入、产出、时间、阶段性成果、负责人都不能少。

(3) 绩效合同和绩效卡——绩效目标实现者的承诺

由于行动计划中已经明确了相关绩效目标和指标行动方案的实施,即责任单位或责任人,因此还要制定一个对指标具体实现负责的表格。若行动计划是一系列项目,则需要签订项目绩效卡(绩效合同),若是一组任务,则需要订立任务完成人的工作卡,也就是个人绩效卡。不管是项目、单位,还是个人,只要是绩效管理的最基础层面即可。一般的项目绩效卡(绩效合同)如表 16.4 所示。

同样,绩效卡的设计不一定完全和上表一样,但是必须包含的核心要素包括责任单位、责任人、相关绩效目标指标、上级给定的目标值、团队或个人的指标。其中,长期绩效目标一般指跨年度项目最终的绩效目标;年度绩效目标一般指关键绩效指标表中列出的各个年度;产出指标对应军队体系建设发展战略地图部队使用层面的资源;效果指标的行动能力指标和作战效能指标对应战略地图部队使用层面的能力;军事效益指标对应战略地图任务能力层面的战略任务。这样,军事图表卡可以详细地描述国防和军队体系建设从战略目标、战略任务,一直分解到战略能力、作战能力、规划计划、建设项目的所有过程。

表 16.4　项目绩效卡(样卡)

<table>
<tr><td colspan="4">填报单位</td><td colspan="2">年度</td></tr>
<tr><td>项目名称</td><td colspan="2"></td><td>项目属性</td><td colspan="2">□新增项目　□延续项目</td></tr>
<tr><td>主管部门</td><td colspan="2"></td><td>项目起止时间</td><td colspan="2"></td></tr>
<tr><td>项目实施单位</td><td></td><td>项目负责人</td><td></td><td>联系电话</td><td></td></tr>
<tr><td>单位职能概况</td><td colspan="5"></td></tr>
<tr><td>项目概况</td><td colspan="5"></td></tr>
</table>

续表

<table>
<tr><td rowspan="3">项目立项情况</td><td>立项依据</td><td colspan="4"></td></tr>
<tr><td>必要性评价</td><td colspan="4"></td></tr>
<tr><td>可行性评估</td><td colspan="4"></td></tr>
<tr><td rowspan="4">项目预算
控制/万元</td><td colspan="5">经费渠道：</td></tr>
<tr><td colspan="5">资金总额：</td></tr>
<tr><td colspan="5">按内容支出经费比例：</td></tr>
<tr><td colspan="5">按支出类别经费比例：</td></tr>
<tr><td rowspan="3">项目实施
进度计划</td><td>项目实施内容</td><td colspan="2">开始时间</td><td colspan="2">完成时间</td></tr>
<tr><td>1.</td><td colspan="2"></td><td colspan="2"></td></tr>
<tr><td>2.</td><td colspan="2"></td><td colspan="2"></td></tr>
<tr><td rowspan="2">项目绩效目标</td><td colspan="3">长期目标</td><td colspan="2">年度目标</td></tr>
<tr><td colspan="3">1.
2.</td><td colspan="2">1.
2.</td></tr>
<tr><td rowspan="16">长期绩效指标</td><td>一级指标</td><td>二级指标</td><td>指标内容</td><td>指标值</td><td>说明</td></tr>
<tr><td rowspan="8">产出指标</td><td rowspan="2">数量指标</td><td></td><td></td><td></td></tr>
<tr><td></td><td></td><td></td></tr>
<tr><td rowspan="2">质量指标</td><td></td><td></td><td></td></tr>
<tr><td></td><td></td><td></td></tr>
<tr><td rowspan="2">时效指标</td><td></td><td></td><td></td></tr>
<tr><td></td><td></td><td></td></tr>
<tr><td rowspan="2">成本指标</td><td></td><td></td><td></td></tr>
<tr><td></td><td></td><td></td></tr>
<tr><td rowspan="6">效益指标</td><td rowspan="2">行动能力指标</td><td></td><td></td><td></td></tr>
<tr><td></td><td></td><td></td></tr>
<tr><td rowspan="2">作战效能指标</td><td></td><td></td><td></td></tr>
<tr><td></td><td></td><td></td></tr>
<tr><td rowspan="2">军事效益指标</td><td></td><td></td><td></td></tr>
<tr><td></td><td></td><td></td></tr>
<tr><td>满意度指标</td><td></td><td></td><td></td><td></td></tr>
</table>

续表

年度绩效指标	产出指标	数量指标			
		质量指标			
		时效指标			
		成本指标			
	效果指标	行动能力指标			
		作战效能指标			
		军事效益指标			
	满意度指标				

3. 绩效计划体系的构成

根据对战略绩效管理组织架构的分析，本节的绩效计划体系采用三级架构。战略地图、关键绩效表应通过逐层分解，将高层的战略目标细化到具体项目，甚至是个人。绩效计划体系如图 16.8 和表 16.5 所示。

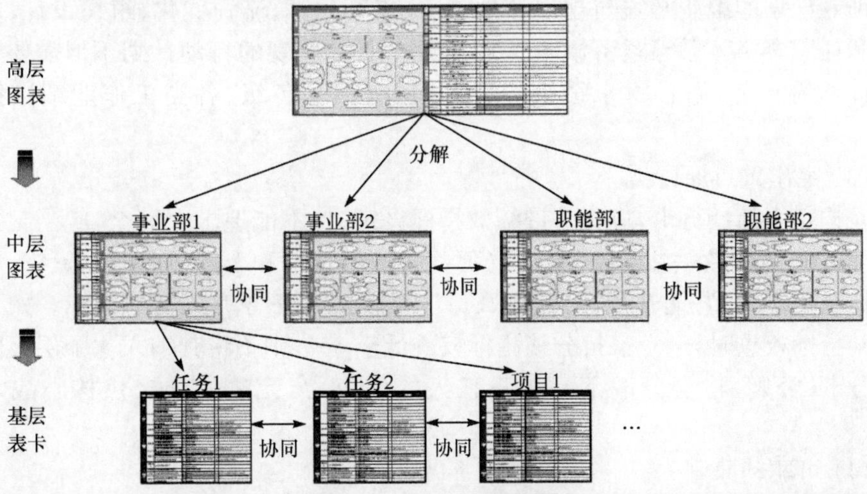

图 16.8　绩效计划体系

表 16.5 绩效计划体系

计划	制定者	计划内容	表达形式
整体绩效计划	高层战略 绩效管理机构	1. ×年军队体系建设发展绩效目标、计划 2. 年度军队体系建设绩效计划	1. 战略地图、关键绩效表 2. 行动计划表
单位绩效计划	各职能部门	1. ×年单位建设发展绩效目标、计划 2. 年度单位建设绩效计划	1. 战略地图、关键绩效表 2. 行动计划表 3. 责任卡
项目绩效计划	项目负责单位 或责任人	1. 项目建设方案和绩效计划 2. 分项目绩效计划	1. 关键绩效表 2. 行动计划表 3. 责任卡

4. 绩效计划制定原则

由于军队体系建设战略绩效计划是军事战略实施的重要文件，与一般的工作计划有很大不同，因此编制绩效计划时应注意把握好以下原则。

(1) 战略导向原则

这是编制绩效计划最基本的原则。在构建战略地图和平衡计分卡时，应以军事战略和军队体系建设发展规划计划提出的战略目标和战略任务为核心，或者是这些战略目标和战略任务有效分解的目标和任务，来确定绩效指标。这些指标在平衡计分卡的同一维度的顺序，也应反映战略目标、战略任务在战略规划中的重要性次序。这样才能保证后续资源分配是合理、有序的。

(2) 系统化原则

绩效计划的编制必须与规划计划制定、年度预算、流程优化、组织设计、岗位设置和任职资格体系等紧密相连、配套使用。目标实现的行动计划不但需要各类业务计划的支持，而且将来绩效的评估，也有赖于各级、各类工作业绩数据的支撑。

(3) 突出重点原则

在构建平衡计分卡，进行关键绩效指标设定时，不能追求大而全，应当突出那些最为关键的绩效关注点，尽量选择那些与部门特色和个人贡献联系紧密、决定军队体系建设全局、提升战斗力有效、最能体现战略任务完成度的指标。如果在分配某指标权重时，经专家打分该指标权重低于5%，则不将其纳入这个层级的平衡计分卡；否则，将会分散下一级责任人的注意力，无法达到聚焦核心战略的目的。

(4) 可驱动原则

在分解指标时，设置的关键绩效指标一定是绩效责任人能够控制、驱动的，要将其界定在部门或基层人员责任可控范围内,与他们的职责和权利相一致,否则就会导致目标无法实现。

(5) 挑战性原则

在确定指标值时,要注意各个指标应当具有一定的挑战性,当然也有希望实现。指标值不能定得过高,也不能过低。有点难度的指标值将是对基层人员的激励,有利于充分调动组织内部的积极性、创造性。

(6) 充分沟通原则

在编制绩效计划、构建平衡计分卡时,要坚持让绩效责任人、管理者和管理层多方参与。在目标下达过程中,尽量避免强制下压方式。这样一方面可以在制定的过程中就能充分协调各方的利益,扫除程序上的障碍,另一方面也可以使责任人更加理解上级的意图,提高其实现绩效目标的动力。

16.3.2　绩效目标和指标的确定

1. 绩效目标的界定

绩效目标是绩效管理的起点和核心,必须正确认识绩效目标的含义、属性、类别和价值,采用有效的分析工具来选择和确定绩效,最后用战略地图和关键绩效表将其描述出来,在绩效管理体系中逐层分解。

按照权变理论,目标就是组织奋力争取达到所希望的未来状况,因此目标是使命、目的、对象、指标、定额和时限的总和[18]。绩效目标是军队体系建设发展战略和规划中一定时期内要完成的战略任务应达到的绩效水平,是使用一定国防投入资金,期待完成的各项建设产出,以及这些产出对政治、军事、经济和社会可能产生的影响、带来的效益[13]。当然,由于政治效益、经济效益、社会效益比较难以界定或衡量[21],因此暂不考虑这些领域的效益指标。

绩效目标主要从绩效的 3E 模型出发,分别提出资源利用成本的经济性目标、规划执行效益的效率性目标和有效慑止战争且能打赢战争的效果性目标。经济型指标是一种产出与成本的比值,例如每个战斗机飞行员的培养成本、每种武器装备的生产成本。效率型指标是产出和目标的比值,需要定量与定性相结合分析,例如年度规划项目的完成率、军事训练达标率等。效果型指标一般从胜负、战果、战损和消耗来设置。

2. 绩效目标的分类

(1) 按绩效目标领域分类

按照绩效目标最终实现的战略目标的领域,可以分为作战和建设两方面。作战领域绩效目标主要是指党和国家希望军队在一个时期内能够完成的作战任务,是武装力量准备与运用的目的。建设绩效目标主要是指为支撑作战任务和长远发展目标，对组成军队力量体系的作战单元、人力资源、武器装备，以及战场体系、基础设施、条令条例等方面建设应达到的目标。

(2) 按时间分类

根据时间标准，绩效目标可以分为长期绩效目标、中期绩效目标和短期绩效目标。设定长期绩效目标，是因为国防和军队体系建设具有连续性，现代化建设过程是官兵能力水平和武器装备体系不断积累和提高的过程，是不断地量变到质变的过程，需要不断投入，因此要结合国家安全发展战略、军事战略方针和军队中长期战略规划，制定长期绩效目标，并合理安排中期和短期的绩效目标，确保国防和军队建设的连续性。长期绩效目标一般是 10 年以上，与军事战略相匹配。中期绩效目标一般为 5 年，主要依据五年发展规划和各领域、各系统建设计划制定。短期绩效目标一般为 1 年以内，由各建设任务单位根据分解的中期绩效目标，结合落实建设的人力、物力、财力条件设计提出，短期绩效目标通常体现在各领域各系统年度建设计划对项目成果的要求上。

(3) 按层次分类

按照战略绩效管理体系的层次分，绩效目标可分为战略级绩效目标、部门级绩效目标和项目级绩效目标。这与前面的讨论是一致的。

3. 绩效指标的选择原则

构建军队体系建设绩效指标体系，首先要遵循 SMART 原则，即具体的(specific)、可测量的(measurable)、相关的(relevant)和有时间限制的(time-based)。指标制定后要分析论证可行性，包括时间、经费和技术手段支撑等因素[12,13]。此外，选择指标还需注意把握以下四个方面特性。

(1) 战略性

军队体系建设绩效评估首先是战略层次的评估，在评估对象上，体现为军队全体，既包括领导管理层，也包括各级部队，这就要求统计数据是建立在全军的基础上。在评估内容的层次上，一般是与国家安全、国防建设、军事战略、军队规划目标相关的内容，站位高、意义重大。传统考评多为局部对象、单一领域，评估结果对国防和军队体系建设发展的影响也非常有限。

(2) 平衡性

传统指标体系多为树状结构，指标选取要求每层各指标之间尽量无关联，方便进行权重分配和评估计算。但军队体系建设绩效一方面既包括以打赢战争为目标的战争绩效，又包括以提升战斗力为目标的能力绩效，还包括以加强战略管理为目标的工作绩效；另一方面绩效的概念还涉及资源投入、体制机制和组织效率等因素，这些指标之间都具有关联性。因此，对军队体系建设绩效进行评估应建立网络化结构的指标体系，探索促进军队体系建设良性发展的内在动力途径，采用网络化分析和综合评估量算方法[22]，避免评估结果片面失真，难以达到全面协调可持续发展的目标。

(3) 滚动性

作为衡量整个国防和军队体系建设效益的指标体系，必须随着国家安全利益变化、军队使命任务拓展和高层决策焦点转移而滚动发展。一方面，战略性指标难以确定，也无现成、国际通用的标准可循，因此需要通过评估需求的驱动不断在实践中生产、修正；另一方面，随着军事战略、发展规划的制定周期，以及世界军事能力的整体发展提升，也需要相应的评估指标体系跟随变化，不断推陈出新，强化战略指导作用。因此，必须建立一种滚动发展的机制，不断丰富完善军队体系建设绩效评估指标体系。

(4) 定量化

军队体系建设绩效评估是一个系统而复杂的工程，涉及几乎所有军事部门和业务系统。由于各领域建设成果类型和计量方式的多样性，如武器装备建设成果可以用购置价格来表示、装备维修成果可以用完好率来表示、军事训练成果可以用合格单元数来表示、军队官兵素质可以用德能勤绩体综合打分来表示、军队士气可以用定性方法来反映，因此无法对军队体系建设组织体系内各部门的产出结果用同一价值标准来衡量，无法给出综合评估结果的绝对值，因此军队体系建设绩效评估不可能像经济效益评价那样精确、直观，只能是相对、概略。也就是说，在构建指标体系时，应更多地考虑相对值、增加值，如存量资源、增量资源、人均军费增长率、新型作战力量增长速度等，通过百分比的形式，提供评估结果的可比性。

4. 美军绩效计划制定

美军通过联合概念开发活动和联合能力集成与开发系统，将核心军事任务与装备、条令、组织、训练、领导、人员与设施等七种要素的建设任务相结合，建立绩效目标体系。下面以美军 2010 年发布的《四年防务评估报告》中提出的 5 大战略目标为切入点，分析其 20 项战略绩效目标的制定过程。

美国法典规定，国防部长和参联会主席每四年就要对国防战略进行全面的审查，并建立未来 20 年的防务计划。此项审查考察国防战略、兵力结构、部队现代化建设计划、基础设施、预算计划和其他美国防御计划和政策的组成部分，确保与总统规定的国家安全战略和国家军事战略保持一致。因此，评估报告包含美国国防部的战略规划，是国防部长向总统、美国参议院和众议院的武装部队委员会提交的报告。该报告分析国际形势，并基于安全威胁环境，提出国防部需要的军事力量规模和特点，例如需要一个庞大的军事武器装备的组合，并保持其敏捷、灵活、战备、不断创新、技术先进的特点。为帮助捍卫和促进美国的国家利益，评估报告明确了5个战略目标，以及必须完成的20项战略任务，并将这些战略任务与国防部力量和基础设施分类进行关联。表16.6列出了5个战略任务。表16.7列出了国防部力量和基础设施分类。

表16.6 2010年提出的战略目标

分类		国防部战略目标
主要作战目标	目标1	打赢当前的战争
	目标2	预防并阻止冲突
	目标3	准备战胜对手，成功应对广泛领域的突发事件
保障目标	目标4	保持并增强志愿兵役制部队
	目标5	改革军工企业的机制和保障职能

表16.7 国防部力量和基础设施分类

1-部队	
1F1	远程机动作战部队
1F2	国土防卫部队
1F3	军事航天部队
1X1	作战指挥与控制系统
2-基础设施	
2A	部队设施
2C	通信和信息基础设施
2D	科技
2E	采购基础设施
2L	物流
2M	国防卫生计划
2P	中央人事管理
2R	中央人事福利
2T	中央训练

美国国防部有个绩效预算专责小组，会在《四年防务评估报告》公布后，通过分析将每个战略目标分配给国防部以职能为导向的分类系统——力量和基础设施，以此将国防部的规划、职能和资源关联到每个战略目标。其中，部队力量包括分配给作战指挥官执行主要作战任务的舰艇、飞机中队和协同作战部队；基础设施包括组建和维持国防部力量所需要的实验室、仓库、学习、医院和其他保障设施。这种分类是一种广义职能类别，并不严格对应某个职能部门。表16.8给出

了依据美国 2010 年战略规划，制定的战略绩效计划。

表 16.8　2010 年战略绩效计划

绩效措施	年度绩效目标/结果		
	长期绩效目标	2011 年度绩效目标	实际结果
战略目标 1：打赢当前的战争			
战略任务 1.1-OCO：把塔利班降至阿富汗国家安全部队可以应对的水平；* 优先目标：提供有效的运行机制，并确保海外作战的后勤保障			
1.1.1-OCO：阿富汗国民军（ANA）最终兵力累计数	到 2011 年，ANA 人数达到 171 600	17 1600	
1.1.2-OCO：阿富汗国家警察部队（ANP）的最终兵力累计数	到 2011 年，ANP 人数达到 134 000	134 000	
1.1.3-OCO：作战指挥官当前作战报告准备执行的百分比	每一财年，国防部的作战指挥官应该 100%完成战斗任务	100%	
1.1.4-OCO：愿意保障阿富汗应急行动的合同军官比例	2012 年起，国防部将现役军官中愿意参加阿富汗紧急军事行动的签约比例维持在 90%	85%	
*1.1.5-OCO 战区内陆军支付中央现金支付比	到 2011 财年，该比例减至 2%	2%	
*1.1.6-OCO：战斗任务记录中有明确授权和经费支出的任务比例	到 2011 财年，国防部将增加战斗任务记录中有明确授权和经费支出任务的比例达到 95%	95%	
战略任务 1.2-OCO：驻伊拉克美军负责任地撤离			
1.2.1-OCO：美国军队在伊拉克的累计数	到 2012 财年第一季度末，除少量军事顾问，撤走全部驻伊拉克军事人员	50 000	
1.2.2-OCO：保障驻伊拉克美军的车辆累计数	到 2012 财年第一季度末，除保障少量军事顾问，全部撤离在伊拉克车辆	16 500	
1.2.3-OCO：保障驻伊拉克美军的军事设施的累计数	到 2012 财年第一季度末所有美军保障基地都转交伊拉克或驻巴格达大使馆管理	95	

续表

绩效措施	年度绩效目标/结果		
	长期绩效目标	2011 年度绩效目标	实际结果
战略目标 2:预防并阻止冲突			
战略任务 2.1-1F1:通过增强常规作战部队能力,加强行动的稳定性及增强国外安全力量能力,营造一种能在全球任何地方都占优的态势。1F1 是远程机动作战部队			
2.1.1-1F1:能够随时准备遂行核心战斗任务的指挥官的比例	每一财年,都应该保持 100%	100%	
2.1.2-1F1:能够随时准备执行战斗任务的指挥官的比例	每一财年,都应该保持 80%	80%	
2.1.3-1F1:国防部特种部队和海军海豚突击队人数累积增加百分比	到 2012 年,应在 2006 年基础上增加 32%	28%	
2.1.4-1F1:按照新模块改编后可随时参加作战的多功能作战旅和保障旅总数	到 2014 财年达到 229 个	225	
2.1.5-1F1:组建 3 个海军陆战队远程机动作战团的完成进度累积百分比	到 2012 财年达到 100%	92%	
2.1.6-1F1:海军舰队累积数量	到 2020 财年达到 313 个	284	
战略任务 2.2-1F2A:保持一支可靠、安全、有效的核力量,用以确保自身和盟友的安全			
2.2.1-1F2A:由国防部主导与国际合作伙伴举行会议的次数	到 2011 财年至少协调 6 次	6	
2.2.2-1F2A:通过核安全检查的比例	从 2011 财年开始,保持核安全检查通过率达 100%	100%	
战略任务 2.3-1F3:加强与盟友、合作伙伴的合作,发展强大、实用、经济的导弹防御能力			
2.2.3-1F3:具有拦截弹道导弹能力的神盾舰累积数量	到 2018 财年达到 43 艘	23	
战略任务 2.3-1X2:为全范围作战行动提供充分的情报、侦察和监视信息,并进行分析,同时确保信息搜索行动的弹性			
2.3.1-1X2:MQ-1 和 MQ-9 两种无人机累积数量	到 2013 财年达到 65 架	50	

以上只是以美军 2010 年确定的 5 个战略目标中的 2 个为例,描述了美军是如

何根据战略规划确定的战略目标、战略任务，提出绩效指标和目标的，包括长期绩效目标和 2011 年绩效目标。据统计，5 个战略目标和 20 个战略任务，进一步细化形成 76 项绩效措施，每个绩效措施都有长期绩效目标和年度绩效目标。由此可以得出两条原则，即绩效指标都是可量化的，绩效措施是战略任务在建设类别上的行动的细化。也就是说，要将作战力量建设细化分解到具体作战单元，如特种部队、海军陆战队远程机动作战团等，这样才能将绩效指标进一步落实到责任单位。

据此，也可以绘制我军的战略地图，这里不再赘述。

16.4　军队体系建设战略绩效评估方法

16.4.1　军队体系建设绩效评估指标

1. 评估指标体系框架

根据战略绩效管理需求，军队体系建设绩效评估可以分为四个方面内容。

① 项目建设绩效评估，对建设项目的质量效益情况进行检验评估。

② 重要领域建设绩效评估，对作战力量、武器装备、战场设施、人才队伍、后勤保障等建设领域，以及海洋、太空、网络空间、深海等安全领域建设发展绩效进行专项评估。

③ 作战体系建设绩效评估，对侦察预警、指挥控制、防空反导、火力打击、综合保障等能力体系建设绩效进行检验评估。

④ 军队体系建设整体质量效益评估，进行军队体系建设纵向比较，以及与有关国家（地区）军队体系建设发展净评估。

由此可建立三层指标体系，如图 16.9 所示。底层是项目建设绩效评估（performance measures of project，PMOP），中间层是领域建设绩效评估（performance measures of field，PMOF）和体系建设绩效（performance measures of SoS，PMOS），最上层是军队体系建设发展整体绩效评估（performance measures of whole，PMOW）。

其中，项目绩效评估由项目主管单位负责组织，领域绩效评估由总部机关职能部门负责组织，体系绩效评估由战区负责组织，整体绩效评估由总部战略规划机构负责组织。

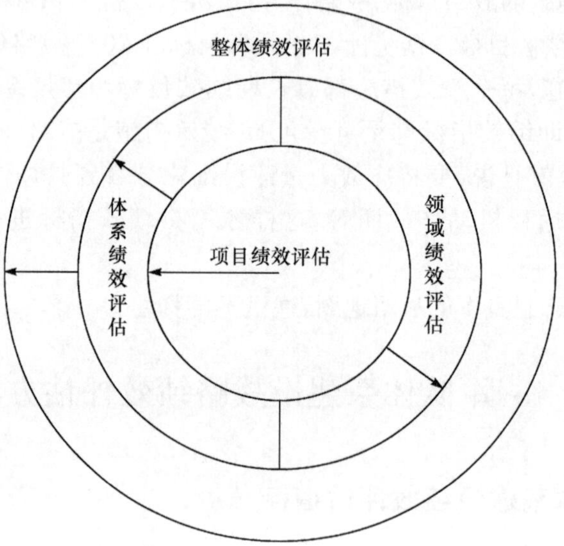

图 16.9 军队体系建设绩效评估三层指标体系

2. 项目绩效评估指标

项目绩效评估是绩效评估的基础。这里先介绍美国政府项目绩效评估的例子，然后提出我军项目绩效评估指标的框架。美国政府的计划评估等级工具(program assessment rating tool,PART)设计了一系列问题，通过评价项目的目的和设计、战略规划、项目管理、项目结果，确定项目的有效性，如表 16.9 所示。

表 16.9 计划评估等级工具的问题设计

<table>
<tr><th>项目</th><th>每一项目的关键问题</th><th>描述</th></tr>
<tr><td rowspan="5">目的和设计</td><td>项目目的清楚吗?</td><td rowspan="5">该部分考察项目目的的明确性及项目是如何设计的，也评价那些不是项目或机构可以直接控制但影响项目或机构的相关因素，如立法因素、市场因素。明确项目目的对于制定项目目标、确定重点和项目管理至关重要。证实资料来源于法律的批准、机构的战略计划、年度绩效计划和其他报告
可选项：是、否、不适用</td></tr>
<tr><td>项目设计是为了解决特定的事件、问题、需求?</td></tr>
<tr><td>该项目的设计对于解决特定的事件、问题、需求有重要影响吗?</td></tr>
<tr><td>在解决特定的事件、问题、需求时，该项目是否有独一无二的作用?</td></tr>
<tr><td>对于解决国家事件、问题、需求等，该项目的设计是否最理想?</td></tr>
</table>

续表

项目	每一项目的关键问题	描述
战略规划	该项目有一系列特定的长远绩效目标，这些目标以成果为导向，能从整体上体现该项目的用意吗？	该部分重点关注项目的规划、资源配置及优先安排等问题，关键是评价项目是否采用适当的绩效衡量指标，设定了有限的远大而实际的目标。如果没有恰当的衡量办法，一个项目不可能证明它能取得应有的结果。此外，还评价项目执行是否具备灵活性、根据绩效情况进行调整，而且定期监控也是该部分的重要内容 证实资料来源于战略规划文件、机构绩效计划、报告、项目参与者的提交报告、评估计划、预算文件等 可选项：是、否、不适用
	该项目有有限个年度绩效目标，这些目标是为了实现长期目标吗？	
	所有组成人员的工作都支持年度目标和长期目标，支持项目规划吗？	
	该项目能和其他具有类似目标的相关项目有效协调吗？	
	是否定期进行独立客观的、充分的评价，弥补绩效信息的不足，这些评价足以支持项目的改进并有助于评价效果？	
	项目预算是否与项目目标统一起来，容易取得有关性能系，知道资金、政策及法律变化对项目绩效的影响？	
	项目是否采取了有效的措施应对战略规划的不足？	
项目管理	机构是否定期收集及时可靠的信息（包括项目关键组成人员的信息资料），并利用这些信息管理项目、提高绩效？	该部分评价机构能否证明其项目得到有效管理，达到项目目标，关键是财务管理、项目进展评价、绩效资料收集和项目负责人的责任 证实资料来源广泛：主要有财务报表、审计总署报告、IG 报告、绩效计划、预算执行资料、IT 计划和独立项目评价 可选项：是、否、不适用
	项目负责人和项目组成员是否对成本、时间进度、绩效结果负责？	
	所有的资金是否妥当管理并用于预期目的？	
	项目执行中，是否有相应的激励机制及程序衡量和提高效率、成本效益，如竞争机制、成本比较、IT 改进？	

续表

项目	每一项目的关键问题	描述
项目成果	项目在实现其长期成果目标中是否取得相当的进展?	该部分极其重要,能评价项目能否达到其长期目标及年度目标。一般来说,一个项目如果没有建立适当的标准及目标,就很难说明这一点。同时,它还评价与其他项目比较,该项目的长处及成效 证实资料主要是年度绩效报告、评估报告、GAO 报告、IG 报告和其他文件等近期相关资料 可选项:是、大程度、小程度、否
	项目是否达到每年的绩效目标?	
	在实现年度目标的过程中,项目的效率及效益是否得到改进?	
	与其他具有类似目的的项目相比,该项目是否表现出更好的绩效?	
	该项目的独立评价是否表明该项目是有效的,并取得成果?	

由此可以看出,PART 通过对项目的需求、规划、管理和成果等方面进行问答式评价,比较适合各类政府资助的项目。参考 PART 的项目评估一级指标分类,本章提出的项目绩效评估指标框架的第一级分为项目决策、项目管理、项目绩效三部分,如表 16.10 所示。

表 16.10 项目绩效评估指标框架

一级指标	二级指标	三级指标	指标解释
项目决策	项目目标	目标内容	目标是否明确、细化、量化
	决策过程	决策依据	项目是否符合国防和军队体系建设发展规划和部门年度工作计划;是否根据需要制定中长期实施规划
	资金分配	决策程序	项目是否符合申报条件;申报、批复程序是否符合相关管理办法;项目是否履行了相关手段
		分配办法	是否根据需要制定了相关资金管理办法,并在管理办法中明确了资金分配办法;资金分配是否合理合法
		分配结果	资金分配是否符合相关管理办法;分配结果是否满足项目建设需要
项目管理	资金到位	到位率	实际到位/计划到位
		到位时效性	资金是否按计划到位;若未及时到位,是否影响项目进度
	资金管理	资金使用合规	是否存在支出依据不合规、虚列项目支出;是否存在截留、挤占、挪用项目资金;是否存在超标准开支
		财务管理规范性	资金管理、费用支出等制度是否健全,是否严格执行;会计核算是否规范
	组织实施	组织机构	机构是否健全、分工是否明确
		管理制度	项目管理制度是否健全;执行相关项目管理制度是否严格

续表

一级指标	二级指标	三级指标	指标解释
项目绩效	项目产出	数量指标	项目产出数量是否达到绩效目标
		质量指标	项目产出质量是否达到绩效目标
		时效指标	项目产出时效是否达到绩效目标
		成本指标	项目使用成本是否达到绩效目标
	项目效益	行动能力指标	项目实施形成的行动能力是否达到绩效目标
		作战效能指标	项目实施形成的作战效能是否达到绩效目标
		军事效益指标	项目实施形成的军事效益是否达到绩效目标

对于领域绩效评估和体系绩效评估，其指标除了项目效益会根据领域或体系对象的不同而略有不同，其他方面与项目绩效指标框架基本类似，这里不再列举。

16.4.2　评估指标构建方法

1. 多阶段动态德尔菲法

德尔菲法是针对评估者和分析者在知识和经验上的局限性，通过组织各方面的专家，使之对指标体系涉及的问题发挥咨询作用，多次反复的信息交换，统计处理和归纳综合，合理地给出效能评估包含的全部指标及各指标间的相互关系，从而确定指标体系的完整结构。德尔菲法的本质是系统分析方法在价值判断上的延伸[23]，利用专家的经验和智慧，根据其掌握的各种信息和丰富经验，经过抽象、概括、综合、推理的思维过程，得出专家各自的见解，再经过汇总分析得出指标集。

德尔菲法的缺点是主观性强，专家评估时有很大的倾向性。为此，本节结合实践统计法确定指标体系。

实践统计法是指在演习、训练、部队试验、用户试用、模拟仿真等环境中，观察军队体系建设绩效的性能特征，收集数据，给出系统信息能力最突出的那些方面。这种方法的好处是，可以依据实战、演习、试验获得大量统计资料，不但能显示军队体系建设绩效本身效能，而且能显示作战规则、运用模式等各种外界影响因素对作战能力指标的影响，为下一步指标取值、定量分析奠定基础[24]（图 16.10）。

实践统计法的不足在于获得的统计数据往往是抽样结果，并且试验本身组织非常困难，需要演练组织计划人员和参演人员的配合，或者在仿真试验床上多次推演得出。

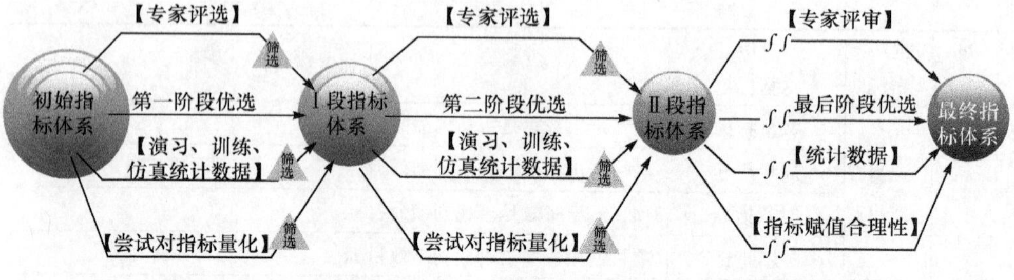

图 16.10　实践统计法支撑的多阶段德尔菲法优选绩效评估指标

德尔菲法与实践统计法相结合的分阶段动态组合优选建模技术是指指标体系的形成过程是分阶段进行的，每个阶段都会因为专家评定意见和实践统计结果进行优化，经反复论证舍去不再重要的指标，加上各方面都认为重要的指标。

动态组合优选是指指标的确定是在动态过程中反复综合平衡的，有些指标可能要分解，有些却要综合或删除。随着时间、任务的改变，有的指标会相应重新组合或变化。

分阶段动态组合优选建模技术每个阶段的实施过程如下，③、⑤、⑥可同时进行。

① 提出初步指标体系，尽可能多地包含需要考虑的各个方面，为专家评选提供基础。

② 选择专家。选择专家是很关键的一步，应是精通军队体系建设绩效能力的专家学者和熟悉作战指挥、信息系统能力的专业人士。同时，为了保证评价结果的稳定性和权威性，专家人数不能太少。

③ 调查咨询。寄发调查表，请专家发表对指标选项和指标权重的意见。

④ 汇总调查结果。把互不知情的专家意见收回并进行整理，分析获得的资料并调整指标作为第二轮调查的调查表。

⑤ 结合演习训练、部队试验、用户试用的实践机会，记录军队体系建设绩效运转产生的相关数据，观察统计操作运用的实际结果，形成对指标体系的调整意见并组织讨论。

⑥ 按照当前评估对象状态，尝试对指标赋值。无法取值的指标，可以考虑舍去。

⑦ 汇总专家意见、实践数据和尝试赋值的结果，形成第二阶段指标体系。重复②。

分阶段动态优选技术的最大优点在于将专家经验和实践运用紧密结合起来，形成一种敏捷的指标体系构建模式，通过每个阶段的不断优化，逐渐逼近形成最终合理科学的指标体系。

2. 国防系统分析法

针对战略任务要达到的目标要求，可以有多种行动方案供选择，究竟哪一种更好，这就需要运筹学理论和方法的支持。本节运用国防管理系统分析法帮助构建评估指标。

国防系统分析法是从系统观点出发，综合运用各种定性和定量方法帮助决策者选择行动方案的分析方式。特点是从最广泛的意义上，考虑目标的合理性和适宜性，提出达到目标的多种可行途径；尽可能用定量方法估计每一途径的预期后果（通常是效益和所需费用），并根据后果对比各种可行途径；用适宜的框架把专家对问题的判断和直觉认识与定量分析结合起来，帮助决策者选择效益最大或代价最小的方案。

系统分析的要素包括目标、备选方案、代价、模型、准则。

① 目标是选择的行动方案实施后达到的目标，要确定度量实际达到目标程度的指标，根据如何有效地达到这些目标来考察、比较和选择战略、兵力或武器装备。

② 备选方案是各种可能达到目标的措施。为获得地面突击能力，可考虑的备选方案包括新建陆航部队、改进火炮射程、加强装甲火力等。

③ 代价是一个特定的方案所需耗费的资源，大多数代价可用费用来度量，但真正的度量应当是采用这一特定方案而排除可能采用其他方案的机会。

④ 模型是对所研究对象的有目的的简化和抽象表示。它的作用是估计选择特定方案的后果，即采用每一备选方案将付出的代价和可能达到目标的程度。

⑤ 准则是按满意性对备选方案进行排序的标准或准则，提供代价和性能之间权衡的依据。

系统分析的步骤包括问题陈述阶段（概念）、搜索阶段（研究）、评价阶段（解析）、解释阶段（判断）、证实阶段（科学）。

① 问题陈述阶段——概念建模。阐明目标、决定关心的问题、规定问题的范围。

② 搜索阶段——方案建模。寻找数据及其之间的关系及有可能解决问题的备选方案。

③ 评价阶段——计算方法。建立各种模型，利用它们预测采用每一备选方案可能造成的后果，并根据这些后果比较各个方案。

④ 解释阶段——分析判断。利用由模型得到的预测和其他相关信息，进一步比较各个方案，得出比较结论，指出行动方案。

⑤ 证实阶段——科学结论。用试验检验结论，视代价采取试验或仿真间接验证。

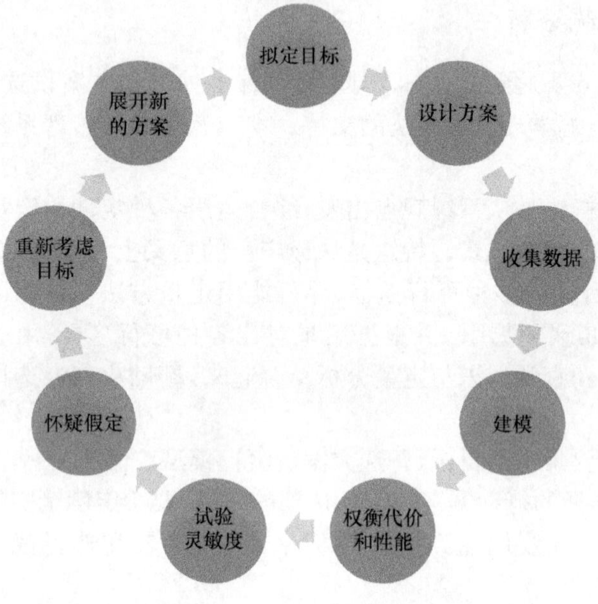

图 16.11　国防系统分析方法构建评估指标的循环过程

国防系统分析的复杂性包括目标的多元、冲突和含糊，备选方案不适合要达到的目标，效能指标不能度量达到目标的程度，模型预测充满不确定性，存在同样合理的其他准则导致不同的优先次序等。因此，常需要反复进行。

16.4.3　军队体系建设绩效评估建模

1. 绩效评价计算模型

对如表 16.10 所示的评估指标的三级分别赋予权重，再用加权求和方法计算项目的绩效评价结果。领域和体系绩效评价可以另外构建指标和计算模型，这里不介绍。对于整体绩效评价模型在下一节介绍。

定义 16.13(军队体系建设绩效评价计算模型)　假设对表 16.10 列出的评估指标进行无量纲化处理后，一级、二级、三级指标分别为 X_i、X_{ij} 和 X_{ij}^k，权重赋值为 W_i、W_{ij} 和 W_{ij}^k，一般情况下的项目绩效评价计算模型为

$$\begin{aligned} P &= \sum\nolimits_{i=1}^{m} X_i W_i, \quad i=1,2,\cdots,m \\ &= \sum\nolimits_{i=1}^{m} \sum\nolimits_{ij}^{n} X_{ij} W_{ij}, \quad j=1,2,\cdots,n \\ &= \sum\nolimits_{i=1}^{m} \sum\nolimits_{j=1}^{n} \sum\nolimits_{k=1}^{p} X_{ij}^k W_{ij}^k, \quad k=1,2,\cdots,p \end{aligned} \tag{16.4}$$

这里采用常用的加权求和方法来计算项目绩效得分。

2. 整体绩效指数模型

对于军队体系建设整体绩效建模问题，本章提出绩效指数（performance index，PI）的概念，将投入成本、建设进度和战斗力增长的程度综合起来考虑，以便对各领域和各年度的建设绩效进行比较。

定义 16.14 军队体系建设活动的绩效指数模型是指建设活动在单位时间和单位耗费里实际产出成果形成的实际战斗力增长水平与预期战斗力增长水平的比值，实际上就是效果性与效率和效率之积的比率。建设活动的绩效指数定义为

$$\mathrm{PI}=\frac{P_{\mathrm{effe}}}{P_{\mathrm{econ}}\times P_{\mathrm{effi}}}\times 100\% \tag{16.5}$$

在投入 P_{econ} 和进度 P_{effi} 相同的情况下，效果 P_{effe} 越高，则绩效指数越高。若效果相同，所用时间越少，或者所投入花费越少，则绩效指数越高。

整体绩效指数由所有规划周期内项目绩效指标累加求得，也可以再求平均值，以方便与历史比较。因为 P_{econ}、P_{effi} 和 P_{effe} 都可以归一为小于等于 1 的比例值，因此整体绩效指数可以累加。

3. 项目绩效能力成熟度标准

对于各类项目成果最终达到行动能力绩效的生成途径最好设置分级衡量尺度。这种做法的好处是可以在需求方和研制方之间建立一种共用语言，使项目成果的绩效评价更加方便度量。通常衡量标准选择相关标准，包括国际标准、国家标准、国军标、历史标准、行业标准和经验标准。对于装备和技术类项目建设绩效评估，采用 DARPA 对先进技术项目的 9 级评价方法，借鉴国家标准《科学技术研究项目评价通则》（GB/T 22900—2009），提出作战能力成熟度（capability ready level，CRL）13 级评价等级工具，为各类项目能够按照统一的绩效标准设计行动方案，提供基础依据。如表 16.11 所示为装备类项目 CRL 等级标准及相关责任表。如表 16.12 所示为技术类项目 CRL 等级评价标准。

表 16.11　装备类项目 CRL 等级标准及相关责任

武器装备研制责任 / 武器装备作战能力成熟度等级标准				设计★			生产●					评价▲		
				作战需求线 Q	装备采办线 C	经费计划线 D	装备采购方案阶段	技术开发阶段	工程研制阶段	生产装备阶段	使用保障阶段	研发试验与评估	作战试验与评估	实战试验与评估
武器装备类项目	第 13 级	案例级	1 个成功作战案例	★	★	★					●			▲
	第 12 级	实战级	多建制/1 次作战考验	★	★	★					●		▲	▲
	第 11 级	考验级	FOC/完全战斗力	★	★	★					●		▲	▲
	第 10 级	服役级	1 建制/IOC/初始战力	★	★	★					●		▲	▲
	第 9 级	系统级	通过任务运行的成功考验	★	★	★			●	●		▲	▲	
	第 8 级	产品级	实际系统完成并通过验证		★	★			●	●		▲		
	第 7 级	环境级	在实际环境中系统样机试验		★	★			●	●		▲		
	第 6 级	正样级	正样机经受相关环境试验		★	★	●		●	●		▲		
	第 5 级	初样机	初样机经受相关环境试验		★	★		●						
	第 4 级	功能级	关键功能和性能测试结论可行		★	★		●				▲		
	第 3 级	方案级	形成概念/开发方案/型号研制合同签订/试验标准		★	★		●				▲		
	第 2 级	仿真级	研究室环境中物理仿真/虚拟仿真结论可行	★	★	★						▲		
	第 1 级	需求级	将需求指标转化为技术指标并确认技术指标可实现	★	★	★	●					▲		
备注														

表 16.12　技术类项目 CRL 等级评价标准

权责发生制 / 统一度量衡			(Q/技术质量/绩效目标)/级别				(C/经费预算)/万元						$\widehat{D}$/时间/年
			里程碑模板（可以更换模板）	监测要素			企业		市场		军购	政府	
				要素			总额	自筹	贷款	基金	采购	研补	
				1	2	3							
战斗力科技	第 13 级	案例级	1 个成功作战案例										
	第 12 级	实战级	7 多建制/1 次作战考验										
	第 11 级	考验级	FOC/完全战斗力										
	第 10 级	服役级	1 建制/IOC/初始战力										
	第 9 级	系统级	实际通过任务运行成功考验										
	第 8 级	产品级	实际系统完成并通过验证										
	第 7 级	环境级	在实际环境中系统样机试验										
	第 6 级	正样级	相关环境中的系统样机演示										
	第 5 级	初样级	相关环境中的部件仿真验证										
	第 4 级	功能级	相关环境中关键件仿真验证										
	第 3 级	仿真级	关键功能实验结论成立										
	第 2 级	方案级	形成技术概念/方案										
	第 1 级	报告级	观察到基本原理并形成报告										
小计													
项目边界			装备/产品名称与型号										
			装备/产品比较基准(用产品标准)										
			典型 QCD 优化指标(用百分比)										
			检验方法和标准										

16.5　本章小结

在军队全面实施绩效管理，将会引发战略实施、组织体系和运筹方法等方面的变革。

(1) 国防和军队体系建设发展战略将得到有效执行

军队改革和建设发展战略不再是宏大的愿景和定性的目标，而是具体量化可达的指标。顶层的国家安全战略目标会逐层分解到规划计划和建设执行的各个层次。每个层次的计划者和实施者都能清楚地知道自己要完成的绩效指标对总体绩效指标的贡献度，并且知道原因和作用途径。

(2) 战略管理组织结构和运行方式将发生调整

军队战略管理组织体系将因为嵌入绩效管理才高效运转，由各领域自我发展的松散状态向以绩效评估为中心的运行方式上发展，最高决策层、总部机关和各大单位将围绕建设绩效有效协作，理清工作职责关系，各部门、各领域、各系统在统一的绩效管理信息系统的支撑下整体运转，上下衔接，建立统一规范的战略评估体系，为改革调整尽快走向正轨、军队管理顺畅高效奠定基础。

(3) 军队体系建设绩效评估为军事运筹学应用开辟了一个全新的领域

当前的计算机战争模拟，大多侧重作战领域和军事训练，武器装备体系仿真也只是军队体系建设问题的一个领域。云计算、大数据、评估等信息技术方法的飞速发展将促使军事运筹学得到更多方法技术的支撑，从而快速演进。有了军队体系建设领域的各类实时动态、翔实可信的数据支撑，仿真模型将得到飞速发展，随着预测模型、分析模型的加入，仿真系统将在军队体系建设绩效评估中发挥不可替代的作用，成为战略设计、战略执行和战略评估的基础分析平台，在促使决策水平提升的同时，军事运筹、仿真模拟等学科领域也将获得新生。

下一步研究可以在以下两方面开展。

① 基于体系贡献度的绩效目标选择方法研究。针对每个×年规划周期内的发展战略，运用定性与定量相结合的综合集成研讨厅思想，在战争分析系统、仿真试验床、历史数据库等工具支持下，对重大建设任务及其要素进行体系贡献度分析，是一种确定绩效目标及其重要性等级的科学方法。

② 基于大数据支撑的绩效评估方法研究。近几年，以量子通信、云计算、虚拟化、大数据等为代表的新一代计算机技术得到快速发展，使更多的国防和军队体系建设的基层绩效数据可以整合在一起，并通过大数据技术得到再利用。聚类分析、因子分析、探索性因素分析等多种分析方法和 SAS、SPSS 等分析工具都可以为军队体系建设决策的科学性提供帮助，基于国产软硬件的云计算技术将推动常态化军事绩效管理系统的安全运行。

参考文献

[1] 胡晓峰. 初论战争工程. 中国军事科学，2007，20(3)：13-21.
[2] 张维明，刘忠，阳东升，等. 体系工程理论与方法. 北京：清华大学出版社，2010.
[3] 胡晓峰，杨镜宇，司光亚，等. 战争复杂系统仿真分析与实验. 北京：国防大学出版社，2008.
[4] 沙基昌，毛赤龙，陈超. 战争设计工程. 北京：科学出版社，2009.
[5] 胡晓峰，罗批，司光亚，等. 战争复杂系统建模与仿真. 北京：国防大学出版社，2005.
[6] 财政部财政科学研究所《绩效预算》课题组. 美国政府绩效评价体系. 北京：经济管理出版社，2004.
[7] 秦杨勇. 平衡计分卡与绩效管理. 北京：中国经济出版社，2009.
[8] 秦杨勇. 平衡计分卡与战略管理经典案例解析. 北京：中国经济出版社，2012.

[9] 彼得·德鲁克. 管理的实践. 毛忠明,译. 上海:上海译文出版社,1999.
[10] 吕德宏. 从思想到行动:解读美军战略规划. 北京:长征出版社,2008.
[11] 韩为工,于巧华,李璟. 军队建设战略管理. 北京:解放军出版社,2008.
[12] 于连坤. 军队现代化建设效益研究. 北京:国防大学出版社,2009.
[13] 李璟. 军队建设绩效管理. 北京:解放军出版社,2010.
[14] 李璟. 战斗力解析. 北京:国防大学出版社,2013.
[15] 卓越. 公共部门绩效评估. 北京:中国人民大学出版社,2004.
[16] 牛文杰. 国防支出绩效评价研究. 北京:解放军出版社,2011.
[17] 胡晓峰. 作战模拟术语导读. 北京:国防大学出版社,2004.
[18] 朱国云. 组织理论历史与流派. 南京:南京大学出版社,1997.
[19] 巨建国,汤万金. 科技评价理论与方法——基于技术增加值. 北京:中国计量出版社,2008.
[20] 巨澜. 知识成果生产力度量衡. 北京:经济科学出版社,2007.
[21] 胡晓峰,罗批,张明智,等. 社会仿真——信息化战争研究的新领域. 北京:电子工业出版社,2010.
[22] 汪小帆,李翔,陈关荣. 复杂网络理论及其应用. 北京:清华大学出版社,2006.
[23] 谭跃进,陈英武,易进先. 系统工程原理. 长沙: 国防科技大学出版社,1999.
[24] 胡晓峰,司光亚,吴琳,等. 战争模拟原理与系统. 北京:国防大学出版社,2009.